1 MONTH OF
FREE
READING

at

www.ForgottenBooks.com

By purchasing this book you are eligible for one month membership to ForgottenBooks.com, giving you unlimited access to our entire collection of over 1,000,000 titles via our web site and mobile apps.

To claim your free month visit:

www.forgottenbooks.com/free1049831

ISBN 978-0-364-71549-9
PIBN 11049831

Fünfzehn Essays

von

Herman Grimm.

Neue Folge.

Berlin,
Ferd. Dümmlers Verlagsbuchhandlung
Harrwitz und Goßmann.
1875.

Vorbemerkung.

Die in diesem Bande enthaltenen Aufsätze sind, bie größere Hälfte des letzten ausgenommen, bereits in zum Theil doppelter Gestalt einzeln gedruckt worden. Nr. I erschien zuerst in der Nationalzeitung, II und III in den Preußischen Jahrbüchern, IV, V und VI in der Spener'schen Zeitung, VII in den Preußischen Jahrbüchern, VIII zuerst in Westermann's Monatsheften, dann in den (bei Rümpler erschienenen) Essays, IX und X zuerst im Morgenblatte, dann in den Essays, XI, XII und XIII in den Preußischen Jahrbüchern, XIV in der Spener'schen Zeitung und XV bis Seite 436 in den Preußischen Jahrbüchern. Sämmtliche Stücke sind genau durchgesehen, zum Theil umgearbeitet.

Baden=Baden, im Oktober 1875.

H. G.

Inhalt.

Der Maler Wiertz.

1874.

Das Atelier Wiertz' gehört zu den Sehenswürdigkeiten
Brüffels. Es enthält beinahe fämmtliche Werke eines während
der letzten drei Jahrzehnte in Belgien thätigen Malers, der
es in feinem Vaterlande zu bedeutender Berühmtheit gebracht
hat, außerhalb deffelben jedoch weniger bekannt ift. Die Wie=
ner Ausstellung hat Wiertz' Namen und Werke den meisten
Besuchern wahrscheinlich zum ersten Male vorgeführt. In
Berlin waren Photographien kaum aufzutreiben.*)

Die Thätigkeit und der Lebenslauf dieses Mannes haben
eine gewiffe Wichtigkeit. Ich wüßte keinen neueren Künstler,
deffen Entwickelung so sehr unter der Einwirkung der Mächte=
fich vollzogen hätte, welche bei dem heutigen Umschwunge des
allgemeinen Zustandes maßgebend find. Bildende Künstler
ersten Ranges haben sich bisher immer durch hochgestellte
Persönlichkeiten gefördert gesehen: kunstverständige Fürsten sind
es zuletzt gewesen, an welche sie sich anschloffen. In Wiertz
dagegen steht ein Künstler vor uns, der einen andern Weg

*) Die Herren Amsler und Ruthardt, ohne deren uneigennütziges und
verständnißvolles Eingreifen kunstgeschichtliche Studien nach mancher Rich=
tung bei uns unmöglich wären, ließen die Blätter eigens aus Brüffel kommen.

einschlug und dem es gelungen ist, darauf das zu erreichen, was von frühauf sein Ziel war: Ruhm, Gloire.

Antoine Wiertz kam zur Welt 1806 in Dinant als der Sohn eines armen Arbeiters, er starb 1865 in Brüssel. Zwei enthusiastische Biographen berichten über ihn. Der eine, sein Freund Dr. Watteau, der noch bei Wiertz' Lebzeiten einen be= schreibenden Katalog seiner Werke verfaßte, welchem die Lebens= beschreibung vorausgeht. Der andere, Louis Labarre, Wiertz' journalistischer Verehrer und Verbündeter vom ersten Auftreten an, der sein Leben beschrieben und seine Briefe herausgegeben hat. Diese Briefe sind willkommen, denn aus der bombasti= schen, alle Zeiten und Thatsachen durcheinander werfenden Schreibweise beider Biographen ist schwer sich herausfinden. Außerdem besitzen wir Wiertz' gesammelte Oeuvres littéraires.

Welcherart Schulbildung er genossen, wird nirgends er= wähnt. Nach Mittheilung einiger Züge, welche bei dem Kinde bereits deutlich erkennen lassen, wozu es berufen sei — Zeichen übrigens, die, wie ich hier nebenbei bemerke, in den Kinder= jahren auch der unbedeutendsten Künstler eben so stark hervor= zutreten pflegen wie bei den großen Meistern — ging Wiertz mit etwa 15 Jahren nach Antwerpen, um die Akademie zu besuchen. Watteau läßt ihn eine nächtliche Vision haben. Eine in einen Mantel gehüllte Gestalt, den spanischen Hut tief ins Gesicht gedrückt, steht vor ihm. In der Hand eine Fahne mit sechs glühenden Buchstaben ANVERS. Auf diese deutet er, Rubens natürlich, welcher seinen einstigen Nachfolger auf die Stätte seines Ruhmes verweist. Labarre berichtet einfacher: ein reicher Einwohner von Dinant habe einen von Wiertz höchst naturgetreu geschnitzten Frosch dem Könige zu Gesichte gebracht, welcher darauf hundert Gulden jährlich für die Zeit des Akademiebesuches in Antwerpen bewilligte.

Dort, in einer Mansarde ein kümmerliches Dasein füh= rend, in selbstgewählter Einsamkeit Träumen von Ruhm hingegeben, die ihn in den Augen seiner Mitschüler als einen seltsamen, halbverrückten Menschen erscheinen ließen, ist seine einzige Sorge bereits das Zusammenschleppen gleichsam der ersten Fundamente, auf denen sich sein himmelhohes Ruhmes= denkmal dereinst erheben soll. Fest stand für ihn, daß er dazu berufen sei, Rubens fortzusetzen. Nicht darum handelte es sich, den großen Vorgänger zu erreichen, sondern von vorn= herein, ihn hinter sich zu lassen, da einzusetzen, wo Rubens aufgehört, weil das Jahrhundert, in dem Rubens lebte, sein Genie sich nur bis zu einer gewissen Grenze entfalten ließ. Tag und Nacht — denn seine Nächte nahm er zu Hülfe — bereitete sich Wiertz zehn Jahre lang für diese Aufgabe vor. Es scheint, daß neben den akademischen Studien damals poli= tische, religiöse und Romanlektüre, natürlich französische, neben= herlief, auch Uebersetzungen klassischer Autoren muß er gelesen haben, jedoch diese gewiß nicht vorwiegend. Alles kam darauf an, den ersten Preis bei der Konkurrenz zu gewinnen. 1828 versucht es Wiertz zum ersten Male, damals bereits seinen Briefen zufolge völlig gewiß, als Sieger hervorzugehen; allein 1832 erst gelingt ihm das. Der grand prix de Rome, d. h. der erste offizielle Lorbeerkranz nebst Reisestipendium nach Italien wird gewonnen. Le chemin de la gloire m'est ouvert, schreibt er nach Hause.

Belgien, durch eine von Frankreich bewirkte Revolution frisch von Holland losgerissen, war damals das Land, in welchem die neuesten Ideen Maßstab für den Aufbau einer Konstitution gewesen waren, deren Einrichtungen Allem ent= sprechen sollten, was ein freies Volk verlangen könnte. Nir= gends läßt sich das Wachsthum volksthümlicher Parteiregie= rung so gut studiren, als an der Vegetation des belgischen Musterstaates. Alle Vortheile und Nachtheile zeigen sich dort in organischer Entwickelung. Zu dem, was mit besonderer Aufmerksamkeit behandelt wurde, gehörte die öffentliche Kunst=

pflege. Wer den erſten römiſchen Preis empfangen hatte, war
Gegenſtand offizieller Höflichkeit beſonderer Art. Wiertz empfing
Standesperſonen, man gab ein Diner ihm zu Ehren, eine
Soirée, bei der ein Miniſter erſchien, es fehlte nichts, um
demjenigen, der vom Staate ausgezeichnet worden war, auch
geſellſchaftlich eine vorzügliche Stellung anzuweiſen.

Die erſte Etappe vor Italien ſollte Paris ſein, wo Wiertz
ein Jahr lang ſich aufhielt. Seine Abſicht war, ſich dort als
Porträtmaler Geld zu verdienen, er bietet Bildniſſe zu 100,
75, zuletzt 50 Francs aus, findet aber keine Beſtellungen.
Endlich heftet er einen Zettel an ſeine Thür: Porträts gratis!
ohne beſſeren Erfolg. Dies der erſte frappante Zug ſeines
Wunſches, Aufſehen zu erregen. Und dazu gleich ein zweiter.
Im Geſpräch mit einigen Bekannten, die ihn aufſuchen, weil
er ſich ein paar Wochen eingeſchloſſen hatte, debattirt man
über Erfolg und Nichterfolg beim Publikum. Wiertz behauptet,
auf der Stelle ein Publikum von 3000 Menſchen um ſich ſam-
meln zu wollen, ſpringt, einen Malerhut auf dem Kopfe, einen
Mantel um, eine Guitarre an einem Bande über die Schulter
geworfen, die Treppen herab, eilt auf den Boulevard, wo er,
ein baumſtarker Menſch, ſich mitten in den Strom der Spazier-
gänger ſtellt und die Guitarre zu ſpielen beginnt. Natürlich,
daß eine mehr und mehr anwachſende Menge um ihn ſtehen
bleibt, die er nach einiger Zeit mit aufgehobenem Arme durch-
ſchneidet und verſchwindet. Dieſer Zug läßt erkennen, wie
das Bedürfniß, Mittelpunkt allgemeiner Aufmerkſamkeit zu ſein,
damals ſchon in ihm entwickelt war.

Im Herbſte 1833 wird die Reiſe nach Italien angetreten.
Wiertz ſieht zum erſtenmale die Werke der großen Meiſter im
eigenen Lande, allein jetzt ſchon nicht allein, um ſie zu bewundern, ſondern vielmehr, um ein Urtheil über ſie zu fällen,
pour les juger, wie ſeine Worte ſind. Kaum hat er Raphael's
und Michelangelo's römiſche Fresken geſehen, als ſein erſter

Gedanke ist, Werke zu schaffen, welche größer wären als diese. In seinem Atelier, in das Niemand Zutritt erhält, spannt er eine Leinwand von ungeheuren Dimensionen aus und beginnt, ohne Modell und andere künstlerische Hülfsmittel, denn seine Absicht ist, der Welt zu zeigen, was Wiertz, ganz auf sich beschränkt, zu leisten im Stande sei, „den Kampf der homerischen Helden um den Leichnam des Patroklus," das Gemälde, um das in der Folge selber dann soviel gekämpft worden ist.

Diese Arbeit unternahm er, als er fast 30 Jahre zählte. Ein Jahr darauf wurde sie fertig ausgestellt und die (nach Labarre) sechstausend Künstler in Rom staunen sie an. Thorwaldsen soll von dem Gemälde gesagt haben, wer das gemalt habe, müsse ein Riese sein.

Dieser Ausspruch scheint für Wiertz von großer Bedeutung gewesen zu sein, da Labarre mehrfach darauf zurückkommt. Er wurde als eine Art Adelsdiplom betrachtet und benutzt. Daß Wiertz ein „Riese" sei, ist von jetzt an das Symbol derer, welche an seine Mission glauben. Der früheste Gläubige war sein Vetter Gilain Disière gewesen, ein Arbeiter aus Dinant, den Labarre deshalb am höchsten stellt, weil er „par simple intuition" Wiertz' große Zukunft erkannte, als dieser ihn 1828, bei jener ersten verunglückten Preisbewerbung vor seine Arbeit. gestellt und zum Richter zwischen sich und der Jury gemacht hatte. Wiertz also, der sich nun bereits als. von Natur erhaben empfand über seinen Zeitgenossen, kehrt 1837 nach Hause zurück, wohin er außer der aufgerollten Leinwand des Kampfes um Patroklus mannigfache andere Gemälde mitbringt. Jetzt begegnet er Labarre, welcher Redakteur war und sich zuerst für ihn erklärte: das erste Regiment, das übergeht! Beide verstehen sich und der Feldzug wird begonnen. Die übrigen Blätter, welche Wiertz' Größe ignoriren oder ablehnen, werden angegriffen. Er, als „Sohn des Volkes," steht an der Schwelle einer neuen Entwickelung der Kunstgeschichte! Alles, was die Künstler vergangener Tage geleistet haben, muß demzufolge neu taxirt und beurtheilt werden! Raphael und Michelangelo sind Schooßkinder günstiger Umstände „enfants gatés des circonstances"; ohne die Lockung elenden Goldes würde keines ihrer Werke vorhanden sein! Und selbst Rubens ist nicht viel höher anzuschlagen, der für Geld seinen Genius dem ersten Besten unterwürfig machte, der ihm die Bestellung für das Gemälde hatte zukommen lassen.

Nur eine contemporaine Macht gab es noch, welche Wiertz respektirte und deren freiwillige Anerkennung er in Güte zu erwerben wünschte, bevor er auch hier zu Gewaltschritten überging, das Pariser Publikum. Soviel Rücksicht nimmt er sogar auf dieses, daß er die Ausstellung des Patroklus im eigenen Vaterlande hinausschob, um das Werk 1839 (weil er 1838 zu spät damit gekommen) im Louvre auf die große Exposition zu geben. Mit dieser Leinwand und einigen andern Werken macht er sich im genannten Jahre nach Paris auf, liefert sie ein und erwartet mit ungeheuren Hoffnungen die Eröffnung der Säle.

Hier nun sollte er eine jämmerliche Erfahrung machen.

Sei es, daß für die außerordentlichen Maaße seiner Werke in der That kein besserer Platz vorhanden war, sei es, daß man sie böswillig schlecht unterbrachte, so daß sie, wie Wiertz behauptet, nicht zu sehen waren; genug, sie wurden nicht gesehen, sie wurden einfach gar nicht bemerkt. Mit kochender Wuth im Herzen — wir finden bei Labarre eine genaue Beschreibung des Zustandes dieser Tage — muß Wiertz Zeuge sein, wie Tag für Tag die Menge keine Augen für ihn hat, während sie das, seiner Meinung nach, jämmerliche Zeug dicht unter und neben seinen Gemälden aufmerksam bewundert. All seine Bitten um gerechtere Aufstellung sind vergebens. Schon an der Grenze, beim Wiedereinpacken hatten die französischen Douaniers einen Nagel durch das Gemälde getrieben, jetzt sah er es durch Nichtachtung beschimpft oder, wo es die Journale überhaupt erwähnten, durch einige wenige boshafte Zeilen lächerlich gemacht. Sein Glaube an freiwillige Unterord- nung der Menschen unter die Uebermacht des Genius empfing hier den entscheidenden Stoß, doch nur, um seine Energie zu rücksichtslosem Vorgehen zu reizen. Paris mußte vernichtet werden. Diese Stadt war jetzt für ihn „die Schule des Ver- brechens", „das Land des Selbstmordes". Wiertz schrieb seitdem „Paris" nicht mehr ohne einen Blitz im Zickzack dar- über zu zeichnen, als Symbol dessen, was die Stadt verdiente und zu erwarten hätte. Labarre's Biographie ist eine um- ständliche Chronik für diese Einzelheiten.

Fest stand, daß, um zu wirken, vor allen Dingen jetzt Ruhm mit Gewalt geschafft werden müsse. Eine Art Zwangs- anleihe auf sichere Anerkennung der Zukunft hin sollte erhoben werden. Verschiedene Vorschläge finden wir in Wiertz' Briefen besprochen. So z. B. soll zum Erstaunen der Welt plötzlich die Nachricht durch die Blätter gehen, der Kaiser von Rußland habe Wiertz einen Orden verliehen. Wir erinnern uns, daß Kaiser Nikolaus damals als der Beherrscher eines Elborado's für Künstler und Genies galt, welchen, einmal von ihm aner- kannt, Aussicht auf unerschöpfliche Belohnungen sich aufthat. Dann, nachdem er diese Reklame verworfen, sollte sie dahin lauten: Overbeck, Cornelius und andere bedeutende Deutsche Künstler hätten Wiertz Zeichen höchster Anerkennung zukommen lassen. Auch das unterblieb, statt dessen erschien in den Blät- tern eine schneidende Herausforderung an Frankreich, wo Künstler wie Publikum gleich unwissend seien. Mitten in diese literarischen Anstrengungen hinein kam jedoch ein neuer Schlag: auch in Brüssel hatte Wiertz die Ausstellung beschickt und muß jetzt eines Tages in der Zeitung lesen, es sei ihm von Sr. Majestät dem Könige in besonderer Appreciation seines Ta- lentes die „kleine bronzene, oder, wie Wiertz sie nennt: kupferne Medaille" verliehen worden.

Mit einem „rire éclatant" wurde vom Künstler diese
Demüthigung aufgenommen. Ohne Weiteres abzuwarten, verfaßt er einen Dankbrief an die belgische Kommission, der sofort in den Blättern gedruckt erscheint. In höhnischen Wendungen sucht er zuerst die Person des Königs, in dessen Namen
diese Medaillen verliehen zu werden pflegen, zum Ziel seines
Spottes zu machen, um dann den Minister und die Kommission
zu verspotten.

Der Minister nahm sich die Sache ad notam und behielt
seine Medaille. Wiertz aber fühlt sich jetzt im rechten Fahrwasser. Er richtet ein neues Schreiben an das Ministerium,
eine Art Manifest, das wiederum sofort von Labarre in dessen
„Charivari" gedruckt wird. Wiertz spricht darin zuerst von dem
ungemeinen Aufschwunge, den die Kunst in Belgien genommen
habe. Dem Minister liege die Pflicht ob, denselben durch
löbliche Maßregeln noch zu befördern. Darauf eine Reihe
von Vorschlägen zu diesem Zwecke, lauter problematische, aber
doch sachgemäße Propositionen.

Mit einer ebenso plötzlichen als unbefangenen Wendung
geht Wiertz dann aber auf seine eigene Person über, von der
bis dahin keine Rede war. Erlauben Sie, Herr Minister,
hebt er an, nun auszusprechen, was ich zu leisten gedenke.
„Permettez que je vous expose ici ce que m'inspirent mon
courage et mon devouement."

„Mitten in der Kathedrale von Antwerpen gebietet, vom
höchsten Throne der Kunst herab, Rubens' „Kreuzabnahme"
Ehrfurcht."

„Diesem unnachahmlichen Urbilde der Vollendung gegenüber will ich zu beweisen suchen, was mein Pinsel vermöge."

„Ich werde in diesem Kampfe unterliegen; allein, wie es
einst süß für die trojanischen Helden war, durch die Lanze des
Achill zu verbluten, so will auch ich eine ruhmvolle Niederlage
erleiden."

Hierzu nun verlangt Wiertz Folgendes vom Ministerium: Eine Leinwand von achtzig Fuß Länge, welche „das Schlacht= feld für diesen Wettstreit" sein soll, und ein Atelier, das nach des Künstlers Angaben gebaut werden müsse. Wiertz verzichtet auf jede persönliche Remuneration, allein die Regierung trägt die Kosten der Arbeit. Zugleich giebt sie ihm die formelle Zusicherung, sein Werk werde auf ewige Zeiten neben Rubens' „Kreuzabnahme" seinen Platz behalten. Stelle die Regierung, schließt Wiertz, ihm nicht das Atelier sofort, immédiatement, zur Verfügung, so werde er an das Volk appelliren. Man werde sehen, daß es noch Bürger in Belgien gebe 2c.

Zu gleicher Zeit — Wiertz operirt immer nach verschie= benen Seiten gleichzeitig — versucht er sich an Paris zu rächen, und hier hat er den ersten großen Erfolg zu verzeichnen.

Es war vorauszusehen, daß man nach seinen beleidigen= ben Angriffen keines seiner Gemälde auf den Louvre=Ausstel= lungen fernerhin zulassen werde. Trotzdem macht Wiertz für 1840 eine neue Sendung fertig: erstens ein Gemälde eigner Arbeit, daneben aber ein zweites, das ihm ein Freund zu diesem Zwecke geliehen hatte und das ein anerkanntes Original von Rubens war. Auf dieses wird ihm erlaubt, seine eigne Signatur zu malen, und beide Stücke gehen als seine Arbeiten nach Paris ab, von wo sie, wie zu erwarten stand, als un= brauchbar zurückgesandt werden. Man kann sich denken, in welcher Weise Wiertz und seine journalistischen Freunde dies gegen die Pariser ausbeuteten, welche einem Werke von Rubens die Ausstellung verschlossen hatten.

Auf sein Schreiben empfängt er vom Minister nun auch Antwort. Man war ohne Zweifel darüber ernstlich zu Rathe gegangen, wie der Mann zu behandeln sei, und schrieb ihm, zu seinem großen Mißvergnügen, einen anerkennenden aber die Sache hinausschiebenden Brief, der zu einer öffentlichen Aktion keinen Stoff enthalten zu haben scheint.

Dies im März 1840. Im Sommer gewinnt Wiertz den öffentlichen Preis in der Konkurrenz für ein Eloge de Rubens, worin er eine vorzügliche literarische Leistung lieferte, wie denn alle seine kritischen Arbeiten gut sind. Im September bietet ihm der Minister einen Orden an. Er wolle zeigen, schreibt Wiertz an Labarre, daß die Leute sich irrten, wenn sie glaubten, er suche nur Skandal und werde jetzt wieder diesen Orden mit Geschrei refüsiren. Im Gegentheil, ärgern wolle er das alberne Volk, indem er ihn ruhig annehme. Alsbald wendet er sich in einem neuen Schreiben an den Minister, das diesmal die Blätter nicht brachten, und bittet um Unterstützung für Ausführung eines ungeheuren Werkes, das er vorhabe. Er sagt darin unter anderm, daß er nicht einmal die Mittel habe, sich anständig anzuziehen.

Was jetzt geschieht, ist höchst charakteristisch. Wiertz zeigt Labarre an, daß ihm vom Ministerium alle seine Forderungen bewilligt seien. Man sollte denken, daß er nun, befriedigt und glücklich, mit allen Kräften an sein neues Werk gegangen sei, dessen Erfolg den langerwarteten Ruhm gewährte; statt dessen theilt er lasch und mißmüthig Labarre die Neuigkeit mit: „Man hat mir Alles zugesagt, was ich verlangte. Es thut mir leid. Denn ich fühle mich nicht im rechten Fahrwasser, wenn ich nichts habe, auf das ich mit den Zähnen losgehen kann." „On m'a accordé tout ce que je demandais. J'en suis faché. Car je languis lorsque je n'ai rien à mordre." Die Idee, nun kein Märtyrer mehr zu sein, macht ihn unglücklich!

Wie es Wiertz in der Folge dann doch immer wieder dahin gebracht, sich für unbefriedigt zu halten, wie er neue Anforderungen stellte, welche dann auch befriedigt wurden, wie ihm die Regierung endlich ein eigenes großes Atelier baute, in welchem alle Früchte seiner Thätigkeit Aufnahme fanden: die Geschichte dieser Bestrebungen, verbunden mit seiner unabläſſigen literariſchen Agitation, zu verfolgen, iſt ſchon beshalb intereſſant, weil der Charakter des Mannes ſtets in voller Offenheit hervortritt, würde hier aber zu weit führen. Seine Briefe ſtellen ihn durchaus bar wie er iſt. Leidenſchaftlicher hat nie ein Menſch ſich ſelbſt zum Mittelpunkte all ſeiner Gedanken gemacht. Für Wiertz giebt es nur einen Menſchen, der Intereſſe verdient: er ſelber. Nur ein Intereſſe, das die Welt bewegt: für ihn oder gegen ihn zu ſein. Nur eins iſt wichtig: ſeine Gegner zu vernichten oder zu bekehren. Mit ſouveräner Verachtung werden die mitlebenden Maler beurtheilt, zumal die franzöſiſchen: Leute wie Delacroix, den man mit Rubens, wie Décamps, den man mit Raphael vergleiche! Selbſt die öffentliche Lüge hält Wiertz für einen erlaubten Scherz, wo es einen franzöſiſchen Künſtler zu verhöhnen gilt. Indeß dieſe Dinge dürfen von mir übergangen werden, da eigentlich neue Seiten ſeines Weſens nicht mehr hervortreten. Dagegen gewährt ſein Atelier, das durch ſeine letztwillige Verfügung in den Beſitz der Nation übergegangen iſt, den überraſchenden vollen Anblick ſeines wunderbaren Phantaſielebens. Bis auf wenige Ausnahmen iſt hier ſeine geſammte Thätigkeit ſichtbar.

Im Jahre 1860 betrat ich es zum erſten Male. Heute führt die rue Wiertz dahin und das Café Wiertz liegt dem Atelier gegenüber. Damals lag es ziemlich unbekannt in Gärten außerhalb der Stadt und mein Fiacre mußte ſich durchfragen. Wiertz lebte noch.

Durch Baumgruppen erblickt man etwas, das wie die mit Epheu bewachſene Ecke eines griechiſchen Tempels ausſieht. Labarre belehrt uns, daß es die Nachahmung eines der Tempel von Paeſtum ſei. An der Langſeite iſt der Eingang. Ich bezahlte 50 Centimes zum Beſten eines milden Zweckes und fand mich in einem faſt Kirchengröße erreichenden, trotz der Helligkeit draußen etwas dämmrigen, weiten

Raume, von deſſen Wänden mich ringsum höchſt mannigfal-
tige, meiſt in koloſſalen Dimenſionen ausgeführte, ſo durchaus
frembartige Malereien anſahen, daß ich mir wie in eine neue
Welt verſetzt vorkam.

Ein bekannter engliſcher Roman erzählt die Schickſale
eines Mannes, der in das Land der Pferde gerathen iſt. Der
Dichter weiß dieſe Zuſtände ſo natürlich darzuſtellen, daß er
in uns das Gefühl hervorbringt, als ſeien dieſe Pferdeexiſtenzen
die allein berechtigten auf der Erde und der einzelne Menſch,
welcher dahinein gerieth, ein zufälliges verberbtes Naturpro-
dukt, welches ſich kaum ſehen laſſen dürfte. Ein ähnliches
Gefühl beſchlich mich, als ich einſam inmitten dieſer neuen
Schöpfung ſtand. Mit meinen bisherigen Anſchauungen über
Kunſt und mit dem menſchlichen Maßſtabe meiner eignen
Körperhöhe befand ich mich unter Darſtellungen, welche nach
ganz neuen Prinzipien gemalt, die Formen einer phantaſtiſchen
Generation in oft kaum menſchenähnlichen Geſtaltungen mir
vor Augen ſtellten, beren Dimenſionen mir ſo ungeheuer er-
ſchienen, daß eine Anzahl kleinerer Gemälde, auf benen die
Figuren nur anberthalbe ober doppelte Lebensgröße hatten,
wie Miniaturgemälde wirkten.

Meine Blicke fielen auf einen in ſeiner Höhle raſenden
Cyklopen. Obgleich die Leinwand die ganze Höhe der Wand
einnimmt, ſehen wir die bis an den oberſten Rand der Um-
rahmung reichende Geſtalt Polyphem's in der Verkürzung ge-
bückt vor uns, indem er in ſeiner Höhle nach Obyß und beſſen
Genoſſen wüthend umhertaſtet, die er packen will. Einen der
Griechen, der bei der Flucht geſtürzt iſt, hat er, ohne es zu
wiſſen, mit ſeinem Fuße erreicht, indem er ihm mit der Spitze
des kleinen Zehes gerade ins Auge trat und ihn ſo, wie einen
Schmetterling mit der Nadel, auf den Boden geheſtet hat, auf
bem die Geſtalt ſich in Todesqualen windet. Dächte man
dieſen Polyphem ſich emporreckend, ſo würde er das Dach

des Ateliers in die Luft stoßen. Doch ich nenne vor den andern Gemälden Wiertz' erste Produktion, „den Kampf um Patroklus." Zwar ist das Original verkauft, und wir haben hier nur eine spätere Wiederholung allein diese ist, da Photographien den Vergleich zulassen, in vielen Stücken gelungener als die frühere Arbeit.

Was also haben wir vor uns?

Ein aus Reminiscenzen komponirtes Dekorationsstück. Einen unklaren Knäuel aus elephantengroßen Menschen, von denen nicht eine einzige Gestalt originell genannt werden kann. Mit der Geschicklichkeit, die wir meistens bei nachahmenden Talenten antreffen, sind die Körperstellungen so arrangirt, daß der Künstler so selten als möglich in die Nothwendigkeit versetzt wurde, Füße und Hände zeichnen zu müssen. Entweder sind sie verdeckt oder doch zum Theil verdeckt. Keine nennenswerthe Verkürzung der Gestalten, die etwa auf ein genaueres Studium von Rubens hindeutete. In der späteren Wiederholung hat der Künstler hier nachhelfen wollen. Wir sehen Hände und Füße hier besser bedacht, allein auch diese Fäuste sind weder originell noch überhaupt lebendig. Sie packen nicht. Dies Gemälde, das Wiertz, wie erwähnt wurde, ohne Modelle geschaffen hat, zeigt, gleich fast sämmtlichen übrigen Werken des Ateliers, die untrüglichen stets wiederkehrenden Kennzeichen aller Malerei die nicht aus dem intimsten, unablässigen Naturstudium hervorging: sie bringt es nicht dahin, lebendige Körper darzustellen.

Dagegen auch Wiertz' Stärke springt uns bereits aus seinem Patroklus entgegen. Er ist ein Arrangeur im größten Maßstabe. Er weiß ungeheure Kontraste von Licht und Schatten hervorzubringen. Was dies anbelangt, ist der Patroklus der Beginn einer Reihe von großartigen Leistungen.

Neben ihm sehen wir auf der einen Seite eine andere

homerische Kampfscene, in die sich schwebende Göttinnen ein-
mischen, auf der andern eine seiner berühmtesten Kompositionen
„die letzte Kanone": das siegreich auf den Gewölken seinen
Einzug haltende Reich des Friedens. Wie ein ungeheures
Gewitter kommt es von rechts heran, während den Boden
der Erde unten in unendlichem Gewimmel sich bekämpfende
Menschenschaaren bedecken. Die Göttin des Friedens, nach
Art allegorischer Figuren wie die Venetianer sie malten, eine
von schleppenden schweren großfaltigen Gewändern, man möchte
sagen ummauerte Gestalt, deren Arme und Schultern gleichwohl unverhüllt sind, hält in ihren Händen die beiden Theile
eines Kanonenlaufes — eines Fünfzigpfünders der dargestellten Größe nach — die sie eben auseinander gerissen hat,
gerissen, nicht gebrochen, denn das Metall scheint weich geworden wie schmelzender Siegellack in ihren Händen. Ein
Gedränge ähnlicher Gestalten, welche Handwerkszeug, Bücher,
Fackeln der Aufklärung und ähnliche Embleme tragen, bringen
um sie her mit gleicher stürmischer Wuth vorwärts. Die
Göttin ist ein Mittelding zwischen einer Renaissance-Göttin
und einer Dame der Halle. Auffallend ist, daß fast alle weiblichen Gestalten bei Wiertz diesen gleichen Typus tragen. Begeisterung, Wildheit und Rohheit vereinigen sich zu einer
Mischung, aus der ein Ideal hervorgegangen ist, welches so
tief in Wiertz' Phantasie zu nisten scheint, daß es sich hier
wohl um früheste Eindrücke handelt, um Anschauungen aus
der flämischen Arbeiterbevölkerung Dinants, verbunden mit
Rubens' Göttinnen. Wo Wiertz zarte weibliche Gestalten malt,
sind es inhaltslose Schatten.

Die infernalische Rohheit der Menschen aber, welche auf
der niedrigsten Stufe geistiger Erziehung stehen, hat Wiertz
besonders drastisch darzustellen vermocht. Aus dieser Fähigkeit heraus, vereint mit dem Hasse gegen Frankreich, ist eines
der Gemälde entstanden, das, obgleich an Ort und Stelle zu

benen von geringerer Dimension gehörig, unter anderen Kunstwerken koloffal genug wirken würde.

Dr. Watteau, der zu jedem Stücke ein oratorisches Programm giebt, holt bei diesem besonders weit aus. Angenommen muß werden, daß Belgien von Frankreich überfallen
worden ist; daß eine belgische Stadt mit Sturm genommen
wurde; daß die französischen Solbaten, aus Rand und Band,
plündernd von Haus zu Haus schwärmen. Ein französischer
Troupier ist so in ein Haus eingedrungen, er hat dort eine
schutzlose Frau getroffen, die er von Zimmer zu Zimmer ver-
folgend endlich auf dem Balcon des Hauses erreicht. Alle
Kleider sind ihr abgerissen, herabstürzen kann sie sich nicht
mehr, weil sein Arm sie eisern umklammert hält: da im letzten
Momente kommt Rettung. Auf der Flucht im Hanse hat sie,
ohne zu wissen, daß sie es that, einen baliegenden Revolver
ergriffen, den sie, mit letzter Kraft sich in seinem Arme windend, dem Räuber gegen die Stirne setzt. Der Moment ist
bargestellt, wo der auseinanderspringende Kopf des Franzosen
sich in etwas verwandelt, was man mit einer platzenden Gra-
nate vergleichen könnte. Eine solche Scene, überlebensgroß
gemalt, wobei der Maler Alles benutzt, was ihm Rubens für
die koloffale nackte Schönheit seiner Helbin irgend zur Verfügung stellte, mußte ihres Eindruckes beim großen Publikum
sicher sein. Aber weiter. Vorauszusetzen sei, sagt der Katalog,
daß solche Scenen sich ereignen würden. Pflicht jeder Bel-
gierin, sich im Pistolenschießen zu üben. Vorschläge sodann
zur Einrichtung nationaler Uebungen zu diesem Zwecke. Und
als Schluß: Anerbieten des Künstlers: die Siegerin in diesem
öffentlichen Damenschießen gratis zu porträtiren.

Wir haben zu bedenken, daß dies in den vierziger Jahren gesagt wurde, wo man über bergleichen weniger nüchtern
als heute dachte. Außerdem entspricht das leicht erregte belgische Naturell diesen Anschauungen. Solche Scenen, grell

theatralisch vorgetragen, mit einem politischen Programm dazu, mußten aufregend wirken, wie sie heute noch thun. Wiertz' Haß gegen Frankreich spricht sich in diesem und anderen Gemälden so gewaltig aus, daß während der Regierung des letzten Kaisers von Frankreich die Photographien dieser Stücke nicht mehr verkauft werden durften. Eines derselben stellt Napoleon den Ersten als finstere, von Flämmchen umspielte Höllenerscheinung dar, zu dem das Volk sich fluchend von allen Seiten herandrängt, seine verstümmelten Glieder und seine Todten ihm entgegentragend. Am härtesten aber hat Wiertz den französischen Nationalstolz durch ein Gemälde getroffen, welches gerade über der Thüre angebracht und „Le lion de Waterloo" betitelt ist. Ein Löwe, der einen Adler zerzaust. Hier verleihen die gewaltigen Dimensionen der Darstellung etwas Monumentales, was ihre Wirkung in der That aufs Höchste steigert.

Nach der sozialen Seite hin stehen mit diesen Arbeiten auf einer Stufe Gemälde, welche Tod und Elend im Schooße der Familie zeigen. Ein Sarg, der von Handwerkern, welche ihn eben zugenagelt haben, fortgetragen wird. Heulende Kinder krallen sich mit den Händen daran fest. Der Katalog sagt, daß sie Hunger sterben werden. Eine junge Mutter sodann, es könnte die Fortsetzung desselben Dramas sein, welche durch Entbehrungen wahnsinnig geworden, ihr Kind getödtet hat, von dessen Gliedern sie vor unseren Augen in einem Kessel sich eine Suppe kocht. Auch dies Elend durch die Schuld der Regierung entstanden, wie der Katalog sagt. Das Gemälde ist im höchsten Grade ekelhaft und unwahr. Ebenso unerträglich ein Choleratodter, im Grabgewölbe erwachend und den Sargdeckel aufklemmend, um sich herauszuwinden. Andere Wahnsinns- und Todtenscenen mögen unbeschrieben bleiben. In diesen Arbeiten, deren Genuß den niedrigsten Grad von Bildung voraussetzt, ist auch die Malerei am gröbsten. Einige

sind durch allerlei Vorrichtungen im Atelier so aufgestellt, daß
der scheußliche Effekt bis zum Letzten ausgebeutet wird.

Das umfangreichste sämmtlicher Gemälde ist „die Em=
pörung der Hölle gegen den Himmel," dem Kataloge zufolge
auf einer Fläche von 1200 Quadratfuß, das Werk, zu dessen
Herstellung die Regierung Leinwand und Atelier gab. Es
nimmt die Rückwand des Ateliers ein. Die Auffassung ent=
sprang Rubens' und Michelangelo's Darstellungen des jüngsten
Gerichtes, nur daß Wiertz, der sehr viel Raum um seine Figu=
ren braucht, nichts als eine zufällige, abgesonderte Episode
des Kampfes zwischen Höllen= und Himmelsmächten bei ver=
hältnißmäßig geringer Figurenanzahl gemalt hat. Wir hätten
hier ein vorzügliches Coulissenstück vor uns für die Pracht=
aufführung einer der mannigfachen Opern, in denen die Unter=
welt darzustellen ist. Die Burg des Himmels ist als auf dem
Gipfel eines Gebirges gelegen angenommen, gegen das die
empörten Geister titanenartig Felsen schleudernd emporbringen,
während zur Vertheidigung Gesteine herabgerollt werden. Die
eine Seite des Gemäldes nehmen Felsen ein, die, auf diese
Weise in Bewegung gesetzt, ins Stürzen gerathen sind und
den Theil der hier Anstürmenden mit sich hinabreißen werden
in eine, durch ein Meer feurig emporzüngelnder Schlangen
zur Anschauung gebrachte, unendliche Tiefe. Die Art, wie
auf und an den Felsen, in und auf den wogenden Gewölken
Geister= und Engelmassen arrangirt sind, die Kraft, mit der
das Ganze durch Licht und Schatten und die wildesten Farben=
effekte zu einem Ganzen zusammengebracht wurde, ist bewunde=
rungswürdig. Wiertz mit dem Talente, das er hier entfaltet,
an einem Theater thätig, für das zu arbeiten ja einem Manne
wie Schinkel sogar ein Genuß und eine Freude war, würde
erstaunliche Dinge geleistet haben.

Offenbar war der Grundzug seines Wesens die Lust an
kolossalen Effekten. Jeder weiß wohl, wie es thut, wenn

neben Einem auf dem Perron der Eisenbahn eine Lokomotive
plötzlich loskreischt als wenn man zerspringen sollte. Es wäre
denkbar, daß Wiertz, als Komponist auftretend, einen solchen
Ton als musikalischen Effekt zu verwerthen versucht hätte, nur
um eine Erschütterung damit hervorzubringen. Wiertz faßt
sein Publikum immer von dieser Seite. Um bei dem Vergleiche zu bleiben: wir sind im Stande, uns vorzustellen, daß
der Rattenfänger von Hameln auf einer bloßen Pfeife eine
so entzückende Melodie hervorbrachte, daß er die Kinder von
Hameln mit sich fort lockte: in derselben Weise sucht Wiertz
zu verlocken, wenn er zarte Saiten aufzieht.

Er meint, wenn man das Schöne darstellen wolle, komme
es nur darauf an, die rechte Zaubermelodie zu blasen. Die
langsame Offenbarung höchster Schönheit, die dem schaffenden
Künstler zu Theil wird, kennt er gar nicht: er kennt nur den
Pinsel, der wie ein dämonisches Werkzeug in der Hand des
Malers über die Leinwand fliegt „qui vole qui va et vient,"
der aus chaotischen Farbenmassen plötzlich Gemälde entstehen
läßt, die fertig dastehen. Wiertz' Richtung auf das Bühnenhafte bricht aber offen durch, indem er zuletzt der Ansicht war,
seine Werke würden erst bei der richtigen musikalischen Begleitung den wahren Effekt machen, so daß er zu diesem Zwecke
Konzerte in seinem Atelier geben ließ. Hier hätten wir die
natürlichen ersten Anfänge einer neuesten modernen Oper.

Ich nenne nun einige der Gemälde, die in der Melodie
des verlockenden Liedes gehalten sind. Eine Gruppe kleiner
Kinder, à la Rubens, nackt im Grase sich balgend um einen
Kanonenlauf, der ohne Lassette unschuldig daliegt; darunter:
„Kanonenfutter im 19. Jahrhundert." Wiertz' Unterschriften
und Erklärungen seiner Werke tragen immer ein aufreizendes
Element in sich, das gegen die menschliche Gesellschaft oder,
noch allgemeiner, gegen unsere menschliche Existenz überhaupt
gerichtet ist. So die Darstellung unter dem Namen „la belle

Rosine", eine jugendliche, weibliche Profilgestalt, sorgfältiger als gewöhnlich gemalt und gezeichnet, ohne alles Gewand und nur mit einer Rose im Haar, und ihr gegenüber, Auge in Auge, ein Skelett, genau in derselben Stellung. Im Kataloge dazu Betrachtungen über die Vergänglichkeit der Schönheit. Eine noch unschönere Dissonanz zeigt eine ebenso unverhüllt auf einem Bette liegende Frau, in die Lektüre eines Romanes vertieft, während eine aus dem Dunkel kommende Teufelshand den zweiten Theil des Buches auf das Bett schiebt. Man sieht nicht ein, warum es gerade Lektüre sein muß, welche aus der Hölle kommt. In diesem Sinne eine Reihe von Gemälden, welche der Katalog als das Höchste preist, was in der Darstellung weiblicher Schönheit geleistet werden könne, während die Ausführung nirgends über das Dekorationsmäßige hinausgeht und zumal die Gesichter leblos sind, als wären sie nach Gyps gezeichnet, was da besonders auffällt, wo sie zu lächeln versuchen.

Merkwürdig auch, daß viele dieser Frauenschönheiten mehr im Geiste der älteren französischen Schule, deren steife Formen und Malerei während Wiertz' akademischer Lehrzeit maßgebend waren, ausgeführt sind. Einige nur sind in Rubens' Manier gehalten; so die Darstellung einer jungen Hexe, die zum ersten Male durch die Lüfte gefahren ist. Wiertz hat im Leuchten des blühenden Fleisches Rubens hier überbieten wollen. Seine Biographen nehmen die abenteuerlichsten Wendungen zu Hilfe, um den Reiz dieser Figur zu schildern. Auch ist die Anwendung der Mittel, mit denen Rubens wirkte, bei ihr in der That am weitesten getrieben.

Wie aber wußte Rubens menschliches Fleisch zu malen! Wie lebendig, wie zart in den Nuancen. Immer wird die Darstellung des reinen menschlichen Körpers, den Gott nach seinem Bilde schuf, die höchste Aufgabe der Kunst bleiben. Unmöglich aber, seine Schönheit zu fassen und wiederzugeben

2*

ohne eigne schöpferische Freude an seiner Erscheinung. Wir
fühlen, daß die großen italiänischen und niederländischen Meister
ihre Gestalten liebten und bewunderten wie eine Mutter ihr
Kind, von dem sie überzeugt ist, sie allein verstehe den ganzen
Umfang seiner Schönheit, und dies Gefühl flößen ihre Werke
dem Betrachtenden dann wieder ein. Wir haben in München
ein Porträt von Rubens' Frau. Nur ein Pelzmäntelchen um
die Schultern gezogen steht sie da, unverhüllt bis auf die Fuß-
spitzen herab, so unschuldig schön aber, von einem solchen
Glanz umgeben, daß Niemandem der vorwurfsvolle Gedanke
kommt, wie der Maler seine eigene Frau so habe darstellen
können und wie sie selber es habe leiden können. Nur ein
Weniges fortgenommen aber von dieser Blüthe der Erscheinung,
und es würde unerträglich sein.

Wir fragen nun: was beherbergt Wiertz' Atelier denn,
das so außerordentlichen Eindruck macht und das einer Kritik
Stand hält, die an seine Werke den Maßstab legt, den er
selber in soviel Pamphleten als denjenigen fordert, bei dem
ihm allein Gerechtigkeit werden könne?

An künstlerischen Leistungen fast nichts. Ohne der Natur
irgend Neues abzusehen, hat er Vorhandenes roh nachgeahmt.
Allein was trotzdem sein Atelier zu einem der merkwürdigsten
Monumente macht, das eine bedeutende Kraft sich selbst errich-
tete, ist der Versuch, in einer Reihe von Kompositionen Gedanken und Anschauungen zu Gemälden zu formen, an deren
Darstellungsmöglichkeit mit Pinsel und Farben bis dahin Niemand gedacht hatte. Was er hier leistet, in den kolossalen
Dimensionen, in denen er es zeigt, und in der Kühnheit, mit
der er es angreift, übersteigt gewöhnliches Maß.

Wiertz war ein philosophischer Kopf. Die Ideen der
dreißiger und vierziger Jahre wogten in seiner Stirne und
nahmen darin die Gestalt wunderbarer Phantasien an. Kolos-
sale Form gehörte dazu: es war ihr natürlicher Ausdruck.

Wiertz meinte wirklich Raphael, Michelangelo und Rubens zu
überbieten, weil diese Himmel und Hölle ihrer Zeit nicht so
darzustellen vermochten, als er jetzt sich zutraute.

Anfangs hatte er auf dem richtigen Wege zu sein ge=
glaubt, wenn er die mythisch=heroische Vergangenheit des
Menschengeschlechtes zur Erscheinung brächte. Daraus flossen
seine homerischen Kämpfe. Dann fing er an die Gegenwart
symbolisch zu gestalten, zuletzt aber fühlte er, daß die Zukunft
gezeigt werden müsse. Er empfand, daß das, was die Mensch=
heit bewegt, schon längst nicht mehr die romantische Neugier
nach dem Vergangenen sei, sondern daß die Darstellung des
zukünftigen Lebens, dessen sowohl auf der Erde, als dessen
über die Erde hinaus, die Geister am meisten packen werde.
Die Menschen heute wollen die Zukunft vor Augen sehen und
erblicken nichts mehr. Die Gestaltungen der schaffenden Kunst=
blüthe im 16. und 17. Jahrhundert verloren längst ihre Glaub=
würdigkeit. Neue Formen verlangt man. Wie Goethe am
Schlusse des zweiten Theiles des „Faust" den Versuch macht,
neue Symbole für das einst zu Erwartende zu schaffen, das
Unaussprechliche in Worte zu fassen, so machte sich Wiertz
daran, das niemals Dargestellte zu malen. Und obgleich es
ihm nicht gelingen konnte, so liegt doch der ungemeinen Kraft
wegen, die er dabei entfaltete, in seinen Versuchen etwas, was
sie nicht als gleichgültige Dinge erscheinen läßt.

Eines seiner größten Gemälde stellt das letzte Ende der
irdischen Dinge dar als eine über einem finster wogenden
Meere im Gewölk gelieferte Schlacht, wo das Gute und das
Böse um den Sieg kämpft. Die Erscheinung Christi am Kreuze,
durch die Gewölke brechend, entscheidet den Kampf. Bei diesem
Werke fühlt man sich an den Dingen betheiligt. Keine bloße
Dekoration mehr, die wir vor uns haben.

In anderer Weise ist der gleiche Gedanke ausgedrückt
durch den in den Lüften und auf der Erde geführten Ring=

kampf derselben Mächte, zwischen denen es sich darum handelt, das Kreuz emporzurichten oder seine Aufrichtung zu verhindern. Man fühlt, daß der „Sohn des Arbeiters" hier die Darstellung menschlicher Kraftentfaltung gegeben hat, die er allein vielleicht so zu schaffen im Stande war. Das Abbild einer furchtbaren Revolte haben wir vor uns, als wäre nicht das Kreuz die Mitte der Kämpfenden, sondern eine gewaltige Barrikade, auf der um Leben oder Vernichtung gekämpft wird. Eine ganze Reihe von Gemälden bringen Christus und seine Lehre so als Mitte der heutigen Kulturkämpfe zur Anschauung. Das Wunderbarste aber hat Wiertz in drei Gemälden geleistet, welche die erste, zweite und dritte Minute aus den inneren Anschauungen eines Kopfes darstellen, der auf der Guillotine einem Verbrecher abgeschnitten ist und für sich zu leben fortfährt.

Alles Politische ist hier ausgeschlossen, nur Illustrationen zu den Hypothesen französischer Aerzte sollen gegeben werden, welche damals die Frage behandelten, ob das eigene bewußte Nachleben eines abgeschnittenen Kopfes möglich sei.

Auf dem ersten Gemälde sehen wir die Hinrichtung. Die Guillotine mit dem Rumpfe. Den Vordergrund bilden Köpfe von Frauen und Mädchen und anderen Repräsentanten des umher sich drängenden Volkes. Durch ihre große realistische Darstellung gewinnt der Maler einen Gegensatz zu den Visionen, welche die Lüfte erfüllen. In einem Gewirre von feurigen Wolken erscheinen diese: es ist das, was der Kopf mit Augen erblickt, der eben abgeschlagen wurde.

In der zweiten Minute ist all das verschwunden. Der Kopf, ganz abgetrennt und allein, dreht sich wie eine glühende Kugel in der Unendlichkeit um sich selber. Erinnerungen des vergangenen Lebens zeigen sich ihm: er sieht seine Familie, den Gerichtshof, die Aerzte an seinem Leichnam, Alles in wunderbaren Wolkenverschlingungen sich mit ihm drehend und traumhaft durcheinanderwälzend. ·

In der dritten Minute verlieren auch diese Erscheinungen ihre Kraft. Wiertz stellt jetzt das, was Einem etwa vor den Augen schwirrt, wenn man beide Hände stark darauf drückt. Es ist als durchschweiften alle Gedanken einzeln für sich das Weltall. Dieser Versuch, ein Chaos darzustellen, in dem alles Irdische sich auflöst, könnte Einem als das Werk eines Tollen .erscheinen, der mit Pinsel und Farben zu arbeiten beginnt. Allein das Wunderbare ist, man wagt doch nicht, das auszusprechen. Und nun durch dieses Chaos sehen wir, wie aus unendlicher Ferne, eine weiße Gestalt schimmern: Christus, der den irrenden Menschengeist anlockt und emporzieht.

Auf diesem Gebiete dessen, was sein wird, fühlt sich Wiertz ganz heimisch. Er malt eine in ein bartuchartiges Gewand gehüllte Gestalt, gerade emporfliegend, als ginge es in alle Ewigkeit hinein, Gestirne um sie her, die das Weltall andeuten, und, wie ein aus einem Luftballon ausgeworfenes Stück, ein flatterndes Buch unter ihr fliegend, aber abwärts, mit dem Titel „Grandeurs humaines.‟ Oder derselbe Gedanke anders gewandt: eine Familie, Mann, Frau und Kind, ideale unbekleidete jugendliche Gestalten, die im ewigen Aether zwischen den Gestirnen schweben. Nie sind mir diese Darstellungen wieder aus dem Gedächtnisse entschwunden. Ich beschreibe sie als ständen sie vor mir. In dieser Richtung hat Wiertz zuletzt allein noch gearbeitet. Er giebt Symbolisirungen philosophischer Probleme, welche in seinem Geiste die Oberherrschaft gewannen. Sein letzter Plan war die Erbauung eines neuen, noch geräumigeren Ateliers, worin nur fünf Gemälde Platz fänden, in denen er die Entwickelung der Menschheit von der Schöpfung an bis zur Gegenwart: wo der Ausgleich allen Uebels durch die Arbeit eintreten sollte, darstellen wollte. Wiertz lebte und webte in diesen Phantasien, die Welt beherbergte nichts Anderes mehr für ihn. Ich frage mich, warum ich, bei so ungemeinem Kraftaufwande, bei so völligem Absehen

von Geldgewinn bei diesem Manne, dennoch mit der vollen
Anerkennung zurückhalte, welche so große Anstrengungen zu
verdienen scheinen? Wir glauben doch nicht ganz und gar an
seine innere Wahrhaftigkeit! Nirgends doch eine künstlerische
Form, die Wiertz' Eigenthum wäre; nirgends Studium oder
nur Kenntniß der Natur: alle diese ungeheuren Schlachten
seiner Gemälde sind mit fremden Truppen geschlagen.

Und deshalb glaubt man auch nicht an den originalen
schöpferischen Geist bei ihm, dem es ein Bedürfniß war, diese
Probleme zu gestalten. Wiertz ist ein Agitator, dem die Be=
friedigung des Ehrgeizes einziges Ziel ist, und der mit natür=
lichem Instinkte das erkannt hat, was die Menschen packt.
Wiertz will erschüttern. Er verblüfft uns in der That, aber
nicht mehr. Man denke sich einen rabbiaten Schauspieler in
einem Stücke auftretend, in dem alle Leidenschaften sich über=
bieten, wo Menschen und Geister durcheinander wirken, mit
Verwandlungen, Feuerregen, Himmel und Unterwelt und toller
Musik: für den Augenblick könnte uns das völlig überraschen
und auf lange der Erinnerung sich einprägen; kritisiren aber
würden wir hinterher den ganzen Apparat dennoch sehr kalt=
blütig.

Das ist es, was den Besuch des Ateliers für Jeden
zu einem Ereigniß machen wird: aber man wird das Gefühl
mit fortnehmen, daß diese Werke die Ausgeburten eines der
wunderlichsten Menschen seien. Man wird sich sagen, daß in
diesem Geiste zum Theil etwas vernichtet ward, zum Theil
etwas nicht zur reinen Enfaltung kam. Was trägt die
Schuld daran?

Die Frage ist von Bedeutung, ob wir hier eine natürliche,
in völliger Freiheit gewählte und verfolgte Laufbahn vor uns
haben. Fassen wir Wiertz' Leben in wenigen großen Zügen
zusammen. Mit fünfzehn Jahren schon groß und breitschul=
terig und entwickelt wie ein Mann, kommt er stolz und un=

wissend aus seiner Einsamkeit in Dinant in seine neue Einsamkeit zu Antwerpen. Die unpersönliche Gewalt der Regierung giebt ihm zu diesem Leben soviel, um gerade leben zu
können. Hier lernt er, was es bedarf, um den ersten Preis
zu gewinnen. Sein Lesen, Denken, Träumen ist völlig ihm
selbst überlassen. Bis zu seinem sechsundzwanzigsten Jahre
dauert dieser Zustand. Nun gewinnt er den Preis; d. h. ein
Werk, das nur den Zweck hat, besser zu sein als andere, wird
von der abermals unpersönlichen Macht einer Kommission ge-
prüft und gekrönt. Abermals Geld vom Staate und abermals
Einsamkeit in Paris und Rom. Wiertz, als er einunddreißig-
jährig zurückkehrt, hat noch keinen Schritt völlig auf eigenen
Füßen gethan. Nun beginnt der Kampf gegen die abermals
unpersönlichen Mächte: Publikum und Ministerium. Zurückgewiesen, immer ohne je einem Einzelnen im Guten oder Bösen
gegenübergestanden zu haben, sondern stets mit Kollektivbegriffen
im Streite, weicht er allmälig aus Position auf Position zurück. Die Gunst des Publikums verachtet er bald eben so
sehr, als ihm früher darum zu thun war: ich möchte vom
Thurme von Notredame herab der ganzen Menschheit zu-
schreien, wie tief ich sie verachte, schreibt er 1840, als er Alles
erreicht hatte. Die Gunst der Regierung, die er endlich er-
zwungen hat, ist ihm gleichgültig, sobald sie ihm gewährt
wird. Am glücklichsten war er ohne Zweifel, als er, mehr
Journalist als Künstler, diese Kämpfe führte. Unerhörte Anforderungen stellte er: in dem Moment, wo er ausgelacht aus
Paris wiederkam, sollte das Ministerium die ungeheure Leinwand und obendrein die sofortige, noch vor dem ersten Pinsel-
strich zu ertheilende Zusicherung ewiger Aufstellung seines Gemäldes neben dem größten Werke des größten einheimischen
Künstlers geben! Natürlich erreicht er das nicht, allein trotzdem
zwingt er den Staat, ihn weiter zu unterstützen. Wiertz, der
Mann des Volkes, hat vom Volke nie die mindeste Unter-

ſtützung erhalten. Als er ſeinen Patroklus für ſo geringes
Geld verlooſte, mußte er viele Looſe für ſich behalten; als er
dem Miniſter drohte — il-y-a encore des citoyens en Belgique! hat er hinterher dieſe Bürger nicht angerufen. Niemals
iſt irgend Jemand — ſoweit ſeine Biographen berichten —
Wiertz' freiwilliger Dürftigkeit zu Hülſe gekommen. Staats-
hülſe bis zu Ende. Die Regierung baut ihm endlich das letzte
große Atelier, das er forderte, und er tritt in ſeine letzte Ein-
ſamkeit ein, aus der der Tod ihn abrief. Ein Weg von Gefängniß zu Gefängniß. Er verzehrt ſich nach der Anerkennung der Menſchen, aber er will Niemand kennen lernen.
Nur ſelten, daß es Dieſem und Jenem gelingt, ihn perſönlich
zu erreichen. Dennoch liegt ein großes Buch im Atelier aus,
in das man einzuſchreiben aufgefordert ward, was man von
Kritik etwa auszuſprechen wünſchte. Meiſtens Ergüſſe der
Bewunderung, gemiſcht mit dem Bedauern, daß ſo Vieles da
zu ſehen ſei, was an das Gemeine ſtreifte. Auf den freiblei-
benden Seiten gegenüber kritiſirte Wiertz dann wieder dieſe
Kritiken; meiſt ironiſche Bemerkungen. So ſeltſam bricht hier
ſeine Sehnſucht durch, mit den Menſchen zu verkehren, und
ſeine Unfähigkeit, als Menſch dem Menſchen gegenüberzutreten.
Dieſer Freiheitsheld, der, weil er ſich armſelig abgeſchloſſen
hält, unabhängig zu ſein glaubt, lebt von Anfang bis zu
Ende von der mühſam errungenen Unterſtützung des Miniſte-
riums, das er verhöhnt und haßt. Der Ruhm, von dem er
einſt träumte, daß er ihm vom Volke freiwillig überſtrömend
dargebracht werden würde, ward unter tauſend ſchmerzlichen
Gefühlen trübſelig aufgehäuſt aus dem Abfall erzwungener
offizieller Anerkennung, aus Journalreklame und aus dem
Beifall der weiten Menge, deren kritikloſem ſchwachen Ver-
ſtändniſſe Wiertz ſich in einigen ſeiner kraſſeſten Effektſtücke,
offenbar abſichtlich, anbequemte. Dabei verbreiteten ſeine
Freunde, daß der Sohn des Arbeiters aus Dinant — denn immer

wieder begegnen wir dieser Phrase — eine Art Märtyrer sei, der für das Volk gelitten habe. Nirgends in seiner Korrespondenz aber auch nur eine Andeutung, daß ihm an diesem Theile des Volkes, der ein besonderes Recht zu haben glaubte, sich mit Ausschluß der Gebildeten Volk zu nennen, irgend gelegen war. Während nach Wiertz' Tode nur mit schwacher Majorität in der Kammer durchgesetzt werden konnte, daß der Staat das Vermächtniß der Schenkung dessen, was sein Atelier enthielt, annähme, wurde sein Herz einbalsamirt im Triumph nach Dinant getragen und seine Leiche feierlich in Brüssel bestattet. Alle Welt war in Bewegung. In Dinant hat man die Errichtung seiner Statue beschlossen oder bereits ausgeführt. In Brüssel wird an den Tagen der großen Nationalfeste der freie Eintritt in das Atelier Wiertz mit auf das Programm gesetzt. Photographien seiner Werke werden von allen Fremden mitgenommen, welche Brüssel besuchen. Wiertz hat es erreicht, daß sein Name und seine Werke von Jedermann in Belgien gekannt werden.

Ob ihm aber das genügt hätte, wenn man es ihm als sicher in Aussicht gestellt? Ob die Leute, welche ihn über Rubens und Raphael und Michelangelo erheben, überhaupt von diesen Meistern etwas wissen? Man besucht heute nicht das Atelier Wiertz, wie man in die Sixtinische Kapelle oder die Vatikanischen Stanzen geht. Man geht dahin eher in dem Sinne, in dem man ein Spektakel=Theater oder einen Cirkus aufsucht. Wiertz wäre scharffichtig genug gewesen, um sich selbst zu sagen, was all dieser Ruhm werth sei, im Vergleich zu dem, den er als Knabe im Sinne hatte, als er seiner Mutter sagte: ich möchte ein König werden, um ein großer Maler zu werden, oder als er als Anfänger auf der Antwerpener Akademie vor seinen Mitschülern ausrief, sein höchster Gedanke sei, die Transfiguration Raphael's gemalt zu haben und dann zu sterben.

Hätte Wiertz, getrieben von der Kraft seiner natürlichen Anlagen, als junger Mensch sich aufgemacht, ohne Gedanken an erste Preise ein paar Jahre die Akademie besucht, dann sich hierhin und dorthin gewendet, wie das Leben ja Jedem forthilft, und einen Meister gefunden, bei dem er gearbeitet hätte; wäre ihm niemals der Gedanke an Staatshülfe näher getreten, sondern, als Mensch unter den Menschen sich umtreibend, hätte er sich abgemüht, bis die erste Stufe zu wirklichem Emporkommen gefunden war: Niemand freilich würde sagen können, was dann aus ihm geworden wäre, ob ihn Armuth nicht überhaupt doch zu Boden gedrückt gehalten hätte, ob er nicht vielleicht Schriftsteller oder Schauspieler geworden wäre, sicherlich aber würde seine Laufbahn eine natürlichere, menschlichere gewesen sein.

Man nimmt in Familien nicht gern Kindermädchen, die in Waisenhäusern erzogen sind. Man meint, daß sie keine Liebe zu den Kindern hätten. Diese Liebe für seine Kunst hat Wiertz eingebüßt, der der Waisenhauskunstpflege des Staates so völlig anheimfiel. Sie hat ihn von den Menschen abgetrennt. Wo er individuelles Leben derselben darstellen will, werden es kalte Masken oder Karikaturen. So seltsam ging dies Unpersönliche zuletzt in seine Natur über, daß Dr. Watteau als eine seiner Eigenheiten anführt: er habe niemals eine eigenthümliche Hand geschrieben, sondern bald so bald so. Nur da entstehen einigermaßen lebendige Gestalten auf seinen Gemälden, wo er das Allgemeine symbolisch persönlich darstellt.

Und doch war Wiertz ein leidenschaftlicher Mensch, den unablässig die stärksten Gefühle der Seele bewegten. Aber es sind immer wie Stürme, die ganze Wälder umbrechen oder Meere empören sollen: Nichts hat einfach menschliches Maaß bei ihm.

Nur ein lebhaftes Gefühl sehen wir in ihm lebendig: die Anhänglichkeit an seine Familie, und besonders die Liebe zu seiner Mutter, der er, da sein Vater früh gestorben war, in jedem Sinne Alles zu verdanken hatte.

Die Sorge für sie scheint das Einzige zu sein, was ihn aus seinen ehrgeizigen Gedanken herausreißt. Er nahm seine Mutter zu sich als er aus Italien wiederkam, und seine Briefe lassen wieder und wieder erkennen, wie sehr er an ihr hing.

Im Gedanken an seine Mutter ist wohl auch die Kompo=sition entstanden, die seine allerletzte war, und an deren Aus=führung er zu gehen im Begriffe stand, als ihn ein plötzlicher Tod hinraffte. Wir sehen sie im Atelier deshalb nur im Karton ausgestellt. Es ist die einzige seiner Arbeiten, die wirklich das Herz trifft. Der Katalog nennt sie: „Man findet sich wieder im Himmel“, „L'on se retrouve au Ciel.“ Scenen des Wiedersehens nach dem Tode, die mit rührender Zartheit empfunden sind. Als Mitte des Ganzen stellt Wiertz eine Frau dar, welche, zum ersten Male die Augen wieder öffnend nach dem Todesschlummer, ihr vor ihr gestorbenes Kind wie=derfindet, das wie in alten Zeiten ihr entgegen läuft und die Arme um ihren Hals schlingt. Die Frau aber nimmt es an, als sei das Kind, während sie es nicht gesehen, fast zu vor=nehm für sie geworden. Es sind ihm Flügel gewachsen. Sorg=sam streichelnd und halb furchtsam fährt sie mit der Hand über das Gefieder hin, als wolle sie prüfen, was das eigent=lich sei. Wiertz wollte das Gemälde für die Kirche seiner Vaterstadt ausführen. Ob es ihm gelungen wäre, diesen Ge=stalten zu verleihen, was allen seinen Schöpfungen bis dahin fehlt, wissen wir nicht. Vielleicht, daß, wenn er am Leben geblieben, endlich das noch in ihm erwacht wäre, was, zu voller Entfaltung kommend, seine ganze Thätigkeit umgestaltet haben würde. Warum sollten wir einer außerordentlichen Kraft wie der seinigen nicht zutrauen, daß er auch so spät noch, ge=troffen von einer Stimme seines Herzens, der jetzt erst Sprache verliehen ward, eine andere Richtung eingeschlagen hätte?

Mehr als „vielleicht" dürfen wir freilich nicht sagen.
Der Ehrgeiz hatte sich zu tief in ihn eingefressen. Dr. Watteau
beschreibt seine letzten Stunden. Wiertz lag in Phantasien;
bald verlangte er Waffen, um seine Feinde abzuwehren, dann
Farben und Palette. O, was das für ein Bild werden wird! —
ich will über Raphael siegen! — das waren seine letzten
Worte. Wenn Jemand mit so gewaltiger Energie eine Richtung eingeschlagen hat wie Wiertz that, so muß er seinen Weg
vollenden, es giebt kein Innehalten und kein Ablenken mehr.
Was aber den Ruhm anlangt, dem er Alles opferte und den
er sich thatsächlich bereitet hat: einstweilen hält der fremd-
artige Reiz seiner Werke noch vor, einstweilen auch sind noch
Leute da, denen daran gelegen ist, die Begeisterung dafür
frisch zu schüren, spätere Zeiten aber werden anders über ihn
urtheilen.

Schinkel als Architekt der Stadt Berlin.

Zum Schinkelfest 1874.

Ich will sprechen über Schinkel als den „großen Architekten der Stadt Berlin". Nicht nur von dem soll die Rede sein, was er gebaut hat, sondern von dem zumeist, was er bauen wollte, von seinen Projecten für die Stadt, welche Projecte geblieben sind. —

Wenn wir das eigentlich Gemeinsame großer Männer zu bestimmen versuchen, so finden wir, daß sie, mögen sie sich bethätigt haben auf welchem Gebiete sie wollen, Organisatoren gewesen sind.

Nicht allein für Politiker gilt das Wort. Homer hat das gesammte geistige Leben seines Volkes erfaßt und gestaltet. Er hat in seiner Ilias und Odyssee wie aus dem härtesten Metalle Schienen gezogen, von denen das Phantasieleben der Griechen niemals wieder abwich. So hat Phidias sich der Skulptur bemächtigt und die Formen der Götter festgestellt, die er für lange Jahrhunderte, so wie er sie im Geiste zuerst sah, als höchste Herrscher einsetzte. So haben in näheren Zeiten Dante, Luther, Voltaire, Goethe, Jeder von seinem Punkte aus, ihre Herrschaft über Zeitgenossen und Zukunft begründet.

Ueberall bei der Thätigkeit dieser Männer sehen wir den Trieb auf das Allgemeine, Ganze. Nicht als besondere individuelle Erscheinungen sollen ihre Werke den Genuß Einzelner bilden, sondern auf das gesammte geistige Leben sollen sie wirken. Dante, Voltaire, Lessing, Goethe sehen wir als Dichter, als Schriftsteller, als Gelehrte thätig: sie breiten sich aus nach allen Richtungen. Sie verlangen nicht bloß Bewunderer, sie wollen Unterthanen haben.

In diesem Geiste nun sehen wir Architekten sich eines Platzes bemächtigen, um ihn zu ihrer eignen Schöpfung umzugestalten. Hier nenne ich Michelangelo und Schinkel. — Jeder von beiden wollte seine Stadt in seinem Sinne zu einer Hauptstadt erheben. Nicht bloß Gebäude sollten aufsteigen, sondern auch, was die Bewohner dieser Häuser dächten, sollte zuletzt ein Resultat der scheinbar nur architektonischen Arbeit sein. Michelangelo gelang es völlig. Er erfand eine neue Architektur für das Rom, das durch die auf dem Trientiner Koncil neukonstituirte Macht der Päpste einige Jahrhunderte lang wieder Europa beherrschte. Aber außerdem: er übte durch seine Malereien und Skulpturen auf die, welche dieses Rom bewohnten, einen Einfluß aus wie nur Phidias vor ihm.

Schinkel machte nur einen Versuch. Er wollte aus Berlin die erste Stadt Deutschlands machen. Und wiederum, auch er wollte nicht nur Straßen und Plätze mit seinen Bauten besetzen, sondern auf die Anschauungen derer, die sie bewohnten, wollte er entscheidend wirken. Daher seine wunderbare künstlerische und wissenschaftliche Thätigkeit. In dem Wenigen, das er an Schriften unvollendet hinterließ, ist eine Kunstlehre enthalten, die, völlig ans Licht tretend, den größten Einfluß gehabt hätte. Und so enthalten seine Gemälde für die Vorhalle des Museums eine ausgebildete Philosophie der ersten Zeiten menschlicher Entwickelung. Aber es wurde nichts vollendet. Seine Lebenskraft brach ab in den Jahren, wo seine Schöpfun-

gen dieſer Kraft am meiſten bedurften. Er ſtarb als gerade
der König den Thron beſtieg, mit dem er ſein Werk vielleicht
hätte becubigen können.

Indeß wo es ſich um Männer erſten Ranges handelt, da
läßt die Geſchichte zuweilen das Gewollte für das Vollendete
gelten. Deshalb, wenn ich heute von dem zumeiſt reden will,
was Schinkel nur projectirte, werden die Dinge dennoch greif=
bar genug erſcheinen. Deshalb auch ſei zwiſchen Schinkel
und Michelangelo, als ganz beſcheidener Städteerbauer noch
ein britter Künſtler erwähnt, bei dem es weder zu vollem,
noch zu halbem Erfolge kam, da Alles völlig im Bereiche der
Phantaſie ſich ereignete: Albrecht Dürer, der eine Stadt er=
bauen wollte als Hauptſtadt eines von ihm geträumten König=
reiches. Zu dieſer iſt niemals ein Stein bewegt worden, ſie
beſteht nur, ſehr Wenigen bekannt, auf dem Papiere, aber
Dürers großer Name bewirkt, daß wir von ihr reden wie
von etwas das Exiſtenz hat.

Das Rom, an das Michelangelo herantrat, war ein un=
geheures Gemiſch von Ruinen aller Epochen, zwiſchen deſten
Kirchen, Paläſte und Häuſer, wiederum aller Epochen, in plan=
loſer Verwirrung durcheinandergeſtellt, ſich erhoben. Jede
architektoniſche Form war da vertreten. Alle Zeiten hatten
gebaut, zerſtört, reſtaurirt. Ein Chaos über und unter der
Erbe. Raphael wagte ſich baran, wiſſenſchaftliche Ordnung
in dieſe Dinge zu bringen. Seine letzte große Unternehmung
war die Durchforſchung und Aufnahme der Ruinen, um nach
den Reſten die ehemaligen Formen der Gebäude zu recon=
ſtruiren. Bei den Ausgrabungen dafür hat er ſich den Tod
geholt.

Michelangelo aber galt es, ein neues Rom zu ſchaffen.
Zwei Hauptpunkte der Stadt fielen in ſeine Hände: das Ca=
pitol und die Peterskirche. Beiden hat er den Stempel ſeines
Geiſtes aufgedrückt. Der Palaſt Farneſe trat hinzu; Brücken,

Kirchen, Thore, Prachtanlagen; Alles jedoch Nebendinge, verglichen mit Capitol und Peterskirche. Nichts war vollendet
als er starb: mit so kräftiger Hand aber hatte er die Linien
gezogen, die innezuhalten waren, daß kein Abweichen davon
möglich war, und heute steht die Kuppel der Peterskirche da
wie er sie im Modell hinterließ, und das Capitol wie er es
wollte, und wer von diesem herab auf Rom blickt, sieht in
den unzähligen Kuppeln und Palästen nichts als eine Schöpfung
des großen Buonarroti. In Capitol und Peterskirche hat er
den Adam und die Eva eines großen Geschlechtes geschaffen,
das sich herrschend über den alten Ruinen erhob und das
heute noch in Rom fortlebt. Niemals vorher und niemals
nachher, soviel wir wissen, hat ein Architekt das geleistet. Der
Neubau Roms, für dessen feineren Schmuck nicht minder derselbe Mann als Bildhauer und Maler wirkte (so daß nichts
Anderes neben ihm aufkommen konnte), ist eine That, welche
Kräfte verlangte wie das Emporbringen eines neuen Reiches.

Wie arm und wesenlos erscheint solchen Erfolgen gegenüber Albrecht Dürers bescheidener Versuch. In einer Stadt
lebend, in der es sich seiner Zeit nur im beschränkten Sinne
um bahnbrechende Bauten handelte, erfüllt gleichwohl von der
Unruhe des Geistes, der zum Aufbau des Protestantismus bei
uns führte, träumte Dürer von der Residenz eines idealen
Königs in einem Lande, das er nicht näher bezeichnet hat,
aber das nur Deutschland sein konnte, und beschrieb, wie sie
gebaut werden müsse.

Dürers Geist strebte nicht weniger als der Michelangelo's
dem Großen zu. Die anwachsende innere Macht seiner Gemälde bekundet es. In der Architektur jedoch versagte ihm
der Stoff und er konnte nur als Schriftsteller wirken. Immer
ja hat beschränkte Energie sich in Schriftstellerei Luft gemacht.
Dürer, der keine Dome und Paläste zu bauen fand, der
höchstens ein paar Façaden aufriß, wo es sich um aufzuma-

lende Ornamente handelte, schrieb sein Buch über die Befesti=
gung der Städte und errichtet, als letzte Blüthe seiner Theorie,
die befestigte Residenz eines Deutschen Königs.

Dürers Befestigungslehre ist werthvoll. Das sogenannte
neupreußische System ist als auf den Principien beruhend er=
kannt worden, welche Dürer aufstellte. Ihm aber genügte es
nicht, nur Mauern und Bastionen zu schaffen: die ganze Stadt
wollte er organisiren, der diese Vertheidigungswerke zu Gute
kämen. Bei Vitruv fand er den Gedanken der Städtegründung
nach rationellen Principien zuerst und suchte ihn für Deutsch=
land auszubeuten. Er beschreibt die vortheilhafteste geogra=
phische Lage dieser Stadt seines Herzens. Er legt die be=
festigte Königsburg in die Mitte, ordnet die Anlage der Bürger=
häuser rings umher und bestimmt, wo Kirche, Brauhaus, Rath=
haus und Begräbnißplatz liegen sollen und wie die Gewerke
in den Straßen zu vertheilen seien. Man fühlt, daß der Ge=
danke an neue sittliche Ordnungen des Deutschen Lebens damit
verbunden waren. Damals dachte man nicht an Länder= und
Volksvertretung: das weiteste was der städtische Politiker kannte,
war die Stadt. Venedig war das irdische Musterbild, das
vorschwebte, das neue himmlische Jerusalem das theologische
Symbol dafür. Die letzten Consequenzen dieser Lehre kamen
im Reiche der Wiedertäufer rasch genug damals zur Blüthe.
In Münster saß nun ein König inmitten seiner Stadt, eine
schauerhaft carrifirte Verwirklichung idealer Hoffnungen, welche
Deutschland damals erfüllten.

Albrecht Dürers Stadt hat für keine Städtegründung in
Wirklichkeit je die Norm gegeben. Dennoch lag in seinem
Phantasiegebilde das verborgen, was für eine neue Generation
von Städten des protestantischen Deutschlands Lebensprincip
wurde. Die Landeshoheiten erhoben sich damals über die
Reichsstädte. Das befestigte Schloß wurde das Centrum der
neu aufkommenden Hauptstädte: der residirende Fürst war es,

dem alle Bewegung zuſtrömte, von dem Alles ausging. Neben
den beſtehenden, umfangreichen freien Bürgerfeſtungen, für die
jedoch eine Grenze des äußern Wachsthums gezogen war, be=
gannen ſich die Schlöſſer der neuen Herren zu Städten aus=
zudehnen, wachsthumsvoll und mit freiem Horizonte rings=
umher. Die glänzendſte aber unter dieſen Königsſtädten iſt
Berlin geworden.

Es iſt merkwürdig, wie früh ſchon unſer Sumpf= und
Sandboden das Genie eines großen Künſtlers locfte, ſich hier
zu bethätigen. Als die zerſtreut liegenden, durch die Regie=
rungskunſt des Großen Kurfürſten dennoch zu einem Ganzen
vereinigten früheſten Elemente Preußens den Titel eines König=
reiches annahmen, faßte Schlüter den Plan, Berlin zu einer
Hauptſtadt für die auffommende Macht zu geſtalten. Was
wir heute von ſeinen Arbeiten ſehen, ſind nur Theile ſeines
umfangreichen Projectes. Für ihn lag das Schloß damals
nicht inmitten Berlins, ſondern gehörte nach Weſten hin zu
den Anfängen einer neuen Stadt auf der anderen Seite des
Fluſſes. Das alte ſtädtiſche Berlin ließ Schlüter unberührt*):
das neue königliche Berlin wollte er aufrichten. Der Schloß=
platz, in deſſen Mitte hinein die breite Schloßbrücke führen
ſollte, bildete das Centrum, um das Alles ſich gruppirte. Wo
die heutige Stechbahn ſteht, oder vielmehr ſtand, ſollte die
Façade eines Domes ſich erheben. Alles groß und weit ge=
dacht; Plätze und Gebäude im Style Michelangelo's, in deſſen
Geiſte Schlüter, als ſein letzter ächter Nachfolger, als Bau=
meiſter und Bildhauer gearbeitet hat.

Warum dieſe Pläne ſcheiterten, habe ich hier nicht aus=
zuführen. Auch nichts zu ſagen von denen Friedrich des
Großen, der mit ſeinen Bauten abermals um ein bedeutendes

---

*) Es iſt hier nicht von einzelnen Werfen die Rede, ſondern von der
Umgeſtaltung des Ganzen. Schlüter hat auch im alten Berlin gebaut.

nach Westen vorrückte. Friedrich wohnte nicht in Berlin. Berlin
vergrößerte sich im Laufe des vorigen Jahrhunderts ohne
daß die Eingriffe bedeutender Künstler aus einer höheren Perspective die Wege geregelt hätten, die man einschlug.

Preußen hatte nach den Freiheitskriegen die Berechtigung
empfangen, nicht bloß, wie bisher, ausnahmsweise und auf
Grund besonderer Leistungen, sondern als reguläres Mitglied
des Collegiums der europäischen Großmächte zu figuriren.
Der nächste Schritt konnte nur der sein, „Preußen" in „Deutschland" umzugestalten. Wie sehr das auch in Abrede gestellt
werden mußte: der Strom der Begebenheiten trug uns vorwärts in dieser Richtung, und was geschah, wurde absichtlich
oder unabsichtlich gethan, die Wege zu diesem Ziele zu ebnen.
Berlin repräsentirte Norddeutschland. Kaum war nach dem
Kriege die erste Erschöpfung öffentlicher Mittel überwunden,
als Friedrich Wilhelm der Dritte daran dachte, großartige
Bauten aufzuführen. In den zwanziger Jahren hauptsächlich
hat sich diese architektonische Umarbeitung der Stadt vollzogen.
Hier aber kam es nicht darauf an, der Mit- und Nachwelt
prächtige Werke vor Augen zu stellen als Denkmale der
Prachtliebe eines mächtigen Königs — so hatte Schlüter noch
die Sache aufgefaßt —: sondern es handelte sich darum, bei
äußerster Sparsamkeit möglichst Großes auszuführen, überall,
wo nur das Schöne gewollt schien, dennoch fast ausschließlich
von der Idee des Nützlichen auszugehen, zu benutzen was an
vorhandenen Resten alter Bauten irgend verwendbar war,
umzubauen, aufzuarbeiten, zu maskiren. Dem Architekten er-
wuchs nicht die Aufgabe: als genialer Künstler gewaltige Pläne
zu ersinnen, sondern als geübter Beamter, billige, umfangreiche
Nützlichkeitsbauten so zu errichten, daß sie die Gestalt monumentaler Schöpfungen von tadelloser Schönheit annähmen.
Und hierfür fand der König Schinkel.

Er, geschult im preußischen Dienste, begriff gleich den an-

bern Beamten Friedrich Wilhelm des Dritten, daß es Preußens
Aufgabe damals war, seine geringen Mittel würdig zu ver-
walten. Das ist das Große jener Generation, von deren
staatsmännischer Arbeit wir jetzt erst zu wissen beginnen, daß
sie ihre Mission mit heroischer Selbstverläugnung erfüllte.
Jeder war stolz darauf, mit dafür einzustehen, daß unsere
Armuth zur Verwendung komme als wenn sie Reichthum sei.
Und deshalb, so peinlich es ist, Schinkel als geplagten rech-
nenden Chef des preußischen Bauwesens über Plänen sich
abmühen zu sehen, welche selten überhaupt, niemals aber in
ihrer ersten vollen Gestalt zur Ausführung kamen: historisch
betrachtet bildet diese verzehrende Arbeit einen Theil seines
Ruhmes.

Und nnn ist es ein bewundernswürdiger Anblick, was
Schinkel unter diesen Verhältnissen geleistet hat. Schinkel
faßte sein Berlin, wie Michelangelo sein Rom gefaßt hatte,
im Ganzen, um es zu organisiren. Auch er ließ, wie Schlüter
gethan, was östlich vom Flusse lag außer Rechnung. Es
kam darauf an, der westlichen Stadt das volle Gepräge einer
Hauptstadt zu geben. Die Plätze und Straßen nimmt Schinkel
in Beschlag; die Thore, auf die es am meisten ankam, die
Umgegend zieht er in seine Projecte hinein. Ist auch nur
ein geringer Theil von dem wirklich entstanden, was er zu
bauen vorschlug, so ist dies doch mit so intensiver Kunst ausgeführt worden, daß es in Verbindung mit dem, was Schinkels
Schüler bauten und was sein Freund und Genosse Rauch an
Denkmalen aufstellte, maßgebend für die moderne Physiognomie
der Stadt geworden ist.

Treten wir nun in das Berlin ein, das Schinkel bauen
wollte, wie seine Skizzen und Zeichnungen ausweisen.

Der Bau des Potsdamer Thores, wie wir ihn heute
gleichfalls von Schinkel ausgeführt erblicken (freilich so, daß
Mauer und Thore selbst verschwunden sind), entsprach den

höheren Gedanken nicht, die er für diese Stelle hegte. Hier sollte ein Dom sich erheben, als Erinnerungsbau an die gewonnenen Schlachten der Freiheitskriege. Von dem Beginn der Leipzigerstraße bis weit über die vielgenannte Ring'sche Apotheke hinaus, sollte, bei Vorschiebung der Stadtmauer sammt den Steuergebäuden und Verlegung der Potsdamer- und Bellevuestraße, ein langgestreckter Platz entstehen, von Baumreihen eingefaßt. In seiner Mitte ein Dom in gothischer oder, wie Schinkel zu sagen vorzieht, vaterländischer Bauweise. Vor und hinter ihm, nach Straße und Thor zu, Springbrunnen als Centren der sich bildenden Plätze. Durch das Thor aber, und über die Stadtmauer hinüber, die in ein Gitter aufgelöst werden sollte, würde das Grün der Gärten draußen unmittelbar an das des Platzes sich anschließen und so den Uebergang der Stadt in die Landschaft vermitteln. Der Preis der zu erwerbenden Grundstücke schien kaum der Rede werth. Wie von einer stillen Gegend spricht Schinkel von diesem Platze, der für die Anlage einer Kirche besonders passend sei.

Bildete dieser Dom den Augenpunkt für die die Leipzigerstraße Herabkommenden: so sollte nach der andern Richtung ein Thurm den gleichen Dienst leisten, der zwischen Dönhofsplatz und Spittelmarkt, in die Mitte der Straße vorspringend, seine Stelle fände. Für diesen Thurm besitzen wir wohl die zahlreichsten Projecte, welche von Schinkel je für denselben Bau entworfen worden sind. Es scheint, als habe er den „Thurm an sich" entdecken wollen. Griechische, gothische, römische, romanische, italiänische Elemente benutzt er. Den Vorrang haben die Zeichnungen, welche unter dem Einflusse von Giotto's Glockenthurme entstanden sind. Die Spitze sollte ein Erzengel Michael zieren, als Symbol des niedergeworfenen Feindes, in demselben Sinne aufgestellt, in dem die Florentiner Bildsäulen des David oder der Judith errichteten.

Auch an diesem Punkte der Leipzigerstraße, und in Verbindung mit diesem Thurme, wollte Schinkel seine Siegeskirche
erbauen und zwar in verschiedener Richtung aufgestellt. Einmal sollten zwischen Commandantenstraße und Sparwaldbrücke
Häuser niedergerissen werden: die Achse des Baues hätte dann
von Norden nach Süden sich gestreckt. Nördlichster Punkt war
der Thurm, durch einen Bogen, welcher freien Verkehr nebenher
gestattete, mit einem saalartigen Vorbau verbunden, durch den
man erst in die sich anschließende runde Kirche gelangte. Einmal ist das Ganze gothisch projectirt. Der Saal bildet hier
einen dreischiffigen Raum, während die Wölbung der Kirche
von einem großen Mittelpfeiler ausgeht. Dann wieder, antik
gedacht. Hier sehen wir die Kirche als eine Nachbildung des
Pantheons, zugleich als den Versuch einer Restauration desselben. Ein freier Platz mit Baumreihen würde die Kirche
umgeben haben.

Einem andern Plane nach sollte die Achse von Osten nach
Westen laufen und der Dom so stehen, daß die Façade die
heutige Spittelkirche durchschnitten, der Bau übrigens aber
das Einreißen der Anfänge der Wallstraße gefordert haben
würde.

Auch für die in der Nähe gelegene Petrikirche machte
Schinkel neue Pläne; weiter nach Osten aber über den Fluß
hinüber ging er nicht vor. Seine Vorschläge zum Umbau
des Rathhauses sind mehr Lösungen einer praktischen Aufgabe
als Lieblingsarbeiten, auch tragen sie keinen monumentalen
Character. Gehen wir von der Leipzigerstraße zu den nörd-
lich von ihr liegenden Stadttheilen über.

Auf dem Gensdarmenmarkt säuden wir (wären Schinkel's
Absichten durchgedrungen) das Schauspielhaus in anderer Umgebung. Denn völlig in den Styl sich hineindenkend, in dem
die beiden Thurmbauten dort gehalten sind, hatte Schinkel
eine Aenderung der angehängten Kirchen projectirt, ein Unter-

nehmen, das die kommende Zeit ohne Zweifel früher oder
später ausführen wird. Auch das Schauspielhaus wäre noch
monumentaler ausgefallen, hätten nicht stehengebliebene Brand-
mauern benutzt werden müssen.

Hinter der katholischen Kirche wollte er dann die — bis
vor kurzer Zeit noch geschlossene — Französischestraße durch-
brechen, und rechts, wo das Telegraphenamt steht, sollte die
neue Landesbibliothek sich erheben, deren Local damals schon
als ungenügend erkannt worden war. Die Straße sollte dann
verbreitert werden, um der Werderschen Kirche einen würdigen
Vorplatz zu schaffen, für die wir vier Pläne auf einem Blatte
zur Auswahl zusammengestellt finden. Zwei in antiker, zwei
in gothischer Form gehalten: alle darin übereinstimmend, daß
sie für einen freieren Platz berechnet waren. Am schönsten
erscheint mir der, welcher einen korinthischen Tempel römischer
Bauart copirt, während am nördlichen Ende sich eine flach-
gedeckte säulenumstellte Kuppel hoch erhebt, deren Gestalt an
die Art Bramante's erinnert.

Nun an der Bauschule vorüber, die Schinkels eigenste
und eigenthümlichste Schöpfung ist. An die Brücke, an Stelle
der Mühlen, links dem Schlosse zu, wollte er ein Kaufhaus
bauen. Dagegen mitten auf dem Schloßplatze sollte ein Sieges-
brunnen sich erheben: sprudelnde Wasserbecken mit mannigfachen Figuren übereinander, und auf der Höhe eine thronende
Borussia, das Schwert schwingend, dessen Griff das Landwehr-
kreuz bildete.

Doch wir schreiten nun dem Platze zu, an dem das
erhabenste unter all seinen Werken errichtet worden ist, das
Museum.

Wenn wir Goethe's Iphigenie ein in glücklicher Ehe des
Deutschen und Griechischen Geistes gezeugtes Kind nennen, dann
ist das Museum Schinkels Iphigenie. Niemals betrete ich
seine freie Säulenhalle, ohne daß ein Hauch des Athenischen

Lebens befreiend mich anweht. In diesem Baue hat Schinkel
sich das würdigste Denkmal gestiftet. Wird auch die Halle,
von der ich rede, noch immer durch jene zweite untere Ge-
mäldereihe verunziert, für welche sich leider noch kein Topf
mit Tünche gefunden hat, so überwindet der Glanz des Ganzen
auch diese unglückliche Zuthat. Niemals ist den Werken der
Kunst ein ehrfurchtgebietenderes Haus gebaut worden.

Für das Museum hat Schinkel von Grund auf Alles
schaffen müssen. Kein Wunder, wenn er den Lustgarten in
seiner neuen Gestalt als ihm besonders zugewiesen betrachtete.
Zwischen Schloß und Dom, weit jedoch über den Platz vorspringend welchen die Schloßapotheke einnimmt, wollte er
für Friedrich den Großen einen Erinnerungsbau aufthürmen.
Auf einem stufenreichen Unterbau sollte, nach zwei Seiten vortretend, eine offene Säulenhalle sich erheben, drei Etagen übereinander, drei Rückwände mit Gemälden, welche Friedrichs
Thaten schildern. Diese offene Halle nahm das Denkmal in
ihre Arme: einen Siegeswagen mit vier Rossen, auf dem der
Held einherzieht. Hoch über der Mitte der Halle, hinter ihr
stehend mit der Grundfläche, ragt ein korinthischer Tempel
auf, während rechts und links ihre Vorsprünge mit lebendigem
Grün besetzt waren. Es kann nichts Festlicheres, Sieg und
Ruhm mehr verkündendes gedacht werden.

Zwei Gedanken muß ich hier berühren.

Erstens: wie kam Schinkel dazu, dies, in seiner Structur
griechisch-römische Werk — etwa Trajan oder Hadrian würden
so gebaut haben — dicht neben das in italiänischer Renaissance
gehaltene Schloß zu setzen? Auf einer seiner Skizzen fand ich
folgende, darauf anzuwendende Bemerkung.

Er schreibt:

Hauptprincip.

„Jede Construktion sei rein, vollständig und in sich selbst
abgeschlossen. Ist sie mit einer anderen, von einer anderen

Natur verbunden, so sei diese gleichfalls in sich abgeschlossen und finde nur den bequemsten Ort, Lage, Winkel, sich der ersteren anzuschließen. Dies jedoch immer so, daß der Anblick sogleich jede von der anderen unterscheiden kann und jede in ihrem ursprünglichen Character vollkommen herausstellt, aber auch jede in ihrer inneren Vollendung, wohin auch die artistische gehört, vollkommen befriedige."

Aus dieser Anschauung heraus gewann Schinkel die Unbefangenheit, Monument an Monument zu reihen, ohne daß die Verschiedenheit des Styles in Betracht kam.

Und ferner eine Bemerkung über das Baumwerk, welches die Höhe des Friedrichsbaues krönen sollte.

Bei allen Bauten Schinkels sehen wir die Bäume eine Rolle spielen. Kein Project beinahe, das die Gebäude nicht als dicht umgeben von reicher Vegetation hinstellt. Garten und Gärtchen werden oft als architektonische Ingredienzien verwendet. Ging es nach ihm, so wäre Berlin wie ein idealer Wald, aus dem die Kirchen, Schlösser und Bildsäulen sich erhöben. Den Lustgarten sehen wir dicht von ihm bewaldet, die Brücke zu beiden Seiten in hohe Baumpartien ausmündend. Wir werden bald gewahren, bei welcher Gelegenheit er dies Princip am ausgiebigsten anwendet.

Noch einen Blick auf den Dom, wie Schinkel ihn umbauen wollte. Eine alte Kirche mit Renaissance-Kuppel stand da, ein Gebäude von, wie Schinkel's Bericht sagt, sprichwörtlicher Häßlichkeit. Seine Grundmauern sollten verwerthet werden. Schinkel legte viele Pläne vor. Sein grandiosester Entwurf zeigt den Dom höher, breiter und weiter auf den Platz vortretend. Ein massiger, sich breit erstreckender Unterbau mit nach drei Seiten hin tempelfaçadenartigen Vorbauten, zu denen Stufen führen. Ueber deren Giebeln, das Ganze umfassend eine Attika, mit runden großen Fenstern, beherrscht von einer kräftig vorsprin-

genden Krönung. An den Ecken dieses Baues niedere, aus
zwei säulenumstellten Stockwerken gebildete, flache Thürme; in
der Mitte eine gewaltige, von freien Säulen umringte Kuppel
mit stufenförmiger Abdachung. Das Ganze großartig, aber
sein in den Gliederungen, etwa als habe man das Project
der Peterskirche, das Michelangelo ausführen wollte, in die
schlankeren Formen Bramante's zurückübersetzt.

Noch aber bleibt Schinkel's Hauptproject für den Lustgarten zu erwähnen.

Wer heute über die Brücke gehend nach dem Museum zu
scharf links abbiegt, ahnt nicht, daß dieser Platz, dicht an der
Brücke, die Stelle war, für die Schinkel eine Fülle von Entwürfen, abermals zu seinem Friedrichsdenkmale entworfen
hatte. Einen Reichthum offenbaren diese Skizzen, der gleichsam eine ganze Denkmalkunde enthält. Alle Combinationen
scheinen erschöpft, vom einfachen Reiterstandbilde, wo wir den
König, wie den Capitolinischen Marc Aurel zu Pferde, über
einen Grund zerbrochener Waffen hinreiten sehen, bis zu den
complicirtesten Erfindungen, wo Hallen, Tempel, Obelisken,
Stelen, Triumphbogen verwandt worden sind, als hätte Schinkel
durch die alle Möglichkeiten erschöpfende Mannigfaltigkeit seinen
königlichen Bauherrn nöthigen wollen, sich für einen dieser
Vorschläge zu entscheiden. Auch mußte der an jeder Seite ganz
anders sichtbare Platz ihn aufs höchste reizen. Dicht am Wege
befindlich, hinderte er doch Niemand, ließ zugleich aber, man
mochte kommen woher man wollte, Niemandes Blicke los.
Recht als hätte ein Athener ihn für ein Monument ausgewählt.

Allein der König entschied sich nicht und Schinkel mußte
abermals wandern mit seinem Projecte. Endlich schien er
nun den rechten Standort entdeckt zu haben: mitten auf dem
Platze zwischen Universität und Opernhausplatz. Die veränderte Localität erforderte eine andere Gestaltung des Monu-
mentes: eine Säule, wie die des Antonin oder Trajan in

Rom, soll aufgerichtet werden. Ein Umgang von dorischen Säulen umgiebt ihre Basis. So angemessen für die Stelle scheint wiederum dieser Vorschlag, daß, stände die Säule heute da, Niemand, wie beim Brandenburger Thore, Berlin ohne sie würde denken können.

Diesem Platze war nun aber in noch großartigerer Weise eine neue Gestaltung zugedacht in einem Projecte für Erbauung des heutigen kaiserlichen Palais. Hier zum ersten Male sehen wir Schinkel etwas vernichten wollen: die Bibliothek sollte fallen zu Gunsten des neuen Palastes. Ihrem Inhalte war hinter der Universität, an der Ecke, welche der botanische Garten einnimmt, ein neues Haus zugedacht: ein von vier gleichen Fronten umschlossenes Gebäude, das sich der Bauacademie vergleichen läßt, und dessen einfache, sachgemäße Architektur, verbunden mit vorzüglichen Grundrissen, den überzeugenden Eindruck von Zweckmäßigkeit macht.

Dieser Abbruch der alten Bibliothek war indeß nicht bei allen Projecten für das Palais Bedingung; bei einigen sehen wir sie erhalten, alle diese bei weitem reicher als die definitive Form, in der wir das Gebäude heute erblicken. Schinkel's schönster Entwurf dagegen verlangte Raum. Ueber Paläste hatte er seine eigenen Ideen, die er hier einmal wieder zu verwirklichen versuchte.

Zuerst sehen wir ihn zwei Etagen aufführen, die Front wie sie heute liegt, nur die Ecke mehr in den Platz hinein. Diesen Umbau überzieht er mit einer Bekleidung von Quadern; das große Einfahrtthor in die Mitte einfach hineingeschnitten, wie die Einfahrt in einen Tunnel. Die ganze Höhe dieser zwei Etagen krönt ringsum ein umlaufender Balcon, mit Vegetation erfüllt, und darauf erhebt sich der eigentliche Palast: ein einziges, hohes, luftiges Stockwerk, man könnte sagen: italiänisch gedacht, mit schlanken, bis auf den Boden reichenden Fenstern.

Dies die Vorderseite, und nun die Seitenansicht, dem Opernplatze zu. An Stelle der Bibliothek haben wir jetzt drei Terrassen, in großen Absätzen zurückweichend, auf denen sich Gärten mit üppigem Baumwuchse befinden, jede mit dem entsprechenden Stockwerke des Palastes in Verbindung, und als Abschluß der Höhe eine lange, lustige Veranda, von der aus über den Platz herüber ein köstlicher Blick sich bieten mußte. Sommer= und Winterpalais wären in diesem Baue vereint gewesen. Einen Anfang dessen haben wir hier vor uns, was in den Plänen zum Schlosse Orianda endlich zu einem herrlichen architektonischen Gedichte angesponnen ward.

Noch einmal versucht Schinkel auch hier seine Friedrichs= säule aufzustellen, als Abschluß der Linden aufgefaßt, an der Stelle wo heute das Monument steht. Und noch an einer anderen Stelle versucht er für den Prinzen von Preußen, heute Seine Majestät den Kaiser, ein Palais zu bauen. Die eine Ecke des Pariser Platzes occupirte Schinkel durch den Palazzo des Grafen von Redern: die andere Ecke sollte für das Palais dienen. Die Façade hätte dem Platze zu gelegen, der Art, daß die Achse des französischen Gesandtschaftshauses gerade auf ihre Mitte ging. Das Ganze in Quadern aufgeführt, die Ecke nach den Linden hin als viereckiger Thurm mit Balcons vorspringend. Hauptsache war hier die Einrichtung der Gärten, welche durchschneidend bis an die Spree sich erstrecken sollten, mit Rennbahnen und allem was die Erinnerung an italiänische Gartenpracht aus Schinkels Phantasie herauslockte. Die Umgebungen des Brandenburger Thores mußten damit in Einklang gebracht werden. Die Stadtmauer vor allen Dingen in ein Gitter verwandelt und mit Grün maskirt. Die Straße bis zum Potsdamer Thor mit Villen besetzt. Vor dem Brandenburger Thore, außen, ein Platz durch eine niedrige breite Balustrade abgeschlossen, die sich nach den drei Hauptrichtungen in weiten Oeffnungen aufthat, jede zur Rechten und Linken mit Postamenten besetzt, auf denen Pferde- und Hirschgestalten ihren Staub hatten. Das Ganze parkmäßig gedacht und nicht im Entferntesten dem heutigen Verkehre genügend.

Bekannt ist, wie Schinkel außerhalb Berlins vorstädtische Kirchen gebaut, wie er die Thore übrigens zum Theil occupirt hat, wie er neue Wege und points de vue für den Thiergarten angab. Seine Mappen zeigen, wie er, neben diesen Projecten für feste Standpunkte, eine Fülle von Bauten im Geiste trug: Dome, Denkmale, festliche Schmuckbauten, die er auf dem Papiere ausführte — für Berlin, hoffnungslos von vorn herein, daß sie jemals irgendwo zur Entstehung kämen. Seine tröstende Göttin war zuletzt die Resignation geworden. Das größte all seiner Projecte jedoch, an dessen mögliche Ausführung er wenigstens beim Hinwerfen der ersten leichten Skizze geglaubt hat, bleibt noch zu erwähnen: die grandiose, letzte künstlerische Ausbildung eines Siegestempels für die Freiheitskriege, der auf dem Kreuzberge stehen sollte.

Das dort vorhandene Denkmal ließe sich einem Bäumchen vergleichen, das einsam sich erhebt, während ein ganzer Wald von hundertjährigen Stämmen gleichsam projectirt war. Den Berg ringsum und weit in die Landschaft hinein sollte in der That Baumwuchs bedecken; ein breiter grader Weg vom Hallischen Thore bis zur Höhe frei bleiben. Das Hallische Thor war zu zwei nebeneinanderliegenden Thoren neu projectirt, zwischen denen auf einem Obelisken ein Engel Michael stände.

Die Spitze der Anhöhe nun, die wir Kreuzberg nennen, sollte, frei von Bäumen, in drei großen Absätzen schräg abgestuft werden. Auf dem Plateau oben erhob sich ein viereckiger Unterbau. Die Ecken glatt, die etwas nach innen geneigten Seitenwände als Bogen gegliedert. Der Rand des Ganzen oben ringsum mit Bäumen eingefaßt.

Auf der so construirten Basis erhebt sich ein glatter cylinderförmiger Bau, aus dem nach den vier Himmelsrichtungen

antike Tempelsaçaden hervorspringen, zu denen reiche Treppen
emporführen. Hoch über ihren Giebeln schließt auch dieser
Rundbau glatt ab, wiederum rings mit einer Baumreihe besetzt. Nun erst war der Grund für die eigentliche Siegeskirche
gewonnen, die aus den letzten Baumgipfeln als gothischer
Centralbau in unzähligen Spitzen, die mittelste die höchste,
emporstieg. Dieses Project hat etwas überwältigendes. Die
Abwechselung der mächtigen Constructionen mit Baumwuchs
läßt den Bau als eine natürliche Fortsetzung der Anhöhe erscheinen.

Die schöpferische Kraft der Natur sand im Architekten
ihren natürlichen letzten Interpreten gleichsam. Der Mensch
veredelt was die dunkeln Erdkräfte im Rohen schufen. Ausgeführt, würde dieses Werk meilenweit in die Runde sichtbar
und ein Wahrzeichen für Berlin geworden sein, wie es die
Peterskuppel für Rom ward.

Das ist das Berlin, das Schinkel gebaut haben würde
wenn er gedurft hätte. Wie günstig hat das Schicksal doch
für Michelangelo gewaltet. Nichts sah er vollendet als er
starb, und Alles, wenn auch hier und da nicht so ganz wie
er wollte, ist nach ihm emporgewachsen. Dagegen, wie kurze
Zeit verflossen seit Schinkels Fortgang, und alle Bedingungen
von Grund aus verändert, unter denen er für sein Berlin
seine Pläne schuf!

Was ahnte er von den Bauten, um die es sich heute han-
delt: Eisenbahnhöfen, Fabriken und Palästen großer Industrie
und Geldgesellschaften, Quais und Canälen, und Häusern für
die Volksvertretung? Wie konnte er ahnen, welch prachtvolles
Material dafür zur Verfügung gestellt werden würde? Sein
Berlin war arm und menschenleer. Schinkel wollte es zum
Ideale einer Deutschen Hauptstadt erheben, wo Handel und
Fabrikthätigkeit kaum vertreten sind, während Universität und
Academie, neben der im verborgnen fast geräuschlos arbei-

tenden Staatsmaschine, die entscheidenden Momente bilden.
Nach den Freiheitskriegen schien ihm und der Mehrzahl des
Volkes der Frieden auf undenkliche Zeit gesichert. Die Fort=
entwickelung Preußens im Deutschen Sinne konnte nur die
Arbeit der Cabinette sein. Wie völlig ist das Alles über den
Haufen geworfen! Heute ist Berlin die Mitte des durch Eisen=
bahnen und Telegraphen fest zusammengehaltenen Landes, der
Punkt, zu dem die energischsten Kräfte von allen Seiten unab=
lässig zu Tausenden zuströmen, um lärmend hier die wichtigsten
Geschäfte abzuthun. Der Kaiser, der von hier aus regiert,
bedarf keines Palastes mehr, als Mitte der Stadt, wo sich
in Gärten friedlich Hof halten läßt. Ganz Deutschland ist
seine Residenz geworden. Wie in alten Zeiten der Kaiser un=
aufhörlich von Stadt zu Stadt zog, überall seine Pfalzen
findend, so ruft ihn auch heute die Kriegs= und Friedensarbeit
seines hohen Amtes unablässig hierhin und dorthin. Mit dem
Begriffe der Ruhe ist der der Residenz im alten Sinne ver=
schwunden, bei Berlin und den andern großen Städten sogar
der Begriff der Stadt selber umgewandelt worden.

Die Möglichkeit, überall zu wohnen und mit einer einzigen
Nachtfahrt fast überall hinzugelangen, hat den Gedanken auf=
gehoben, für eine größere oder geringere Anzahl dicht anein=
anderstoßender Wohnungen, die sich an bestimmten Puukten
fiuden, eine eigene innre Form zu suchen. Ideale Mittel=
punkte der Städte sind, wie die Mauern, nur noch zufällige
Ueberbleibsel früherer Zustände. Niemand mehr, der sich in
der Mitte von Berlin ein Haus bauen möchte, um da friedlich
alt zu werden mit den Seinigen. Einzige Erwägung ist in
solchen Fällen jetzt nur, wie weit fort von dem Centrum der
Geschäfte man bauen dürfe ohne Unbequemlichkeiten im Ver=
kehre dadurch zu erfahren. Die Tendenz ist in Berlin: Pa=
läste zu erbauen für die, deren großartige Geschäfte feststehende
Räume verlangen; außerhalb Berlins aber: zu wohnen, so

still als möglich, so nah als möglich der Natur, so versteckt
als möglich in einem eigenen Garten. Schinkel würde mit
ungeheurem Erstaunen diesen Umschwung betrachtet haben.
Solche Consequenzen der entfalteten Kraft des Volkes für sein
Berlin vorauszusehen, war ihm unmöglich. Seine Gebäude
setzten Menschen voraus mit ruhigem, heitrem Dasein. Dürer
hatte bei seiner dreifach befestigten Königsburg immer die Einfälle der Türken im Auge: Schinkel hat niemals an Festungen
und befestigte Schlösser gedacht, und auch die politische Arbeit
des Volkes hat niemals seine Phantasie electrisirt.

Nur einen leisen Anklang an die Gedanken unserer Zeit
könnten wir darin finden, daß er bei dem Dome für den Platz
am Potsdamer Thore betont: Volksfeste müßten hier gefeiert
werden.

Allein nehmen wir an, die Aufgaben der heutigen Zeit
wären ihm nahe getreten.

Worauf kommt es heute an?

Zu fühlen, daß bei dem ungeheueren Areal, das Berlin
einzunehmen im Begriffe steht, das Terrain nicht bloß als
Baugrund, sondern im höchsten Sinne landschaftlich zu verwerthen sei. Hierfür hat kein Architekt einen Blick gehabt
wie Schinkel. Er würde mit der nöthigen Autorität darauf
gedrungen haben, daß die Straßen ihre Breite, die Plätze ihre
beste Lage empfingen und überall der Blick monumentalen
Bauten begegnete, deren Schönheit und Würde beruhigend ge-
wirkt hätte im verwirrenden Getöse des heutigen Lebens. Er
auch hätte dafür gesorgt, daß dem Baumwuchs überall seine
volle Berechtigung zu Theil geworden. Denn wie wollen die
Bewohner dieser ungeheuren Stadt, die mit ihren Kindern
stundenlange Wege zu machen haben, um in die freie Natur
zu gelangen, überhaupt noch erfahren was die freie Natur
sei, ohne Gärten und Plätze mit Baumwuchs, zum Spiel für
die Kinder und zum Athemholen für die Erwachsenen? Der

Deutsche hat eine angeborne Sehnsucht nach dem Walde. Schinkels Drang, überall Baumwuchs in seine Architektur zu bringen, ist ächt national. Michelangelo dachte nie daran. Der Romane sucht seinen Bäumen womöglich das Ansehen steifer Wände zu geben, er erträgt es, in kahlen Städten zu sitzen und aufzuwachsen. Ein Deutsches Kind aber, das nicht unter Bäumen gespielt hat, nicht auf Bäume geklettert ist, hat einen Theil seines Jugendglückes eingebüßt. Schinkel würde dargelegt haben, daß die Verkommenheit eines immer mehr anschwellenden Bruchtheiles unserer Bevölkerung in dem gefängnißartigen, von dem Verkehr mit der freien Natur abgeschlossenen Emporwachsen von Menschen ihren Grund hat, die von Kind auf niemals reine Luft athmeten.

Es kommt ferner darauf an: herauszufinden, welche Stellen der inneren Stadt von Häusern befreit werden müssen, um Raum für offene Plätze und für monumentale Bauten zu gewinnen. Schinkel hat bewiesen, wie im Ganzen er sein Berlin auch in dieser Beziehung kannte: er würde aufs neue bewiesen haben, daß er es auch heute zu behandeln wisse. Er aber auch, dessen Aufgabe immer war, das Vorhandene zu schonen, würde bei aller Energie im Fortschaffen des Häßlichen, Ehrfurcht bewiesen haben. vor den ächten Resten alter Kunst, selbst wenn es den Anschein gehabt hätte, daß sie im Wege ständen. Vielleicht auch, wenn Schinkel selbst Wache gehalten hätte, daß einige seiner eigenen Werke heute nicht so unnütz zerstört worden wären, oder durch unorganische Zuthaten und Anhängsel verunziert daständen.

Endlich: ein Mann wie Schinkel wäre dazu geschaffen gewesen, für die neu aufzuführenden monumentalen Gebäude den Styl anzugeben, der der geeignete sowohl für ihren Zweck, als für den Platz wäre, auf den sie kommen sollten.

Während Michelangelo aus all seinen Erfahrungen einen Stil bilden konnte, übersah Schinkel, dem ganz andere Er-

4*

fahrungen zu Gebote standen, mit wissenschaftlicher Freiheit die gesammte architektonische Entwickelung: seine historisch geschulte Phantasie reprobucirte für jeden Bau die Form, die sich am besten für ihn schickte. Von unendlichen Seiten flogen ihm die Motive zu. Was würde er aus den Quadern und dem Marmor errichtet haben, für die ihm heute colossale Geldmittel zu Gebote ständen und die er seiner Zeit aus Kalkbewurf und Stuck nachahmen mußte!

Und nicht bloß die großen öffentlichen Bauten, auch die Privatbauten würden diesen Reichthum seines Geistes an Ornamentik empfunden haben. Schinkel war es ein Leichtes, Pracht zu schaffen wo sie verlangt wurde, und für die innere Einrichtung praktische Erfahrungen zu verwerthen. Hier wie überall geht er von den einfachsten, naturgemäßen Gedanken aus.

Denken wir ihn als den Mann, dem ganze Stadtviertel zu bauen übertragen würden, ihn als den, der bei unbegrenztem Credit einen Palast für den Kaiser, ein Parlamentshaus,*) Paläste für die Ministerien zu errichten hätte — vergessen wir nicht, wie sehr alle seine Projecte zuerst in colossalen, die ganze Umgegend beherrschenden Formen entstanden — solche Aufgaben würden ihn in einen Rausch des Entzückens versetzt

---

*) Lebte Schinkel noch, er hätte längst, innerhalb der Stadt, den besten Platz für das Deutsche Parlamentshaus ausfindig und dem Umherirren der Wahl von einer zufällig freiliegenden Stelle fiscalischen Eigenthums zur andern ein Ende gemacht. Berlin hat genug Stellen, wo Luft geschafft werden muß, denn jede Verminderung der inneren Häusermasse ist bei der Ueberbürdung der Stadt mit Wohnstätten, welche in den letzten Jahren stattfand, eine Wohlthat. Ich erlaube mir, da die Gelegenheit sich bietet, einen Vorschlag. Man mache das Quadrat zwischen Wilhelms-, Koch-, Friedrichs- und Puttkammerstraße von Häusern leer und setze auf den so entstehenden, mit Bäumen umkränzten Platz das Parlamentshaus. Die Anhaltstraße führte dann gerade auf die Mitte des Platzes zu, während auf dem Anhaltplatze Stein's Denkmal aufgestellt werden könnte.

haben. Jetzt erst hätte er ein Feld gefunden, auf dem er sich mit Michelangelo messen konnte.

Schinkel heute nach dem taxiren zu wollen, was er factisch gethan hat, wäre eine Ungerechtigkeit. Seine Projecte sogar bezeichnen nicht voll den Umfang seines Geistes: wir müssen hinzuthun, was er schrieb, wie er arbeitete, wie er lebte. Träte heute ein Mann wie er wieder unter uns, er würde auf keine der Fragen, die wir an ihn zu stellen hätten, die Antwort schuldig bleiben.

Und so wollen wir Schinkel heute ehren und verehren, als stände er hier und hörte mit an, was über ihn geurtheilt wird.

13. März 1874.

Rauchs Biographie von Friedrich Eggers.

1873.

Die Freunde des verewigten Eggers erwarteten seit Jahren sein Buch über Rauch. Nun ist nach seinem Tode der erste Band der Arbeit, Dank der Sorge seines Bruders, gedruckt worden. Er enthält Rauchs Leben bis zum Jahre 1819, wie er zur Herausgabe fertig in Eggers' Papieren vorgefunden wurde. Der Schluß soll, sichert die Vorrede zu, in einem zweiten Bande erscheinen, für dessen Vollendung im Geiste seines Bruders der Herausgeber einsteht. Möge das Versprechen bald erfüllt werden.

Friedrich Eggers hat vor einigen Jahren einen Vortrag über Rauch gehalten, worin er als den Mittel= und Gipfelpunkt von dessen Thätigkeit die Arbeit an den Victorien für die Walhalla hinstellt. Das Centrum der Jugendarbeit Rauchs findet im vorliegenden Bande eine andere Mitte: die Statue der Königin Louise im Charlottenburger Mausoleum. Es ist als wäre Rauchs Genius nur erweckt worden um dieses Werk zu schaffen, die Frucht gleichsam seines sich auf die königliche Familie concentrirenden Jugendenthusiasmus. Der Fortschritt zu den Victorien war dann nur eine letzte Erhöhung desselben Grundthemas. Dort hatte er dem Unterliegen seines Vaterlandes durch die Verklärung eines Ereignisses Ausdruck

gegeben, das dem Lande damals wie eine letzte Besiegelung
des allgemeinen Jammers erschien; hier symbolisirte er die
Erhebung aus diesem Abgrunde durch die Gestalten der Göttinnen, die den Sieg bedeuten. Kein Künstler unserer Zeit
ist wie Rauch im politischen Sinne patriotischer Künstler gewesen. Die eigene Denkungsart und die Ereignisse machten
ihn dazu. Er verlieh den Gestalten der Helden der Freiheitskriege ihre typische, historische Form. Wie er Bülow, Scharn-
horst, York, Gneisenau und Blücher darstellte, stehen sie überhaupt der Nation vor Augen. Und als letztes Werk trat dann
die Reiterstatue Friedrichs hinzu, in der, durch einen Prozeß
als sei der bildende Künstler der berufene Geschichtsschreiber
der Epoche, Alles was der Große Friedrich für unsere Gedanken
Sichtbares an sich und um sich hat, in der Hauptgestalt selbst
und in den Figuren des Fußgestells zur Erscheinung kommt.
Rauch ist ein Mann, dessen Leben zu kennen, nicht bloß den
Liebhabern der Kunstgeschichte wichtig war, sondern von dessen
Entwickelung und innerem Leben zu wissen, Jedermann wichtig
sein muß.

Eine so schöne Aufgabe hatte Friedrich Eggers sich gewählt und nun hat ihn der Tod abgerufen ehe er sie völlig
lösen konnte. Er würde sie trotzdem längst haben vollenden
können, hätte nicht die Last ununterbrochener Lebensarbeit,
nur deshalb zu thun, um eben das Leben zu gewinnen, immer
und immer seine Kräfte von der Stelle fortgedrängt, die seinem
Talente und, Alles in Allem genommen, seiner Persönlichkeit die
würdigste und geeignetste gewesen wäre. Indessen es soll davon
hier nicht weiter gesprochen werden: die Dinge sind nun vorüber und abgethan; dennoch, es durfte doch auch nicht ungesagt
bleiben. Hätte Eggers mehr in einem Zuge arbeiten dürfen,
so würde sein Buch in manchem vielleicht noch höheres Lob
verdienen. Er würde es, was sich ja immer erst bei ganz
vollendeter Arbeit thun läßt, in einigen Partien voller aus-

geführt haben. Den großen Hintergrund, von dem Rauch sich abhebt, würden wir noch mehr zu selbständigen Massen geformt sehen. Eggers nächste Aufgabe jedoch mußte sein, sich auf seinen Helden zu beschränken. Erst wenn dessen Gestalt vor ihm stand wie sie sein sollte, durfte den Nebenfiguren weitere Betrachtung gegönnt werden. Das Leben in Rom und Berlin würde Eggers mit breiterer Ausführung dann noch einmal übergangen und Beziehungen zu den Zeitgenossen, die einstweilen mehr angedeutet wurden, in ausgiebigerer Weise verfolgt haben. Diese Bemerkungen sollen nicht als Tadel gelten: vielmehr sie sollen denen, deren Erwartungen nach dieser Richtung gingen ohne ganz und gar befriedigt zu sein, zur Antwort geben, der Verfasser würde, hätte seine eigene Hand das Werk zum Abschluß bringen dürfen, ihm auch hier den Stempel höherer Vollendung aufgedrückt haben. Sein Bruder spricht im Vorworte selbst diese Erwartung aus.

Rauchs Carrière vom Sohne eines einfachen, in engen Verhältnissen, abseits vom großen Verkehre lebenden Beamten, zum Diener im königlichen Hause und von da, durch einen plötzlichen Sprung, zum Künstler, läßt etwas erkennen, was er mit denen gemeinsam hat, in deren Verkehr er in Rom eintrat: Thorwaldsen, Canova und, ich darf ihn hier noch wie einen Lebenden aufführen, obgleich er längst nicht mehr lebte, Carstens. Alle vier wurden sie von dem die Zeit erfüllenden idealen Geiste zur Höhe getragen. Schinkel, Cornelius und die Uebrigen, deren Namen hier weiter nichts zur Sache thun, schließen sich ihnen an. Ein zündender Funken sprang eines Tages in die Seele dieser Künstler ein und eine Begeisterung für das Schöne und Große entflammte sich in ihnen, die nichts zu löschen und nichts aus ihrer Richtung, grad empor, zu bringen vermochte. Diese Zeiten liegen uns heute so fern, daß Viele sie kaum noch begreifen. Wer vom „Ideale“ heute spricht, erscheint fast lächerlich. Man hört halb spöttisch an

was darüber gesagt wird. Bis zum Haß habe ich in neuester
Zeit diese Abneigung sich steigern sehn.

Was denn ist das Ideale?

Wir haben unter den Abgüssen des hiesigen Neuen Museums eine Anzahl antiker Pferdeköpfe römischer Arbeit. Porträts und Pferdeköpfe waren die Domäne der römischen Kunst,
ganz wie heute in England diese beiden Themata fast die gesammte wahre Kunst des Landes im besten Sinne in Anspruch
nehmen. Man leistete Vorzügliches, es sind Werke in beiden
Richtungen geschaffen worden, die als meisterhaft und wohl-
gelungen gelten dürfen.

Aber vergleichen wir diese Abgüsse römischer Werke mit
dem Abgusse des einzigen Kopfes eines Rosses, das zum
Giebel des Parthenons gehört und bei uns ebenfalls zu sehen
ist! Wer wäre wohl je im Leben einem Thiere begegnet, das
ein solches Haupt auf dem Halse trug? Aber man stelle sich
vor dieses verstümmelte Stück Marmor, das ja fast nur noch
ahnen läßt, wie die Gestalt einst aus der Hand des Künstlers
hervorging: welch ein Gefühl der Bewunderung durchzuckt
uns! Das waren die Rosse, von denen gezogen der Wagen
des Meergottes durch den Ocean rauschte, oder der des Sonnengottes über die Wölbung des Himmels flog! Man braucht
weder Homer noch Pindar zu kennen, noch überhaupt von
den Göttergeschichten der Griechen etwas zu wissen: dieses
Haupt eines märchenhaften Pferdes ist mächtiger und wahrer
und wirklicher und schöner als die gemeißelten und gegossenen
Pferde aller Zeiten nach denen des Phidias, und was sogenannte realistische Kunst an Pferden geschaffen hat, sind schwach-
knochige zahme Geschöpfe neben diesem idealen Pferde der
griechischen Blüthezeit.

Die Generation, der Rauch entsprang, war im Stande
das zu empfinden. Ich sage nicht, man habe die Griechen
erreicht. Weder ihm noch den Andern gelang das. Aber man

wußte, worauf es ankam. Es lag der Menschheit im Blute
damals. Ein Drang, das Höchste, Edelste zu leisten, erfüllte
die Künstler, eine Sehnsucht nach Verständniß und Mitgenuß
das Publikum. Aus dieser Gesinnung ging freilich die französische Revolution hervor, aber auch die Freiheitskriege wurden geschlagen aus ihr heraus. Sie durchdrang die Gelehrsamkeit und Literatur, sie war der Lebensathem der Epoche.
Und doch waren die Zeiten wieder so, daß nur wenige von
den bildenden Künstlern, die in ihr arbeiteten, sich völlig frei
entwickeln konnten, weil die Aufgaben, die ihnen zufielen, unter
der Beschränkung litten, welche die unausgebildete politische
Gestaltung der Völker mit sich brachte. Carstens, Canova
und Thorwaldsen haben nichts gestaltet, an dem die Völker
in dem Maaße Theil hatten wie das athenische einst oder das
florentinische an den Werken seiner Künstler. Ihre Thätigkeit,
so großartig und ausgebreitet sie war, hat immer etwas pri-
vates behalten. Nur Rauch macht eine Ausnahme. Ihm
sind historische Aufgaben im lebendig geschichtlichen Sinne zugefallen und die eigenthümliche Kraft zugleich, sie durchzuführen.
Kein Thorwaldsen und Canova würden diese Königin Louise,
diese Feldherren der Freiheitskriege, diesen Friedrich gestaltet
haben. Nicht bloß geniale künstlerische Kraft, römischer Boden
und Umgang mit der Antike genügten, um diese Werke zu
schaffen: auf Berlinischem Boden sind sie gewachsen, sie sind
organische Erzeugnisse der Hauptstadt des Landes, aus dem
heute das Deutsche Kaiserthum geworden ist; Berlinisch, so
gut wie Athenische und Florentinische, Römische und Venetia-
nische Kunstwerke Producte des eigenen Bodens waren, zu
dessen Schmucke sie errichtet wurden. Die moderne Sculptur
jener Zeit hatte nach der politischen Seite etwas Vaterlands-
loses: Rauchs Werke stehen im entschiedenen Gegensatze zu
denen der anderen Künstler seiner Epoche. Nicht glorificiren
sollte er Preußen wie die Hofkünstler Napoleons das Kaiser-

thum ihres Herrschers: formen sollte er die Anschauungen
eines Volkes, das sich frei gemacht hatte. Nur ein Künstler
konnte dem nachkommen, der selbst Theil genommen an dieser
Begeisterung. Schadow vielleicht wäre hier neben Rauch zu
nennen, wenn wir noch andere Repräsentanten dieser Richtung
suchen, denn schon Tieck besaß die gleiche Eigenthümlichkeit
nicht, so heimisch er in Berlin gewesen ist. Schlüter scheint
zu weit abzuliegen, um an ihn hier zu erinnern, aber genannt
muß er werden, der so einzig und einsam innerhalb seiner
Epoche, aus der verborgenen Kraft des Landes, für das er
arbeitete, schon die Kraft gesogen zu haben scheint, die seine
Arbeiten erfüllt.

Sind so zwei Elemente in Betracht gezogen worden, denen
Rauch gleichsam die Flügel verdankte, um sich emporzuschwin-
gen, so bleibt noch ein drittes zu erwähnen, das weniger die
allgemeine Gunst der Zeit als das eigene gute Glück ihm gewährte: sein Verhältniß zu Wilhelm von Humboldt während
der entscheidenden Jahre des ersten römischen Aufenthaltes.
Was das sagen will, als junger Mensch, in den Tagen wo
die Augen aufzugehen beginnen, die Leitung zu haben, die ein
Haus wie das Wilhelm von Humboldt's in Rom gewähren
konnte, das zeigen die Biographien fast aller derer, die Bedeutendes geleistet haben. Es giebt nichts, das einem auf-
strebenden jugendlichen Geiste, mag er Künstler, Gelehrter oder
sonst sein wozu sein Talent ihn antreibt, so unentbehrlich ist,
als der Umgang mit einer innerhalb der lebendigen Bildung
der eigenen Zeit stehenden überragenden geistigen Kraft. Phi-
bias hatte Perikles und die anderen großen Geister seiner
Zeit in nächster Nähe um sich, Giotto fand Dante, Michelangelo Lorenzo Medici und die Gelehrten seiner Umgebung,
Raphael erwacht zu neuem Leben am Hofe Giulio des Zweiten.
Und um auf die Zeiten überzuspringen, von denen wir reden:
Carstens hatte Fernow, Thorwaldsen Zoëga neben sich. Rauch

verdankt seine höhere Existenz Humboldt und dessen Familie.
Hier empfing er die Weihe, welche wahre Gelehrsamkeit allein
ertheilen kann. Wir lesen, wie Rauch, als sein Modell der
Königin Louise von Berlin nach Italien abging, um dort in
Marmor ausgeführt zu werden, die Höhlung des Gypses mit
den Uebersetzungen griechischer Autoren vollstectte. Dies ist
eine der Stellen der Biographie, wo ich gewünscht hätte, daß
Eggers länger verweilt wäre. Ein paar Titel schon hätten
genügt: Homer, Aeschylos und einige Historiker. Und im An=
schlusse daran hätte Humboldts Gestalt lebendiger hervortreten
können. Liegt für dieses Verhältniß umfangreicheres Material
an Briefen vor als der Verfasser mittheilt, so würde ich ihm
vorgeworfen haben, zu zurückhaltend gewesen zu sein.*) Als
Wunsch für den zweiten Theil des Buches sei ausgesprochen,
es möge was aus Tagebüchern und Briefen irgend mittheil=
bar scheint, als Anhang des Ganzen so vollständig als mög=
lich zusammengestellt werden.

Wenn Eggers jedoch manches Detail fortgelassen hat, das
in kleinen Zügen das Römische Leben Rauchs von 1805 bis
1810 vielleicht bewegter erscheinen lassen konnte, darauf, wie
ich schon oben sagte, kam es ihm in erster Linie nicht an.
Eggers mußte vorerst im Auge haben, die großen Accente der
Entwickelung Rauch's richtig zu setzen. Dies hat er gethan.
Was dies anlangt fehlt seiner Arbeit nichts. Man schreitet
von Hauptsache zu Hauptsache vorwärts. Der Gipfelpunkt
von Rauchs Jugendthätigkeit ist das Charlottenburger Monu=
ment und hier auch gipfelt Eggers Darstellung. Hier empfan=
gen wir Alles, dessen es bedarf. Die Gesinnung des Königs,
dessen einfache tiefe Trauer in dem Werke des Künstlers Trost

---

*) Ich komme auf die Vermuthung weil Thorwaldsens Leben von
Thiele I. 203 einen Brief Rauchs enthält, den Eggers nur seinem Inhalte
nach verwerthet, ohne ihn wieder abzudrucken. Auch der vom 12. September
an Thorwaldsen, ebendaselbst I. 197, ist nicht abgedruckt.

findet, ist ergreifend dargestellt. Rauchs Arbeit sehen wir
Schritt vor Schritt wachsen, und das Gefühl, mit dem ihre
Vollendung ihn erfüllte, geht in den Leser über, der sich in
ihn einlebt, wie man sich mit den Gefühlen des Helden einer
Dichtung vertraut fühlt. Diese Partie der Darstellung mußte
die gelungenste sein und ist es geworden. Und hier kam dem
Biographen zu Statten, was auch dem Künstler selber zu
Statten gekommen war: daß Eggers nicht als Bewunderer
eines in Griechenland oder Italien blühenden Bildhauers
schrieb, sondern daß er als Berliner, wenn auch kein gebore-
ner, von der Arbeit des Berliner Künstlers redet. Eggers war
ein Schüler Kuglers, derjenige vielleicht, der am längsten hier
das Andenken seines Meisters hochhielt. Kuglers Thätigkeit aber
beruhte auf dem geistigen Zustande, der von Rauch, Schinkel,
Beuth und Humboldt für Berlin als eine eblere Atmosphäre
geschaffen worden war. In ihr hat auch Eggers noch gelebt
und gearbeitet. Wir können schließlich sagen, Rauchs Bio=
graphie sei von einem, der mit der großen Familie in letzter
Generation verwandt war, geschrieben worden. Und so, auch
in diesem Sinne war die Arbeit in die rechten Hände gelegt
worden, die sie leider nicht vollenden sollten.

Die Ruinen von Ephesus.

1872.

Im Herbste 1871 wurde unsererseits eine kleine Expedition an die Küsten Kleinasiens abgesandt, welche unter Ernst Curtius' Führung aus den Herren Regely, Adler, Gelzer und Hirschfeld bestand. Ueber den Erfolg der Reise hat Curtius in der Academie der Wissenschaften Bericht abgestattet und ist derselbe unter dem Titel „Beiträge zur Geschichte und Topographie Kleinasiens" besonders erschienen.

Die Geschichte Griechenlands hat immer als der Mittelpunkt der antiken Geschichte gegolten. Die Geschichte Roms aber ist uns bisher vertrauter als die der Griechen gewesen. Unser Deutscher Staatsorganismus hat sich aus dem Römischen entwickelt; Römisches Recht bildete den Grund, in dem unsere juristischen Anschauungen wurzelten; in lateinischer Sprache ist ein großer Theil unserer wichtigsten Literatur abgefaßt. Was die römische Republik und das Kaiserthum betraf, ging uns an wie eigene Angelegenheiten, und Cäsar und die Julier waren uns von der Schule an bekannter als Carl der Große und die Ottonen.

Wie gleichgültig verglichen damit die griechische Geschichte. Die Bildhauer, Dichter, Philosophen und Staatsmänner Griechenlands bewundern wir, aber den Boden, auf dem

Solon oder Perikles eigentlich standen, keunen wir so wenig
als uns die reale Wirklichkeit bekannt ist, im Gegensatz zu
welcher Plato die Theorien seiner Republik erbaute. Selbst
Aristoteles' Politik schien nicht viel mehr zu bieten, als eine
Reihe historischer Merkwürdigkeiten ohne rechten Zusammenhang, deren Essenz für unser heutiges politisches Lernen ent-
behrlich war. Sollten wir ja Städtewesen studiren, so stand
das Italiens oder das eigene uns voller und ausgiebiger vor
Augen. Aber auch daher konnten wir für den neueren Gebrauch wenig Musterbildliches holen wollen, denn gerade jenes
Deutsche Städtewesen machte unsere einheitliche Politik nach
außen todt und begünstigte die Spaltungen des Deutschen Kaiser-
reichs, unter denen wir so lange zu leiden hatten. Dagegen
war uns der Gewinn des römischen Rechtssystems ein Beginn
der Einheit, während wir den Griechen für nichts dankbar zu
sein hatten in dieser Richtung.

Indessen diese Anschauung gehört nun doch der Vergangenheit an, so gut wie die Sehnsucht nach Einheit und Kaiserreich
heute etwas ist, das hinter uns liegt. Wir erstreben nicht
mehr, wir besitzen. Freiheit, Ruhm und Einheit brauchen nicht
mehr erst erkämpft, ihre Unentbehrlichkeit bewiesen zu werden.
Sie bilden die anerkannte Grundlage unseres neuen Staats-
wesens. Uns Deutschen durchdringt der gemeinsame Pulsschlag
des lebendigen untheilbaren Staatskörpers, fast schon als hätte
das niemals anders sein können. Ja, so weit ist es bereits
gekommen, daß wir durch den Gewinn dieses Gutes heute
etwas verloren zu haben scheinen, im Vergleich zur Vergangenheit, weil eben nichts mehr zu wünschen und zu erkämpfen
bleibt, während unsere geistige Erziehung so ganz auf Wünschen
und Erkämpfen eingerichtet war. Es sind keine heiligen Güter
irdischer Art mehr von der Vorsehung zu fordern, die sie uns
vorenthielte.

. Diese Anschauung aber stellt uns heute ganz anders zur

Vergangenheit. Ihre Betrachtung kann nicht mehr wie früher, d. h. wie vor zehn Jahren noch, zur Erreichung politischer Zwecke ausgebeutet werden. Der alte ewige Kampf ist vorüber, neue Kämpfe beginnen, für die die Erfahrungen der alten Welt ihren Werth verloren zu haben scheinen. Die neueste Zeit hat gewaltige, funkelnagelneue Probleme geschaffen, Unerhörtheiten, für deren Lösung weder Roms noch Griechenlands staatliche Geheimnisse auszubeuten sind. Damit aber gewinnen wir zu Rom eine neue Stellung. Rom beginnt leise zurückzutreten. Noch immer hat der römische Bürger innerhalb der Geschichte etwas von einem primus inter pares, bald aber wird dieser Nimbus vielleicht von ihm gewichen sein. Für uns enthält die alte Geschichte keine Phänomene mehr, die größer wären als die der Gegenwart. Wir gehen dem Begriffe „Rom" „Römisch" ethnographisch zu Leibe und verfolgen das Einwirken der anderen Völker innerhalb der römischen Entwickelung mit objektiver Souveränität. Die Dialekte fangen an uns fast wichtiger zu werden als die Hauptsprache, die Provinzen bedeutsamer als das große Centrum. Wir werfen die Frage auf — da wir an uns selbst jetzt die gleiche Frage zu stellen haben —: welche geistigen Ziele hatte man denn damals? Was wollten die Römer denn, abgesehen von der bürgerlichen Ordnung im eigenen Hause? Wie hatten sie die Zukunft im Auge, wie taxirten sie ihren eigenen sittlichen Gehalt, wie hoch stellten sie neben dem Bürgerlichen das allgemein Menschliche? Von Rom aus wird keine Antwort darauf gegeben! Und so, mit dieser Frage gehen wir umher im Bereich der alten Geschichte. Mit ihr klopfen wir endlich wieder an die Thore der griechischen Städte!

Seltsam: der Betrachtung uns kleinlich und verzwickt erscheinender griechischer Städteverfassungen entspringen in Aristoteles' Geiste Anschauungen höchster Art, Betrachtungsreihen, deren Größe und Einfachheit uns heute wie eine neueste Neuig-

keit überrascht und rührt. Früher hatten wir in Deutschland
kaum eine Verwendung für solche Sätze. Taciteïsche Verbissen-
heiten mochten dem classisch gebildeten, gedrangsalirten Staats-
diener eher in der Stille einigen Trost spenden, während aus
den großartigen Bemerkungen des Aristoteles damals nichts
direct Nützliches für den Gebrauch des Tages zu erlangen
schien. Heute aber, wo wir selber so scharf ins offene Leben
versetzt worden sind, fangen diese Allgemeinheiten wieder an,
in näheren Zusammenhang mit den brennenden Fragen der
Gegenwart zu treten. Die Welt verlangt nach einer neuen
Philosophie des öffentlichen Lebens, sie bedarf ihrer. Bald
wird unser ganzes Heil vielleicht vom Glauben an eine Anzahl ächter politischer Wahrheiten abhängen, deren gewaltigem
Inhalte die Nacken von Millionen sich beugen, über die nichts
sonst Gewalt haben würde, die Phrasen Derer ausgenommen,
die, weil sie das Volk nicht zu regieren vermöchten, es zur
Befriedigung ihrer Herrschgier zeitweise wenigstens verführen
möchten. Das „Wort" ist heute in den Besitz ungeheurer
Macht gelangt. Unsere Sehnsucht wäre, daß aus den Tiefen
des Deutschen Volkes eine Stimme sich erhöbe, um zu befehlen
was zu thun sei. Wir lauschen: aber noch vernehmen wir
nichts. Wir blicken nach allen Seiten uns um; wir sehen rückwärts, um auszuschauen, ob denn nicht zu irgend einer Zeit
der Genius eines Volkes vernehmlich geredet habe zu den
Seinigen: und nur ein einziges Volk tritt uns entgegen, dem
das gegönnt war, das griechische.

Rom hatte kein Geheimniß als das des gerechten Ent-
scheids von Mein und Dein, nur diese Kunst war sein eigen
und daneben höchstens die zweite: durch Entfachung ungeheueren Eigennutzes und Ehrgeizes Fremde von Geburt zu römischen Bürgern zu machen. Griechenland dagegen entflammt
seine Söhne zur höchsten Entfaltung ihrer eigenen Persönlichkeit, ohne schließlich dafür Anderes zu gewähren, als den

Dank oder auch den Undank des Volkes. Rom wollte Beamten und Soldaten aus seinen Bürgern machen, Griechenland bot jeder Individualität Wege, sich als eigenes, einziges Product des Volkes zur höchsten Ausbildung zu erhöhen, ohne daß diese Wege jedoch vorgeschrieben waren. Stellen wir alle großen Römer in eine Linie, so haben sie etwas Conformes, sie gehören Alle der gleichen Armee an und kennen und gebrauchen ihr Exercitium; die großen Männer der Griechen dagegen sind wie lauter souveräne Könige, jeder an seiner Stelle nur der eigenen Natur verantwortlich. Dieser Individualismus aber ist das, was die heutige Zeit am besten begreift: von uns heute möchte auch ein Jeder so sein eigener König werden. Nicht im Sinne des Herrschens und Befehlens, sondern im Sinne der Verantwortlichkeit für Gedanken, Handlungen und Lebensweg. Es ist als sollten die Germanen da jetzt einsetzen, wo den Griechen einstmals die Aufgabe zu schwer ward, ihre Entwickelung weiterzuführen. Griechenland ging unter an seiner Demokratie; seine Lebenskraft versagte, es bildete sich nach so viel fruchtbaren Umwälzungen endlich nichts Neues von Bestand mehr, nachdem zum letzten Male die alte Ordnung gestört war. Das Reich der Germanen dagegen, in dem das Prinzip der Demokratie nun den Sieg davongetragen hat, beginnt auf dem ganzen Mantel der Erdkugel heute ein ungeheures Reich aufzubauen, dessen letzte höchste Blüthe wir zwar weder ahnen können, noch sogar, um die Nemesis nicht zu reizen, nicht einmal prophezeien dürften, aber dessen Entfaltung uns als mögliches Ereigniß zukünftiger Zeit leuchtend vorschwebt. Griechenland, als seine politische Macht hinsank, mußte sich zum Schlaf legen wie ein überwachter, überreizter Körper, dem die Augen zufallen; es ist als wachte es in den Germanen heute zu neuem Leben und neuen Anstrengungen.

Wir führen diese Gedanken zur Ankündigung des im Titel

genannten Heftes nicht deshalb hier aus, weil das darin Ge=
sagte in besonderer Weise dazu Veranlassung böte, sondern
nur um im Allgemeinen darauf hinzuweisen, von welcher
wachsenden Wichtigkeit heute die Erforschung des griechischen
Alterthumes sei. Was hier über Ephesus von Curtius aus=
geführt wird, ist gleichsam nur ein geringer Nachtrag zu seiner
großen griechischen Geschichte. Von Neuem überraschte mich
bei der Durchsicht ihrer drei Bände neulich die unmittelbare
Beziehung dieser Entwickelungen von Menschen und Dingen
zu dem, was heute bei uns geschieht. Lesen wir bei Mommsen
die Geschichte des Triumvirats, so fesselt die fast mathematische
Folgerichtigkeit dieses Spieles höchster Politik: begegnet aber
sind wir so angelegten Menschen selber niemals; bei Curtius
dagegen verfolgen wir mit Staunen dieses irrationelle Durch=
einander von durchaus begreiflichen Characteren, Talenten und
Individualitäten, wie sie die unerschöpfliche nationale Kraft
Griechenlands zu immer neuen Combinationen empor= und
zusammenwirkt. Wo unter den Griechen eine große Natur
aufkommt, beginnt sie damit, der durch die Verhältnisse gebo=
tenen Schranken zu spotten und ihren Spielraum ins Unend=
liche auszudehnen. Alle haben sie einen Punct, wo sie Achill
ähnlich sind, der, mit den Füßen, als halber Unterthan Aga=
memnons, auf dem Boden der Erde stehend, mit der Stirn,
als eingeborener Enkel des Zeus, an die Wolken rührt. In
rücksichtslosem Freiheitstriebe geben sie den Folgerungen ihrer
Natur nach, alle verschieden untereinander, wie Linde, Buche,
Tanne, Lorbeer und Eiche verschieden sind, dennoch alle sich
ähnlich durch den edlen Saft desselbigen Vaterlandes, der in
ihrem Wuchse emporsteigt; während die Römer etwas haben
wie ein Wald aus einer einzigen Baumsorte, welche kernig
und gleichmäßig fortkommt, wo ihr Samen zufällig, sei es
auf den Felsen oder in fettes Erdreich fällt.

Das vorliegende Heft, das im Hinblick auf Anderes diese

5*

Gedanken weckte, giebt Bericht über eine Reise, oder, weil es
größer klingt: Expedition, die im Herbste 1871 von Curtius
in Gemeinschaft mit Major Regely, Banrath Adler und den
Herren Hirschfeld und Gelzer mit Unterstützung der Regierung nach Kleinasien unternommen ward. Man besuchte Ephesus, Smyrna, Sardes und Pergamos und giebt hier den
von den Mitgliedern der Gesellschaft zusammengestellten Bericht über die Resultate der Fahrt. Von Curtius ist der
einleitende Aufsatz. Darauf läßt Adler Erläuterungen zu
dem von Regely aufgenommenen, im Anhange mitgetheilten
Plane der Stadt folgen, dessen einzelne Punkte er genau durch-
nimmt. Es folgt, gleichfalls von Adler und eingeleitet von
Curtius, die Beschreibung von Pergamos, sowie Erläuterung
des Planes der Stadt, von der, wie von den übrigen Orten,
außerdem einige von Regely sehr hübsch gezeichnete Ansichten
in Lithographien beigefügt sind. In Pergamos kopirte man
eine Anzahl griechischer Inschriften, deren Erklärung von
Gelzer nun folgt. Hieran schließt sich die Beschreibung der
Ruinen von Alt-Smyrna von Hirschfeld und den Beschluß
macht Sardes, über das wieder Curtius, im Anschluß an das
von Adler in der Deutschen Bauzeitung Mitgetheilte, berichtet.
Am wichtigsten erscheint doch Ephesus.

Ephesus, eine der schicksalsreichsten Städte der griechischen
kleinasiatischen Küste, ist durch die Ausgrabungen der Engländer letzter und neuester Zeit neu bekannt geworden. Die Fundamente des alten Dianatempels, dessen Brand Herostrat berühmt gemacht hat, sind aufgefunden, ja von den Säulen die
unteren Stücke wieder entdeckt worden, von denen Plinius
redet. Bisher wußte man, wenn von Ephesus die Rede war,
nur von diesem Brande, davon, daß der große Apelles dort
geboren war, von Goethe's ephesischem Goldschmiede, von den
Briefen des Paulus an die Epheser, vom letzten Aufenthalt
des Evangelisten Johannes dort und etwa noch von den Säulen

des ehemaligen Tempels, welche der Sophienkirche von Constantinopel zur Stütze dienen mußten.

Curtius und seine Begleiter hatten natürlich keine Mittel,
mit den Engländern zu wetteifern, denen halb die Regierung,
halb die Society of Dilettanti langjährige glänzende Unter-
stützungen widmeten. Unsere vier Deutschen Gelehrten mußten
sich dankbar zeigen lassen, was man ihnen eben zeigen wollte.
Sie rühmen jedoch die Zuvorkommenheit der Engländer. Die
Zeiten sollten längst gekommen sein, wo auch von Deutschland
aus solche Kräfte in Bewegung gesetzt werden, um wissenschaftlichen Zwecken zu dienen.

Und doch würden die Engländer das nicht haben leisten
können, was Curtius' kurzer Abriß der Geschichte der Stadt
giebt, in der er die Entwickelung der seltsamen Tempelpolitik
dieses Ortes an uns vorüberführt. Wir sehen in ein ausge-
bildetes System von Priesterherrschaft, das von Jahrhundert
zu Jahrhundert sich hinzieht: ein Seitenstück zur großen Geschichte des delphischen Orakels. Jetzt erst verstehen wir, wie
berechtigt jener gute Glaube des „ephesischen Goldschmieds"
war, der von allen Neuerungen unbeirrt am Bildnisse seiner
Göttin weiterarbeitete, ohne deren mächtiges Eingreifen er die
Welt nicht denken konnte. Jetzt auch verstehen wir, ein wie
Großes es war, wenn inmitten der den alten Kultus der
Göttin hoch ehrenden römischen Kaiserzeit in Ephesus eine
Christengemeinde sich aufthat. Paulus' Briefe nehmen diesem
Wesen gegenüber wunderbar revolutionären Klang an. Völlig
absehend vom Herkömmlichen leitet der große Heidenapostel
alle menschliche Existenz vom einfachen Organismus des Fa-
milienlebens ab, auf dessen Heiligung er bringt, während er
Götter, Tempel und Priesterschaft unerwähnt läßt, als existirte dergleichen gar nicht. Wie beredt, wie einschneidend in
das Leben tausendjähriger Gewohnheit mögen diese Briefe
ihrer Zeit geklungen haben.

Hieran zu rühren fand Curtius natürlich auf den kaum
vierzig Seiten seines Aufsatzes keinen Anlaß. Diese Dinge
spielen nach den Zeiten, die er bespricht.

Nicht in dem Hefte aber auch, an das diese Bemerkungen
anknüpfen, sondern in Curtius' großer griechischer Geschichte
finden wir die volle Darstellung der Geschichte von Ephesus
in ältester Zeit, als persische und griechische Oberherrlichkeit
wechselten. Im Zusammenhange mit den späteren Epochen
ist die ganze Geschichte der Stadt jedoch niemals geschrieben
worden. Wie ich sie im Geiste überfliege, meine ich, eine solche
Arbeit könnte die Geschichte der griechischen Religion von ihren
Anfängen bis zum Niedersinken, die Geschichte der griechischen
Staatsentwickelung von der ersten Blüthe bis zum Herunter-
kommen unter die römische Gewalt, und dann wieder die Geschichte dieser römischen Gewalt selber bis zu ihrer völligen
Entwerthung, zugleich mit dem Emporkommen des Christenthums in einer neuen und anziehenden Form enthalten. Wir
sind zu sehr gewöhnt, griechische Geschichte nur von der Höhe
der Akropolis, römische nur von der des Capitoles zu betrachten, aber der Horizont, der auf diesen Standpunkten uns
umgiebt, läßt Vieles als äußerste Ferne erscheinen, was selber
einmal verdiente Centrum zu werden. Das Griechenthum der
asiatischen Küste ist immer ein anderes geblieben als das der
Halbinsel. Wie man den sanfteren, farbigeren jonischen Homer
im Gegensatze zu den härteren, plastischeren attischen Tragikern
als das Product beinahe eines anderen Erdtheiles empfinden
wird, so spiegelt sich derselbe Gegensatz im attischen Phidias
und dem jonischen Apelles ab. Apelles, der von Brunn mit
Correggio verglichen worden ist.

Diese Geschichte würde auch die orientalische Entwickelung
des ersten Christenthums zeigen, von der Renan im Anschluß
an Damascus ein vielleicht allzu farbiges Bild entworfen
hat, und würde enden mit dem Ueberwuchern des Muhameda-

nismus, dessen phantastisch verschwimmendes Wesen als die allerletzte Consequenz dieser asiatischen Weltanschauung erschiene. Unter ihm begann nun, als gleichsam einer natürlichen Ver= bündeten der staatlichen Verwilderung, die grausame Macht der vom Menschen nicht mehr gezügelten Natur einzutreten, deren Abschluß Vernichtung alles menschlichen Lebens, aller menschlichen Denkmäler und des Grund und Bodens selber war. Der Hafen versumpft und verschlammt, eine ganz andere Küstenlinie, ein anderer Lauf des Flusses, abgespülte nackte Felsen, und über Allem brütend der ungesunde, unheimliche Athem, den solche Stätten aushauchen. Und daran schlösse sich sogar als letztes Capitel wieder das Emportauchen dieser ge= sammten glänzenden Welt=Carrière einer Stadt, zuerst nur in den historischen Schriften von Gelehrten, die vom fernen Norden aus herabkamen und sie betrachteten, und dann durch die Ausgrabungen selber, die wiederum von diesen Gelehrten betrieben und geleitet werden. Solche Auferstehungen, hervor= gebracht nur durch die geistige treibende Kraft gelehrter Män= ner, die absehend vom Gewinne materieller Reichthümer ihre ganze Energie den Aufgaben widmen, die die Wissenschaft stellt, gehören ebensogut zu den wirklichen Schicksalen dieser wiederauflebenden Städte des Alterthums, als es irgend die ersten Schritte derer thun, die vor tausend und abertausend Jahren zuerst daran dachten, an der Küste, wo Ephesus stand, ihre ersten Hütten zu bauen.

Die Dauer der Deutschen Expedition war drei Wochen. Ueber viermal soviel Jahre arbeiten und graben die Engländer in Ephesus. Es würde uns nicht zum Schaden gereichen, wenn Deutschland diesen Bemühungen gegenüber einen edlen Wetteifer beginnen wollte.

Athenische Todtenkrüge.

1872.

— — •

Im neunundzwanzigsten Bande der „Preußischen Jahr-
bücher" hatte Ernst Curtius über seine letzte griechische Reise
berichtet, in der Sitzung der Archäologischen Gesellschaft am
7. Mai wurde über die in Griechenland gemachten Ankäufe
Auskunft gegeben. Den Glanzpunkt dieser Acquisitionen bilden eine Anzahl hoher, hochhenkliger, vasenartiger Krüge,
auf deren Bauche sich Malereien befinden, die ältesten Malereien, die wir bis jetzt von athenischen Händen besitzen. Noch
sind sie auf dem Königlichen Museum öffentlich nicht ausgestellt, deshalb hier einige vorläufige Worte über ihren Werth
und ihre Schönheit.

Sogenannte griechische Vasen besaß unser Museum bereits
in großer und kostbarer Fülle. Man bewundert auf diesen
Producten des Kunstgewerbes die Freiheit und Sicherheit, mit
der das nachahmende Handwerk Copien von Gemälden, Statuen und Basreliefs — es ist nicht immer klar, was vorlag —
in leichten Umrissen wiedergab. Selbst die flüchtigsten Zeichnungen dieser Art betrachtet man mit Vergnügen. In den
Ländern griechischer Cultur muß im Laufe von Jahrhunderten,
von denen wir nichts wissen, diese die Schönheit nachbildende
Fähigkeit langsam gestiegen sein, bis sie zu einer nationalen,

wie aus sich selbst wirkenden Kraft wurde, deren Erfolg eben
so sicher war, als die Vollendung der beim Bau der Bienen
entstehenden fünfseitigen Zelle.

Die Beweise für diese Fähigkeit jedoch liegen uns sehr
ungleich vor Augen. Lückenhaft zumal ist unsere Kenntniß
dessen, was im eigentlichen Griechenland gethan wurde. Ita=
lien und die Inseln haben bisher die Muster meistens geliefert,
aus denen wir auf das schlossen, was Athen und Corinth in
den Tagen ihrer üppigsten Entwickelung producirt haben könn=
ten. Was an diesen Stätten selbst gefunden wurde, waren
vereinzelte Stücke. Wie sicher unterscheiden wir die italiänische
Arbeit von 1500 von der, welche 50 Jahre später entstand,
und diese wieder von der französischen von 1650 und diese
von der 1750 entstandenen: bei der Beurtheilung antiker
Arbeit würde das Herausfinden von Epochenunterschieden dieser
Art mit Sicherheit kaum möglich sein. Daher das Aufsehen
begreiflich, das die von Benndorf publicirten Abbildungen
einer Anzahl athenischer Thongefäße machten. Man kannte
soviel, um sich bereits ein festes Urtheil zutrauen zu dürfen,
und nun fanden sich auf diesen elenden Ueberresten zerbrochener
Töpferwaare Zeichnungen, die das Bekannte weit übertrafen.
Eine Zartheit der Linienführung trat uns hier entgegen, die
sich in geistreicher Skizzirung der Gestalten den Handzeich=
nungen unserer besten modernen Meister an die Seite stellen
ließ. Und haben Handwerker in Athen das geleistet, was
erst mußten die großen Maler dort zu schaffen im Stande ge=
wesen sein, von deren Werken kein Strich mehr erhalten ist!

Nach dieser Richtung eröffnen die von Curtius in Athen
erworbenen Thongefäße abermals neue, nun aber bei weitem
großartigere Aussichten.

Es war Sitte in Athen, den Todten gemalte Krüge, Le=
kythen, ins Grab nachzuwerfen, so daß sie zerbrechend mit
ihren Scherben über und neben dem Leichnam lagen. Das

Zertrümmern von Gefäßen als Zeichen eines bedeutenden Ab-
schlusses im menschlichen Leben, oder des Lebens überhaupt,
ist eine wohl überall verbreitete alte Sitte. Diese Krüge trugen Malereien, welche auf den Todtenkult Bezug hatten. Heute,
wo Gräber sorgfältiger als früher geöffnet zu werden pflegen
und wo man sie nach wissenschaftlichen Grundsätzen ausraubt,
sind aus einigen athenischen Gräbern die Scherben solcher
Krüge wieder herausgelesen worden. Die alte Zerschmetterung
ist durch Zusammenleimung der Stücke wieder gut gemacht,
und es stehen diese einst vernichteten Symbole des Todes und
der Vergänglichkeit als Zeugen alten Lebens neu aufgebaut
wieder vor uns.

Betrachten wir sie näher.

Niemals in Gebrauch genommen, sondern ihrer Zeit neu
hergestellt und dann wieder zerbrochen, haben diese Todtenkrüge, trotzdem daß sie aus lauter zersplitterten Theilen zu-
sammengefügt worden sind, etwas Frisches, Unberührtes, das
sich so an keinem anderen Producte antiker Arbeit beobachten
läßt. Offenbar sind unsere Exemplare, ein halbes Dutzend
etwa, in übereilter Arbeit hergestellt worden, da sie mehr oder
weniger unvollendet dastehen, als hätte man sie, wie halbgar-
gebackenes Brot aus dem Ofen, unfertig aus der Werkstätte
genommen. Auf einigen sehen wir die Figuren fast nur in
den angelegten Umrissen (rothbraune Linien auf glattpolirtem
weißen Grunde), auf andern sind einige Theile der Figuren
bemalt. Fertig ausgeführt ist keine dieser Malereien.

Es versteht sich von selbst, und schon die Flüchtigkeit der
Herstellung deutet es an, daß man in diesen Krügen den Todten keine Kunstwerke von Bedeutung nachwerfen wollte. Die
Raschheit der Zeichnung, die meist sehr roh aufgetragene Farbe
bestätigt dies. Solche Krüge mögen in Massen damals angefertigt worden sein, nichts als Dutzendarbeit haben wir in
ihnen vor Augen. Welche Arbeit aber! Welch eine Höhe

des allgemeinen künstlerischen Vermögens deuten sie an! Wie vortrefflich sind Hände und Füße dieser Figuren gezeichnet! Kein Meister brauchte sich dieser Umrisse zu schämen. Geben uns die Reste athenischer Sculptur, die aus den besten Tagen der Stadt erhalten blieben, eine Idee dessen, was höchste griechische Kunst zu liefern im Staube war, so lassen uns diese Denkmale gewöhnlicher Handwerksarbeit nicht weniger tief in den künstlerischen Geist des athenischen Volkes einblicken. Sie zeigen eine Durchschnittshöhe der allgemeinen Leistungen, die erstaunlich ist. Es leuchtet eine individuelle Begabung aus den Zeichnungen heraus, die sie tragen, deren Umfang erst dann ganz klar werden kann, wenn man mit ihnen etwa die Malereien italiänischer Majoliken vergleichen wollte, welche in den besten Zeiten des Cinquecento nach den besten Mustern angefertigt worden sind, und die weit dahinter zurückstehen.

Auf etwas Anderes noch will ich aufmerksam machen.

Wenn wir an den Resten der Parthenonfiguren (deren Abgüsse im griechischen Saale des Neuen Museums stehen) diejenigen Theile aufsuchen, welche durchaus unversehrt erhalten blieben, so genügen dieser Anforderung nur einige an der Rückseite einiger Figuren sichtbare Theile der Gewänder, die, vor Licht und Witterung geschützt, die Oberfläche intakt erhalten haben. Nun aber betrachten wir die äußerst sorgfältige Vollendung dieser Arbeit und fragen, für wessen Blicke stellte der Künstler sie so her? Er, der sein Werk für die Ewigkeit an seine Stelle in den Giebel des Parthenon gestellt zu haben glaubte, durfte nicht daran denken, es würden hyperboräische Hände einst diese Götter herabnehmen, fortführen und aus ihrem Aussehen Schlüsse ziehen auf ihn und seine Zeiten. Nur zu seinem eigenen Genügen verbreitete der Künstler diese Vollendung über alle Theile der Arbeit gleichmäßig. Wie die Natur selber bei Millionen und Millionen Schneeflocken, die eine einzige Minute auf die Erde schüttet, jede

einzelne dennoch nach den Gesetzen ihrer Schönheit vollendet
gestaltet, als könnte sie gerade berufen sein, Zeugniß ablegen
zu müssen über den Geist und die Kraft, die ihre Form schuf,
so trieb es den Griechen, was er schuf, in seinem Sinne vollendet zu schaffen. Diese versteckten Gewandfalten formte die
unermüdliche Hand des Künstlers, als seien die Tauben, die
zwischen den Marmorgöttern daoben vielleicht ihre Nester bauten, kritische Spione der großen Mutter Natur, der sie Kunde
bringen könnten über jede Vernachlässigung. Und so: auf die,
kaum entstanden, zum Zersplittern und Begrabenwerden ver-
urtheilten Todtenkrüge zeichnete der Künstler Figuren mit derselben Sorgfalt, als sei die Bestimmung der Gefäße gewesen,
als kostbarer Hausrath Jahre lang vor dem Zerbrechen ge-
hütet und an sichtbarer Stelle in Ehren gehalten zu werden.

In diesem Geiste der Vollendung, aus dem sie erstanden,
liegt der Werth der griechischen Kunstwerke für die Menschheit. Unserer Zeit zumal, in welcher oberflächliche Production
sich zu verbreiten beginnt, ist der Anblick dieser Arbeiten dien-
lich. An den Kunstwerken unserer besten Meister, Dürer's vor
allen Dingen, gewahren wir eine gleiche religiöse Gewissen-
haftigkeit. Wie die griechische Sprache, was den Bau der
Sätze und die Wendung der Gedanken anlangt, der unseren
näher steht als jede andere, so steht griechische Gesinnung in
Bildung von Kunstwerken uns als reinstes Muster vor Augen.

Es ist im Reichstage darauf angetragen worden, nach
dem Muster der Deutschen Institute auf dem Capitol zu Rom
ein gleiches in Athen zu errichten. Möge sich das verwirklichen. Möge, wenn von diesen Dingen vor der Vertretung
des Deutschen Volks die Rede ist, auch von denen, denen dergleichen ferner liegt, empfunden werden, um welche Interessen
es sich hier handelt.

Welch ein Staat war Athen! Welch ein Gefühl unver-
gänglicher Größe mochte seine streitbaren Bürger erfüllen,

wenn sie, von siegreicher Fahrt heimkehrend, vom Meere aus in der Ferne die goldene Lanzenspitze der Athene im Strahl der Sonne entzündet, plötzlich aufleuchten sahen, wie einen Stern, auf den sie bei lichtem Tage zusteuerten. Noch ehe man Athen erblickte, soll dieser Glanz von der Akropolis aus sich auf zwei Stunden Weges hin gezeigt haben. Mit welchem Stolze die Erinnerung einer langen glorreichen Geschichte sie da er= füllte, mit welcher Sicherheit sie ewige Zeiten weiteren Fort= schrittes so vor Augen sahen! Uns heute würde der Be= richt all dieser Größe wie eine bedenkliche unsichere Sage klingen, für deren tönende Worte nichts recht Greifbares den gültigen Beweis abgäbe, ständen die Werke der Künstler und Dichter und Gelehrten nicht wie eine unverrückliche Schutz= wehr da, an der alle Zweifel über die wahrhaftige Größe dieses Volkes zu nichte werden.

Die Gallerien von Florenz.

Mai 1873.

Der Minister Scialoja hatte den Director der Floren=
tinischen Sammlungen, Aurelio Gotti veranlaßt, eine acten=
mäßige Zusammenstellung dessen herauszugeben, was über Ent=
stehung, Verwaltung und gegenwärtigen Bestand der Museen
zu Florenz von Interesse sein könnte, und es ist auf diesem
Wege ein Buch von 450 Seiten entstanden, das man mit Ver=
gnügen von Anfang bis zu Ende durchliest. Der Titel: „Le
Gallerie di Firenze. Relazione al Ministero della Pubblica
Istruzione in Italia" klingt zu geschäftsmäßig: das Buch ist
nicht bloß der Bericht eines Beamten an seine vorgesetzte Be=
hörde, sondern eine angenehm geschriebene Geschichte der Gal=
lerien von Florenz für jeden Kunstfreund. Von vier Museen
ist darin die Rede: dem der Ufficien, dem des Palastes Pitti,
dem Nationalmuseum im Bargello und dem von San Marco.

Die beiden ersten sind die bedeutendsten. Gotti's Bericht
läßt uns den Proceß ihres Wachsthums genau verfolgen.
Aus Sammlungen, welche die natürliche Prachtliebe der medi=
cäischen Fürsten gründete, werden immer umfangreichere und
zugleich selbständigere Institute, bis sie vom Privatvermögen
der herrschenden Familie losgelöst, sich zum Eigenthume des
Staates erheben. Wie das in Paris, Dresden, Berlin in

gleicher Weise der Fall war, ist bekannt; für Florenz erhalten
wir hier den wenn nicht ersten, so doch sichersten Nachweis.
Während an den anderen Orten die öffentlichen Sammlungen
etwas Zufälliges haben, da sie nirgends auf die künstlerische
Production des eigenen Landes vorzugsweise gegründet werden,
erblicken wir in den Florentiner Sammlungen etwas Gegebenes,
Nothwendiges. Italiänische Werke, neugeschaffene sowohl, als
dem Boden des Landes wiederabgenommene Antiken, machen
ihren Inhalt aus. Nicht darum handelte es sich, in der Ferne
anzukaufen und den Erwerb mit allerlei Listen und Mitteln
herbeizuschaffen, sondern die Ausfuhr der eigenen Werke brauchte
nur verboten zu werden, um den inländischen Reichthum an-
häufen zu können. Toscanische Maler und Bildhauer haben
die meisten der Gemälde und Sculpturen hergestellt, die wir
in Florenz bewundern. Und auch für die Antiken bedurfte es
erst italiänischer Restaurateure, um sie für die Aufstellung her-
zurichten.

Große öffentliche Sammlungen sind die Magnete, die
früher oder später Alles an sich ziehen. Anfangs wirkt nur
die Lust der Fürsten am kostbaren Besitze im Palaste, den sie
bewohnen. Cosimo I. häufte in seinen Zimmern eine Fülle
erlesener Gegenstände an. Er selbst nahm den Meissel in die
Hand, um kleine, frisch ausgegrabene Bronzen vom Roste zu
befreien. Unter seinen Nachfolgern hatten einige noch größere
Vorliebe für dergleichen als er. Durch Heirathen und Erb-
schaften kommen von Zeit zu Zeit massenhafte Zuschüsse. Dann
beginnt man zu Gunsten der Gallerie die abgelegeneren Paläste leicht zu plündern. Dann müssen Kirchen und Klöster
ihre besten Altargemälde abgeben, an deren Stelle ihnen Copien geschickt werden. Dann, nachdem der Staat selber endlich Herr der ganzen Masse geworden ist, werden Verwaltung
und Vergrößerung planmäßig betrieben. Bei den Florentiner
Sammlungen trat dies früh ein. Im Jahre 1737, als nach

Aussterben der Medicäer die Lothringer ins Land kamen, hatten
sie sich mit einer fürstlichen Wittwe abzufinden, welche erlangte,
daß die medicäischen Sammlungen als unveräußerliches Staats-
eigenthum constituirt würden. Immer jedoch legte das den
neuen Herren nur die Beschränkung auf, daß sie nicht ver-
kaufen oder verpfänden durften: factisch blieben sie Privatbe-
sitzer und wandten den Sammlungen in diesem Sinne ihre
volle Neigung zu. Was Schlösser und Regierungsgebäude
enthielten, wurde nun systematisch dazugeschlagen, und die
Ufficien und der Palast Pitti in den betreffenden Partien
immer passender für den besonderen Zweck eingerichtet. Heute
sind die Museen beider Paläste durch den unendlichen von
Vasari erbauten Gang, dessen Wände man mit Stichen, Zeichnungen und Arazzi bedeckt hat und durch welchen dem Publicum die Passage freisteht, thatsächlich zu einem einzigen Museum verbunden. Allein die heutige Aufstellung genügt jetzt
überhaupt nicht mehr: ein neues Gebäude für beide Sammlungen soll errichtet werden. Wenigstens mit Wünschen agitirt
man in dieser Richtung und Gotti berührt die Nothwendigkeit
in seinem Berichte.

Kein Grund auch, warum ein alles umfassender Kunst-
palast zu Florenz nicht errichtet werden sollte. In stürmischen
Zeiten baut man immer gern, um wenigstens in den todten
Massen etwas herzustellen das feststeht. Auch ist dem Errichten großer Museen jeder Art die heutige Generation günstig. Das Zusammenfließen womöglich aller bedeutenden Kunstwerke an einer einzigen Stelle erschiene uns als das Natür-
lichste. Die Werke der großen Meister führen heute ihr eigenes Leben. Sie sind wie Individualitäten. Sie dulden keinen
Herrn über sich, dessen willkürlicher Behandlung sie unterliegen. Sie verlangen ihre Rücksichten, ihre Bedienung und
das Recht, auf eigene Faust die Besuche ihrer Verehrer anzunehmen. Ein Privatmann, der heute die Capitolinische Ve-

nus besäße, würde mehr Last davon haben als wenn er eine
Prinzessin geheirathet hätte. Er würde wenig Rechte und un=
endliche Pflichten haben. Die Familie Holzschuher in Nürn=
berg ist wie der erbliche Hofstaat des berühmten Porträts,
welches Dürer von ihrem Ahnherrn gemalt hat. Solche Werke
bringen dem dienstfertigen Besitzer sogar nicht einmal Dank
ein. Das Publicum sieht sie als durch eine Laune des Schick=
sals an die unrechte Stelle gekommene, gleichsam in der Ver=
bannung lebende Mitglieder der großen Sammlungen an,
denen sie sich früher oder später doch anzuschließen haben. Und
die Besitzer ihrestheils suchen durch Angebot, Schenkung oder
Vermächtniß dem Mißverhältnisse abzuhelfen. Wo kostbare
gemalte oder gemeißelte Dinge auftauchen, die irgendwie los=
zumachen sind, da sehen wir viele aufmerksame Geister sofort
in Bewegung, um den Uebergang in die öffentlichen Museen
anzubahnen.

Wir identificiren uns heute so sehr mit dem Gemeinwesen,
daß es als der natürliche Inhaber aller eminenten Producte
des schöpferischen Volksgeistes erscheint. Der Staat giebt den
Künstlern Bestellungen oder kauft ihre Arbeiten an. Wohin
gehören Werke, die den Stolz einer Nation bilden und die,
einmal beschädigt oder vernichtet, unersetzlich wären, anders
als unter die Obhut der Regierung? Der Staat ist der com=
petenteste Verwalter des Volksruhmes. Ihm muß die Hinter=
lassenschaft der früheren Zeiten ab intestato zufallen. Er hat
nicht nur zu schützen, sondern für Sichtbarmachung und für
wissenschaftliche Benutzung der Monumente zu sorgen. Und
so denn strömt ihm auch Alles willig zu. Und, was nicht
der geringste Vortheil dieser Sammlungen ist: durch sie wird
das vergleichende Studium der Kunstgeschichte möglich, ohne
das die moderne Kunstwissenschaft nicht bestände.

Dies unsere heutige Anschauung. In diesem Sinne wer=
den überall immer größere Summen den Museen zugewandt

und keine Gelegenheit versäumt, sie zu bereichern. Indessen wie jede durchgeführte Centralisation, zeigt auch diese ihre Schattenseiten.

Denn auf diesem Wege ist es dahin gekommen, daß eine Handvoll wohlgezielter Blitzschläge, möge sie nun der Himmel senden oder irdische Leidenschaft sie schleudern, genügend wären, um in wenigen Stunden das zu verzehren, was Jahrtausende an Kunstwerken hervorgebracht. Daß solche Massenzerstörungen bereits stattgefunden haben, ist bekannt. Ich erinnere an das Schicksal, welches kürzlich dem Louvre drohte.

Und ferner, es ist die Frage, ob die von einer vergleichenden Betrachtung dieser nebeneinander aufgestellten Werke gebotenen Vortheile so sehr das tiefste Erfassen und Verstehen möglich machen, als der Anblick eines einsamen Gemäldes an der Stelle, für die der Künstler es geschaffen hat. Denn ins Blaue hinein, Kunstwerke für den Verkauf im Laden, wie sie heute gearbeitet werden, hat die beste Zeit nichts hervorgebracht. Sind die Madonna Connestabile außerhalb Perugia's und die Madonna Litta außerhalb Mailands, beide jetzt in Petersburg, das noch, was sie in ihrer Heimath waren? Vogt erzählt, wie er[*] Stücke Gletschereis mitnahm, weil es ihm auf der Höhe unmöglich schien, daß ihre intensiv-blaue Farbe nicht wirkliche Färbung sei: unten hatte er doch nur farbloses Eis in Händen. Aber es war dieses Blau an Ort und Stelle keine Täuschung gewesen. Unentbehrlich ist dem Kunstwerke das Licht, in dem es geschaffen wurde. So manches Gemälde, das ich in Gallerien wiederfand, hatte seine Farbe verloren. Früher wie eine Waldblume, auf die inmitten der Dämmerung der stillen Bäume ein Sonnenstrahl fällt, daß ihre einfachen Blätter alle Geheimnisse der Schöpfung auszusprechen schienen,

---

[*] oder Desor? Ich citire hier aus dem Gedächtnisse, da mir die Bücher nicht zur Hand sind.

hatten sie unter den übrigen Werken um sie her nun nichts besonderes mehr zu verrathen.

Was würden Mainardi's reizende Darstellungen aus dem Leben der Santa Fina im Dome zu San Gemignano sein ohne den Dom selber, ohne das alte Städtchen mit den aufragenden Thürmen seiner Häuser, ja ohne den entzückenden Weg dahin über den Rücken der Hügelreihe, die sich von Siena nach Volterra zieht? Es ist, als gäbe der Blick in die Ebene und die Luft, die man da athmet, dem Auge erst die echte Weihe und dem Herzen das wahre Gefühl für den Meister, der neben den anderen ja offenbar nicht an hervorragender Stelle steht. Und die Gemälde der Farnesina in Rom, wie wären sie denkbar an anderer Stelle als in dem Palaste der Peruzzi, in den stillen Gärten von Trastevere? Raphaels Malereien dort sowohl, in der gewölbten Loggia, als die Sodoma's, oben in den Zimmern, wo die alten dunklen casettirten Decken so schwer und prächtig aufliegen? Und wie das jüngste Gericht Michelangelo's ohne die Sixtinische Capelle?

Und doch giebt uns gerade dieses Antwort auf alle solche Betrachtungen. Wir bedauern, daß Staub und Kerzenqualm immer noch Jahr aus Jahr ein so reichlich an ihm in die Höhe ziehen. Freilich läßt sich hier nichts ändern, aber wir bedauern es. Wir lassen uns gern gefallen, daß verstaubte, an Ort und Stelle kaum erkennbare Altargemälde aus dumpfigen Kirchen in helle, lustige Gallerien versetzt werden. Wir sehen mit Resignation, aber mit Zustimmung, wie der David des Michelangelo von seinem alten Stande am Palaste der Signorie, den Michelangelo selbst noch für ihn wählte, in das Gefängniß irgend eines geschlossenen Raumes unter Dach und Fach gebracht wird. Kunstwerke leben zu rasch an manchen Stellen. Und wir selber können, um zu vergleichen, nicht immer dahin und dorthin unterwegs sein. Hat man im Stillen nicht selbst die Beraubung des Parthenons durch Lord Elgin manchmal willkommen geheißen und möchte man die Dresdener Madonna in die Kirche zurückversetzt wissen, aus der sie entführt worden ist?

Allein es ist noch eine andere Lösung dieser Gegensätze gefunden worden, und sie zu besprechen, giebt ebenfalls Gotti's Buch über die Florentiner Museen Gelegenheit. Denn während sich aus der Entstehungsgeschichte der Ufficien- und Pitti-Sammlung die Nothwendigkeit der großen Centralstellen ergibt, empfangen wir in der Geschichte der Gründung des Florentiner Nationalmuseums im Bargello, sowie des Museums von San Marco, im ehemaligen Kloster dieses Namens, den Bericht über Sammlungen, die aus ganz anderen Anfängen wie jene und aus anderen Rücksichten sich gebildet haben. Und was wir in diesen beiden Instituten gewollt und durchgeführt sehen, erscheint als ebenso schön und nützlich und dem nationalen Gefühle der heutigen Zeit entsprechend.

Es giebt eine Categorie von Kunstwerken, welche von ihrer Stelle einmal nicht fortzuschaffen sind. Raphaels Transfiguration konnte aus der Kirche von St. Pietro in Montorio nach Paris, von da zurück in die Sammlung des Vaticans geschleppt werden. Raphaels Fresken aber wagte Niemand anzurühren, sie und die Malereien Michelangelo's in der Sixtina sind unzertrennlich von den Mauern, für die sie geschaffen wurden. Zwar sollte Lionardo's Abendmahl schon im 16. Jahrhundert losgelöst werden, um nach Frankreich zu wandern, und Daniel da Volterra's Kreuzabnahme in Trinità dei Monti war neuerdings bereits abgenommen für Paris, wurde dann aber doch am ursprünglichen Orte belassen. Im Verhältniß zum allgemeinen Bestande aber ist kaum nennenswerth, was von Freskogemälden auf Leinwand gebracht oder abgesägt von seiner anfänglichen Stelle entführt worden ist. Diesen Werken bleibt ihre Ruhe garantirt, und wie kleine Herren, die aus ihren Burgen nicht zu vertreiben sind, sitzen sie fest und machen ihre Ansprüche geltend.

Früher, wo die Controle noch nicht so scharf war, hatte das weniger zu bedeuten. Man ignorirte die Werke, wo sie unbequem waren, vernachlässigte sie, übertünchte sie, ja zerstörte sie. Heute stehen ihnen mächtige Freunde zur Seite. Man muß ihre Ansprüche anerkennen und für sie selber Sorge tragen. Und ferner, neben ihnen haben durch dieselbe Controle seitens der Kunstfreunde eine Menge Arbeiten von Künstlern zweiten Ranges, für die sich in den großen Museen kein Platz findet, Wichtigkeit empfangen. Eine ganze Reihe kleinerer, gleichsam an der Scholle klebender Museen sind dadurch in Italien entstanden, die besonders in Toscana und Umbrien hervortreten.

Der Bargello in Florenz ist eine der vielen im 13. und 14. Jahrhundert gebauten städtischen Burgen, an denen Florenz ehemals reich war, und von denen noch manche übrig sind. Er war zum Sitze der Regierung bestimmt, einfach und großartig angelegt, mit wenigen weiten Sälen, deren architektonische Schönheit Malereien und Bildhauerarbeiten erhöhten. Bald aber zum Sitze der städtischen Polizei gemacht, wurde er während der Jahrhunderte, die er dieser Bestimmung diente, durch Einbauten mehr und mehr entstellt, bis er zuletzt eine dunkle drohende Masse bildete. Man brauchte hier keine Säle mehr, sondern Zellen für Gefangene, Räume wo gefoltert und enthauptet wurde. Die Arcaden des inneren Hofes schlossen sich. Stockwerke wurden überall durchgezogen, die hohen Fenster vermauert oder vergittert, die Zierrathen verputzt oder verdunkelt. Es blieb nichts übrig von der ursprünglichen Schönheit.

Da geschah es, daß hinter der abgekratzten Tünche an der Wand der Capelle, deren abgeschlagener oberer Theil gleichfalls längst für Gefangenzellen eingerichtet worden war, der Kopf Dante's sichtbar wurde, den Giotto einst dahin malte. Von diesem Puncte aus begann die Revolte des Palastes.

Vor sechszehn Jahren sah ich ihn noch in seiner verkümmerten Gestalt, und jetzt steht er so unschuldig klar in seiner ursprünglichen Reinheit wieder da, zum Florentiner Nationalmuseum erhoben, als habe er niemals einem andern Zwecke gedient. Die Arcaden des Hofes wieder offen, die alten Zierrathen restaurirt, die Malerei wieder zum Vorschein gebracht. Alle Räume angefüllt mit Denkmalen toscanischer Kunst und künstlerischer Handwerksarbeit. Waffen, Siegel, Münzen, Terracotten, Majoliken, gemaltes und geschnittenes Glas, Cristall und Elfenbein, Gewebe, Hausgeräth. Am hervorragendsten die Sammlung der Broncearbeiten. Hier lernen wir Verrocchio, Donatello, Cellini kennen.

Dies was den Inhalt betrifft; nun aber was das Eigenthum an den Dingen anlangt.

In England hatte man zuerst angefangen, in privatem Besitz befindliche Kunstwerke, welche auf einige Zeit zur Verfügung gestellt wurden, zu temporären Ausstellungen zu vereinigen. Wie fruchtbar solche Ausstellungen sein können, wissen wir durch die Holbeinausstellung jetzt auch in Deutschland. In England hat das Verfahren heute geregelte Gestalt angenommen. Gemälde werden auf gewisse Zeit den Blicken des Publikums überlassen, gleichsam um den Besitzern die ideale Berechtigung dadurch zu gewinnen, sie übrigens völlig für sich haben zu dürfen. Auch dem Florentiner Nationalmuseum trägt dies Verfahren jetzt die besten Früchte. Alte kostbare Familienstücke sehen wir zum Theil hier ausgestellt, zu denen Niemand sonst vielleicht jemals gelangt wäre.

Noch reiner aber haben wir ein Museum, das durch die eigene Persönlichkeit von Werken sich bildete, die an einem bestimmten Orte nur verständlich waren, in dem Museum des Klosters von San Marco vor uns. Ein ehrwürdiges Gebäude, dessen anfänglicher Zweck im Lanse der Zeit verschwinden mußte, ist in ihm dem edelsten Bedürfnisse der laufenden Epoche angepaßt worden. Aus anderen Klöstern sind Fabriken, Kasernen, Gefangenhäuser geworden: San Marco ist geblieben was es war und nur die Mönche sind verschwunden. In 52 Zellen malte hier Fiesole Darstellungen aus der heiligen Geschichte. In den inneren und äußeren Gängen des Klosters, über den Thüren, in der Capelle, im Refectorium, überall die Arbeiten seiner Hand. Wie ließe sich das Wesen und die Thätigkeit dieses in der Stille unermüdeten Malers erkennen ohne diesen Bau, wo jedes Werk noch an der Stelle steht, an die er mit den Gedanken es zuerst brachte? Hier auch war Fra Bartolommeo heimisch. Hier haben wir den jugendlichen Raphael als seinen Schüler ein= und ausgehend zu denken. Dies der Boden noch, den die großen Meister mit den Sohlen berührt haben. Wir gehen da umher und staunen; Alles noch unverfallen und wohlerhalten. Man empfindet beim Durchschreiten dieser einzigen Bibliothek (die Michellozzo gebaut hat, der ersten öffentlichen Bibliothek in Italien), welche geistige Kraft hier einst concentrirt war. Hier auch war Savonarola thätig, dessen Zelle wir betreten, wo seine Handschriften ausgelegt sind. Nach San Marco ging der alte Cosimo bei Medici von Zeit zu Zeit, um in der Stille da die Rechnungen des eigenen Lebens zu prüfen. Alles, was wir hier vor uns haben, vereinigt sich, einen Eindruck hervorzubringen, der unvergeßlich sein muß.

In ähnlichem Sinne hat das dem Raphael zugeschriebene Gemälde im Refectorium von San Onofrio das Etrusische und Aegyptische Museum um sich her geschaffen. Mehr und mehr bilden sich solche natürliche Museen in Italien jetzt und werden sich bilden. Läge der Palazzo del Tè in Mantua nicht sicherlich längst in Ruinen ohne die Fresken Giulio Romano's, und das Kloster von San Pa$_o$l$_o$ zu Parma ohne die des Correggio? — während in Venedig mit den auf Leinwand

gemalten Werken die guten Geister aus den Paläſten fortge-
zogen ſind.

Nehmen wir Italien, wie es für das Studium der Kunſt
heute offen liegt, ſo bietet es einen ganz andern Anblick als
vor hundert Jahren. Die Napoleoniſchen Kriege brachten
das feſtliegende Capital der Kunſtwerke in gewaltſame Bewegung. Goethe, der den ungeheuren Raub miterlebte, ſchrieb
damals, die ſpätere Zeit werde nicht begreifen, was da eigentlich zerſtört worden ſei. Er ſelbſt aber konnte damals nicht
ahnen, was dieſe ſpätere Zeit in Italien offenbaren würde.
Käme er heute, ſein Erſtaunen würde grenzenlos ſein über
das ſeitdem zugänglich gemachte. Mag das Reiſen durch die
Eiſenbahnen den ſogenannten poetiſchen Reiz eingebüßt haben:
durch die Vortheile, die ſie uns bieten, iſt eine Concentration
des Studiums möglich geworden, an die früher nicht zu denken
war. Venedig, Mailaud, Florenz, Rom, Neapel treten mit
einer Schärfe, jedes als Repräſentant ſeiner künſtleriſchen
Eigenthümlichkeit, hervor, wie ſie ſich früher nicht geltend
machen konnten. Bologna, Piſa, Siena, Perugia und die andern Städte zweiten Ranges treten mit demjenigen dazwiſchen
ein, was gerade auf ihrem Boden gewachſen iſt. In Bologna
lernt man Francia und die Carracci mit ihrer Schule kennen.
In Piſa die Anfänge der Sculptur unter Nicolo Piſano. In
Perugia umgiebt uns die früheſte Schule Raphaels, in Siena
die der Vor- und Nebenarbeiter Giotto's, ſowie die Thätigkeit
Sodoma's und Peruzzi's. Ueberall weiß man an Ort und
Stelle jetzt, worauf man zumeiſt zu achten habe, und cultivirt
vor allem die eigene Production. Jeder einheimiſche alte
Meiſter iſt zum Centrum der allgemeinen Aufmerkſamkeit in
ſeiner Vaterſtadt geworden. Immer wird Venedig allein
Tizian, Mailaud Lionardo, Florenz und Rom Raphael und
Michelangelo erklären, während großgriechiſche Kunſt erſt in
Neapel verſtänblich wird. Heute aber nun erſt beſitzen wir

ben Ueberblick über die gesammte Entwicklung der antiken
Kunst und der Renaissance, die eine unbefangene Würdigung
jedes Erzeugnisses in jeder Epoche möglich macht.

Vergleichen wir mit dem was Italien bietet, das in Deutschland Bestehende.

Schon erwähnt worden ist, daß unsere Museen meist auf
den Erwerb ausländischer Werke angewiesen waren. Gemälde
und Antiken wurden fast nur aus Italien und den Niederlanden bezogen. Für die ältere Deutsche Kunst ist im Allgemeinen
seit dem Beginne dieses Jahrhunderts mit der Sinn erwacht.
Heute ist man, was diese anlangt, auch bei uns überall ge-
schäftig das Eigene zu erhalten und ins rechte Licht zu stellen.
Dieselbe edle provinciale Eifersucht dafür ist lebendig, die in
Italien waltet. Im Ganzen aber ist im Vergleich zu Italien
wenig übrig geblieben. Der breißigjährige Krieg und die
Napoleonischen Zeiten haben in zu gewaltigem Maaße aufgeräumt.

Die großen Museen aber sind zumeist aus Werken fremder
Meister gebildet und die neueren Erwerbungen fassen diese
vorzüglich ins Auge. Auch sind unsere heutigen großen Städte
fast alle modernen Ursprunges und ihren Museen kann nur
die Aufgabe gestellt sein, sich so weit als möglich nach allen
Seiten hin auszudehnen. Sie haben Material für das vergleichende Studium zu schaffen. Aegypten und Kleinasien liegen
ihnen so nahe als Italien oder die Niederlande und als
Deutschland selber. Copien und Abgüsse sind oft wichtiger,
als der Erwerb von Originalen, leichterer Erreichbarkeit und
Billigkeit wegen. Niemals kann sich in Deutschland die Lücke
ausfüllen, die innerhalb unserer künstlerischen Production im
Jahrhundert des breißigjährigen Krieges und im folgenden
eingetreten ist. Sie hat uns um die eigene nationale Blüthezeit gebracht. Wir bauen ein Museum für nationale Kunst
in Berlin: Dürers und seiner Vorgänger und Zeitgenossen

Werke würden sich fremd und seltsam darin ausnehmen. Unsere Kunst hat in Zeiten wiederbegonnen, die eben erst anfangen historisch zu werden.

Gotti's Buch bringt an persönlichen Ansichten nichts, das bemerkenswerth erschiene. Auch war bei der Form, in der es von ihm verlangt wurde, kaum Gelegenheit, dergleichen vorzubringen. Es ist plan und praktisch angelegt und durchgeführt. Aufgefallen ist mir, daß dasjenige Exemplar des Porträts Giulio's II., welches sich in den Ufficien findet, für das Original gegeben wird (p. 104), da ohne Zweifel dem Exemplar des Palastes Pitti die Ehre zukommt. Bemerkt sei hier, daß der öfter angezweifelte Carton des Gemäldes im Palaste Corsini eine durchaus ächte Zeichnung von der Hand Raphael's ist. Auch den Johannes in der Wüste von Raphael in den Ufficien erklärt Gotti für Original: das Darmstädter Exemplar, wenn auch nur auf wenige Reste reducirt, hat größere Ansprüche. Die Zeichnung der Ufficien dafür in Rothstift scheint mir bedenklich. Interessant ist auch die Mittheilung über den im Bargello befindlichen Adonis des Michelangelo (p. 228). Man hatte früher in Florenz seine Aechtheit in dem Grade bezweifelt, daß er eine Zeit lang bei Seite gestellt worden war. Ich halte ihn für ein von Michelangelo unvollendet gelassenes, von fremder Hand abgeglättetes Werk.

Unter den beigefügten Dokumenten finden wir auch (p. 301) den Passus des Testaments des letzten Buonarroti, der auf die Behandlung der Papiere und Zeichnungen Bezug hat. In genauer Uebersetzung lautet er:.,,Es sollen die Manuscripte und Zeichnungen des großen Michelangelo und ebenso die andern Manuscripte des andern Michelangelo (Michelangelo's Großneffen), sowie die Briefe von Zeitgenossen an sie beide in verschlossenen Schränken bewahrt werden, deren Schlüssel sich in Verwahrung desjenigen der Repräsentanten und Verwalter der Gallerie — (das Haus Buonarroti mit sämmtlichem

Inhalte wird zu einem eigenen Institute unter dem Namen Galleria Buonarroti erhoben) — befinden soll, welchen die andern dafür namhaft machen. Von ihm wird dieser Schlüssel nur dann dem Conservator der Gallerie ausgehändigt, wenn es entweder die Sorge für die Conservirung dieser Gegenstände nöthig macht, oder um sie etwa einem Fremden von Auszeichnung (forestiero distinto) zu zeigen; was so selten als möglich der Fall sein soll."

Auf diesen Paragraphen hin wird die Einsicht in den Nachlaß Michelangelo's noch immer verweigert, dessen Benützung nur einigen Florentiner Gelehrten offen steht!

Nützlich sind auch die angehängten Grundrisse der vier Museen. Den Bargello empfangen wir doppelt: vor und nach der Restauration. Man gewahrt recht, in welchem Maaße das Gebäude früher verunstaltet war.

Etwas fehlt für mich persönlich dem Buche, was freilich seinem Plane nach auch nicht hineingehörte: eine Besprechung des Palazzo vecchio, in dessen Räumen sich heute die städtische Verwaltung befindet. Hier residirt der Sindaco Ubaldino Peruzzi, von dessen Amtsführung die neue, letzte Umgestaltung der Stadt Florenz einst datirt werden wird. Denn es muß zugestanden werden: die großartigen Anlagen, die in den letzten Jahren unter Peruzzi's Leitung entstanden und heute noch in der Ausführung begriffen sind, haben die Stadt eigentlich zu dem erst gemacht, was sie werden sollte.

Als ich es noch in großherzoglichen Zeiten zuletzt sah, wußte ich keinen bessern Vergleich für Florenz als den mit einer Blume, die, statt zu verwelken, sich im Laufe der Jahrhunderte langsam in Stein verwandelt hatte, so daß, während Duft und Farbe des alten Lebens geschwunden waren, dennoch das äußere Aussehen sich völlig erhalten hatte. Da brachen die Zeiten des jungen Königreiches Italien ein, und Florenz wurde Hauptstadt der gesammten Halbinsel. Neue Straßen und Paläste waren nothwendig. Während fast alle modernen Bauten in Europa uns heute das Gefühl geben, als habe der Architekt, schwankend, welches Muster er wählen solle, niemals weder das gefunden was er suchte, noch sei er glücklich in der Nachahmung gewesen, hat sich hier in Anlehnung an den altflorentinischen Palaststyl ein neuer Styl gebildet, aus dem heraus die glücklichsten Bauten entstanden sind. Harmonisch schließen sie sich dem Vorhandenen an und imponiren ohne sich aufzudrängen. An diese Straßenanlagen aber schließt sich die landschaftliche Umgestaltung der nächsten Umgebung an und hier liegt der eigentliche Kern dessen, was geleistet worden ist. Die neue Terrasse unter San Miniato, von der aus man, hoch über die herrliche Stadt in der Tiefe, zu den Bergen hinüber sieht, ist mit großartig schöpferischem Geiste ersonnen. Hier wird ein Bronzeabguß des David von Michelangelo aufgestellt werden, der, weit aus der Ferne sichtbar, von nun an über Florenz aufragen wird. Jetzt erst scheint die Stadt die richtige Fassung erhalten zu haben. Ringsum ist sie mit schattigen Anlagen umgeben worden, während diese alten Mauern überall gesunken sind. Die Ehre, Hauptstadt von Italien zu sein, ist an Rom abgegeben worden, aber die Arbeiten haben dadurch keine Unterbrechung erlitten. Und da bei dieser Erhebung des Aeußern ein anerkennbarer innrer Drang die Stadt belebt, sich geistig emporzuarbeiten, um den Ansprüchen gerecht zu werden, welche die neue Zeit an das neue Königreich gestellt hat, so mischt sich der Freude an diesem Emporkommen nicht etwa das Gefühl bei, daß die neuen Straßen und Wege bald wieder veröden könnten.

Der Palazzo vecchio aber würde in ganz anderem Sinne noch als städtisches Museum die Pracht der alten Zeit repräsentiren, als der Bargello thut. Fast durchweg blieb sein innerer Schmuck unangetastet. Hier lernt man vor Vasari Respect haben. Seine Malereien in den ehemaligen Zimmern

Cosimo des Ersten sind das Beste was er als Maler geleistet
hat. Nicht die übergroßen verblaßten Wandgemälde des mäch=
tigen Versammlungssaales, sondern die jener Gemächer, in
denen Cosimo und Eleonore von Toledo und Bianca Capello
wohnten, lassen erkennen, mit welchem Geschmack Vasari zu
decoriren wußte. Fast wäre man es seinem Ruhme schuldig,
die vortrefflich erhaltenen Wandmalereien bekannter zu machen
als sie bei ihrer jetzigen Benutzung sein können.

Gotti's Buch enthält soviel wissenswerthe Nachrichten
über einzelne Kunstwerke der vier Museen, von denen es han=
delt: wenn dieses Material doch in die Cataloge dieser Samm=
lungen verarbeitet würde! Wie wenig enthalten diese, wie
vielfache falsche Angaben finden sich noch in ihnen, und wie
nothwendig wäre es, dem lebendigen Interesse des Publikums
an dem, was es hier vor Angen hat, durch gewissenhafte
historische Mittheilungen entgegen zu kommen. Diese Gemälde
und Sculpturen müssen von benen, die dazu berufen sind,
anders als bisher geschehen ist, zu lebhaften Trägern histori=
scher Bildung erhoben werden. Mit leichter Mühe könnte der
Vortheil, den die große Masse der Besucher aus den Museen
mit fortnimmt, auf diese Weise verdoppelt und verdreifacht
werden. Und bies gilt nicht weniger auch für die Cataloge
unsrer Deutschen Sammlungen.

Engel und Liebesgötter.

1874.

— —

I.

In dem zur Gemäldegallerie des Palastes Corsini in Florenz gehörigen Archive fand ich (im Frühlinge 1873) einen Brief an Leo X. aus dem Jahre 1521, welchen mir der Custode mit einer Bereitwilligkeit, die ich anerkenne, zu copiren erlaubte.

Ich lasse das in einer corrupten Orthographie abgefaßte Stück gleich in der Ueberſetzung folgen, da das Original an andrer Stelle gedruckt werden soll.

den 20. Juli 1521.

Beatissime Pater Post pedorum (sic) Oschula Post Debitas Commendationes. Dieser Brief wird ein treulicher Ausweis über Ew. Heiligkeit geschäftliche Angelegenheiten sein. Obgleich ich in vielen Briefen Ew. Heiligkeit Nachricht gegeben habe, weiß ich nicht, ob sie nicht in die Hände von Leuten gelangt sind, welche sie nicht abgeliefert haben. Ich habe meine Briefe dem Nuntius gegeben, der am Hofe des Königs ist. Ich habe ihm mitgetheilt, wie die Arbeit für Ew. Heiligkeit vorwärts geht: [er aber hat sie nicht selbst

gesehen*)], da er keine Zeit hatte, weil der Hof im Begriffe
stand, Brüssel zu verlassen, um nach Antwerpen zu gehen, und
da er, sehr besorgt und eifrig, die Nacht nicht geschlafen hatte,
während er am Tage immer mit Schreiben beschäftigt war.
Sobald er jedoch nach Brüssel zurückkehrt, werde ich ihm alle
die Patronen zeigen, welche ich angefertigt habe, d. h. die
Kartons.

Ew. Heiligkeit berichte ich über das Ganze in aller Kürze.

Ich habe zwanzig Cartons angefertigt für zwanzig Stücke,
welche rings innen den Saal bekleiden, welche meine Genossen
ausmalen, d. h. Giulio**) mit Giovan Francesco***); Heiliger Vater, erwarten Sie die schönsten Teppiche (spalere) zu
sehen, welche jemals gesehen worden sind, lustig und reich
mit Gold verziert. Ich habe Alles auf das Mannigfaltigste
angeordnet: scherzende Kinder, lustige Dinge, überall Ew. Heiligkeit Embleme angebracht, so reich als möglich. Wahr ist,
es konnte nicht Alles eigenhändig von mir gearbeitet werden:
ich zeichne das Ganze und gebe es weiter in Auftrag, thue
das Meiste aber selbst daran, besorgt für die Ehre Ew. Heiligkeit. Ferner habe ich die Compositionen für das Bette begonnen: ich weiß, daß die Erfindungen gefallen werden, die
ich auf den Stücken angebracht habe. Dazu gehört das Bildniß
Ew. Heiligkeit vor Gott Vater, welcher Euch die Gnade des
heiligen Geistes verleiht, sowie des ehrwürdigsten Monsignor
bei Medici und Monsignor Cibo. Ich bitte Ew. Heiligkeit,
die Einlage richtig abzugeben, weil ich darin den ehrwürdigsten
Monsignor bei Medici ersuche, mir in verringertem Maaß-
stabe zwei Porträts copiren zu lassen, welche Seine Herrlichkeit von einem Oelgemälde von der Hand meines Meisters

---

*) Dies oder etwas Aehnliches mußte der Schreiber hier sagen wollen,
hat es aber ausgelassen.
**) Romano.
***) Penni, vgl. Vasari, Ed. Lemonnier VIII, 242.

besitzt, welches Gemälde sich in Florenz befindet: Man sende in einem Briefe diese beiden Köpfe, den Ew. Heiligkeit, sowie den des Monsignor bei Medici, damit ich sie nachbilden kann. Ich habe in vielen Briefen bereits diesen Wunsch ausgesprochen; das Bett wäre längst fertig.

Ich richte an Ew. Heiligkeit noch ein kleines bittendes Wort: ob mir nicht ein armes Aemtchen, das Monsignor bei Medici mir geschenkt hat, noch während der Zeit, daß ich in Ew. Heiligkeit Diensten stehe, fest ausgefertigt werden könnte. Es trägt nicht mehr als einen Ducaten alle Monat. Weiter nichts, heiligster Vater. Ueberall, wohin ich komme, heißt es: Leo est bonus pastor. — Leo ist ein guter Hirte.

Nachschrift. Heiligster Vater, ich bitte Ew. Heiligkeit, mich meinem Herrn anempfehlen zu lassen, qual ma per folgo como lo pregasti.(?) Er ist in Wahrheit ein redlicher Mann, betreibt die Vollendung der Arbeiten für Euch, unterzieht sich großen Anstrengungen, ist immer auf den Beinen und spornt uns an. Was die Auswahl der Arbeiter anlangt, so habe ich mit den fernen, barbarischen Ausländern viel auszustehen.

Adresse: An Seine Heiligkeit unsern Herrn, Leo den Zehnten, Pontifex maximus.

Welcher von den Schülern Raphaels hat diesen Brief aus den Niederlanden nach Rom gesandt?

II.

Als Albrecht Dürer 1520 nach den Niederlanden gegangen war, traf er im Mai 1521, seinem Tagebuche zufolge, in Antwerpen mit einem italiänischen Maler zusammen, den er Thomas Polonier nennt und in welchem, nachdem man ihn lange für eine unbekannte Person hielt, Tommaso Vincidore aus Bologna, ein Schüler Raphaels erkannt worden ist. „Item", lesen wir in Dürers Reisetagebuche, „des Raphaels von Urbino Ding ist nach seinem Tode alles verzogen, aber seiner Dis-

cipulu einer, mit Namen Thomas Polonier,*) ein guter Mahler,
der hat mich begerth zu sehen. So ist er zu mir komen, hat
mir ein gulden Ring geschenkt, antiga, gar mit ein guten ge=
schnitten Stein, ist 5 fl. werth, mir aber hat man zweifach
gelbt dafür wollen geben, dargegen hab ich ihm geschenkt
meines besten gedruckten Dings, das ist werth 6 fl." Diese
Stelle hat eine Unklarheit im ersten Satze. „Ding" ist ein
Lieblingswort Dürers, womit er, wie unsere Stelle im wei=
tern Verlaufe selbst zeigt, künstlerische Arbeit bezeichnet. Dies
bestätigen so viele Stellen seiner Briefe und des Tagebuches,
daß es unnöthig wäre sie anzuführen. Zwar wird das Wort
einigemale auch allgemein genommen, niemals aber, wie Campe
(Rel. S. 81, neben der Erklärung „Arbeiten") bemerkt, in
der Bedeutung von „Werkstätte", welche Dürer, wo er sie
meint, mit diesem Worte selbst bezeichnet. Thausing jedoch
hat sich für diese Uebertragung erklärt, indem er**) schreibt:
„Die Werkstatt Raphaels hat sich nach seinem Tode völlig
aufgelöst." Auch das Thatsächliche widerspricht dem. Ra=
phaels Werkstatt löste sich nicht auf. Giulio Romano und
Francesco Penni traten als testamentarische Erben der Firma
an Raphaels Stelle, führten dessen Arbeiten weiter und suchten
neue zu erlangen. Vasari's Angaben hierüber bestätigt der
von Pini zuerst publicirte Brief des Sebastian del Piombo,
worin er Michelangelo Raphaels Tod mittheilt und ihm von
den Anstrengungen seiner Schüler Nachricht giebt, neue Be=
stellungen zu erlangen. Es hätte aber gerade das Gegentheil
von dem stattgefunden, was Thausing sagt, wenn „Ding"

---

*) In derselben Namensbezeichnung wurde Dürers, gleich seinem Vater
aus Ungarn gebürtiger Onkel Niclas in Cöln Niclas Unger, oder der
Maler Jacopo bei Barbari aus Venedig (Welschland) in Nürnberg Jacob
Walch genannt.

**) Dürers Briefe und Tagebücher, S. 95. In Eitelbergers Quellen=
schriften. Wien, 1872.

hier „Werkstätte" bedeuten soll. Berachter übersetzt (A. Dürer in den Niederlanden) mit noch weniger Berechtigung: „De school van Raphael von Urbino is na zyne dood zar verminderd", und Narrey (Gazette des Beaux-Arts 1865) demgemäß „L'école de Raphael d'Urbin s'est considérablement amoindrie après la mort de ce grand homme". Von Eye (Leben und Wirken A. Dürers) faßt die Stelle so, als wenn die Schüler Raphaels sich nach seinem Tode zerstreut hätten. Mir scheint nothwendig, „Ding" auf die Arbeiten Raphaels zu beziehen und „verzogen" in der Bedeutung von differre, protelare zu nehmen. Wir gelangen so zu dem Sinne, daß die Fortführung von Raphaels Arbeiten erlahmte und hinausgeschoben worden sei. Ohne Zweifel mußte hier eine Verzögerung eintreten. Raphael war überhäuft mit Arbeit: nach seinem Tode aber konnte es sich höchstens darum handeln, das Angefangene zu vollenden, wobei es nun wesentlich langsamer ging. Trotzdem nahm das „Atelier Raphaels" neue Arbeiten an und vertheilte sie unter die vorhandenen Kräfte. Bei der allgemeinen Arbeitstheilung mußten auch die Teppiche, welche in den Niederlanden gewebt wurden, vergeben werden.

Bisher fehlte jedoch ein schärferer Beweis dafür, an wen. Pinchart hatte[*] zwar einen Brief Leo's X. drucken lassen, mit welchem ausgerüstet Tommaso in den Niederlanden auftrat. Datirt ist er vom 21. Mai 1520. Tommaso begiebt sich danach „in nonnullas Flandriae partes pro quibusdam nostris negociis". Ferner: aus den handschriftlichen Noten des Malers Francesco d'Ollanda zu einem Exemplare des Vasari von 1568, welches Raczynski in Madrid fand, ging hervor, daß Tommaso in den Niederlanden die Ausführung der Teppiche anvertraut war, welche nach Zeichnungen Raphaels dort

---

[*] Bull. de l'Acad. Roy. de Belgique, XXI. Brux. 1865.

für den Pabst gewebt wurden. Pinchart, der*) auch dies zu=
erst bespricht, zieht daraus den Schluß, daß die bisherige
Annahme, Raphaels Teppiche seien 1519 vollendet worden,
irrthümlich sein müsse. Passavant, welcher Pincharts Artikel
in seiner französischen Ausgabe wiederabbruckt, erwidert dar=
auf jedoch mit Recht, Tommaso's Thätigkeit müsse sich, da die
erste Serie schon 1519 vollendet war, auf die zweite Serie
der Teppiche bezogen haben, welche nach Zeichnungen der
Schüler Raphaels angefertigt wurden.

Indessen Recht hat Passavant doch nur insofern als er
darlegt, es könne hier nicht von der ersten Serie der Tep=
piche die Rede sein; ob Tommaso aber gerade es war, der
der Vollendung der zweiten Serie wegen, welche Darstellungen
aus der Apostelgeschichte bringt, nach den Niederlanden ging,
erhellte aus dem Vorliegenden nicht. Francesco d'Ollanda
sagt**): Celui-ci s'appellait Bolonha, et s'étant rendu en
Flandre afin d'y faire confectionner les tapis du Pape Leon X.
d'après les desseins de Raphael et d'après les siens. Die
Cartons der Teppiche aus der Apostelgeschichte sind aber nicht
zum Theile von Raphael, sondern, Nachahmungen abgerechnet,
einzig und allein von seinen Schülern. Und außerdem, diese
Teppiche, von bedeutendem Formate, hatten schwerlich die Be=
stimmung, in einer Anzahl von zwanzig Stück, ein Zimmer
zu bekleiden, welches Raphaels Schüler, Vincidore's Genossen,
damals ausmalten. Es muß sich nämlich bei den im Briefe ge=
nannten Malereien um die Gemälde in der Sala Borgia han=
deln, das hauptsächlichste darunter die Constantinschlacht, mit
deren Ausführung Giulio und Giovan Francesco nach Raphaels
Tode fortfuhren. Tommaso Vincidore hätte, wenn meine Ver=
muthung zutrifft, die die Wand unter den Gemälden bis zum

*) Revue universelle von 1858.
**) Raczynski Dictionnaire, S. 136.

7*

Fußboden herab bedeckenden Teppiche zugetheilt erhalten, und
so begriffe sich auch die große Anzahl dieser Stücke, welche
alle demselben Künstler zufielen. Es waren Teppiche von geringer Höhe und Breite und es ließe sich daran die Folgerung
knüpfen, auch in den übrigen Gemächern des Vaticanes seien
diese Stellen der Wände, unter den Malereien, in ähnlicher
Weise bekleidet gewesen, woraus sich dann wieder erklären
würde, warum die Bemalung der Mauer, wie sie hier heute
vorliegt, spätern Malern erst aufgegeben wurde. Mit unserem Briefe hätte jene zweite Serie der großen Teppiche
deshalb nichts zu thun. Das Wahrscheinliche ist, Vincidore
habe neben den großen Teppichen der zweiten Serie, welche
Francesco b'Ollanda Raphael zuschrieb, die im Briefe erwähnten kleinern Aufträge des Pabstes gleichfalls zu besor-
gen gehabt.

Von den Teppichen für das Bette, von dem am Schluße
des Briefes die Rede ist, d. h. für die Ueberdachung und Um-
kleidung desselben, welche damals sehr umfangreich ausfallen
konnte, ist heute nichts mehr bekanut. Die Portraits des
Pabstes und des Cardinales Medici, welche Vincidore in seinem
Briefe als Durchzeichnungen verlangt, sollten ohne Zweifel
dem berühmten großen Portrait, heute im Palast Pitti, dessen
Original zu besitzen Florenz und Neapel im Streite liegen,
entnommen werden, auf welchem Leo X. und hinter ihm der
Cardinal Medici gemalt sind.

Anders verhält es sich mit denjenigen Stücken, welche der
Schreiber des Briefes zuerst bespricht und zum Theile be-
schreibt. Die Angabe, es seien spielende Kinder und die
Embleme der Medici darauf angebracht, leitet uns hier auf
die Spur: eine Anzahl derartiger Compositionen aus der
Schule Raphaels sind erhalten geblieben und liegen in Stichen
des Meisters au dè vor, der sie mit der Bezeichnung „Rapha.
Vr. in“ und unter dem Titel „tappezerie del papa“ gestochen

hat. Passavant führt sie*) als Werke des Giovanni da Udine
an, indem er sich auf Vasari beruft. Beide Angaben jedoch
werden auf unsern Brief hin nun zu berichtigen sein, denn
es unterliegt wohl keinem Zweifel, daß wir weder Raphaels,
noch Giovanni da Udine's Arbeiten hier vor uns haben.

Das erste Blatt zeigt einen Löwen innerhalb einer strah-
leuben Sonne mit allerlei Amoren umher. Auf dem zweiten,
das ich nur der Beschreibung nach kenne, sehen wir einen
Strauß, auf dem ein Amor reitet, während ihm ein andrer
Amor Federn auszieht, mit denen er sich den Kopf schmückt.
Das dritte und vierte zeigen complicirtere Compositionen.

Das erste Blatt läßt sich leicht erklären. Unter dem von
einer Strahlensonne umgebenen springenden Löwen steht ein
geflügelter Liebesgott aufrecht da, in der Rechten einen Scepter,
in der Linken ein gewaltiges Schlüsselpaar an einem Bande,
auf dem Kopfe eine Krone tragend, während der rechte Fuß
auf eine Weltkugel tritt. Zu beiden Seiten Amoren, welche
ihm in großen flachen Schüsseln gemünztes Gold zutragen.
Ueber dem Amor zur Linken, auf der Guirlande, welche den
Hintergrund ausfüllt, ein aufblickender Abler; über dem andern
ein Phönix in Flammen sichtbar. Hier also, ohne weitere
Nebenbeziehungen, eine an Leo X. gerichtete, sehr verständliche
Schmeichelei.

Zum zweiten Blatte ist zu bemerken, daß drei Straußen-
federn das Emblem Lorenzo's dei Medici, des Vaters Leo
des Zehnten waren. Beide Darstellungen stimmen zu des
Briefschreibers eigner Andeutung seiner Erfindungen.

Das dritte Blatt stellt Amoren dar, welche in einem
Walde spielen. In der Mitte einer, der sich einen Apfel an
die Wange drückt, um ihn einem andern zuzuwerfen, welcher,
rechts im Profil stehend, die Hände bereits geöffnet hat, um

---

*) Pass. franz. I, 337, vgl. 339, und II, 225.

ihn aufzufangen. Links sitzen Amoren, Kränze bindend, während andere ihnen abgepflückte Blätter zutragen. Im Hintergrunde, zwischen den ersteren beiden, ein Amor mit erhobenem Jagdspieß, als wolle er zustoßen. Hier ist die Handlung weniger klar.

Das vierte Blatt fordert noch entschiedener eine Erklärung. Eine mächtige, von beiden Ecken herabhängende Guirlande theilt die Bühne gleichsam. Vorn sehen wir zwei im Ringkampfe begriffene Amoren. Der eine beißt dem andern ins Ohr, während dieser, nach rückwärts greifend, dem ersteren den Daumen der Hand, mit der er ihn umschlungen hält, zurückbiegt oder umdreht, um ihn zum Loslassen zu nöthigen. Hinter der Guirlande stehen, zur Rechten und Linken dieses Paares, zwei Amoren und suchen die beiden Kämpfenden, indem sie, der eine mit einem Pfeile, der andre mit einem Bogen auf sie losschlagen, auseinander zu bringen. Außerdem noch ein kleiner Hund sichtbar, der einem der Beiden im Vordergrunde ins Bein beißt: ein Löwenhündchen mit Mähne, kahlem Hinterleibe und Puschel oben am Schwanze.

Bei diesen Compositionen bietet sich nichts, was auf Leo X. ginge, zugleich aber haben die Scenen zusehr speciellen Inhalt, als daß man sie nur im allgemeinen als „spielende Kinder" bezeichnen dürfte. Es muß etwas gemeint gewesen sein. Und es liegt etwas vor, womit sie offenbar in Verbindung stehen. Ich lasse die Beschreibung eines antiken Gemäldes gleich folgen, dem die einzelnen Züge entnommen sind, die „Liebesgötter des Philostratus", das sechste Capitel des ersten Buches, ein Stück, das zu seinen liebenswürdigsten und auch zu den bekanntesten gehört.

Der Gedanke des Bilderbuches des Philostratos ist, daß ein Pädagoge fingirt wird, welcher mit seinem Zöglinge eine Gallerie besucht und ihm erklärt was da zu sehen sei.

„Mit der Aepfelärnte, siehst du, sind die Liebesgötter beschäftigt. Sind ihrer aber viele, so darf dich das nicht wundern: sie kommen als die Kinder der Nymphen zur Welt und regieren alles Sterbliche; in so großer Anzahl aber, weil die Begierden der Menschen so Mannichfaltigem nachstreben. Der himmlische Eros aber soll sich im Himmel mit den Angelegenheiten der Unsterblichen beschäftigen."

„Fliegt dir nicht etwas wie Wohlgeruch von Früchten zu? Oder ist der Duft bei deiner Nase noch nicht angekommen? Aber gieb wohl Acht, sonst regnet es dir Aepfel auf den Kopf!"

„Der Garten ist hübsch abgetheilt und gerade Wege sind hindurchgezogen. Zartes Gekräute bedeckt den Boden, auf dem sich sanft liegen läßt. An den Zweigen aber hängen goldne Aepfel, gluthroth und sonnengelb, und reizen die kleine Gesellschaft, zuzugreifen. Ihre goldnen oder goldverzierten Köcher mit den goldnen Pfeilen darin haben sie an die Aeste gehangen und schwärmen frei und leicht umher. Ihre tausendfarbig bunten Kleiderchen aber liegen auf dem Grase. Kränze tragen sie nicht, sie haben am eigenen Haar genug. Ihre Flügel sind dunkelblau, bunt, oder golden bei einigen, und deren Geräusch klingt beinahe wie Musik. Was das für Körbe sind, in die sie die Aepfel lesen! Wie von Carneol, Smaragd oder leibhaftigen Perlen: die kann nur Hephästos gemacht haben! Leitern aber brauchte er ihnen keine zu machen, denn sie fliegen in die Aepfel selber hinein. Nicht zu reden, wie sie tanzen, um die Wette laufen, oder daliegen und schlafen oder sich an den Aepfeln wohl sein lassen. Sehen wir lieber, was dort los ist! Vier von den allerschönsten! Das eine Paar wirft sich Aepfel zu, das andere schießt mit den Bogen aufeinander. Böse scheinen sie sich nicht zu sein, denn sie bieten die breite Brust den Pfeilen dar. Da will uns der Maler etwas zu rathen aufgeben. Ob wir es wohl herausbringen? Das soll Liebe und Sehnsucht bedeuten! In denen dort, die mit den Aepfeln spielen, regt sich das erste Verlangen.

Der eine küßt einen Apfel und wirft ihn dem andern zu, und
der, der ihn mit beiden Händen empfängt, wird ihn wieder
küssen und zurückwerfen. Die beiden Bogenschützen aber treiben
mit den Pfeilen die schon erwachte Liebe tief in die Herzen
hinein. Und so sage ich: jene dort spielen mit der Liebe zum
Beginn, diese hier geben ihr ewige Dauer. Dort aber die,
um die ein ganzer Kreis steht um zuzusehen? Sie sind hart
aneinandergerathen."

„Ich will dir erzählen wie es zuging, denn du möchtest
das gar zu gern erfahren. Also: der eine hat seinen Gegner
umflogen, ihn von hinten gefaßt und mit den Schenkeln um=
schlungen und will ihm mit den Armen den Athem auspressen;
der aber hält standhaft aus und sucht sich von der Hand des
anderen frei zu machen indem er ihm einen Finger umdreht.
Denn wenn der eine Finger nicht mehr packt, müssen auch
alle andern loslassen. Sein Gegner jetzt kann das nicht mehr
aushalten und beißt ihm ins Ohr. Nun werden die Zuschauer
zornig, weil er die Gesetze der Ringbahn übertreten hat, und
bombardiren mit Aepfeln auf ihn los. Halt, der Hase dort
soll uns nicht entwischen! Helfen wir den Eroten Jagd auf
ihn machen! Er hat unter den Bäumen gesessen, Aepfel ge=
fressen und halbgefressen liegen lassen. Sie jagen und scheuchen
ihn. Der eine mit Händeklatschen, der zweite mit Gekreisch,
der dritte indem er sein Kittelchen schwenkt. Sie fliegen über
ihm her und schreien, sie laufen ihm zu Fuße nach, einer will
sich eben auf ihn herabwerfen, da macht der Hase einen
Seitensprung. Der aber hat es auf sein Hinterbein abge=
sehen, und gerade wie er ihn eben gefaßt hat, geht der Hase
dennoch durch und nun stürzt Alles mit Gelächter übereinander,
Kopfüber, Kopfunter ins Gras, jeder als einer der gern
etwas gefangen hätte. Pfeile und Bogen aber gebrauchen sie
nicht, denn sie wollen den Hasen für Aphrodite als ihr ange=
nehmstes Opferthier lebendig fangen. —"

„Aber dort Aphrobite selber! Was, meinst du, hat die hier mit den Aepfeln zu thun? Siehst du jenen hohlen Felsen, aus dem eine dunkle Quelle herausprudelt, golbhell und trink= bar, die sich im Garten vertheilt, um den Apfelbäumen zum Trunke zu dienen; dort erkenne mir die Aphrobite, welche die Nymphen dahin gestiftet haben, weil sie sie zu den Müttern der Eroten, den Müttern so schöner Kinder machte. Und den silbernen Spiegel und jene golbne Sandale und die golbnen Spangen, all das wurde ihr nicht umsonst dargebracht: es soll, wie eine Inschrift andeutet, der Aphrobite zu eigen sein und die Nymphen sollen es ihr geschenkt haben. Und die Eroten bringen ihr Aepfel zum Opfer und bitten, es möge ihr Garten ihnen immer so schön erhalten bleiben*).“

Auf den beiden letzten Stichen des Meisters mit dem Würfel erkennen wir Scenen aus diesem Capitel des Phi= lostrat. Zugleich aber müssen Veränderungen auffallen, die er sich anzubringen erlaubt hat. Der Amor, welcher mit dem andern ringt, hat seinen Gegner nicht von hinten umschlungen, sondern von vorn umfaßt. Ferner: Philostratus sagt, die

---

*) Wem die Verschiedenheit meiner Uebertragung von der Goethe'schen auffallen sollte (XXX. Bd. 1840, vgl. Brief an Boisserée vom 1. Mai 1818), ohne daß ihm Philostratos' Buch selbst gleich zur Hand wäre, bemerke ich, daß Goethe den Schluß des Capitels zum Anfange gemacht und sich beim Uebersetzen mit der Freiheit bewegt hat, deren es ihm zu bedürfen schien, um dem Ganzen den wirklichen Duft der griechischen Sprache zu verleihen. Ebenso war er bei Cellini's Leben verfahren. Vergleicht man den italiäni= schen und Deutschen Text, so erscheint Goethe's Uebersetzung nur als eine Umschreibung; liest man die Uebersetzung allein, so empfängt man vollkom= men den Eindruck, welchen die Lectüre des Italiänischen des 16. Jahrhun= berts in uns zurückläßt. Mit der gleichen Kunst hat er den Geist des Phi= lostratos wiedergegeben, zu welchem ihm, Herrn von Loepers Mittheilung zufolge, die ich mir hier zu benutzen erlaube, Riemer und Prof. Hand die nöthigen Vorarbeiten lieferten. Wie wunderbar Goethe überhaupt die innere Musik der griechischen Sprache vertraut war, zeigen die in griechischen Metren gedichteten Scenen des zweiten Theiles des Faust.

Eroten trügen keine Kränze, während wir den einen hier mit
dem Kranze im Haar basitzen sehen. Ferner: statt Aepfel zu
pflücken, pflücken sie Zweige, um Guirlanden zu winden, wo=
von ebenfalls bei Philostratus nichts zu lesen ist. Und serner:
statt mit Aepfeln auf die Ringenden zu wersen, schlagen die
beiden Amoren mit dem Pfeil der eine, mit dem Bogen der
andre auf das kämpfende Paar los. Und endlich: statt mit
Pfeil und Bogen auf einander zu schießen, steht sich dieses
zweite Paar der Streitenden mit kurzen Wurfspießen gegen=
über. Trotzdem kann kein Zweifel sein, daß Philostratos'
Capitel hier zu Grunde lag.

Ist der Künstler absichtlich vom griechischen Texte abge=
wichen, oder sollte er ihn gar nicht vor Angen gehabt haben?
Es könnte Nachahmung bei ihm vorliegen. Diese Vermuthung
bekräftigen eine Anzahl Zeichnungen, welche entweder von
Raphael selbst oder in Copien nach ihm vorhanden sind:
Blätter in Wien, Paris und Oxford, auf denen wir eine um=
fangreichere und dem Texte mehr entsprechende Darstellung
dieser Scenen vor uns haben. Ruland führt sie in seinem
Cataloge der Windsor=Sammlung als „playing children",
Passavant als „spielende Kinder" an.

Zuerst das Pariser Blatt. Es enthält in zusammenhän=
geuder Composition die drei Scenen: des Ringens, Aepfel=
zuwerfens und der Hasenjagd. Hier sehlt nichts. Die reizende
Freiheit der Ersindung läßt Raphael als den Urheber erken=
nen, obgleich das vorliegende Blatt eine von fremder Hand
gemachte Copie seiner eignen Skizze ist. Die Ringenden eut=
sprechen in ihrer Stellung dem Stiche des Maître au dè, da=
gegen sehen wir die beiden Amoren, zur Rechten und Linken,
genau wie Philostratos erzählt, mit Aepfeln auf den loswerfen,
welcher durch den Biß ins Ohr die Gesetze der Ringbahn
übertritt. Noch ächter raphaelisch möchte man die Hasenjagd
nennen, von der der Künstler vielleicht auf einem der nicht

erhaltenen ober von Maître au dè nicht geſtochenen Stücke
Gebrauch gemacht hatte.

Sehr hübſch nun ſind die Varianten, welche die Blätter
von Wien und Orford gewähren. Dieſe beiden Feberzeich=
nungen ſtehen in ſo enger Verwandtſchaft zueinander, daß
eine von ihnen faſt nothwendig als Fälſchung erſcheinen müßte:
bei näherer Betrachtung jedoch habe ich ſie als unabhängig
von einander erkannt. Jede zeigt zum Theil andre Scenen:
Aepfelaufleſende Amoren und einen der ſchlafend baliegt, ba=
neben jedoch einen doppelten Verſuch, das ringende Paar
genau textentſprechend barzuſtellen. Philoſtratus ließ ben einen
Amor ben andern von hinten faſſen: der Stich des Maître
au dè und Raphaels vorhin beſprochenes Pariſer Blatt ba=
gegen das Paar Bruſt gegen Bruſt umſchlungen erſcheinen:
hier jetzt die wiederholte Abſicht, ſo zu zeichnen, baß einer ben
andern von der Rückſeite packt.

Vielleicht waren all dieſe Zeichnungen als ein Theil des
Nachlaſſes Raphaels in Vincibore's Hände gerathen, der, ohne
zu wiſſen wonach ſie gearbeitet waren, oder ohne aus andern
Rückſichten ſich an Philoſtrats Worte genauer zu binden, für
ſeine Zwecke baraus entnahm was ihm paßte und nach Gut=
bünken umgeſtaltete. Raphael ſelber lernte ben Philoſtratos
wahrſcheinlich 1517 keunen, wo deſſen Werke zum erſtenmale
gebruckt herauskamen*). Was er mit dieſen Zeichnungen vor=
hatte, wiſſen wir nicht. Sie enthalten nichts fertiges, es ſind
nur hingeworfene Scenen, von denen ſich nicht vermuthen
läßt, woſür ſie beſtimmt waren, und welche Niemand bisher
mit Philoſtrat in Verbindung gebracht hat.

Nach allem, was hier von mir vorgebracht worden iſt,
ſcheint mir der Zuſammenhang der beſchriebenen Compoſitio=

---

*) Ich habe anderweitig nachgewieſen, daß Raphaels Galatea mit Phi=
loſtratos nichts zu thun hat.

nen mit ben im Briefe an Leo X. angedeuteten so ziemlich
erwiesen zu sein. Der strikte Beweis für Vincibore fehlt
allerbings, und ich suche der Sache beshalb noch von einer
andern Seite beizukommen. Es findet sich auf dem einen
Blatte des Maître au dè etwas, das weder Philostratus noch
Raphael verdankt wurde, gleichwohl aber eine Entlehnung ist
und zwar eine, welche, wenn man es zugeben will, auf ein
persönliches Verhältniß des Meisters dieser Teppiche zu Albrecht
Dürer hinweist.

Auf Stichen, Holzschnitten und Zeichnungen Albrecht
Dürers begegnen wir, bei verschiedenen Gelegenheiten, ganz
besonders beschaffenen kleinen Kötern. Ein dachsartiger Teckel
und ein Löwenhündchen mit kahlem Hinterkörper und nur
einem Puschel an der Schwanzspitze nehmen barunter die vornehmste Stelle ein. Die Madonna mag der Elisabeth begegnen, sie mag still sitzen mit dem Kinde, sie mag in Wochen
liegen oder ihre Mutter mit ihr selber in Wochen sein: meistens ist unser Teckel oder unser kleines Löwenhündchen dabei
und zwar unter den Hauptpersonen.

Nun fanden wir bei den ringenden Eroten des Maître
au dè den Zug, daß dem, der den andern ins Ohr beißt,
wieder ein Löwenhündchen in die Ferse beißt. Ich dachte,
woher kann der Künstler das genommen haben? Und erkannte
in dem Hündchen Dürers kleinen Hund wieder. Sollte Dürer
außer seiner Frau' und Magd auch sein Löwenhündchen in
die Niederlande haben mitgehen lassen?

Doch auch dies ließe sich anders erklären. In Dürers
Tagebuch fanden wir, nach dem Berichte über den von Thomas Polonier ihm geschenkten antiken Stein, „bargegen hab
ich ihm geschenkt meines besten gedruckten Dings, das ist
werth 6 fl." Auf jenes Hündchen hin möchte man fast mit
Sicherheit behaupten, das Leben der Maria, worin der Hund

öfter vorkommt, habe sich unter diesem „gedruckten Ding" befunden. Aber es bedarf dieser Conjectur nicht einmal. Wir
erinnern uns, daß gerade das Leben der Maria von Marc
Anton nachgestochen worden und so längst zur Kenntniß der
italiänischen Künstler gekommen war.

Tommaso Vincidore konnte also auf viel direkterem Wege
zu Dürers kleinen Hunden gelangt sein. Wie dem nun sei:
da der Teppich gerade zu der Zeit entstand, wo Vincidor mit
Dürer zusammentraf, und da das Hündchen zu so auffallendem Ueberfluß in die Composition hineingebracht worden ist,
so bleibt das Gefühl nicht ganz abzuweisen, als habe Dürer
eine kleine internationale Höflichkeit damit erwiesen werden
sollen. Fast ebenso auffallend ist auf dem ersten der beschriebenen Stiche des Maître au dè der Schlüsselbund in den Händen des mittelsten, die Krone tragenden Amor. Denn eigentlich
bedürfte es doch nur eines einzigen Schlüssels, um die Macht
des Pabstes als Nachfolger Petri anzudeuten. Auch dieses
Bund finden wir bereits auf einem Blatte des Lebens der
Maria in der Hand des einen der kleinen Genien, die da von
Dürer angebracht worden sind, und es könnte wiederum von
hier aus das Motiv in die Composition des Italiäners hinübergenommen sein.

Zu bemerken wäre endlich noch, um für Commentirung
des Briefes nichts auszulassen, daß der päbstliche Gesandte,
von dem darin die Rede ist, Hieronymus Aleander war,
Bibliothekar des Pabstes, der im Juli 1520 als Nuntius mit
Caraccioli nach Deutschland geschickt, beim Erzbischof von
Mainz das Verbrennen der Bücher Luthers und die Maaßregeln gegen Hutten erwirkte und sich sodann am Hofe Carl
des Fünften zu halten hatte. Bei ihm war ein besonderes
Interesse für die vom Pabst bestellte Kunstarbeit vorauszusetzen. Die Rührigkeit seines Wesens, wie der Verfasser des
Briefes ihn schildert, stimmt zu seinem Charakter, über dessen

gute und schlechte Seiten in Erasmus von Rotterdams Briefen
genug zu lesen ist.

Aleander könnte es gewesen sein, welcher jenen offnen
Empfehlungsbrief mitbrachte, mit welchem Vincibore in den
Niederlanden erschien so daß die oben abgemerkte dunkle Stelle,
„qual ma per folgo" nun zu erklären wäre, il quale m'ha
raccommandato per il foglio come lo pregasti: der mich, bei=
nem Wunsche gemäß, durch einen Brief empfohlen hat."

III.

Die Compositionen nach Philostratus bieten nicht die
ersten Eroten dar, denen wir bei Raphael begegnen. Zu
Zeiten, wo er weder Philostrat, noch Lucian, nach dessen An=
gaben er das antike Werk des Aëtion, die Hochzeit der
Roxane, mit den schönsten Liebesgöttern darauf, die sich denken
lassen, zu restituiren versuchte, noch Apulejus kannte, nach
dessen Psychemärchen er die Farnesina malte, hat er Eroten
auf seinen Gemälden angebracht. Auf der ersten Skizze zur
Disputa sehen wir Liebesgötter ein Wappen an die von links
in das Gemälde hineinragende Architektur anbinden; durch
die Zweige des Lorbeerhaines auf dem Parnaß schwirren
Liebesgötter, wie eine der früheren Skizzen, nach der Marc
Anton gestochen hat, die Composition zeigt. Vor Allem aber:
die allegorischen Personen der Decke in demselben vaticanischen
Zimmer weisen eine Umgebung der schönsten Eroten auf, welche
mannigfache Dienste als Träger von aufgeschlagenen Büchern
oder sonst als himmlische beschwingte kleine Pagen zu leisten
haben, und auf der Disputa selber werden von den leiblichen
Brüdern dieser beflügelten Kindergestalten die geöffneten Evan=
gelien aufgeschlagen hoch gehalten durch die Lnst getragen.
Doch „leibliche Brüder" sagt zu wenig. Denn diese Flügel=
kinder der Disputa sind die leibhaftigen Amoren selber, welche
auf jener ersten Skizze des Parnaß die Zweige des Lorbeer=

wäldchens des Apollo durchflatterten und die vom Künstler
von dort fortgenommen und auf die Disputa zu andrer Dienst=
leistung versetzt worden sind.

Aber wie kommen Eroten auf die Disputa? Es müssen
doch wohl Engel sein? Raphael hat viel mehr gethan! —:
auf dem ersten Entwurfe der Gestalt der Poesie für die Decke
der Camera della Segnatura, wie eine Zeichnung sie zeigt,
welche ebenfalls Marc Antons Stiche zu Grunde liegt, sehen
wir neben der allegorischen Göttin einen kleinen nackten Flügel=
knaben auf dem Gewölke stehen, der später bei der Umarbei=
tung der Darstellung durch einen anderen ersetzt wurde, dann
aber an einer Stelle wieder auftaucht, wo man ihn kaum ver=
muthen würde. Es befindet sich in Düsseldorf jener wunderbar
gearbeitete Kupferstich, den man mit Recht dem Grabstichel
Raphaels selbst zuschreibt und der vielleicht die erste Form
der Madonna di Fuligno zeigt. Hier erblicken wir den Liebes=
gott, der einst neben der Poesie stand, als Christkind wieder,
das neben der Jungfrau Maria auf dem Gewölke thront.
Die Frage erhebt sich, aus welcher Gesinnung heraus Raphael
so verfahren sei. Ob er sich bewußt war, was er that. Ob
er der erste war, der Eroten, Engel und Christkinder so aus
demselben Brunnen holte.

Es ist nöthig, um ein paar Jahrhunderte nach rückwärts
zu greifen.

Im Bereiche der byzantinischen Kunst sind die Engel
jugendliche Gestalten, welche Jünglings= und Jungfrauenhaftes
in sich vereinigen, in faltenreiche Gewänder gehüllt und mit
Flügeln von bedeutender Spannweite. In der Hand tragen
sie Stäbe. Die Tendenz ist, ihre Formen ins Riesenhafte gehen
zu lassen. Dies jedoch nur bei den Engeln, welche auf ihren
Füßen stehen. Umschweben sie das Kreuz oder bilden sie die
Glorie der höchsten himmlischen Persönlichkeiten, so ist ihre
Figur kleiner und die Hände sind frei; übrigens die gleiche

Auffassung. Sie scheinen sämmtlich Geschwister aus derselben Familie. Sie haben dieselben starrfreundlichen Züge, der gleiche ruhige Pulsschlag scheint sie zu bewegen. Sie sind Beamte, welche die Würde himmlischer und irdischer Befugnisse in sich vereinigen. Wie ungeheure Wächter des Gottesdienstes waren ihre Gestalten so in die colossalen Gewölbezwickel der Sophienkirche hineingemalt. Sie haben nichts von eigner, individueller Seelenthätigkeit. Sie bilden die bloße Begleitung dessen, was von den höchsten Mächten gethan wird.

So sind sie von der italiänischen Kunst im Lauf des 13. Jahrhunderts aufgenommen worden*).

Sofort gewahren wir, wie sie auf dem neuen Boden, in den sie verpflanzt worden sind, aus ihrer feierlichen Einfachheit und Zurückhaltung heraustreten. Die demokratische freie Bewegung der aufblühenden Städte des Westens, in denen bürgerliche und unabhängige Meister als Maler und Bildhauer zu arbeiten beginnen, während bis dahin nur Geistliche die künstlerische Arbeit gethan hatten, kommt auch ihnen zu Gute. Man muß, um das bei Cimabue zu erkennen, freilich seine Werke nicht mit denen der Späteren, sondern mit den byzantinischen vergleichen. Bei Cimabue's Freskogemälden in Assisi, (welche, Dank der Freilegung der dortigen Kirche und der Möglichkeit, Photographien zu nehmen, in andrer Weise heute als früher der genauesten Betrachtung offen stehen) sehen wir bei den Scenen des Neuen Testamentes die Engel in lebendiger Weise eingreifen. Sie nehmen eine Stellung ein, die sich der des Chores in der antiken Tragödie vergleichen läßt, welcher zwischen der Handlung und dem Zuschauer den Vermittler spielt. Bei der Trauer um den Leichnam Christi

---

*) Ohne Zweifel hatte sich bei diesen Engeln, wie bei anderen Figuren, in Italien eine von Byzanz unabhängige künstlerische Tradition erhalten, die jedoch, wo es sich um Darstellung des großen Zuges der Entwickelung handelt, von so geringem Einflusse zeugt, daß sie übergangen werden kann.

ober bei seiner Himmelfahrt erscheinen fliegende Engel, welche
mit Blick und Handbewegung sich an die Betrachtenden wenden
und, leidenschaftlich ergriffen selber, zu leidenschaftlicher Theil=
nahme einladen.

Bei Giotto ist dies bereits zum Principe ausgebildet.
Um und über den Leichnam Christi flattert eine Schaar Engel,
die in den Gesten wüthender Verzweiflung das darstellen und
herausfordern, was bei dieser Scene zu empfinden sei. Auch
seine ins Riesenhafte strebenden sitzenden und stehenden Engel=
gestalten haben menschlich mannigfaltigere Stellungen. Nicht,
wie bei den Byzantinern, scheinen sie mit ruhigen Gesten und
Blicken oder einzelnen Worten nur einzugreifen, sondern eine
Art menschlicher Sprache bereits ist ihnen zugetheilt. Dante's
Gedicht bietet die beste Erläuterung dieser Engel. Bei Dante
besonders zeigt sich, wie in ihnen das Riesenhafte noch vor=
waltet, wie ihre ausgebreiteten Flügel alles menschliche Augen=
maaß überbieten; dennoch wieder zeigen sie sich beweglicher
und menschlicher als jene starren Schatten der byzantini=
schen Kunst.

Im Laufe der drei Jahrhunderte bis zu Raphael ge=
wahren wir nun, wie die Engel mehr und mehr menschliche
Eigenthümlichkeiten annehmen. Als Theilnehmer der himmli=
schen Glorie mit der Musik der Sphären beauftragt, die sie im
Gesang oder mit Instrumenten ausführen, zeigen sie sich bald
ganz in der Stellung irdischer Musikanten. Als Engel, welche
der Jungfrau die Geburt Christi verkündigen, rücken sie in
immer vertraulichere Nähe zu Maria. Bereits im Anfange
des 15. Jahrhunderts sehen wir die Engel zuweilen so natür=
lich, bürgerlich, menschlich gemalt, daß es der Flügel und der
schwebenden Stellung ausdrücklich bedarf, um uns daran zu
erinnern, wen wir vor Augen haben. Die Gewänder verlieren
ihre Allgemeinheit und passen sich irdischem Schnitte an. Alters=
unterschiede werden dargestellt, körperliche Abzeichen treten vor,

verschiedene Farbe des Haares, Eigenthümlichkeit der Bewegung. Dennoch, wenn wir die Production dieser drei Jahrhunderte zusammenfassen: eine Reihe von entscheidenden Zügen
bleibt den italiänischen Meistern gemeinsam. Niemals sehen
wir die Unbestimmtheit, ob wir Jünglinge oder Jungfrauen
vor uns haben, absichtlich aufgegeben, niemals auch werden
die Kinderengel ganz Kinder. Eine gewisse Zartheit und
Schlankheit erhebt diese stets über die niedrigste Stufe der
Kindheit, während sie jene, nach der andern Seite hin, immer
noch innerhalb der letzten Grenzen des Kindlichen festzuhalten
scheint. Die Gedanken und Empfindungen, welche die wechselnden Zeiten der früheren menschlichen Entwicklung mit sich
bringen, sollen ausgeschlossen bleiben. Die Engel repräsentiren
einen über diese Wandlungen erhabenen Standpunkt.

Und ferner. Niemals, obschon sie an der Handlung theil-
nehmen, drängen sich diese Engel vor, wo sie auftreten. Sie
scheinen zu nahen wie Wolken oder Wölkchen, die der Wind
näher oder davon treibt. Sie mischen sich mit den Menschen,
berühren sie aber nicht. Sie verlieren nie den Character einer
bloßen Erscheinung. Wo sie innerhalb von Gemächern auftreten, sind sie da: sie sind nicht erst durchs Fenster oder die
Thüre gekommen; wo sie am Himmel, im Gewölk erscheinen,
sind sie nicht wie Vögel auf ihren Flügeln von unten her
hinaufgeflogen, sondern aus unergründlicher Höhe haben sie
sich niedergesenkt.

Gegen Ende des 15. Jahrhunderts tritt in dieser Dar-
stellungsweise eine fundamentale Veränderung ein.

Sehr früh schon finden wir in Italien in den die Um-
rahmungen der Gemälde bildenden Ornamenten kleine nackte,
geflügelte Kindergestalten angebracht, die mit den Compositionen der heiligen Scenen nichts zu thun haben, sich dennoch
aber nahe genug an sie herandrängen. Im 13. und 14. Jahrhundert bleibt ihnen diese Stellung außerhalb der Gemälde,

im fünfzehnten jedoch beginnen sie an den dargestellten Scenen selber theilzunehmen.

Ich wähle, um zu zeigen, um was es sich handelt, zwei Kunstwerke aus, die ich als maaßgebend beschreiben werde, obgleich mehr als hundert ähnliche vielleicht mit demselben Rechte hätten ausgewählt werden können, die auch weder als die frühesten ihrer Art oder als solche dastehen, denen ein besondrer Einfluß auf nachahmende Künstler beizumessen wäre, sondern die ich nur nehme, weil sie mir zuerst in den Sinn kamen: ein in d'Agincourts Werke abgebildetes Titelblatt eines in Florenz für Matthias Corvinus in Miniatur ausgeführten Brevieres vom Jahre 1492, und Luca Signorelli's Jüngstes Gericht in Orvieto, von dem neuerdings Alinari's prachtvolle Photographien erschienen sind.

Wir haben dort ein Portal vor uns, dessen innere Rückwand den Titel des Brevieres als eine von zwei knieenden Engeln zu beiden Seiten aufrecht gehaltene Inschriftentafel zeigt. Diese Engel sind völlig bekleidet, sogar mit Aermeln am Gewande. Ueber dieser Tafel, als hinterer Abschluß der casettirten Wölbung, welche den oberen Theil des Portales bildet, eine Verkündigung Mariae: der Engel hier gleichfalls im althergebrachten Sinne. Dagegen der äußere Rand der oberen Wölbung des Portales, ihres Daches, als wären es bildhauerische Theile der Architektur, dicht besetzt von kleinen nackten, geflügelten Kindergestalten, durchaus im Character antiker Amorinen. Und als drittes Element dieser Composition, ganz vorn, zwischen den beiden Säulen welche das Portal tragen, ein auf der Erde sitzender kleiner Knabe ohne Flügel, mit einem leichten Kittelchen bekleidet, eine Weintraube im Schooße haltend und mit einem Affen im Streite, der mit langer Leine an eine der Säulen festgebunden ist, und der dem Jungen mit der einen Hand ins Haar greift, ihm mit der anderen einen Apfel vorhält, den er ihm wohl entrissen

8*

hatte. Verglichen mit späteren Darstellungen bildet dies Tableau etwas Gewöhnliches. Verglichen mit früheren Werken aber zeigt es eine bedeutende Neuerung. Amoren und Engel auf demselben Blatte und schließlich ein spielendes Kind, das weder Amor noch Engel ist. Und doch das Ganze so gestaltet, daß man denken könnte, jene Engel, welche die Tafel halten, und jene auf dem Raube des Daches oben könnten den Einfall haben, jeder, seine bisherige Stellung aufzugeben und mit dem Kinde unten zusammensitzen, um gemeinsam die Weintraube zu verzehren. Trotzdem aber schon darin, daß jene Amorinen in gewissem Sinne bloß als äußeres Ornament der Architektur, das spielende Kind aber als ein Zusatz erscheinen könnte, durch welchen jene ächten Engel in älterer Manier wiederum mehr zur architektonischen Beigabe der Tafel würden, während die Verkündigung darüber nur als gemaltes Bild gölte, sieht man die Absicht des Künstlers, die drei Elemente: Amorinen, Engel, spielendes Kind, gesondert zu halten.

Luca Signorelli's Jüngstes Gericht im Dome von Orvieto ist aus dem Jahre 1499 und den folgenden. Es besteht nicht aus einer einzigen Composition, sondern es haben die verschiedenen Momente des großen Ereignisses auf eine Anzahl Wandflächen vertheilt werden müssen. Da, wo die Seligen zur himmlischen Herrlichkeit emporgehoben werden, sehen wir die Engel der älteren Ordnung in ihrer vollsten Entfaltung. Sie bilden ein auf Wolken sitzendes Orchester mit verschiedenen Instrumenten. Nicht nur spielend und singend aber, sondern einer der schönsten Engel darunter sitzt da indem er sein Saiteninstrument stimmt, auf dem er mit der einen Hand die Saite anzieht und mit der andern sie leise anschlägt, um zu hören ob der Ton der richtige sei. Andere streuen Blumen, noch andere heben die Verklärten an den Händen empor: alles natürlich menschlich gedacht und dargestellt. Dabei diese Engel in voller jungfräulicher Bildung.

Da, wo die Todten aus den Gräbern aufsteigen, zwei gewaltige, fast nackte, männliche Engel, straff auf dem Gewölk
stehend und aus langen Trompeten den erweckenden Klang
hinabsendend. Diese beinahe nackt, nur von ein paar flattern-
den Gewandstreifen bedeckt; um sie her, als Theile der Wolken
gleichsam auf denen sie stehen, eine Fülle flatternder Kinderengel in der Gestalt von Amorinen, unbetheiligt jedoch an
dem was sich ereignet. Noch auffallender wird das menschl-
liche Element bei den größeren Engeln jedoch auf der dritten
Darstellung sichtbar, wo die Verdammten vom Himmel abge-
wehrt und in die Hölle gestoßen werden: hier drei männliche
Engel in voller schwerer Eisenrüstung wie die damalige Zeit
sie mit sich brachte, und nur durch die großen Flügel als
„himmlische“ Krieger gekennzeichnet. Auf dem Felde endlich,
wo die letzte Vernichtung der menschlichen Dinge dargestellt
wird, sehen wir die nackten Flügelkinder wieder auf die ornamentale Außenseite des Gemäldes verwiesen, indem sie eine
Schrifttafel über der Thürwölbung, welche von diesem Gemälde umschlossen wird, festhalten. Hier auch sind diese Kinderengel, wie beim Brevier des Matthias Corvinus, am deutlichsten im antiken Sinne gehalten.

Wir brauchen nicht weit zu suchen, um die Herkunft dieser
Amorinen zu erforschen.

Wie mit dem Eintreten der europäischen Ansiedler in fremden Erdtheilen eine Anzahl von Gewächsen, die Niemand
wissentlich angesäet hatte, sondern deren Keime mit den neuen
Menschen und ihren Geräthen ohne weitere Vorsorge mit
herübergekommen waren, auf den Feldern aufzusprießen und
sich zu verbreiten beginnen, so sind mit dem Wiederaufleben
der antiken Cultur in Italien die Amorinen in die italiänische
Kunst hineingetragen worden.

Bekannt ist, welche Rolle sie in der antiken Kunst spielen.
Während in der ältesten griechischen Plastik und Malerei Eros

als ein Gott erscheint, dem außer . seiner kindlichen Gestalt nichts kindliches oder kindisches anhaftet, kommen in der alexandrinischen Kunst die Eroten als ein Element auf, das in ganz neuer Verwendung den Künstlern bald unentbehrlich wird. Sie vermitteln eine Darstellung der Ideen, in der sich, von den großartigsten bis zu den frivolsten Gedanken, Alles indirect gleich graziös sagen ließ. Um den Begriff der Stärke zu geben, bedurfte es keines Hercules mehr: ein Amor mit Keule und Löwenhaut sagte dasselbe. Alle menschlichen und göttlichen Verhältnisse sehen wir bald durch solche Flügelkinder travestirt und im Laufe der Jahrhunderte war diese Art, die Dinge auszudrücken, eine so natürliche geworden, daß wir sie ohne Nebengedanken überall angewandt finden. Die Amorinen waren für die Sprache der Kunst das geworden, was in der ge- sprochenen Sprache Präpositionen, Conjunctionen oder Flexions- endungen sind, welche ihren eigentlichen ersten sinnlichen Werth ganz verloren haben und nur noch dazu dienen, um Sätze und Formen zu bilden. „Ein angenehmes Mehr als Nichts" nennt Herder sie. Wie wir bei Goethe's Versen:

Luna bricht durch Busch und Eichen,
Zephyr meldet ihren Lauf

keine Diana sehen, welcher ein Zephyr voranflattert, sondern nur den Mond erblicken, der durch das leisebewegte Laub des nächtigen Waldes leuchtet, so war der antiken Welt das eigent- lich Persönliche beim Anblick dieser Liebesgötter völlig aus dem Sinn gekommen. Bei einem liebenden Paare nur Ihn und Sie darzustellen ohne einen Amor dazwischen, der Sie am Gewande zu Ihm hinüberzieht, wäre in mancheu Werk- stätten antiker Künstler vielleicht unerhört gewesen. Und so haben die jeder Darstellung ihrer Gedanken durch die bildende Kunst abholden frühesten Christen, neben anderen hergebrachten, in unserem Sinne kraß heidnischen, ornamentalen Figuren, un- bedenklich Amoren zur Verzierung ihrer Sarkophage ange-

wandt. Mit den Engeln des Evangeliums hatten sie nichts
zu schaffen.

Diese Eroten sind wahrscheinlich nie ausgestorben. In
allen Jahrhunderten wohl hat man sie als Ornamente angebracht. Cimabue brauchte ihretwegen sich nicht erst nach
Byzanz zu wenden: sicherlich bot Italien selbst genügende
Muster für Eroten dar, welche mit Blumengewinden verbunden
waren. Und nun ist zu beobachten, wie sie vom Rahmen der
Gemälde allmählich in die Gemälde selber kommen. Auf
allerlei leeren Stellen siedeln sie sich zuerst bescheiden an. Weil
sie so bequem sind, holt man sie mehr und mehr herbei und
theilt sie den älteren, fest ansässigen Engeln zu. Allmählich
nehmen sie an deren musicalischer Thätigkeit Theil. Verfolgen
läßt sich, wie sie diesen Zweig der himmlischen Thätigkeit zuletzt völlig an sich reißen. Der Abschluß der Bewegung ist,
daß die Engel der älteren Ordnung dauernd zurückweichen,
seltner und seltner zum Vorschein kommen und fast zu Ausnahmen werden, und sich nur da noch zeigen, wo man ihrer
ausdrücklich bedarf, während der Massendienst so zu sagen den
Eroten anheimfällt.

Diesen Kampf im Einzelnen nachzuweisen, scheint Anfangs
unmöglich. Die Fülle an Denkmalen ist zu groß, ihre Ent-
stehungszeit in vielen Fällen unsicher, ihr innerer Zusammenhang unter sich nicht zu verfolgen, wenn er auch oft offenbar
scheint. Dennoch ließe sich ein Weg zur Untersuchung wohl
herstellen. Es müßten die bedeutenderen Meister vorerst ausschließlich untersucht werden. Sie gehen ihre eigenthümlichen
Wege. Donatello, Della Robbia und Mantegna sind diejenigen, welche für die musicirenden Engel am Fuße des Thrones
der Maria und an andern heiligen Stellen den democratischen
Straßenkindertypus aufbrachten, der die antiken Amorinen kräftiger in moderne Formen hineinzog und vollends populär
machte. Die Norditaliener bilden dies zumeist aus, es lassen

sich hier die reizendsten Variationen bis zu Spielereien hinein
verfolgen, während man in Florenz und Rom, wo der Na-
turalismus niemals durchdringen konnte, die antike Gestaltung
reiner beibehielt. Die Engel des Fra Bartolommeo aber kommen den Amorinen schon so nahe, daß die Generation dieselbe
zu sein scheint. Den durchschlagendsten großen Umschwung
jedoch bewirkte Michelangelo's Decke der sixtinischen Capelle,
wo die schwebenden Kinder, welche Gottvater umgeben, und
diejenigen, welche den Sibyllen und Propheten zu mannig-
facher Dienstleistung beigegeben sind, ganz und gar der näm-
lichen Form entsprungen zu sein scheinen. Von jetzt an sind
die alten byzantinischen Engel dem Principe nach als beseitigt
zu betrachten und nur in einigen wenigen Aemtern halten sie
sich noch: am längsten bei der Verkündigung; indessen um aus
diesen Positionen über kurz oder lang gleichfalls durch eine
neue Schöpfung erwachsener Engelgestalten verdrängt zu werden, welche, wie die Amorinen, der Antike entstammten. Leo-
nardo da Vinci hatte hier einen eigenen Weg zu finden gesucht. Von dem ersten Engel an, den er auf Verrocchio's
Taufe Christi gemalt haben soll, bis zu den Begleitern der
Maria in der Basalthöhle, hat er eine Reihe wundervoller
Gestalten erfunden, welche wir allerdings bei einzelnen Malern
der späteren Zeit nachgeahmt finden, aber welche nicht in der
Weise breit in die spätere Kunst hineingeflossen sind, wie die
Gestalten Michelangelo's. Michelangelo war es, der, was
die Mischung der antiken Kunst mit der hergebrachten Cultus-
malerei anlangt, Raphael auf dem Gewissen hat. Unter seinem
Einflusse kam der Jupitertypus in die Gestalt und das Antlitz
Gottvaters hinein, den Dante übrigens schon den sommo
Giove genannt hatte, und den christliche Dichter der Raphaeli-
schen Zeit einfach mit Tonans lateinisch bezeichnen. Michelangelo war es, der Christus auf dem Jüngsten Gerichte mit
dem Antlitz und Haarschmuck eines antiken Apollo malte.

Raphael wurde aus ganz andern Anfängen, die wir auf seinen peruginischen und florentinischen Gemälden sehen, als er endlich Rom betrat in diesen Strom hineingerissen.

Und deßhalb, wenn er zu den Evangelienträgern auf der Disputa kleine Eroten verwendet, die er vom Parnaß herüberflattern ließ, wo sie vorher nisteten, so folgte er nur den Gedanken seines Jahrhunderts und derer, für deren Augen seine Werke bestimmt waren.

IV.

Mit dem jedoch was Raphael an Engeln und Eroten malte, war die Entwicklung dieser Dinge nicht zu Ende. Ein abermaliger Umschwung noch bereitete sich vor.

Raphael allerdings hatte Erotenengel und bekleidete Engel der älteren Ordnung ohne Unterschied verwendet. Auf der Disputa schweben bekleidete größere Engel in den höchsten Regionen, während die Gewölke um sie und über und unter ihnen von Kindern belebt, fast von ihnen gebildet sind. Auf der Vision des Ezechiel treten sie gleichfalls, wie ältere und jüngere Geschwister, dicht nebeneinander auf. Auf der Madonna del pesce haben wir im Schutzengel des jungen Tobias das schönste Beispiel eines großen bekleideten Engels der älteren Ordnung; das schönste Beispiel eines Erotenengel dagegen zeigt sich in dem die Tafel zur Inschrift haltenden Engel der Madonna von Foligno. Noch lieblicher sind die beiden kleinen Gestalten unter der Dresdner Madonna. Aber es muß bei Raphael hervorgehoben werden: er verliert den visionären Character der Engel nie aus den Augen. Raphael beweist auch hier sein Verständniß für das Durchschnittsgefühl in Betreff der menschlichen Dinge. Man ertappt ihn niemals auf einem Raffinement. Michelangelo läßt von den Engeln, welche bei der Schöpfung der Erde Gottvater als tragendes Element umgeben, einen sein Gewand kapuzenartig über den Kopf

ziehen als blendete ihn der Glanz des höchsten Wesens. Der
Zug ist als eine Eigenthümlichkeit Michelangelo's schön und
bedeutend, für die Darstellung des hohen Momentes aber klein
und unpassend. Niemals würden Raphael oder Lionardo dergleichen gethan haben. Nnn aber wird von anderer Seite
auch diese ideale Schranke durchbrochen und den Erotenengeln
eine Freiheit gegeben, die über die bisherige weit hinausgeht.
Und hier führt uns unser Weg in den Aepfelgarten der Aphrodite und zu Philostratus zurück.

In der Madrider Gallerie befindet sich ein Gemälde
Tizians, welches als „Fest der Venus als Göttin der Fruchtbarkeit" gilt*). Vasari beschreibt es ohne ihm einen Titel
zu geben. Mir liegt eine Photographie vor, welche es zwar
an manchen Stellen nicht erkennen läßt, im Ganzen aber genügt. Ohne Zweifel haben wir in diesem Werke einen durchaus selbständigen Versuch vor uns, die Prosa des Philostratos
wiederum in ein Kunstwerk zu verwandeln.

Der Unterschied römischer und venetianischer Auffassung
leuchtet hier deutlich hervor. Raphael und Tizian haben auch
nicht das Mindeste hier gemein, wie sie denn in völliger Unabhängigkeit von einander arbeiteten. In Raphaels Phantasie
mußte die Reihenfolge der Scenen nothwendig etwas dem antiken Basreliefstyle verwandtes hervorbringen. Wir erkennen
aus seinen Versuchen die Absicht, eine Fläche gleichmäßig bedecken
zu wollen, auf der sich die einzelnen Handlungen, getrennt
von einander wie die Beschreibung sie aufzählt, dem Auge
ziemlich in der gleichen Entfernung bieten. Tizian dagegen
umfaßt Alles mit einem Blicke. Er läßt uns tief in den Aepfelgarten hineinblicken, den ein zahlloses Durcheinander von

---

*) Zahns Jahrb. I. 34. Ticozzi S. 36, wo Ridolfi ausgeschrieben ist,
und S. 39. Anm., wo Mengsens Beschreibung gegeben wird, der das Gemälde in Spanien sah. Vgl. Vas. XIII. 24. Ed. Lemonnier.

Eroten erfüllt, deren verschiedne Handlungen so verflochten sind, daß er auch darin dem von Philostrat gegebenen Eindruck: ein unendliches Gewimmel von Amoren jeder Art sei dargestellt worden, besser gerecht wird als Raphael. Bei Raphael haben wir achtzehn Figuren, bei Tizian giebt man alles Zählen von vornherein auf. Denn wer sollte die zählen, welche seine Art der Darstellung hinter den Coulissen gleichsam vermuthen läßt, als könnten sie zu Dutzenden von allen Seiten zuströmen? Dabei sind seine Kindergestalten so lebendig, daß sie, wie Vasari zu sagen liebt, „vivi vivi", oder „la natura stessa" scheinen. Von der größten Schönheit ist die Nymphe, am Rande rechts, welche der Venus, deren Statue über ihr emporragt, einen Spiegel darbringt. Es liegt etwas von bacchischer Begeisterung in ihren Bewegungen. Sie ist bekleidet: ihre beiden bloßen Arme aber, schon was Zeichnung anlangt, sind unvergleichlich. Gewiß bleibt die Farbe nicht zurück. Ich urtheile so nach dem zu den beiden Madrider Gemälden gehörigen dritten Pendant in der Nationalgallerie zu London, das mir bekannt ist. Es stellt Ariadne dar, die von Bacchus entdeckt wird, während das zweite Madrider Werk ein Bacchanal in der Manier des Giorgione zeigt. Alle drei kamen von Ferrara, für dessen Herzog Tizian sie (um 1515 etwa, Vasari zufolge) gemalt hatte, nach Rom in den Palazzo Ludovisi, bis sie ein Cardinal dieses Namens nach Spanien schenkte. Domenichino, als er es hörte, soll über den Verlust dieser Schätze Thränen vergossen haben.

Bekanntlich ist Philostrat noch immer Gegenstand einer Controverse. Anderen Streitfragen pflegen endlich die Vertreter zu mangeln, so daß sie lange Zeiten der Ruhe durchmachen, während derer Niemand sich um sie kümmert; hier haben immer von neuem scharfe Angriffe scharfe Vertheidigung hervorgerufen. Zuletzt ist der Streit zwischen Brunn und dem verewigten Friedrichs ausgefochten worden. Brunn, im An=

schluß an Welker und Goethe, steht fest ein für die Wirklichkeit der beschriebenen Gemälde, welche (im Großen und Ganzen) dem griechischen Autor vor Augen standen. Diese Ansicht wird aufs heftigste bestritten: es sollen erdachte Dinge
sein. Was für mich allein schon das Vorhandensein der dargestellten Tafeln beweisen würde, ist die litterarische Form der
Beschreibungen. Nur bei einem festen sichern Anhalte der
Augen läßt sich das planlose umherirrende Beschreiben des in
seinen Ausdrücken oft geschmacklosen Schriftstellers begreifen.
Zugleich aber wirken seine Worte unfehlbar auf unsere Phantasie. Ich kenne viele Versuche, Gemälde zu beschreiben, entweder bloße dichterische Versuche, wie andere Darstellungen
nur in der Phantasie erblickter Dinge, oder Vorschriften, nach
denen Maler arbeiten sollten: sofort fühlt sich hier aber heraus, wenn ihren Verfassern nichts wirklich gemaltes vorlag.

Bei den „Liebesgöttern" erhebt Friedrichs eine Menge
Einwendungen, um zu zeigen, es könne unmöglich dergleichen
gemalt dagestanden haben. Beim Kusse des Apfels sagt er*),
das sei nicht darzustellen gewesen. Brunn**) erwiedert, nichts
leichter als das. Auf Vincibores einem Teppich sehen wir
es nun in der That. Ferner aber hebt Friedrichs den Zwie-
spalt hervor: es könnten nicht Kinder zu gleicher Zeit als
allegorische Wesen und als wirkliche Kinder dargestellt worden
sein. Brunn jedoch erwiedert mit Recht: gerade in der Kreu-
zung zweier Gedankenkreise liege hier das Eigenthümliche.

Und in der That, wenn das alexandrinische Zeitalter die
Eroten der antiken Kunst producirt hat, so entspräche diese
Mischung von göttlichen und menschlich irdischen Zügen dem
Character dieser Epoche. Die griechischen Göttergeschichten
der späteren Zeit sind ausgestattet mit dem feineren Verkehr

---

*) Die Philostratischen Bilder, 1860. S. 162.
**) Erste Berth. S. 281.

der Menschen unter sich abgelauschten Zügen: warum sollten sie hier gerade fehlen? Der Eros des Anacreon, der sich bei seiner Mutter über den Bienenstich beklagt, ist zu gleicher Zeit kindlich und kindisch genug.

Es darf nun wohl erlaubt sein, auch Tizian für die Darstellbarkeit dieser Scenen anzuführen. Es ist ihm vortrefflich gelungen, diese Kinder so zu malen, daß man in ihnen dennoch die Eroten sogleich herauserkennt. Malte er das Gemälde bereits 1515, so kann er durch Jemand, der den griechischen Autor aus einer Handschrift kannte, seine Kenntniß empfangen haben. Vielleicht durch Aretin.

Indessen vor Tizian und vor Raphael mußte Albrecht Dürer bereits von den Eroten im Aepfelgarten der Aphrodite erzählt worden sein. Dürer ist der erste gewesen, welcher in Deutschland die Erotenengel, als spielende Flügelkinder in die Darstellung christlicher Dinge hineingetragen hat. Im Leben der Maria, das in den Jahren 1509 und 1510 zumeist entstand, entwickeln sie sich bereits zu voller Blüthe. Wie eine Art an einem Frühlinge plötzlich neuauftauchender Schmetterlinge sitzen die kleinen, bei Dürer unbeschreiblich unschuldigen Geschöpfe, nun auf allen Blumen am Wege plötzlich und verbreiten sich von da weiter nach allen Seiten. Um nur eine dieser Richtungen zu nennen: Niclas Manuel Deutsch und Urs Graf brachten sie auf die Titelverzierungen der Bücher des Erasmus von Rotterdam und lehrten Holbein den Jüngeren, sie anzuwenden; Lucas Cranach aber verzierte die Titel der Lutherischen Flugschriften, die in Wittenberg herauskamen, mit ihnen.

Woher flogen sie Dürer zu? Ich finde, die Conjectur liegt sehr nahe: sein gelehrter Freund Pirkheymer, der in Italien seine Studien machte, lernte dort Philostrat noch ehe er gedruckt wurde aus einem der Codices kennen und hatte ihm mitgetheilt was davon bei ihm hängen geblieben war. Daher

wenigstens allein läßt sich das Element der „Hasen" ableiten,
das bei den Dürerschen Engelamorinen erscheint. Auf dem
schönen Blatte des Lebens der Maria, wo die Jungfrau mit
ihrem ganzen Hofstaate steht, gleichsam eine Repräsentation
ihrer gesammten Herrlichkeit, treiben die kleinen antikmodernen
Engel im Vordergrunde unbekümmert ihr Spiel. Während
erwachsene Engel der älteren Ordnung musiciren, jagen die
kleinen Erotenengel einem Hasen nach, gerade wie Philostratos
die Scene beschreibt, nur daß sie ihn mit einer Kinderklapper und
einem geschüttelten Schlüsselbunde scheuchen, während einer —
dieser Zug weist direct auf unsere Quelle hin — den fortspringen-
genden Hasen am einen Hinterlaufe gefaßt hat. Ja, noch
mehr. Der kleine Engel, der den Hasen an der Pfote packen
will, hält in der einen Hand diese Kinderklapper. Bei Philostratos heißt es (Welker, 12,25.): καὶ ταράττουσιν, ὁ μὲν
κρότῳ χειρῶν, ὁ δὲ κεκριγὼς, ꝛc. „Sie schrecken ihn, der eine
mit Händeklatschen, der andere mit Geschrei." Pirckheymer
scheint: ὁ μὲν κροτάλῳ χειρῶν „mit einer Handklapper" gelesen zu haben, eine Variante, welche Welker freilich nicht anführt. Wiederum begegnen wir bei Dürer Hasen und musicirenden kleinen Genien, diesmal in friedlichem Zusammenwohnen,
zu Füßen der Madonna, deren Zeichnung, von 1509, sich im
Basler Museum findet. Die sittliche Reputation des Hasen,
über dessen aphrodisische Eigenschaften Philostratos in seinem
Capitel eine längere Abschweifung macht, wäre für Deutschland
hiermit durch Dürer bestens wiederhergestellt worden. Am
reizendsten jedoch finden wir die spielenden himmlischen Kinder
um die an der Wiege sitzende Maria. Hier machen sie sich
mit den Splittern und Spähnen zu schaffen, welche der fleißige
Joseph von seinen Balken abhaut. Der Uebergang von diesen
mitarbeitenden kleinen Geistern zu den Wichtelmännerchen,
welche heimlich im Hanse die Arbeit verrichten, ist bald gemacht. Dürer ist der Märchenerzähler seiner Epoche. Kein

Deutscher Maler hat wie er das Wunderliche, Seltsame, das Kindliche im Menschen Anrührende so natürlich, realistisch, selbstverständlich darzustellen versucht. An allen Ecken und Enden kuckt so etwas auf seinen Zeichnungen hervor: man fühlt immer deutlicher, jemehr man sich mit ihm beschäftigt, wie er aus dem Herzen des Volkes heraus für das Volk arbeitete. Er malt wie Luther zu schreiben verstand. In Deutschland vermischt sich mit diesen Engeln kindlichsten Formates nun noch eine andere Idee. Sie sind die geistig wiedergeborenen unschuldigen Kindlein, welche Herodes umbringen ließ. Als Märtyrer, welche um des Christkinds willen den Tod erlitten, haben sie am Throne Gottes einen bevorzugten Spielplatz und treten so in das Gebiet der Legende hinein. Reizend ist das Märchen von Meister Pfriem, der sich in den Himmel hineingestohlen hat und den nichts wieder daraus entfernen kann. . Endlich, nachdem er alle gegen ihn ausgesandten Heiligen mit seinen schänblichen Reden zurückgescheucht hat, da er ihnen gegründete Vorwürfe macht, gegen die sie nichts erwiedern können, sendet Gottvater die unschuldigen Kindlein gegen ihn aus; denen wirft er jetzt Aepfel und Nüsse hin, nach welchen sie zu greifen beginnen statt ihre Mission zu erfüllen. Das wäre recht eine Scene gewesen, die Dürer von seinen Kinderengeln hätte aufführen lassen können*).

Dürers neugeschaffene Engelgeneration ist in Deutschland in solchem Grade einheimisch geworden, daß wir ihren letzten Nachkommen heute noch überall begegnen. Allein das Geschlecht ist nicht ganz rein geblieben: es ist abermals fremdes Blut hineingeflossen: das ihrer italiänischen kleinen Vettern! Denn was Dürer für Deutschland aus dem Aepfelgarten des Philostratus an Engeln holte, das hatte Tizian nicht nur für Italien, sondern auch für die Niederlande daraus geholt. Sein

---

*) Schulcomödie aus dem 16. Jahrh. Den Anstoß freilich gab Lucian.

Madrider Gemälde ist ein Vorbild für unendliche Nachahmer geworden. Mengs spricht aus, von den Amorinen des Tizian im Aepfelgarten der Venus seien alle späteren der bildenden Kunst abzuleiten. Fast ohne Unterschied sehen wir sie als christliche Engel von jetzt an verwandt. Die frühere Vornehmheit, die diesen kleinen Gestalten auf den Werken der Römer und Florentiner niemals fehlte, ist nun abgestreift. Die Grazie erhebt sich zur lieblichen Frechheit. Auf Tizians Himmelfahrt der Jungfrau muß die Jungfrau durch ein Gedränge von Erotenengeln hindurch, daß man meint, sie müßten die Luft im Himmel zu enge machen. Sie flattern und drängen sich in den mannigfaltigsten Stellungen durcheinander. Am genialsten haben ihn Murillo und Rubens (der das Madrider Gemälde copirt haben soll) zum Muster genommen. Bei ihnen schwärmen sie wie man in der Sonne die Mücken auf- und niedertanzen sieht. Sie sind überall dabei und nehmen die besten Plätze in Beschlag. Sie umkrabbeln das Bette der in Wochen liegenden Heiligen Anna, sie durchblättern den Heiligen, denen sie schaarenweise ihre Besuche abstatten wie ein Schwarm Sperlinge in einen Kirschengarten fällt, die alten Folianten, sie singen, sie beten, sie pflücken Früchte, sie streuen Blumen, sie schlagen Purzelbäume, sie klatschen in die Hände oder sie sitzen reihenweise auf den Aesten des Baumes, unter dem die flüchtende Maria Rast macht und sind schließlich doch nur die alte heidnische Brut aus Philostratos' Aepfelgarten. Für die Sculptur hat Fiammingo ihnen die letzte entscheidende Form gegeben. Die älteren Engel dagegen sind nun beinahe ins Frauenhafte übergegangen (wo es nicht etwa Männer sein müssen, welche dann gleichfalls als ausgewachsene, zum Theil athletische himmlische Krieger auftreten). Ihre Kleidung ist complicirter als früher. Sie verläugnet nicht ganz den Zusammenhang mit der irdischen Mode. Murillo hat mythologische Gegenstände nicht gemalt: was Rubens anlangt in dieser Beziehung, so hört bei ihm der Unterschied völlig auf, ob seine Amorinen in christlichen oder heidnischen Diensten stehen. Es ist in beiden Fällen der gleiche Schlag. Und so ist es auch von seinen Nachfolgern gehalten worden. Die kleinen geflügelten Dinger, die sich auf Vandyks vom Kreuze genommenem Christus (in Berlin) durch die Leidtragenden durchdrängen, hätten in derselben Form bei einem Tode des Adonis verwandt figuriren können.

Es ließe sich hier ein ungemein reiches Detail mit vielen hübschen Dingen anführen, allein ohne neue Gesichtspunkte zu ergeben. Es kann gleich gesagt werden, wohin beim Abschlusse dieser Entwickelung die letzten Meister des 17. und 18. Jahrhunderts gekommen sind. Man betrachte des französischen Hofmalers Lebrun Engel auf der durch Edelincks Stich berühmten Kreuzigung Christi, sowie die Engel des Tiepolo auf seinen Venetianer Deckengemälden in der Kirche dei Scalzi. Bei jenem eine Schaar junger Mädchen aus vornehmen Häusern, in den elegantesten Stellungen mit den Flügeln durcheinanderrauschend; bei diesem dagegen die Frivolität zu einem unglaublichen Grade gesteigert: aufschwebende Engel mit Steifröcken, welche der Wind von unten emporbläst, als seien die himmlischen Heerschaaren eine in der Luft wohnende feinere Ausgabe der die Erde beherrschenden guten oder schlechten Gesellschaft jener Zeit, deren äußere Formen sie sich angeeignet haben, deren Mode bis in die raffinirtesten Putzmacherkünste hinein sie mitmachen und von der sie überhaupt nur der Umstand unterscheidet, daß sie fliegen können und ihre Toilette nicht zu bezahlen brauchen. Fliegende Ballettänzerinnen.

Ich muß für diese Darstellung der Dinge in großen Zügen freilich hervorheben was eine Ausnahme zu machen scheint, ohne es in Wahrheit zu thun.

Ebensogut als die Werke der früheren Meister durch die der folgenden nicht verdrängt wurden, so daß neben der fort-

schreitenden Weiterentwickelung der malerischen Anschauung die
Auffassung der vorhergehenden Zeiten immer bestehen blieb,
ebenso haben frühere Muster immer wieder Nachahmer gefunden. Wäre hier nicht vorzugsweise von den Kinderengeln
die Rede, sondern käme es darauf an, auch die Umgestaltungen
der Engel der älteren Ordnung genauer zu verfolgen, so müßte
noch dargestellt werden, wie Michelangelo auf dem jüngsten
Gerichte abermals einen neuen flügellosen Typus aufstellte,
der umfassende Nachahmung erlebte. Eine colossale Generation
von Himmelsbewohnern ist für dieses Werk von ihm erfunden
worden, welche ohne Flügel frei in den Lüften schwebend, die
ungeheure Kraft und Stärke der höchsten Mächte repräsentiren
sollten. Während Signorelli den Verdammten gleichzeitige
gewappnete Ritter als Engel entgegenstellt, während Raphael,
nachdem er bei seinem frühesten Erzengel Michael ähnliche
Rüstung angewandt, ihn später in römischer Kriegertracht den
Teufel besiegen läßt, giebt Michelangelo athletische Gestalten
ohne jede Gewandung und ohne irdische Waffen an ihrer
Stelle. Aber er selbst hat andernorts wieder die alten bekleideten Engel dargestellt, wie bei der Verkündigung Mariae (im
Lateran), und es sind nach seinen Zeiten seine und der früheren
Meister Engel von den späteren Meistern nach Belieben nachgeahmt worden, ohne Nebengedanken, scheint es, sondern wie
man die Figuren gerade bedurfte. Indessen neben dem, was
in dieser Weise gelegentlich einzelne Meister in Anlehnung an
frühere Muster gearbeitet haben, läuft stets eine einheitliche
Durchschnittsanschauung des Jahrhunderts nebenher, die man
als die „herrschende Mode" bezeichnen könnte und die vorzüglich im Auge zu halten ist wenn die Entwicklung der
Dinge ganz im Allgemeinen gezeichnet werden soll. Diese habe
ich charakterisiren wollen.

Aus solchen Anschauungen heraus nun war ein Uebergang zu denen des neunzehnten Jahrhunderts zu finden.

Carstens hat keine Eugel gezeichnet, David, ein einziges zufällig bestelltes Werk ausgenommen, niemals ein Bild christlichen Inhaltes gemalt. Die Gedanken der von Winckelmann bestimmten Generation forderten dergleichen weder, noch wären sie im Staude gewesen, solche Forderungen zu befriedigen. Trotzdem mußten immerhin Grabmonumente angefertigt werden, für deren Schmuck es menschlich gestalteter Repräsentanten überirdischer Mächte bedurfte. Der Sculptur fielen solche Aufgaben besonders zu. In Rom, dem Hauptsitze der Bildhauer, war auch die äußere Form des christlichen Olympes niemals aufgegeben worden. Indessen selbst die höchsten Würdenträger der katholischen Kirche standen unter dem Einfluß der heidnisch-mythologischen Richtung: es mußte ein Ausweg gefunden werden. Canova ist hier als der maaßgebende Künstler zu betrachten.

Die bekleideten Engel der älteren Ordnung waren abgethan, die Amoretten boten bei zuviel Gelegenheiten nicht die nothwendige Würde: Canova ließ jetzt seine „Genien" dafür eintreten: entkleidete Eugel der älteren Ordnung. Seine Genien entsprechen diesen beinahe völlig, nur daß, während man bei den Engeln der älteren Ordnung von der Gestalt junger Mädchen ausging, hier die der Jünglinge gewählt worden war. Man verlieh diesen jetzt all die kindliche Zartheit, deren es bedurfte, um den Unterschied der Geschlechter zur Vergessenheit zu bringen. In dieser Gestalt, nackt, geflügelt, mit einem Anschein von Kleidung nur, der an einigen Körpertheilen an ihnen haftet, sehen wir sie die Gräber bewachen. Diesem Typus ist die nachfolgende moderne Sculptur treu geblieben. Die Vermischung heidnischer und christlicher Anschauung ist fast eine absichtliche geworden. Der geflügelte Genius mit der umgekehrten, gelöschten Fackel in den Händen kennt keinen Unterschied des Glaubens mehr: er repräsentirt, ohne über weitere Gedanken Auskunft zu geben, das unsterbliche Dasein

9*

an sich. Man ging so weit in dieser Verschmelzung antiker
und moderner Anschauungen, daß Canova, als er zur glück=
lichen Errettung der Kirche nach den Napoleonischen Zeiten,
ein Denkmal in der Peterskirche stiften wollte, ihm weder ein
Christus noch eine Maria in den Sinn kam, sondern daß er
dem „Genius der Religion" dort eine ungeheure Colossalstatue
errichten wollte. Freilich sollte diese Figur bekleidet sein. Man
war in Rom so tief in das antik Mythologische hineingerathen,
daß von Pabst und Cardinälen die Idee mit Entzücken auf=
genommen wurde. Ganz über Nacht scheint man aber doch
inne geworden zu sein, wohin man auf diesem Wege gerathen
könne, und die Erlaubniß wurde zurückgezogen. Bekannt ist,
daß Canova, tief beleidigt, Rom verließ und in seinem Ge=
burtsort Possagno einen Tempel erbaute, in welchem der Genius
der Religion zur Aufstellung kam.

Die Bedenken von Seiten der römischen Hierarchie ent=
sprachen jedoch der allgemeinen Reaction der neu angebrochenen
Zeiten. Die Tage waren gekommen, die für das Reich der
Poesie als die Romantische Epoche bezeichnet werden. Wenn
es wieder möglich war, daß eine Fraction der in Rom arbei=
tenden Künstler die Nazarener genannt wurden, so konnte
es dabei nicht ohne Darstellung von Engeln im alterthüm=
lichen Style abgehen. Von neuem hielten die Engel der
strengsten, älteren Ordnung ihren siegreichen Einzug.

Es macht sich bei dem, was so entstand, jedoch ein be=
deutender Unterschied gegen früher geltend. Nicht mehr der
Glauben sollte durch Kunstwerke befriedigt, sondern die Re=
ligion historisch illustrirt werden. Die Religion selbst aber
hatte sich zusehr von den Gefühlen und Anschauungen der
vergangenen Jahrhunderte entfernt, als daß sie frisch belebend
auf die bildende Kunst einzuwirken vermochte. Es konnten
keine kirchlichen Engel mehr gemalt werden, deren Gestalten
eine überzeugende Existenz führten. Es lag bei der großen

Mannichfaltigkeit der Vorbilder ziemlich in dem Belieben jedes Einzelnen, aus welcher Quelle er seine Phantasie nähren wollte. Die Engel Giotto's, Fiesole's, Raphaels, Tizians und Murillo's standen zur Auswahl, und selbst wer die Byzantiner oder wer Lebrun hätte wählen wollen, würde es geburft haben.

Die Engel der Meister des neunzehnten Jahrhunderts sind Versuche, im Sinne dieser oder jener älteren Schule ideale Flügelgestalten zu liefern. Im Bestreben, die Sache recht gut zu machen, ist man dabei der byzantinischen Ordnung wieder nahe gekommen. Ascetische Reinheit in Gestalt und Physiognomie, geschlechtslose jugendliche Gestalten, mit zum Theil ungeheurem Flügelwuchse, werden dargestellt.

Auch bei den Scenen, bei denen sie als mithandelnd betheiligt sind, weichen diese Engel allmählich wieder in den Hintergrund zurück. Sie sollen die überirdische Herkunft durch Abwesenheit alles zufällig Menschlichen zu erkennen geben. Man verlangt bei den modernen Engeln eine ziemlich ins Leere gehende, reine, individualitätslose Schönheit. Ihre Herzen dürfen nichts von Leidenschaft, ihre reinen Stirnen nichts von besonderen Gedanken beherbergen. Sie denken überhaupt nicht nach, sie empfinden nur. Nur mit den Fingerspitzen rühren sie an was sie berühren, ihre Flügel bewegen sich ohne Rauschen, ihre Lippen scheinen nie zu lächeln und keine Sprache zu reden. Ihre Kleider sind Gewänder ohne erkennbare Form. Weder ein Engel des Tiepolo noch einer des Signorelli unter diese neuesten Engel gebracht, würde sich mit ihnen behaglich fühlen, und auch denen Raphaels würden sie zu blutarm erscheinen. Es sind bloße Schatten von Geschöpfen.

Es liegt etwas Natürliches in dieser letzten Wendung. Man ist zum Symbolischen zurückgekehrt. Die Kirche hatte hier keine Vorschriften zu geben, die Bibel enthält nichts, das sich fester als Anhaltpunkt benutzen ließe. Man konnte nichts

beſſres thun, als aus den vorhandenen Muſtern eine Durch=
ſchnittsgeſtaltung herzuſtellen.

Je nach der Beſchaffenheit dieſer Muſter, für welche zu=
fällige Vorliebe ſich entſchied, iſt dieſelbe verſchieden ausge=
fallen. Unſere heutigen recipirt kirchlichen Eugel, wenn man
ſo ſagen darf, ſcheinen zuerſt von Overbeck aufgeſtellt zu ſein,
der ſie wiederum zumeiſt Fieſole entlehnte. Der proteſtantiſche
und katholiſche Pietismus, der dieſer Geſtalten gleichmäßig
bedürftig iſt, unterſcheidet ſich bei deren äußerer Formulirung
nicht: man liebt hier wie dort unverhältnißmäßig lange, faſt
unnatürlich ſpitze Flügel, Verhüllung des Körperlichen ſo viel
als möglich, ſtrenggeſcheiteltes dichtes Haar, das um den Hals
in wohlgewickelte Locken verläuft, und ein gewiſſes mildes
Lächeln, das denen, welchen der Sinn für dergleichen fehlt,
ausdruckslos erſcheint.

Von ſolchen Engeln haben Steinle und Mintrop oder
Führich, oder viele andere Meiſter, und unter den Franzoſen
an erſter Stelle Flandrin eine ſolche Menge producirt, daß
es bei manchen Künſtlern zuweilen den Anſchein hat, als komme
es ihnen auf dieſes Maſſenhafte, dieſe Fülle beſonders an.
Die Bewegungen der Figuren ſind trotzdem monoton und
laſſen ſich auf eine geringe Anzahl wiederholter Typen zurück=
führen.

Der einzige Künſtler, der zur Darſtellung der kirchlichen
Myſtik eigen erfundene Eugel geſchaffen hat, deren Geſtalten
wahrhaft dichteriſch belebt ſind und die man heroiſche Eugel
nennen könnte, Cornelius, hat keine Nachfolge gefunden. Er
hatte mit voller Seele die Anſchauungen der älteren Meiſter
aufgenommen und mit Hülfe eigenen Naturſtudiums zu etwas
Neuem umzuprägen verſucht. Die Eugel, welche das Neue
Jeruſalem ſchwebend herabtragen, ſchweben wirklich, die welche
die Schaalen des Zornes ausgießen, ſind wahrhaftige Geſtalten,
aus deren Händen Verderben und Untergang herabregnen

könnte; allein dem Verständnisse des Volkes sind auch diese Darstellungen immer fremd geblieben, und diejenigen, soweit meine Augen wenigstens reichen, welche die Größe von Cornelius' künstlerischen Leistungen wohl verstehen, erblicken dennoch in seinen Engelgestalten nichts, was mit ihren eigenen religiösen Anschauungen irgend zu thun hätte.

V.

Ich sehe es als einen Fortschritt in der Denkweise unserer Zeit an, daß ich mir nicht gestatten durfte, mit meinen Betrachtungen hier abzubrechen. Es kann in vielen Fällen bei der bloß aburtheilenden Kritik heute nicht mehr sein Bewenden haben: wo etwas wissenschaftlich entwandt zu sein scheint, muß persönlich ein Ersatz gegeben werden. Sollte das practische Resultat meiner Darlegung sein, daß es nun ein Ende haben müsse mit aller Engelmalerei?

Ich will versuchen, meine Meinung zu formuliren.

Wir stehen allesammt heute unter dem Bann naturwissenschaftlicher Anschauungsweise. Man ist zu sehr mit den Gesetzen der körperlichen Schwere bekannt, als daß Geschöpfe gedacht werden könnten, welche bei durchaus menschlicher Bildung sich mit Flügeln durch die Luft bewegen, zusehr mit den organischen Gesetzen, um für möglich zu halten, es könnten hinter den Armen Flügel aus menschlichen Schultern herauswachsen. In einer „Vergleichenden Anatomie der Engel" haben wir den Versuch, die Gestalt der Engel wissenschaftlich festzustellen. Der Verfasser ist in seiner Untersuchung zu dem Schlusse gelangt, die Engel müßten kugelförmig gestaltet sein. Indem er uns Schritt auf Schritt diesem Resultate dialektisch entgegenbrängt, beweist er, wie unmöglich es sei, sich aus unserer irdischen Erfahrung heraus die Gestalt von Wesen zu construiren, deren Existenzbedingungen außerhalb aller Erfahrung liegen.

Hierbei könnten wir uns beruhigen. Aber es ist der Menschheit als unveräußerliche Mitgift ihrer Natur die Eigenschaft beigegeben, überall, wo sie persönlichen Willen erkennt, menschliche Gestalt als Hülle dieses Willens anzunehmen. Daß Gott die Menschen nach seinem Bilde geschaffen habe, wird einer der Fundamentalsätze jeder Religion sein. Es mag Einzelnen gelingen, diese Vorstellung zu überwinden: ein civilisirtes Volk, welches einen Gott ohne menschliche Gestaltung verehrte, wird heute kaum denkbar sein. Die Menschheit hat ein unausrottbares höchstes Wohlgefallen an ihrer eigenen Gestalt, sie ist durch die Organisation ihrer Vorstellungskraft an dieses Gefühl gebunden. Menschliche Formen für das überirdische Persönliche werden bestehen solange die geistige Organisation des menschlichen Geistes nicht durchgreifenden Veränderungen unterliegt, deren Möglichkeit kaum zuzugeben wäre. Denn einstweilen sind wir diesem Walten unserer Phantasie unterthänig, wie wir gezwungen sind, um Gedanken mitzutheilen uns des Geräusches zu bedienen, das wir mit Hülfe der Zunge hervorbringen und das wir Sprache nennen.

Müssen wir deshalb ein erhabenstes, die Welt regierendes Wesen, das Niemand je gesehen hat, in menschlicher Form sichtbar werden lassen, so ist der Schritt wieder nur natürlich, auch überirdische Geschöpfe, welche den mittelbaren Verkehr der höchsten Gewalten mit den Menschen repräsentiren, in menschlicher Gewalt zu sehen, und, weil der Begriff des Fliegens bei sichtbaren Geschöpfen durch die Vögel repräsentirt wird, sie als Wesen darzustellen, denen Flügel gegeben sind. Daß sie sie nicht gebrauchten, wäre kein Einwand. Sie könnten ihrer entrathen, wie Gottvater selbst, wenn er schwebend dargestellt wird, keiner Eugel bedürfte, um ihn zu stützen und zu tragen. Daß dies geschieht, ist uns ein symbolischer Ausdruck, das majestätisch Ruhende zu bezeichnen. Ob die

Engel nicht auch ohne Flügel fliegen würden, kommt so wenig in Frage, als, ob sie ohne Augen nicht ebenso gut sehen würden.

Darum handelt es sich nun nicht mehr, sondern darum, was menschlicher Phantasie erfahrungsmäßig entspricht. Ebenso wie wir annehmen, daß der feurige Strich der Sternschnuppen am Himmel, nur der Gletscherschliff gleichsam einer außerirdischen Masse sei, welche so lange als sie die feste Atmosphäre der Erde ritzt, in Gluth geräth, ebenso müssen wir annehmen, daß was sich von den Gedankenträgern außerirdischer Persönlichkeiten der Erde nähert und die Atmosphäre des menschlichen Erkennungsvermögens streift, nothwendigerweise das Wesen und die Gestalt einer menschlichen Persönlichkeit annehme. Daß diese Gestalt so schön und rein und erhaben erscheine, als die Phantasie sie nur immer zu denken vermag, ist eine weitere, natürliche Forderung.

Der letzte von unseren großen Künstlern, der Ueberirdisches in menschlicher Symbolik zu geben suchte, ist Goethe gewesen. Im Abschlusse des Faust sucht er eine neue Mythologie zu schaffen, zu der er benutzt, was von allen Seiten her irgend zu benutzen war. Hier sind die Erotenengel unentbehrliche Gestalten. Goethe verwendet sie dazu, Mephisto zuletzt in die Enge zu treiben. Mit Rosen untermischt, die es vom Himmel regnet und die auf des Teufels Haut zu glühend sengenden Tropfen werden, deren er sich trotz seiner im brennenden Höllenschwefelpfuhle abgehärteten Natur als unerträglicher Geschosse vergebens zu erwehren sucht, kommen ganze Schaaren Kinderengel herab, und auch ihnen kann er nichts anhaben, sondern muß sich besiegt zurückziehen. Hier ist das antike und moderne Element am offenbarsten zu gleicher Zeit von Goethe festgehalten, so daß Engel und Amor in einer Gestalt absichtlich verkörpert scheint. Wir können uns aber Bilder von Engeln als schöner, irdischem Schönheitswechsel

entrückter geflügelter Kinder wohl gefallen lassen. Sie stellen
freilich etwas naturwissenschaftlich Unmögliches dar. Aber
die Phantasie ist auch beim peinlichsten Naturforscher eine
Macht, der er für sein persönliches Gefühl untergeben ist. Er
wird nicht vermögen, wo er sich abwesender Freunde oder
verlorener theurer Personen erinnert, etwas anderes im Geiste
zu sehen, als ein ideales Collectivbild, welches heterogene Züge
vereinigt. Wie seine gestorbene Mutter in verschiedenen Zeiten
aussah, wird er dennoch durch die Phantasie genöthigt in ein
und demselben Anblicke vor sich zu sehen. Die Phantasie ist
außer Stande, das Wirkliche, wie es exakt der Moment producirt, zu wiederholen, und wo die Photographien dem zu
entsprechen scheinen, werden sie so unerträglich, daß man sie
im idealen Sinne verallgemeinernd überarbeitet.

Man pflegt zu einer Geliebten „mein Engel" zu sagen.
Dabei wird so wenig an Flügel gedacht, als die Christen bei
den Liebesgöttern auf ihrem Sarkophag an heidnische Eroten
dachten. Aber wir pflegen auch von gestorbenen Kindern zu
sagen, sie seien Engel geworden. Wie wenig man dabei ein
wirkliches Davonfliegen auf Flügeln vor Augen haben mag:
jedenfalls zeigt die Phantasie hier die Flügel an den Schultern
schon deutlicher als dort. Niemand nimmt Anstoß weder an
dem gebrauchten Worte, noch an der Vorstellung. Niemand
überhaupt, wo er Engel gemalt oder gemeißelt sieht, wird sie
als Monstra betrachten. Niemand fühlt sich von der bildlichen
oder dichterischen Darstellung der Engel abgestoßen. Fiesole's
Engelfiguren — die in ihrem Festhalten der frühesten Form
recht erkennen lassen, wiesehr uns heute gerade diese wieder
zusagt (denn nichts wird in Florenz heute den Fremden in
solchen Massen verkauft als Copien der Engel von Fiesole) —
beleidigen den für das Reale so scharfen Blick der heutigen
Generation nicht. Anderen sind die Engel Raphaels ver-
wandter, kaum diesem oder jenem aber die des Michelangelo.

Man sieht liebliche Symbole von Zuständen in ihnen, denen
unsere Critik nicht näherzukommen vermag, die nichts be=
weisen kann und von denen eine heimliche Stimme in uns
zuweilen doch seltsame Märchen erzählt. Das Verlangen nach
dem Uebersinnlichen gewinnt wieder ein auffallendes Ueber=
gewicht im Seelenleben der Menschheit. Vielleicht werden
spätere Gelehrte den statistischen Nachweis liefern, wieviel
Mythisches, menschlich gestaltet Uebersinnliches die verschiedenen
Nationen als geistige Speise einfach nicht entbehren können.
Offenbar haben wir heute in dieser Beziehung etwas hungern
müssen und verlangen Nahrung. Und deshalb, sobald man
sich sicher fühlt, in keinerlei positiv religiöse Verpflichtungen
hineinverwirrt zu werden, giebt man sich dem Reize, den die
Darstellungen der himmlischen Dinge in den Gemälden der
großen Künstler auf uns ausüben, hin und freut sich, seine
Erinnerung mit solchen Bildern erfüllen zu dürfen. Mancher,
dem die unbeschreibliche Schönheit der Evangelien, nur als
literarischer Werke, schon deshalb nicht einleuchtet weil ihm
durch persönlich widerliche Erfahrungen auf dem Gebiete seiner
religiösen Erziehung der Sinn dafür abhanden kam (etwa wie
es Leute giebt, denen der Homer auf der Schule in so tödt=
licher Weise verdorben wurde, daß ihnen Ilias und Odyssee
für alle Zeiten verloren gingen), trägt in den Darstellungen
Raphaels und Dürers Bilder vom Lebensgange Christi in
sich, die er um keinen Preis missen, um keinen Preis aber
auch mit irgendwelcher öffentlichen Theologie in Verbin=
dung gebracht haben möchte. Nicht anders ist es mit
den in menschliche Gestaltung gekleideten Formeln christlicher
Symbolik.

In diesem Sinne beginnt auch die neuere Kunst hier und
da zu arbeiten und es sind mir einige Engelgestalten vorge=
kommen, die als Beispiele dieser modernen Auffassung der
Engel sich bezeichnen kann. Einer der schönsten Kirchhöfe die

ich kenne, ist der auf dem Hügel von San Miniato bei Florenz. Angefüllt von kostbaren Arbeiten neuerer Künstler, denn es können reiche Leute nur hier sich Monumente errichten lassen, bietet er besser als jede Sammlung, und zugleich auf ganz natürliche Weise, einen Studienplatz für die neueste Bildhauerei. Hier findet sich unter vielem Aehnlichen Folgendes. In einer Familie waren in kurzen Zwischenräumen drei Kinder gestorben. Zuerst die beiden älteren, das kleinste zuletzt. In einem Basrelief sind diese beiden älteren Mädchen, als Engel dargestellt, welche ihr Brüderchen nachgeholt haben. Wie mit einem Raube schwingen sie sich fort. Das größte trägt es in seinen Armen empor, das andere fliegt, die neugierigen Augen auf das Kind geheftet, dicht daneben hinterdrein. Es lag etwas unbeschreiblich Tröstliches in dem Anblick.

Viel bedeutender dem Gedanken sowohl, als besonders der Ausführung nach, war das Grabmal eines jungen Mädchens, das in der sich eben entfaltenden Blüthe seiner Schönheit gestorben war und dem die Eltern ein Monument errichtet hatten. In lebensgroßer Marmorfigur war das Mädchen als ein Engel dargestellt, der auf das Grab seiner früheren irdischen Gestalt herabgeflogen ist, um vom Fluge gleichsam da einige Momente nachdenkend auszuruhen. Die schlanken nackten Arme, die Füße, soweit sie das Gewand frei ließ, besonders der Kopf mit leicht gebeugtem Nacken geben in zarter Schönheit zugleich ein treues Porträt und eine ideale Gestalt. Ich habe dies Grab niemals ohne Bewegung gesehen. Die Gestalt schien dazusitzen und die Grabschrift zu lesen, in der ihre Eltern in den wenigen Reihen, die in solchen Fällen oft soviel sagen müssen, ihren Schmerz und ihre Liebe ausgeschüttet hatten. Es war dem Künstler vollkommen gelungen, sie so darzustellen, als müsse sie bei der geringsten Störung ihre Flügel ausbreiten und davonfliegen.

In diesem Sinne hat keine Kunst früherer Zeiten gear-

beitet. Denn es fehlte allen früheren Zeiten dieses entschei=
dend mächtige Verlangen nach dem Individuellen, welches die
heutige Welt charakterisirt. Dieses Individuelle, um es zu ver=
ewigen, nun doch wieder ins Allgemeine zu erheben, ist un=
sere besondere Aufgabe, und der Künstler allein, der in dieser
Richtung arbeitet, wird allgemein Verständliches zu schaffen
vermögen.

Das Theater des Herzogs Heinrich Julius von Braunschweig zu Wolfenbüttel.

1856.

Die Anfänge des Deutschen Theaters gleichen denen der anderen Völker, deren vereinte Geschichte die des Mittelalters bildet, ganz und gar. In allen herrschte eine Religion, eine Sprache für die Höhergebildeten (die lateinische), und dieselbe politische Eintheilung des Volkes in Adel, Bürger, Bauern und Geistlichkeit. Die Unterschiede bestimmen sich nur in zweiter Linie nach der nationalen Eigenthümlichkeit: Stoff, Zweck und Mittel waren dieselben.

Der Clerus führte zur Verherrlichung der Kirche geistliche Schauspiele auf. Die Bürger verliehen ihren zahlreichen Festlichkeiten durch theatralische Aufzüge größeren Pomp. Oft flossen hier geistliche und bürgerliche Feste zusammen. Auf dem Lande spielten die Bauern unter Anleitung ihrer Geistlichen. Der Adel endlich that es beiden gleich. Am blühendsten sind diese Vergnügungen in Italien gewesen.

Mit der Wiederaufnahme der classischen Studien lernte man die theatralischen Werke der Alten kennen und ahmte sie alsbald nach. In Italien zeigt sich ihr Einfluß am reinsten.

Man dichtete dort ganze Reihen von Tragödien nach dem Muster des Euripides und Lustspiele nach Terenz. In den gelehrten Schuleu aller Länder war die Aufführung lateinischer und griechischer Tragödien und Comödien an der Tagesordnung. Dieser Gebrauch dauert theilweise noch in unsern Zeiten sort und übte den größten Einfluß. Die Städte waren damals durch enge Mauern geschlossen. Man kam nur selten ins Freie. Jedermann kaunte sich, jede Festlichkeit war eine öffentliche, an allen Vorfällen von nur einiger Bedeutung nahm die ganze Stadt Antheil. So fließen Schulcomödien, bürgerliche und geistliche Schauspiele bald ineinander. Die lateinischen Stücke der Schüler werden für die ungelehrten Zuschauer noch einmal Deutsch wiederholt. Bürger bearbeiten sie für ihren eigenen Gebrauch, benutzen auch geistliche Stücke, und so, in der zweiten Hälfte des 16. Jahrhunderts sind bei uns alle Stoffe Gemeingut geworden, und da es nicht darauf an- kam, dichterische Producte zu liesern, welche Ruhm und Un- sterblichkeit, oder Tabel und Verdruß einbrachten, sondern nur für den nächsten praktischen Zweck ausreichen sollten, so griff man unbekümmert zu, wo sich das Passende darbot.

Es bot sich aber geradezu Alles dar, und es findet sich kein historisches Factum, das zu lesen, keine bürgerliche Er- fahrung, die zu erleben, kein Schwank, der wiederzuerzählen war, nichts, das nicht in den Bereich der theatralischen Dar- stellung hineingezogen wäre. Die italiänische Bühne war un- erschöpflich in Ausbeutung des gewöhnlichen Lebens und stellte dessen Verwicklungen ewig neu zusammengestellt vor. Scandal jeder Art, weltlicher und geistlicher, ward in Frankreich, Deutsch- land und England auf offenem Markte ausgesührt. Vergleicht man das ganze Leben des 16. Jahrhunderts mit den vorher- gehenden und folgenden Zeiten, so gleicht es in seinem bunten, lebendigen Wechsel, in seinem gedrängten Verkehr, seinem Ge- wühl bedeutender Erscheinungen, deren Dasein durch eine glänzende Außenseite leuchtenden Glanz auf die Menge wirft, einem großen Schauspiele, wo Alles mündlich und öffentlich vor Aller Augen gethan wird.

In Frankreich spielte man im Anfange des 16. Jahrhunderts die ausgelassensten, üppigsten Farcen und war im besten Zuge, die geistlichen Spiele nach ihrer weltlichsten Seite hin auszubeuten (man brachte zum Beispiel die Martern der Heiligen in unglaublicher Natürlichkeit auf die Bühne), als 1548 ein Edict erschien, wonach geistliche Stoffe von der Bühne ausgeschlossen wurden. Dasselbe geschah in England. Man warf sich nun aufs Mythologische, Allegorische, manierirt Antike, und es entstand jener ungeheure Mischmasch alter und neuer Bildung, welcher die Eigenthümlichkeit der litterarischen Produkte der nun folgenden Zeiten ausmacht.

Die Theater begannen jetzt in ein Verhältniß zu den Höfen zu treten. Das Schauspielerhandwerk ward ein Gewerbe. Banden zogen durch das Land und traten in die Dienste der Fürsten und des Adels. Die italiänischen Schauspieler sind die ältesten. Sie kommen nach Frankreich und gehen von da nach England hinüber. Ihre Schauspiele, sowie die gesammte Litteratur ihres Landes begleiten sie. Man raffinirte in den Formen, denn bald mußte die früher bereitwillige Neugier künstlich gelockt werden. Das Verzeichniß von Stücken, welches Shakespeare im Hamlet dem Schauspieler in den Mund legt, ist kein Scherz, sondern Tragödie, Comödie, Historie, Pastorale, historische Pastorale, tragische Pastorale und so weiter sind bestimmte Schauspielarten, deren Titel praktische, den damaligen Bühnen geläufige Bezeichnungen abgaben.

Nicht so in Deutschland, wo einstweilen Alles beim Alten blieb. Hans Sachs dichtet bis zu seinem Ende in denselben schwerfälligen Formen weiter. Es gab keine Schauspieler, kein Theater und keine Fürsten, welche dergleichen beliebt hätten. Die Knaben spielten auf ihren Schulen, die Jünglinge auf den Universitäten, oder, wenn sie einem Gewerbe nachgingen, in den bürgerlichen Fastnachtspielen, die Männer bethätigten sich bei den städtischen Aufzügen oder bei den Turnieren. Protestantische Pfarrer und Schulmeister bildeten das Gros der Deutschen Theaterdichter, oft bei ungemeiner Fruchtbarkeit. Befanden sich abelige oder fürstliche Schüler unter ihrer Zucht, so schlossen sich diese nicht aus. Ihre Väter sahen wohl zu und hatten ihre Freude daran, aber sie hielten sich keine Hofschauspieler. Die Bauern spielten auf dem Schlosse vor der Herrschaft. Der Adel half gelegentlich mit Rüstung, prächtigen Kleidern und silbernem Geschirr aus. Jörg Wickram, Dichter und Bürger zu Colmar, erwähnt es dankend in der Vorrede seines Tobias, welcher am 7. und 8. April 1550 zu Colmar aufgeführt ward. „Dieweil uns aber als gemeinen Bürgern an köstlicher Rüstung und die Kleidung großer Mangel gewesen, hat uns Euer Veste nicht wenig Steuer darzu gethan, damit wir nicht also ungerüst unser fürgenommen Spiel dürfen vollenden, daß dann eine ehrsame Gesellschaft Ew. Veste billig dankbar sein soll." Die Pracht, die Lust an der fröhlichen Zusammenkunft, das Vergnügen, selber mitzuspielen, waren die Triebfedern. Meistens waren nicht die Zuschauer um derentwillen man spielte die Hauptpersonen, vielmehr die agirenden Personen; diejenigen sahen zu, welche vom Spiel ausgeschlossen blieben. So ist es heute noch bei Polterabenden und ähnlichen Gelegenheiten, oder bei militairischen Schauspielen, wo gewiß die Soldaten selbst den ersten Rang einnehmen.

Ein solcher Zweck des Schauspiels mußte natürlich alle Entwicklung des Gedichtes hemmen, welches Nebensache blieb. Man bedurfte einer Panse, um zu essen: es kam ein Gastmahl vor. Man verlangte derbe, deutliche Aussprüche, kräftige durchdringende Moral, leicht verständliche Begebenheiten. Damit ja ein Jeder stets wisse, was er vor Augen und Ohren habe, wurde im Beginn der Inhalt des Ganzen vorgetragen, dann meistens vor jedem Aufzuge, theilweise vor den einzelnen Scenen resumirt was in ihnen geschehen sollte. Hierbei gab man oft religiöse Hinweise, auch schlossen die Spiele wohl mit einer Predigt, welche ihren Inhalt zum Texte nahm. Aufs Eindringlichste aber wird stets die Ermahnung ausgesprochen, man möge Ruhe halten im Publikum. Die scenischen Einrichtungen blieben die einfachsten. Man spielte auf dem Rathhause, in den Kirchen, auf offenem Markte oder dem Platze vor der Kirche. Was ich hier gedrängt zusammenfasse, ließe sich durch Heranziehung der einzelnen Belagstellen und Aufführung einer Menge von ausgelassenem Detail gar sehr ins Breite ausdehnen.

So standen die Dinge bis zum Ende des 16. Jahrhunderts. Da endlich tauchen in Deutschland Schauspieler andrer Art auf. Es entstehen die ersten Hoftheater bei uns. Wir besitzen aus den Jahren 93 und 94 eine Reihe von Theaterstücken, deren Verfasser der Herzog Heinrich Julius von Braunschweig ist. Er ließ dieselben zu Wolfenbüttel, seiner Residenz, von bestallten Comödianten aufführen. Bisher waren die alten Drucke selten und wenig bekannt, jetzt sind sie von Herrn Doctor Holland neu edirt worden, und geben so zusammengestellt eine Art von Maaßstab ab für die Bildung des Deutschen Adels und den Zustand der Deutschen Sprache zu Ende des 16. Jahrhunderts.

Heinrich Julius von Braunschweig folgte 1589 seinem Vater in der Regierung. 1590 vermählte er sich in zweiter Ehe mit Elisabeth, Tochter des Königs Christian von Dänemark, eines prachtliebenden Fürsten und besondern Liebhabers des Theaters, wie wir aus einer Dedication des gelehrten Frischlin's wissen, welcher ihm eines seiner lateinischen Stücke zueignete. Der Herzog ging nach Kopenhagen, wo die Hochzeit auf das Glänzendste gefeiert ward. Bei seiner Rückkehr versammelten sich in Wolfenbüttel viele Fürsten und Herren zu feierlicher Einholung. Es erneuten sich die Festlichkeiten,

unb bei biefer Gelegenheit, vermuthe ich, warb bie Comoedia
tragica von ber Sufanna bargeftellt. Gebruckt erfchien fie
zuerft 1593 zu Wolfenbüttel. Das Manufcript von bes Her=
zogs eigner Hand ift im königlichen Archive zu Hannover be=
findlich. Die Sufanna ift bas umfangreichfte, beftgeführte
von allen theatralifchen Werken bes Autors, beren Anzahl fich
auf elf beläuft.

Verfchiebene Gründe machen es wahrfcheinlich, baß bas
Stück bei ber erwähnten Gelegenheit zur Aufführung kam unb
sogar bafür verfaßt wurde. Aus ber Anrebe bes Prologs
sehen wir, baß eine zahlreiche Verfammlung aller Stänbe zu=
gegen war. Die erften Scene, zwifchen bem Vater, ber Mutter
ber Sufanna unb biefer felbft enthält eine ins Breitefte aus=
geführte Unterweifung, wie eine junge Frau fich gegen ihren
Eheherrn zu betragen habe. Sie fcheint für ben befonbern
Zweck gebichtet unb fteht mit bem Stücke felbft nur in lofem
Zufammenhange. Dies wirb um fo klarer, als eine zweite,
ebenfalls 1593 erfchienene Rebaction beffelben Stückes bie
Scene nicht enthält, wie benn auch hier ber Prolog eine anbere
Faffung erhalten hat, inbem bie weitläuftige Anrebe an bie
Anwefenben unb anbere für ben Moment berechnete Rebens=
arten geftrichen finb. —

Die Sufanna war ein oft bearbeiteter Stoff. Vergleiche
ich bie früheren Stücke mit bem vorliegenben, fo ftellt fich
heraus, baß ber Herzog bas feinige keinesswegs erfanb, fon=
bern vorhanbenes Material benutze. Wahrfcheinlich vor allen
anbern bie Sufanna bes genannten Frifchlin, welche biefer
für bie Stubenten in Tübingen lateinifch gebichtet hatte, unb
bie bereits vor 1590 im Drucke erfchienen war. Aus bem
Jahre 1559 haben wir aber fchon eine Bearbeitung beffelben
Stoffes burch Leonharb Stöckel, Schulmeifter zu Bartfelb, unb
biefer wieberum gefteht in ber Vorrebe, baß feine Jugenb fich
vorgenommen, biefes Jahr bie Hiftorie von ber Sufanne zu

10 *

handeln und ihm deshalb etlicher Scribenten Compositionen gebracht habe. Er jedoch lasse jeden von ihnen bei seiner Würde und wolle es selbst versuchen.

Wer diese Scribenten alle gewesen, wissen wir nicht. Es existirt eine Susanne aus dem Jahre 1538 von Xystus Betulius, eine andere, 1535 gedruckt, von Paulus Rephun. Nach einer handschriftlichen Notiz im Exemplar der Berliner Bibliothek ward letztere am Sonntag vor Fastnacht 1549 auf dem Rath-hause sowie 1589 auf offenem Markte, wie es scheint zu Zwickau, sehr lustig gespielt. Das Vorhandensein eines Wittenberger Nachdruckes der Rephun'schen Dichtung spricht ebenfalls dafür, daß sie vielen Anklang gefunden habe.

Daß Frischlin's Werk dem Herzoge wenigstens bekannt gewesen, läßt sich annehmen. Nicht nur, daß dieser als Freund der Gelehrsamkeit das Buch kaum ignoriren konnte, mußte es um so sicherer in seinen Händen sein, als Frischlin sich in Helmstädt und Braunschweig aufhielt. Daß er auch Rephun's Susanne gekannt, möchte ich glauben, da dieser selbst außer dem Wittenberger noch eines Wormser Nachdruckes erwähnt, und sich seine Dichtungen in der That vor den andern poeti-schen Producten der Zeit auszeichnen. Rephun hat noch andre Stücke geschrieben. Sie sind, wenn auch nur äußerlich, mit großer Sorgfalt dem Muster nachgebildet, welches Reuchlin in seinem Henno aufgestellt hatte. Die Sprache hat etwas Würdiges. In den Chören, welche die verschiedenen Aufzüge trennen, sind allerlei kunstreiche Metra zur Anwendung gebracht und selbst die Noten beigegeben. —

In der Bibel werden nur die Eltern und die Verwandten der Susanna genannt. In den vier erwähnten Stücken (das von Betulius kenne ich nicht) werden ihr dagegen Kinder angedichtet. Bei Frischlin haben diese keine Namen, bei Heinrich Julius heißen sie Rebecca und Benjamin, bei Stöckel Rahel und Benjamin, ebenso bei Rephun. Letzterer läßt noch

eine Schwester der Susanna unter dem Namen Rebecca auf=
treten. In einem alten Zürcher Stück finden wir ein Brüder=
lein und Schwesterlein Susannä. Ob dies Stück, sowie das
gleichfalls ohne Jahreszahl und Angabe des Verfassers bei
König und Hergotin in Nürnberg gedruckte Spiel von der
Susanna dem Herzoge bekannt gewesen, ist gleichgültig. Ein=
zelnes scheint darauf hinzudeuten. In der Scene vor Gericht
nämlich fragt Daniel den einen Alten, unter welchem Baume
er Susanna gesehen habe. Er nennt eine Linde. Johan
Clant (der Narr im Stücke des Heinrich Julius) macht hier
den Einwurf, es stände gar keine Linde im ganzen Garten.
Dasselbe antwortet Susanna in dem Nürnberger Stücke. In
der Bibel steht nichts davon.

Aelter als alle diese Stücke ist ein aus dem 15. Jahrhun=
dert handschriftlich zu Wien vorhandenes, das Leben der hei=
ligen Ehefrau Susanna betitelt. Es ist einfacher und enthält
den Keim der späteren Arbeiten. Es scheint die Aufzeichnung
eines althergebrachten Schauspieles zu sein, dessen andauernde
Anziehungskraft sehr natürlich ist. Eine Frau, welche falsch
angeklagt soeben schimpflich verurtheilt werden soll und auf das
Wunderbarste gerettet wird, etwas Rührenderes und im besten
Sinne Belehrenderes könnte kaum dem Publicum geboten wer=
den. Hierzu tritt das Vergnügen, einer öffentlichen Gerichts=
sitzung beizuwohnen. Die Anklage, die Einreden, die Delibe=
ration der Richter bis zur endlichen Steinigung der beiden
Alten, bilden den eigentlichen Mittelpunkt der Sache. In der
Deutschen Uebersetzung des Frischlin'schen Stückes (1589 von
seinem Bruder Jakob Frischlin) sind für die letzte Execution
die nöthigen Anweisungen gegeben. „Wenu man wollt die
alten zween (Richter) zu Tod werfen, sichtbarlich vor dem Volk,
soll man Leimen nehmen, formirt viereckt, wie ein Stein, ein
Korb voll oder zween, daß der Leimen noch weich ist, also daß
einer solchen Puff oder Wurf wohl erleiten mag, bis er end=

lich liegt als wäre er todt und endlich von bannen getragen wird." Im Nürnberger Stück wird die Vollziehung des Urtheils sogar als ein besondrer Leckerbissen für den folgenden Tag aufgehoben. Das Stück schließt mit folgenden Versen:

> Erstlich ich euch noch eins sag,
> Auf morgen ein gestrenger Gerichtstag
> Gesetzt ist den alten zweien,
> Ungefähr ein halb Stund vor dreien.
> Da wird ihnen ihr Recht geschehn,
> Wo ihr sie nun wollet sehen,
> So kommt zeitlich für das Rathhaus,
> Dann wird man die Böswicht führen aus,
> Daß sie empfangen ihren verdienten Lohn,
> Dem sie nach haben allzeit gestahn,
> Darbei wir's jetzt bleiben lohn.

Gerichtsscenen sind eine sehr beliebte Form der Fastnachts-spiele. Der merkwürdigste Proceß auf der Bühne findet sich in dem alten Mysterium, wo Gott und der Teufel um die Seele des gefallenen Menschen streiten. Dasselbe muß seiner Zeit einen erschütternden Eindruck gemacht haben. Eine Curio-sität von vielleicht rechtshistorischer Wichtigkeit ist „Ein neues weltliches Spiel, wie die bäurischen Richter einen Landsknecht unschuldig hinrichten lassen und wie es ihnen so schrecklich her-nach ergangen — durch Bartholomäum Krüger von Speru-berg, Stadtschreiber und Organist zu Trebbin. 1580" (Meuse-bach 8478; steht nicht bei Gottscheb), worin die betaillirte Darstellung des Gerichtsverfahrens enthalten ist.

Heinrich Julius faßte die Susanne nicht so einfach als seine Vorgänger auf. Mit großer Gewandtheit hat er ein Zwischenspiel angebracht und mit dem Ganzen verwebt. Es treten Bauern auf, welche von den beiden Alten betrogen wer-den und schließlich zu ihrer Verurtheilung beitragen. Aber auch diese Erfindung ist keine selbständige und scheint Frischlin anzugehören, obgleich der Inhalt der Scenen bei ihm anderer Art ist. Vielleicht aber sah sich der Herzog zu dieser Aenderung genöthigt. So gut als er Frischlin's Werke kannte, ebenso bekannt müssen ihm die Naogeorg's gewesen sein, welcher bereits 1546 als Zwischenspiel seiner Tragödie Haman und Esther das Schicksal zweier armen Schlucker behandelt, bereu Rede Frischlin in seiner Susanne copirt. Der Stoff war also schon etwas abgenutzt; Heinrich Julius eignete sich deshalb nur die Situation im Allgemeineu an und änderte ihren Inhalt.

Er läßt die auftretenden Bauern in verschiedenen Dialekten reden. Aristophanes gab hierfür das erste Beispiel. Plautus ahmte ihn nach. In Italien und Frankreich benutzte man früh dies Mittel, eine komische Wirkung hervorzubringen. Der Herzog kam aber vielleicht wiederum durch Frischlin darauf, der in sein Stück Julius redivivus (er schrieb es lateinisch, Ayrer übersetzte es) italiänische und französische Conversation einstreute.

Eine ganz neue Figur aber und zugleich die Hauptperson im Stücke des Herzogs ist der Narr Johan Clant. Jede Stadt, jedes Dorf, jede Hofhaltung hatten damals wohl ihren Narren. Wir sehen aus vielen Andeutungen, daß derselbe auch bei den Schauspielern seine Rolle hatte. Seine Anwesen= heit verstand sich von selbst. Selten wirb er unter den Per= sonen aufgeführt, manchmal tritt er als Prolog auf oder es heißt am Rande: hier sagt der Narr bies und das, oder nur: hier sagt der Narr etwas. In Wolfenbüttel aber gehörte der Narr zur Bande der Schauspieler, mischt sich nicht mehr nach Gutdünken in die Handlung als lebendes Mittelglied zwischen Bühne und Publicum, sondern hat wie die Andern seine be= stimmte Rolle auszufüllen.

Diese bewußte Benutzung einer komischen Figur fällt auf; bei weitem mehr jedoch, in der Susanne sowohl als in den andern Stücken des Herzogs, der bramatische Gang des Dialogs und der theatralische Aufbau der Handlung. Hierin kounte

er Niemand nachahmen, denn vor ihm verstand es Keiner, so
besonnen und geschickt ein Werk für die Bühne einzurichten.
Selbst bei dem viel geistreichern Frischlin finden wir stets nur
Conversation, nirgends theatralischen Dialog. Bei jenem haben
die beiden Sprechenden nur sich im Auge, bei diesem wird ein
Dritter angenommen, welcher zuhört. Eins geht aus dem
Andern hervor und drängt vorwärts, die Scenen haben eine
Spitze, der Gang der Intrigue eine Spannung. Dies Verdienst der Wolfenbüttler Stücke ist so auffallend, daß ich trotz
der eigenhändigen Schrift des herzoglichen Autors, trotz der
Kenntnisse, welche er besessen hat, trotz des vollständigen
Mangels an einer Spur, wer etwa außer ihm die Stücke geschrieben haben könnte, zu der Ansicht geleitet werde, daß die
genannten Vorzüge nicht sein Eigenthum waren, und die Vermuthung habe, es sei vielleicht irgend Jemand von den Schauspielern ihm dabei behülflich gewesen, den Compositionen jenen
theatralischen Anstrich zu geben, welcher von zu großer Routine zeugt, als daß ihn Heinrich Julius, auch beim größten
Talente, ohne eine lange praktische Erfahrung seinen Stücken
hätte verleihen können.

Zum Beispiel nehmen wir die Unterredung der beiden
verliebten Alten, mit denen der zweite Act beginnt. Sie treffen
in Susannens Garten zusammen. Wie sie sich finden, einander
ausfragen, sich belügen und endlich eingestehn, was sie hierher
treibe, wie sie sich schließlich zu dem gemeinsamen Verbrechen
verbünden, wird zwar sehr gedehnt (auf dreizehn großen
Octavseiten) vorgeführt, ist aber in seiner Art vortrefflich gearbeitet. Sie verstecken sich. Susanna von einem Knechte
und zwei Mägden begleitet tritt auf. Es wäre interessant,
Näheres über die scenische Einrichtung der Bühne zu wissen.
Sie stellt einen Garten dar. Ferner muß Susannens Haus
sichtbar sein, aus dessen Thüre sie heraustritt. Nachdem sie
den Knecht fortgeschickt hat, ihrem Manne entgegen, der auf

Reisen ist, und von dem sie Nachricht zu haben wünscht, fragt sie die Mägde nach der Zeit. Es sei zwei Uhr. Beklagt sich über die Hitze des Tages und beschließt unter Beistimmung der Mägde, in den Garten zu gehn und sich zu baden. Sie schickt nun Sarah, die eine, nach Haus, damit ihr Mann, wenn er etwa unvermuthens eintreffen sollte, Alles dort in Ordnung fände, mit Judith aber geht sie in den Garten und fängt an dessen schöne Bäume und Kräuter zu preisen.

Judith: bei welchem Teiche wollt ihr euch waschen?

Susanne: bei diesem da wir stehn.

Sie sendet nun auch Judith fort, um Balsam zu holen, und giebt ihr den Hauptschlüssel mit, um den Garten wohl abzuschließen, damit Keiner von außen hineinkäme. Nun sagen die beiden Alten einander, es sei Zeit, loszubrechen. Diese Beiden, welche sich im Gebüsche versteckt hatten, müssen also dem Zuschauer sichtbar geblieben sein. Zwischen dem Hause und dem Garten befand sich ein Raum. Des Gartens Thür ist sichtbar. Schließlich muß der Teich vorhanden gewesen sein, an dessen Rand sich die Frau entkleidet. Zu Frischlin's Susanna findet sich hier eine Note: Wann man diese Comödie spielen und halten will, muß man mitten auf dem Platz ein Gärtlein machen, mit Meyen, Gras, und ein schön Röhrbrünelein gemacht, also daß es zwo Thüren habe und dieser ganz Actus darinnen verricht werden soll, daß die Leut dennoch Alles hören und sehen mögen.

Susanna glaubt sich allein. „Ach was ist das eine ängstliche Hitze," beginnt sie, „wenn doch nur das Wasser ein wenig kühle wäre, ich muß es versuchen; ich will hie meine Kleider herlegen und hineinsteigen; ich denke ja, meine Magd werde die Thüre zugeschlossen haben."

Zu dieser Rede bedarf es der Anmerkung, daß alle Rollen von Männern dargestellt wurden. Susanne ward also von einem Knaben gespielt. In England traten zuerst 1529 Frauen auf dem Theater auf, die Sitte kam aus Frankreich. Demnach also hätte Shakespeare seine Julia, Ophelia, Imogen niemals von einer Frau gespielt gesehen. Noch zu Goldoni's Zeiten durfte im Bereiche des Kirchenstaates keine weibliche Rolle von einer Schauspielerin gegeben werden.

Die beiden Alten treten vor und machen ihre Anträge. Der sich entspinnende Dialog wird sehr lebhaft. Keine von den drei Personen nennt die Dinge anders als beim richtigsten Namen, so daß diese Scene vor unserm heutigen Publikum eine Unmöglichkeit wäre. Darin waren jene Zeiten anders als die unsern. Zuletzt springt nun der eine Richter an die linke Gartenthür, als wäre durch sie der Geliebte Susannens entsprungen, der andere eilt durch die andere rechts zum Hanse und erhebt ein Geschrei, worauf dann vor dem Knechte und den Mägden die Verleumdung erhoben wird, daß sie, die beiden Alten nämlich, die Susanne mit einem jungen Gesellen belauscht und betroffen hätten.

Wie zu Ende des ersten Aufzuges treten jetzt wieder zum Schluß die Bauern auf: Conrad aus Schwaben, Clas aus Thüringen, Hans der Sachse. Der erste schimpft auf die schlechten Wirthshäuser in der Stadt, eine Tirade, welche sich sowohl bei Frischlin als bei Naogeorg findet; Clas beklagt sich, daß er in seinem Processe kein Recht bekommen könne; Hans aber kann den Dialekt der beiden nicht verstehen, und diese noch weniger seine Sprache. Die folgenden Aufzüge enthalten die Rückkehr des Mannes, seine Verzweiflung, die der alten Eltern, die Anklage, die Verurtheilung, die Entlastung der Alten, gegen welche die Bauern und obendrein einige Bäuerinnen mit den detaillirtesten Anklagen auftreten. Geschickte Handhabung von Sprache und Scenerie ist das Einzige, was zu rühmen bleibt, dichterischer Werth wohnt den Dingen nicht inne, weshalb ich sie nicht weitläuftiger erzählen will.

Die obenerwähnte kürzere Redaction der Susanna ist

nicht bloß eine Verringerung des Umfanges, sondern eine
völlige Umarbeitung. Das Zwischenspiel bleibt fort, ebenso
der ganze erste Act; Johan Clant, der Narr, heißt hier Johan
Bouschet Morio, und seine Stellung zur Intrigue ist verändert.
Das Stück, dessen Hauptwerth in der ausführlichen Ausar=
beitung der Scenen bestand, hat in dieser verkürzten Gestalt
ein sehr reizloses Aussehen.

Die weggefallenen Bauernscenen hat der Herzog zu einem
neuen Spiele zusammengefaßt, der Tragica Comödie von
einem Wirthe oder Gastgeber, dessen Inhalt die Betrügereien
eines Wirthes bilden, den dafür zuletzt der Teufel holt.
Dr. Holland theilt die Arbeit wiederum in doppelter Gestalt
mit, den alten Druck sowohl, als die bisher ungedruckte Skizze
von des Herzogs eigener Hand. Der Teufel erscheint als
Mann mit einem langen Talar, und sein Diener, ebenfalls
ein Teufel, in einem langen Mantel hinter ihm her. Im
Momente, wo er sich dem Wirthe zu erkennen giebt, wirft er
die Kleider ab und nimmt die Teufelslarve vor, worauf er
ihn unter gräulichem Geschrei fortführt, während Johan Bouset,
der Hausknecht, (wie Leporello im Don Juan) zitternd zurück=
bleibt. Schließlich aber erscheint der Gastgeber noch einmal,
„gar elendig angezogen, kann kaum gehen oder reden, hat
zerrissene Kleider an und hat nichts heiles an seinem ganzen
Leibe.“ In diesem Zustande spricht er den Epilog, in welchem
er sich als warnendes Beispiel aufstellt. — Ist nun die Idee
dieses Stückes wirklich nur dem Frischlinschen oder Naogeorg=
schen entlehnt, oder lag dem Herzoge vielleicht ein älteres
Stück vor, dem auch die beiden Gelehrten verschuldet sind?
Ich habe keine Spur davon, allein die satirisch=komische Deu=
tung der Wirthshausschilder, deren Embleme jedesmal als
dem Reisenden verderbenbringende Zeichen erklärt werden,
scheint mir auch diesen zweien nicht eigenthümlich zu sein und
auf einem älteren nationalen Schwanke zu beruhen. —

In den folgenden Comödien, besonders in der von einem
Wirthe, wie er von drei Wandergesellen dreimal um die Be=
zahlung betrogen wird, und im Fleischhauer treten die Bauern
mit ihren Dialektmißverständnissen stets wieder auf. Dem
Autor wie seinem Publikum muß diese Art der Komik sehr
behagt haben. So schrieb Johannes Bertensius zu Jena,
des Herzogs getreuer Unterthan, eine Tragödie Hiob, eignete
sie ihm zu, ließ sie in seiner Gegenwart aufführen und zeigte
sich darin als einen aufmerksamen Schüler seines Herrn, dessen
Compositionsmanier und Polemik gegen die bösen Wirthe nebst
andern ihm zugehörigen komischen Wendungen er nachahmt.
Doch ist das Stück in Versen geschrieben, während die des
Herzogs in Prosa verfaßt sind. Es ist augenscheinlich für
dilettantische Schauspieler eingerichtet, wie denn auch zwei
Stücke der Wolfenbüttler Bühne nach der herrschenden Mode
in Verse umgesetzt sind. Hulbrich Theander versificirte die
Weiberlist einer Ehebrecherin, Elias Herlicius den Vincentius
Ladislaus. Dr. Holland hat beide Arbeiten mitgetheilt. —

In den Bauernscenen liegt die Kraft und Originalität
des Dichters, wenn wir Heinrich Julius so nennen wollen.
Auch sind diese Scenen am wenigsten theatralisch geschrieben,
die wahrhaft theatralischen Scenen aber und die Intriguen
kaum von des Herzogs eigener Erfindung. Mehrere seiner
Stücke, deren Inhalt die listigen Schliche verliebter Frauen
und ihrer Liebhaber gegen alte getäuschte Ehemänner bilden,
sind nicht allein im Ganzen italiänischen Novellen entlehnt,
sondern im Einzelnen italiänischen Scenarien nachgebildet.
Beweisen kann ich es nicht, da mir die italiänischen Stücke
fehlen, allein ich stelle als Gründe meiner Behauptung folgende
Beobachtungen hin.

In der Tragödie von einem Buhler und einer Buhlerin
befindet sich bis auf den hineingeflickten Teufel und den Narren
Johan Bouset, keine Person, welche nicht mit den in der da=

maligen italiänischen Comödie herkömmlichen feststehenden Rollen
übereinstimmte. Diese Rollen waren zuerst vier an der Zahl,
les quatre masques de la comédie italienne, der Pantalon
ein alter Kaufmann; der Dottore, ein pfiffiger Rechtsgelehr-
ter; Brighella, der behende Diener; Harlequin, der täppische
Knecht. — Allmälig erweiterte sich der Kreis. Es kam dazu
die Tochter des Pantalon, oder dessen junge Gemahlin, meistens
Isabella genannt; deren Vertraute oder Amme, ein altes
Weib; deren begünstigter Liebhaber (gegen welchen gewöhnlich der Vater etwas einzuwenden hat, in dem Falle nämlich,
daß Pantalon als Vater und nicht als Ehemann auftritt),
sowie der verschmähte Liebhaber. Jeder dieser beiden hat
seine Bedienten, welche beide auch wohl dem Kammermädchen
der Geliebten ihrer Herren gegenüber dieselbe Rolle spielen.
Als Vertrauter des Pantalon findet sich ein alter Nachbar.

Allen diesen Personen begegnen wir regelmäßig in den
italiänischen Lustspielen, wir begegnen ihnen ebenfalls in den
vorliegenden Stücken, den Hauptpersonen wenigstens. Im
Buhler und der Buhlerin sind sie allesammt vorhanden, bis
auf den verschmähten Liebhaber (weil die Dame die Frau und
nicht die Tochter ist), in der Comödie von einem Weibe und
im Gallichorea (Hanrei) nur der Mann, die Frau, der Liebhaber, der Nachbar.

Die Stücke spielen ferner auf der Straße, vor dem Hause,
wie dies bei den italiänischen Stücken gebräuchlich war, und
zwar sind alle Bühneneffecte sehr künstlich hierauf berechnet.
So als der Mann durch die Hausthüre ins Haus tritt und
in derselben Minute der Liebhaber zum Fenster hinausspringt.

In der Aufeinanderfolge der Scenen und in dem Wechsel
der auftretenden Personen ist die italiänische Routine erkenntlich.

Die bei Terenz beobachtete Regel, daß die Personen nicht
alle im ersten Akte auftreten, sondern mit jedem Akte eine
neue hinzukommt, wodurch das Interesse stets erneuert wird,

findet sich in den italiänischen Stücken der alten Zeit und auch hier beobachtet.

Endlich ein indirekter Beweis: der Verlauf der Stücke entspricht bei Heinrich Julius niemals der Intrigue, vielmehr brechen die letzten Acte auf das Ungeschickteste ab. Die untreue Frau wird vom Teufel geholt und klagt sich selbst in einer langen Rede an, damit der Zuschauer eine gute Moral mit nach Hause nehme. Der Anlage des Ganzen zufolge müßte im Gegentheil die List siegen, und der Mann geprellt werden, wie denn auch in Italien die Stücke so zu schließen pflegen. Dies ist der Hauptbeweis dafür, daß eine seine Arbeit für ein grobes Publikum zugeschnitten ward.

Entweder also hat Heinrich Julius die italiänischen Stücke, welche damals gedruckt zu haben waren, direkt benutzt, oder seine Schauspieler haben sie ihm zugetragen und er sie zu den Possen aufgestutzt, die dann seinen Namen trugen. Einen höheren Rang, als den von Possenspielen nehmen sie nicht ein. Heute geschrieben, wären sie nicht der mindesten Beachtung würdig. Den Schauspielern konnten sie nur Gelegenheit zum rohesten Spiele darbieten. Die Susanna macht allenfalls eine Ausnahme, sie ist ein vollständiges Rührstück, welches bei dem richtigen Publikum heute noch seinen Eindruck machen könnte, allein doch sehr roh gearbeitet ist.

Es fragt sich nun, woher die Schauspieler an den Hof zu Wolfenbüttel verschlagen sind. Unter welchen Umständen sie kamen, darüber wissen wir gar nichts, daß sie aber aus England kamen, dürfen wir als ausgemacht annehmen. Es ist möglich, daß sie sich von der Bande abzweigten, welche im Jahre 1585 dem Grafen Leicester nach den Niederlanden folgte, aber auch mit ihm dahin zurückkehrte. Man hat beweisen wollen, unter diesen habe sich Shakespeare befunden, ja man ist ohne allen Anhalt zur Vertheidigung der Conjectur fortgeschritten, er habe sich unter den englischen Comödianten sogar mit nach Deutschland begeben. Ich erwähne es der Curiosität wegen. Was uns zu der Annahme berechtigt, die Wolfenbüttler Schauspieler seien dieselben gewesen, welche später unter dem Namen „die englischen Comödianten" Deutschland durchzogen, und über deren erstes Auftreten in Deutschland keine Notiz vorhanden ist, sind folgende Gründe. Ein großer Theil der englischen Theaterspäße beruht auf dem Verdrehen und Mißverstehen von Worten: wir finden diese Witze in den Stücken des Herzogs gründlich ausgebeutet. Johan der Narr entschuldigt ferner sein Mißverstehen einmal mit den Worten: ick bin ein englisch man ick en son dat dutsch sprake niet wal versthan. Der letzte Grund ist der, daß einige von den Stücken des Herzogs eine auffallende Verwandtschaft mit dem englischen Theater zeigen, und daß dieselbe bei Ayrer (dessen Werke wir nach den neuesten Entdeckungen viel früher annehmen dürfen) noch mehr hervortritt. 1594 kamen die Wolfenbüttler Stücke heraus, bereits 1595 werden an anderer Stelle die Engländer erwähnt, unter den Stücken, welche sie spielen, wird die Susanna ausdrücklich genannt, es bleibt also kaum ein Zweifel dagegen, daß Heinrich Julius die englischen Comödianten nach Deutschland brachte. Ob diese jedoch bei dieser Gelegenheit ihren Weg durch die Niederlande genommen, bleibt einstweilen dahin gestellt. Ebenso leicht konnte es möglich sein, daß er sie bei seinem Schwiegervater in Dänemark antraf und von dort mit sich nahm.

Ihre ferneren Schicksale sind leichter zu verfolgen. Das Meiste darüber findet sich in Rommel's hessischer Geschichte und Hagen's preußischer Theatergeschichte. Beider Gelehrten Angaben habe ich nur zum Theil in den Quellen selbst nachgelesen. — Anno 1595 schreibt der Landgraf Moriz von Hessen=Cassel an seinen Agenten Lucanus nach Prag, da seine Comödianten sich mit dem Urlaub auf Reisen begäben, so solle er, wenn sie auch in Prag agiren wollten, solches befördern.

1597 sind sie noch in hessischen Diensten. 1602 führen sie in Ulm die Susanna auf. 1605 spielen sie zu Elbing, in demselben Jahre spielen, musiciren und springen sie in Königsberg, werden dort aber abgewiesen, weil sie schandbare Dinge vorbringen. 1606 in Rostock, erschienen sie 1607 aufs Neue in Königsberg, dürfen dort aber nur privatim spielen. 1609 sagt Moriz dem Kurfürsten von Brandenburg auf dessen Bitten zu, ihm seine Casselschen Comödianten auf vier Wochen abzulassen. Sie sollten zur Verherrlichung einer Hochzeit beitragen.

Es wäre nicht geradezu unmöglich, daß sie auch Anfangs auf dieser Reise nach Wolfenbüttel gekommen wären. Beide Herren standen auf diesem Felde in Verkehr. Moriz liebte die Musik, corresponbirte über Erlang guter Tonkünstler mit den Fuggers und Turisani und hatte besonders italiänische Musiker an seinem Hofe. 1594 sendet ihm Heinrich Julius einen Lautenisten, um ihn mit einem in Cassel befindlichen zu vergleichen. Der Landgraf antwortet, jener verstände gute Motetten und Madrigale zu schlagen, dieser aber sei ein stärkerer Componist. Da Moriz jedoch erst zwei Jahre nach Heinrich Julius die Regierung antrat und sich vor 1795 die Comödianten in Cassel nicht erwähnt finden, empfing er sie wohl von dem Herzoge. Moriz war ebenfalls Verfasser von Theaterstücken, deren Titel noch vorhanden sind. Er baute ein eigenes Theater, vielleicht das erste Hoftheater in Deutschland, und nannte es, seinem Sohne Otto zu Ehren, Ottonium. 1605 war es bereits vorhanden. Merian in seiner hessischen Topographie (1655, S. 34) nennt es sehr hoch, von Steinen, inwendig gleich einem in die Runde gebauten Schauspielplatz, ohne Säulen oder Pfeiler aufgeführt, das aber nunmehr dem Kriegswesen, eines Theils zur Soldatenkirche, andern Theils als Gießhaus gebraucht worden. 1663 stand es noch. 1696 ward das sogenannte Kunsthaus an seine Stelle gebaut.

Ich muß hier noch einen Irrthum Rommel's berichtigen. Im Jahre 1597, führt er an (II. 2. Abth. 401), schickt Landgraf Ludwig von Darmstadt dem Landgrafen Moriz die Harnische und Kleider zurück, welche ihm derselbe zur Comödie geliehen, die Graf Hans Ernst von Solms mit seiner Gesellschaft dort aufgeführt. Hierdurch aber läßt sich schwerlich folgende Behauptung rechtfertigen: „Der Landgraf unterhielt die Engländer mehrere Jahre mit großen Unkosten, während an andern Höfen noch einzelne Unternehmer, selbst aus dem Ritter- und Grafenstande, die Turnieraufzüge nachahmend, mit eigenen Gesellschaften auftraten." Es ist möglich, daß dergleichen vorfiel, obgleich ich es nirgends erwähnt finde, aus dem oben Angeführten jedoch läßt es sich nicht folgern. Gesellschaft kann hier schwerlich gleichbedeutend mit Schauspielertruppe sein.

Unter den kleinen Ausgaben des Landgrafen Moriz aus den Jahren 97—98 finden sich folgende Posten: Dem Ballmeister zu Reißenstein 8 Thaler. Dem Tänzer Bergmann 2 Thaler. Für Dielen zum Gerüste der Comödie 5 Thaler. Den Engländern zur Comödie 2 Thaler. Für weiße Gecks-kleider 4 Thaler. Ein Paar Schuhe dem Narren 4 Thaler. Einem Engländer auf die Besoldung 20 Thaler. Dem Kammermeister Heugel um die Engländer abzufertigen 300 Fl. Dem welschen Jan und seinen Bereitern zweimal, Summa 150 Thaler. Dem Kapellmeister zu Cassel 20 Thaler. Dem Tenoristen von Mecheln zur Verehrung 4 Thaler. Einem Studiosus, so in der Kapelle sich hören lassen 1 Thaler. Einem Altisten zur Zehrung nach Stuttgart 26 Thaler. Einem Componisten der E. F. D. einem Gesang offerirt 1 Fl. u. s. w. 1607 wollen die Engländer, unzufrieden mit ihrem geringen Gehalte, in Cassel die letzte Comödie geben. 1612 spielten die Casselschen Comödianten in Nürnberg unter großem Zulauf mit Musik und Tänzen, nachdem sie zuerst mit 2 Trom-

melu und 4 Trompeten durch die Stadt gezogen. Das
Entree betrug einen halben Batzen, und sollen sie viel Geld
eingenommen haben. In demselben Jahre spielen sie zu
Darmstadt. 1611 sind 19 Comödianten nebst 16 Musikern
unter John Spencer (Jan Banser?) vom Kurfürsten von
Brandenburg engagirt und spielen die Eroberung von Kon-
stantinopel. Entlassen 1613, empfiehlt er sie dem Kurfürsten
von Sachsen. In demselben Jahre führen sie das genannte
Stück, in guter deutscher Sprache, zu Nürnberg auf und nehmen
diesmal 6 Xr. Eintrittsgeld. Es ist die Frage, ob in dieser
Zeit mehrere Banden existirten, oder ob immer dieselbe Truppe
gemeint ist. Später, wenn man die alten Rechnungen der
Städte mehr als bisher geschehen ist darauf hin durchgesehen
haben wird, muß die Route der Engländer ganz offen daliegen.
Vielleicht finden sich auf diesem Wege noch Andeutungen über
die Stücke, welche sie spielten. Dann wird auch ihr Verhältniß zu Ayrer sich mehr aufklären. Ihre späteren Schicksale
gehören nicht hierher.

Den äußerlichen Aufzug des Narren Jan finden wir in
einem komischen Gedicht von 1597, betitelt des Marktschiffs
Nachen, worin es von der Frankfurter Messe heißt:

> Da war nun weiter mein Intent,
> Zu sehen das englische Spiel,
> Davon ich hab gehört so viel,
> Wie der Narr drinnen, Jan genannt,
> Mit Bossen wär so excellent,
> Welches ich auch bekenn fürwahr,
> Daß er damit ist Meister gar.
> Verstellt also sein Angesicht,
> Daß es kein Menschen gleich mehr sicht,
> Auf tölpisch Bossen ist sehr geschickt,
> Hat Schuh der keiner ihn nicht drückt;
> In seinen Hosen noch einer hätt Platz,
> Hatt dann einen ungeheuren Latz.
> Sein Juppen ihn zum Narren macht,
> Mit der Schlappen, die er nicht acht,

Wenn er da fängt zu löffeln an
Und dünkt sich sein ein fein Person.
Der Wursthänsel ist abgericht
Auch ziemlicher Maaßen wie man sicht;
Vertreten beid ihr Stelle wohl,
Den Springer man auch loben soll
Wegen seines hohen Springen
Und auch noch andrer Dingen.
Höflich ist in all sein Sitten
Im Tanzen und all seinen Tritten,
Daß solchs fürwahr ein Lust, zu sehn
Wie glatt die Hosen ihm anstehn.

Später wird von Musik und Saitenspiel geredet, die dabei vorkämen, und daß das Publikum mehr des Narren als des Stückes wegen hinginge. In demselben Gedicht wird der Susanna Erwähnung gethan. In einer 1615 erschienenen Nachahmung dieses Gedichtes kommen die Engländer wiederum vor. Doch scheinen sie trotz des großen Zulaufes herunter gekommen zu sein, auch verstehe es der Narr nicht mehr so gut als Jan ehemals, der sich als ein reicher Mann zurückgezogen habe.

Deutlicher als alle andere Stücke spricht des Herzogs Tragödie vom ungerathenen Sohne dafür, daß er mit dem englischen Theater bekannt war. Sie ist eine Zusammenhäusung der craffesten Mordthaten, ganz wie das zur Befriedigung des englischen Publikums nöthig war. Es kommt darin ein Knabe vor, dem auf offener Bühne der Leib aufgeschnitten wird. Der Mörder trinkt das Blut, brät das Herz auf Kohlen und frißt es auf. Schlägt seinem Vater einen Nagel in den Kopf, erwürgt seinen Vetter, schneidet seiner Mutter die Gurgel ab und findet bei einem Gelage plötzlich die Köpfe der Todten statt der Speisen auf den Schüsseln. (Macbeth) Endlich treten alle die Gemordeten als Geister auf (Cymbeline), machen den Mörder wahnsinnig und entführen ihn. —

Das interessanteste Zeichen aber vom Zusammenhange

der Wolfenbüttler Bühne mit der gleichzeitigen Theatercultur der übrigen Länder finden wir im letzten der abgedruckten Stücke, der Comödie vom Vincentius Ladislaus. Es führt uns direct auf Shakespeare hin, und der Charakter der darin auftretenden Hauptperson läßt uns sogar die gemeinsame Entstehung einiger Shakespeare'schen Figuren erkennen, die sonst wenig Gemeinsames zu besitzen scheinen.

Um auf die Lustspiele zu kommen, ist es nöthig, den Auszug des Ayrer'schen Stückes „Von der schönen Phänicia und Graf Tymbrus von Golisan aus Arragonien" vorauszuschicken.

Venus, die Göttin, geht ein mit bloßem Hals und Armen, hat ein fliegendes Gewand und ist gar göttisch gekleidet; ist zornig und spricht sich böse darüber aus, daß am Grafen Tymbrus ihre und ihres Sohnes Cupido Kunst zu Schanden würde. Cupido habe schon so viel Pfeile auf ihn verschossen, daß Vulkan ihm keine neue mehr schmieden wolle. Jetzt aber sei durch den König von Messina ein Turnier veranstaltet, bei welchem die schöne Phänica erscheinen werde. In diese solle sich der Graf verlieben, dann werde sie ihn schon bändigen. Cupido geht ein, wie er gemalt wird, mit verbundenen Augen; hat einen Pfeil auf dem Bogen und tröstet seine Mutter mit der Nachricht, daß ihm sein Vater Vulkan jetzt einige unfehlbare Pfeile geschmiedet hätte, mit denen er den Grafen beschießen wolle.

Beide treten ab. Jahn geht ein, ist mit einem Pfeil, der ihm noch im Hintertheil steckt, geschossen worden, hält beide Hände auf die Stelle und schreit, daß er gräuliche Schmerzen erdulde im Herzen und ohne Anne Marie nicht leben könne. Dann schimpft er auf Cupido, zieht den Pfeil aus der Wunde und betrachtet ihn. Auf das Geschrei kommt sein Herr, Gerardo, herbei. Er klagt diesem seine Noth und empfängt das Versprechen, es würde ihm geholfen werden. — Auch diese beiden entfernen sich, und es erscheint Petrus, der König, mit

zwei Räthen. Das Turnier soll vor sich gehn. „Indessen
geht das ganze Frauenzimmer auf die Zinnen und sieht herab.“
Lionito von Loneten (der alte Ritter), Lionatus (ein Alter von
Adel) und Gerardo kommen. Man schlägt sich paarweise.
Zum Schluß folgen alle dem Könige zum Abendtanze, Gerardo
ausgenommen, welcher seine Wuth zu erkennen giebt, daß
Tymbrus über Alle den Sieg davongetragen. Danu verläßt
auch er die Bühne, und Venus mit Cupido erscheinen wieder,
um sich in den Hinterhalt zu legen, worauf der Tanz seinen
Anfang nimmt.

Durch diese Scene wird klar, daß die Einrichtung der
Bühne völlig der der englischen entsprach. Den Hintergrund
schloß ein Vorhang, über ihm befand sich eine Gallerie: die
Zinnen, von denen die Damen herabsahen. An der einen
Seite war das Haus, durch dessen Thür alle dem Könige ins
Schloß folgten, nun wird der Vorhang im Hintergrund ge=
öffnet, die tanzenden Paare treten durch ihn wieder auf die
Bühne, welche dadurch auf die einfachste Weise zum Innern
des Hauses umgestaltet wird.

Cupido schießt seinen Pfeil ab, Tymbrus empfängt ihn
und beginnt von Phänicien’s Schönheit entzückt zu reden.
Wiederum ziehen alle mit den Musikanten an der Spitze ab,
um sich zur Collation zu begeben. Venus ist mit Cupido
allein. Ihre Rache, sagt sie, solle nur dariu bestehen, daß
Tymbrus die Phänicia auf eine unehrliche Weise begehren, sie
ihm aber nicht anders als in rechtmäßiger Ehe zu Theil wer=
den solle. Jetzt erst heißt es: actus primus, das Vorgefallene
war also nur die Einleitung. Gerardo tritt auf und beschwert
sich über des Grafen Tymbrus hochmüthiges Betragen, den
die Gnade des Königs so stolz mache. Die Kammerjungfer
Anne Marie tritt auf, und er redet ihr von seines Dieners
Jahn Leidenschaft. Sie weist ihn kurz ab und läßt ihn stehen.
Nun erscheint der arme Jahn, welchem Gerardo vorlügt, Anne

Marie sei ihm im höchsten Grade gewogen und habe ihn auf
die Nacht zu sich bestellt. Der Narr voll Entzücken preist sein
Glück und geht mit seinem Herrn ab. Tymbrus tritt auf und
überlegt, auf welche Weise er Phänicien seine Liebe gestehen
solle. Zuerst will er einen Brief schreiben, beschließt ihr dann
aber eine Nachtmusik zu bringen und bei dieser Gelegenheit
seine Wünsche kund zu geben. Damit geht er; Gerardo tritt
wieder auf, sagt, daß es Nacht sei, daß er jetzt in Anne Marien's
Haus gehe, an ihrer Statt seinen Diener Jahn erwarten und
ihm dann einen Kübel Wasser über den Kopf gießen wolle.
Er geht; Jahn erscheint und schnalzt mit der Zunge, um seine
Anwesenheit zu erkennen zu geben. Gerardo ruft ihm mit
verstellter Stimme von oben herab zu, die Magd werde ihm
sogleich aufthun, dann, als Jahn näher herantritt, gießt er
den Kübel über ihn aus. Jahn verschwört die Liebe und
geht fort, indem er sich das Wasser abschüttelt. Sogleich
kommt nun Tymbrus mit den Musikanten. Es wird ein sechs
Strophen langes Lied gesungen. Alle entfernen sich.

Lionito, Phänicien's alter Vater, tritt mit seiner Frau
Veracundia auf und beräth mit ihr, ob die Musik Phänicien
oder deren Kammerjungfer gegolten habe. Letztere beiden er=
scheinen. Phänicia glaubt, Tymbrus habe ihr das Ständ=
chen gebracht. Die Eltern verwarnen sie nun, ja nichts ohne
ihr Vorwissen zu thun. Die Bühne wird wiederum leer.
Tymbrus kommt und bittet wehmüthig am Fenster, man möge
ihn einlassen. Phänicia entgegnet, er solle sich an ihren Vater
wenden, worauf der Graf mißmuthig fortgeht.

Zweiter Akt. Jahn steht da und zählt Geld. Ein
Prager Student gibt sich für seine seelige Mutter aus und luchst
ihm das Geld ab. Beide laufen fort. Tymbrus kommt, er
habe Phänicien geschrieben. Nach ihm erscheint sie mit dem
Briefe in der Hand. Das Kammermädchen räth ihr, mit dem
Grafen anzubinden, Phänicia will jedoch keine Antwort schreiben

und giebt Philis den Brief, um ihn zurückzugeben. Diese richtet den Auftrag aus, läßt sich aber von Thymbrus einen zweiten Briefe aufdrängen. Allein beschließt derselbe nun, die Jungfrau zu ehelichen. Er bittet Lionatus, bei Lionito um sie zu werben. Phänicia tritt mit Philis auf und gesteht ein, niemals ein schöneres Lied gelesen zu haben, als das von Thymbrus übersandte. Philis singt es ihr noch einmal vor. Es hat 6 Strophen, die erste lautet:

Ach Lieb, wie ist dein Name süß,
Wie sanft thust du einschleichen;
Wenn einer meint, du seist gewiß,
Thust du gar von ihm weichen!
Du machst groß Pein,
Die dir allein
Nachdenken und vertrauen,
Ich hab auch gewiß
Erfahren dies
Mit einer schön Jungfrauen.

Die Eltern kommen und heißen Philis eine Weile abtreten. Sie eröffnen Phänicien Thymbrus' Antrag, und diese neigt sich in Gehorsam ihren Wünschen.

Dritter Akt. Jahu prügelt den Studenten Malchus und nimmt ihm das Geld wieder ab. Gerardo tritt betrübt auf, daß Phänicia an den schönen Grafen vergeben sei. Jahu sucht ihn mit seinem eigenen Unglück bei Anne Marie zu trösten. Gerardo sendet ihn zum Gerwalt, dem Edelmanne, und dieser macht ihm folgenden Vorschlag: Jahu solle in Weibs= kleidern in Phänicien's Garten steigen, er selbst wolle dort mit ihm verliebt thun, als wenn Jahu Phänicia wäre, Thym= brus aber solle im Gebüsche stecken und Alles mit ansehen. Dieser tritt auf und spricht aus, wie beglückt er sei. Gerwalt redet ihn an und verleumdet die Jungfrau. Thymbrus läßt sich bereden, Nachts in den Haselstauden des Gartens die Wahrheit zu ergründen. Veracundia kommt mit ihrer Tochter, der sie gute Lehren giebt. „Jetzt wird ein Lettern außer des

Ausganges angelehnt" und Tymbrus steigt herunter, als wenn
er über die Mauer käme. Er versteckt sich. Gerwalt und
Jahu in Weibskleidern steigen ebenfalls herab, beide kosen
mit einander, Tymbrus ergrimmt, und als die Bühne wieder
frei geworden, erscheint sein Werber Lionatus bei Lionito und
sagt in Tymbrus' Namen auf. Phänicia fällt in Ohnmacht,
Lionatus hält sie für todt und geht ab. Als er gegangen,
kommt Phänicia zu sich (sie wird mit Aquavit gerieben), ihr
Vater beschließt jedoch, sie für todt auszugeben und ihr ein
Leichenbegängniß auszurichten.

Vierter Akt. Diener bringen einen Sarg, auf dessen
Leichentuche geschrieben steht: „Gedächtniß der unschuldigen,
eblen und tugendreichen Phänicia von Loneten seligen." Jahn
tritt heran, liest das und behauptet, da er selber doch eigent=
lich zu Nacht Phänicia gewesen sei und hier geschrieben stände,
daß Phänicia gestorben sei, so wisse er nicht, ob er todt oder
lebendig sei. Er betastet sich nun und kommt zu dem Resultate,
daß er lebe, worauf er abgeht. Tymbrus erscheint, angethan
mit einem Klagmantel und spricht seinen Jammer aus. Gerardo,
ebenso gekleidet, klagt sich an, die Ursache ihres Todes zu sein,
er werde dafür gestraft werden. Der Graf fragt ihn nach
der Bedeutung solcher Reden, Gerardo sagt, er solle ihm in
die Kirche folgen, da werde er ihm die Sache offenbaren.
Sie gehen fort und treten gleich wieder auf. Auf das Ein=
fachste wird dadurch die Scene zur Kirche. Jahu soll Ger=
walt holen; Gerardo wirft sein Schwert dem Grafen Tymbrus
zu Füßen, kniet nieder, gesteht Alles und bittet um seine
Strafe. Tymbrus gerührt verzeiht ihm unter der Bedingung,
daß er den Eltern und der todten Jungfrau Abbitte leiste.
Sie knien beide am Sarge nieder, erheben sich dann und
reichen sich die Hände. Jahu kommt: Gerwalt sei entflohn.
Tymbrus schwört ihm alles Böse zu und geht mit Gerardo
zu den Eltern ab. Im letzten Akte wird dann Tymbrus mit

Phänicia neu verlobt, ohne sie jedoch zu erkennen, indem man ihn glauben läßt, daß es deren Schwester Lucilia sei, hernach erst entdeckt er die Wahrheit. Gerardo erhält die zweite Tochter, Bellaflur, zur Gemahlin. Am Ende gehn sie alle in die Kirche, und zum Schluß wird ein elf Strophen langes Lied gesungen, welches aus dem Ganzen eine Nutzanwendung für die Jungfrauen zieht. —

Zu welcher Zeit Ayrer das Stück geschrieben, wissen wir nicht, ebensowenig, woher er es nahm. Er muß aber sowohl Inhalt als Scenerie entlehnt haben, denn diejenigen seiner Stücke, welche sein völliges Eigenthum sind, belehren uns, daß er eine Composition, wie die vorliegende, nicht aus eigener Kraft hinstellen konnte. Daß dem in der That so sei, wird wahrscheinlicher durch die Uebereinstimmung des Stückes mit Shakespeare's herrlichem Lustspiele, „Viel Lärmen um Nichts." Gervinus läßt den englischen Dichter den Stoff aus Bandello's Novelle hernehmen, welche indessen nur die rohesten Elemente enthält. Man wird aber bemerkt haben, daß gerade scenische Einrichtungen, wie der Tanz, das Ständchen, die Scene am Sarge in beiden Stücken auffallend zusammentreffen. Von Benedict und Beatrice steht zudem bei Bandello gar nichts, und Gervinus stellt beide als poetisches Eigenthum Shakespeare's hin. Collier führt an, daß schon 1582 eine history of Ariodante and Gineora (nach Ariost's gleichnamiger Episode) in England gespielt worden sei, hat das Stück aber nicht in Häuden gehabt. Es müsse die ersten Bestandtheile von Shakespeare's Lustspiel enthalten haben. Tieck endlich führt in den Anmerkungen seiner Uebersetzung Ayrer an und findet in Benedict's Aeußerung „Vulkan sei ein trefflicher Zimmermann" einen Anklang an die „Pfeile, welche Vulkan für Cupido schmiedet" und mit denen dieser dann Jahu und den Grafen verwundet.

Entweder arbeiteten nun Ayrer sowohl als Shakespeare

jeder für sich nach der Novelle, oder die Stücke stehen untereinander in Zusammenhang. Es fragt sich dann, welches von
beiden die Originalarbeit gewesen ist.

Benedict und Beatrice finden sich, wie wir sehen, in der
Novelle nicht. Sie finden sich aber bei Ayrer! Der Kern
dieser Nebenintrigue besteht in dem Spaße, daß man Benedict zum Glauben bringt, Beatrice sei in ihn verliebt, und
ihr dasselbe von Benedict einredet. Erinnern wir uns an
Jahn's erstes Abenteuer: er ist in Anne Marie verliebt, und
sein Herr lügt ihm vor, daß sie seine Neigung erwidre, worauf er dann das Wasser über den Kopf erhält. Es ist wahr,
die Aehnlichkeit beider Verhältnisse ist eine sehr fernliegende,
allein man halte fest, daß beide Paare in den beiden Lustspielen ursprünglich nicht zur Fabel gehören, sondern daß hier
wie dort ihr Auftreten als ein äußerliches Anhängsel in das
Ganze hineingearbeitet ist. Wie sollten aber zwei Autoren
darauf kommen, bei Behandlung derselben Novelle ihr einen
Bestandtheil zuzusetzen, der so viel Aehnliches auf beiden
Seiten hat? Einstweilen allerdings nur dann, wenn man
diese Aehnlichkeit zu finden und zu betonen Willens ist. Wie
kommt es aber, daß beider Dichter scenische Anordnung manchmal zusammentrifft? Ahmte Ayrer den Shakespeare nach und
vergröberte dessen reizendes Gewebe, travestirte er seine Charaktere so heillos und gab er allen eine so ganz andere Sprache,
oder arbeitete er nach einem Stücke, das bereits vor Shakespeare auf dem englischen Theater war, und das der große
Dichter ebenfalls benutzt hat? Wir kennen von beiden Stücken
die Daten der Entstehung nicht, und die Frage bliebe eine
ungelöste, wenn hier nicht der Vincentius Ladislaus des Herzogs von Braunschweig einträte und das Räthsel zu lösen
behülflich wäre.

Ehe ich aber den Auszug dieses Stückes mittheile, muß
ich noch einmal von den bereits erwähnten Masken der itali-

änischen Comödie reden. Wir sahen unter ihnen diejenige des Liebhabers, welcher stets zurückgewiesen wird. Auf diesen armen Verschmähten häufen sich alle erdenklichen Eigenschaften, welche der hartherzigen Schönen die Berechtigung geben, ihn nicht nur abzuweisen, sondern ihm womöglich noch die schlimm= sten Streiche zu spielen, und indem man mit dieser Rolle die des alten miles gloriosus, des feigen Großprahlers aus der plautinischen Comödie, in Verbindung brachte, entstand der Typus des Capitano, als der Inbegriff alles dessen, was den Italiänern an einem Manne tadelnswerth erschien, so zu sagen eines nationalen Sündenbockes für die Schwächen des männlichen Geschlechtes.

Der Capitano tritt ganz im Geiste und mit der bombasti= schen Sprache seines antiken Vorgängers auf. Der ihm bei= gegebene Bediente hört ihn mit Bewundrung an, verfällt auch wohl in eine unschuldige Ironie, welche sein Herr stets groß= müthig überhört. Der Capitano tritt Jedem auf das Frechste entgegen und treibt die Dinge rücksichtslos zum Bruch, sobald aber sein Gegner Miene macht, die Sache ernst zu nehmen, zieht er sich zurück und weiß auf das Geschickteste einem Zu= sammenstoße zuvorzukommen, der ihn in die böse Verlegenheit brächte, seine ausposaunte Stärke thatsächlich zu erkennen zu geben. Ich erinnere mich einer vortrefflichen Scene, in welcher ihn sein Gegner durch die ehrenrührigsten Angriffe zwingen will, sich zu stellen, er aber Alles stets so zu drehen weiß, daß seine Würde gewahrt bleibt, daß die ärgsten Vorwürfe zu Schmeicheleien für ihn werden und er stolz seinen Degen in der Scheide läßt. Muß er ihn dennoch zuletzt ziehn, so unterliegt er natürlich, schiebt dann aber die Schuld auf aller= lei Zufälle und droht mit furchtbarer Revanche. Geprügelt, verhöhnt und um seine Geliebte betrogen pflegt er am Ende des Stückes dazustehn, stets aber weiß er den Kampfplatz so zu verlassen, daß er seine äußere Würde bis zum letzten

Momente aufrecht hält. Entweder verzeiht er großmüthig Allen
was sie gethan, wie der Löwe der Maus, oder er droht, man
werde seiner Stärke eines Tages benöthigt sein, dann aber
werde er seine Hülfe versagen und den Untergang Aller ruhig
mit ansehn.

Durch die spanisch=italiänischen Streitigkeiten empfing der
Capitano obendrein die sämmtlichen bösen Eigenschaften des
Spaniers; er akklimatisirte sich in Frankreich, er trat in Eng=
laud auf, und nach seinem Muster bildete Shakespeare den
unvergleichlichen Falstaff als nationales Gegenstück. Parolles
in „Ende gut, Alles gut" ist der ächte italiänische Capitano.
Die Junker Tobias und Gustav von Bleichenwang haben sich
in seine Erbschaft getheilt. Armado endlich in „Der Liebe
Mühe ist verloren" ist der spanische Capitano, besonders
wenn er zuletzt in Hektor's Waffen auftritt und seinem Gegner
zudonnert: beim Nordpol, ich fordre dich! Die Verhöhnung
der Spanier war bei den Engländern noch von der Königin
Maria her populär, als deren Gatte der spanische, katho=
lische Philipp nach England kam. Schon zu ihren Zeiten
machte man die Spanier auf dem Theater lächerlich. (Prescott,
Philipp II.)

Im Jahre 1577 ließ Heinrich III. von Frankreich in
Venedig Schauspieler engagiren. Die Truppe nannte sich gli
comici gelosi. Sie traten zuerst in Blois auf, spielten 1588
zu Paris im Hotel de Bourbon und erhielten sich dort, trotz
der Verbote des Parlamentes, welches sich der einheimischen
Schauspieler annahm, bis zum Jahre 1600. Der allgemeinen
Sitte zufolge spielten sie nach bloßen Plänen, wobei jeder
Schauspieler seine bestimmte Rolle festhielt und das, was er
zu sagen hatte, improvisirte. Die Rolle des Capitano füllte
Francesco Andrieni aus. Er trat auf unter dem Namen des
Capitano Spavento dell vall'inferno. Seine Frau war unter
dem Namen Isabella berühmt. Nach Auflösung der Truppe

zog Andrieni sich nach Pistoja zurück und verfaßte dort die Bravure del cap. Spavento, ein Buch, welches nichts als die Dialoge des Capitano und seines Dieners Trapparola, und in ihnen das Tollste enthält, was jemals an Bombast zusammengebracht wurde. Ich hatte die dritte Auflage von 1615 (Venedig) in Händen. Sie ist mit einem Anhang versehn. 1617 kam noch ein zweiter Theil hinzu, der freilich etwas matter ausgefallen ist, aber dennoch bewundern läßt, daß nach dem wahrhaft monströsen Unsinne des ersten Theils der Autor noch Phantasie genug hatte, eine neue Ernte zu Markt zu bringen.

Das Buch ist in raggionamenti eingetheilt. „Während du hingehst," redet im ersten der Capitano seinen Diener an, „um meine Befehle zu vollziehen, erinnere dich wohl daran, Augen und Ohren offen zu haben, denn es könnte sein, daß du einem Helden oder Halbgotte begegnetest, der in Flammen stände und zu Asche zerglühte aus rasender Begierde, von mir Kunde zu erhalten. Sage ihm dann, daß ich der Capitano Spavento vom höllischen Thale sei, genannt der teuflische, Fürst des Ritterordens, Trismegistos, das heißt, gewaltig großer Abenteurer, mächtiger Zertrümmerer, kraftvoller Vernichter, Bändiger und Beherrscher des Weltalls, Sohn des Erdbebens und des Sturmwinds, Vater des Todes und engverbundener Genosse des Teufels im Tartarus."

Er rühmt sich darauf, Zweihundertmeilenstiefel zu besitzen; er hat einen Löwen am Schwanze emporgeschwungen und einen Ritter damit erschlagen, welcher eine Dame gefangen hielt; er hat die Tochter des Großtürken geheirathet; er hat alle berühmten Schönheiten aller Länder und Zeiten zu Geliebten gehabt; er ist seiner Mutter mit einem Satze aus dem Schooße gesprungen (man erinnere sich, wie Schellmufsky seine Geburt erzählt) und hat mit einer Donnerstimme gerufen: „io sono il capitano Spavento", daß die Frauen um-

her im Schrecken davonliefen; er hat einer Zauberin ihre
Tochter abgekauft, welche zuerst als Stute, dann als Stier,
zuletzt als Hindin zu ihrer Mutter zurückeilt und dennoch von
ihm gebändigt wird; er ist im Himmel, unter der Erde und
in den Gewässern beim Triton gewesen, dessen ungeheueres
Reich er beschreibt.

Schelmufsky, Don Quixote, Lazarillo de Tormes, Münchhausen, das Lügenmärchen Lucian's, alle diese Erscheinungen vereinen sich im Spavento. Er benutzt die ganze Mythologie, die Ritterromane und was sonst an abenteuerlichen Erzählungen existirt. Alles ist dem Verfasser dieses Buches so
geläufig wie dem Montaigne die Geschichtschreiber und Philosophen waren.

„Gehen wir," endet das zweite Gespräch, „vor dem Frühstück will ich dir einen Kriegsplan mittheilen, noch größer als
ben erstern, er soll dazu dienen, deinen Appetit zu wecken."

„Lieber Herr," antwortet Trapparola, „ich bin schon genügend hungrig, auch ohne eine pikante Sauce von eurem
Geschwätz. Ihr braucht mir heute Morgen keine weiteren
Gedanken zu offenbaren. Mir genügt es zu wissen, wer ihr
seid; daß ihr mit eurer Stimme den Donner erschreckt, daß
die Blitze sich an euren Angen entzünden und daß, wenn ihr
eure ehrenvolle Rechte mit hochgeschwungenem Schwerte aus-
streckt, die Erde sich entvölkert, um das Reich der Unterwelt
zu mehren."

„So ist es sicherlich," erwidert der Capitano. „Gehen
wir also. Und um uns den Rost von den Zähnen zu
bringen, wollen wir erstlich eine Suppe von Eisenfeile zu
uns nehmen, mit Käse von Schießpulver, oder Arsenik, oder
Rhabarber, um sie etwas milder zu machen."

„Lieber Herr, diese gute Suppe werdet Ihr für Eure
Person genießen, ich mich aber der Enthaltsamkeit befleißi-
gen, und da Ihr nichts Andres essen wollt, muß ich mich

wohl zu einem Frühstück entschließen, obwohl heute Fast=
tag ist."

„Für Dich werden sich schon andere Speisen vorfinden.
Gehen wir ·Trapparola."

„Ja wohl, gehen wir; denn wenn wir noch länger warten,
ist es Zeit zum Mittagessen."

Im dritten Gespräche ist nun von diesem die Rede und
Trapparola erhält den Küchenzettel. Er soll beim Koch fol=
gendes Potpourri bestellen: „Er nehme dazu vom Haupte des
erimantischen Ebers, von den Stieren des Tasso, der Schlange
des Kadmus, den Pferden des Diomedes, der Nase des Ju=
piter, den Gedärmen Neptun's, den Ohren Pluto's, dem Hinter=
theil des Ganymed u. s. w." Der Diener macht Einwen=
dungen. Spavento giebt nach und will sich nun mit einer
Pastete begnügen, bestehend aus Löwenmark, Schlangengekröse
und Basiliskenohren. Trapparola sagt, er möge sich erst in
der libyschen Wüste zusammensuchen was er essen wolle.
Hierauf begiebt sich sein Herr ganz und gar des Gedankens
zu essen und zieht es vor, nur ein Bad zu nehmen. „Wende
Dich," ruft er, „und blicke aufwärts! Eile in die Badestube
des Wassermanns, meines himmlischen Badewärters, er möge
mich zum Baden erwarten. Er solle das Wasser mit dem
Feuer des Aetna, Mongibello und Vulkan erhitzen, er solle
die Thränen der Olympia, Angelica, Isabella und ihres Zer=
bino dazu nehmen u. s. w." Man wird, wenn man eine
Weile in diesen Wust von Unsinn hineingelesen hat, von einem
Gefühle von Verdrehtheit erfüllt, als wohnte man im Palaste
des Prinzen von Pallagonia, den Goethe und Andere beschrie=
ben haben. Aber diese Verzerrungen entsprachen damals dem
Geschmacke des Publicums.

Der Capitano führte verschiedene Namen: Torquáto,
Bizarro, Thrasylogo, Sangre, Fuego, Fierabras, Matamore.
Bei Gryphius heißt er Bombenspeier. Gegen Ende des

siebenzehnten Jahrhunderts verlor sich seine Rolle auf dem Theater, und zu Riccoboni's Zeiten war er ganz verschwunden. Eine seiner Prahlereien fällt mir noch ein, welche ihm Dellaporta in seiner Comödie Olympia (1589) in den Mund legt: „Ich werde diesem Spitzbuben," ruft er aus, „einen Tritt geben und ihn so hoch in die Luft spazieren lassen, daß er verhungert wieder herunter kommen soll, und wenn er einen Centner Brot mit hinauf genommen hätte."

Der Vincentius Ladislaus des Herzogs von Wolfenbüttel ist weiter nichts als eine Copie des Capitano. Es finden sich in dem Stücke theils die angeführten Wendungen, theils eine Menge von andern. Schwänken, welche damals in Deutschland umgingen, so daß es der Autor auf sechs Akte ausdehnen konnte.

In der ersten Scene des ersten Aufzugs tritt „der Lakay" auf und sagt, sein neuer Herr sei seltsam und halte sich für klüger als alle Uebrigen. Adrian, Kammerjunker des Herzogs, redet ihn an, was er hier stände. Der Lakay: er erwarte seinen Herrn Vincentius Ladislaus, Satrapa von Mantua, für welchen er Herberge zu bestellen habe. Adrian weist ihn zur goldnen Krone. Aus dieser tritt der Wirth heraus, und die Aufnahme des Gastes wird verabredet.

Der Lakay läßt sich nun noch einmal über seinen Herrn vernehmen: „Ich weiß nicht, was mein Junker für ein seltsamer Mann ist, denn damit Jedermann zum Anfang hier erfahren möge, daß er ein Narr sei, hat er seinen Namen auf einen Zettel schreiben lassen und mir befohlen ihn an die Thür zu schlagen." Er schlägt hierauf den Zettel an, auf dem Folgendes zu lesen ist: „Vincentius Ladislaus, Satrapa von Mantua, Kämpfer zu Roß und zu Fuß, weiland des edeln und ehrenfesten, auch mannhaften und streitbaren Barbarossä bellicosi von Mantua ehelicher nachgelassener Sohn, mit

feinen bei sich habenden Dienern und Pferden." Damit hat
der erste Akt ein Ende.

Man vergleiche hiermit Einiges aus dem ersten Akte von
Shakespeare's Lustspiel. „Ist Signor Montanto (Signor
Schlachtschwert übersetzt Tieck) ebenfalls aus dem Kriege zu-
rück?" fragt Beatrice den Boten.

„Ich kenne Keinen dieses Namens in der Armee, Fräulein,"
erwidert er.

Leonato. Wonach fragst Du, liebe Nichte?

Hero. Meine Cousine meint Signor Benedict aus
Padua.

Bote. O, der ist zurück und in besserem Humor als
jemals.

Beatrice. Er schlug seinen Zettel hier an und forderte
Cupido auf einen Pfeil (flight) heraus. Und meines Onkels
Narr las die Herausforderung, unterschrieb in Cupido's
Namen und forderte ihn auf einen stumpfen Bolzen (bird bol).
Wie Viele hat er im Kriege umgebracht und aufgefressen?
Oder vielmehr nur das: wie Viele hat er umgebracht, denn
ich, für mein Theil, versprach ihm, Alles aufzuessen, was er
zu Tode brächte.

Leonato. Wahrhaftig, Du schlägst ihn nicht hoch genug an, Beatrice, aber er wird Dir gegenüber Stand halten,
darauf verlaß Dich.

Bote. Er hat sich ausgezeichnet im Kriege, Fräulein.

Mit diesen ersten Worten des Stückes, durch welche Benedict eingeführt wird, charakterisirt ihn Beatrice als einen richtigen Capitano. Nun wird klar, was Shakespeare mit dem
Zettel meinte, den Benedict anschlagen ließ. Ayrer's Comödie
belehrte uns schon, was Cupido's Pfeil hier zu bedeuten habe.
Auf das Lob Vulkan's als eines guten Zimmermanns wurde
bereits hingewiesen. Wir sehen an denselben Stellen der Stücke
also dieselben Anspielungen.

Im zweiten Aufzuge zeigt sich Vincentius zum ersten Male. Er gehet ein mit beiden Schreibern, Valerio und Balthasaro, hat einen ungarischen Rock an und einen großen Hut mit Federn auf. Geht eine Weile auf und nieder. Danach redet er seinen Schreiber an: „Domine Valeri, kommt zu uns, wir wollen Euch etwas zu verrichten in befehlich geben." Valerius thut eine große Reverenz und spricht: „Gestrenger Herr, was wollt Ihr?" Nun fährt ihn Vincentius an, ob das die richtige Anrede sei? und sagt ihm seine langen Titel vor, welche dann Valerius demüthig nachspricht. Er wendet sich darauf an Balthasar und redet ihn in einer Weise an, welche direct an Don Armado's Umschweife erinnert: „Domine Balthasare, erhebet Euere Füße von dem heiligen Element der Erden und forschet durch das beste Kleinod, nämlich das Gesicht der Augen, mit welchen Ihr von Gott begabt und gezieret seid, aus was hochwichtigen Ursachen es herfließe, daß der Wirth, sich zu uns zu verfügen, so lange verziehen möge." Der Wirth kommt. Vincentius ignorirt ihn zuerst auf das Hochmüthigste und über- hört seine Anreden so lange, bis der Mann wieder fortgehen will. Hierauf nennt er ihm eine Reihe von Leckerbissen, die er zum Diner verlangt. Der Wirth zählt dagegen einige be- scheidene Gerichte auf und wird mit der Weisung fortgeschickt, für morgen besser zu sorgen. Endlich sagt Vincentius dem Schreiber, er wolle überhaupt heute nichts essen, sondern nur ein Stück Brot und einen Schluck Zimmetwasser zu sich nehmen, auch möge er für reine Laken im Bette sorgen und in der Apotheke für sein Geld Wachholder, Nägelein und Zimmetholz holen und ihm davon ein Brustfeuer machen.

Dies ist offenbar die Scene zwischen Spavento und Trap- parola, sowohl was die Titulatur als was das Essen anbe- langt. Der Capitano ist stets hungrig, kommt aber nie zum Essen: einer von den Hauptzügen seiner Rolle. Ein solcher ist auch die geläufige Aufzählung von Gegenständen jeder Art, welche zuweilen seinem Munde entströmt. In Corneille's Illusion comique entschuldigt er sich, daß er den Degen bei einer bringenden Gelegenheit in der Scheide gelassen habe. Ich mußte es thun, erkärt er, denn es wäre das furchtbarste Unglück eingetreten, wenn ich mich dazu hätte hinreißen lassen, Alles hätte augenblicklich in Flammen gestanden! Nun zählt er in einem Dutzend Versen Alles auf, was sich nur irgend in und an einem Hanse befindet:

es hätten augenblicks Dach, Keller, Treppe, Wand,
Tisch, Fenster, Sessel, Stuhl, Kamin, Gebäll gebrannt,
Stein, Säulen, Eisenwerk, Beschläge, Schlösser, Haken,
Gips, Marmor, Blei, Cement, Bett, Kissen, Decken, Laken,
Verschläge, Küche, Stall, die Gitter und die Riegel,
Glas, Dachstuhl, Stube, Saal, Schlafkammer, Bohlen, Ziegel.

und so weiter mit unerschöpflicher Suade. Dann schließt er seine Rede, mit der Frage, was zu einer solchen Verwüstung seine Geliebte wohl gesagt haben würde.

Im dritten Aufzuge schimpft der Wirth über den neuen Gast. Vincentius wird vom Herzoge an Hof besohlen. Er tritt auf in einem Schlafpelze, hat ein Gebetbuch in der Hand, geht andächtig auf und nieder, schlägt sich vor die Brust und sagt: Domine, miserere mei. Weint, fällt zu Boden und küßt die Erde. Einen vorübergehenden Priester redet er mit weit= schweifiger Demuth an, geht dabei sogar ins Küchenlatein über und will mit ihm über Theologie disputiren. Der Priester jedoch läßt ihn stehen und geht fort. Nun macht Vincentius Toilette auf dem Theater. Im folgenden Aufzuge läßt der Herzog den Hofnarren Jan Bansor an Hof besohlen, er möge sich in seinem besten Kleide und mit seinem Regimentsprügel bewaffnet, einstellen. Im fünften Aufzuge tritt Vincentius bunt herausstaffirt bei Hofe auf. Der Narr empfängt ihn mit einer lächerlichen Begrüßung. Vincentius beginnt Jagd= geschichten vorzutragen, der Narr weiß ihn stets zu überbieten. Man deckt die Tafel. Vincentius erzählt von dem in zwei

Theile gehauenen Pferde, das wir aus Münchhausen kennen. Die Herzogin kommt, man setzt sich zum Essen nieder. Es folgt nun die Geschichte der erblindeten wilden Sau, welche an dem Schwänzchen des Ferkels geleitet ward, das sie im Maule hatte; von dem Wolfe, dem er in den Rachen fuhr und das Innere nach Außen kehrte; von den zwölf ange= schossenen Kranichen, die er am Gürtel hängen hatte und die ihn durch die Luft trugen; von dem Manne, welcher die Kerne des Granatapfels mit gegessen, der ihm aus Nase und Ohren herauswuchs (Münchhausen's Hirsch mit dem Kirschbaum); von dem Fische, der das Pferd sammt dem Reiter auffraß, welcher hernach durch den geöffneten Bauch herausgaloppirte, endlich berichtet er von der Furchtbarkeit seiner Klinge. Er soll nun mit dem Narren kämpfen und weicht aus, indem er mit aller= lei Ausflüchten seine Feigheit bemäntelt, ganz wie Armado als er fechten soll.

Es kommt Musik. Er erzählt von einer Musik, welche das Gewölbe der Kirche sprengte, wobei ein Papagei die Querpfeife blies. Er muß tanzen und stolpert, schiebt dies aber auf Nägel im Fußboden. Endlich verliebt er sich in die schöne Angelica, die er heirathen will. — Im letzten Aufzuge beginnt er wieder mit seinen Geschichten. Von einem Rosse, das alle vier Eisen im Kothe stecken ließ, jedoch so geschickt wieder darauf sprang, daß die Nägel frisch anzogen; es habe Eier gelegt und so weiter. Es wird ihm von Seiten Ange= lica's ein Brief und ein Schnupftuch überbracht. Der Herzog verheißt das Beilager noch am selbigen Abend. Der Narr bereitet das Bett, indem er ein Laken über einen Kübel voll Wasser spannen läßt. Die Braut stellt ein verkleideter Page vor. Vincentius besteigt das Lager, fällt ins Wasser und wird mit Schimpf und Schande fortgejagt, wobei er sich jedoch in ehrenvoll anständiger Würde zurückzieht. —

Wir finden also wiederum als Kern der Intrigue das

Spiel, das mit einem von sich selbst übermäßig eingenommenen Menschen getrieben wird, dem man einredet, daß sich ein Mädchen in ihn verliebt habe. Hier aber haben wir das Zwischenspiel allein. Es muß demnach ein Stück existirt haben, gearbeitet nach Bandello's Novelle, mit einem Zwischenspiele, in welchem der Capitano austritt. In diesem Stücke fanden sich noch die Namen, wie sie Bandello angiebt. Ayrer benutzte es und veränderte die Rolle des Capitano, die er dem Narren zutheilte, Heinrich Julius dagegen nahm die Partie des Capitano heraus und verfertigte, so gut er konnte, ein eigenes Lustspiel aus ihr. Shakespeare aber benutzte all dies nur als den formlosen Thon, aus dem er die herrlichen Gestalten seines Lustspiels knetete. Es ist ein Genuß, endlich auf ihn gelenkt zu werden, dessen Dichtung so hoch über dem Wuste jener handwerksmäßigen Theaterspäße steht und doch so ganz für die Bühne geschaffen ist. Wie sein hat er den liebens= würdigen Benedict aus der plumpen Hülle des Capitano erstehen lassen; wie maaßvoll seine Prahlereien mit dem Wesen eines Ehrenmannes verträglich gemacht; wie scharf treffen ihn Beatricens Spottreden und doch wie wenig kleben sie ihm an. Lustig, übermüthig im Auftreten und Gespräch wird er niemals lächerlich, so sehr er das Gelächter auf seiner Seite hat, und durch einen Scherz mit Beatricen vereinigt, giebt doch am Ende das Herz allein den Ausschlag. Shake= speare war ein Dichter, der gute Herzog von Wolfenbüttel ein kraftvoller und wackerer Regent, aber was er an drama= tischen Arbeiten hinterlassen hat, ist matt und werthlos in sich, muß man auch gestehen, daß seine Schauspiele neben einer Menge noch viel schlechterer seines Jahrhunderts den ersten Rang einnehmen.

Dadurch, daß wir die Arbeiten aufstöbern und betrachten, welche Shakespeare zu den seinigen benutzte, ist an sich gar nichts gewonnen. Der Dichter wird um keinen Zoll besser

ober schlechter, ober verständlicher baburch. Höchstens, baß
einige unklare Stellen sich baraus erläutern lassen, allein auch
biese waren meistens nur in Nebenbingen unklar. Der geistige
Inhalt wirb sich immer bem nur ganz erschließen, ber ihn am
reinsten in sich aufnimmt, bem verschlossen bleiben, ber ihn
nicht zu erfassen versteht, mag ihm noch so umfaugreiches
historisches Material zu Gebote stehen.

Eins aber gewinnen wir babei, bie Einsicht. Wir sangen
an immer beutlicher einzusehen, baß Shakespeare vorhanbene
Stoffe mit Bebacht umsormte unb bie einzelnen Theile seiner
Stücke ebenso verständig zu sonbern als zu verbinben wußte.
Man betrachte bie erste Scene bes Lustspiels. Wie kunstreich führt
ba bas unscheinbarste Gespräch in bas Ganze ein, wie giebt sich
in wenigen Worten Beatricens unb Benedict's Charakter unb
bas Verhältniß, in bem sie zu einanber stehen. Wie schön weiß
er bieses bem ber Hero unb Claubio's gegenüberzustellen. Wie
reizenb hat er ben gelungenen Betrug an bem begossenen
Narren in eine höhere Spähre erhoben, unb ohne ihm seinen
komischen Inhalt zu nehmen, bennoch in eine so zarte Intrigue
verwanbelt. Wie bebacht, baß bie Scene, in welcher Claubio
ben falschen Verbacht saßt, nicht auf ber Bühne gesehen, sonbern nur erzählt wirb. Wie rührenb enblich bie Entwicklung
bes Ganzen.

Es ist wohl wahr: Das Verständniß eines Dichters beruht in ber Gemüthstiefe bessen, ber ihn auffaßt, allein burch
bas vergleichenbe Stubium kann bies Verständniß in einer Weise
erhöht werben, baß ber, welcher sich ihm hingegeben hat, es
nicht mehr entbehren kann unb sich zu immer tiefergehenbem
Einbringen aufgeforbert fühlt.

Shakespeare's Sturm

in der Bearbeitung von Dryden und Davenant.

1856,

In den gesammelten Werken des französischen Lustspiel=
dichters Néricault Destouches (den Lessing in der hamburgi=
schen Dramaturgie lobender bespricht als heute recht begreiflich
ist) stieß ich unter dem Titel: Scènes anglaises tirées de la
comédie intitulée la Tempête, auf einige abgerissene Scenen
in Alexandrinern, welche sich in Shakespeare's Sturm nicht
fanden und trotzdem zu dem Stücke gehörten. Néricault
nennt keinen Autor. Er sagt in einer kurzen einleitenden
Notiz nichts weiter, als daß das Stück stets die größte An=
ziehungskraft auf das englische Publicum ausübe. Die Zeit,
zu der er es in London gesehen haben konnte, müssen die zwan=
ziger Jahre des vorigen Jahrhunderts sein, als er vom Re=
genten in einer diplomatischen Sendung nach England ge=
schickt wurde.

Noch ehe ich etwas über die Herkunft dieser Scenen
wußte, versuchte ich sie aus der Form der steifen französischen
Reimpaare in die einfachen Jamben zurückzuversetzen, aus denen
Destouches' Uebertragung augenscheinlich hervorgegangen war.

I.

Scene zwischen Prosper und Hippolyt.

Prosper. Hippolyt!

Hippolyt (aus der Höhle halb heraustretend).

Herr?

Prosper. Komm näher!

Hippolyt (die Höhle ganz verlassend). Ich gehorche.
Ist's etwas, das ich hören soll?

Prosper. Mein Sohn, —
Denn so will ich dich immer nennen, da
Der Himmel weiß, mit welcher Zärtlichkeit,
Wie eifrig, aufmerksam und wie besorgt
Ich dich seit fünfzehn Jahren auferzogen;
Bist du mir dankbar? —

Hippolyt. Ja, so viel ich kann.

Prosper. Wie kalt! Wie wenig fühlst du, was ich that.

Hippolyt. Verzeih.

Prosper (ihn küssend). Mein Sohn, wie wäre süß mein Schicksal,
Wenn du zufrieden wärest.

Hippolyt. Und wie kann ich
Das sein? — Ich bin's nicht.

Prosper. Nicht?

Hippolyt. So viel ich weiß,
Bin ich nicht glücklich.

Prosper. Bist nicht glücklich? Rede,
Weshalb?

Hippolyt. Ich wag' es nicht.

Prosper. Ich aber will's! Die Wahrheit!

Hippolyt. Seit ich das Leben kenne, durft' ich niemals
Das thun, was mir beliebte. Und doch fühl' ich,
Es würde mich entzücken, dem zu folgen,
Was meine Sehnsucht ist.

Prosper. (O, ich begreif' es!
O Freiheit, Tochter der Natur!)

Hippolyt. Du hältst mich
In einer dunkeln Grotte eingeschlossen
Seit meiner Kindheit. Jetzt zum ersten Male
Hast du mich ihr entrissen; nicht, um mir

Freiheit zu geben: nur, um mein Gefängniß
Zu wechseln. O, du bist der Herr. Nicht murren
Will ich; doch wenn du wolltest, wär' es möglich
Zu lindern —

Prosper. Meiner Härte Ursprung sollst du
Erkennen, der gerecht ist. Die Gestirne
Bedroh'n dein Haupt! Ich sah den Schlag voraus,
Der auf dich fallen wird!

Hippolyt. O Herr, die Knie
Umfaß' ich dir, beend'ge meine Knechtschaft!
Und laß die Luft mich athmen dieser Bäume,
Im Schatten hier, so lieblich!

Prosper. Dein Verderben
Fiele zurück auf mich, der ich's erlaubte!
Geh! denn es wär' dein Tod!

Hippolyt. Dem zu entflieh'n,
Was nützt es? Hast du mich nicht unterwiesen,
Ihm überall, zu jeder Stunde muthig
Ins Aug' zu sehn? Und wenn er schrecklich wäre,
Laß mich ihn suchen! Seinen Anblick fürcht' ich
Wen'ger als mein Gefängniß!

Prosper. Deiner Tage
Frühzeitig Ende wär' mein Vorwurf.

Hippolyt. O,
Warum das? Hast du mir nicht hundertfältig
Gesagt, daß Alles, was auf dieser Insel
Athmet, dem Manne unterthänig sein muß?
Und da ich bin, was du bist, welches Wesens
Feindschaft soll ich befürchten?

Prosper. Wesen giebt es,
Die furchtbar dich verwundeten! Geschöpfe,
So höchst gefährlich, daß aus guten Gründen
Ich ihren Namen dir verschwieg.

Hippolyt. Dann sind sie
Wohl ganz entsetzlich?

Prosper. Schreckeinflößend sollen
Sie stets dir sein! Durch der Natur Gesetze
Ist festgestellt, daß sie die Oberherrschaft
Des Mannes theilen.

Hippolyt. Wohl, — ich will sie theilen!
Ist der Verlust so groß?

Prosper.   Ja, denn ihr Geist,
Geneigt, uns zu gebieten, hat uns oftmals
Der Herrschaft ganz beraubt.

Hippolyt.   Wer aber sind sie?

Prosper. Feinde für uns, wenn auch geheime Triebe
Uns locken, dem Betrug zu unterliegen.

Hippolyt. Wie heißen die mächtigen Geschöpfe,
Die uns besiegen?

Prosper.   Frauen.

Hippolyt.   Das klingt lieblich!
Frau'n? — ! — Welch ein Wunder scheint das! Vorher wußt' ich
Von ihnen nichts. Beschreibe mir die Frauen!

Prosper. Anlockend mehr, als daß ich's loben könnte,
Sind sie. Denk' dir ein Wesen, halb ein Mensch,
Ein Engel halb; mit Augen, die ermorden
Und uns durchschau'n bis tief ins Herz. Denk' dir
Den Sang der Nachtigall: bezaubernder
Ist ihre Stimme; reizend ihre Rede,
Einschmeichelnd, spielend; ihnen zu begegnen,
Entzückend. Ja, ein Zauber sind die Frau'n,
Und wer mit ihnen kämpft, der unterliegt,
Und wer sie nur erblickt, der ist verloren
Zu ew'ger Sclaverei!

Hippolyt.   Zu Sclaverei? —!
Den Schimpf ertrüg' ich nicht! Und um zu zeigen
Wie wenig Furcht mein Herz hegt, will ich selber
Erfahren, wer der Stärk're sei!

Prosper.   Du würdest
Besiegt sein! Treulos kämen sie, dich mitten
Im Schlummer anzugreifen!

Hippolyt.   O, ich würde
Erwachend Rache nehmen!

Prosper.   Waffen schlügen
Dich unbesiegbar dennoch! Nichts hält Stand
Vor ihrer Schönheit.

Hippolyt.   Aber diese Schönheit,
Womit vergleichst du die?

Prosper.   Dem Schatten gleicht sie
In Sommersgluthen; Sonnenstrahlen gleicht sie
In Wintertagen; gleicht den stillen Fluthen

Des Meeres, das ein Zephyr glatt geſtreichelt,
Dem Bach, der zwiſchen grünen Wieſen murmelt,
Und der bei Frühlingsrückkehr den Geſang
Der Vögel lockt. — All das rührt unſre Sinne,
All das zieht unſre Seele nicht ſo ſanft
Als Frauenſchönheit.

Hippolyt.   Sind die Frauen ſchöner
Als Pfauenfedern? ſchöner als die Weiße
Des Schwanes? als das goldig ſchimmernde
Gefieder um den Hals zärtlicher Tauben?
Sind nicht des Regenbogens helle Farben
Schöner in ihrem Glanz als Frauenſchönheit? —
Ich aber ſah den Pfau, den Schwan, die Taube,
Den Regenbogen, war entzückt, und dennoch
Verletzten ſie mein Herz nicht?

Prosper.   O, mein Sohn,
Willſt du das Frau'n vergleichen!

Hippolyt.   Alſo ſind ſie
Sehr lieblich?

Prosper.   Und verderbenbringend tauſend
Mal mehr noch, und wenn du ſie irgendwo
Erblickſt, ſei blind, entflieh', denn eines Blickes
Gift kann dich tödten. — Willſt du?

Hippolyt.   Ja, ich werde
Sie flieh'n als das Entſetzlichſte.

Prosper.   Dein Leben
Iſt in Gefahr!

Hippolyt.   Wenn aber eine käme,
Mich anzufallen, weh' ihr! Rache nähm' ich,
Und ſollt' ich ſterben drüber!

Prosper.   Solche Kämpfe
Werd' ich verhüten ſorgſam. Geh hinein
Zu deinen Büchern. Neue hab' ich dir
Gebracht, die dich ergötzen. Und beſonders
Am heut'gen Tage hüte dich. Ich gebe
Dir morgen beſſ're Nachricht.

                    (Hippolyt ab.)

                    Meine Töchter
Nah'n dort! — Er ging zur rechten Zeit. Sie hätten
Ihn dennoch, mir zum Trotze, feſtgehalten.

II.

Scene zwischen Prosper und seinen Töchtern.

Prosper. Was lockt sie meinen Schritten nach? — Ich zittre! —
Warum? — Genügend sind sie unterrichtet. —
Kinder, was führt euch zu mir?

Miranda. Herr, die Luft
Ist reiner, frischer hier.

Prosper. Im Gegentheil,
Ich find' es heiß, daß es euch schaden könnte.
Und außerdem ist's hier nicht sicher. Habt ihr
Vergessen? — ! —

Dorinde. Ist ein Mann hier!

Prosper. Denkt, daß Alles
Was schreckliches, häßliches, böses, finst'res,
Schaudererregendes die Welt beherbergt,
Sich hinterlistig hier zusammen fände!
Denn Tiger, Löwen, Leoparden, Bären
Habt ihr nicht so wie einen Mann zu fürchten.

Miranda. Er wird uns fressen, tödten! Fort von hier!

Dorinde. Steckt er dort in der Höhle?

Prosper. Ja, dort wohnt er.
Kommt ihr nicht nah!

Dorinde. Wahrhaftig, wenn er käme,
Ich liefe fort, daß er mich nicht erreichte!

Miranda. Doch weshalb sollen wir ihn fürchten, Vater?
Wir seh'n dich an und schaudern nicht; wir leben
Mit dir zusammen, und du nanntest dich,
Als du uns alle Dinge nennen lehrtest,
Auch einen Mann.

Prosper. Wie ich gestaltet, haben
Sie nicht das Gift mehr in sich, das euch Frau'n
Verderblich ist. Vernunft und Alter zähmten
Mich längst. So lang er jung ist aber wüthet
Ein Mann, und voll Gefahr ist seine Wildheit.

Dorinde. Wohnt er im finstern Walde?

Prosper. Nein, er schreitet
Kühnlich von Haus zu Haus, erklimmt die Mauern,
Stößt Thüren ein, und wenn der Zorn ihn antreibt,

Durchbricht er Wachen, Gitter, Riegel, Alles,
Und nichts hält ihn zurück.

Dorinde.   Ein junger Mann
So wild und böse? — Trotzdem — möcht' ich einen
Besitzen — und ich wollt' ihn schon besänft'gen!

Prosper. Wie das?

Dorinde.   Ich würd' ihm schmeicheln, Morgens, Abends,
Liebkosen ihn, und es geläng' mir endlich,
Daß wir uns doch vertrügen miteinander.

Prosper. Glaub' das nicht! Freilich würd' er sanft erscheinen
Und liebenswerth; doch plötzlich würd' er beißen,
Daß du die Wunde fühltest.

Dorinde.   Welch ein Unthier!
·So böse?

Prosper. Und damit das nicht geschieht,
Geht fort von hier! Miranda du, und du
Dorinde, kommt nie wieder! Du, Dorinde,
Gehorchst Miranden, und du hütest sie,
Denn deiner Obhut ist sie übergeben.
                                        (Ab.)

III.

Scene der beiden Schwestern, welche zur Höhle zurückkehren.

Dorinde. Wie, du gehst die verbotnen Wege wieder?
Der Mann wird kommen und dich beißen!

Miranda.   Kommt er,
So lauf' ich fort!

Dorinde.   Und wenn er dich erwischt?
Dich, auf zwei Füßen, während er auf vieren
Vielleicht herankommt?

Miranda.   O, ich überlaufe
Den Wind selbst!

Dorinde.   Einerlei.

Miranda.   Weißt du, Dorinde,
Was wir jetzt thun?

Dorinde.   Wir flieh'n.

Miranda.   Nein, wir durchstreifen
Die Gegend und von ferne seh'n wir, ob er
Sich zeigt.

Dorinde. Zurück! hier in der Höhle wohnt er;
  Ich weiß es!

Miranda.   Still doch! Dieses Abenteuer
  Besteh'n wir. Ist der Mann auch noch so böse,
  Er beißt doch eine nur von uns.

Dorinde.   Die eine
  Und dann die andre! Darauf wett' ich. Laß uns
  Nicht die Gefahr aufsuchen. O ich glaube,
  Ich hör' ihn! O, ich zittre! Ich vergehe!
  Fort!

Miranda (hält sie).
      Bleib' doch!

Dorinde.   Nein.

Miranda.   Du hast mir Muth! Wir suchen
  Ihn auf, da, wo er liegt. Wir sehn ihn heimlich,
  Daß er uns nicht erblickt. Und wenn er's thäte,
  Wagt er nicht sich zu rühren.

Dorinde.   Meinst du?

Miranda.   Sicher;
  Das glaub' ich.

Dorinde.   Aber daß wir ungehorsam
  Dem Vater sind, bedenkst du das?

Miranda.   Wer wird's ihm
  Auch wieder sagen?

Dorinde.   Wenn es Keiner sagte,
  Es ist doch Unrecht. War uns nicht sein Rathschlag
  Stets heiliges Gebot?

Miranda.   Wir nehmen diesmal
  Von uns den guten Rath.

Dorinde.   Um alle Welt nicht!

Miranda. Willst du mich hören?

Dorinde.   Nein, wir müssen fliehn.

Miranda. Wie aber sollen wir vor ihm entfliehn,
  Wenn wir nicht einmal wissen, wie er aussieht?

Dorinde. Das wäre —

Miranda.   Denn um uns in Acht zu nehmen,
  Ist's nöthig, ihn zu kennen!

Dorinde.   Darauf brennst du!

Miranda. Ja.

Dorinde.   Unter uns gesagt, mich treibt dasselbe
Verlangen.   Unserm Vater sind wir freilich
Gehorsam schuldig, doch ich fühle etwas
In mir, das mich zum Ungehorsam antreibt.
Es lockt zu dem, das uns verboten ist,
Ein unbekannt Gefühl mich.

Miranda.   Mich nicht minder.
Hätt' er uns nichts gesagt; nun aber ward mir
Zum süßesten Verlangen das Verbotne,
Und ich erlieg' ihm.

Dorinde.   Geh' behutsam vorwärts,
Und wenn der Mann kommt, wenn du ihn erblickst,
Dann geh' nicht weiter — gieb zum wenigsten
Ein Zeichen, daß ich's wissen kann.

Miranda.   Ja ja,
Will er mir etwas thun und mich verfolgen,
So will ich ihn besänft'gen wie den Vater,
Wenn er für ein Vergehn uns strafen wollte:
Abbitte thun auf meinen Knien.

Dorinde.   Ich aber
Seh' mir ihn an, und wenn er beißen sollte!

IV.

Scene der beiden Schwestern und Hippolyts.

Hippolyt (aus der Höhle tretend).
Ich mag nicht weiter lesen. Es erfüllen
Mich unruhvolle Wünsche — ein Begehren
Nach etwas, das mich vorher niemals reizte.

Miranda. Sieh hin — dort, glaub' ich, kommt er!

Dorinde.   Laß uns fliehn!

Miranda. Mir fehlt die Kraft.

Dorinde.   Ach, und mir auch, Miranda!

Hippolyt. Giebt's etwas auf der Welt, das überflüssig
Den Händen der Natur entsprang? — die nichts
Unnöthig schuf, wie man mich oft belehrte.
Darf ich daraus nicht schließen, daß die Fraun
Auch einen Zweck erfüllen durch ihr Dasein?

Miranda. Spricht er nicht, Schwester?

Dorinde.   Ja, er scheint zu reden.

Hippolyt. Sind sie den Schlangen gleich, die ich bekämpfe,
Geschaffen, Gift dem Boden auszusaugen?
Das ist ihr Amt, kein Zweifel, und der Grund,
Weshalb mich Prosper sie verabscheun lehrte.

Dorinde. Schwester, er schreitet!

Miranda. Himmel!

Hippolyt. Aber seltsam:
Er sagt, die Frau sei zwischen Mann und Engel
Ein Mittelding?

Dorinde. Er geht umher! Wie wir!
Ganz wie wir auf zwei Füßen! Bist du immer
Erschreckt noch?

Miranda. Weniger.

Dorinde. Wie sanft und gut
Ist all sein Aussehn! Welch ein schön Geschöpf!
Ich muß ihm näher kommen.

Miranda (hält sie). Bleib' doch! Willst du,
Daß ich gescholten werde, wenn ich leide,
Daß du dich vorwärts wagst? Sieh doch von ferne
Nach ihm — und laß mich näher gehn — mich lieber —

Dorinde. Nein, thu's nicht, Schwester! Ich beschwöre dich,
Laß mich für dich das Wagniß unternehmen!
Ich seh's ihm an den Augen an, er beißt nicht.
Er ist ganz zahm.

Miranda. Nein bleib! Mich soll er fressen,
Mich erst!

Dorinde. Ich darf's nicht leiden, liebste Schwester;
Ich liebe dich zu sehr, um dich zu opfern.
(Sie geht vor und sieht Hippolyt scharf an.)

Miranda (sie rückwärts ziehend).
O pfui, schämst du dich nicht? Macht dich die Neugier
Nicht roth?

Dorinde. Du willst mich schelten? du Miranda,
Neugier'ger als ich selbst!

Miranda. Mit einem Worte,
Du sollst gehorchen, oder ich verrath es
Dem Vater gleich!

Prosper (aus dem Hause rufend). Miranda!

Dorinde. Hörst du, Schwester,
Er ruft dich!

Miranda.   Nein, dich ruft er!

Dorinde.   Nicht doch, Schwester,
Dein Name war's.

Miranda.   Der Mann erblickt dich — komm!

Dorinde. Ich fürchte mich nicht mehr. Rasch, geh' und frage,
Was drin der Vater will, und auf dem Fuße
Folg' ich dir nach.

Miranda.   Geh' du zuerst.

Dorinde.   Ich gehe,
Wenn er nach mir verlangt.

Miranda (abgehend).   O! sie, die jüngste,
Giebt mir nicht noch! — ich weiß, daß sie's bereun soll!

V.

Dorinde und Hippolyt.

Dorinde. Und wenn's mein Leben kostete, ich muß
Ihn sehn; ein Feuer wächst in meinem Innern,
Das mich verzehrt.

Hippolyt.   O! — welch ein lieblich Wesen!
Sah' ich dergleichen je? Täusch ich mich? Ist es
Ein Kind des Sonnengottes, das herabstieg,
Von seines Vaters Glanze noch umleuchtet?
Kommt es daher, um sein lebendig Feuer
Hier auszustreu'n? Ist mein Gesicht verzaubert,
Durch dieses Schauspiels Schönheit? O, im Herzen
Fühl' ich ein neues, unbekanntes Wohlsein. —
— Zu ihm! — Doch zittr' ich! — Ach — ist es von jenen
Geschöpfen eins vielleicht, die ich so fürchte?
Die Schönheit, deren Gift, um uns zu morden,
Die Seele uns verwirrt? — O sprich, wer bist du,
Die du mein Herz durchdringst?

Dorinde.   Ich weiß es nicht.
Man sagt .... man nennt .... mich eine Frau.

Hippolyt.   O Himmel!
Ich wußt' es wohl, was mich in Schrecken setzte!

Dorinde. O schönes Ungethüm — ich fleh' dich an,
Verschone mich — zerfleisch' mich nicht!

Hippolyt.   Erschein' ich

Dir wie ein Wolf, der wüthend seinen Blutdurst
Zu stillen trachtet?

Dorinde.   Weiß ich's?

Hippolyt.   Dich zerfleischen?
Weh' mir, ausbrechen würd' ich mir die Zähne,
Ausreißen meine Augen! Daß du hier bist,
Gefällt mir; — eingeschlafen ist mein Abscheu,
Obschon ich weiß, daß du mir furchtbar feindlich
Gesinnt bist.

Dorinde. Feindlich? Was das Wort bedeutet,
Das wußt' ich nie. Nichts sah mein Auge jemals,
Was mir bezaubernder als du erschienen.
Etwas, das ich nicht kenne, hält mich mächtig,
Zu weilen, wo du weilst. Und ob ich immer
Blindlings gehorchte dem, der mir geboten
Zu flieh'n, wo ich dich sähe — so durchströmt mich
Bei deinem Anblick ein verderblich Glück,
Das ich nicht fühlen dürfte. — Doch es wäre
Mein Tod, wenn ich dich nun verlieren sollte!

Hippolyt. Der süße Klang durchdringt mich. Laß die Lippen,
Die also schön sind, laß sie weiter reden.

Dorinde. Dich anzuschaun ist Wonne sonder gleichen. —
Hätt'st du den Muth, mir Böses zuzufügen?

Hippolyt. O nein!

Dorinde.   Und bist ein Mann? bist so genannt
In Wahrheit?

Hippolyt.   Ja, zum wenigsten, so sagt man.

Dorinde. Weh mir, ich bin verloren! Fort!

Hippolyt.   Verloren?
Bin ich dir furchtbar so? Dir zu Gefallen,
Will ich's nicht bleiben, will ich anders werden.

Dorinde. O nein, nicht anders.

Hippolyt.   Höre mein Geständniß:
Bist du erschreckt, so zitter' ich; fürchtest du
Mir zu begegnen, hab' ich dich gefürchtet.

Dorinde. O Himmel, sind wir einer für den andern
Tödtliches Gift!

Hippolyt.   Das möge Gott verhüten!

Dorinde. Und soll der Zufall, der uns miteinander
Bekannt macht, unser Tod sein!

Hipppolyt.   Statt zu sterben,
Laß uns die Schwachheit muthig von uns schleudern!
Wenn zwei Geschöpfe einer Art sich finden,
Thun sie sich nichts, auch wenn sie giftig wären.
Die Schlange nichts der Schlange, und sie fürchten
Sich nicht. Ich sah doch erst vor wenig Tagen
Zwei Schlangen fest verschlungen in einander,
Nicht um ein Leid's sich anzuthun: sie schienen
Liebkosend sich zu ringeln. — Laß uns beide,
Und wenn wir wirklich beide giftig wären,
Mit Abscheu nicht uns ansehn, laß uns furchtlos
Umschlingen uns, wie jene Schlangen thaten!
Sieh deine Hand — ganz wie die meine — ist es
Erlaubt, sie zu berühren?

Dorinde.   Nein!

Hippolyt.   Ich halte
Sie nur für einen Augenblick!

Dorinde.   Du brennst!

Hippolyt. Ich weiß nicht, was das ist: doch dich berührend
Faßt mich ein Schmerz — den ich entzückend finde.

Ich lasse den Rest folgen, wie ihn Destouches giebt, da gewiß nicht seine Werke überall zur Hand sind und es gleichwohl von Interesse sein dürfte, seine Verse kennen zu lernen.

Dorinde.

En vous touchant aussi je sens certaine chose
Qui me fait soupirer, dont j'ignore la cause.
J'ai touché très-souvent, et la main de ma soeur,
Et celle de mon père; et cependant mon coeur
Ne sentoit point ce charme et ces peines cruelles.
Serions-nous, vous et moi, comme deux tourterelles,
Que j'ai vu quelquefois gémir en s'approchant?
Vous souffrez, je me plains d'un charme trop touchant.
Je crois qu'elles étoient en pareille aventure,
Car elles gémissoient; puis par un doux murmure
Elles se témoignoient je ne sais quel désir,
Et puis se béquetoient avec un vrai plaisir.

Hippolyte.

Voilà tout justement comme nous devons faire.

Prosper (en dedans).

Dorinde!

13*

Dorinde.

Juste ciel! c'est la voix de mon père.
Oui, c'est lui qui m'appelle, et je dois obéir.
Hélas! il m'avoit tant ordonné de vous fuir,
Et je vous ai cherché! C'est ma première offense;
Mais qu'il va bien punir ma désobéissance!

Hippolyte.

Je suis coupable aussi. Pour la première fois
Je me suis dispensé d'obéir à ses loix;
Je ne m'en repens point, vous en êtes la cause;
Mais quelque châtiment que sa rigueur m'impose,
Je pense qu'il l'auroit plus que moi mérité,
Pour nous avoir parlé contre la vérité.
Nous devions nous tuer en nous trouvant ensemble:
Nous n'avons que plaisir, quand le sort nous assemble.

Es war hinterher nicht schwer, herauszufinden, von wem
diese Zusätze zu Shakespeare's Stück herrührten:

Es giebt eine ganze Reihe von Versuchen, Shakespeare's
Sturm der Bühne neu anzupassen, deren wichtigster und wie
Destouches' Zeugniß belegt, erfolgreichster die Bearbeitung
von Dryden und Davenant war.

Die auf der Berliner Bibliothek befindliche Quartausgabe
dieser Arbeit ist vom Jahre 1701. Der Titel lautet: The Tem-
pest or the enchanted Island, a comedy as it is now acted by
his Majesties Servants. Shakespeare's Name wird nicht genannt.
Auch bietet das Stück in dieser Gestalt soviel Abweichungen,
daß es als eine völlig neue Dichtung auftreten kann. Aus
dem feinen graziösen Lustspiel ist ein in nachlässigen Versen
zusammengeschriebenes, ausgedehntes Spektakelstück geworden.

Schon das Personenverzeichniß ist von dem ursprüng=
lichen sehr verschieden. Alonzo ist nicht mehr König von
Neapel, sondern Herzog von Savoyen. Hippolyt „der nie=
mals eine Frau gesehen", wie in Klammern dahinter bemerkt
wird, ist ein junger Mensch, den Prospero auf seiner Insel
in einer Höhle erzieht, und zwar ganz abgesondert von seiner
Tochter Miranda, die hier noch, wie wir sahen, eine Schwester

Dorinde erhalten hat. Hippolyts Vater nämlich, in Prospers Verschwörung verwickelt, ward als kleiner Knabe von
diesem mit auf die Insel geführt. Caliban hat eine Schwester
mit Namen Sycorax neben sich. Mustacho, der Steuermann
Stephano's, Ventoso, ein Matrose, sowie ein Schiffsjunge
sind ebenfalls neue Personen, sämmtlich in die verbreiterte
Handlung hineinverflochten.

Das Theater geht auf, lesen wir nun weiter. Vierund-
zwanzig Violinen nebst Harfen und Theorben sind zwischen
dem Parterre und der Bühne placirt. Diese, für uns gewöhnliche Einrichtung war damals eine Neuerung, indem die Musikanten anfangs in den Seitenlogen ihren Platz fanden und
erst nach und nach die Stelle des heutigen Orchesters als feste
Stellung erwarben. Im Berliner Schauspielhause ist ihnen
diese neuerdings*) wieder entzogen worden, so daß die Sitze
der Zuschauer bis an die Bühne reichen. Natürlich nahmen
aber damals die wenigen Musiker nicht den bedeutenden Raum
ein, um welchen es sich heutzutage handelt.

Die Ouvertüre beginnt. Während ihrer erhebt sich der
Vorhang, und man erblickt zwischen den beiden Pilastern,
welche zu beiden Seiten das Theater begrenzen, ein sie ver-
bindendes Frontispiz, einen edlen Rundbogen, getragen von
korinthischen Säulen, deren Capitelle mit Rosen umwunden
und von Amoretten umflattert sind. Auf der Bekrönung rechts
und links, gerade über den Capitellen, befinden sich zwei sitzende
Figuren, mit einer Trompete und einem Palmzweig in den
Händen, die Göttin Fama. Zu beiden Seiten des runden
Giebelvorsprungs, welcher die Mitte einnimmt, liegen der
Löwe und das Einhorn, die englischen Wappenthiere. Auf
seiner Höhe aber tragen fliegende Engel das Wappen des
Königs, als wollten sie es eben niedersetzen.

*) 1856.

Hinter diesem Bau stellt das Theater einen dunkeln, bewölkten Himmel dar, eine felsige Küste und die in beständiger Bewegung wogende See. Der Sturm wird als durch die Kraft der Magie heraufbeschworen gedacht, und es erscheinen furchtbare Mißgestalten, welche sich zwischen die Matrosen werfen, dann wieder erheben und die Lüfte durchkreuzen. Ist das Schiff endlich versunken, so verfinstert sich das ganze Haus, und es fällt unter Donner und Blitz ein Feuerregen, bis der Sturm zu Ende ist.

Währenddem spielt die erste Scene, den Matrosenwirrwarr darstellend, fast doppelt so lang als bei Shakespeare und durchaus neu geschrieben. Mitten im Feuerregen aber verändert sich die Bühne. Der bewölkte Himmel sammt Felsen und Meer verschwinden, und indem sich das Haus wieder erhellt, bietet sich der schöne Theil des Eilandes den Blicken dar, wo Prospers Wohnung gelegen ist. Man sieht in drei von Cypressenbäumen gebildete Gänge hinein. Die beiden äußeren führen zu den Höhlen, in deren einer die Töchter Prospers wohnen, während die andere Hippolyt zum Aufenthalt dient. Der mittlere Gang ist von großer Tiefe und führt zu einem offenen Theile der Insel. Dieser Einblick in drei Perspectiven ist eine italiänische Erfindung, wie denn überhaupt alle künstlichen Theatereinrichtungen jener Zeit aus Italien gebürtig sind.

Wie bei Shakespeare treten nun Prosper und seine Tochter Miranda auf, und das Mädchen erfährt zum ersten Male das Schicksal ihres Vaters. Die Sprache ist bald einfache Prosa, bald fällt sie in unregelmäßige Jamben. Oft sind Stücke aus Shakespeare's Dialog benutzt, als überkäme manchmal die Schauspieler eine Erinnerung an das schöne, halb vergessene Vorbild, bis die Personen dann plötzlich wieder auf das Gewöhnlichste weiter reden.

Wie bei Shakespeare folgen hierauf die Scenen mit Ariel

und mit Caliban, der Rest je o , vom Gesange Ariels an, ist abgeschnitten. Statt dessen treten die beiden Schwestern auf, und Dorinde macht Miranden die Beschreibung vom Untergange eines Fahrzeuges, das sie von einem Felsen beob= achtete. Miranda berichtet ihrerseits, daß das Schiff wirklich zu Grunde gegangen sein würde, wenn ihres Vaters Künste es nicht gerettet hätten; dann aber behauptet sie, etwas viel Wichtigeres zu wissen: sie würden nämlich jetzt zum ersten Male einen Mann sehen. Dorinde verlangt zu wissen, was das sei, ein Mann, und beide äußern in einem raffinirt naiven Gespräche ihre Gedanken darüber.

Dies und was dann folgt, bildet den Stoff, nach welchem Destouches seine Uebersetzung gebildet hat, welche insofern dem Originale nicht ganz treu folgt als dieses einfacher, kürzer, oft auch nüchterner ist. Um dies an einem Beispiele zu sehen, vergleichen wir die letzten oben abgedruckten Alexandriner mit den entsprechenden englischen Versen. Hippolyt sagt:

You have a hand like mine, may I not gently touch it?
(takes her hand.)

Dorinde erwiedert nun sogleich:

I've touch'd my Fathers and my Sisters hands,
And felt no pain; but now, alas, there's something etc.

Was dazwischen liegt, ist fortgefallen, und gerade diese Zögerung mußte auf dem Theater von Wirksamkeit sein. Wahr= scheinlich fühlte man das bei den Vorstellungen und modelte an dem Texte so lange hin und her, bis er alle die Effecte besaß, deren er fähig war.

Nun erst kommt die erste Scene von Shakespeare's zweitem Akte. Während ihrer je o ertönt Musik aus der Tiefe, die Erde thut sich auf und es erscheinen der Tensel, sodann Stolz, Betrug, Raub und Mord, singen und verschwinden. Sie per= sonificiren die Gewissensbisse. Erstarrt vor Schrecken, wollen

die armen Schiffbrüchigen sich davon machen, als ihnen von
neuem ein Teufel den Weg versperrt, der ein Lied von der
Pest und dem Erdbeben singt. Es erscheinen ferner zwei
Winde, dann deren weitere zehn Stück und tanzen. Drei
Winde versinken, die übrigen jagen Alonzo, Antonio und Gon-
zalo von der Bühne: diese Erfindung ist an die Stelle der
reizenden Scene getreten, in welcher Ariel unsichtbar herankommt und die Fürsten einschläfert, um sie zur rechten Zeit
wieder erwachen zu lassen. Der Verlauf des ganzen Stückes
ist der Art, daß ein weiterer Auszug überflüssig erscheint.
Shakespeare's reizendes Maaß ist überall zu einer widrigen
Ueberfüllung geworden, wobei Mord und Todtschlag das Beste
thun. Welches Glück aber diese Umarbeitung machte, sehen
wir aus der Zahl der Auflagen, deren in wenigen Jahren
fünf erschienen sind. Die Mittel, durch welche man auf das
Publikum wirkte, waren diejenigen, mit denen auch heute Spek-
takelstücke und Ballette interessant gemacht werden. Alles,
was nicht bloß feines Verständniß, sondern überhaupt Verständniß fordert, wird fortgelassen, die Verhältnisse werden so
deutlich, als nur immer angeht, exponirt, und überall die sanfte
Anziehungskraft des Kunstwerkes durch die handgreifliche
Spannung des Kunststückes ersetzt, das zu verstehen auch die
geringste geistige Begabung des Zuhörers ausreicht, während
das höher stehende Publikum sich die Kindereien gefallen läßt.
Was diesen Punkt übrigens anbelangt, so sehe ich darin
keinen Grund, die Menschen und das Zeitalter anzuklagen.
Sollen Shakespeare's Stücke auf dem Theater erträglich sein,
so bedarf es außergewöhnlicher Schauspieler. Dadurch, daß
man seine Stücke benutzte, vernichtete man die Originale nicht.
Sie wurden in den Strom der Zeiten hineingezogen, immer
noch mit dem unsterblichen Namen an der Spitze, wie auch
in schlechten Zeiten dem starkversetzten Gelde stets noch das
lorbeergekrönte Haupt des Fürsten aufgeprägt wurde. Es

wäre interessant, zu vergleichen, wie allmälig der Feingehalt
wieder zunahm, bis er die alte Reinheit erreichte. Doch geht
man auch heute mit Shakespeare's Stücken in England auf
das Willkürlichste um.

Bühnenpraktische Männer, Regisseure, Theaterdirectoren
kennen das nicht, was man mit dem Namen eines poetischen oder ästhetischen Gewissens bezeichnet. Abschneiden von
Akten, Zusammenziehen von Reden oder von mehreren Personen in eine einzige, Umänderung von Charakteren, Akt-
schlüssen und Costümen (in Betreff der verschiedenen Zeiten)
sind keine Sünden, sondern machen einen Theil der nothwen-
digen Fertigkeit aus, durch welche die Aufführung von Stücken
überhaupt erst möglich wird. Wer auch nur bei der unbedeutendsten Privataufführung eines Kindertheaters hinter den
Coulissen gesteckt hat, weiß, daß die Befriedigung der
Schauspieler sowohl als der Zuschauer meist keine poetische
That, sondern eine praktische, höchst prosaische Aufgabe sei.
Dryden war einer der ersten Schriftsteller Englands und
rühmte sich des Werkes, das unter seiner Mitarbeiterschaft
zu Staude gekommen war. An Plagiat dachte weder er noch
das Publikum; die Bühnenstücke waren Gemeingut. Es kam
nicht auf die Verse an, sondern auf die Plane, auf die scenische
Einrichtung. Man wollte das Parterre amüsiren und Geld
gewinnen. Shakespeare benutzte die Stücke, welche er vorfand, nicht anders. Borgte man doch selbst in Frankreich,
wo die Bühne einer viel schärferen Polizeiaufsicht von Seiten
des Publikums unterlag, was man passendes vorfand. Corneille wurde keineswegs vorgeworfen, daß er ein spanisches
Stück zu seinem Cid benutzt und theilweise ausgeschrieben
habe, sondern man erhob diese Anklage nur, um seinen Ruhm
überhaupt zu schmälern und sein Verdienst als ein geringeres
darzustellen. Racine ging viel weiter. Er fürchtete für den
Erfolg seiner ersten Tragödie, der Thebaide (1664), und ent-

lehnte der Antigone Rotrou's (aus dem Jahre 1638) zwei Passagen, welche er in seine Dichtung aufnahm. Wäre das ein Plagiat gewesen, so würde es den entgegengesetzten Erfolg gehabt haben. Nur wo es sich um eine angebliche Verbesserung anerkannter Meisterwerke handelte, widersetzte man sich; so, als Marmontel den Venceslas des Rotrou modernisirt hatte, führte das zu Kämpfen, deren Heftigkeit in diesem Falle ein Beweis für die Eifersucht ist, mit welcher die Reinheit der Sprache bewacht wurde. Der Plan eines Stückes, die Disposition der Scenen und Akte ist das, worauf es im Theater ankommt. Gerade von Racine, welcher um seiner tabellosen Diction willen so berühmt ist, der so langsam und schwierig an seinen leichten Versen arbeitete, haben wir den Ausspruch, daß sein Stück fertig sei, sobald er den Plan festgestellt habe. Der Rest verstand sich von selber. Andere berühmte dramatische Dichter haben sich in ähnlicher Weise ausgesprochen.

Damit wären also Dryden und Davenant entschuldigt, wenn sie Shakespeare's Arbeit durch ihre eigenen Erfindungen veränderten und nicht einmal den Namen des großen Dichters auf den Titel ihres Werkes setzten. Dryden, welcher dasselbe erst nach dem Tode seines Freundes Davenant herausgab, dem er in der Würde eines poëta laureatus nachfolgte, spricht sich in der Vorrede über die Art aus, wie sie sich beide in die Arbeit getheilt hätten. Davenant war seit 1640 appointed governor der Schauspieler des Königs und der Königin und scheint nach der puritanischen Zwischenregierung wieder in sein Amt eingetreten zu sein. Als gekrönter Dichter bezog er alle Jahr 100 Pfund und ein bestimmtes Maaß Wein. In der Vorrede ruft ihm sein Freund die schönsten Dinge nach, deren Echo freilich auf ihn selber zurückschallt. Diese Vorrede lautet:

„Das Vorredenschreiben zu Schauspielen scheint die Erfindung eines jener ruhmsüchtigen Poeten zu sein, welche nie

genug gethan zu haben glauben, eines jener Affen französi=
scher Beredtsamkeit vielleicht, der in einem galanten Briefe
über eine Posse berichtet und bei jeder Gelegenheit so viel
Pomp und Wortgepränge aufwendet, als er nur immer auf=
treiben kann. Ohne Zweifel ist dies das eigentliche Talent
dieser Nation, und man sollte es ihr nicht streitig machen.
Was für uns ein Zwang wäre, thun sie mit dem größten
Vergnügen.

„Zufrieden, sie auf der Bühne überflügelt zu haben,
sollten wir auf all den Redeschmuck und die Schnörkel Ver=
zicht leisten, die ihre Stücke verzieren und doch nichts als
den landschaftlichen Hintergrund einer höchst unbedeutenden
Handlung bilden. Doch still! Ich würde für das, was ich
vorbringe, selbst um Entschuldigung bitten müssen, wenn ich
weiter in diesem Tone fortfahren wollte.

„Erlaß mir also, verehrter Leser, die Versicherung, daß
ich auf meinen Antheil an der Bearbeitung dieses Stücks
geringen Werth lege und mich nicht gegen das Andenken
Sir William Davenant's undankbar bezeigen darf, welcher
mir die Ehre anthat, meine Hülfe dabei hier und dort in
Anspruch zu nehmen.

„Das Stück stammt von Shakespeare, einem Dichter, für
welchen Davenant ganz besondere Verehrung hatte und den
er mich zuerst bewundern lehrte. Früher mit Erfolg in den
Black=Friars gegeben, wurde es von unserm ausgezeichneten
Fletcher so hoch gestellt, daß er denselben Plan unter nicht
bedeutenden Veränderungen für geeignet hielt, zum zweiten
Mal bearbeitet zu werden. Wer seine „Seereise" gesehen
hat, wird leicht bemerken, daß sie nichts als eine Nachahmung
des Shakespear'schen Sturm ist. Der Sturm, die verlassene
Insel und die Frau welche niemals einen Mann gesehen hat,
beweisen dies zur Genüge.

„Fletcher jedoch war nicht der Einzige, welcher Shake=

speare's Plan benutzte. Sir John Suckling, ein offenkundiger
Bewunderer unseres Autors, folgte ihm in seinen „Goblins":
die Regmella ist eine offenbare Nachahmung von Shakespeare's
Miranda, und seine Geister sind nach Ariels Vorbild gebildet.
Sir William Davenant jedoch, ein Mann von lebhafter und
durchbringender Phantasie, fand bald heraus, daß Shakespeare's Plan einer Erweiterung fähig sei, welche weder
Fletcher noch Suckling ins Auge gefaßt hatten: er ergänzte,
um etwas ganz Vollkommenes zu leisten, Shakespeare's Intrigue durch Hinzufügung des Mannes, welcher nie ein Weib
gesehen hat, damit sich so die beiden Charaktere als Vertreter
der Liebe und Unschuld gegenseitig um so glänzender offen-
barten.   Diese ausgezeichnete Erfindung theilte er mir mit
und bat mich, an der Arbeit Theil zu nehmen. Ich muß gestehen, daß ich vom ersten Moment an mit so viel Vergnügen
darauf einging, daß ich mich nichts mit gleichem Entzücken
geschrieben zu haben erinnere. Zugleich darf ich nicht verschweigen, daß ich Alles, was so zu Stande kam, Tag für
Tag von ihm verbessern ließ, und daß es deshalb weniger
fehlerhaft ist, als was ich übrigens ohne die Nachhülfe eines
so urtheilsfähigen Freundes gedichtet habe.   Die komischen
Matrosenscenen sind, wie man bald am Style sehen wird,
aus seiner Feder.

„Während ich so mit ihm arbeitete, fand ich Gelegenheit,
die ungemeine Lebhaftigkeit seiner Phantasie zu beobachten,
welche mir früher nicht in so hohem Grade aufgefallen war.
Bei jeder Gelegenheit standen ihm die überraschendsten Gedanken auf der Stelle zu Gebote, und diese ersten Einfälle
waren, im Gegensatz zu dem lateinischen Sprichworte, nicht
immer die schlechtesten. Und wie lebendig seine dichterische
Begabung war, eben so unerwartet kamen ihre Früchte zu
Tage, Erfindungen, auf die kein Anderer so leicht gekommen
wäre. Er kritisirte verständig und mit Bedacht seine eigenen

Schriften am schärfsten, und in einem Zeitraume, welcher Andern kaum zur bloßen Verbesserung ihrer Dichtungen ge=uügte, brachte er sie ganz und gar zu Stande.

„Es wäre mir vielleicht eine geringe Mühe gewesen, jetzt bei der Herausgabe dieses Stückes das Meiste an mich zu reißen und Davenants Namen stillschweigend zu übergehen, mit jener Undankbarkeit, deren sich manche Autoren schuldig machten, deren Schriften er nicht allein corrigirte, sondern oft sogar mit ganzen Scenen vermehrte, welche, wie verstecktes Gold am Gewichte, leicht vom Uebrigen zu scheiden sind. Allein abgesehen von dem Abscheu vor einer so niedrigen Hand=lungsweise, da es nichts Unwürdigeres giebt, als einen Todten seines Ruhmes zu berauben, bin ich im Gegentheil fest über=zeugt, daß alle Ehre, welche man mir zu erweisen glaubte, wenn man die ausgezeichnetste Dichtung als mein Werk be=trachtete, durch die viel bedeutendere Ehre nicht aufgewogen würde, daß es mir gestattet war, meine unvollkommene Wirk=samkeit mit dem Verdienste und dem Namen Davenants zu gleicher Zeit genannt zu hören."

Ich hielt es der Mühe werth, die ganze Vorrede zu über=setzen, da sie auf die Zeit Drydens und auf den Mann selbst ein helles, wenn auch nicht angenehmes Licht wirft. So, wie es hier geschieht, ordnet man sich nur deshalb einem Andern unter, weil man den Effect studirter Demuth auf den gemei=nen Haufen kennt. Was Dryden an dem Stücke that, war bei weitem das Beste. Bei alledem ist das Product derart, daß sie sich eher um die Ehre hätten streiten können, wer am wenigsten Theil daran gehabt habe. Drydens bedenklicher Charakter blickt aus seinen Phrasen heraus. Er war es, der Cromwells Leichenbegängniß mit den heroischen Stanzen verherrlichte, in denen er unter andern sagt:

„His grandeur he deriv'd from heaven alone"

(ich wähle diese zufällig aus den unzähligen Hyperbeln her=

aus), während er kurz darauf, bei der Rückkehr Carls II., vom „Rebellen" redet. Auch hier hat er, der so große Worte braucht, nur Worte gemacht, denn weder seinem eigenen Dichter= haupte noch dem seines verstorbenen Freundes sind diese Zu= sätze zu Shakespeare's Stück entsprungen. 1667 ward das Werk der beiden Gekrönten zuerst aufgeführt, aber bereits in den vierziger Jahren desselben Jahrhunderts schrieb Calderon sein Stück: „In diesem Leben ist Alles Wahrheit und Alles Lüge", worin wir die Scenen und die Personen wiederfinden. Die Uebereinstimmung ist so schlagend, daß gar kein Zweifel obwalten kann.

Ich lernte Calderons wunderliches Stück zuerst nicht aus dem Originale, sondern durch Voltaire kennen. Dieser theilt es in ausführlichem Auszuge, theilweise wörtlicher Uebersetzung als Einleitung der Tragödie Heraklius von Corneille mit, dessen Werke er bekanntlich in einer großen europäischen Aus= gabe zum Besten einer Enkelin des großen Dichters heraus= gab, für die er dadurch eine vortreffliche Mitgift erarbeitete. Beim „Heraklius" war es ein streitiger Punkt, ob Calderon den Stoff Corneille zu verdanken habe, oder ob ihn dieser, wie beim Cid, vom spanischen Theater entlehnte. Corneille sagt in der Vorrede zu seiner Tragödie kein Wort darüber und führt nur einige alte Historiker als Quellen an. Vol= taire, indem er die Stücke nebeneinanderhält, beweist, das beiden Gemeinsame müsse als Eigenthum Calderons betrachtet werden. Die Scenerie und Charakterzeichnung der Dramen ist jedoch bei Calderon und Corneille eine ganz verschiedene; Corneille hat nur einen Theil der Verwicklung entlehnt. Die von Dryden benutzten Scenen jedoch finden wir in Calderons Comödie wörtlich.

Das spanische Stück spielt in Sicilien. Die Bühne stellt das Aetnagebirge dar. Beim Aufgehen des Vorhanges wird auf der einen Seite der Bühne getrommelt und trompetet,

von der andern her ertönt eine sanfte Musik von Saiteninstru=
menten. Hier tritt Cintia, die Königin von Sicilien, mit
ihren Damen, dort Phokas mit seinen Soldaten auf, diese
mit dem Rufe: „es lebe Phokas!" jene mit dem: „es lebe
Cintia!" Phokas befiehlt nun den Seinigen in den Ruf der
Damen mit einzustimmen, Cintia befiehlt diesen die gleiche
Höflichkeit, endlich vereinigen sich beide in dem Rufe: „es
leben Cintia und Phokas!" Phokas läßt seine Musik jetzt zu
Ehren Cintia's spielen, Cintia ihre Damen zu Ehren Phokas'
singen, und zwar:

> Dieser unbesiegte Mars,
> Dieser ew'ge Sieger Cäsar
> Komme in glückfel'ger Stunde
> Zu Trinakriens Gebirgen.

Wie glücklich sind wir, sagt nun Cintia, einem so ruhmvollen
Fürsten zu begegnen, fügt aber zum Publikum gewandt hinzu:
Nur die Furcht läßt mich so reden, denn man muß höflich
gegen Tyrannen sein. Die Musik beginnt wieder. Endlich
nimmt Phokas das Wort und eröffnet mit einer langen Rede
die Handlung.

Er sei in diesen Gebirgen geboren und in friedlicher Ab=
sicht gekommen, nur um sie einmal wieder zu sehen. Er habe
weder Vater noch Mutter gekannt, sondern sei hier in der
Wildniß aufgewachsen, umgeben von Schlangen, genährt von
der Milch der Wölfinnen und von wilden Kräutern. Vögel
und wilde Thiere habe er erlegt und sich mit Fellen bekleidet.
So hätten ihn Räuber gefunden und zu ihrem Anführer
gewählt. Bald seien sie so mächtig geworden, daß sie Städte
angriffen. Damals habe Cintia's Vater hier geherrscht,
gegen welchen plötzlich der Kaiser Mauritius aus Constanti=
nopel mit einer Armee erschienen sei. Ihm und seinen Räu=
bern habe man jetzt Verzeihung zugesichert, wenn sie Beistand
leisteten, Mauritius wäre hierauf von ihm besiegt und er von

ben Soldaten an seiner Statt zum Kaiser ausgerufen worden.
So sei er nach Constantinopel gezogen, habe dreißig Jahre
lang im Orient Kriege geführt und wolle nun endlich wieder
sein Vaterland begrüßen.

Allein, fährt er fort, es sind hierbei noch ganz besondere
Umstände waltend. Eudoxia, die Gemahlin des Mauritius,
kam gerade an dem Tage nieder, als ihr Gatte im Kampfe
fiel. Sie starb, ihr Kind aber, ein Sohn, ward von Astolf,
einem Vertrauten, fortgetragen. Man behauptet, daß er es
in den Höhlen des Aetna verborgen halte. Aber noch mehr.
Zu der Zeit, wo Phokas noch Räuberhauptmann war, lebte
in dieser Gegend ein junges Mädchen, Namens Eriphila, die
er schwanger zurückließ, als er in die Schlacht zog. Sie aber
kann es, während noch gekämpft wird, nicht ertragen, von
dem Geliebten getrennt zu sein, und macht sich auf den Weg
zu ihm hin. Mitten im Gebirge ergreifen sie die Wehen.
Ihr Begleiter läuft fort, um Hülfe zu suchen; in seiner Ab=
wesenheit kommt das Kind zur Welt, zugleich aber erscheint
ein wilder Bewohner des Gebirges, von dem sie Beistand em=
pfängt, und dem sie sagt, wer des Kindes Vater sei; auch
giebt sie ihm ein Stück Goldblech, auf dem Phokas' Name
eingegraben ist.

Als der Begleiter mit Hülfe naht, ist der Wilde mit dem
Kinde und dem Wahrzeichen verschwunden. Eriphila stirbt,
Phokas selber wird durch seine Kriege im Orient stets abge=
halten, Nachforschungen anzustellen. Heute endlich sei er nun
gekommen, Haß und Liebe im Herzen, Haß gegen den Sohn
des Mauritius, Liebe zu dem seinigen, beide müßten hier sein
und er wolle nicht ruhen, als bis er sie gefunden hätte. Cintia
verspricht ihre Hülfe. Die musikalischen gegenseitigen Höflich=
keiten fangen wieder an, plötzlich ertönt ein Schrei, Phokas
gebietet Stille, eine Frauenstimme schreit: „Stirb von meiner
unglücklichen Hand!" Phokas eilt ihr entgegen, als Libia ihm

in die Arme stürzt mit dem Ausruf: „Stirb von meinen unglücklichen Händen und nicht durch die Krallen eines wilden
Thieres!"

„Nein", ruft Phokas, indem er sie auffängt, sie stürzt nämlich von einem Felsen herab, „ich will dich halten, ich will der
Atlas sein, der den Himmel deiner Schönheit trägt; du bist
in Sicherheit, komm zu dir!"

„Wer bist du?" fragt Cintia.

„Libia bin ich, die Tochter des Zauberers Lisippo, des
Wunders von Calabrien. Mein Vater hat dem Herzoge von
Calabrien ein unglückliches Ende vorausgesagt und mußte
deshalb hierher nach Sicilien flüchten, wo er in tiefster Ver-
borgenheit lebt. All sein Hausrath besteht aus seinem Stern-
buch, seinem Globus und seinen Instrumenten. Er berechnet
die Zukunft, ich führe den Haushalt und gehe auf die Jagd,
um Lebensmittel zu erlangen. Heute verfolge ich eine Hirsch-
kuh, als ich plötzlich Trommeln und Musik vernehme. Erstaunt will ich mich ihr nähern, und erblicke plötzlich mitten
unter Felszacken die Gestalt eines Menschen oder vielmehr
einen Menschen in Thiergestalt, ein gekrümmtes Gerippe, einen
wandelnden Tod, das halbe Gesicht von einem schmutzigen
Barte bedeckt und von so tiefen Runzeln durchfurcht, daß
man Frucht dazwischen säen könnte, und dies Gespenst verfolgte mich."

Phokas. Dahinter muß etwas Wunderbares verborgen
liegen.

Cintia. Da dieser Mensch durch die Musik herbeigelockt
wurde, so brauchen wir diese ja nur von Neuem ertönen zu
lassen, um ihn hierherzubringen.

Die Musik beginnt, und es erscheinen Astolf, Leonide und
Heraklius, alle drei in Thierfelle gekleidet. Phokas und die
Frauen ziehen sich zurück.

Astolf. Ist es möglich, Unvorsichtige, daß ihr ohne

meine Erlaubniß unsere Höhle verlassen habt und euer und mein Leben aufs Spiel setzt?

Leonide. Was willst du? — diese sanfte Musik entzückt mich, ich bin nicht Herr meiner Sinne.

Heraklius. Dieses Trommelwirbeln entflammt mich, ich bin außer mir, ein Vulkan läßt alle Kraft meiner Seele auflodern!

Leonide. Wenn die sanften Frühlingswinde
Mit den Bächen leise rauschen,
Und der Vögel süße Kehlen
Ros' und Nelke neu begrüßen,
Dennoch könnten ihre Stimmen
Diese Töne nicht erreichen.

Heraklius. Wenn im Winter Stürme brausen
Um die Gipfel des Gebirges,
Wenn die Ströme niederstürzen
Und die Wolke donnert zornig,
Dennoch würde dieser Donner,
Der aus unbewölkter Luft tönt,
Der mein Herz in Flammen setzt,
Ihr Getöse nicht erreichen.

Astolf. Ach ich fürchte dieses Echo,
Das für dich (zu Leonide) so süßen Klang bringt,
Das für dich (zu Heraklius) so furchtbar schön klingt,
Wird uns alle drei vernichten.

Heraklius und Leonide. Wie verstehst du das, mein Vater?

Astolf. Weil ich aus der Höhle tretend
Um zu sehn, wo ihr geblieben,
Eine Frau gesehn! — ich fürchte,
Sie wird sagen, daß wir hier sind.

Heraklius. Eine Frau? — ! — Wenn du sie sahst,
Warum hast du nicht gerufen,
Daß ich säh', wie sie geformt ist?
Denn, wie du mir einst gesagt,
Kann von allen Dingen, die du
Mir genannt, auch nicht ein einz'ges
Eine Frau erreichen. — Wenn ich
Ihren Namen nur vernehme,
Fließt unnennbar ein Gefühl
Zärtlich mir durch meine Adern.

Leonide. Dank, daß du mich nicht gerufen,
    Denn es steigt in meiner Brust
    Ganz ein anderes Gefühl auf;
    Und es zittert mir das Herz
    Einzig schon bei ihrem Namen
    Gleich als drohte mir Gefahr,
    Und es quält mich in der Seele
    Dieses Wort, und kann nicht sagen,
    Was es sei, das mich beängstigt.
Astolf (zu Heraklius). Was du sagst, ist wohl geurtheilt;
    (zu Leonide). Was du denkst, ist wahr empfunden.
Heraklius. Aber so uns widersprechend,
    Hätten Recht wir alle beide?
Astolf. Eine Frau nenn' ich ein Bild,
    Das ein doppelt Antlitz bietet;
    Blickt es an: nichts ist so lieblich,
    Blickt es an: nichts ist so furchtbar;
    Unser Freund und Feind zugleich,
    Unsrer Seele Lebenshälfte,
    Unsres Todes Hälfte oftmals;
    Kein Entzücken ohne sie,
    Ohne sie auch keine Schmerzen;
    Wer sie fürchtet, handelt recht,
    Wer sie liebt, ist nicht im Unrecht;
    Weise, wer sich ihr vertraut,
    Weise, wer ihr immer mißtraut,
    Krieg und Frieden theilt sie aus,
    Glück und Gram, und Wund' und Heilung,
    Gift und Gegengift zugleich,
    Wie des Menschen Zunge ist:
    Nichts ist besser, wenn sie gut,
    Wenn sie böse, nichts so schändlich.

Die Jünglinge fragen, warum er ihnen nie Gelegenheit verschafft, eine Frau aus Erfahrung kennen zu lernen. Warum er ihnen ihre Freiheit vorenthalte. Wann sie beide endlich erfahren würden, wer sie seien und wer er selber. Astolf antwortet, daß es gefährlich sei, ihren Schlupfwinkel zu verlassen, und daß der Kaiser ihn zwinge, sie versteckt zu halten. Jagdgetöse erklingt; die beiden Jünglinge, von Neugier ergriffen, laufen ihm nach und davon. Zwei Bauern, die komischen Personen des Stückes, treten auf und sprechen mit Astolf, der stets entdeckt zu werden fürchtet. Alle ab. Heraklius und Cintia kommen aus einer Grotte heraus.

Heraklius. Was erblick ich?

Cintia. Wer ist das?

Heraklius. Welches wundervolle Thier?

Cintia. Welche gräulich wilde Bestie?

Heraklius. Götteranblick!

Cintia. Schreckerregend!

Heraklius. Soviel Muth besaß ich erst,
Und nun bin ich feige worden.

Cintia. Stark entschlossen kam ich her,
Und nun fang' ich an zu zittern.

Heraklius. O du, meiner Sinne Gift,
Meiner Ohren, meiner Augen,
Denn längst, eh' ich dich gesehn,
Hört' ich dich entzückt von ferne,
Wer bist du?

Cintia. Ich? — eine Frau.
Weiter nichts.

Heraklius. Wie? wär' es möglich,
Daß es mehr als eine gäbe?
Denn wenn alle sind wie du,
Bliebe da ein Mann lebendig?

Cintia. Also sahst du keine weiter?

Heraklius. Nein. — doch —! denn ich sah den Himmel,
Und ich glaube, wenn der Mann
Eine kleine Welt genannt wird,
Ist die Frau des Himmels Abbild.
So im Kleinen.

Cintia. Du erschienst
Roh zuerst und bist so weise?
Wardst du wie ein Thier erzogen,
Warum sprichst du nicht als Thier?
Und wer bist du, der so kühn
Hier in das Gebirge eindringt?

Heraklius. Weiß ich das?

Cintia. Und warum lebst du
Hier in dem Gebirg so seltsam?

Heraklius. Weiß ich das?

Cintia.   Du weißt es nicht?

Heraklius. Sei nicht zornig über mich;
Denn zu wissen, daß man nichts weiß,
Ist schon große Weisheit, däucht mir.

Cintia (trohend). Wer du bist, ich will's erfahren,
Oder mit dem Pfeil dich tödten.

(Sie spannt den Bogen auf ihn.)

Heraklius. Willst du mir das Leben rauben?
Das ist kleine Müh.

Cintia.   Die Furcht
Läßt die Hände niedersinken.

Heraklius. Deine stärksten Waffen sind
Nicht in deinen Händen.

Cintia.   Wie?

Heraklius. Da du mit den Augen tödtest,
Was bedarf es da der Pfeile?

Währenddem sind auch Libia und Leonide aufgetreten. Voltaire läßt ihr Gespräch aus, das sich in den verwickeltsten calderonischen Hin= und Widerreden bewegt. „Schönes Wunder des Tages (Bello escandalo del dia),“ sagt Leonide, „die du deinem Jagdgefolge vorauseilend hierher kommst, warum, wenn ich dich ansehe, gerath ich in Angst und erwartende Verwirrung? Wer bist du?“ Libia: „Ich komme einen Andern hier zu suchen und finde dich an seiner Stelle. Aber wenn mein Anblick dich besorgt macht, so erschreckt mich der deinige nicht minder.“ Leonide drückt ihr aus, wie es ihn zu ihr hinziehe und sie ihn zugleich abstoße; endlich nach vielen Worten fragt er: „schönes Zauberwerk, du bist wohl das Weib?“ „Ja, das bin ich,“ antwortet sie. Er will mit ihr kämpfen, als Stimmen hinter der Scene ertönen und beide Jünglinge zur Flucht genöthigt werden. Aus den Worten, mit denen jeder sich bei seiner Dame verabschiedet, geht hervor, daß beide Paare zu gleicher Zeit mit einander sprechen auf verschiedenen Seiten der Bühne, wobei denn der Schlußeffect der war, daß

hier Cintia den Heraklius eben tödten, dort Leonide eben die
Libia anfallen will, und daß in diesem Momente die Unter=
brechung eintritt. Voltaire erzählt außerdem noch von einem
Theatercoup, daß Libia und Cintia einmal rasch ihre Mäntel
vertauschen und die Jünglinge dadurch noch mehr erschrecken,
weil die Frauen nun wirklich Bilder mit zwei Gesichtern schei=
nen, wie Astolf gesagt. Hiervon war in der Ausgabe Calde=
ron's, in welcher ich das Stück spanisch nachlas, nichts an=
gegeben.

Nun kommt Phokas mit den Soldaten, und die Jüng=
linge vertheidigen den Eingang der Höhle. Der Kaiser will
endlich auf sie schießen lassen, als Astolf hervorkommt und von
ihm erkannt wird. Er will nicht gestehen, welcher von den
beiden Jünglingen der Sohn des Mauritius sei. Phokas,
wüthend, will sie beide tödten. Eine wundervolle Scene, wie
sie beide für einander sterben wollen. Astolf gesteht, einer von
den beiden sei der Sohn des Phokas. Dieser geräth in furcht=
bare Wuth, weil Astolf nicht sagen will, welcher von ihnen
es sei. Er mißhandelt ihn, die Jünglinge treten auf zu seiner
Vertheidigung, da, als die Soldaten eben im Begriff sind alle
drei zu tödten, erscheint der Zauberer Lisippo, und unter
Donner und Blitz wird die Bühne in Finsterniß gehüllt. Diese
letzte Scene des Aufzuges ist von großer Kraft, Spannung
und Gluth in den Charakteren, was um so mehr hervortritt,
als Voltaire Calderon's verwickelte Verse in die einfachste
französische Prosa übertragen hat. Gerade diese Arbeit des
spanischen Dichters ist geeignet, den Unterschied zwischen poeti=
schen und historischen Thatsachen zu zeigen. Die Grundlage
der Begebenheiten ist beinahe absurd unwahrscheinlich, so sehr,
daß man die einzelnen Punkte gar nicht weiter zu betonen
braucht, sie springen in die Augen; und auf diesem zweifel=
haften, lustigen Grunde wird aus dem Zusammenstoß der
Leidenschaften und ihrem Ausdrucke ein so wahrhaftes, reelles

Gebäude aufgeführt, daß man dem Gefühl der auftretenden Personen keinen Zweifel entgegensetzt, sondern mit ihnen und von ihnen auf dem märchenhaften Gebiete sich weiterführen läßt, als wäre es die Wirklichkeit selber, auf deren festestem Boden man zu schreiten wähnt.

Die spanischen Stücke sind in jornadas, Tagewerke, eingetheilt. Das vorliegende Stück hat deren drei. Das erste ist mit dem Zauberstreich des Lisippo zu Ende gebracht, das zweite beginnt.

Die Jünglinge sind ins Gebirge entflohen, der Kaiser schickt ihnen die Musik nach, um sie abermals heranzulocken. Der alte Zauberer tritt an ihn heran und behauptet, daß das ganze menschliche Leben nur eine Illusion sei. Um das zu beweisen, läßt er einen prächtigen Palast aufsteigen. Die beiden Flüchtlinge kommen zurück. Sie machen ihren Damen den Hof, es giebt Musik und dabei allerlei kleine Gelegenheiten, den Unterschied in den Charakteren der Jünglinge darzulegen. Heraklius ist muthiger, Leonide ehrgeiziger. Ihre Kleidung entspricht jetzt ihrem Range, der Schauplatz ist der von Lisippo geschaffene Palast. Phokas redet mit ihnen, bei jeder Antwort zeigt sich das unterschiedene Naturell der beiden, er aber kann sich für keinen mit Sicherheit entschließen. Jetzt erscheint ein Bote Federigo's, Fürsten von Calabrien, der mit einer Schwester des ehemaligen Kaisers Mauritius vermählt, nicht nur Phokas den Tribut verweigert, sondern auch die Krone von ihm verlangt, die ihm nicht gebühre, im Weigerungsfalle kündigt er den Krieg an. Astolf tritt auf. Er war ins Gefängniß geworfen, ist durchgebrochen und will nur noch einmal die Prinzen, die er erzogen hat, in ihrer Herrlichkeit sehen. Leonide wirft ihm vor, daß er sie so in der Wildniß thiermäßig habe aufwachsen lassen, Heraklius nimmt sich seiner an, die Prinzen gerathen hart aneinander und ziehen die Degen, als Phokas dazwischentritt, um gerade noch zu verhindern, daß Leonide von Heraklius durchstochen wird. Sie entschuldigen sich nun beide beim Kaiser, der immer noch schwankend ist, welches sein Sohn sei.

Im dritten Tagewerk kommt es so weit, daß Leonide den schlafenden Kaiser ermorden will. Heraklius hält ihn ab. Phokas erwacht. Aber auch Heraklius steht mit gezücktem Dolche da. Leonide rühmt sich jetzt, er habe den Kaiser gegen Heraklius vertheidigt, dieser widerspricht, Phokas weiß nicht aus noch ein, hält aber schließlich den unschuldigen Heraklius für den Mörder. Dieser entflieht. Leonide, plötzlich beschämt, eilt ihm nach, um sein Schicksal zu theilen, da läßt Lisippo Finsterniß einbrechen, und als es wieder licht wird, ist der Palast verschwunden, die beiden Jünglinge stehen wieder in Felle gehüllt vor ihrer alten Höhle, alles Vorgefallene ist nicht geschehen und Phokas befindet sich auf der alten Jagdpartie im Aetna, wie am Schlusse der ersten jornada. Astolf macht nun das Geständniß, daß Leonide der Sohn des Phokas sei. Heraklius behält das Leben, weil Cintia behauptet, der Kaiser habe sein Ehrenwort gegeben, nichts Feindliches in Sicilien beginnen zu wollen, man setzt ihn aber auf ein durchlöchertes Schiff und stößt es vom Lande ab. Glücklicher Weise nimmt ihn die Flotte des Herzogs von Calabrien auf, die gerade landet. Die Armeen rücken gegeneinander. Leonide und Heraklius kämpfen auf verschiedenen Seiten. Phokas fällt verwundet, Leonide will ihn retten, Heraklius tödtet ihn dennoch, wird zum Kaiser ausgerufen und heirathet Cintia, während Leonide Libia zur Gemahlin nimmt. Zuguterletzt giebt Lisippo noch die Erklärung ab, daß seine Prophezeiung, der Herzog von Calabrien werde auf böse Weise ums Leben kommen, eine Lüge gewesen sei. Damit ist Jedermann zufrieden gestellt und das Stück zu Ende.

Betrachten wir dieses Drama im Verhältniß zu Dryden und Davenant's Arbeit, so ergiebt sich, daß die sogenannten Erfindungen der beiden Engländer ein Plagiat nach Calderon

sind. Es bedurfte weder für den einen noch den andern all
die genialische Anstrengung, von der Dryden's Vorrede berichtet.
Allein es bieten sich jetzt noch ganz andere Betrachtungen dar.
Das calderonische Stück lieferte nicht nur Dryden den Stoff
zu seiner Erweiterung des Sturmes, sondern es steht, ganz
abgesehen von diesen Scenen, zu Shakespeare's Original selbst
wieder in verwandtschaftlichem Verhältnisse, und zwar nicht
so, daß man sagen könnte, der spanische Dichter habe den
Sturm benutzt. Denn die Aehnlichkeit liegt nicht in der Führung der Intrigue und der Leitung der Scenen, sondern nur
in dem Zusammentreffen ähnlicher märchenhafter Grundelemente:
wir finden bei Calderou den Zauberer und seine Tochter, wenu
auch als Nebenpersonen. Es sei hier bemerkt, daß uns bei
dem shakespearischen Sturm alle Quellen fehlen. Während man
bei den anderu Stücken nachweisen kann, nach welchem Drama
oder welcher Novelle er gearbeitet hat, haben wir in der gesammten dramatischen und Novellenlitteratur kein Stück, worauf der Sturm zurückzuführen wäre. Calderon dichtete natürlich viel später als Shakespeare.

Dagegen sehen wir nun aber auch Calderon's Astolf und
die beiden Prinzen bei Shakespeare, nur an ganz anderer
Stelle. Diese drei Figuren entsprechen denen des Alten und
der beiden Jünglinge im Cymbeline. Hätte Calderon nun
aus Shakespeare's Sturm und Cymbeline sein Stück zusam=
men geschmiedet? War Shakespeare überhaupt damals in
Spanien bekannt? Und seltsam, gerade die Episode bei Shakespeare, wie Imogen zu den wilden Höhlenbewohnern geräth,
ist nur lose in den Cymbeline hineingesetzt und findet sich nicht
in der Novelle, nach welcher das ganze Stück übrigens gear=
beitet ward. Shakespeare selbst also muß diesen Zusatz anders=
woher genommen haben. Wie aber hat Shakespeare in seiner
Weise unvergleichlich schön die Unschuld der Jünglinge dar=
zustellen gewußt, welche Imogen für einen Knaben halten.

Nur nebenher wird ihre Unwissenheit angedeutet und das zarteste Idyll daraus gesponnen. Dies ist unsere Weise dergleichen poetisch auszudrücken. Calderon, der Spanier, geht gleich auf den Kern der Sache los und stellt ihn rücksichtslos dar, worin Dryden ihm gefolgt ist.

Halten wir nun also fest: das calderonische Stück bildet ein Ganzes, und nur die Person des Zauberers ist darin nicht so ausgebeutet wie sie sollte, der, das eigentliche Agens des Stückes, zu sehr in den Hintergrund tritt. Bei Shakespeare dagegen nimmt Prosper die gebührende Stelle ein und ist Hauptperson des Dramas. Und zweitens, im calderonischen Stücke finden sich die drei Personen, die nur lose in den Cymbeline Shakespeare's hineingewebt sind, als Träger der ganzen Handlung. Hieraus ergiebt sich: hat Calderon Shakespeare gekannt und ihn benutzt, so hat er seltsamer Weise nur das Snjet, und nirgends die theatralische Composition bennßt, und da, wenn ein Theaterdichter den andern ausschreibt, er gerade den eigenthümlichen Bau der Scene nachzuahmen pflegt, so ist es mir wahrscheinlich, daß Calderon nichts von Shakespeare gewußt habe und daß Beide aus derselben Quelle schöpften. Höchst wunderbar ist es dann aber wirklich, daß durch Dryden's Hand Shakespeare's Composition um das wieder bereichert, oder vielmehr vervollständigt wurde, was Shakespeare selbst fortgelassen und im Cymbeline verwandt hatte.

Woher aber nahmen Shakespeare und Calderon ihren Stoff? Ein älteres Theaterstück kann ihnen kaum vorgelegen haben, denn davon müßten Spuren erhalten sein, auch liegt das Uebereinstimmende zu sehr in der bloßen Fabel, während das bühnenhafte Element bei jedem Dichter seinen durchaus eignen, unabhängigen Zuschnitt hat. Beide Werke müßten auf die gleiche novellistische Grundlage zurückgeführt werden.

Suchen wir weiter in dieser Richtung. Die Idee, die himmlische Unwissenheit der Jugend zu feiern, ist so alt als die Poesie selber. Die Unempfindlichkeit des Adonis ist ihr schönster Ausbruck im Alterthume, die Unerfahrenheit des Daphnis in der Idylle des Longus schon ein Beispiel raffinirterer Ausbeutung. Von rührender Schönheit aber und dem reinsten Sinne entsprossen ist ein indisches Gedicht,[*]) worin erzählt wird, wie die Königstochter Sanata auszieht, um den Jüngling Rischiasringa in ihres Vaters Reich zu locken, damit seine Gegenwart den langersehnten Regen bringe, dessen Ausbleiben die Felder in Brand steckt. Der Jüngling wohnt mit seinem bejahrten Vater in einem Haine, beide sind Büßer. Sanata erwartete die Abwesenheit des Alten, um sich Rischiasringa zu nähern, der niemals eine Frau gesehen hat und das schöne Mädchen für einen jungen Schüler hält. Ihr erstes Begegnen, Sanata's Verschwinden, Rischiasringa's Sehnsucht, seine Erzählung an den Vater, Sanata's abermaliges Kommen, und wie sie ihn hinwegzieht, bildet die lieblichste, schönste Scene und gehört zu den besten Dichtungen, die ich kenne. Wie kalt und unerträglich ist Dryden's Arbeit daneben, Shakespeare's Imogen aber hielte den Vergleich aus.

Es findet sich keine Spur, daß dieses Gedicht früher in Europa bekannt gewesen sei; vielleicht aber kannten es die indischen Erzähler, aus deren Munde Johannes Damascenus die Episoden seines Gedichtes Baarlam und Josaphat empfing. Dieses ward im 4. Jahrhundert zuerst in syrischer Sprache abgefaßt, dann in das Griechische übersetzt, und sein Inhalt, das heißt alle die kleinen Erzählungen, aus denen es zusammengesetzt ist, waren lange vor Shakespeare's Zeiten in Europa bekannt.

Josaphat, der Sohn des Königs Baarlam, ist heimlich zum Christenthume übergetreten und soll auf jede Weise zum heidnischen Glauben zurückgeführt werden. Der König wendet

---

*) Zu finden in Holzmann's Indischen Sagen.

sich unter Andern an einen Zauberer, Theodor mit Namen, welcher es versucht, den Geist des Jünglings sich unterwürfig zu machen, von diesem jedoch selbst überwunden und bekehrt wird. Der Zauberer hatte ihn auch durch die Gesellschaft schöner Frauen verführen wollen und erzählt dem Könige, um ihm dieses Mittel plausibel zu machen, folgende Geschichte. Es sei einem Könige ein Knabe geboren worden und demselben prophezeit, er werde erblinden, wenn er innerhalb der nächsten zehn Jahre das Licht der Sonne erblickte. Deshalb wird das Kind in einer finstern Höhle erzogen, nach Verlauf dieser Zeit je o an den hellen Tag gebracht und ihm eine Menge von Dingen gezeigt, deren Namen und Bedeutung es kennen lernen soll, goldenes und silbernes Geräth, Pferde, Gewänder und auch schöne junge Mädchen. Diese je o ziehen vor allen Andern seine Aufmerksamkeit auf sich, und er fragt, was das für Geschöpfe wären. Man giebt ihm zur Antwort, „böse Geister, welche die Männer verführen." Als nun der König wissen will, was ihm am besten von Allem gefallen habe, antwortet der Jüngling, die bösen Geister.

Diese Erzählung kam erstens, wie sie da ist, durch die Uebersetzungen nach Europa, anderntheils aber, indem man nicht abschrieb, sondern wiedererzählte, wurde sie in Italien, der Mutter der Novellen, einheimisch gemacht. In den Cento novelle heißt es: ein Bürger von Florenz ritt mit seinem Sohne, den er aus dem Kloster, worin er erzogen wurde, abgeholt hat, nach Hause. Sie begegneten jungen Mädchen und der Jüngling fragte, was das für Dinger seien; es wären junge Gänschen, antwortete der Vater. Zu Hause verlangte der gute Junge dann ungeduldig zu den jungen Gänschen. Hans Sachs hat es in Reime gebracht, daneben finden wir in seinen Werken auch die Erzählung von Baarlam, die durch eine alte Uebersetzung nach Deutschland kam. In Hagen's Gesammtabenteuern steht eine abermalige Nationalisirung der italiänischen Novelle in Deutschland: ein Abt nimmt einen jungen Klosterbruder zum ersten Male mit sich; sie übernachten in einer Mühle, wo die Töchter des Müllers die jungen Gänschen sind, zu benen der junge Mönch später bann zurück will. Bei Abraham a Sancta Clara ist es ein armer Junge, ben ein alter Einsiedler erzieht und zum ersten Male mit auf ben Jahrmarkt nimmt; hernach haben ihm die jungen Gäus= chen am besten gefallen. Auf ben Zusammenhang bieser Er= zählungen ist schon oft hingewiesen.

Herr von Schack bringt in seiner Geschichte des spani= schen Dramas das Gedicht Baarlam und Josaphat mit Cal= beron in Zusammenhang. Er führt die Grundibee des Stückes „das Leben ein Traum" barauf zurück, in welchem ein in Thierfellen einsam erzogener Prinz die erste Rolle spielt. Auf biesen äußerlichen Apparat beschränkt sich je o die Aehnlich= keit. Bei dem von mir mitgetheilten Drama tritt sie dagegen viel stärker hervor. Die Scene zwischen Astolf und den beiben Jünglingen ist in ihrer ersten Anlage im Gedichte des Johannes Damascenus erkennbar, beshalb aber ist es noch nicht nothwendig, baß Calberon sie gerade baher genom= men habe.

Denn der Dichter des Baarlam verdankte seine Erzählun= gen nicht allein indischen, sondern auch äthiopischen Erzählern. Wir können baher annehmen, baß das Märchen, welches die Grundlage des calberonischen Stückes bildet, im Orient ver= breitet war. Einzelne Züge baraus ·finden wir an andern Stellen wieder. Vielleicht, baß es in erweiterter Gestalt burch die Mauern nach Spanien unb so zu Calberon's Ohren kam. Die Zauberei des Alten, der plötzliche Aufbau des Palastes der auf einen Wink in Luft zerfließt, erinnern an ähnliche Geisterthaten in ben arabischen Märchen, wie auch bas Leben in unterirdischen Wohnungen bort immer wiederkehrt. Doch ich gebe nur Vermuthungen. Unb wie bas Märchen gar aus

Spanien nach England und zu Shakespeare gelangte, darüber
wüßte ich nichts zu sagen als dieses: die schriftliche Mittheilung aller Dinge ist leichter festzustellen, kann aber nur
für unsere Zeiten, wo man sicher ist, daß ziemlich Alles gedruckt wird, die Grundlage der Forschung sein, für jene Epoche
aber, wo gewiß das Wenigste gedruckt ward und die mündliche
Fortpflanzung der Erzählungen der erste Weg war, auf dem
sie sich verbreiteten, darf man sich auf dieses Hören und Erzählen berufen, selbst wenn man keine Beweise vorzubringen
hat. Man braucht es als kein Wunder anzusehen, wenn das
Märchen, das ich supponire, auch nach England gekommen
wäre. Einen Grund mehr dafür, daß Calderon eine alte
Sage vorbrachte, sehe ich in der Sorglosigkeit, mit der er sie
zur Grundlage seines Dramas macht. Es fällt ihm nicht ein,
die Verhältnisse zu motiviren, er erzählt sie einfach, wie man
etwas Empfangenes weitergiebt; die Verwicklungen der Comödie selber sind sein Eigenthum.

So sehen wir also eine an sich rein menschliche poetische
Idee in einem indischen Gedichte auftauchen, in der griechischen Mythologie begegnen wir ihr, ein Christ benutzt sie in
einem Gedichte, das zur Verherrlichung seines Glaubens gedichtet ward, sie kommt nach Italien, nach Deutschland und
nimmt dort nationale Gewandung an, sie gelangt erweitert
durch den Diebstahl anderer Märchenelemente nach Spanien,
zugleich nach England, Shakespeare wendet sie in zwei Dramen an, die weder bei Diesem noch bei Jenem unter sich in
Zusammenhang stehen, das eine Stück aus der Feder Shakespeare's wird von Dryden verändert und eins von Calderon
zu diesem Zwecke ausgebeutet, während aus demselben Drama
Corneille die Idee einer Tragödie hernimmt.

Jedes Land drückt dem Stoffe seine Eigenthümlichkeit
auf. Im altindischen Gedichte liegt der Hauptaccent auf dem
Ungehorsam des Jünglings, der durch die schöne Frauengestalt

seiner gottgeweihten Einsamkeit entrissen wird, im griechischen Mythus auf den Verführungskünsten der Aphrodite, die an dem reinen jugendlichen Geist des Adonis scheitern, im orientalischen Märchen wird der Gegensatz des dunkeln Lebens unter der Erde gegen das plötzliche Bekanntwerden mit dem wirklichen Dasein am meisten betont, der spanische Dichter knüpft daran heroische wunderbare Familienverwicklungen, die er mit romantischem Glanze umgiebt und die schließlich die Idee der reinen Legitimität verherrlichen, der Franzose läßt das Alles bei Seite und giebt ein Bild politischer scharfer Leidenschaften bei Männern und Frauen, in England aber bildet sich daraus ein geheimnißvolles Seefahrermärchen. Wie stehen wir dem Stoffe gegenüber? Bei uns ist, wie in Italien, nur eine Anekdote mit etwas zweideutigem Inhalte daraus geworden, wie man sie sich in lustiger Gesellschaft gefallen läßt.

Shakespeare's Sturm und dessen Bearbeitungen verdanken die Popularität in ihrem Vaterlande verschiedenen Umständen, welche für unsere Zeiten und unser Publikum nicht mehr dieselben sind. Als eine Nation von Seefahrern müssen die Engländer von der schlagenden Wahrhaftigkeit der Matrosenscenen ganz anders begeistert worden sein, als dies bei uns, die beste Darstellung und die größte Empfänglichkeit des Parterres vorausgesetzt, möglich wäre. Das sinkende Schiff, die Rettung, die Zauberinsel liegen uns fern. Heute sind die Zeiten vorüber, wo die durch die Entdeckung der neuen Welt auflebenden Sagen geheimnißvoller, vor der Neugier ewig zurückweichender Inselreiche ihre romantische Gewalt über die Geister ausübten. Damals waren diese Erzählungen weit verbreitet und geglaubt. Ihr Einfluß auf die Literatur erstreckt sich bis tief in das vorige Jahrhundert, wofür die langen Reihen der Robinsonaden den besten Beweis geben. Die Insel Felsenburg beruht noch ganz auf solchen Grundlagen. Das Adeptenwesen, von dem zu jener Zeit ganz Europa ergriffen war,

verlieh diesen Romanen in den Augen der Vornehmeren den
Reiz, welcher für die leichtgläubige Lust am Grobwunderbaren
eintrat, dem sich das gemeinere Publikum hingab.

Alles das ist längst verschwunden. Dieser Landstrich des
Gebietes der Poesie erschöpfter Boden. Das Geheimnißvolle
der unendlichen Ferne wirkt nicht mehr, alle Märchenländer
und Märcheninseln sind untergegangen. Shakespeare's Werk
wird für den einsamen Leser stets eine frische lachende Frucht
sein, auf der Bühne aber mußte mit den Zeiten, für die es
gedichtet war, seine hauptsächlich fesselnde Macht vorübergehen,
wenn auch für das heutige Theater immer noch genug davon
geblieben ist.

Alfieri und seine Tragödie Mirra.

1855.

A parere mio, ogni più severa madre, nel paese
il più costumato d'Europa, potrà condurre alla
rappresentazione di questa tragedia le proprie don-
zelle, senza che i loro teneri petti ne ricevano
alcuna sinistra impressione.

Alfieri sulla Mirra.

Betrachten wir die Wege, auf denen ausgezeichnete Männer
zu der Höhe gelangten, auf der sie endlich über uns unerreich=
bar erhaben stehen, so sagen wir uns, daß keine menschliche
Hülse sie so weit führte. Als Naturproducte, einzig in
ihrer Art, scheinen sie die Fähigkeit, Andere zu überragen, von
Anfang an in sich getragen zu haben. Eine Eichel und eine
Erbse, neben einander gepflanzt, sprossen nach einiger Zeit in
in fast gleichen Keimen zusammen auf, dann aber, während
jene zurück bleibt, rankt sich diese hoch auf, blüht und trägt
Früchte, da die junge Eiche, die ein Jahrhundert vor sich
hat, langsam ihren Weg verfolgt und still wachsend ihre
Zeit erwartet. Es braucht sie Keiner zu säen, zu gießen, ihr
die Erde zu lockern; sie steht in einer Ecke des Waldes, wo kein
Auge sie kennt, und wenn ein Bauer vorübergehend sie sich
ansieht, um etwa einen tüchtigen Stecken aus ihr zu schneiden,
so durchführt es nicht der ganze Wald plötzlich, daß eben der
junge Stamm in Gefahr ist, der ein halbes Jahrtausend viel=
leicht der Welt allein sagt, daß hier ein Wald gestanden hat.

Die großen Dichter: kein Mensch wollte sie zu Dichtern machen; wie oft waren bedeutende Künstler nahe daran, zu Grunde ·zu gehen oder sich abzuwenden, ehe die Welt von ihnen ahnte! Alles, was große Erfolge errang, scheint wie zufällig und auf Umwegen auf das verschlagen zu sein, was Ruhm und Unsterblichkeit sicherte. Viele gewiß, welche Ungemeines leisten sollten, gingen unter, und wir wissen nicht, wo sie liegen, nicht was sie unvollendet in sich getragen.

Unnütz also die Mühe, Keimen zukünftiger Größe nachzuspüren und sie zu pflegen. Sollen sie groß werden, so sind sie auch wetterfest in sich und bedürfen es nicht; sollen sie nichts erreichen, wozu alle Unterstützung? Das Handwerk kann man heben und ermuntern, die Kunst sorgt für sich selber, und kann sie das nicht, so war nicht viel verloren am scheinbar Unterdrückten. Eines nur bedarf sie, aber auch dies ist nichts, das man ihr äußerlich geben könnte, das aber, wo es fehlt, sie vielleicht nicht tödtet, aber ihre Entwicklung hindert: ein Boden muß da sein, in dem sie wurzelt, ein freier Himmel, zu dem sie aufwächst.

Was wäre aus Corneille, Shakespeare, Goethe geworden, hätten sie nicht inmitten eines Volks gelebt, dessen Sprache ihren Gedanken diente, dessen Geister auf sie gerichtet waren, mit dem sie sich verbunden fühlten, das mit ihnen vorschritt? Diese Frage wäre so unnütz, als etwa die: ob Raphael ein so großer Maler geworden wäre, wenn ihn der Wille des Schicksals ohne Hände auf die Welt gesandt hätte? — wenn nicht ein bestimmter Fall vorläge, dem gegenüber sie Bedeutung hat. Es gab einen Manu ohne Vaterland, ohne Sprache, ohne Publikum; er war ein Dichter trotzdem, er schuf sich künstlich was er bedurfte, indem er so freilich einen Theil seiner Kräfte verbrauchte, das zu erreichen, was andern, glücklicheren als unbewußte Mitgift bei der Geburt umsonst gegeben ward.

Wie ein armer Schriftsteller um das tägliche Brod schreibt,
nur damit er die Zeit gewinne, wo er sich momentan sorglos
seinen Phantasien überlassen darf, so mußte sich der Dichter,
den ich meine, erst eine Sprache erstreiten, in welcher er sich
ausdrückte, erst eine Form suchen, die ihm genügte (ohne daß
er sie jemals praktisch weiter ausbilden durfte), und das
Publikum bestand aus dem Geiste, der sich seiner bemächtigte
und ihn zum Dichten antrieb, bis allmälig hier und dort ein
idealer Kreis sich bildete, dessen Mittelpunkt er war ohne es
zu wissen.

Dieser Mann war Alfieri, geboren 1749 (ein bekanntes
Jahr), gestorben 1803, ein piemontesischer Edelmann, dessen
Namen bekannter ist als seine Werke. Unter ihnen ist das am
wenigsten Unbekannte die Geschichte seines eigenen Lebens,
welche er mit der fast ironischen Kürze eines Mannes berichtet,
der genug in der großen Welt lebte, um Nebensachen nicht
nur auszulassen, sondern überhaupt gar nicht als vorhanden zu betrachten. Während Rousseau in seinen Geständ-
nissen oft mit den glühendsten Farben die Dinge malt, nackt,
wie sie sind oder ihm erscheinen, stets aber malt, niemals die
bloßen Umrisse gibt, so verschmäht Alfieri jedes Colorit und
drückt gleichsam nur in Umrissen aus, was er sagen will.
Sind diese auch noch so scharf gezogen, mehr empfangen wir
niemals: nur der leiseste Hauch einer Färbung wäre Unwahrheit für ihn. Eine Monotonie lagert auf Allem, was er
schrieb und dachte, wie das gleichmäßige Licht eines hellen,
doch sonnenlosen Herbsttages bei uns auf dem flachen Lande.
Er war allein, er schrieb nur für sich. Er wollte Niemandes
Gunst erringen, keinem Volke schmeicheln; keines seiner Werke
wurde erwartet, hatte eine bestimmte Stelle im Voraus: er
arbeitete wie ein Bildhauer, welcher noch nicht weiß, wo seine
Statue stehen wird. Nirgends heimisch als im Reiche der
Gedanken, scheinen die Geister seiner Gedichte an nichts Irdi-

15*

sches gebannt, sondern herrenlos dem einzig anzugehören, der
sie erkennt, ergreift und zu sich heranzieht.

Wie Alfieri dazu kam, ein Dichter zu werden, ist einer
der auffallendsten Beweise für die unberechenbare Laune des
Genius. Wer sieht dem Adler, der über dem Walde schwebt,
an, auf welchem Baume er sein Nest bauen will? Nehmen
wir an, daß es einen Zufall giebt, dann gab es nie etwas,
das mehr Zufall gewesen ist, als der erste Versuch Alfieri's.

Im Jahre 1774 war er fünfundzwanzig Jahre alt. Wie
er bis dahin gelebt, erzählt er aufs Genaueste. Er hatte eine
Erziehung genossen ohne Plan und Folge, hatte sich in Reisen
gestürzt, nirgends Ruhe gefunden, tolle Abenteuer gehabt,
sich gelangweilt über alle Begriffe, war endlich zurückgekehrt,
trug die Uniform eines Regiments, aus dem er austrat, er
wußte selbst nicht aus welchen Gründen, und fand sich schließ=
lich in den Netzen einer Frau, die er verachtete, von der er
sich trotzdem nicht losmachen kounte, und in deren Ketten er
hinlebte ohne für das Geringste auf Erden Interesse oder
Ambition zu hegen.

Eine ungemeine Halsstarrigkeit ist die einzige leitende
Idee seines Lebens bis dahin. Sie blieb es für immer. Wenn
er die kritischen Momente seiner Erlebnisse mittheilt, und wie
er sich in ihnen benahm, so scheint dann in ihm eine eiserne,
furienhafte Thatkraft erwacht zu sein, mit der er Andere oder
sich selbst bezwingt. Diese Erzählungen sind auch für den,
welcher bloß aus Neugier oder zum Zeitvertreib Bücher in die
Haud nimmt, interessant genug. So erkennt er denn auch
jetzt die Schmach, sich von einer Frau unterjochen zu lassen,
von der er weiß, daß sie ihn nicht liebt, und die ihn miß=
handelt; aber er fühlt sich unfrei und gehorcht ihr.

Es war im Januar des genannten Jahres. Seine Ge=
liebte krank, und er am Fuße ihres Bettes sitzend, vom Morgen
bis zum Abend, Tag für Tag, treu wie ein Huud und ohne

den Mund zu öffnen, weil der Arzt völliges Stillschweigen
geboten hatte. Laffen wir ihn felbft erzählen: „Während einer
diefer Sitzungen ergriff ich aus Langeweile fünf oder fechs Blätter
Papier, welche mir unter die Hände kamen, und begann fo zufällig, und ohne im Mindeften eine Abficht damit zu verbinden,
eine Scene einer, — foll ich Tragödie oder Comödie fagen,
foll ich fie ein- oder fünf- oder zehnaktig nennen? — hinzu-
kritzeln; kurz, es waren Worte in der Art eines Dialogs und
in einer Art von Verfen, zwifchen einem Photinus, einem
Frauenzimmer und einer Cleopatra gewechfelt, welche letztere
als dritte dazu kam, nachdem die erften beiden fich eine Zeit
lang unterhalten. Dem Frauenzimmer aber, nur um ihr einen
Namen zu geben, klebte ich den Namen Lachefis an. Es fiel
mir gerade kein anderer ein; an die drei Parzen dachte ich
am allerwenigften dabei. Jetzt, wo ich die Sache ruhig betrachte, erfcheint mir diefer mein plötzlicher Einfall um fo
feltfamer, als ich damals feit fechs und mehr Jahren nur
fehr felten und mit großen Unterbrechungen in Büchern ge-
lefeu hatte. Und trotzdem kam ich fo plötzlich darauf, diefe
Scene italiänifch und in Verfen zu fchreiben. Damit übrigens
der Lefer felbft urtheile, wie mager es mit meinen poetifchen
Fähigkeiten beftellt gewefen, gebe ich hier in einer Anmerkung
eine hinreichende Probe meines Machwerkes, treu nach der ftets
von mir forgfältig bewahrten Originalhandfchrift copirt, mit
allen Schreibfehlern obendrein, welche, wenn es nicht die Verfe
felber thun, Jeden zum Lachen bringen werden wie mich felber,
indem ich fie fchreibe; am meiften die Scene zwifchen Cleopatra
und Photin. Ich bemerke noch, daß der einzige Umftand,
welcher mich gerade die Cleopatra und nicht an ihrer Stelle Bere-
nice oder Zenobia oder irgend eine andere Tragödienkönigin auftreten zu laffen antrieb, vielleicht der war, daß ich feit Jahr und
Tag im Vorzimmer meiner Dame die prächtigen Tapeten mit den
Thaten der Cleopatra und Anton's vor Augen gehabt hatte."

Alfieri erzählt nun weiter, wie seine Geliebte ihre Gesundheit wieder erlangte und seine Blätter unter dem Kissen irgend eines Möbels ein Jahr lang vergessen liegen blieben. Er läßt hierauf den Bericht der höchst wunderbaren Art und Weise folgen, wie er seine Ketten brach. Flucht und Entfernung hatten nichts geholfen, er war willenlos immer wieder zurückgekehrt. Nun beschließt er sein eigenes Haus nicht zu verlassen ehe es nicht anders mit ihm geworden sei. Er packt das Uebel an der Wurzel und reißt es aus. Er giebt der Geliebten mit einigen Zeilen Nachricht von seinem Vorhaben, und schneidet sodann jeden Verkehr, jede Erinnerung ab. Briefe, Botschaften, Gedanken, ja die Aussicht in's Freie versagt er sich, denn sein Haus lag dem der Dame dicht gegenüber, so daß er sie aus seinen Fenstern sehen, ja sprechen hören konnte. Die ersten vierzehn Tage bringt er heulend und wüthend in seiner Einsamkeit zu, dehnt sie weiter und weiter aus und verfällt, nachdem er zwei Monate fast wahnsinnig so verlebt hat, wieder auf die Dichtkunst. Er schreibt sein erstes Sonett. Dottore Padre Paciaubi, an den er sich als einen Kunstrichter damit wandte, schenkt ihm zufällig die Cleopatra des Cardinals Delfino. Bei ihrer Lektüre erinnert er sich seiner eigenen Schreiberei, welche er beim Bruche mit der Geliebten mit fort genommen hatte, und es entsteht eine neue Cleopatra. Einige Freunde haben sich um ihn versammelt; er schreibt noch anderes zu ihrem Vergnügen; Paciaubi recensirt unbarmherzig, aber erkennt, während er Sprache und Versbau heruntermacht, die großen und edeln Gedanken des Werkes an. Alfieri bringt eine dritte Cleopatra zu Stande. Diese giebt er dem Grafen Agostino Tana zum kritisiren, einem geistreichen, feingebildeten Altersgenossen, mit dem er zugleich erzogen war und dessen Billet, das die Kritik begleitete, mitgetheilt wird. „Sie haben mich zu Ihrem Richter erwählt," schreibt der Graf; „ich erwiedere diese Ehre dadurch, daß ich sie annehme.

Machen Sie sich auf die härteste, unerbitterlichste Kritik gefaßt, wie sie Wenige den Muth auszusprechen haben, sehr Wenige sie zu vertragen im Stande sind. Ich rechne mich zu den Wenigen, Sie zu den sehr Wenigen. Der literarische Pöbel, schmeichlerisch, lügnerisch und von sich selbst eingenommen, ist nicht daran gewöhnt, so zu Werke zu gehen. In's Gesicht machen sie sich Lobeserhebungen, hinter dem Rücken tadeln und verrathen sie einander ohne Schamröthe. Zwischen dem Verfasser dieser Tragödie und dem Censor, welcher sich seinen Freund nennt, wird dergleichen niemals möglich sein."

Am 16. Juni 1776 ward diese dritte Cleopatra zum ersten Mal, so wie am folgenden Abend mit großem Beifall zu Turin öffentlich aufgeführt. Zu weiteren Darstellungen ließ es der Dichter indeß nicht kommen. „Ich saud mich" sagt er, „so gut es anging, mit den Schauspielern und dem Unternehmer ab, um jede weitere Vorstellung zu unterdrücken. Seit jenen vom Schicksal gesandten Abenden erwachte in mir eine bis zur Raserei glühende Begier, einst einen ächten, verdienten Triumph im Drama zu erringen. Kein Fieber der Liebe bemächtigte sich meiner jemals mit gleicher Heftigkeit. So trat ich zum ersten Mal vor das Publikum. Haben meine späteren, nur allzu zahlreichen dramatischen Compositionen diese ersten nicht um vieles übertroffen, so habe ich hiemit den Anfang meiner Unfähigkeit, mich auf diesem Felde auszuzeichnen, närrisch und lächerlich genug dargethan; zählt man mich aber eines Tags unter die nicht geringsten Autoren, so wird man in Zukunft eingestehen, daß mein lächerlicher Einzug auf dem Parnaß mit Soccus und Kothurn zu gleicher Zeit etwas zur Folge hatte, das ziemlich ernsthaft war."

Er ließ nämlich hinter der Tragödie her, wie es die Mode mit sich brachte, ein kleines Lustspiel aufführen, betitelt I Poeti und in Prosa abgefaßt. Der Anfang desselben wird gleichfalls von ihm mitgetheilt.

„Hier aber," so endet das Capitel, in welchem er dies
Alles erzählt, „beschließe ich die Epoche meiner Jugend da
mein männliches Alter keinen glücklicheren Anfang nehmen
konnte."

Außer seinem glühenden Eifer und unbezähmbaren Willen
besaß Alfieri nichts bis dahin, das ihn zum Dichter befähigte.
Die Aufführung seiner Tragödie hatte ihm bewiesen, daß er
seine eigene Sprache nicht schreiben könne und keine Ahnung
habe von den Regeln der Kunst, Tragödien zu schaffen. Er
beschließt die Grammatik von Grunde aus zu studiren. Zwei
neue Tragödien verfaßt er in französischer Prosa. Er dachte
sich so deutlicher ausdrücken zu können; aber es gelang ihm
keineswegs. Er wird gewahr, daß er weder die Prosa, noch
die dichterische Sprache seines Vaterlandes, noch weniger die
Frankreichs besitzt. Es ist ihm unmöglich, sich selbst zu geben
in irgend einem Idiom. Er wird rasend darüber, hört dann
geduldiger den guten Rath an, der ihm von vielen Seiten
zufliegt, nimmt sich vor, nie mehr ein Wort französisch zu
reden, ja nur anzuhören, fühlt aber, daß er nicht italiänischer
dadurch wird, und entflieht endlich aus der Stadt auf's Land.
Wie er zu Cesannes, einem Oertchen auf der Grenzscheide
Piemonts und des Dauphiné gelegen, die Bekanntschaft des
Abbé Alliaud macht, wie dieser ihn vergeblich zum Studium
Racine's bringen will, wie er auch von dort wieder zurück=
kehrt und wie seine Qualen mit einer Reise nach Toskana
aufhören, wo er zum ersten Mal gründlich seine Sprache lernt,
das beschreibt er sehr gewissenhaft und für mich sehr unter=
haltend. Mit zunehmenden Jahren reiht sich daran in Be=
wältigung des Lateinischen und Griechischen, er versenkt sich
immer tiefer in seine Arbeiten und wird endlich zu dem Manne,
den man im Ganzen und Großen vor Augen hat wenn der
Name Alfieri genannt wird.

Ein sonderbares Gelüste zum Besitz prächtiger und edler

Pferde durchkreuzt dabei seine dichterischen und wissenschaftlichen Bestrebungen, die Leidenschaft zu einer Frau kommt dazu, von der ihn das Schicksal anfangs getrennt hielt. Er
leidet unglaublich, ehe es ihm vergönnt ist, ruhig an ihrer
Seite zu leben. Diese Erzählung hat etwas rührend Groß-
artiges. Merkwürdig ist die durch das Buch sich hinziehende
Beschreibung seiner anwachsenden dichterischen Kraft und wiederum ihres Erlöschens. Man sieht, wie der unruhige,
die Welt durchschweifende Jüngling zum Manne wird und
mehr mit sich vereinsamt, wie ihm das Vaterland unter den
Füßen schwindet, man versteht seinen ungeheuren Haß gegen
die Franzosen, von denen ihm das Einzige geraubt ward, was
ein Dichter bedarf: ein freies Land, das auf ihn horcht. Man
begreift endlich, daß ein solcher Mann nicht anders schreiben
konnte, und daß die Vorwürfe, welche seine Dichtungen treffen,
vielmehr gegen das Geschick gerichtet sein sollten, das ihm
nicht vergönnte anders zu dichten. Was er thun konnte,
um es zu besiegen, das hat er gethan, und darin übertrifft
ihn Keiner.

Kahl und starr erscheinen seine Poesien, um gleich das
Härteste zu sagen. Bei seinen Gestalten brechen die Leidenschaften heraus, wie die Funken aus dem Gestein wenn mit
dem Stahl daran geschlagen wird; sie reden als wären es
zu Worten gefrorene Gedanken und Gefühle; nicht in Bildern,
welche den Gedanken, statt ihn zu geben, in eine ahnungsvolle
Ferne rücken, daß man ihn sieht aber niemals völlig ergreifen
kann. Deshalb aber fühlte er nicht weniger tief und weich
was er ausdrücken wollte. Nur weil ihm seine Sprache nicht
angeboren war, weil er sie nicht unwillkürlich spielend, sondern
in gemessenem Ernste erlangte, ward der schmiegsame Pinsel,
dem unendliche Farben zu Gebote stehen, zum spitzen Griffel,
welcher scharf das Richtige wiedergiebt. So wenigstens urtheilen seine Landsleute von der Sprache, die ich nicht genug

verstehe, um ihren Klang und ihre Behandlung zu beurtheilen. Nein, fließend und knapp ist sie, und daß sie lieblich klingen könne, das hat erst vor so kurzer Zeit die Frau bewiesen, die größte Schauspielerin, die ich jemals sah und hörte, die Riftori, als Darstellerin der Mirra des Alfieri. Sie lockte die verborgene Quelle aus dem Felsen. Sie zeigte, daß es eines Genies bedarf, um das Werk des Genies zur Anschauung zu bringen, an dem Stümper fruchtlos ihre Kräfte versuchen und es verspotten, weil es ihrer zu spotten scheint. Nur Odysseus spannte den Bogen des Odysseus; für die Andern war er ein ungefüges Ding, das sich nicht biegen und brauchen läßt.

1782 ward zum zweiten Male ein Drama des Dichters aufgeführt. Es war jetzt eine Gesellschaft von Dilettanten aus den höchsten Kreisen, denen er seine Tragödie Antigone gab. Eine Darstellung des Grafen von Essex von Thomas Corneille (einem Bruder des berühmten großen Corneille) reizte ihn, den Versuch zu wagen. „Ich wollte mich selbst überzeugen, ob die Art und Weise, welche ich jeder andern vorgezogen hatte, Erfolg haben könnte: nackte Einfachheit der Handlung, so wenig als möglich Personen, ein Vers, so oft und so ungleich als es anging unterbrochen, und mit ihm die Unmöglichkeit des singenden Vortrags (ed impossibile quasi a cantilenarsi)." — Der Graf selbst spielte den Creon, und der Erfolg machte ihn so kühn, daß er im folgenden Jahre daran ging, seine Werke in den Druck zu geben.

Diese seine Grundsätze für die Abfassung der Tragödien waren entschieden aus einer Reaktion gegen die französische Schule hervorgegangen, gegen welche er seine Abneigung überall kund giebt.

Die französische Bühne hatte damals, fußend auf Voltaire, frischen Aufschwung genommen. Dieser erweiterte die eingeengte Handlung, führte neue scenische Einrichtungen ein und

bereitete, indem er zu der Darstellung der Leidenschaften ganz
unbemerkt die Reizung der Neugier hinzufügte, die Rückkehr
der alten Zustände vor, aus denen einst Corneille das Theater
gerettet hatte.

Corneille, der unter die Ersten gehört, deren Frankreich
sich rühmen darf, reorganisirte das Theater seiner Zeit von
Grund aus dadurch, daß er zwei, vor seinem Auftreten ganz
verschiedene Richtungen der dramatischen Poesie zu einer neuen
dritten vereinte und so die Form schuf, welche ein Jahrhundert
lang das europäische Theater beherrschte und jetzt noch nicht
untergegangen ist. Er nahm von der die Antike copirenden
Tragödie der Italiäner die äußere Würde, das spanische
Schauspiel für den Inhalt als Quelle und Vorbild, und es
entstanden aus diesem Zusammenfluß von Freiheit und Ge-
bundensein eine Gattung pompös heroischer Werke, welchen
bei gemessener Sprache bewegter, ergreifender Inhalt eigen
ist. Der Ton der Versbeclamation war ein feierlich singen-
der, die Bewegungen ideal, und das Costüm eine für jede
Personnage hergebrachte typische Kleidung. Scenische Ueberraschungen, wie bei Opern, gab es nicht. Es handelte sich
um Sprache und Bewegung. Nachahmung der Wirklichkeit war ein Gedanke, so fernliegend, daß man selbst beim
Lustspiel von ihm absah. Auch für dieses legte Corneille neue
Fundamente, auf denen Molière weiter baute, während er
den Inhalt seiner Stücke meist den Italiänern verdankt. In
der Tragödie aber bildete erst Racine das, was für ihn
Corneille errungen hatte, zu der Feinheit aus, welche das
Genre der französischen Tragödie charakterisirt. Sein großer
Vorgänger stammte noch aus den Zeiten, in denen ein feu-
daler, fast unabhängiger Adel neben dem Könige dastand. Es
treten bei ihm lauter Seigneurs auf, ihre eigenen Herren,
dem Könige dienend, aber nicht von ihm beherrscht. Racine
aber giebt den Ton des Adels wieder, der sich unter die üppige

Tyrannei von Versailles beugte. Corneille's Grandezza bekam etwas Ungelenkes, der Ton langsamer Würde schien zuletzt ein langweiliger Singsang. Man sprach jetzt einfacher, paßte die Rede mehr dem glatten Ausdrucke der Hofleute an, die mit so viel Grazie zu leben und zu sterben wußten und mit dem strengsten Ceremoniell so viel Zwanglosigkeit verbanden, und beclamirte die Verse immer natürlicher, bis man endlich in in das Extrem verfiel. Voltaire sagt: „On est tombé depuis dans un autre défaut beaucoup plus grand; c'est un familier excessif et ridicule, qui donne à un héros le ton d'un bourgeois. Le naturel dans la tragédie doit toujours se ressentir de la grandeur du sujet, et ne s'avilir jamais par la familiarité. Baron, qui avait un jeu si naturel et si vrai, ne tomba jamais dans cette bassesse." Baron, von Molière gebildet, starb 1729. Seine Blüthezeit fällt mit der Racine's zusammen.

Voltaire endlich trat Racine's Erbschaft an. Zu seinen Zeiten handelte es sich um Paris, um Frankreich, nicht mehr allein um Versailles. Seine Stoffe sind nicht mehr Palastintriguen, sondern Begebenheiten, deren Heimath die ganze Welt ist. Für diese schrieb er auch, sein Leserkreis war ein ungeheurer. Nie hat ein europäischer Herrscher seine Macht so weit ausgedehnt als Voltaire, dessen Schriften durchgängig den Ton angaben. Wenn er von Ferney aus an Friedrich den Großen schreibt, so ist es, als wenn ein Fürst mit dem andern redet. Auch war sein Landsitz wie eine Residenz, von der aus er seine Partei regierte. Er gab der Tragödie neuen Aufschwung und erweiterte ihre Mittel. Unter ihm ließen die Clairon und Lekain das alte hergebrachte Costüm fallen und kleideten sich nach ihrer Phantasie, indem sie die Trachten der Völker prachtvoll nachahmten, in deren Ländern der Stücke Schauplatz war. Die poetische Sprache aber, welche sich bei Corneille noch der Individualität

des Dichters anschmiegte, bei Racine sich nur an das vom
Hofe gesprochene Französisch gehalten hatte, versteinerte unter
Voltaire zu einem Conglomerat unlebendiger Worte und Wen=
dungen, welche nur durch überraschende Gedanken scheinbares
Leben erhielten. Mit einer Rücksichtslosigkeit, welche er frei=
lich für wohlberechtigt hielt, und die sich seine Zeit gefallen
ließ, nahm er Corneille's Werke vor und corrigirte sie nach
dem Canon des Racine, dessen Manieren er sich wiederum
zur andern Natur machte. Die wahre Empfindung lag weit
ab, sie, die allein den ächt individuellen Ausdruck gestattet.

Der gewöhnliche Esprit der damaligen gebildeten Welt ist
ein billiges Product. Jedermann stellte es her mit einiger
Uebung, und, merkwürdig, Jeder hatte sein Vergnügen daran.
Voltaire war geschickter als alle Uebrigen, ein wahrhafter
Bosco im Gebrauche des Geistreichen. Durchfliegt man seine
kleinen Couplets mit den niedlichen unerwarteten Wendungen,
so kann man sich oft kaum des Wohlgefallens enthalten.
Wenn er an die Prinzessin Ulrike von Preußen die bekannten
Verse schreibt:

> Souvent un peu de vérité
> Se mêle au plus grossier mensonge:
> Cette nuit, dans l'erreur d'un songe
> Au rang des rois j'étais monté.
> Je vous amais, Princesse, et j'osais vous le dire!
> Les dieux à mon réveil ne m'ont pas tout oté;
> Je n'ai perdu que mon empire.

so ließt sich das mit dem Gefühl, daß dergleichen nicht rei=
zender gesagt werden könne, und man möchte fast das Jahr=
hundert um eine Atmosphäre beneiden, in der solche Blüthen
aufsproßten. Aber wenn derselbe Mann an Monsieur de la
Harpe, welcher ihm über die Alzire ein Compliment machte
und selbst Autor von dramatischen Erzeugnissen war, deren
Inhaltslosigkeit durch bedeutende Routine nicht versteckt wer=
den kann, folgende Zeilen richtet:

Des plaisirs et des arts vous honorez l'asyle,
Il s'embellit de vos talents:
C'est Sophocle dans son printems
Qui couronne de fleurs la viellesse d'Eschyle.

ſo lernt man plötzlich wieder die oberflächliche Bildung jener
Epoche kennen und beneidet ſie nicht mehr um ihren Vorrang
im savoir faire. Nach ſolchen Muſtern ſagte ſich damals die
Welt Schmeicheleien, ohne dieſe ſogar zu erreichen. In dieſen
Tagen las ich den ſo eben erſchienenen Briefwechſel Friedrich's
und der Markgräfin von Baireuth, denjenigen von allen vielleicht, in dem er unbefangen war. Wie laufen da die fadeſten
Schmeicheleien mit unter und entſtellen nicht einmal die herz-
lichen Geſühle, denen ſie zum Ausdruck dienen! Die franzöſiſche Sprache war einmal das einzige Mittel ſich auszu-
ſprech, ſo daß man ſich in ihren verſchrobenen Wendungen
ſogar natürlich ſühlte, weil man in ihnen erzogen war.

Wenn da ein Mann wie Alfieri, ein Charakter, dem Schmeichelei und Unwahrheit unerträglich und unmöglich waren, wie
verzweifelt nach einer Sprache ſucht, der er ſeine innerſten
Geſühle anvertrauen könnte, wenn er jeden Schmuck, jede leiſeſte Abweichung vom ſcharfen Ausdrucke des Gedankens ab-
wirft und verachtet, ſo verſtehen wir das nun. Sein Ziel erreichte er nicht bei alledem. Die Sprache läßt ſich nicht durch
Strenge und Studium allein zu einem brauchbaren Werk-
zenge machen, ſondern wer ſich ganz geben will, der muß ſorg-
los Alles benützen dürfen, was ſich ihm darbietet. Er hat keine
Zeit, die Worte erſt zu prüſen und bedächtig vergleichend aus-
zuwählen. Er muß ferner feſt an ſeiner Gegend hängen, und,
indem er die Anſchauung ſeines ganzen Lebens mit in die
Sprache hineinträgt, ſeiner partiellen Bildung allgemeine Gültigkeit verſchaffen. So Leſſing, Schiller und Goethe. Sie
ſchrieben alle ungenirt in ihrem Dialekte, der ſich dann, ge-
reinigt von äußerlichen Provinzialismen, zum Dialekte der
Generation erhob. Heute verſucht man es oft ganz und gar

durch die allerlokalste Sprachfärbung zu zwingen, und gewinnt
so allerdings einige sehr starke, frische, oft überraschend schöne
Farben, allein zu gleicher Zeit eine so beschränkte Auswahl,
daß man nicht viel mehr als einen Baum und ein Bauern-
mädchen darunter darstellen kann.

Alfieri löste sich los von der französischen Verderbniß.
Hätte er nur eine Bühne gefunden, auf der man seine Charaktere
begriff und von der aus sich seine Sprache mittheilte! Die
aber fehlte ihm. Er vereinsamt und denkt an die Zukunft.
Die Gewißheit, für die Unsterblichkeit zu arbeiten, mag aber
ein noch so beruhigender Trost sein für den Dichter, wohler
ist ihm doch, wenn schon die Mitlebenden ihm die Kränze
reichen, mit denen er im Geiste spätere Geschlechter seine Büste
schmücken sieht.

Alfieri spricht sich über diesen Punkt sehr offen und resignirt aus. Neun Jahre nach der öffentlichen Darstellung
der Cleopatra veranstalteten seine Freunde eine gleiche der
Tragödie Virginia. Sie wollten des Dichters Anwesenheit in
Turin feiern. Es war auf demselben Theater; der Erfolg noch
trauriger für den Autor. Wiederum vollständiger Beifall von
Seiten des Publikums, aber letztes Aufgeben vieler Hoffnungen in der Seele dessen, der sie verfaßt. „Von diesem Tage
an," sagt er, „nahm meine Enttäuschung über das, was Ruhm-
erwerben heißt, ihren eigentlichen Anfang; sie hat sich seitdem
von Tag zu Tage mehr befestigt. Dennoch werde ich nicht
von meinem einmal erfaßten Vorsatze ablassen und bis zu
meinem sechzigsten Jahre neue Dichtungen liefern, so gut und
so gewissenhaft mir möglich ist, damit ich sterbend einmal
die Genugthuung habe, so viel an mir liegt, mir und meiner
Kunst gelebt zu haben. Was das Urtheil der Gegenwart anbelangt, so wiederhole ich das traurige Geständniß, daß mir
weder an Lob noch an Tadel mehr gelegen ist. Das Lob ist
für mich kein Lob, das nicht ein mit guten Gründen versehenes

Urtheil enthält, aus dem der Autor neuen Muth zu erneuten Anstrengungen schöpfen darf, der Tadel kein Tadel, der nicht zum Bessermachen Anleitung giebt. Ich litt eine Todesqual während der Darstellung der Virginia, mehr noch als bei der Cleopatra. Deutlicher spreche ich mich hier nicht aus: wer seine Kunst liebt und stolz auf sie ist, dem ist wohl bekannt was ich empfunden, wer nicht, der würde vergebens mich zu begreifen suchen."

So schwammen seine Dichtungen auf dem Ocean der Literatur umher, wie herrenlose Güter, auf die Keiner Anspruch machte; eine Ernte, die Keiner schnitt, ein Bergwerk, das Keiner ausbeutete. Wer lehrte die Ristori, solches Gold in den öden Sandufern zu finden, zwischen denen die Tragödie Mirra dahin rollt? Es mußte doch von Anfang an darin verborgen liegen! Wir Andern sahen es nicht, weil wir es doch nicht hatten benützen können; dieser Frau aber gelang es, die der Himmel mit der Macht begabte, so zu ergreifen und uns den Jammer eines gequälten Herzens so schön, so tief fühlen zu lassen, als wäre es unser eigenes. Dicht vor ihr saß ich und gewahrte wie sie mich fesselte. Das Schicksal des unglückseligen Mädchens spann sich klar vor meinen Augen ab. Mit dem unbegreiflichen Genusse, mit dem der Mensch dem Verlaufe eines schauderhaften Verhängnisses nachfolgt, erwartete ich den Moment, in dem sie unterliegen sollte.

Die Tragödie Mirra hat mit Ovid's Erzählung kaum etwas mehr gemein als den Namen. Mirra, die Tochter des Königs Ciniro, wird vom Wahnsinn befallen, ihren Vater zu lieben. Sie will sich retten vor diesem Gedanken, dessen Unmöglichkeit sie selbst am tiefsten fühlt, aber der Wahnsinn ist stärker als ihre Kraft. Gezwungen endlich, die Ursache ihres seltsamen Wesens zu bekennen, gesteht sie das Geheimniß und tödtet sich in demselben Augenblick.

Alfieri erzählt, wie er dazu kam, diese Tragödie zu schrei-

ben. Er hatte sich den Stoff nie darauf hin angesehen, da
er ihm von vornherein ungeeignet vorkam. „Da fand ich“,
berichtet er, „in Ovid's Metamorphosen jene glühende und in
Wahrheit göttliche Anrede Mirra's an ihre Amme; die Thränen
stürzten mir aus den Augen, und plötzlich leuchtete in mir die
Idee auf, sie in eine Tragödie zu bringen. Mir schien es,
als müsse sie eine der rührendsten, eigenthümlichsten werden,
wenn man sie nur so zu führen verstände, daß der Zuschauer
selbst allmälig die furchtbaren Kämpfe des entflammten und
zugleich kindlichen Herzens der Mirra entdeckte, die viel mehr
unglücklich als schuldig, nicht einmal völlig weiß, wie ihr geschehen ist und kaum sich selbst ihre verbrecherische Leidenschaft
eingesteht. Kurz, ich schrieb sogleich die erste Skizze in der
Weise, daß Mirra alles das, was sie bei Ovid nur beschreibt,
vor unsern Augen ausführt, und zwar schweigend und ohne
einen Vertrauten zu haben. Ich erkannte nun die gewaltige
Schwierigkeit, dieses bedenkliche Schwanken Mirra's ohne
weitere Nebenumstände auf fünf Akte auszudehnen. Allein die
Schwierigkeit reizte mich, und indem ich von der ersten Skizze
zum prosaischen Niederschreiben, dann zur Versificirung und
endlich zum Drucke vorschritt, stachelte ich mich selbst immer
mehr an, sie zu besiegen. Nun, da sie fertig ist, fühle ich
wohl, wie wenig sie überwunden sei, und überlasse es Andern,
den Grad, in wie weit es mir gelang, festzustellen.“

So in seiner Lebensbeschreibung, die ich indessen nicht
allzu peinlich wiedergebe, weder hier, noch wo ich sie sonst
anführe. Weitläuftiger läßt sich der Dichter über seine In-
tentionen aus in dem allgemeinen Gutachten über die sämmtlichen Tragödien, welche er darin einzeln abhandelt. Er vertheidigt die Wahl des Stoffs. Es sei ganz gleichgültig für
Mirra's Charakter, daß sie gerade ihren Vater liebe. Jede
Mutter würde ohne Gefahr ihre Töchter in diese Tragödie
führen können. Es sei nur eine unerlaubte Liebe in ihrem

Herzen, welche sie selbst verdamme. In diesem Kampfe gegen das, was mächtig in ihr ist und was sie nicht besiegen kann, liege das Tragische.

Dies ist unbestreitbar. Alfieri hat mit der Wahl dieses Stoffes nicht nur nicht fehlgegriffen, sondern eine herrliche Tragödie hervorgebracht. Daß er sich nicht abschrecken ließ, ist nicht der geringste Beweis für ihre Güte. Wir freilich sind so daran gewöhnt, Alles auf dem Theater nur faktisch und handgreiflich aufzufassen, daß uns der symbolische Sinn der Poesie fast entschwunden ist. Wir ertragen doch ohne Murren, daß Oedipus seine eigene Mutter heirathe. Wer denkt da wohl an das Thatsächliche? Was wir durch diese That empfangen, ist nichts als die Gewißheit, daß ein ungeheures Verbrechen unschuldigerweise auf die, welche es verübten, eine Schuld häuft, die nur ein grausenhafter Untergang sühnen kann. So müssen wir Mirra's Leidenschaft ansehen; nur empfinden, daß sie unter dem Einflusse einer dämonischen Macht den freien Willen, bei den gewaltigsten Anstrengungen, ihn zu erhalten, Schritt für Schritt aufgiebt und sich dem Verderben in die Arme wirft, dem sie nicht entrinnen kann. In dem Moment, wo das Geständniß mit Gewalt aus ihr herausgerissen wird, durchbohrt sie sich das Herz. Es könnte ihr Bruder sein, den sie liebt, oder irgend eine andere Person, die zu lieben ein Verbrechen ist, und deren Persönlichkeit bei der Tragödie gar nicht in Betracht kommt. Es könnte, was menschlicher wäre, etwa der Feind ihres Vaterlandes sein.

Ein Deutscher Dichter, dessen Charakter, und, wenn wir nicht die äußere, sondern die innere Gestaltung in's Auge fassen, dessen Schicksal mit dem des italiänischen viel Aehnlichkeit hat, Heinrich von Kleist, legte einen ähnlichen Gedanken seiner Penthesilea zu Grunde, welche ich für seine beste dramatische Dichtung halte. Sie ist sehr wenig gekannt. Goethe wollte sie in Weimar nicht aufführen; Kleist nahm das als die bitterste Kränkung hin. Ohne eine ganz ausgezeichnete Darstellerin der Hauptrolle wäre das Stück auf der Bühne allerdings so wenig zu ertragen als die Mirra; aber eine Ristori brächte die junge, ruhm= und kampfbegierige Amazonen= fürstin wohl zur Anschauung, die plötzlich in ihrem Busen eine lodernde Flamme für Achill empfindet, denselben, den zu über= winden und zu tödten sie so sehr verlangt. Der Kampf der Liebe und des blutdürstenden Heldenmuths in ihrem Herzen bildet den Inhalt des Stückes. Bald gelingt es ihr, sich zum alten, rasenden Hasse aufzustacheln, bald unterliegt sie wieder, rafft sich empor, sinkt zu Boden und tödtet endlich den Geliebten, an dessen Leben das ihre hängt. Keine andere Deutsche Dichtung, die mir bekannt wäre, hat solchen heroischen Widerstreit der Gefühle, solchen zu nothwendiger Vernichtung führenden Kampf ungezähmter Leidenschaften. Sie ging mehr als die übrigen aus Kleist's innerster Natur hervor, da ja auch Alfieri durch einen plötzlichen Zwang zu seiner Tragödie getrieben ward.

Er hat ihre fünf Akte in einer höchst künstlerischen Steige= rung gehalten, und die Ristori ihn wundervoll darin verstanden. Ein harmonisches Anschwellen vom Beginn des Stückes bis zum letzten Worte lag in ihrem Auftreten, das, ruhig lächelnd beim ersten Erscheinen, so herzzerreißend endete. Und doch, als sie so schlank im weißen Gewande, mit der sanften Be= wegung der schönen Arme und den grünen Blättern um das Haar, die Bühne betrat, ahnte man schon die Stürme, welche folgen sollten und noch versteckt in ihrem Herzen schliefen, aber man ahnte nicht, wie herrlich der ausbrechende Schmerz sie begeistern würde.

Eines indessen gestehe ich sogleich ein. Wäre ich ein Italiäner gewesen, der, statt die Sprache zur Noth zu ver= stehen, sie kannte und fühlte, hätte sie vor einem Parterre von Landsleuten gestanden, das mehr von ihrer langgewohn=

ten Zauberkraft, statt von bloßer Neugier herangelockt, auf=
merksam und ergriffen ihr Spiel verfolgte, dann wäre mir
erst der höchste Ausdruck ihres Wesens aufgegangen. Was
sie gab, verlor nur in Momenten den Charakter des Fremden,
Ueberraschenden. In Wahrheit hinreißend war ihr Spiel
durchgängig nicht für mich, aber ich weiß, daß ich anders
empfunden hätte, wäre ich nur am rechten Orte gewesen.

Es bedarf ein Theater nothwendig eines gebildeten
Publikums; beide ergänzen einander. Das unsere war für
diese Vorstellung nicht gebildet, und konnte es nicht gut sein.
Ehe man Feinheiten versteht, muß man sie erst zu finden
wissen. Man kann nicht mit dem einen Auge im Textbuche
französisch lesen, mit dem andern nach der Bühne sehen, und
mit den Ohren das Italiänische hören, alles Dreies zu einer
Zeit. Und doch ward dies Experiment so ziemlich allgemein
gemacht. Auch war das Opernhaus viel zu groß. Ich, der
ich meinen Platz ganz in den ersten Reihen des geräumten
Orchesters inne hatte, verstand Vieles nicht, wo ich nur die
Bewegung der Lippen sah. Sie hätte schreien müssen, um
sich hörbar zu machen. Doch ihre Bewegungen schienen die
Sprache fast zu ersetzen.

Alfieri vollendete die Mirra im December 1786 zu Paris.
Goethe war damals in Italien. Es waren bereits von Alfieri's
Tragödien im Druck erschienen, doch erinnere ich mich nicht,
seinen Namen oder seine Werke in der Italiänischen Reise ge=
funden zu haben. 1809 ward seine Tragödie Saul, übersetzt von
Knebel, in Weimar aufgeführt, 1811 wiederholt. Goethe nennt
das Stück mit einigen andern zusammen und bezeichnet ihren
Erfolg mit „gut aufgenommen". Andern Ortes sagt er je o , daß
man sich viel vergebliche Mühe damit gegeben habe. Schiller
lernte Alfieri's Tragödien aus einer französischen Uebersetzung
kennen. Was er an Goethe über den Dichter schreibt, beweist,
wie sehr auch ihm das eigentlich dramatische Talent auffiel.

Merkwürdig ist der Eindruck, welchen die Aufführung der Mirra auf Lord Byron hervorbrachte. Er schreibt aus Bologna darüber an Murray:

Bologna. August 12. 1819.

I do not know how far I may be able to reply to your letter, for I am not very well to-day. Last night I went to the representation of Alfieri's Mirra, the two last acts of which threw me into convulsions. I do not mean by that word a lady's hysterics, but the agony of reluctant tears, and the shoking shudder, which I do not often undergo for fiction. This is but the second time for any thing under reality; the first was on seeing Kean's Sir Giles Overreach. The worst was, that the „Dama" (die Gräfin Guiccioli) in whose box I was, went off in the same way, I really believe more from fright than any other sympathy — at least with the players: but she has been ill, and I have been ill, and we are all languid and pathetic this morning etc.

Zu diesem Briefe führt Moore in einer Anmerkung die betreffende Stelle aus den Memoiren der Gräfin an. Lord Byron brach in einen Strom von Thränen aus, stand auf und verließ das Theater. Die Schauspielerin, erzählt sie, wußte die Mirra vortrefflich darzustellen, und trotz der schaubererregenden Leidenschaft, als deren Opfer sie auftritt, empfanden wir nur mitleidiges Erbarmen für sie. In Ravenna, bei einer Aufführung des Filippo, einer Tragödie worin Alfieri denselben Stoff behandelt welcher den Inhalt von Schiller's Don Karlos bildet, gerieth Lord Byron in eine ähnliche Aufregung. Thomas Moore machte auf die Aehnlichkeit der Naturen beider Dichter noch einmal besonders aufmerksam und führt ein Sonett Alfieri's an, in welchem er sich selbst charakterisirt, und zwar in einer Weise, welche schlagend auf Byron zu passen scheint.

Heute werden Alfieri's Stücke überall gespielt, die Mirra,

Rosmunda, Ottavia sind glänzende Rollen. Der kraftvolle
Athem unabhängiger Kraft, der diese Werke durchweht, macht
den Dichter seinem Vaterlande um so theurer. Byron erzählt
einen Vorfall, dessen Zeuge er im Jahre 1816 zu Mailand
war. Ein Improvisator verlangte ein Thema, und eine
Stimme aus dem Publicum rief: die Apotheose Vittorio
Alfieri's! Das Haus brach in einen Sturm von Beifall aus,
allein die Polizei gestattete die Wahl nicht.

Die Mirra ist die beste Rolle, welche Alfieri geschrieben
hat. Er selbst erklärt diese Tragödie für die, welche auf dem
Theater am meisten wirken könnte. Jetzt bestätigt der Erfolg
seine Ansicht, nachdem er über fünfzig Jahre todt ist. Wie
er geahnt hatte, blieb ihm selbst versagt, das zu erleben. Er
theilt das Loos nicht Weniger. Mehr noch als dramatische
Autoren hatten musikalische gleiches Schicksal. Bach müßte
jetzt leben, um manche seiner Sachen zum ersten Mal zu hören
wie er sie vielleicht im Geiste klingen hörte. Was erdulbete
Schubert! Kleist ging daran zu Grunde. Für Goethe's und
Lessing's dramatische Werke begann theilweise das Leben auf
der Bühne erst lange Jahre nachdem sie geschrieben waren.
Solchen Thatsachen gegenüber möchte man die ewig ange=
griffenen Intendanzen unserer heutigen Theater weniger hart
beurtheilen, wenn sie der neuesten Literatur nicht allzu ent=
gegenkommen. Unsere Bühnen aber sind zu prachtvoll, die
Einrichtung eines neuen Stückes ist eine zu bedeutende Sache,
um Versuche zu gestatten wie Goethe sie sich in Weimar er=
lauben durfte, wo ein Hoftheater zu seiner Disposition stand,
unabhängig vom großen Publikum. Ein durchgefallenes Stück
war für ihn kaum ein Verlust, stets eine werthvolle Erfahrung.
Ja, er experimentirte geflissentlich, selbst wo er die Erfolglosig=
keit voraussah. Beklagten sich die Weimaraner, so übersah
er das geflissentlich; in unsern großen Städten ließe sich aber
dergleichen nicht mehr durchsetzen.

Das Gute, poetisch Aechte und Wirksame liegt nicht so jedem
Auge offen dar, um wie eine vorzügliche Handwerkerarbeit von
prüfenden Commissionen erkannt, taxirt und belohnt zu werden,
sondern wie es der Zufall (ich brauche das Wort als den Zusammenstoß vieler unberechenbarer Einflüsse) erschafft, muß auch
der Zufall oft einem Volke sagen, was es eigentlich besitze.
Die Zeit läuft oft in Lumpen herum und glaubt die Schürze
nur voll trockener Blätter zu haben, bis ein Rübezahl kommt
und ihr die Augen öffnet, daß es lauter Gold war. So
ging es uns einst mit Shakespeare, den jetzt Jeder kennt und
Jeder ziemlich versteht. Es gab Zeiten, wo keine Seele nach
ihm fragte, auch als er bereits übersetzt war. Es mußten
erst die rechten Leute kommen, welche seinen Namen auf ihre
Fahne schrieben und emporhoben.

Alfieri kannte aus eigener Anschauung beide Bühnen, die
französische sowohl als die englische. Auch blieben gute Rath-
schläge nicht aus, welche ihn auf eine wie die andere hin-
wiesen. In seinen Werken ist ein langer Brief seines Freundes
Ranieri di Calsabigi zu finden, worin er strenge beurtheilt
und auf die Schönheiten der französischen Tragiker, besonders
aber auf die Shakespeare's hingewiesen wird. Er antwortet
ablehnend. Er kenne diese Werke aus persönlicher Erfahrung;
er habe sich nicht über sie ausgelassen, weil Tadeln nicht Bessermachen sei, das letztere je o habe er stillschweigend versucht.
Sei es ihm nicht gelungen, so werde nach ihm ein Anderer
glücklicher sein, für den er dann wenigstens das Gitter durchbrochen habe. Indem er diese Meinung ausspricht, scheint
der Dichter nicht die italiänische Bühne als eine abgeschlossene,
sondern die Tragödie an sich, als allgemeine Kunstform vor
sich zu sehen. Bei dieser Gelegenheit läßt er nun einen Abriß der Grundsätze folgen, welche ihn bei der Erreichung des
ihm vorschwebenden Ideales leiteten.

Die Tragödie soll in fünf Akte eingetheilt sein. Jeder

soll das Sujet allein zum Inhalt haben; der Dialog nur von den handelnden Personen, nicht von bloßen Rathgebern oder zuschauenden Theilnehmern geführt werden; der Gang des Stücks vorwärts eilen, so viel es den Leidenschaften, welche alle ihr bestimmtes Maaß von Ausdehnung verlangen, zuträglich ist; das Ganze einfach sein, so viel es die Kunst gestattet, das Colorit düster und wild, so weit es die Natur zugiebt. „Das ist die Tragödie," schließt er, „welche ich, wo nicht zum Ausdruck gebracht, so doch vielleicht angebahnt, gewißlich aber in dieser Weise zum ersten Mal aufgefaßt habe."

Man fühlt sogleich den Antheil der persönlichen Stimmung bei der Aufzählung dieser Momente. Das Wilde und Düstere (tetro, feroce) ist nur individuelle Neigung des Dichters. Die übrigen Forderungen sind nicht neu. Racine sowohl als Voltaire arbeiteten so ziemlich nach ihnen. Auch einige von Corneille's Tragödien, und diese einzelnen vielleicht mehr als irgend andere, entsprechen diesem Ideale. Im Ganzen aber hielt sich letzterer an keine beschränkenden Gedanken, ging vom Einfachen zum Verwickelten über und kehrte sich nicht an die Regeln, welche ihm die Gelehrten aufdringen wollten. Der Stoff allein bestimmte die Gestalt seiner Werke. Ja, er ging sogar von Grundsätzen aus, welche einem puristischen Ohre ziemlich verwerflich klingen möchten. „L'attachement de l'auditeur," sagt er, „à l'action présente ne lui permet pas de descendre à l'examen sévère de cette justesse, el ce n'est pas un crime que de s'en prévaloir pour l'éblouir, quand il est malaisé de la satisfaire." Man sieht, Corneille war ein praktisches Genie, welches ein Publikum und nicht bloß ein Gewissen mit idealen Forderungen zu befriedigen hatte. Er gab sich im Momente wie er am besten konnte. Aber auch der, der nur darauf ausgeht, seine Seele ganz in seine Werke zu legen, kann sich an keine Form binden, zumal heute nicht mehr, wo längst keine Form mehr besteht. Ein Akt, zwei, drei, fünf können die richtige Zahl sein, es hängt vom Umfange der Handlung ab. Es giebt für den Dramendichter, scheint mir, nur Eine Regel, das ist die, dem Schauspieler Gelegenheit zu bieten, in einen Strom sich steigernder Gefühle hinein zu kommen. Der Rest hängt von des Dichters persönlicher Begabung ab.

Alfieri's Ideal, eine Art spartanischer Gesetzgebung für die Tragödie, ist nichts als ein individueller Versuch, Formen in die Poesie einzuführen und ihrer Unbeständigkeit ein Ende zu machen, wie die Communisten das fluctuirende Schicksal der Völker in ihren Phalanstères gefangen zu halten hofften. Hätte er sich jemals von der Stimmung eines mächtigen Publikums getragen gefühlt und seinen Ehrgeiz auf den nächsten frischen Wiesen zur Weide führen dürfen, statt sich resignirt und einsam auf eine blühende Zukunft zu vertrösten, so hätte er gewiß seine Ansichten gelindert und dem Geiste des Tages geopfert was ihm zum Opfer fallen muß. So aber ist seine Form strenge eingehalten überall. Trübes Licht fällt auf seine Gestalten, ein monotoner Dialog enthüllt ihre Gedanken, und ein despotisches Geschick reißt die Fäden ab am Ende der Tragödie. Mirra's Mutter hatte die Venus beleidigt und diese dafür die Tochter mit dem Wahnsinne gestraft, an dem sie untergeht. Danach müßte die Königin eher als Mirra die tragische Person sein. Die ganze Idee ist heidnisch, Eins mit der der antiken Tragödie, welche eine Familie voraussetzt, die den Göttern gegenüber als ein Individuum dasteht. Beleidigt eines ihrer Mitglieder den Himmel, so sind sie alle schuldig und müssen untergehen, wie der ganze Körper von Kopf bis zu den Füßen für den Mord vernichtet wird, den die eine Hand nur verübte. Nach solchen Prämissen ist Mirra's Unterliegen gerechtfertigt, nach unserem Gefühl nimmermehr. Wir stehen Jeder für sich der höchsten Gerechtigkeit gegenüber; eigene Schuld nicht einmal und wäre es

die ungeheuerſte, ſchließt die Nothwendigkeit rettungsloſen Unter=
ganges für uns in ſich, geſchweige denn fremde. Wo bei den
Alten der Zwang des Schickſals zu Boden ſchlägt ohne
Wiedererhebung, da beginnt bei uns die Macht des eigenen
Willens, dem ſelbſt das Schickſal ſich fügen muß. In dieſem
Sinne iſt uns die Tragödie Mirra fremd, wie uns die alten
Tragödien fremd ſind. Wie hoch ſteht aber dieſe Auffaſſung
des Schickſals über der einſt durch das Werner'ſche Stück zur
Mode gemachten Benutzung der finſtern Mächte, die man als
zufällige beſpotiſche Laune da anbrachte, wo den allerwill=
kürlichſten Ereigniſſen durch eine im Hintergrund lauernde
myſtiſche Nothwendigkeit Berechtigung verſchafft werden ſollte.
Bei Alfieri iſt das Schickſal wirklich die finſtere Gewalt,
welche die tragiſchen großen Thaten hervorruft, durch die die
menſchliche Natur das Aeußerſte ihrer Kräfte anzuſpannen ge=
zwungen wird, bis auf die vergeblichen Kämpfe ein Untergang
folgt, der uns die Wahrheit an's Herz legt, daß mit den
Göttern nicht zu ſtreiten ſei. Eine ſolche Macht hat mit den
Kleinigkeiten menſchlicher Verhältniſſe nichts zu ſchaffen.

Im erſten Akte der Tragödie ſehen wir Mirra noch nicht
auftreten. Es ſind nur zwei Scenen; die Verſe die gewöhn=
lichen versi bianchi, nach denen ſich einſt das engliſche Vers=
maaß bildete, dem wir endlich unſere reimloſen Jamben ver=
danken. Die Königin Cecri und Mirra's Amme Euriklea er=
öffnen die Scene. Die Amme beſ wört ihre Gebieterin, die
Vermählung ihrer Tochter mit dem Prinzen Pereo, deren feſt=
geſetzter Tag gekommen iſt, hinauszuſchieben, denn die Furcht
allein vor dieſer Verbindung könne den unerklärlich traurigen
Zuſtand Mirra's herbeigeführt haben. Die Königin erwidert,
ihre Tochter habe ihren zukünftigen Gemahl aus eigener
Wahl erleſen, und was nun ihr Herz ſo unruhig mache, ſei
nichts als eine natürliche Bangigkeit. Euriklea widerſpricht.
Mirra liebe freilich keinen Andern, aber Liebe ſei es überhaupt

nicht was sie beängstige, ein tiefer liegendes, unausge=
sprochenes Leiden müsse an ihrem Zustande Schuld sein.
Schon ehe sie Pereo sich verlobt, habe das in ihr gelegen
und die heutige Vermählung würde ihr Tod sein. Cecri
in Verzweiflung weiß keine Auskunft und wendet sich betend
an die Göttin, unter deren Schutz das Reich ihres Ge=
mahls steht.

Die Amme ist gegangen, der König Ciniro tritt auf. Er
wisse nun Alles, Euriklea habe es ihm gestehen müssen. Sein
Kind sei ihm mehr werth als diese Verbindung; er wolle
sie lösen. Um ihretwillen sei er zu jedem Opfer bereit.
Die Königin solle zu Mirra gehen, und diese, ohne Furcht
ihm zu mißfallen, die Wahrheit eingestehen. Er selbst wolle
von Pereo zu erfahren suchen, ob er sich von Mirra geliebt
glaube. Mit diesen Entschlüssen trennen sich beide.

Es sind nur 250 Verse. Nicht eine Sylbe könnte man
streichen als überflüssig. Einen Auszug geben, hieße fast einen
Auszug des Auszugs machen. Die Sprache entbehrt allen
Schmuckes; die Personen reden einfach und beinahe bürgerlich
vernünftig. Sie bleiben diesem Charakter auch durchweg ge=
treu, und ich kann nicht begreifen, wie man von so vielen
Seiten der Tragödie den Vorwurf von Unnatur machen
konnte. Eine ungeheure Leidenschaft, ein junges, unschuldiges
Mädchen wie eine Krankheit befallend, die sie sich selbst zum
Abscheu macht und keinen menschlichen Vertrauten duldet: daß
dergleichen sich in furchtbarer Weise äußern müsse, wer wird
das nicht erwarten? Der Verlauf dieser Dinge ist vielmehr
ein so naturgemäßer, daß ich Jeden, der in eigener Erfah=
rung Scenen der Verzweiflung erlebt hat, fragen möchte, ob
ihm diese nicht bei weitem unnatürlicher vorkommen, wenn er
sie mit dem hier Geschehenen vergleicht? In der Tragödie ist
es nur ein Gefühl, das den Sturm hervorbringt; es wird
immer eine Richtung innegehalten, in welcher das wider=

strebende Fahrzeug fortgerissen wird; im gewöhnlichen Leben
je o ist das eben die schrecklichste Erfahrung, daß bei den tief=
sten Erschütterungen die kleinlichen Nebengedanken niemals ganz
und gar zu Boden sinken, (nur sehr edle Naturen machen eine
Ausnahme) und daß sie auf so grausam ironische Weise hör=
bar mit das Wort führen. Da würde der nichts als Unnatur
zu sehen glauben, der es nicht erlebte. Deshalb widerstrebt
es auch auf so unversöhnliche Weise der Kunst, das Wirkliche
darzustellen, und wo dies der Geschicklichkeit gelang, macht es
schaudern statt mit menschlicher Rührung zu ergreifen.

Ueberhaupt, Männer wie Alfieri sind nicht unnatürlich.
Weniger verständlich werden oft bedeutende, aber in einseitigen
Gedankenströmungen befangene Männer. Wo so viel Wahr=
heitsdrang, solche Charakterfestigkeit sich mit so ernsthafter Ver=
folgung hoher Zwecke vereinigt, bedenken wir uns billig, ehe
wir einen Vorwurf erheben, welchen die Schwäche allein zu
verdienen pflegt. Unnatur ist eine Maske, hinter der sich Un=
fähigkeit verbirgt. Verlegenheit, die keck auftritt, Kälte, die
sich in warmen Worten giebt, Dummheit, die den Mantel
tiefen Bedenkens umhängt, Talentlosigkeit, welche sich hinter
mystischen Phrasen wohl versteckt glaubt, comödienhafte Intri=
guen mit Charakteren in tragischem Aufzuge, das sind unnatür=
liche Dinge. Aber wenn wir den König Lear betrachten, wo
Wahnsinn und Blut die Scene erfüllen, so ist das nur der
Ausbruch unbändiger Naturen, welche das künstlerische Maaß
an vielen Stellen fast überschreiten, Unnatur ist es niemals.
Die Mirra, rein künstlerisch genommen, ist im Gegentheil bei=
nahe zu einfach, zu natürlich, nicht anders als die übrigen
Tragödien Alfieri's.

Durch den Titel des Stücks im Allgemeinen über seinen
Inhalt unterrichtet, haben wir im ersten Akte erfahren,
daß Mirra, um ihre verbrecherische Leidenschaft zu ersticken,
den Entschluß, sich zu vermählen, gefaßt hat, daß der

Tag der Feierlichkeit gekommen ist, und daß sie nun, statt ihre Kraft fest zusammen zu halten, immer weniger ihren Wahnsinn zu überwinden Macht besitzt. Den zweiten Aufzug eröffnet die erwartete Unterredung des Königs mit Pereo, welcher eingesteht, daß ihn seine Verlobte kalt und mit Zurückhaltung behandle. Edelmüthig setzt auch er seine Wünsche denen Mirra's nach und will es von ihr selbst abhängen lassen, ob er zurücktreten solle. Ciniro sieht seine Tochter kommen und geht, um die beiden allein zu lassen.

Sie tritt auf, ihr erster Blick eilt ihrem davon gehenden Vater nach.

Ei con Pereo mi lascia! . . . Oh rio cimento!
Vieppiù il cor mi si squarcia —

So ruft sie schmerzlich aus und schreitet langsam die Bühne hinab. Pereo redet sie an. Er beschreibt ihr eigenes Benehmen und bringt in sie, sich ihm zu entdecken. Was sie verlange, werde er thun; sie solle sagen, ob sie ihn verabscheue. Ruhig sucht sie seine Bewegung zu beschwichtigen. „O Prinz, deine Liebe zu mir malt dir zu groß und zu heftig was ich leide, deine aufgeregte Phantasie drängt dich über die Grenzen hinaus dessen was wahr ist. Welche Sprache führst du so plötzlich? Was bedeuten deine Worte? Unerwartete Dinge sagst du mir, keine, die ich gern höre, mehr noch, keine, die begründet sind. Was kann ich dir erwidern? Heute sollen wir vermählt werden, ich bin bereit zu erfüllen was ich gelobte, und der, den ich mir erwählte, zweifelt an mir? Wahr ist es, daß ich vielleicht nicht froh erscheine, nicht so sehr als ich wohl sein müßte, da ich einen solchen Gemahl erlange wie dich; aber manchmal ist die Traurigkeit eine Mitgift der Natur, und wer sie in sich trägt, vermag nicht gut sie zu erklären. Manchmal verdoppelt sie hartnäckiges Fragen, ohne dennoch ihre Quelle zu ergründen."

Sie redet sanft. Einmal lächelt sie gleichgültig, da wo

sie sagt, daß Traurigkeit wohl manchmal Natur sei; man fühlt, sie möchte ihn überreden, daß er sie nicht mehr mit seinen Fragen quäle. Sie willigt in alle seine Wünsche, aber nicht, um glücklich zu werden, oder um ihn glücklich zu machen, sie denkt nur, wie sie ihrem Unheil entfliehe; was liegt ihr an dem, was Pereo von ihr denkt?

Er aber durchschaut diese Absicht, ihn nur zu beschwichtigen, die Frage zu umgehen statt Sicherheit zu gewähren. Lieben könne sie ihn nicht, antwortete er; daß sie ihn liebe, dies zu bewirken, besitze er die Macht nicht, wohl aber stehe es bei ihm, zu verhindern, daß sie ihn verachte. Er sehe es wohl, sie wolle sich losmachen von ihm, aber die Scham, treulos zu erscheinen, halte sie zurück, das einzugestehen was wahr sei. Er aber werde es nicht dulden. Ihrem Irrthum solle sie nicht zum Opfer fallen. Er wolle ihr zeigen, daß er doch vielleicht ihrer Liebe würdig gewesen sei, denn er verweigere es, jetzt ihre Hand anzunehmen.

Das erregt sie, es wird ihr bange vor dem, was eintritt wenn sie in ihres Vaters Hause bleibe, und sie wendet Alles an, sich den Gemahl zu erhalten, der sie allein retten kann. „Warum macht es dir Freude," ruft sie, „mich zur Verzweiflung zu bringen?" — Wie sie fröhlich sein könne, fragt sie ihn, wenn er so auf sie verzichte? Ob das nicht an ihrer Trauer Schuld sein könne, daß sie ihre Eltern verlassen müsse, in ein fremdes Land gehe und ihre Heimath wechsle? Sie schwört ihm, es gereue sie nicht, ihm anzugehören. An ihm sei es, sie nur desto mehr zu lieben deshalb, sie nicht an ihre Traurigkeit zu erinnern. Ob er glaube, daß sie ihn nicht zu schätzen wisse? Niemals würde sie einen andern Gatten wählen. Sie denkt dabei an ihren Vater. „Heute," sagt sie, „werden wir verbunden, heute noch besteigen wir das Fahrzeug und verlassen auf ewige Zeiten mein Vaterland."

„Was sagst du?" ruft Pereo staunend aus; „wie wechseln

deine Gefühle so plötzlich? So große Trauer erweckt es in
dir, dein Vaterland und deine Eltern zu verlassen, und nun
so rasch dich losreißend, willst du —?"

Sie unterbricht ihn. Gewaltsam hatte sie sich in diesen
Entschluß hinein gestürzt, von dem sie Rettung hoffte, dann,
mitten in ihrer Fassung, ihrer Stärke fällt ihr ein, von wem
sie sich trennen soll; die unglückselige Leidenschaft überwältigt
alle Verstellung. „Ja!" schreit sie schmerzlich auf, „ich will
es! . . . auf ewig ihn verlassen — um zu sterben — vor
Sehnsucht!"

Pereo hört erschreckt diesen Ausbruch ihrer tiefsten Gefühle. „Dein Schmerz hat dich verrathen," ruft er aus, „aber
ich schwöre dir, niemals werde ich das Werkzeug sein, das
dir den Tod giebt!"

Rasch aber neue Kraft gewinnend, will Mirra ihn dennoch wieder beruhigen. Sie sei nun gefaßt; sie werde den Abschied ertragen. — „Nein!" antwortet er fest, „ich bin die
einzige Ursache deines Leidens: wie ich hier stehe, lasse ich
deine Eltern wissen, daß ich auf deine Hand Verzicht leiste!"

Vergebens sucht sie ihn zu halten. Euriklea kommt; in
ihre Arme wirft sie sich verzweiflungsvoll. Die Amme bringt
in sie, sich ihr anzuvertrauen. Sie will es, aber es ist ihr
unmöglich. Jammernd verlangt sie von ihr den Tod. „Wohl-
an!" ruft sie endlich, „willst du meine Bitte nicht gewähren
und soll ich hier nicht sterben, so wirst du bald aus Epirus
die Botschaft vernehmen, daß ich meinen letzten Seufzer aus-
gehaucht habe. Jetzt glaubt die Amme sicher zu sehen, daß
die Vermählung wirklich das Furchtbare sei, das sie erschreckt,
aber Mirra beschwört sie, Alles seinen Gang gehen zu lassen.
Sie möge nicht so genau nehmen was sie gesagt, es tröste
sie schon, vor ihr rückhaltslos ihrem Schmerze sich hingeben
zu dürfen, sie sei getröstet, sie wolle zum Altar gehen und den Abschied überwinden, welcher ihr allein so schrecklich erschienen wäre.

Dies der Inhalt des zweiten Aktes. Jeder Satz, jeder
Schrei fand im Spiel der Ristori seine Bewegung und seinen
Ausdruck. Der Kampf zwischen dem unsäglichen Verlangen,
sich auszusprechen, und der Scheu, welche die Worte immer
wieder erstickt, das Unterliegen und sich Vergessen, und dann
wieder der Versuch, auf der Stelle zu beschönigen was die
Verzweiflung herauspreßte — das darzustellen bleibt für Jeden,
der der Aufgabe nicht völlig gewachsen ist, eine unmögliche
Sache. Ist darum aber diese Scene weniger tief empfunden
weil nur ein Genie sie zur Anschauung bringen kann?
Wird der Zuschauer deshalb weniger erschüttert, weil ihn
etwa die Reflexion störte, daß nur diese einzige Frau vielleicht
einen solchen Conflikt aufzufassen und würdig wiederzugeben
verstand? Gewiß, in den Händen mancher, selbst ausgezeichneten Schauspielerin würde diese Scene gräulich, unsinnig, unwahr geworden sein; ja, den meisten Lesern, deren Phantasie
bei der Lektüre nicht zu ergänzen weiß, was bei jeder dramatischen Dichtung ergänzt werden muß: das Spiel, die unaufhörliche Begleitung der Worte durch Handlung, muß freilich
der Gedanke aufsteigen, es sei unmöglich dergleichen zu spielen.
Da es nun aber möglich war, und so schön, so rührend, soll
da nun mit Gewalt so geschlossen werden, als hätte die Ristori
durch ihr herrliches Spiel eine abgeschmackte, unnatürliche
Arbeit genießbar gemacht? Nein, sie hat nichts gegeben, was
nicht in dem Stücke lag, aber sie allein fand es und so konnte
sie allein es darstellen. Wäre dem anders, so würde gerade
durch ihre unübertreffliche Leistung die Schwäche der Dichtung erst recht zu Tage gekommen sein. Wem aber Leidenschaft überhaupt Unnatur ist, wer höchstens weinerlich gerührt
werden oder in Fronie gerathen kann, für den sind solche
Dichtungen nicht geschaffen. Ein brennender Vulkan ist nicht
dazu da, um einen Topf mit Essen daran zu kochen, ein Ofen
in der Stubenecke wärmt ein paar kalte Hände besser als alle

Gluthen der Sonne, die hinabsinkt, nnd eine Laterne in der Haud zeigt oft besser den Weg als die Millionen Sterne, die so unnütz vom Himmel leuchten. Ein Stern aber, der durch zerrissene Wolken leuchtet, kann dem Auge, das thränenvoll hinaufblickt, tröstender sein als aller Glanz der Erde, in dem es sich einsam sieht. Alfieri kann zu einfach, zu wenig überraschend in den Wendungen, zu arm an Schmuck der Rede sein; aber was gehörte dazu, um nur die Idee einer solchen Scene zu fassen und sie dann nicht noch als unmöglich zurückzuweisen! Ein unschuldiges, unerfahrenes Herz, belastet von einem furchtbaren Gedanken, von dem es fühlt, daß er es langsam vernichten wird, und das dem einzigen Wesen, dem es sich vertrauen dürfte, dennoch nicht vertraut aus Abscheu, nur dem Gedauken Worte zu geben!

Im folgenden Akte versuchen Cecri und Ciniro Mirra zum Reden zu bringen. Man fühlt, wie sie sich schon ängstlicher windet. Ihr Vater redet ihr liebreich zu, sie will ehrerbietig sein und nennt ihn Herr und König. Vorwurfsvoll zärtlich fragt Ciniro sie, ob er nicht ihr Vater sei, warum sie sich ihm nicht anvertraue? Sie weicht aus, nach dieser Seite, nach jener, es lockt sie unwillkürlich zu ihm, aber sobald sie es gewahr wird, schaudert sie zurück. Weinend liegt sie in ihrer Mutter Armen, lehnt die Stirn auf ihre Schulter und verspricht noch einmal heilig, vollbringen zu wollen was ihre Eltern verlangen. Sie geht, die beiden bleiben allein. Cecri gesteht ihrem Gemahl, wie sie fürchte, daß Mirra's Leiden eine Rache der beleidigten Göttin sei, welche sie im Stolz auf ihrer Tochter Schönheit gering geachtet habe. Sie hoffen auf die Zukunft. Pereo tritt zu ihnen und vernimmt freudig aus ihrem Munde, daß Mirra die Seinige werden wolle.

Die erste Scene dieses Aktes ist die erste, in welcher das Spiel der Ristori wahrhaft fesselnd wird. Ihre Mimik erhebt

sich zu solchem Ausdruck, daß sie fast allein den Inhalt der
Worte verständlich machen würde. Wie spricht sie aber ihre
schöne Sprache! wie rein, wie deutlich, wie wohlklingend, auch
im wildesten Affecte! Kein Wort geht verloren, nachschreibend
könnte man das Stück wiederherstellen wie es gedruckt steht. Auch
die übrigen Mitglieder der Truppe bestreben sich, so zu sprechen.
Bei allem Eifer, ihre Persönlichkeit in den Vordergrund zu
stellen, lassen sie stets dem Worte des Dichters den höchsten Rang.
Ohne dies ist eine Tragödie nicht denkbar. Wo die Verse zur
Conversation herabgewürdigt werden, muß die Würde, der Reiz
und die dichterische Kraft der Sprache verloren gehen. Dieser
Grundsatz war bei Goethe's und Schiller's Leitung des Weimaraner Theaters maaßgebend. Bei uns ist aber heute diese
Achtung vor dem Worte des Dichters so sehr verschwunden,
daß nicht nur das nicht Behagende ohne weiteres ausgelassen
wird, sondern, wenn man auch dies übersehen wollte, der Rest
durch Versetzung und Austausch der Worte häufig eine Gestalt gewinnt, welche mit dem Texte nicht viel Aehnliches hat.

Zur Zeit, als die französische Tragödie noch in voller
Blüthe stand, war in dieser Hinsicht das Gehör des Publikums
so geschärft und so feinfühlend, daß eine geringe Veränderung,
ja nur die falsche Betonung eines einzelnen Wortes bemerkt
und gerügt ward. Wie damals Rollen studirt wurden, darüber
erstaunt man, wenn man einzelne Züge mitgetheilt findet.
Als Lekain bereits der erste Schauspieler Frankreichs war,
schrieb Voltaire, dessen Unterweisungen er seine ganze Laufbahn verdankte, die Tragödie l'Orphelin de la Chine, und
theilte ihm darin die Rolle des Gengischan zu. Lekain
studirt sie auf das Sorgfältigste ein. Um seiner Sache ganz
gewiß zu sein, reist er nach Ferney. Die Vorlesung wird
anberaumt. Voltaire hört ihn an und wird so entrüstet, daß
er (wenn ich mich recht erinnere) *) Lekain mitten im Lesen

———————

*) Siehe Lekain's Memoiren.

unterbricht und den Saal verläßt. Er verweigert sogar, den Schauspieler nur zu sehen, und dieser ist nach einigen Tagen im Begriff, tiefbetrübt wieder abzureisen, als im letzten Momente der große Mann sich zu capituliren geneigt zeigt. Nun erklärt er ihm die Rolle, wie er sie gedacht hatte, und Lekain gesteht bewunderungsvoll ein, daß er sie jetzt erst begreifen gelernt habe. Und das geschah ihm, als er längst mehr als die ersten Stufen seines Ruhmes hinter sich hatte. Wie man heute vielleicht noch Opern einstudirt, wo jeder Ton der Mühe werth ist, so mühevoll suchte man beim gesprochenen Schauspiel damals den Beifall der Kenner zu erreichen. Es ist nicht leichter, gut zu reden, als gut zu singen, jenes aber so sehr heute bei uns vernachlässigt, daß man es zu den Seltenheiten zählen muß.

Die Nationalität mag zum Theil daran Schuld sein. Es wohnt den romanischen Völkern ein Wohlgefallen am bloßen Klange ihrer Sprache inne, welches wir nicht in solchem Grade theilen. Diesem Mangel verdanken wir vielleicht, daß wir den Betrug leichter merken, wo Gedankenlosigkeit sich in prahlende oder süße Worte kleidet. Wir besitzen nur wenige Dichtungen, in denen die Harmonie des Ausdruckes völlig der des Gedankens entspräche. Gefühl, Leidenschaft allein, das bloße Feuer genügt jenen Völkern, wo wir noch unbefriedigt auch das zu sehen verlangen, was von den Flammen beleuchtet wird! So scheinen uns die Verse Corneille's und Racine's, die Alfieri's und Anderer inhaltsleer, lauter Sterne am schwarzen Himmel, die weder leuchten noch Wärme geben. Wir legen die Gluth dessen, der sie ausspricht, nicht unwillkürlich hinein. Sie geben nur das Centrum, wir verlangen auch die Strahlen. Das macht bei uns erst den Dichter, daß er unendliche Strahlen giebt und die Sonne nur ahnen läßt, in der sie alle zusammentreffen. Ihr Licht ist uns zu farblos grell, jene aber ertragen sie. Ein Bild, ein Vergleich, ein Gedanke, der uns erst entzündet, wird ihnen im Gegentheil zu erkältender, ab-

lenkender Reflexion. Deshalb erschienen den französischen
Tragikern die italiänischen Concetti der alten Schule, welche
Shakespeare nachahmte und nach ihm jetzt alle Dichter mit
germanischem Blute in den Adern kaum entbehren können,
so unerträglich, daß der leiseste Verfall in diese Manier ein
Vorwurf war. Unsere Poesie ist die des Geheimnisses, sie
wendet sich an die Jugend, die die Dinge noch nicht ausspricht,
schüchtern die Blicke auf das lenkend, was sie ahnt, aber nie=
mals erfahren hat.

So dichtete Alfieri nicht. Seine Natur gestattete ihm
nicht, eine Sache anders als beim rechten Namen zu nennen.
Wenn irgend etwas bei ihm zur Manier ward, so ist es die
ängstliche Sorgfalt, sich nicht zu schonen, nichts zu umschreiben
oder im einseitig vortheilhaften Lichte darzustellen. Während
aber bei Rousseau die Selbstanklage zu einer Art Genuß wird
und sich ein wenig mit den süßen Tropfen des Hochmuths
beträufelt, mit denen so mancher seine Reue und Zerknirschung
zu wohlschmeckenden Gerichten appretirt, hat Alfieri's Art,
über seine Irrthümer zu reden, etwas von der pedantischen
Weise, mit welcher Lehrer manchmal die Entwicklung ihrer
Zöglinge darlegen. Er ist kalt dabei. Er bespricht seine Lauf=
bahn wie ein zu hohen Würden erhobener Mann sein ehe=
maliges Dasein bis zum Punkte seiner Erhöhung darstellen
würde, milde, wahr und als beträfe es einen Andern. Alfieri
ging innerlich stets bergan; so war jede Stufe der Vergangen=
heit ein überwundener Standpunkt. Byron gleicht er darin,
daß er den höchsten Respect vor sich selbst und zugleich den
Zwang einer Demuth empfindet, von der sich überragende Na=
turen nicht losmachen können. Beide finden für dieses Gefühl
den rechten Ausdruck nicht. Sie waren unabhängig in jeder
Weise, dünkten sich als alte Edelleute in gleichem Range mit den
Erhabensten und verachteten das reale Publikum, wo sie mit
ihm in Collision kamen; vor einem idealen aber beugten sie

sich, ohne es leider jemals zu finden. Auch darin liegt der
Grund von Alfieri's vornehmer, abgerissener Art, sich zu geben.
Von den Thränen aber, die er plötzlich vergießen mußte als
er Mirra's Geständniß im Ovid las, davon läßt die Ristori
eine Ahnung in uns aufsteigen, wenn sie seine Verse spricht:

> Sì; pienamente in calmo ormai tornata,
> Cara Euriclea, mi vedi, e lieta, quasi,
> Del mio certo partire.

Mit diesen Worten der Königstochter beginnt der vierte
Akt. Ruhig und siegesmuthig tritt sie auf, um mit Pereo
zum Altare zu gehen. Die Amme will kaum an diese Sinnes-
änderung glauben. Sie fängt an zu klagen, daß sie nicht
einmal Mirra begleiten dürfe; warum sie so hart zurückge-
stoßen werde? Pereo tritt zu ihnen. Mirra empfängt ihn
fast zärtlich. Es erscheinen die Priester, und ein Chor von
Knaben und Mädchen zieht auf. Der König und die Königin
kommen, die Ceremonie nimmt ihren Anfang. Mitten unter
den Gesängen und Gebeten aber ergreift der alte Wahnsinn
das Mädchen. Die Amme bemerkt es zuerst, dann die Königin. Die Gesänge dauern fort. Plötzlich erträgt es die
Gequälte nicht länger und unterbricht die heilige Handlung.
Wahnsinnig schreit sie auf, alle Furien und Erinnyen fühlt
sie in ihrem Busen lebendig, und als die Menge sie umringt,
fragt sie jammernd, ob sie schon vermählt sei? „Du bist es
nicht", ruft Pereo, „und niemals wird das geschehen!" Er
geht. Die Andern verlassen sie gleichfalls. Mirra steht zuletzt mit ihrer Mutter allein auf der Bühne, während auch
Ciniro im Streit zwischen Zorn und Mitleid gegangen ist.

Es ist ihr unmöglich, auf die liebevolle Zurede der Mutter
zu antworten, wie sie sollte. Scham und Verzweiflung schließen
ihr Herz zu und, was der Dichter wie die Darstellerin beide
gleich meisterhaft durchfühlen lassen, eine unbewußte Eifersucht
erfüllt sie! Sie kann ihrer Mutter nicht in die Augen blicken.

Sie verlangt den Tod von ihr. „Eher würde ich mich selbst tödten", ruft die Frau, „ehe ich das thäte! Dein Leben will ich bewachen, so lange in mir noch Leben ist!" Dieser Gedanke, ihre Mutter, deren bloßer Anblick ihr die furchtbarsten Gewissensqualen bereitet, an sich geheftet zu sehen, bringt Mirra zum Aeußersten. „Wachen über meinem Leben willst du? daß ich dich vor mir sehe, täglich und zu jeder Stunde? du ewig vor meinen Angen? — Ach, eher sollen meine Angen in ewige Finsterniß begraben sein — mit den eigenen Händen will ich sie mir aus den Höhlen reißen!"

Die Königin schaudert zurück. „Ich also bin dir verhaßt?" fragt sie. — Was hätte eine Schauspielerin wie die Ristori in diese Frage legen können! — „Ja du", schreit die andere auf, „du, die erste, einzige, unaufhörliche Ursache meiner Leiden, die mich vernichtet!" — Aber nur ein Blick auf ihre Mutter, die im jammervollsten Schrecken dasteht, und sie fühlt, welch ein Verbrechen ihre Worte waren. Rührend bittet sie um Verzeihung und wirft sich, erschöpft in Thränen ausbrechend, in die Arme, die sich ihr entgegenstrecken.

Dieser Schluß ist außerordentlich schön. Alfieri glaubt den Zug vertheidigen zu müssen, daß Mirra sich sogar gegen ihre Mutter wendet und einen Augenblick in ihr nur die Nebenbuhlerin sieht. „Ich war lange zweifelhaft", sagt er, „ob diese Stelle bleiben dürfe, allein ich konnte nicht anders. Jedermann wird fühlen, wie nicht Mirra in diesem Momente, sondern die furchtbare Macht aus ihr spricht, der sie verfallen ist." Dieser Vertheidigung bedurfte es nicht. Die Wahrheit der Wendung ist handgreiflich. Die Liebe ihrer Mutter ist ein so grausamer Vorwurf für sie, daß sie, nur um seine Qual abzuschütteln, sich zwingt, in der Königin die Ursache ihres Unglücks zu erblicken. Kaum aber sind ihr die Worte entflohen, deren Echo auf der Stelle zu ihr zurückkehrt, so wird sie wieder zu dem armen gemarterten Kinde, das hülflos bei der Schutz sucht, die es eben noch von sich stieß. Mir scheint die Scene sehr großartig, und sie muß es wohl sein, da sie nach den erschütternden Auftritten während der Vermählung in voller Kraft eine Steigerung des tragischen Effectes ist. Der Umschwung am Ende rührt zu Thränen, weil er so unglaublich wahr und aus den tiefsten Gefühlen des Herzens gewebt ist.

Alles je o übertrifft der letzte Akt, welcher nur eine einzige Scene enthält, in welcher Mirra ihrem Vater allein gegenüber, von ihm gedrängt, daß kein Entrinnen mehr möglich ist, endlich die Ursache ihrer Leiden entdeckt und sich dann mit eigener Haud das Herz durchsticht. — Wie Ciniro dasteht und ihr das Leben ruhigen Glückes beschreibt, das sie an ihres Gatten Seite gefunden hätte; wie sie ihn anhört, träumerisches Lächeln ihre Züge überfliegt, weil sie unwillkürlich an die Stelle des Verlobten den Geliebten setzt; wie sie dann wieder erwacht, vor den ausgebreiteten Armen ihres Vaters zurückbebt; wie er in sie bringt, zornig wird, wie ihr endlich die Worte nicht mehr zwischen den Lippen haften wollen und das Geständniß herannaht, die letzten Wellen dann über ihr zusammenschlagen und sie in die Tiefe sinkt, das ist so tragisch gedichtet, so erschütternd dargestellt, daß kein Menschenherz sich dem gewaltigen Eindrucke entziehen kann.

Mit vorgebeugtem Haupte, die Arme den Schleier krampfhaft vor der Brust zusammenhaltend, die Schultern hinaufgezogen und mit gedrückten Kuien flieht sie vor dem Könige. Er folgt ihr, er drängt sie, schon hat er eine Ahnung dessen, was sie gestehen wird — „Oh madre mia felice!" spricht sie, „almen concesso a lei sara — — di morire — — al tuo fianco!" da wird es ihm klar. — „Empia, tu forse —?" ruft er. Es bleibt eine Frage. Kein Geständniß von ihren reinen Lippen: sie reißt ihm den Dolch aus dem Gürtel und stößt ihn mit beiden Händen sich in die Seite. —

Bis zu diesen letzten Momenten machte sich die geringere
Begabung des Darstellers des Ciniro nicht so sehr fühlbar.
Hätte auf Mirra's letzte Reden aber eine Stimme geantwortet,
ebenbürtig der ihrigen, so hätte das die Wirkung auf eine
Höhe bringen müssen, welche diesen Schluß der Tragödie zu
einer dramatischen Leistung machte, über die schwerlich etwas
hinausgeht. Und hätte Alfieri das erlebt, zu welchen Werken
würde es ihn vielleicht begeistert haben!

Es ist ein Genuß, die eigenen Gedanken aus fremdem
Munde zu vernehmen, ein Genuß, so hoch, wie es tief demü-
thigend sein kann, das, was im Feuer gedichtet und im Geiste
ergreifend gesehen ward, matt und unverstanden vorübergleiten
zu sehen wie leere Phrasen. Nur das Ausgezeichnete gehört
in den Bereich der Kunst, alles Andere, selbst das Lobens-
werthe, Erträgliche in den des Handwerks. Handwerksmäßig
dargestellt sind die Tragödien Alfieri's eine Unmöglichkeit. —

Des Dichters isolirte Stellung in der Litteratur ist keine
vereinzelte. Der Verkehr der europäischen Völker war auch
in den vergangenen Zeiten (und es sind erst wenige Jahre
verflossen, seitdem diese ihren Abschluß fanden) ein so lebhafter,
daß eine bedeutende Erscheinung in Kunst und Wissenschaft
ihrem Erfolge nach nicht bloß auf das Land beschränkt war,
dessen Forderungen sie in erster Linie zu genügen strebte. Heute
aber wirkt jeder wahre, ächte Gedanke, wo er auch auftauche,
fast augenblicklich nach allen Seiten, ja selbst mittelmäßiges
fliegt über den ganzen Erdkreis, um der unersättlichen Neugier
zu dienen. Manche Erscheinungen aber sind der Art, daß sie
gleichsam verschleiert bleiben, und offen daliegend vor Aller
Augen unbemerkt scheinen, als fehlten sie. Es ist, als besäße
die Welt die rechte Akustik nicht für sie. Der Ton verklingt
oder wird falsch zurückgeworfen.

Ich bemerkte das mit Staunen zuerst bei Cornelius' letzten
Cartons, deren Gedanken zu mächtig sind, um sich zu einem

Reizmittel für das gewöhnliche Interesse des Tages verbrauchen zu lassen. Die große Menge eilt an ihnen vorüber. Es sind keine Einzelnheiten da, die man bequem überschauen und bewundern könnte. Es sind untheilbare, große Gedanken. Es fehlt der richtige Instinct, die Mitte zwischen Nähe und Weite zu finden, welche allein den Standpunkt giebt, von dem aus solche Werke betrachtet werden müssen.

Ohne hier die beiden Männer zu vergleichen, komme ich zum letzten Mal auf Alfieri zurück. Es liegt in seinen Dichtungen eine Größe des Charakters, eine Leidenschaft, eine bramatische Organisation, die gewiß einst so allgemein erkannt werden, wie Alles, was bedeutend und schön ist. Sein Denkmal steht zu Florenz in derselben Kirche, in welcher Michelangelo begraben liegt. Eine würdige Nachbarschaft für den Dichter und keine unwürdige für den Bildhauer, der so einsam war und so gewaltige Werke geschaffen hat.

Hamlet's Charakter

1875.

Untersuchungen über den Charakter Hamlet's werden bei uns als etwas so Natürliches betrachtet, daß neue Bücher dieses Inhaltes Niemanden in Verwunderung setzen. Das Thema erscheint unerschöpflich. Hamlet erweckt in denen, die sich einmal näher mit ihm beschäftigt haben, eine Art Familiengefühl: man glaubt, wie für einen verstorbenen Verwandten, dessen Ehre zu retten sei, für ihn eintreten zu müssen. Werder's kürzlich in Druck herausgekommene Universitätsvorlesungen über Hamlet legen recht Zeugniß für diese Erfahrung ab*). Hier finden wir alle Urtheile neu zusammengetragen und discutirt. Werder berücksichtigt auf das Sorgfältigste jede Meinung und erwägt ihr Anrecht auf Gültigkeit. Man sieht, wie jeder Kritiker mit dem Herzen dabei ist. Die Wärme, mit der Goethe die Vertheidigung des armen Prinzen übernahm, ist auf seine Nachfolger übergegangen, und wo Streit entstand, fühlt man, daß nicht Rechthaberei, sondern warmes, menschliches Interesse an der Person Hamlet's den Eifer hervorrief.

Sei es gestattet, die Dinge einmal von ganz anderer Seite anzusehen.

*) Vorlesungen über Hamlet gehalten an der Universität zu Berlin von Karl Werder. Berlin, 1875, Verlag von Wilhelm Hertz.

Wenn wir die aus den Anfängen Shakespeare's stammenden Dramen mit denen seiner reiferen Jahre vergleichen, so ergiebt sich, daß er in späterer Zeit complicirtere Charaktere zur Darstellung wählt und daß er sie mit feineren Mitteln und in feineren Nüancen behandelt. Der Scenenbau ist in seinen früheren Stücken mehr schematisch, man sieht das Vorbild der italiänischen Bühne deutlicher durchleuchten. Die Charaktere sind nicht so scharf in Contrast gebracht, mit wenigen, brennenden Farben gemalt und geben dem Zuschauer keine Räthsel auf. Das Publikum ist immer mit im Geheimniß und verfolgt den Fortgang der Entwicklung mit Leichtigkeit. In den späteren Stücken ist oft nicht so klar, wo der geistige Hauptaccent liege, was der Dichter eigentlich gewollt habe. Die dämonische Mischung von Gut und Böse wird in den Charakteren zuweilen eine so feine, daß man zwischen Haß und Bewunderung, Sympathie und Antipathie, Verständniß und Zweifel in ein Schwanken geräth, welches bis zum Abschlusse des Dramas und darüber hinaus anhält. Shakespeare muthet dem Gefühl des Zuschauers oft wunderbare Uebergänge zu: und gelingt es ihm auch, uns dazu zu bewegen, so stehen wir doch mehr als einmal erstaunt vor seinen Werken da und fragen, was denn eigentlich mit uns vorgegangen sei. Die stärkste Probe dieser seiner Macht hat Shakespeare im Hamlet geliefert. Hier scheint keine noch so genaue Betrachtung uns über die Hauptperson aufklären zu können. Goethe hatte in seiner Jugend den Charakter so überzeugend entwickelt, wie glatt ausgekämmtes Haar lag er völlig entwirrt und auseinandergefädelt vor uns, und doch nennt Goethe im Alter, wo er einmal auf das Werk zurückkommt, das Drama ein, man möge sagen, was man wolle, auf der Seele lastendes, düsteres Problem. Es hatte sich ihm, nachdem er seine kritische Arbeit bei Shakespeare's Drama absolvirt zu haben schien, ein in der Seele zurückgebliebener,

unerklärter Rest allmälig bemerklich gemacht, dem mit keiner
bechiffrirenden Kritik beizukommen war. Was Werder heute
anbelangt, so glaubt er im Reinen zu sein. Allein der scharfe
Widerspruch, zu dem er Vielen gegenüber, deren Annahmen
er zurückweist, sich für genöthigt hält, zeigt schon, daß ihm
nicht jeder Leser zugestehen werde, es seien alle Probleme aus
dem Stücke hinweg erklärt worden. —

Die bisherigen Arbeiten über Hamlet, soviel sie mir be=
kannt sind, haben das Gemeinsame, daß Hamlet in ihnen als
ein in sich beschlossenes Individuum betrachtet wird, dessen
Natur und Lebensthätigkeit auch über das hinaus, was auf
der Bühne zur Erscheinung kommt, im Zusammenhange zu
erwägen sei. Wenn Goethe's Homunculus der schöpferischen
Arbeit eines Stümpers seinen Ursprung verdankt, der aus den
edelsten Ingredienzien ein unmögliches Individuum destillirte,
so repräsentirt Hamlet das völlig gelungene Experiment. Sha=
kespeare hat einen wirklichen Menschen auf die Welt gesetzt,
eine Art Ergänzung der göttlichen Schöpfung, denn noch nie
und nirgends ist ein Wesen beobachtet worden, das mit diesem
Hamlet aus der gleichen Form gekommen wäre. Hamlet ist
da, bewegt sich und lebt. Er hat für sich einzustehen. Seine
Beurtheiler nehmen mit ihm selbst und den übrigen Mit=
spielenden Verhöre vor. Wer in diesem Drama auch nur mit
ein paar Worten über die Bühne ging, ist immer Jemand,
der dabei war, und wird ausgefragt. Jede dieser Nebenper=
sonen hat für die Commentatoren der Tragödie ihr eigenes
gelebtes Leben und ihre eigne Meinung über Hamlet, die
herausgebracht werden muß. Wir gewinnen so den Anblick
eines umfangreichen Processes, innerhalb dessen von verschie=
denen Criminalisten verschiedenen Zeugen geringeres oder stär=
keres Gewicht beigelegt wird. Rosencrantz und Güldenstern
z. B. werden von einigen Seiten als ganz besonders wichtige
Leute betrachtet, deren Geheimnisse herauszubringen seien und

deren schließlicher Untergang sehr ins Gewicht fällt. Jeder
Kritiker constituirt sich als Präsident eines idealen Gerichts-
hofes, der nach bestem Gewissen zu inquiriren und gerechtes
Urtheil zu finden sucht.

Nun, die Schiffe welche Hamlet nach England führen
sollten, sind schließlich doch nur durch Shakespeare's Phantasie
geschwommen, und das Echo um Helsingör hat niemals den
Kanonendonner wirklich zurückgeworfen, mit dem König Clau-
bius sein Trinkgelage verherrlichte. Und all der Kummer der
Hamlet's Herz beschwerte, hat nie in Wahrheit ein menschliches Herz bewegt, es sei denn das des Theaterdichters Shakespeare, welcher, wenn sein Held Hamlet und die übrigen Dra-
matis personae auf die Bühne gebracht wurden, hier gewiß
eben so genau gewußt hat was er darstellen sollte und was
seine Schauspieler darstellen sollten, als bei den andern Dramen. Shakespeare kannte sicher sein Parterre bis auf die
letzte Faser. Ihm erschien nicht der arme Dänenprinz in einer
Nacht — wie diesem selber der Geist des Vaters auf der
Terrasse — flüsterte ihm die Geheimnisse seines Leidens ins
Ohr und machte ihn zu seinem poetischen Historiographen
und Testamentsvollstrecker. Sondern Shakespeare, aus Be-
standtheilen die niemals Jemand erfahren wird, sammelte den
Thon zu der Gestalt Hamlet's, begann sie zu modelliren, arbeitete sie deutlicher und deutlicher heraus, in Stunden, in
Nächten, an Tagen, von denen wiederum Niemand wissen kann,
und endlich stand das Werk lebendig da, so wie er es wollte.
Wir ahnen nicht, wie dieser Proceß sich vollzog. Goethe hat
uns mitgetheilt, wie es bei seinen Arbeiten hier und da her-
ging: das Ganze des Werkes stand ihm im ersten Momente
rein und abgeschlossen vor der Seele; hinterher aber, oft durch
Jahrzehnte hindurch in langen Zwischenräumen, offenbarte
sich das Einzelne nachträglich wieder, und manches nicht ohne
schwere, wiederholte Arbeit. Shakespeare hat uns nicht dar-

über verrathen. Wir wissen überhaupt nicht, wie er arbeitete. Allein das dürfen wir nicht nur seinen übrigen Dramen, sondern auch der besonderen Natur der Bühnendichtung an sich entnehmen, daß der Dichter hier mit sorgsamer Berechnung aller Effecte vorgegangen sein muß und daß er vor der Aufführung seinen Schauspielern die genauesten Instructionen gegeben haben wird. Und deshalb: enthält sein Werk Widersprüche, die unauflösbar scheinen, so sind diese nicht zufällig hineingekommen, sondern Shakespeare wollte, daß sie darin seien und setzte sie mit Bedacht in Scene. Der Dichter hat gewußt, wie Alles zusammenhing. Denn anzunehmen ist schwerlich, Shakespeare habe zuletzt staunend vor seiner eigenen Schöpfung gestanden, welche Geheimnisse enthielt, zu denen er selber den Schlüssel nicht besaß. Ihm war die Oekonomie des Planes ganz geläufig. Er wußte, an welchen Stellen er die Dinge sichtbar spielen und an welchen er sie nur erzählen ließ. Er wußte, wie sich die Handlung schrittweise enthüllte, und er berechnete, was der Zuschauer Angesichts ihrer empfinden könnte. Er wußte auch, daß sein Publikum nicht hinterher mit dem Buche in der Hand sich Rechenschaft geben oder ihm abfordern werde, denn seine Dramen waren für die Lectüre nicht eingerichtet, sondern daß der beabsichtigte Eindruck sofort von der Bühne herab zu bewirken sei. Und deshalb erscheint mir als der beste Weg, um ein Verständniß dessen zu gewinnen, was von Shakespeare im Hamlet gewollt worden ist, Schritt vor Schritt zu fragen, wie der Stand der Dinge sich von der Bühne herab vor dem Publikum gestalten mußte.

Der erste Akt beginnt mit dem Gespräche der Edelleute über das Erscheinen des Geistes. Hamlet ist weder zugegen, noch fällt eine Aeußerung über seinen Charakter; ohne weiteren Zusatz wird er als derjenige erwähnt, dem von der Erscheinung nothwendiger Weise Kunde gegeben werden müsse. Für den

Zuschauer ist durch diese Scene nur festgestellt, daß der Geist des alten Hamlet zu den Mitspielern im Stücke gehören soll. Der Geist existirt wirklich, geht um und erfüllt einige einfache Soldaten mit Schrecken und böser Vorahnung.

In der zweiten Scene tritt Hamlet auf. Er weiß noch nichts vom Geiste. Der Verlust des Vaters und die rasche Heirath der Mutter lasten auf ihm; allein kein Zweifel: so natürlich diese Gefühle sind, so will Shakespeare uns beim ersten Anblicke des Prinzen gleich merken lassen, es werde diese Trauer von ihm in besonders auffälliger Weise empfunden und zur Schau getragen. Der Dichter legt das Gewicht dieses Schmerzes vor unseren Augen nur als hinzukommende Beschwerung zu anderen Lasten, welche aus Hamlet's eigener Natur ihm von Anfang an mitgegeben waren. Sofort ein Doppelsinn in Hamlet's ersten Worten: er habe zuviel Sonne, Schein gelte nichts vor ihm. Es konnte das auf seinen besonderen Fall, ebensogut aber nur im Allgemeinen auf ihn gehen. Der Zuschauer empfängt das Gefühl, als wisse der Prinz aus Instinct bereits um die Verbrechen seiner Mutter und seines Stiefvaters und wolle das andeuten. Man fängt an zu fürchten, wenn eine irritirte Natur wie die Hamlet's mit der Erscheinung des todten Königs in Berührung komme, so könne das eine vielleicht allzu starke Erschütterung zur Folge haben. Horatio giebt dem Prinzen vorläufig jetzt darüber Nachricht und die Art wie Hamlet sie empfängt, muß die bange Erwartung vermehren, mit der das Publikum sein Zusammentreffen mit dem todten Könige erwartet.

Dieser Scene sieht man mit Spannung entgegen. Shakespeare läßt jedoch, ehe er uns soweit führt, ein retardirendes Element eintreten. Laertes und Ophelia werden vorgeführt, jedoch in bloßem Gespräche. Man fühlt, diese Personen sind dazu bestimmt, im Hintergrunde zu bleiben. Die Absicht, durch einen Gegensatz die Eigenthümlichkeit der Hauptperson

schärfer hervortreten zu lassen, ist klar. Laertes ist der voll=
endete junge Edelmann, der gesund und rein im Leben drin=
stehend, das Leben selber nur als eine Kette äußerer Begeben=
heiten nimmt, bei denen mit sicherem Blicke Gut und Böse
herauszufinden, Hauptsache bleibt. Er hat weder „zuviel
Sonne," noch ist ein solcher Ueberfluß später bei ihm zu be=
fürchten. Seinen Mann stehen wo es nöthig ist, übrigens
sich um das nicht kümmern, was uns nichts angeht. Ein
Charakter wie Laertes, in Hamlet's Verhältnisse gestellt, hätte
Geist Geist sein lassen, seiner Mutter rasche Heirath bedenklich
gefunden ohne es sich aber je merken zu lassen, seinen frischen
Stiefvater scharf im Auge behalten, aber all dessen Höflichkeit
mit Dank angenommen und übrigens mit klugem Schweigen,
aber gutem Muthe erwartet, was der nächste Tag bringen
werde. In unwillkürlichem Vergleiche muß dem Zuschauer
jetzt klar werden, daß es Hamlet in ähnlichem Maaße nicht
gegeben sei, sich zu bemeistern und eine Auswahl zwischen dem
zu treffen was man zu sagen und zu verschweigen habe. In
Ophelia dagegen sehen wir eine Variation des weiblichen
Typus, welcher Shakespeare's besonderes entzückendes Eigen=
thum ist. Zart, willenlos, liebend und liebebedürftig, ein
Schmetterling mit zu großen Flügeln um im Sturme des
Schicksals aus eigener Kraft eigene Richtung zu halten. Eine
zart duftende Deutsche wilde Rose von nur vier Blättern,
welche abfallen kaum daß sie berührt werden. Von Hamlet's
Liebe zu ihr ist nun die Rede, wieder ohne daß auf Besonder=
heiten seiner Natur angespielt würde. Aber der Zuschauer
ahnt dunkel, daß dieses armen Geschöpfes Schicksal an das
Hamlet's gebunden sei und daß sie ihm ins Verderben folgen
müsse. Neben diesen beiden, um sie doch wieder in voller
Idealität leuchten zu lassen, Polonius, dessen Charakter meist
von der besonderen Natur des Schauspielers, dem die Rolle
anvertraut ist, abhängen wird. Der schwatzhafte nutzlos vor=

fichtige Alte war auf der Bühne Shakespeare's eine herge=
brachte Figur, die in Polonius kaum besondere Localfärbung
empfängt.

Nun folgt die Scene der Begegnung Hamlet's mit dem
Geiste. Einstweilen nimmt die Handlung unser Interesse so
sehr in Anspruch, daß der Zuschauer zu keinen Reflectionen
Athem behält. Kaum aber ist damit der erste Akt geschlossen,*)
so springt die Frage auf: hat der Prinz am Verstande Ein=
buße erlitten, wie sein Benehmen deutlich zeigt, oder ist seine
Narrheit nur angenommene Maske, wie er ausdrücklich aus=
spricht? Ist es bloße Maske, warum sie jetzt schon den Freun=
den gegenüber vornehmen? Diese unzusammenhängenden Reden
wenigstens also, durch welche die Freunde erschreckt werden,
waren natürliches Product der momentanen Erregung? Sollte
Shakespeare nicht gewußt und gewollt haben, daß dieser Wider=
spruch verwirrend wirken mußte? Ohne Zweifel hat er die
Frage sowohl, als die Möglichkeit einer doppelten Antwort
darauf mit aller Kunst herbeigeführt.

Die ersten Worte Hamlet's waren, er habe zuviel Sonne.
Schon als das Publikum das vernahm, war eine nothwendige
Gedankenoperation, dieses Zuviel an Sonne könne vielleicht
auch etwas unter dem Schädel wenn nicht verbrannt so doch
angesengt haben. Nun im Verkehr mit dem Geiste ist der
Zuschauer Zeuge dieser furchtbaren Leidenschaft, dann fallen
wirre unzusammenhängende Reden gegen die Genossen, dann
die Bitte, ihn nicht zu verrathen wenn künftig sein Wesen
seltsam erscheinen dürfte, und endlich, ohne dem Zuschauer

---

*) Es wird behauptet, Shakespeare's Stücke seien ohne Akteintheilung
und ohne Unterbrechung im Zusammenhange fortgespielt worden. Die Art
der frühsten Ausgaben, in welchen der Text ohne angedeutete Pausen gegeben wird, könnte zu dieser Annahme verführen, wenn nicht die gesammte
Natur der Dramen des 16. und 17. Jahrhunderts widerspräche. Man
hatte eine sehr markirte Akteintheilung.

irgend einen Anhalt zu geben, wie die Dinge gemeint seien, Hamlet's Abschiedsrede, dereu abfallender matter Ton etwas mehr als Erschöpfung andeutet.

Diese Elemente mußten ein Interesse an Hamlet erwecken, welches die Zuschauer überraschte, denn keine andere Gestalt der englischen Bühne hatte bis dahin eine solche Mischung von Neugier und Theilnahme erregt. Und so sah man dem zweiten Akte gewiß mit all der Spannung entgegen, welche Shakespeare mit so außerordentlichen Mitteln herbeigeführt hatte.

Eine gleichgültige Scene leitet den zweiten Akt ein. Laertes wird von seinem Vater mit guten Lehren entlassen. Shakespeare benutzt Laertes abermals, um beim Zuschauer die natürliche Stimmung des gesunden Menschenverstandes herzustellen. Dem Publikum wurde damit eingeschärft, der Dichter wisse sehr wohl, wie der vernünftige Durchschnittsmensch sich im Leben zu benehmen habe, man dürfe sich ihm anvertrauen, es werde den Zuschauern nicht zugemuthet werden, Unsinn für Sinn anzunehmen. Durch dieses Mittel völlig rein vorbereitet sieht man nun Ophelia austreten und hört den Bericht ihrer Begegnung mit Hamlet.

> Er packt mein Handgelenk und so mich haltend,
> So lang sein Arm war, von sich, fährt er über
> Die Augen mit der andern Hand und prüft
> Mein Antlitz, wie ein Maler. Blieb so stehen,
> Und endlich — meinen Arm zum Zittern bringend —
> Und dreimal — so· — die Stirne auf und nieder
> Bewegend seufzt er! Jammervoll, als wär' es
> Sein letzter Seufzer — ließ mich plötzlich los,
> Und, stets die Augen starr auf mich gelenkt,
> Ging er und fand den Weg aus meiner Thüre
> Als braucht' er nicht zu sehn wohin er ginge.
> Und so — den letzten Blick auf mich gerichtet, —
> Verließ er mich.

Welche Vorstellungen muß das hervorrufen?

Weder Polonius noch Ophelia war der Gedanke gekommen, Hamlet spiele Comödie bei dieser Scene, und ich möchte

wiſſen, ob irgend Einer unter den Zuſchauern, der unbefan=
gen dem Verlauf der Dinge folgte, andere Meinung hegte.
Jeder mußte urtheilen, Hamlet ſei durch die Mittheilung des
Geiſtes ſo erſchüttert worden, daß er an Ophelia zuerſt, die
ſein Theuerſtes war, zu zweifeln begann. Das brauchte ja
noch kein Wahnſinn zu ſein, ſondern begreifliche, höchſte Nieder=
geſchlagenheit. Hätte der Dichter gewollt, man ſolle in dieſer
Scene nur die gleichſam erſte Verſtellungsproduction Hamlet's
erblicken, ſo würde er darüber irgendwie einen Wink gegeben
haben. Wenn Shakeſpeare's Geſtalten Pläne hegen, von deren
Verſtändniß das Verſtändniß des Stückes abhängt, ſo läßt er
uns nie einen Augenblick im Zweifel. Claudius unterrichtet
uns ſtets auf das Offenherzigſte über die ſchlechte Meinung,
die er von ſich ſelber hegt, ſowie über die böſen Pläne, mit
denen er Hamlet zu beſeitigen ſucht. Bei Ophelia's Erzählung
mußte jeder Zuhörer urtheilen, Hamlet ſei ihr gegenüber aus
innerer Erregung in ein ſo ſeltſames Weſen verfallen, nicht
aber, er habe Ophelia die Idee beibringen wollen, daß er
den Verſtand verloren habe.

Sofort aber wird dieſe Anſchauung der Dinge vom Dich=
ter ſelbſt wieder aufgehoben, und zwar durch die ſchon ein=
mal angewandte Berechnung einer beim Publikum unwillkür=
lich eintretenden Oppoſitionsſtimmung: Polonius redet in der
nun folgenden Scene dem Könige und der Königin ein, Hamlet
ſei aus Liebe zu Ophelia verrückt geworden. Daß dieſe Albern=
heit ein Irrthum ſei, weiß Jedermann im Hauſe aber, und
dieſes Beſſerwiſſen wird in ſolchem Maaße productiv, daß
unſere Meinung, ohne daß man ſich klar zu werden braucht auf
welchem Wege, zu Gunſten Hamlet's abermals umſchlagen
muß. Hamlet alſo iſt doch nicht wahnſinnig, er hat ſeine
Pläne: König und Königin werden es ſchon inne werden!

Man rechnet ja ſo wenig im Theater. Man erinnert ſich
kaum des eben Geſchehenen, noch urtheilt man über das was

gerade vor unsern Augen geschieht, hinaus: der Zuschauer
hängt an dem was er sieht, und ist so davon eingenommen,
daß er sich ohne Vorsicht zu den größten Verbrechen gegen
die Logik hinreißen läßt. Hamlet für irrsinnig zu halten, so=
fort dennoch wieder an bloße Verstellung zu glauben, dann
doch wieder Irrsinn anzunehmen, und in diesem Wechsel, da=
hin oder dorthin, befangen zu bleiben, ist nichts was ein
Dichter wie Shakespeare einem empfänglichen Publicum nicht
zumuthen durfte. Er befiehlt und seine Theaterbesucher folgen
ihm gehorsam wie Kinder, die er abwechselnd mit einem Mär=
chen zum Lachen und zum Weinen bringt.

Endlich sehen wir in diesem Akte Hamlet selbst auftreten
und es folgt das Gespräch, in welchem er Polonius zum
Narren hält. Beim Zuschauer fängt das Gefühl sich jetzt zu
regen an, daß der Prinz, welcher Wehe darüber schrie, daß
er berufen sei, die Welt wieder in ihre Angeln zu heben, doch
endlich etwas thun möge. Immer nur geistreiche Conversa=
tionen ohne rechtes Ziel. Eine andere Meinung fängt über=
haupt an Platz zu greifen: man geräth auf die Idee,
es solle uns gezeigt werden, daß Hamlet in seinem wirk=
lichen oder verstellten Wahnsinne, gleichviel, klüger sei als die
ganze übrige Gesellschaft, und wir lassen uns die Scene wie
eine Art Lustspielscene gefallen. Shakespeare theilte seinen
„Narren“ ja hergebrachter Weise das Vorrecht zu, in thörich=
ter Fassung die tiefste Weisheit vorzubringen. Das Erscheinen
der beiden Hofleute, bei fortgesetztem Wechsel zugespitzter Reden,
unterhält diese Stimmung. Wir sind so durchaus davon über=
zeugt, Hamlet sei der allein gescheute unter lauter beschränkten
Köpfen, daß uns seine Art, Alle zum Besten zu haben, zum
größten Amusement gereicht, und Polonius' Wiederauftreten
uns in dieser Richtung völlig fest macht. Das Eintreten der
ankommenden Schauspieler erhöht unsere Stimmung endlich
derart, daß wir uns ganz in bekanntem Fahrwasser glauben.

Ein fester Plan Hamlet's liegt vor. Die Schauspieler sollen mit ihrer Darstellung des Mordes von Gonzaga die entscheidende Probe vornehmen. Hamlet — diese Hoffnung steigt leise auf — wird den König sodann beseitigen, auf irgend eine Weise wird Alles gut und das Stück endigt mit Bestrafung der Uebelthäter und allseitiger Befriedigung.

Da jedoch schließt Hamlet's Monolog den Akt in unvorhergesehener Weise.

Jeder Zuschauer mußte der Meinung sein, Hamlet habe das, wenn auch gefährliche doch rechte Mittel erwählt, durch Aufführung eines Stückes welches eine Parodie der von seiner Mutter und Claudius verübten Verbrechen enthielt, hinter die Wahrheit zu kommen, und erwartet ungeduldig den Ausgang; als der Prinz jetzt über sich selbst mit einer Reihe Anschuldigungen herfällt, die nicht am Platze sind. Er wirft sich vor, nicht sofort zugeschlagen zu haben, und zwar in einer breiten Ausführlichkeit die Dinge ausmalend, daß man fühlt, er finde einen traurigen Genuß in solchen Betrachtungen. Er ereifert sich bis zur höchsten Leidenschaft. Es sind Stellen in diesem Monologe, die ihn als willenloses Opfer einer ihn peinigenden Phantasie zeigen. Wozu das jetzt? Endlich kommt er auf den Plan zurück, den König zu prüfen. Wozu dieser lange Umweg wieder zum Ausgangspunkte? Vorher aber hat Hamlet sich selber Schwachheit und Melancholie vorgeworfen und zwar sind die betreffenden Verse fast seine letzten Worte vor dem Fallen des Vorhanges.

Dem Publikum ist jetzt abermals zum Nachdenken Raum gegeben. Ueber der Begebenheit, die nach dem ersten Aufzuge das Interesse hauptsächlich fesselte, nimmt Hamlet's Person, ganz für sich betrachtet, die allgemeine Theilnahme in Anspruch. Man möchte mehr von ihm erfahren. Jede Scene zeigt ihn anders. Unter dem Eindrucke seiner letzten Rede aber macht sich ein neues Element der Beurtheilung geltend. Ist dieser Mann überhaupt fähig, etwas zu thun? Jemand, der von sich selbst sagt, daß er schwach und melancholisch sei? Die im ersten Akte nur aufblitzende Idee fängt an festen Platz zu greifen: Hamlet sei durch innere Vorherbestimmung dem Verderben geweiht, und was er jetzt erleben müsse, bilde nur den zufälligen Anstoß seines Unterganges. Nach dem ersten Akte hegte man noch die Erwartung einer blutigen, prompten Rache, nach dem zweiten erwartet man schon nichts mehr Rationelles, sondern macht sich auf Unheil gefaßt. Die Hoffnung, daß Hamlet als energischer selbstthätiger Mensch der Mittelpunkt einer von ihm kraftvoll geleiteten Action werden könne, hat einen starken Stoß erlitten. Ob das Publikum zu dieser Empfindung berechtigt gewesen sei, ob einzelne klarer sehende Leute im Parterre anders geurtheilt haben mögen, ob die Lectüre des Stückes ein andres Urtheil herbeiführen müsse, soll hier nicht untersucht, sondern nur die Stimmung des Durchschnittspublikums in Betracht gezogen werden, auf welche Shakespeare als Bühnendichter Rücksicht zu nehmen gezwungen war.

Der dritte Akt bringt gleich Hamlet's Wahnsinn aufs Tapet. Der König will Rosencrantz' und Güldenstern's Meinung darüber vernehmen. Das eintretende kurze Gespräch resümirt des Prinzen bisheriges Betragen, reizt uns aber zu keiner eigenen Entscheidung, da von der Bühne herab selbst nichts Entscheidendes ausgesprochen wird. Zwar spricht der eine von ihnen beiden von Hamlet's „crafty madness" seinem „schlauen Wahnwitz", allein sosehr nebenbei, daß kaum ein Accent auf die Worte fällt. Man zweifelt nicht, man ist sich nur nicht klar über die Ursache des Wahnsinns. Hamlet soll nun Ophelia begegnen und ihr Gespräch vom Könige belauscht werden. Hamlet erscheint. Sein weltberühmter Monolog „To be or not to be" tritt an dieser Stelle ein.

Sein, oder Nichtsein? Wer giebt Antwort? Ist es
Edler, des unverschämten Schicksals Schläge
Still hinzunehmen, oder, sich erhebend
Zum Widerstand, die Waffen in der Hand
Einfach ein Ende machen? Sterben — schlafen?
Was mehr? Die tausend Stöße der Natur,
Den Herzensjammer, unser ew'ges Erbtheil,
Einschläfern? Nichts als eine fromme Bitte
Um Auflösung und Ende? — Sterben — Schlafen?
Schlafen — vielleicht auch träumen! Ah, da steckt's!
Denn was im Todesschlaf für Träume kämen,
Das hält die Hand zurück und der Gedanke
Läßt unser Elend langsam mit uns altern.
Denn wer erlitte all die Unterdrückung,
Die Schmach, betrogne Liebe, Rechtsverweigerung,
Beamtenhochmuth, duldenden Verdienstes
Verachtung während impotente Frechheit
Sich breit macht — wenn uns eine Handbewegung
Hoch über all dies Elend ruhig machte!
Wer, unter seines Lebens Bürde keuchend,
Ertrüge diese Last — wenn nicht die Scheu
Vor etwas nach dem Tode uns erfüllte?
Das Land, noch unentdeckt, von dessen Küsten
Kein Reisender zurückkam — unser Wille
Sinkt nieder und wir schleppen was wir kennen
Geduldig fort, statt uns zu dem zu flüchten
Was wir nicht kennen. So macht das Gewissen
Zum Feigling einen Jeden. Und so wird
Die blühende Farbe eines frischgeborenen
Entschlusses bleich gemacht durch Ueberlegung,
Und große Unternehmungen zerschmelzen
In Nichts! Still! o! die reizende Ophelia!

Man beachte wohl die Allgemeinheit dieser Betrachtungen.
Es ist der Inhalt aller menschlichen Lebenserfahrung, die in
ruhigen Sätzen sich vor uns abrollt. Nur ein ruhiger, klarer
Geist höchsten Ranges kann so mit sich selbst reden. Und
deshalb, man ist gefesselt durch die Schönheit dieser Verse,
verliert aber ganz den Faden: ist dieses Selbstgespräch nur
die Abspiegelung erwägenden Nachdenkens, das Hamlet vor
dem entscheidenden Momente der Prüfung des Königs durch

die Schauspieler überrascht, oder giebt er hier dem Zwange
nach, mit einem Male seine Energie zu verlieren, um sich,
als Lösung aller Fragen, lieber selbst zu morden? Sind das
Gedanken, die, mächtiger als er selber, nur ihr Spiel mit
ihm treiben? Eben erst, am Schlusse des vorigen Aktes, hat
er die langen Erörterungen gegen sich selbst vorgenommen
und ist zum Resultate gelangt, frisch handeln zu wollen, und
schon beginnt er von neuem zu philosophiren. Dem Zuschauer
kehrt ins Gedächtniß zurück, daß bereits der erste Monolog
dieser Art: „O schmölze dieses allzufeste Fleisch" zu einer Zeit
von Hamlet gehalten worden war, wo seine äußere Lage ein
derartiges Verzweifeln am Leben noch nicht nothwendig er=
scheinen ließ. Tief ergriffen jedoch von der Wahrheit seiner
Gedanken und der Schönheit der Worte in die sie gekleidet
sind, suchen wir die Erbauung, mit der wir Hamlet's Monologe folgten, irgendwie mit der Ungeduld zu vereinen, die uns
dies ewige Abwarten und die mangelnde Energie einflößt.
Die Idee muß jetzt aufsteigen, Hamlet's Individualität sei
eine ganz besondere. Die Absicht des Dichters sei weniger,
die Intrigue des Dramas regelrecht zu entwickeln, als uns
durch die Vorführung eines seltsamen, geistreichen Menschen
den höchsten Genuß zu bereiten. Hamlet verdient keine Vor=
würfe, sondern Studium. Dem Verderben aber ist er geweiht
Denn wer so philosophirt, dessen Lebenskraft scheint von der
Gedankenfeile bereits so sehr angegriffen, daß zum Handeln,
auch bei den einfachsten, günstigsten Lebensverhältnissen, die
innere Kraft fehlte.

Und so kehrt, unabhängig von dem Verbrechen der Eltern,
von der Geistererscheinung, und von den Racheplänen Hamlet's,
von ganz anderer Seite in die Seele des Zuschauers der
Gedanke wieder ein, daß wir es in dieser Gestalt mit der
Verkörperung eines längst dem Untergange preisgegebenen
Gemüths zu thun haben.

Gewiß war es des Dichters Absicht, diesen Glauben jetzt zu befestigen. Hamlet's Zwiegespräch mit Ophelia sowie sein Betragen während der Aufführung der Mordcomödie sind derart thöricht, ja widerlich, daß man auf das Unterscheiden, ob wirkliche oder affectirte Narrheit die Quelle sei, verzichtet. Wozu einem Mädchen, das man liebt, so cynische Anspielungen machen? Der Schluß der Scene ist in demselben Tone gehalten. Ein einziges Wort energischen Entschlusses Horatio gegenüber würde uns beruhigen und orientiren; allein Shakespeare vermeidet es, uns auch nur mit einer leisen Andeutung aufzuklären. Wieder erscheinen Rosencrantz, Güldenstern und Polonius, und die geistreiche vernünftignärrische Spielerei mit Worten und Gedanken wird weitergetrieben. Shakespeare bedurfte dies, denn jetzt kommt einer seiner schönsten Effecte.

Hamlet wird zur Königin gefordert.

Er steht seiner Mutter so ganz als voller energischer Mann gegenüber, daß unsere früheren Zweifel an seiner Kraft und Energie und Verstandesklarheit in nichts auffliegen.

Wir verstehen plötzlich wieder Alles und bilden uns ein, überhaupt niemals im Unklaren gewesen zu sein. Zuerst die Berathung des Königs mit den Hofleuten: bei Hamlet liege ein tieferer Grund seines seltsamen Benehmens vor als bloße Narrheit. Damit sind wir von Herzen einverstanden. Wir erleben sodann die wunderbare Scene, wie der König im Gebete daliegt und Hamlet ihn zu tödten Bedenken trägt. Auch dies zu billigen. Endlich steht er der Mutter gegenüber. Schöner, kräftiger, verständiger, berechtigter in ihrer Leidenschaft konnte keine Rede gedacht werden als die von Hamlet's Lippen jetzt. Unsere Bewunderung folgt seinen Worten, wir glauben tief in seine und seiner Mutter Seele zu blicken und erwarten einen dem entsprechenden Fortgang der Handlung — da, gerade, wo wir dessen ganz sicher zu sein glauben, abermals ein Wechsel. Mit Gewalt werden wir vom Dichter

wieder auf die andere Seite geschleudert. Der Geist erscheint.
Wie aber? Nur Hamlet seiner ansichtig diesmal! Die Mut=
ter weiß nicht, warum seine Haare sich sträuben und zu wem
er in die leere Luft hinein verhandelt. Und der Zuschauer,
obgleich auch er das Gespenst erblickt, steht plötzlich auf Seiten
der Mutter! Die Erscheinung, die im ersten Akte so zweifel=
los glaubwürdig gewesen war, schwindet dadurch, daß die
Königin jetzt nur die leere Luft sieht, obgleich wir selber das
Gespenst miterblicken und reden hören, zu einem Gehirnphan=
tome Hamlet's zusammen.

Weh, er ist wahnsinnig! ruft die Königin aus und wir
mit ihr. Wir sind gezwungen dazu. Ohne uns irgend daran
zu erinnern, daß Horatio und Bernardo, an denen kein Fäser=
chen Narrheit zu entdecken war, den todten König erblickt
hatten, urtheilen wir jetzt: nur Hamlet sieht das Gespenst,
nur ein krankes Hirn sieht Geister. Hamlet selber spricht der
Mutter gegenüber jetzt aus, sein Wahnsinn sei nur ein künst=
licher: wir überhören es. Shakespeare zeigt hier, was er
wagen durfte.

Der Ausgang der Scene, die nach dem Morde des Po=
lonius und nach den tödtlichen Vorwürfen gegen die Königin
endlich wie in nichts verläuft, setzt uns kaum mehr in Er=
staunen. Es ist das natürliche Zusammensinken nach einem
Fieberparoxismus. Es würde uns nicht wundern, wenn Ham=
let an dem Leichname des Polonius stehend eine lange Rede
über todte alte Männer hielte oder dergleichen. Nach dem
sonderbaren Ende der Scene mit der Königin dankt der Zu=
schauer mit seinen eigenen Erwartungen ab.

Man will nun gar nicht mehr entscheiden, wie es mit
Hamlet bestellt sei, sondern ergiebt sich in die Laune des Dich=
ters. Die eigentliche Intrigue ist erledigt, der Umschwung
mit seinen Folgen vorüber. Mit dem vierten Akte tritt die
epische Führung des Stückes ein. Die Dichtung geht in

großen Schritten vorwärts. Sie bringt von jetzt an nur noch
Ueberraschungen, nichts was sich ahnen ließe. Wir sehen den
Wechsel des Lichtes, in welchem Hamlet gezeigt wird, immer
greller eintreten. Uns aber trotzdem auch jetzt noch in der
Ungewißheit über Hamlet's Zurechnungsfähigkeit hin- und her-
zulenken, ist des Dichters Absicht, und es gelingt ihm sein
Vorhaben wie früher.

Im Anfang des vierten Aktes berathen König und Königin. Sobald letztere Hamlet als einen kranken Geisterseher
darstellen will, erinnert sich das Publikum, in vollem Wider-
spruche zu dem eben ganz anders operirenden Gefühle, den
Geist des alten Königs im Beginn des Stückes ja leibhaftig
gesehen zu haben, und ist innerlich anderer Ansicht. Rosencranz und Güldenstern stellen Hamlet darauf des ermordeten
Polonius wegen zur Rede und er antwortet so sehr als ein
Wahnsinniger, daß wir, ohne weiteres gelehrig, wieder auf
die andere Seite umschlagend, dem Prinzen nur deshalb den
Mord nachsehen, weil er nicht wußte was er that. Wir
gehen nicht einmal so weit, ihn etwa freizusprechen, weil er
berechtigt gewesen zu sein schien, den König hinter der Tapete
zu vermuthen, der sein Leben ja tausendfach verwirkt hatte,
sondern wir sagen viel kürzer: Hamlet erstach den Alten weil
ihm sein Dämon plötzlich den Gedanken durchs Hirn jagte,
zuzustoßen. Nun die Reise nach England. Wir bedauern
Hamlet, aber wir sind längst überzeugt, daß es irgendwie
doch mit ihm zu Ende gehen müsse. Hamlet's retardirender
Monolog nach der Begegnung mit Fortinbras klingt uns
darauf hin sogar ganz verständlich. Er schließt sich den vorhergehenden Selbstmord- und Vorwurfsmonologen an, denen
er auch darin ähnlich ist, daß die Gelegenheit zu dem leidenschaftlichen Selbstgespräche wiederum zufällig vom Zaune gebrochen wird und daß die große Aufwallung gar keine Folge
hat. Alle diese Vorwürfe und Betrachtungen halten wir aber

bereits längst für bloße Worte und sind überzeugt, daß Hamlet, auch wenn sich die beste Gelegenheit zum Umsturz der
Dinge in Dänemark böte, sie, wie wir ihn jetzt kennen, unter
irgend einem Vorwande unbenutzt vorübergehen lassen würde.

Die Art, wie Shakespeare hier das Widersprechende dicht
nebeneinander stellt, läßt sich genau beobachten. Schon bei
Polonius' Fall hatte das zumeist gegen Hamlet gesprochen,
daß er ihn hinter der Tapete durchstach ohne ihm ins
Auge zu sehen. Warum läßt Shakespeare Hamlet rufen: eine
Ratte! eine Ratte! und dann den Mord vollbringen, statt ihm
ein paar Worte in den Mund zu geben, durch welche der
unrettbar verlorene vermeintliche König erfuhr, man habe ihn
in seinem Versteck erkannt, so daß er hervortreten konnte?
Warum reißt Hamlet seinen Feind und den Mörder seines
Vaters nicht heraus, um ihn dann erst niederzustoßen? Dies
durch den Teppich Stoßen erweckt beim Publikum, das aus
thatkräftigen Leuten besteht, welche darüber, wie es bei persönlichen Affairen hergeht, ausgebreitete Erfahrung besitzen,
das Gefühl, Hamlet sei es lieb gewesen, den König so zu
attrapiren und ihn abzuthun ohne seine Blicke ins Auge zu
empfangen. Man nimmt später vielleicht die Erinnerung an
Hamlet's Zögern dem betenden Könige gegenüber hinzu und
die Meinung steigt auf, Hamlet sei es hier wie dort ganz
recht gewesen, einen Grund zu finden, der ihn einer That
überhob. Man denkt an Schwachheit, an mangelnde Energie.
Diese Empfindung überrascht uns später von neuem bei der
Erzählung, wie Hamlet Rosencranz und Güldenstern heimlich
den Brief entwandte, ihn ihnen, zum Verderben umgeschrieben,
wieder zusteckte, und sie beide so dem Tode überlieferte ohne
sie etwas merken zu lassen. Verdient mögen sie es tausendfach
haben: trotzdem liegt etwas unserem Gefühl Widerstrebendes,
Mangel an Kraft Verrathendes in dem Verfahren. Und doch!
In demselben Momente sehen wir den Prinzen als tapferen

Soldaten einen Corsaren entern, der Erste sein der kämpfend
ins feindliche Schiff hinüberspringt, nnd zum Gefangenen gemacht werden. Die Vermischung von Schwachheit und Helden-
thum ist nirgends mit so starken Zügen dargestellt. Shakespeare mußte aber im Verlaufe der Entwicklung mit immer
schärferen Mitteln wirken.

Hamlet kehrt nach Dänemark zurück, wie ein mit der
bösesten körperlichen Disposition Behafteter in eine von Cholera
inficirte Stadt. Das Zerfließen seiner Existenz beschleunigt
sich. Die übrigen Gestalten werden in die allgemeine Auflösung stückweise hineingerissen. Die Scene der wahnsinnigen
Ophelia lenkt uns kaum mehr auf Hamlet hin. Denn wäre
dieser auch jetzt selber erschienen, hätte Polonius ins Leben
zurückgezaubert und Ophelia seine Hand angeboten, die arme
Mädchenseele wäre nicht zu retten gewesen. Das Gefühl der
allseitig hereinbrechenden Schicksalsfluthen hat den Zuschauer
schon überwältigt. Unser Interesse ist von der Person Hamlet's auf die Totalität aller Personen gelenkt. Ganz Helsingör
scheint in den Fundamenten zu wanken. König und Königin
sogar stehen da als mitleidswerthe Opfer des Verderbens,
wie Hamlet selber; ja, der aus der Fremde hereinbrechende
Laertes, der Vater und Schwester rächen will, gesund, natürlich und in vollem Rechte, bekommt fast einen Anschein von
egoistischer Rohheit, da die Rache von höherer Hand schon
so nahe ist.

Der fünfte Akt spielt die letzten Effecte aus. Hamlet ist
wieder da. Er philosophirt auf dem Kirchhofe. Wir kennen
das schon: über Yorik's Schädel vergißt er sich und die
Welt um sich. Mitten im brennenden Hause würde er, statt
sich zu retten, das im Holzwerk fortfressende Feuer wissenschaftlich beobachten, mitten im sinkenden Schiffe Berechnungen
über die Geschwindigkeit machen mit der es in die Tiefe geht.

Das Publikum hat jede Hoffnung auf eine günstige Wendung der allgemeinen Verhältnisse sowohl, als dieses Charakters längst aufgegeben. König, Königin, Fortinbras könnten todt daliegen und Hamlet vom Volke zum Könige ausgerufen werden, er würde, statt die Stufen des Thrones hinaufzusteigen, über eine Fliege philosophiren, die auf seinen goldnen Zierrathen umherspazierte. Allerdings sagt Fortinbras beim Abschlusse des Stückes, Hamlet würde, wenn er den Thron bestiegen hätte, kraftvoll regiert haben, allein diese Verse gehören als letzter Trumpf in die Kategorie jener absichtlichen Widersprüche, mit denen der Dichter ein abschließendes sicheres Urtheil unmöglich machen wollte. In der Seele des Zuschauers, da die Entscheidung zwischen Wahnsinn und Nichtwahnsinn einmal nicht gestattet werden sollte, hat sich eine über beiden Möglichkeiten stehende, die eine wie die andere umfassende Gewißheit gebildet: zerstört! Ein jammervolles Räthsel, das nicht zu lösen sein sollte.

Diesem Räthsel hatte der Dichter sein Publikum gegenüberstellen wollen. Damit war seine Aufgabe vollbracht. Er hatte symbolisch den Verlauf eines Processes gezeigt, der in England besonders häufig beobachtet zu werden pflegt: Ueberreizung des Gehirns, eigener Zweifel, ob das geistige Gleichgewicht noch vorhanden sei, Uebergang dieses Zweifels auf die Umgebung, Abwarten, Beobachtung, gewaltsame Mittel um Unheil zu verhüten, Auflösung; bei den Zurückgebliebenen aber das Gefühl eines trüben Problems, für das das entscheidende letzte Wort niemals zu finden sein wird. Hamlet's Schicksal geht Jeden so nah an, weil jeder Mensch es dankbar empfindet, vom Schicksal nicht in die Lage gebracht zu sein, den letzten, äußersten, ungewissen Vorrath seiner geistigen Kraft angreifen zu müssen. Jeder, der sich zu tief in die Fragen seiner geistigen Existenz versenkt, muß fühlen, daß er nahe an dem Abgrunde wandelt, in welchen Hamlet hinabstürzte, und

wie Viele haben einmal im Leben in diesen Abgrund nicht
schaudernd hinabgesehen? —

In keinem anderen Stücke hat Shakespeare in solchem
Maaße alle Mittel seiner Kunst angewandt. Die ersten Akte
gehören zum Wirkungsvollsten aller dramatischen Literatur,
der epische Ductus der beiden letzten darf nicht als ein Fehler
angesehen werden. Wir finden die gleiche Compositionsweise
bei anderen Dramen. Shakespeare wußte ohne Zweifel auch
hier was er wollte. Wir sehen im Julius Caesar nur die drei
ersten Akte zu den Trägern eines dramatisch durchgeführten
Ereignisses gemacht, während die beiden letzten sich als ein
episches Gedicht in theatralischer Form anschließen. Macbeth
hat dieselbe innere Structur. Sie läßt sich auch sonst nachweisen, und wenn wir die betreffenden übrigen Dramen
mit Hamlet in eine Reihe stellen, gewinnen wir einen Ver-
gleichungspunkt für sie sämmtlich, mit dessen Erwähnung ich
diese Bemerkungen abschließen will.

Das Drama verlangt eine Krise. Eine Anzahl Gestalten,
jede als der ideale Träger einer oder mehrerer menschlicher
Seelenkräfte vollerkennbar hingestellt, werden durch einen von
höheren Schicksalsmächten gegebenen Befehl gegeneinander ge-
hetzt. Eine Schlacht entsteht, welche bis zur Entscheidung
ausgekämpft werden muß. Die geistige Befriedigung des
Publikums wird dadurch erreicht, daß jede einzelne Gestalt
zum Kampfe absolut berechtigt war und daß ihre Handlungs-
weise in allen einzelnen Momenten unseren höchsten Anforderungen entspricht.

Diese Gestalten können wenig Individuelles, Besonderes,
Eigenartiges haben: sie sind gleichsam nur in menschliche
Form gekleidete Principien. Was sie thun und leiden, geht
weit über das hinaus was der Zuschauer selbst etwa zu erleben im Stande gewesen wäre. Antigone, Kreon, Oedipus
u. s. w. lassen uns in ein Seelenleben blicken, dessen concen-

trirte Einfachheit außer aller eigenen menschlichen Erfahrung
liegt. Ohne diese Einfachheit würde der unerbittlich logische
Aufbau einer Tragödie nicht möglich sein, bei dem, wie bei
einem mathematischen Exempel, Alles stimmen muß.

Dramen dieser Art hervorzubringen, war den Griechen
und, unter den modernen Völkern, den Franzosen ein Bedürfniß. Die Dichter dieser Völker waren im Staude, mit
Abstractionen in menschlicher Gestalt solche ideale Kämpfe
vorzuführen, und ihr Publikum begeisterte sich daran. Den
germanischen Völkern dagegen ist es überhaupt unmöglich,
sobald Menschen poetisch dargestellt werden, sie anders als im
Anscheine von Individualitäten zu bilden. Der Zuschauer
will im Drama nicht etwas über seine Erfahrung Hinaus-
gehendes erblicken, sondern seine Erfahrung sogar allein soll
den Maaßstab für das abgeben was er auf der Bühne vor
Augen sieht: Gestalten sollen auftreten, deren erste Existenz-
bedingung ist, daß sie Menschen wie wir seien: Charaktere,
Individualitäten, freilich in besonderen Lebensverhältnissen.
Wir erfassen die Idealgestalten der griechischen Kunst individueller als die griechischen Dichter und Bildhauer selber sie gedacht haben. Nicht das Einfache: das Complicirte verlangen
und verstehen wir.

Solche Gestalten aber, wenn sie in Kampf gerathen, bringen die Katastrophe ihrer gesammten Entwicklung nicht in Einer
Schlacht zum Austrage, sondern müssen, um beim Vergleiche
zu bleiben, lange Kriege führen mit abwechselndem Auf- und
Niedersinken von Glück und Unglück. Und diese Kriege werden zwar in ihrer Entstehung verursacht durch ein von höherer
Hand herabgeschleudertes aufreizendes Problem: eine nothwendige Rache, eine unausweichbare Verführung (wie bei
Macbeth), ein furchtbarer Anreiz zum Ausbruche des Hoch-
muthes (wie bei Coriolan), eine politische Verleitung zu blu-

tiger Undankbarkeit (wie bei Brutus), allein mit dem einzigen
Hauptausbruche dieser ersten Ursache des Conflictes ist die
Sache nicht abgethan. Im fortgesetzten Kampfe erst beginnt
der Charakter sich zu enthalten, und diese Entwicklung will der
germanische Zuschauer vor seinen Augen sich vollziehen sehen.
Der Grieche vermochte das nur im Epos zu geben. Die
Entwicklung des Achill von Stufe zu Stufe ist der Inhalt
des herrlichsten epischen Gedichtes, welches je gedichtet worden
ist. Der Germane stellt an das Drama die Anforderung, ihm
das zu gewähren. Shakespeare, der einzige Germane, der
für eine gesund nationale Bühne als Dichter gearbeitet hat,
suchte diesem Verlangen nachzukommen und erfand die Ver=
bindung von Drama und Epos, die seinem Zwecke Genüge
that. Ueberall, wo er wirklich die Entfaltung einer ungeheuren
Individualität zum Thema seiner Tragödien macht, beginnt
er damit, in den ersten drei Akten das Drängen zur ersten
großen Schlacht zu geben, in welcher der Charakter seines
Helden gleichsam die tiefsten Grundzüge seines Wesens ent=
hüllt, im vierten und fünften Aufzuge wird dann in nur dem
Anscheine nach bramatisch gefaßten Scenen die langsame Fort=
entwicklung des Krieges, bis zum Erliegen der einen oder
anderen Partei, oder bis zum Untergange aller Kämpfenden,
eigentlich nur erzählt. Dies der Entwicklungsgang bei den
bereits genannten Dramen, denen sich noch Timon von Athen,
Lear und Richard III. anfügen lassen. Von Nachahmern
Shakespeare's hat nur Goethe im Götz und Egmont diese
Form aufgenommen, indem er, wie er von sich selbst sagt,
in diesen beiden Stücken dem großen Meister seinen Tribut
barbrachte.

Daß die bis in die kleinsten Effecte planvoll durchgeführte
Darstellung Hamlet's bei Shakespeare das Resultat langjähri=
ger Arbeit gewesen sei, dafür wäre sogar etwas wie ein Be=
weis beizubringen. Wir besitzen aus Shakespeare's Häuden

einen früheren Hamlet, welcher noch nicht der Hamlet unserer Tragödie ist.

Der Text des Dramas, wie es uns vorliegt, ist bekanntlich der Ausgabe von 1604 entnommen. Gedruckt aber wurde jener anders lautende Hamlet Shakespeare's bereits 1603, dessen Entstehung schon vor die Mitte der neunziger, vielleicht sogar in die achtziger Jahre des sechzehnten Jahrhunderts fällt. Dieser Druck von 1603, in nur zwei Exemplaren erhalten, seit 1825 aber oft wieder abgedruckt, ist in Deutschland durch eine Besprechung Goethe's bekannter geworden. Goethe hebt hervor, wie sehr das Drama in seiner ersten Gestalt von der späteren abweiche; allein er betont das bei weitem nicht stark genug.

Während Saxo Grammaticus, die früheste Quelle der Geschichte Hamlet's, den Prinzen als einen klugen Mann darstellte, welcher Wahnsinn heuchelt um den ihm drohenden Gefahren zu entgehen, läßt Shakespeare's erste Bearbeitung ihn vielmehr als offenbar wahnsinnig erscheinen. Suchen wir in diesem anfänglichen Versuche, Hamlet auf die Bühne zu bringen, nach den von mir oben angeführten Effecten und Gegensätzen, mit denen der Dichter in der späteren Ausgabe das Urtheil des Publikums absichtlich verwirrte, so finden wir nichts davon. All diese absichtlichen Contraste sind mit scharfer Berechnung in die spätere Form erst hineingetragen. Shakespeare scheint bei der zweiten Bearbeitung erst auf die Idee gekommen zu sein, dem Zuschauer ein ewiges Räthel aufzugeben. In diesem Sinne sind Zusätze gemacht und ist die Reihenfolge der Scenen verändert worden. Um nur Eines zu nennen: in die beiden entscheidenden Monologe Hamlet's sind erst in der Ausgabe von 1604 die Selbstmordgedanken hineingebracht. Außerdem hat das Stück auch jetzt die vom vierten Akte an eintretende epische Composition empfangen, während es in der Fassung von 1603 weit geschlossener wirkt. Am

auffallendſten war mir, zu bemerken, wie Shakeſpeare einige
ben Wahnſinn (ober beſſer: die Zerſtörtheit) bes Prinzen offen
bekundende Wendungen der erſten Bearbeitung in der ſpäteren
Ausgabe dahin verändert hat, daß ſie doppelſinnig werden.

Noch einige Worte über Goethe's Kritik.

Die erſten drei Akte der Tragödie ſtellten dar, was Goethe
als das innerſte Weſen Hamlet's erkannte: einen ſchwachen
Charakter, auf deſſen Schultern die Durchführung einer Rache
als eine Laſt gelegt worden iſt, die zu tragen ihnen die Kraft
fehlt. Wenn Goethe ſich damit begnügt, nur dies in Bezug
auf Hamlet auszuführen, ſo müſſen wir bedenken, daß ihm,
ſeiner Zeit, nur eine ſehr beſchränkte Bühnenerfahrung zu
Theil geworden war, während das heutige Leben ſolche Erfahrungen im höchſten Maaße mit ſich bringt. Seitdem auch
erſt iſt bei uns die techniſche Betrachtung von Dramen an
Stelle der früheren getreten, welche ſie nur als literariſche
Producte aufnahm. Goethe ſcheint freilich im Wilhelm Meiſter
von praktiſcher Bühnenerfahrung auszugehen, allein Eins
fehlte ihm ſicherlich, worauf es hier vornehmlich ankam: langjährige Beobachtung des Bühneneffectes, welchen Hamlet auf
den verſchiedenſten Theatern und in der Darſtellung der Hauptrolle durch ganz verſchiedene, vorzügliche Schauſpieler auf
große, großſtädtiſche Parterre hervorbrachte. Am Schluſſe
ſeines Lebens dagegen hatte Goethe dieſe Erfahrungen reichlich eingeſammelt und daher ſeine nachträgliche Bemerkung,
daß das Werk trotz Allem ein düſtres Problem bleibe.

Shakeſpeare alſo läßt Hamlet ſo erſcheinen wie Goethe
will. Dies aber iſt nur ſein Ausgangspunkt. Der Prinz
verfällt in einen ſchwankenden Zuſtand, der ſich von Wahnſinn
nicht immer unterſcheiden läßt; die Kunſt beſteht darin, den
Zuſchauer im Zweifel zu erhalten, ob er die feinſte Klugheit
oder zufällige Narrheit verkörpert vor ſich ſehe. Im vierten
und fünften Akte wird der weitere Verfolg dramatiſch berichtet:

der Charakter hat die Blüthe seiner Entwicklung überschritten und geht abwärts. Hamlet hat eine so ungeheure Erschütterung erlitten, daß er sich geistig aufzehrt. Das Uhrwerk seines Geistes, statt 24 Stunden im Tage zu laufen, läuft deren 96 oder mehr, und wenn die Zeiger zufällig zuweilen bei diesem tollen Umlaufe auf die Secunde genau die Zeit richtig angeben, so wirkt diese Richtigkeit nur um so tragischer. In derselben Art sehen wir Coriolan's Hochmuth, Brutus' zu weit getriebene politische Redlichkeit, Macbeth's brutale Herrschsucht, Timon's großartige Freigiebigkeit zu einem verzehrenden Feuer werden, das die Seelen dieser herrlich angelegten Charaktere langsam in Asche verwandelt. Bei ihnen Allen jedoch ergiebt die Rechnung am Schlusse ein klares Facit. Wir haben nichts vom Dichter mehr zu fragen, das er uns verschwiegen hätte. Seine Helden nehmen keine Geheimnisse mit sich, die zum Verständnisse ihres Handelns unentbehrlich wären. Hamlet aber sollte das, eben der Absicht des Dichters nach. Bis zu seinem Ende und drüber hinaus soll der Zuschauer die vergebliche Arbeit wiederholen, Gegensätze zu vereinen, für die es keine Vereinigung giebt. Ein completter Widerspruch ist in Hamlet verkörpert worden, und „ein vollkommener Widerspruch bleibt gleich geheimnißvoll für Kluge wie für Thoren." Mag man noch so sicher nachweisen, daß dies gewollt sei und wie es gewollt sei, als Kunstwerk wird diese Tragödie immer von neuem ihre Wirkung thun und, dem Willen ihres Dichters gemäß, räthselhaft erscheinen.

Raphael's eigene Bildnisse.

1869.

Es befindet sich auf der Münchner älteren Pinakothek, im letzten der großen Säle, ein Porträt von der Hand Raphael's, das in Bezug auf Schönheit und Aechtheit sehr verschieden beurtheilt zu werden pflegt. Ich habe die Ansicht vertheidigen hören, es sei kein Strich daran von ·Raphael selbst und die dargestellte Persönlichkeit habe nichts irgend Anziehendes. Letzteres gebe ich durchaus nicht zu; was die Aechtheit anlangt, so stehen auf dem Werke genug Stellen zu Tage, welche, von Uebermalung unberührt, Raphael's eigenes Machwerk erkennen lassen. Im Ganzen freilich scheinen die wichtigsten Theile eine Lage fremder Farbe empfangen zu haben und sodann stört der Firniß.

Dies jedoch hindert nicht, die Schönheit und das eigenthümliche Wesen des Gemäldes bis auf einen gewissen Grad unbefangen zu genießen. So ist die Wange, auf welche das volle Licht fällt (da der Kopf stark nach rechts gewandt ist, während die Beleuchtung ziemlich schneidend von der andern Seite herüberfliegt) ein herrlicher unberührter Theil des Antlitzes. Hier sieht man sanfte, blonde, hinter das Ohr gestrichene Locken tief auf die Schulter, den nackten Hals entlang, niedersinken; wirklich, langsam sich zu entrollen scheinen

sie. Vor dem Ohre, nach der Wange zu, dagegen ein leicht=
beginnender Ansatz von Backenbart. Den Scheitel bedeckt ein
tiefschwarzes Barett. Die mit einem Theile des Nackens vor=
tretende Schulter trägt ein graues faltiges Gewand; auf die
Brust, beinahe im Schatten, legt sich die eine Hand, nur zum
Theile sichtbar; während zu ihr herab, zugleich als finsterer
Hintergrund der auf dieser Seite dunkel sich abschneidenden
Wange, volle Haarstreifen niederhängen. Dieses Wangenprofil
ist sehr charakteristisch. Es zeigt eine stark über dem Auge
hervortretende Stirn, einen kräftigen Backenknochen darunter,
weicht dann sanft zurück und tritt erst bei dem äußerst zart
und energisch zugleich gerundeten Kinne wieder hervor. Diese
Linie läßt erkennen, daß der Kopf seiner Knochenstructur nach
eine kräftige, nicht hohe, wenngleich freie Stirn besaß, deren
Formation für den Gesammtanblick etwas Entscheidendes hatte,
und die bei magerem Fleische und trockener Haut an die Bil=
dung Michelangelo's etwa erinnert haben würde.

Solche Magerkeit nun aber sehen wir hier nicht. Im
Gegentheil, eine zwar nicht lange, aber zart profilirte, mit
voller runder Spitze und ebenso vollen Flügeln gebaute Nase
erblicken wir, und weiter, einen, dicht unter ihr bereits mit
dem oberen Ansatz der Lippen sich vordrängenden, weichen,
üppigen Mund, in so reizenden Linien und mit so zarten
Licht= und Schattentiefen, dazu von einem so herrlichen Kinne
unterbaut, daß man glauben möchte, kein Künstler habe etwas
Herrlicheres je gearbeitet. Dem Schwunge dieser Linien ent=
spricht die, welche vom Ohre zum Kinn laufend die Wange
vom Halse scheidet.

Ueber dieses Werk gab der Münchner Katalog von 1859
folgende Auskunft: „581. Sanzio (Raffaele di Urbino)."

„Das Bildniß des unsterblichen Raphael in violettem
(soll heißen: grauem) Kleide und mit etwas nach der Seite
gerundetem Kopfe und aufwärts gegen die Brust gehaltener

linken Hand. Halbe Figur. Auf Holz 1′ 10″ hoch, 1′ 4″ 6‴ breit.“

„Die in Vasari's Künstlerlexicon befindliche Stelle „ed a Bindo Altoviti fece il ritratto suo grando (soll quando heißen) era giovane“ hat in neuerer Zeit vielfach zu dem Zweifel Veranlassung gegeben, daß es das Bildniß Raphael's sei; wohl aber wurde unbedenklich zugestanden, daß es von seiner Hand herrühre, jedoch den Prinzen (soll Bindo heißen) Alto- viti darstelle.“

1859 also wurde dies Porträt officiell noch für das Ra- phael's erklärt. Sechs Jahre später dagegen ist diese Bezeich- nung aufgegeben. In der neuen Bearbeitung des Kataloges, vom Jahre 1865, lesen wir: „585. Raffaello Sanzio da Ur- bino. — Jugendliches Brustbild des Bindo Altoviti in vio- lettem Kleide, mit schwarzem Barett und langem blonden Haar, über die rechte Schulter aus dem Bilde heraussehend; die Linke liegt auf der Brust. Auf Holz ꝛc.

„Die Acten über dieses Bildniß dürfen als geschlossen betrachtet werden. Bottari hatte es zuerst nach einer unrich- tigen Deutung der Worte Vasari's für das Porträt Raphael's gehalten, und als solches wurde es von R. Morghen, sowie von Andern gestochen und lithographirt. Seine Entstehungs- zeit fällt in das Jahr 1512, sonach in die Zeit der höchsten Meisterschaft des Künstlers, als Bindo Altoviti, dieser wegen seiner Schönheit in Rom berühmte junge Kunstfreund, in dessen Auftrage Raphael die Madonna dell' impannata malte, in sein 22. Lebensjahr getreten war. Dasselbe befand sich drei Jahrhunderte lang im Stammhause der Altoviti zu Florenz und wurde von der Familie stets als das Bildniß ihres be- rühmten Ahnherrn angesehn. Dort blieb es, bis dasselbe von König Ludwig I. noch als Kronprinz erworben wurde.“

Die allerneueste Auflage des Kataloges von 1869 äußert sich fast ebenso, nur daß der Eingangssatz, die Acten über das

Bild seien geschlossen, fortgeblieben, aus dem „berühmten" Bindo Altoviti ein „bewunderter" geworden (für beides suche ich leider vergeblich nach Belegstellen) und die Angabe zugefügt worden ist, G. v. Dillis habe seiner Zeit den Ankauf für König Ludwig bewerkstelligt.

Sehen wir nun, wie diese Umkehr in der Deutung des Porträts entstanden ist, und zwar, nehmen wir zuerst die literarischen Schicksale dieses Werk durch, das, nachdem es vor einem halben Jahrhundert Angesichts eines großen theilnehmenden Kreises leidenschaftlich besprochen worden ist, heute so sehr in Vergessenheit gerathen zu sein scheint, daß, soweit meine Erfahrung mich urtheilen läßt, nur die Wenigen welche sich heute speciell mit Raphael beschäftigen, von seiner Existenz wissen.

Vasari schreibt im Leben Raphael's: A Verona mandò della medesima bontà un gran quadro à i Conti da Canossa, nel quale è vna natiuità di N. Signore bellissima, con vna aurora molto lodata, si come è ancora Santa Anna; anzi tutta l'opera, laquale non si può meglio lodare, che dicendo, che è di mano di Raffaello da Vrbino. onde que' Conti, meritamente l'hanno in somma uenerazione; ne l'hanno mai per grandissimo prezzo, che sia stato loro offerto da molti principi à niuno uoluto concederla, ed a Bindo Altoniti fece il ritratto suo quando era giovane che è tenuto stupendissimo. Zu Deutsch: Nach Verona sandte er den Grafen von Canossa ein Gemälde von gleicher Vortrefflichkeit (es ist vorher von der Vision des Ezechiel die Rede), auf dem sich eine sehr schöne Geburt Christi befindet. Der Morgenhimmel darauf und die heilige Anna sind besonders zu erwähnen, aber nein, Stück für Stück das ganze Gemälde ist es: man kann eben nichts sagen, als daß Raphael sein Meister sei. Die Grafen von Canossa halten es deshalb, verdientermaßen, in hohen Ehren und so hohe Preise von vielen Fürsten geboten worden sind, sie haben es keinem überlassen wollen. Und dem Bindo Altoviti machte er sein Porträt wie er jung war, das für eine erstaunliche Arbeit angesehen wird.

Dies die Worte, auf welche hin Bottari in seiner 1759 in Rom herausgekommenen neuen Ausgabe der Werke Vasari's das damals in Altoviti'schem Familienbesitze befindliche Gemälde für Raphael's eigenes Porträt erklärte. Er vertauscht zugleich für seine neue Ausgabe den alten, von Vasari selbst der Biographie Raphael's beigegebenen Holzschnitt mit einem Stiche nach dem neu zum Vorschein gekommenen Porträt und beschreibt in einer Anmerkung das Entzücken der Familie Altoviti über die gemachte Entdeckung, deren erster Gedanke freilich, Longhena zufolge, dem aus Goethe's italiänischer Reise bekannten Hofrath Reiffenstein in Rom, oder wie die Italiäner schreiben „Renfensthein" angehört. Möglich, daß Bottari selbst jedoch Reiffenstein als Autorität für den Gedanken anführt, da er die Entdeckung nicht zuerst in seiner Vasariedition, sondern in seinen Noten zu Borghini's Riposo ausgesprochen hat, die ich nicht verglichen habe.

Es scheint, daß Bottari, ein seiner Zeit im Glanze hoher Autorität bastehender Gelehrter, wenig Widerspruch fand. Mariette, damals ebenso maaßgebend für Frankreich als Bottari für Italien, schloß sich ihm sofort an. Die Porträts Raphael's waren überhaupt noch nicht Gegenstand kritischer Vergleichung gewesen. Bottari erwähnt außer diesem noch „molti ritratti di Raffaelo" ohne sie näher zu bezeichnen, nur eins giebt er specieller an, das sich in Florenz im Hanse des Lionardo del Riccio befunden habe, und das verschollen ist. Wie wenig in Florenz das Gemälde der Altoviti zugänglich und bekannt war, zeigt ein Brief Winckelmann's an Riedesel, dem er empfohlen hatte es in Florenz anzusehen. Riedesel war es nicht gelungen, das Werk ausfindig zu machen, und

Winckelmann antwortet darauf (im April 1767): „Von dem vermeinten Porträt des Raphael oder vielmehr des Bindo Altoviti in diesem Hause zu Florenz, redet Vasari in des Raphael Leben, weiter braucht es keinen Beweis, die Florentiner der Unwissenheit zu überführen. Ich glaube nicht, daß sie wider diesen Scribenten streiten wollen, welcher den Raphael selbst von Person hätte kennen können, wenigstens hat Altoviti denselben genau gekannt. In einigen Jahren wird man daselbst kaum den Namen. des Benvenuto Cellini kennen." Ich weiß nicht, wieweit Winckelmann seine Ansicht, Bottari's Auslegung sei die unrichtige, festgehalten hat; für uns ist sie ohne sonderliches Gewicht, da er keinenfalls auf Grund von Studien so geurtheilt hat, denn schon daß er behauptet, Vasari, der 1512 in Arezzo geboren wurde, während Raphael 1520 in Rom starb, hätte Raphael von Person kennen können, zeigt, wie wenig ihm die Verhältnisse geläufig waren. Offenbar will Winckelmann, indem er darauf hinweist, daß das Gemälde Gegenstand einer gelehrten Controverse sei, die Unwissenheit der Florentiner, die nicht einmal seine Existenz kennen, um so schärfer kennzeichnen. Cochin, welcher allerdings ein Jahr vor dem Erscheinen von Bottari's Vasariausgabe seine Voyage d'Italie, ein weitverbreitetes Reisehandbuch, erscheinen ließ, nennt das Gemälde nicht; Volckmann aber, welcher Cochin's Buch in den 70er Jahren zu einem Deutschen Reisewerke erweiterte, weiß ebenso wenig davon. Man muß den Zustand der damaligen Kunstkritik näher kennen, um begreiflich zu finden, daß die Sache nach kurzem Aufsehen so ganz ruhen blieb. Cochin z. B. behauptet, in Florenz ein Porträt Raphael's von Lionardo's Hand gesehen zu haben, was Volckmann (dessen Reisehandbuch zu Goethe's italiänischen Zeiten als Autorität galt) gläubig ins Deutsche übersetzt (I, 563): „Das Bildniß Raphael's von Leonhard von Vinci, schön gezeichnet." Bottari nun, im Anhange zu

seiner Vasariausgabe (Aggiunte p. 13), beklagt sich, dies
Porträt vergebens an Ort und Stelle gesucht zu haben. Indeß, da er sich erinnere, unter den Zeichnungen, welche ehedem
im Besitze eines gewissen Benedetto Luti gewesen, ein Raphael darstellendes, mirabilmente gezeichnetes Blatt Lionardo's
gesehen zu haben, so sei ihm deshalb sehr wahrscheinlich, daß
Lionardo Raphael auch gemalt habe (woran Lionardo, soviel
wir wissen, niemals gedacht hat). Bottari verfolgte die Sache
nicht weiter. Nach dieser Manier wurden damals Conjecturen
gemacht. Diejenigen, welche sich mit der Kunst beschäftigen,
bilden eine kleine, in sich geschlossene Gesellschaft. Jeder seine
eigenen Wege gehend, seine eigenen Vorurtheile hegend und
selten in der Nöthigung, sie aufzugeben oder nur vertheidigen
zu müssen. Diese Ansichten pflanzen sich im Stillen fort.
Lanzi berichtet in seiner Geschichte der Malerei, unser Porträt
stelle den Bindo Altoviti vor, werde von Vielen aber für Raphael gehalten. Raphael Morghen dagegen sticht es als Raphael. Landon läßt es in seinem großen Raphaelwerke (1805)
unerwähnt. Unter Glas stand das Werk lange im Palazzo
Altoviti und suchte einen Käufer, den es endlich, 1808, im
Kronprinzen von Bayern fand. Das Gemälde verschwand
nun einige Jahre und tauchte dann in Deutschland auf. Jetzt,
wo ein enormer Preis erzielt worden war, wo das Gemälde
in München als Porträt Raphael's gefeiert wurde, faßte man
es schärfer ins Auge.

Anfangs wandte sich die Meinung der Annahme zu, Raphael sei dargestellt. Füßly, welcher seinem großen Künstlerlexicon (1814) eine Biographie Raphael's als besonderen Anhang zufügte, und der nach so vielen Vorgängern, welche
kritiklos Vasari ausschrieben, als der erste selbständige Arbeiter
auf diesem Felde anzusehen ist, stellt eine Reihenfolge von
fünf Porträts Raphael's auf, unter denen er das unsrige für
das vorzüglichste erklärt. Bottari's Entdeckung theilt er ein-

fach als ein Factum mit, gegen das, wie es scheint, Niemand mehr etwas einzuwenden hatte.

Gegen diese Auffassung war in Italien gleich nach dem Verkaufe des Bildes an den Kronprinzen protestirt worden. Ein Werk Raphael's war wieder aus dem Lande gelassen. Die Behörden wurden angeklagt und konnten die Thatsache nicht in Abrede stellen. Eins aber wenigstens wollte man zur eigenen Vertheidigung vorbringen: Die Deutschen irrten sich, wenn sie Raphael's eigenes Porträt zu besitzen glaubten. Bindo Altoviti sei darauf dargestellt. Der Ritter Cavaliere Puccini, Director der Florentinischen Gallerien, setzte in einem Briefe „an einen Freund" (Longhena, Uebersetzung des Lebens Raphael's von Quatremère de Quincy, S. 643) auseinander, daß die betreffende Stelle Vasari's: à Bindo Altoviti fece il ritratto suo, nur so aufzufassen sei, sowie daß das Porträt schon deshalb nicht das Raphael's sein könne, weil dieser als er jung war ganz anders gemalt habe. Was die Erklärung der Stelle anlangt, so citirt er Vasari's ähnlich construirte Stelle, wo erzählt wird, Bandinelli habe sich von Andrea del Sarto malen lassen und wo es heiße „gli fece fare il ritratto di sè" Deutsch: trug ihm auf, sein eigenes Porträt zu malen.

Auf beide Gründe komme ich in der Folge zurück. Nur das sei hier gleich bemerkt, daß die betreffende Stelle (Vasari X, 297) im Gegentheil folgendermaßen lautet: Ricercò Andrea del Sarto che gli fecesse il suo ritratto, Deutsch: „er (Bandinelli) ersucht Andrea del Sarto ihm sein Porträt zu malen", so daß schon hieraus, wenn Puccini's Folgerung richtig wäre, hervorginge, daß Raphael nicht Bindo Altoviti's Porträt, sondern für Altoviti sein eigenes gemalt habe.

Gebe dies einen Vorgeschmack, auf welche Weise man italiänischerseits damals solche Streitigkeiten auszufechten suchte.

Als zweiter Kämpfer gegen die Annahme, Raphael's eigenes Porträt liege vor, erhob sich sodann in Italien der Abbate
Missirini, der im Auftrage des berühmten Sammlers und
Kenners Cavaliere Wicar (dessen Sammlung heute in Lille
befindlich ist) Bottari und die Deutschen zu widerlegen suchte.
Seine Schrift, vom Jahre 1821, welcher die Biographie Raphael's von Vasari und Bellori's Erklärungen der vaticanischen Gemälde Raphael's angehängt sind, versucht die Frage
methodisch zu behandeln und ist schon deshalb von Interesse,
weil sie abermals erkennen läßt, was damals unter methodi-
scher Bearbeitung solcher Themata verstanden wurde.

Wicar, ein Schüler David's, hatte als ehemaliger Com-
missar der französischen Republik in Italien eine Sammlung
von Handzeichnungen zusammen gebracht, die ihn berühmt
machte. In Italien lebend stand er mit Allem in Verbindung
was sich dort für Kunst interessirte, und hegte den natürlichen
Ehrgeiz, seiner Meinung dictatorische Geltung zu verschaffen.
In wieweit er bei dem Verkaufe des Gemäldes der Altoviti
mitzusprechen gehabt, weiß ich nicht. Wicar schrieb nicht
selbst, er inspirirte nur. Der Abbate Missirini führt ihn als
den berühmten Kenner ein, dessen Gedanken er mitzutheilen
beauftragt sei. Der erste von den sechs titoli in welche die
Schrift eingetheilt ist, bespricht Raphaels Porträts im Allgemeinen und führt deren fünf an.

1) Das zu Cagli befindliche, wo Giovanni Santi, der
Vater, sich selbst als heiligen Joseph, seine Frau als Maria
und Raphael als Christkind dargestellt habe.

2) Auf der Auferstehung Christi im Vatican sei das Antlitz
eines schlafenden Soldaten allgemein als das Porträt Raphael's anerkannt.

3) Das eigenhändige Porträt in der Gallerie der Ufficien
zu Florenz, das seinem Style nach ins Jahr 1507 falle, als
Datum der Grablegung.

4) Das sicherste Porträt Raphael's: auf der Schule von Athen, da Vasari selbst dasselbe bezeuge.

5) Das Porträt Raphael's in her Akademie zu San Luca in Rom, welches Lanzi für das ähnlichste von allen hält, heute, nebenbei bemerkt, allgemein zurückgewiesen.

Keine Silbe sagt Missirini über den Zustand dieser Gemälde. Nichts wird angeführt von Zeichnungen, Stichen und Holzschnitten, welche Raphael darstellen. All diese Porträts nun, behauptet Missirini, stimmten in der Carnation überein, welche ins Dunkle spiele (che pende all' olivastro), hätten dasselbe Haar und dieselben Augen. Ein in Perugia beim Grafen Cesare Leoni befindliches Porträt sei nicht sicher.

Der zweite Titel beginnt: es habe die Welt lange des sicheren Glaubens gelebt, diese fünf Porträts seien bie einzigen: Vivea adunque il mondo certo, e sicuro, che il vero sembiante del Sanzio fosse quello espresso nelle anzidette cinque immaggini: — quando improvvisamente uscì il Bottari — als plötzlich Bottari sich erhoben und das Porträt, welches immer in Rom im Palaste des Altoviti, bei Ponte Santangelo, gestanden, ehe es nach Florenz transportirt worden sei, in Casa Altoviti, nel Borgo degli Albizzi, für das Raphael's erklärt habe. Bottari habe dies gethan, einmal par vaghezza di novità — vom Kitzel getrieben, etwas Neues aufzutischen, sodann, weil er das Gemälde nicht untersucht habe. Da Viele seine Meinung aber angenommen hätten, sogar Leute wie Morghen, sei es Pflicht ihr entgegenzutreten, da sonst die Gefahr eintrete, daß eine Tradition daraus werde.

Der dritte Theil ist einer Vergleichung dieses Gemäldes mit dem auf der Schule von Athen befindlichen geweiht, beschreibt beide Antlitze genau und kommt zum Schlusse: wenn das Porträt der Altoviti ächt sei, so müßten alle andern für falsch angesehen werden, und zwar müßten sie dies contro l'analogia delle cose, contro l'antichissima tradizione, contro

la testimonianza di gravi scrittori, e contro l'unanimo con-
sentimento di tutti gli intelligenti, e gli artisti di quasi tre
secoli.

Worin diese „Analogie der Dinge" bestehe, wie alt diese
„uralte Ueberlieferung" sei, welches die „gewichtigen Schrift=
steller" seien und auf welche Weise sich das „einstimmige Urtheil
aller Verständigen während dreier Jahrhunderte" geäußert
habe, dafür bringt Missirini weder Belege, noch denkt er daran,
die von ihm angeführten Gemälde selbst näher zu untersuchen.
Ich werde später auf jene Porträts unter 1 bis 5 zurückkom=
men. Nur soviel einstweilen, daß Nr. 1 heute von Niemand
mehr angeführt wird, wie es denn als ganz jugendliches Kinder=
porträt überhaupt kaum in Frage kommen kann; daß Nr. 2
auf bloßer Vermuthung beruht; daß Nr. 3 und 4 übermalt
und verändert sind; und daß Nr. 5 vermuthlich eine Fälschung
in alterthümlichem Style ist. Es erscheint höchst sonderbar,
daß ein Mann wie Wicar nicht andere, ihm in Rom zugäng=
liche ächte Porträts Raphael's anführt, deren absoluter Mangel
an Uebereinstimmung mit den fünf von ihm angeführten ihm
noch stärker in die Augen fallen mußte.

Der vierte Titel führt die Ueberschrift confronto degli
stili e dei tempi, Vergleichung der Manieren und Epochen.
Der Beweis soll geführt werden, es könne das Gemälde im
Hanse Altoviti nicht vor 1516 oder 1517 entstanden sein.
Dann aber passe es nicht zu Raphael's entsprechender Alters=
stufe! Dies der Grund, den Puccini schon als einen unwider=
leglichen angeführt hatte, und der in nichts zerfällt. Der
Münchner Katalog, wahrscheinlich im Anschluß an Passavant,
setzte das Werk, wie wir sahen, ins Jahr 1512. Ich selber
würde dieselbe Zeit etwa dafür annehmen.

Titel fünf soll nun den Fundamentalirrthum Bottari's
aufdecken. Er habe Vasari falsch verstanden, bei dem es,
wenn er von Raphael's eigenem Porträt hätte reden wollen,

heißen müßte: e fece il suo ritratto quando era giovine a Bindo Altoviti, deshalb nämlich, weil bei guter Construction, das relative suo sich stets mit dem zunächststehenden Substantiv verbinde. Dies zunächststehende Substantiv jedoch ist ritratto, womit Bottari und jeder vernünftige Mensch suo in Verbindung bringt. Missirini scheint an die zunächststehende Person zu denken, eine Regel jedoch, die gleichfalls Niemand kennt. Wie die Phrase dasteht, ist sie doppelsinnig nnd aus ihrer Construction nichts für oder gegen die eine oder andere Auffassung zu schöpfen. Die einzigen soliden Einwürfe, welche Missirini überhaupt vorbringt, sind die jetzt folgenden.

Einmal: Wicar habe von der bekannten heute noch in Rom befindlichen Cellini'schen Büste Altoviti's einen Abguß genommen und diesen oft mit dem Gemälde verglichen: die Uebereinstimmung sei eine schlagende. Und zweitens: es habe sich in Casa Altoviti ein anderes Porträt Bindo's gefunden, und auch dieses sei sowohl der Büste als Raphael's Werke ähnlich. Freilich, setzt Missirini hinzu, erscheine an der Büste, welche den Mann in seinem 70. Jahre (bärtig) darstellt, alles più caricato, schwerer in den Formen. Und was das Gemälde anlangt, so muß dies, wenn es Wicar's Vermuthung zufolge Santi di Tito gemalt hat, aus der allerspätesten Zeit sein. Mir scheint die so stark betonte Aehnlichkeit der drei Werke untereinander um so bedenklicher, als Niemand später auf sie zurückgekommen ist, um sich ihrer als Beweismittel gegen Bottari zu bedienen.

Ferner, meint Wicar, Bindo und Raphael seien einander nicht so nahe getreten, als daß der Künstler sein Bildniß in dieser Weise vergeben hätte. Hierüber liegt jedoch gar nichts vor. Ferner, es habe Borghini im Riposo (1585) Vasari's Werk ausgeschrieben, beweise also nichts. Sicherlich hat Borghini von Vasari abgeschrieben, da er sogar genau dessen Wendung copirt, also jedenfalls ebenso zweideutig ist. Dies beweist aber nur, daß er sich in Betreff des Gemäldes nicht anders zu helfen wußte. Ferner: das Leben Raphael's von Comolli, durch welches Bottari's Deutung bestätigt zu werden scheine, sei eine Fälschung. Auch dies ist richtig. Das unter Einfluß Bottari's, bewußtem oder unbewußtem, zu Staube gebrachte Leben Raphael's von Comolli (1790, das leider von manchen Neueren immer noch als benutzbare Quelle an= gesehen wird) ist eine Fälschung, und die Absicht scheint erkenn= bar, als habe man Bottari's Deutung der streitigen Phrase hier eine Bestätigung verschaffen wollen. Dieser Umstand aber ändert an der Sache nichts, denn mit oder ohne sowohl Co= molli's als Bottari's Zuthun bleiben Vasari's Worte dastehn wie sie dastehn, doppelsinnig und unerklärbar, und wer dar= über entscheiden will, ob Raphael sich selbst oder Altoviti ge= malt habe, kann aus ihnen nichts entnehmen und muß sich an das Werk selber halten. Gegen dieses Gemälde an sich aber als Porträt Raphael's hat Missirini bis dahin nichts vorgebracht als den Hinweis auf die allerdings offenbar totale Verschieden= heit beim Vergleich mit dem Porträt Raphael's auf den Flo= rentiner Ufficien sowohl als der Schule von Athen. Für die Auffassung, es stelle Altoviti dar, hat Missirini ferner nichts zu geben vermocht, als die problematische Aehnlichkeit des Antlitzes mit zwei, Bindo funfzig Jahr später darstellenden Werken, von denen Santi di Tito's Porträt von Niemand sonst erwähnt wird, während die Büste in Wahrheit keine Aehnlichkeit zeigt.

Trotzdem beginnt Missirini den sechsten Titel mit der Er= klärung, durch das bisher Gesagte ergebe sich mit äußerster Evidenz, daß das fragliche Porträt nicht Raphael, sondern Bindo Altoviti darstellen müsse. Bottari habe gewagt, diesen seinen Irrthum in der Vasariausgabe von 1781 zu wieder= holen. Nun beginnen Persönlichkeiten gegen Bottari. Die unpassende Art, wie er sich seiner Entdeckung gerühmt habe 2c.,

vier Seiten lang bittre Dinge in den Formen anscheinend
ausgesuchter Höflichkeit. Niemand, der über die Frage schreiben wollte, würde aus Missirini's Schrift das Geringste an
Beweismaterial zu entnehmen finden. Es sind lauter Redens-
arten und, wo er exact sein möchte, Oberflächlichkeiten. Denn,
wie bemerkt, er denkt nicht daran, zu untersuchen ob das Florentiner Uffizienporträt und das der Schule von Athen im
ursprünglichen Zustande sich befinden, und unterläßt es, ander-
weitige ächte Porträts anzuführen, die ihm doch vor Augen
stehen mußten.

Es kann hier nicht darauf ankommen, dem unmittelbaren
Effecte der Schrift Missirini's nachzuspüren und die etwanige
bereits vorausgegangene und folgende Broschürenliteratur zu
besprechen. Genug, daß unter Sauction der Akademie von
San Luca, die als Besitzerin des unter Nr. 5 für ächt er-
klärten Gemäldes, ein starkes Interesse dabei hatte, durch
Missirini ein Manifest gleichsam gegen das Münchner Gemälde erlassen worden war, welches zum Glaubensbekenntnisse
einer Partei ward.

Bottari lebte damals längst nicht mehr. Wicar war
Franzose, Missirini Italiäner, der Kronprinz von Bayern und
die auf seiner Seite stehenden Männer Deutsche. Wer Italien,
Italiäner und italiänische Kunstforschung kennt, für den versteht sich von selbst, wer jetzt für und gegen Missirini aufstand.
Ich glaube mich frei von nationalen Vorurtheilen und halte
sämmtliche Nationen für gleichberechtigte Töchter des Himmels
und der Erde, allein dies kann nicht blind machen: Es existirt
ein althergebrachter Neid der Romanen gegen die Germanen
wo es sich um geistigen Besitz handelt. Das Heruntermachen
eines von einem Deutschen nach Deutschland entführten italiänischen Kunstwerkes war etwas wie eine Nationalangelegenheit.
Missirini-Wicar's Meinung faud allgemeinen Anklang. Fea
erklärte in den Notizie intorno Raffaele (Rom 1822) seine Bei-

ſtimmung. Bindo Altoviti, äußert ſich Fea, ſei um 1514 als appena uscito della minorità nachweisbar, um dieſe Zeit müſſe Raphael, ſelbſt damals kein Jüngling mehr, ihn gemalt haben. Vaſari habe mit den Worten quando era giovane auf das hohe Alter anſpielen wollen, in welchem Bindo zur Zeit wo Vaſari ſchrieb geſtanden. Fea's Beitritt zu Wicar's Partei hat dieſer, wenn ich nicht irre, mehr genützt als Miſſirini's Geſchwätz. Von dieſer Zeit an war Bottari's Meinung als beſeitigt zu betrachten in den Kreiſen italiäniſcher Kunſtfreunde.

In Deutſchland ſchwieg man nun aber nicht. In Berlin lebte damals Friedrich Rehberg, Profeſſor an der königlichen Akademie der Künſte, lange Jahre in Rom heimiſch geweſen (und in dieſer Eigenſchaft, als privater Berichterſtatter nach Berlin über die nach Rom geſandten Deutſchen Künſtler, durch die über ſeinen Collegen Carſtens abgegebenen ungünſtigen Inſinuationen bekannt). Unter dem Scheine, Raphael im Ganzen behandeln zu wollen, machte Rehberg, 1824, in einer dem Miniſter Altenſtein gewidmeten Würdigung Raphael's die ſchwebende Bildnißfrage zum Gegenſtande einer äußerſt mangelhaften Beſprechung. Einige verſchollene und unbekannte Porträts abgerechnet, führt er deren immer noch 26 Stück, Raphael darſtellend, an. Er acceptirt ohne weiteres Alles was je unter dieſem Namen curſirte. In Betreff des Münch= ner nun ſucht er einen eigenthümlichen Ausweg. Vaſari's vielbeſtrittene Stelle, behauptet Rehberg, könne gar nichts Anderes bedeuten, als daß Raphael nicht ſein, ſondern Bindo Altoviti's Porträt gemalt habe. Dies wird ohne jeden Beweis= verſuch einfach zugegeben. Allein, behauptet er weiter, ſchon die Sieneſer Ausgabe des Vaſari weiſe darauf hin, es ſei das von Vaſari hier erwähnte Porträt ein ganz Anderes als das nach München gelangte. Dieſes gehöre unter die von Vaſari unerwähnt gelaſſenen Werke und ſtelle niemand anders dar als Raphael. Biudo Altoviti's Porträt ſei verloren gegangen,

20*

wenn wir es nicht etwa in dem den Kopf auf die Hand stützen=
den Jüngling der Pariser Sammlung wiedererkennen wollten.
Dies Porträt, ein neuerer Zeit durch Mandel's Stich beson=
ders bekannt gewordener Kopf, wurde in Paris von jeher für
Raphael selber erklärt (ich weiß nicht wann das aufkam) und
findet sich bei Füßly unter den wenigen als ächt aufgeführten
Porträts Raphael's. Was Rehberg hierfür beibringt, ist so
unnütz wie seine ganze Conjectur und braucht nicht weiter
besprochen zu werden.

Vielleicht verdanken wir es Rehberg's verunglücktem Ver=
suche, daß Missirini's Ansicht nun auch in Deutschland Ver=
treter fand. Wir besitzen, vom Jahre 1825, ein anonymes
Büchelchen aus der Feder des als Kunstkenner bekannten Herrn
von Lepel, literarisch sehr ungeschickt und voller Druckfehler
in Nassen=Heyde in Pommern vom Verfasser, wie es den An=
schein hat, auch typographisch eigenhändig hervorgebracht,
worin die Werke Raphael's nach eigenen Kategorien ziemlich
bunt besprochen werden. Jenes Pariser Porträt soll danach
Paris Alfani vorstellen. Warum, weiß Niemand. Das
Münchner Bild wird einfach Bindo Altoviti genannt und auf
Bottari's Irrthum hingewiesen. Lepel will das Gemälde
1793 in Florenz gesehen haben, wo es bereits zum Verkaufe
ausstand.

Bedurfte es jedoch einer letzten Bestätigung für Wicar's
Ansicht, so ward diese Anfangs der zwanziger Jahre durch
Quatremère de Quincy's Leben Raphael's geliefert, welches,
durch Longhena's berühmte Uebersetzung (1829) in Italien zu
einem populären Werke geworden, die ganze Frage in so um=
fassender Weise behandelte, daß man in Italien die Acten als
geschlossen ansah. Von nun stand fest: Bottari war im Irr=
thum und das Bildniß konnte niemand Anders darstellen als
Bindo Altoviti.

Die Untersuchung nimmt folgenden Gang.

1) Vasari's Worte seien allerdings derart, daß die Stellung des suo doppelsinnig scheine. Indeß Missirini habe die
Sache aufgeklärt. Vasari, hätte er Raphael's eigenes Bildniß
gemeint, würde jedenfalls proprio dazugesetzt haben. — Quatremère stellt dies einfach hin, ohne zu untersuchen, ob sich
denn bei Vasari nicht an andern Stellen ähnliche Constructionen finden und wie diese zu verstehen seien.

2) Es müsse doch seine Gründe haben, daß die Familie
das Gemälde stets für Bindo Altoviti angesehen. — Es liegt
jedoch gar nichts vor, was den Beweis liefert, die Familie
habe dies wirklich immer gethan.

3) Missirini habe den betreffenden Kopf mit dem auf der
Schule von Athen verglichen: beide zeigten nicht die geringste
Uebereinstimmung; auch werde dunkelbraunes Haar und bräun-
licher Teint für Raphael durch das Florentiner Porträt bestätigt. — Es ist der Umstand jedoch außer Acht gelassen, daß
diese beiden Porträts übermalt sind.

4) Quando era giovane passe nicht auf Raphael. Habe
dieser sich als Jüngling wirklich gemalt, so hätte dies in der
prima maniera geschehen müssen. Habe er sich in späterer
Zeit nur so darstellen wollen wie er in seiner Jugend aussah,
so könne es sich doch nicht nur um ein paar Jahre gehandelt
haben, um die er sich verjüngte. Das Porträt zeige ja bereits einen Anflug von Bart. Wozu deshalb eine so künstliche Annahme aufstellen? — Diesem Raisonnement gegenüber
muß eingewandt werden, daß das Münchner Gemälde trotz
seines Anfluges von Bart einen jugendlichen Menschen darstellt, ohne ein bestimmtes Alter erkennen zu lassen, wie man
in den zwanziger Jahren etwa auszusehen pflegt. Jugendlich
ist der Eindruck jedenfalls. Stellt das Gemälde also Raphael
oder Bindo vor, so, es mag gemalt sein zu welcher Zeit es
will, drückte sich Vasari correct aus, wenn er sagt, Raphael
habe sich oder Bindo dargestellt quando era giovane, wie der

eine oder andere als jüngerer Mann aussah. Giovane be-
beutet einen jüngeren Manu im Gegensatze zum Alter. Die
Giovanezza kann bis zum 40. Jahre gehen.

An anderer Stelle werden in dem Buche dann Raphael's
Porträts überhaupt behandelt, abgesehen von unserm streitigen
Werke. Schon auf den Gemälden der Camera della segnatura
finden wir von Quatremère bereu vier nachgewiesen. Eines
sodann auf der Vertreibung Attila's. Ferner das in der
Akademie von San Luca besindliche. Das Pariser, von Füßly
und Rehberg erwähnte. Raphael auf dem Pariser Gemälbe,
„Raphael und sein Fechtmeister"*) wird dagegen für Marc
Anton erklärt. Schließlich empsangen wir, im Hinblick auf
das Porträt der Schule von Athen und das Florentiner, eine
allgemeine Beschreibung von Raphael's Persönlichkeit, welche
der von Bellori's gegebenen, d. h. erfundenen (1695) entspricht
und die wir später bei Passavant wiederfinden.

Quatremère's Buch hat seinen Autor berühmt gemacht
und sein Einfluß ist ein ungemeiner gewesen. Trotzdem sind
alle ihm von C. F. v. Rumohr gemachten Vorwürfe so begründet, daß hier meine eigene Kritik überflüssig wird. Rumohr's Italiänische Forschungen, 1827 im ersten Baude erschienen, brachten im britten, 1831, das Leben Raphael's, eine
Arbeit, die zu verstehen seinen Zeitgenossen meistentheils leider
die Vorbildung sehlte, und die ihrem ganzen Werthe nach
überhaupt erst dann erkannt und ausgenutzt werden kann,
wenn die Geschichte der mobernen Kunst einst einmal vor einem
Publikum berusener Männer mit Ruhe nnd voller Uebersicht

---

*) Die flaue Manier, in welcher dies Gemälde ausgeführt ist, hat zu
mancherlei Vermuthungen Anlaß gegeben, von wem es herrühren könnte.
Ich erkläre mir seine Entstehung so, daß nach Raphael's Carton Jemand,
der ihn gar nicht kannte, das Bild anfertigte. Es wären die Haare sonst
nicht tief schwarz gemalt worden.

des Materiales behandelt werden wird, wie dies längst bei der Geschichte der antiken Kunst der Fall ist.

Rumohr läßt sich mit Quatremère de Quincy wenig ein. Diesem wird nur gelegentlich nachgewiesen, daß er bei allem Anscheine von Gelehrsamkeit nicht einmal mit Vasari's Werken bekannt sei, überhaupt nur beschränkte Kenntnisse besitze. Rumohr erkennt in Missirini's Schrift den Punkt, auf den man losgehen müsse.

Er beginnt damit, zwei seiner Zeit in Rom herrschende Ansichten über das streitige Werk Raphael's zu charakterisiren. Einige, sagt er, hielten dasselbe für ein Porträt Raphael's, gemalt von Giulio Romano. Andere für ein Werk Raphael's, aber nicht für sein Porträt. Mit beiden Parteien stimme er nur zur Hälfte überein. Was seine Widerlegung der ersteren Ansicht anlangt, so geht sie uns hier nichts an, da sie keine Vertreter mehr hat, über die zweite äußert Rumohr sich folgendermaaßen.

„Viele Bildnisse," sagt er (S. 110), „erwähnt Vasari; bei allen bezeichnete er das Object, die dargestellte Person, auf die gelegenste, unzweideutigste Weise. So sagt er im Leben Raphael's: Fece un quadro grande, nel quale ritrasse Papa Leone etc. (er machte ein großes Gemälde, worauf er Pabst Leo X. abbildete); ferner: Fece similmente il Duca Lorenzo e il Duca Giuliano etc. (er machte gleichfalls den Herzog Lorenzo und den Herzog Giuliano); endlich: Agnolo Doni — gli fece fare il ritratto di sè e di sua Donna etc. (Agnolo Doni ließ von ihm das Bildniß von sich und seiner Gemahlin machen). Wie in diesen Fällen, so würde Vasari auch von dem unsrigen, hätte er es für das Bildniß des Altoviti gehalten, sagen können und müssen: Fece, ritrasse, Bindo Altoviti. Indeß sagt Vasari vielmehr: a Bindo Altoviti fece il ritratto suo, quando era giovine, che è tenuto stupendissimo (dem Bindo Altoviti machte er sein Bild, wie er noch jung war, aussah u. s. w.). Verstehen wir nun mit Missiri*) jenes, suo, als, di lui, dessen, so entsteht die Frage: wie denn kam Vasari, der stets so ungezwungen schreibt, zu dieser seltsamen Weise, einen höchst einfachen Sinn auszudrücken? Nehmen wir hingegen an, daß er ein ganz neues Verhältniß ausdrücken wollte: den Künstler, welcher dem Freunde sein eigenes Bild malt, so erscheint die Construction ebenso natürlich als richtig, das letzte, weil auch nach dem Gebrauche der italiänischen Sprache das Possessivum auf das Subject des Satzes sich beziehen soll. Wie nahe es dem Italiäner liege, den Vasari in diesem Sinne zu verstehen, erhellt aus dem späten Auf=treten der entgegengesetzten Auslegung."

Was dies Letztere anlangt, so meint Rumohr wohl, Bot= der Erste der unsere Stelle näher angesehen und zu dem   Beziehung gebracht habe, das bis auf seine Zeit nicht auf Vasari   ugniß, sondern auf Familientradi=tion hin für Bindo Altoviti gehalten worden sei. Alle Welt habe denn auch Bottari sofort zug mmt, bis erst viel später eine entgegengesetzte Erklärung aufgetre sei.

Rumohr jedoch behandelt die Sache zu   gemein. Obgleich er der Erste ist, der einen objectiv kritischen   tandpunkt ein=nimmt, so unterließ er doch, die Methode zur   wendung zu bringen, welche heute unerläßlich ist. In Sal ati's Bio=graphie schreibt Vasari von einem gewissen Avedut (XII, 59): il quale Aveduto, oltre a molte altre cose che ha di mano di Francesco, ha il ritratto di lui stesso, fatto a   io, e di sua mano, naturalissimo. (Welcher Avebuto, auße vielen andern Sachen, welche er von Francesco's Hand besi , das Porträt seiner selbst hat, in Oel gemalt, und von seiner   and, sehr natürlich.) Avebuto ist Subject, di lui stesso ist gew lt, weil suo hätte mißverstanden werden können. Jeder erken ,

---

*) Rumohr schreibt seltsamer Weise immer so, statt Missirini.

daß es sich um ein Porträt Salviati's handelt. Ueber Bindo Altoviti heißt es in derselben Biographie: Ritrasse (il Salviati scil.) nel medesimo tempo il detto M. Bindo, che fu una molto buona figura, ed un bel ritratto.*) (Er porträtirte zur selben Zeit den erwähnten Herrn Bindo, was eine sehr schöne Gestalt war und ein schönes Bildniß.) Hätte Vasari statt dessen aber gesagt: A Messer Bindo fece nel medesimo tempo il suo ritratto, che fu una molto buona figura etc., so würde dennoch Niemand dies auf Salviati beziehen, auch nicht wenn „quando era giovane" dabei stände, weil eben als Vasari schrieb Bindo Altoviti ein alter Mann war, den Jedermann in Rom kanute, so daß dieser Zusatz, bei Vasari's naiver Feder, ganz natürlich scheinen könnte.

Was die eigenen Bildnisse der Künstler anlangt, deren Biographien Vasari giebt, so pflegt er in jeder irgendwo mitzutheilen, wo das Porträt befindlich sei. Oft setzt er das Alter hinzu, in welchem es genommen wurde. So lesen wir im Leben des Lorenzo da Credi (VIII, 204): Fece Lorenzo molti ritratti; e quando era giovane fece quello di sè stesso. (Lorenzo machte viele Porträts; und als er ein jüngerer Mann war das von sich selber.) Im Leben des Benedetto von Rovezzano (VIII, 180): Il ritratto suo si è cavato da uno che fu fatto, quando egli era giovane, da Agnolo di Donnino. (Sein Porträt [das von Vasari im Holzschnitt gegebene nämlich] wurde genommen von einem, das gemacht wurde, als er ein jüngerer Mann war, von Agnolo di Donnino.) Im Leben des obenerwähnten Francesco Salviati (IX, 192): Visse Francesco anni 64; ed un suo ritratto, che ha messer Fermo, fu fatto quando era d'anni cinquanta. (Er lebte 64 Jahr und ein in Messer Fermo's Besitz befind-

---

*) Ma questo fu poi mandato alla sua villa di San Mizzano in Valdarno, dov' è ancora. Sollte dies das, übrigens verschollene, Porträt sein, welches Missirini dem Santi di Tito zuschreibt?

liches Porträt wurde gemacht als er 50 Jahre alt war.)
Piero di Cosimo (VII, 123): Il suo ritratto s'è avuto da
Francesco da San Gallo, che lo fece mentre Piero era vecchio.
(Sein Porträt stammt von Francesco ba San Gallo, der es
machte, als Piero alt war.) Ziehen wir ferner folgende
Stellen in Betracht. Dürer sendet Raphael sein eigenes Porträt, was Vasari zweimal mittheilt (VIII, 35): divenne tribu-
tario delle sue opere a Raffaello, e gli mandò la testa d'un
suo ritratto, condotta da lui a guazzo; und IX, 274: e all'
incontro mandò a Raffaello, oltre molte altre carte, il suo
ritratto, che fu tenuto bello affatto. Nehmen wir nun an,
Dürer habe in Rom gelebt und habe Raphael's eigenes Porträt bort abgenommen, um diesem dadurch eine Ehre zu erweisen: würde Vasari dann so etwa geschrieben haben?: —
e fece a Raffaello, oltre molte altre cose, il suo ritratto, che
fu tenuto bello affatto. Warum nicht? Der Satz, so gewandt,
könnte mit absolut gleicher Gewißheit übersetzt werden: und
er machte für Raphael, außer vielen andern Sachen, dessen
eigenes Bildniß, das für ein Meisterwerk galt. Und weshalb würde Vasari sich nicht genirt haben, so zu schreiben?
Weil er überzeugt war und sein durfte, jeder Leser seines
Buches wisse aus eigner Kenntniß sofort, ob es sich hier um
ein Werk Dürer's oder um eines von der Hand Raphael's
handle. Von Tizian sagt Vasari (XIII, 20): Dopo in casa
di messer Giovanni Danni, gentiluomo e mercante flamingo,
fece il ritratto suo, che par vivo. (Darauf im Hause des
Herrn Giovanni Danna, niederländischen Edelmanns und Kauf-
herrn, machte er sein Bildniß, das zu lesen scheint.) Wessen
Bildniß? Nach Rumohr's Theorie das eigene. Von Rustici
sagt Vasari (XII, 8): Al Duca Giuliano, dal quale fu sempre
molto favorito, fece la testa di lui in profilo di mezzo rilievo.
Aus dieser Stelle könnte Rumohr beweisen, wie sorgfältig
Vasari die richtige Construction innegehalten. Allein ich glaube,

dieser würde ebensogut sua wie di lui geschrieben haben, wäre es ihm gerade in die Feder gekommen. Und ob Tizian für das Haus des Johann Danna sich selbst oder dessen eignes Porträt gemalt, wage ich nicht zu entscheiden. Denn an andrer Stelle seines Lebens lesen wir (XII, 27): E l'anno che fu creato doge Andrea Gritti, fece Tiziano il suo ritratto, che fu cosa rarissima. (Und im Jahre wo Andrea Gritti Doge ward, machte Tizian sein Porträt, was eine vorzügliche Arbeit war.) Hier hätte Rumohr zufolge Tizian's eigenes Porträt jedenfalls gemeint sein müssen und war es doch sicher nicht. Endlich die bereits oben erwähnte Stelle aus dem Leben Bandinelli's (X, 297), wo erzählt wird wie dieser sich von Andrea del Sarto porträtiren ließ: Ricercò Andrea del Sarto, suo amicissimo, che gli facesse in un quadro a olio il suo ritratto. (Er ersuchte Andrea del Sarto, seinem genauen Freund, ihn in Oel zu porträtiren.) — Hier ergiebt nur der Sinn, daß Bandinelli's Porträt gemeint sei.

Aus allen diesen Stellen schließe ich: hätte Vasari als er die Biographie Raphael's schrieb denken können, es sei jemals möglich, daß Zweifel aufstiegen, ob das von ihm genannte Bild Raphael selbst oder Altoviti darstelle, so würde er sich deutlicher ausgedrückt haben. Rumohr's Bemerkung ist zwar richtig an sich und die Italiäner sind was die Syntax anlangt im Ganzen sorgfältiger als wir, dennoch ließe sich dagegen sagen, Vasari sei ein viel zu unbekümmerter Stylist, als daß seine Sätze mit solchem Maaße gemessen werden dürften.

Hauptsache bleibt deshalb der Vergleich des Münchner Kopfes mit den anderen nachweisbar ächten Bildnissen Raphael's. Hier kommt Rumohr zu folgenden Resultaten.

Was die von Wicar und Missirini angestellte Vergleichung der Büste Altoviti's von Cellini mit dem Gemälde betrifft, so könne, meint er, statt des Gemäldes selbst doch nur Morghen's

Stich benutzt worden sein, welcher den Kopf in so ganz an=
derer Gestalt zeige als das Gemälde ihn bietet, daß selbst
bei völliger Uebereinstimmung das Resultat der Vergleichung
werthlos sein würde. Rumohr hat ganz Recht. Morghen's
Stich stimmt mit dem Gemälde so wenig, daß man eine an=
dere Person zu erblicken glaubt. Aus der auf dem Gemälde
an der Spitze rundlichen, vollen, eher kurzen als gestreckten
Nase, ist bei ihm eine zarte, spitz zulaufende Nase geworden.
Die Stirn hat er erhöht, das Kinn verlängert, den Hals oben=
drein: es ist eine durchaus andere Formation in das Gesicht
hineingetragen worden.

Wie kurz das Antlitz des Münchner Porträts erscheint,
und auch Rumohr erschien, sehen wir daraus, daß dieser eine
Erklärung dafür sucht und zu der Annahme kommt, der in
seiner Fläche vielleicht nicht ganz glatte Spiegel, welchen Ra=
phael benutzte, müsse zum Theil die Schuld getragen haben.
Rumohr war genöthigt, eine solche Erklärung zu suchen, da
er unter dem Eindrucke der beiden Porträts auf der Schule
von Athen, sowie des Florentiner stand, welche beide ein ge=
strecktes Antlitz mit hohen geschwungenen Brauen über den
Augen und eine zart hineinlaufende Nasenwurzel zeigen. Ru=
mohr behauptet zwar, er habe eine Durchzeichnung des Kopfes
der Schule von Athen mit dem Münchner Gemälde verglichen
und beide „stimmten in allem Wesentlichen überein." Hier
aber täuscht er sich. Sie stimmen nicht und können nicht stim=
men. Wahrscheinlich aber brachte Rumohr das dabei in
Anrechnung, was er dem entstellenden Effecte des Spiegels
zuschrieb.

Es muß ausgesprochen werden, daß wenn Rumohr den
Vasari besser kannte als die Leute denen er sich entgegenstellt,
wenn er besser sah und gewissenhafter untersuchte, eins ihm
dennoch abgeht: unbefangener Ueberblick des gesammten vor=
handenen Materiales, das doch ihm bereits zum größten

Theile ebenso zugänglich war wie uns heute, und das er nicht zu classificiren verstand. Dazu kommt, daß eine gewisse Vornehmheit ihn hindert, sich so umfassend auszusprechen als nöthig gewesen wäre. Wir wissen oft in der That nicht, was er Alles verschwieg. Und deshalb dürfen wir wohl sagen: was er vorbringt, ist das Richtige, erschöpft die Frage aber nicht. Seine Auskunft den Spiegel betreffend ist genial und würde uns als einziger Ausweg vielleicht heute noch genügen, ließen nicht sichere Indicien anderer Art erkennen, daß das Porträt der Schule von Athen, sowie das Florentiner falsche, durch Uebermalung entstandene Stirnproportionen haben müssen (ich komme hinten beim Schluß darauf). Seine Behauptung, das Florentiner Porträt wenigstens sei an diesen Theilen übermalt, ist ein glänzender Beweis seines Kennerblicks, für welchen Photographien endlich jetzt schlagend eintreten:*) trotz alledem sind seine Ausführungen zu aphoristisch gehalten, um durchzuschlagen. Wie wenig sie dies im Stande waren, zeigt deren Aufnahme im Allgemeinen und Passavant's Stellung dazu. Passavant, dessen Leben Raphael's (1839 erschienen) heute als letzte abschließende Arbeit dasteht, hat wenigstens das Verdienst, das vorhandene Material durchweg zur Erwähnung gebracht zu haben. Wie Passavant mit diesem Materiale verfahren ist, versuche ich nun mitzutheilen, mit der Vorbemerkung, daß der erste Band seines Buches den erzählenden Text, der zweite den raisonnirenden Katalog über sämmtliche Werke, und der dritte (erst 1858 erschienene) Nachträge und Berichtigungen enthält. Die 1860 unter Passavant's eigner Mitwirkung veranstaltete französische Uebersetzung, welche eine Um-

---

*) Nichts läßt die übermalten Partien eines Gemäldes leichter erkennen als eine Photographie desselben. Das Gemälde ist seit jener Zeit immer von Neuem übermalt worden, so daß sich heute fast keine unbearbeitete Stelle darauf findet.

arbeitung des gesammten Werkes in ähnlicher Abtheilung bringt und welche Passavant selbst in der Vorrede als authentische neue Bearbeitung hinstellt, soll dennoch, wie mir privatim versichert wurde, so wenig zu Passavant's Zufriedenheit ausgefallen sein, daß die Deutsche Ausgabe nicht überflüssig wird. Uns hier kommt es zudem auf den historischen Gang der Untersuchung an.

Passavant beginnt im ersten Theile damit, Bottari vorzuwerfen, „er habe eine wahre Leidenschaft gehabt, ungekannte Selbstbildnisse Raphael's zu finden." Diese, Bottari angedichtete, an sich gar nicht tadelnswerthe, übrigens durch nichts zu belegende Leidenschaft beruht wohl nur auf der Uebersetzung von vaghezza di novità, „Sucht, etwas Neues vorzubringen," welche Missirini Bottari als Motiv unterschob, und die auch Pungileoni abgeschrieben hat. Vasari's Worte erklärt Passavant für doppelsinnig. Ferner: das Gemälde habe seit zwei Jahrhunderten in der Familie Altoviti für ein Bildniß des Ahnherrn gegolten. Dies scheint ebenfalls nur Missirini nachgesprochen zu sein. Das Münchner Gemälde zeige blondes Haar und blaue Angen, während Raphael auf den ächten Bildnissen (welche diese seien, erfahren wir hier nicht) braunes Haar und braune Augen aufweise. Ferner: was das Münchner Gemälde anlange, so habe Raphael dasselbe um 1505 oder 1506 nicht malen können. (Dies hat denn wohl auch Niemand behauptet.) Es trage in den Gesichtszügen keineswegs das Sinnige, Seelenvolle, das wir auf dem Porträt bewunderten, welches Raphael 1506 in Urbino von sich gemalt habe (das Florentiner). Schließlich äußert Passavant sein Erstaunen darüber, daß die der seinigen entgegengesetzte Meinung immer noch Anhänger finde.

Das „Sinnige und Seelenvolle" ist Passavant's schwache Seite. Seine gesammte Darstellung Raphael's ist mit diesem Elemente getränkt. Passavant sieht immer nur den Jüngling

vor sich, „dessen Constitution keine lange Dauer verspricht.“
Raphael's Florentiner Porträt (welches Passavant ganz aus
eigener Conjectur 1506 in Urbino entstehen läßt) hat für meine
Augen nichts Inniges, Seelenvolles, obgleich freilich die man=
nigfach banach arbeitenben Kupferstecher und Zeichner dies
hineinzulegen versucht haben. Jebermann kann sich barüber
heute leicht selber ein Urtheil bilden, wenn er einige dieser
überall zugänglichen Stiche mit einer für wenige Groschen zu
habenben Photographie des Gemälbes vergleicht. Legt man
diese Stiche nebeneinander und vergleicht sie, so würde man
gar nicht auf den Gebanten kommen, baß sie alle nach bem=
selben Gemälbe entstanben seien: sie haben weber Aehnlichkeit
untereinanber, noch gleichen sie dem Gemälbe. Ich bin weit
entfernt, behaupten zu wollen, baß die Photographie dies
voll zur Anschauung bringe, allein sie ist in größerem Maaße
sogar als das Original selber geeignet, erkennen zu lassen,
baß die Augen, in benen boch wohl das Seelenvolle liegen
soll, gänzlich übermalt sind.

Passavant kommt im zweiten Theile seines Buches auf
bas Münchner Gemälbe zurück, bas er unter Nr. 96 bespricht.
Es werben hier die bereits erhobenen Vorwürfe gegen Bottari
wieberholt, sowie noch einmal gesagt, baß Vasari's Stelle
doppelsinnig sei. Ebenso unklar sei die Stelle Armenini's in
bessen Veri precetti della pittura. Passavant bruckt die Passage
ab, sie lautet: „Se ne trovano pur molti (ritratti scil.) per
mano di Raffaello in Fiorenza, già da lui fatti in Roma al
tempo di Leone e di Clemente, ritratti da lui miraculosa-
mente con Bindo Altoviti.“ Ich weiß nicht, was unklar
hierin sein soll. Armenini, welcher 1587 in Ravenna schrieb,
hatte nicht bas Gemälbe, sonbern nur Vasari's boppelsinnigen
Satz vor Augen, ben er so verstanb, als sei Bindo und nicht
Raphael gemeint gewesen. In biesem Sinne spricht Armenini
sich aus ohne irgenb unklar zu sein. Die Stelle ist übrigens

ebenso unwichtig wie die oben bereits erwähnte im Riposo
des Borghini, wo Vasari wörtlich ausgeschrieben worden ist,
und die Passavant nicht kennt. „Indessen", fährt Passavant
fort, „bedarf es nur eines Blickes auf das Bildniß selbst, um
sich bei der Kenntniß der ächten Porträts, die Raphael von
sich gemalt hat, sogleich zu überzeugen, daß es des Künstlers
Bildniß von sich selbst nicht sein könne. Denn nicht nur ist
des Bindo Gesichtsbildung von der des Raphael sehr ver=
schieden, sowohl in der Form der Nase, als der des Mundes
und des starken Kinnes; sondern unser Porträt zeigt auch
blaue Augen und blonde Haare, welche beide bei Raphael
dunkelbraun waren. Ebenso wenig stimmt der etwas üppige
Ausdruck mit dem sinnigen und anmuthsvollen in den ächten
Abbildungen Raphael's überein." 2c. Darauf wird der oben
bereits angeführte Brief Winckelmann's als Zeugniß gegen
Bottari angeführt, und mißbräuchlicher Weise in der Art apho=
ristisch citirt, als bezöge sich das gebrauchte Wort „Unwissen=
heit," das doch offenbar auf die Florentiner geht, auf Bottari
und dessen Anhänger. Puccini und Lanzi, versichert Passavant
weiter, seien ebenfalls gegen Bottari aufgetreten; Rumohr aber
stelle die Sache so dar, als sei vor Missirini alle Welt Bot=
tari's Ansicht gewesen. Im Uebrigen läßt Passavant Rumohr
ganz bei Seite, über dessen Darstellung Raphael's er sich in
der Vorrede ziemlich geringschätzig äußert. Dies wollen wir
Passavant nicht übel nehmen, da er wirklich nicht im Stande
war zu verstehen, wo Rumohr's Verdienste liegen.

Als Passavant schrieb (Ende der dreißiger Jahre), war
der zwischen Rumohr und Wicar noch spielende Gegensatz längst
verschwunden. Passavant identificirte sich ganz mit den Ita=
liänern. In Rom hatte sich aus zum Theil sehr bedeutenden
Vertretern aller Nationen eine Raphaelgemeinde gebildet, deren
Grundton eine mit protestantischer sowohl als katholischer
Sentimentalität gleichmäßig versetzte Verehrung des Meisters

war, deſſen eigentliche Blüthe man, wenn auch nicht immer
eingeſtandenermaaßen, in ſeiner vorrömiſchen Thätigkeit ſah.
Daß das Münchner Porträt deshalb nicht ihn, ſondern Bindo
Altoviti darſtellen müſſe, floß dieſen Leuten ſchon mit Sicher=
heit daraus, daß es einen ſinnlich viel zu kräftigen, lebens=
friſchen Jüngling zur Anſchauung brachte.

Paſſavant's ſoeben angeführte Aeußerungen ſind jedoch
nur erſt das was er gelegentlich ausſpricht. Er hat, wie
billig, den Bildniſſen Raphael's einen eigenen Artikel gewidmet
(I, 365), wo wir ihre ganze Reihenfolge beſprochen finden.
Hier nun bietet ſich ein Schauſpiel ſeltſamer kritiſcher Ver=
fahrenheit. Paſſavant ſteht nirgends ſo ſtark unter dem Ein=
fluſſe der ſogenannten „unmittelbaren oder inneren Anſchauung.“
Und ſo iſt ihm begegnet, daß er, nachdem er erſtens das Por=
trät der Schule von Athen und das Florentiner als Norm
des ächten aufgeſtellt hat, nachdem er zweitens eine Reihe
ganz anders gearteter Porträts Raphael's, welche in demſelben
Maaße wie jene als unzweifelhaft und ächt anerkannt werden
müſſen, aufgezählt und beſprochen, und, ſammt dem ſie durch
ſeine Form beſtätigenden Schädel, als, man möchte ſagen, un=
claſſificirt auf ſich beruhen gelaſſen hat: daß er dann ſchließ=
lich ein noch anders geartetes Porträt Raphael's, welches
weder mit jener, noch mit dieſer Kategorie Aehnlichkeit zeigt,
ja für das ſich kaum ein Schatten von Autorität finden läßt
und das Niemand heute mehr für ein Porträt Raphael's hält,
für das allerächteſte erklärt! Dies ſchmückt im Kupferſtich die
franzöſiſche Ueberſetzung ſeines Werkes! Behauptet Paſſavant,
das Münchner Porträt könne deshalb Raphael nicht dar=
ſtellen, weil es zum Römiſchen und Florentiner nicht ſtimme,
ſo beſitzt dasjenige, für welches er ſich endlich erklärt, auch
nicht die geringſte Aehnlichkeit weder mit dem Römiſchen noch
mit dem Florentiner, noch irgend einem anderen ſonſt. Auch
läßt ſich nachweiſen, durch welche offenbare Mißverſtändniſſe

es zu der Ehre gekommen ist, hier und da für Raphael's
Bildniß gehalten zu werden.

Passavant leitet seinen Artikel über die Porträts Raphael's mit einer Uebertragung der bereits erwähnten Bellori'-
schen Personalbeschreibung ein. Regelmäßige, zarte Gesichtsbildung; braune, sanfte, bescheidene Angen; langer Hals und
kleiner Kopf: lauter Kennzeichen einer Constitution von
nicht langer Dauer. Alle diese Kennzeichen, welche den
Grundton der Passavant'schen Anschauung bilden, hat Bellori
erdacht. Das nun folgende Register zählt auf: 1) Raphael
im Alter von 3 Jahren, gemalt von seinem Vater. Berliner
Gallerie. 2) Raphael im Alter von 12 Jahren, von Timoteo
Viti. Im Palast Borghese. 3) Im Alter von 15 Jahren.
Kreidezeichnung in England. 4) Als schlafender Soldat auf
der Resurrection im Vatican. 5) Im Alter von 20 Jahren
von Pinturicchio in der Libreria von Siena. 6) Von einem
Jugendfreunde Raphael's, in Kreide. England. 7) Im Alter
von 23. In Florenz. 8) Im Jahre 1509 für Francia.
9) Zeichnung in Montecassino, 30 Jahre alt. 10) Marcan-
ton's kleiner Stich: Raphael in seinen Mantel eingehüllt.
11) Bonasone's Kupferstich.

Ueber diese elf Porträts habe ich Folgendes zu bemerken:
Nr. 1 und 2 gehören zu der großen Kategorie jugendlicher
Raphaelporträts, welche dadurch gewonnen sind, daß man bei
besonders ansprechenden Kindergesichtern auf Gemälden des
älteren Santi voraussetzte, er habe seinen kleinen Sohn abge-
bildet. An das Berliner Gemälde glaubt, was dies anlangt,
heute wohl Niemand mehr. Nr. 3 scheint auf einer Verwechse-
lung mit Nr. 6 zu beruhen. Diese Zeichnung ist ächt. Nr. 4
bloße Vermuthung. Nr. 5 gehört zu den Porträts Raphael's,
welche sich auf Pinturicchio's Sieneser Gemälden in beliebiger
Anzahl entdecken lassen. Pinturicchio soll, wie Passavant genau weiß, Raphael „aus Anerkennung und Dankbarkeit" hier

porträtirt haben, wozu ich bemerke, daß das Verhältniß Raphael's zu Pinturicchio die Sieneser Arbeiten anlangend noch unklar ist und der Untersuchung bedarf. Nr. 9 ist, soweit die Photographie einer in München vorhandenen Copie urtheilen läßt, durchweg verdorben und falsch restaurirt. Nr. 10 ist das bekannte niebliche Blättchen, welches Raphael oder viele andere Leute darstellen kann, die bei undeutlichen Gesichtszügen übrigens von einem Mantel umhüllt sind. Ueber Nr. 11 endlich wollen wir Passavant selbst vernehmen, da er der Erste ist, welcher diesen wichtigen Stich in die Porträtfrage hineinzieht.

„Auf diese Weise (en face nämlich)," sagt Passavant (I, 369), „hat ihn auch Giulio Bonasone in einem Porträtkopf mit Hinzufügung seines (Raphael's) Namens dargestellt, so daß über die Frage, wen er vorstellt, kein Zweifel obwalten kann. Sind nun zwar in diesem Bildniß seine Züge fast unförmlich stark, oder vielmehr aufgedunsen, vielleicht in Uebertreibung des nicht sein auffassenden Zeichners, so erkennt man doch noch in allen Theilen dieselben Grundformen, die offne Stirn, die starken Augendeckel, den vollen Mund wie ihn die Porträts des Meisters in jüngeren Jahren zeigen."

Bezeichnen wir dies Porträt mit Nr. I und bemerken, daß Bonasone's Stich (B. 347) ein in keiner Weise unförmlich starkes, aufgedunsenes, wohl aber ein starkgebautes eher breites als langes Antlitz, bei niedriger, ein wenig auf die Augen drückender Stirn, und starken Backenknochen zeigt. Die Augen rund, mit starken Lidern und Thränensäcken, der Mund voll und von flachem Bart umgeben. Darunter steht: RAPHAELIS SANCTII URBINATIS Pictoris eminentiss. Effigiem Julius Bonasonius Bononien. ab Exemplari sumptam caelo expressit. Bonasone ist bekannt als gewissenhafter Zeichner.

Aber hören wir Passavant weiter:

„Auch giebt es noch zwei andere Bildnisse Raphael's, dem vorhergehenden (d. h. Bonasone's Stiche) ähnlich. Das eine befindet sich auf einem Gemälde im Pariser Museum, gewöhnlich Raphael und sein Fechtmeister genannt. Das andere malte Giulio Romano oder einer seiner Schüler al fresco in einem Zimmer der von ihm erbauten und ausgeschmückten Villa des Canzleipräsidenten Baldassare Turini, jetzt Villa Lante genannt und im Besitz des Prinzen Borghese. In dieser sind die Deckengemälde zweier Zimmer immer mit vier Porträts in Medaillons verziert. In dem einen sind es weibliche Bildnisse, unter denen die Geliebte Raphael's, genau wie ihr Porträt im Palaste Barberini; in dem andern Zimmer zeigen die Medaillons vier männliche Bildnisse, von denen eines Dante, das zweite Petrarca, das dritte Raphael'n, bis auf Kleinigkeiten genau wie im Bilde zu Paris darstellt. Da wir nun drei völlig miteinander übereinstimmende Porträts besitzen, welche stets als die des großen Urbinaten gegolten haben, so kann wohl nicht bezweifelt werden, daß Raphael, wie er auf denselben dargestellt ist, wirklich in seinen letzten Jahren etwas stärker geworden und nach damaliger allgemeiner Sitte der Künstler einen kurzen Bart getragen habe." Im dritten Bande, S. 67, und in der französischen Ausgabe fügt Passavant hinzu, daß Giulio Romano ein ganz ähnliches Porträt in seinem eigenen Hause in Mantua gemalt habe. Davon, daß Bonasone's Stich aufgedunsene Züge zeige, lesen wir hier nichts mehr. Bezeichnen wir diese Gemälde mit II, III, IV, V.

Passavant ist in offenbarer Verlegenheit. Der Mann, den diese Porträts zeigen, paßt ganz und gar nicht zu seinem Ideale. Erst nennt er das Gesicht „unförmlich stark und aufgedunsen," hinterher nur „ein wenig stärker." Er meint genug gethan zu haben, wenn er diese Porträts ein für allemal als ächt anerkennt, damit aber, giebt er zu verstehen, sei das

Mögliche geschehen. Genauere Vergleichung läßt er unter=
wegs. Daß diese Köpfe nichts an sich haben, was Mangel
an Kraft oder schwache Gesundheit verräth, konnte er wohl
bemerken. Aber nicht dies allein hätte ihm auffallen müssen.
Bekanntlich ist 1831 in Rom Raphael's Leichnam und an
demselben der ächte Schädel entdeckt worden, als dessen Haupt=
eigenthümlichkeit Overbeck, dessen Bericht Passavant abdruckt,
angiebt, „die Stirn tritt über die Augen ziemlich vor, ist
aber schmal und von keiner bedeutenden Höhe." Dies nun
war ein durchaus neues Factnm. Die Früheren hatten unter
dem Eindrucke eines falschen in der Akademie von San Luca
aufbewahrten Schädels gestanden, (auf dessen Formation hin
höchst wahrscheinlich die Porträts der Schule von Athen und
das Florentiner ihre hohen glatten Stirnen aufgemalt er=
hielten): jetzt lag der neue authentische vor. Jeder unbefan=
gene Forscher hätte ihn zum Ausgangspunkte der Untersuchung
gemacht. Sofort würde er bemerkt haben, daß die ebenbe=
sprochenen Porträts I bis V damit stimmten, und ohne Zö=
gern hätten die Theile, welche bei andern Porträts nicht
damit stimmen, für falsch erklärt werden müssen.

Hierzu war bei dem Porträt der Schule von Athen und
dem Florentiner um so weniger Entschluß nöthig, als die
Uebermalung ja klar zu Tage liegt.

Lassen wir Passavant einstweilen und bringen die Sache
nun gleich zum Abschluß.

Außer jenen Köpfen I bis V existirt noch, wir bezeichnen
ihn mit VI, ein Porträt, welches, wäre der ächte Schädel so=
gar nicht vorhanden, die Frage zur Entscheidung bringen
könnte: nämlich der von Vasari selbst seiner Biographie bei=
gegeben, Raphael darstellende Holzschnitt. Genau die Stel=
lung des Kopfes erblicken wir hier wie bei dem Porträt der
Schule von Athen (wonach er wahrscheinlich gezeichnet wurde)

ober, wie, nach der andern Seite gewandt, beim sogenannten Bindo Altoviti.*)

Vasari's Holzschnitt kann mit dem Kopfe der Schule von Athen in den Einzelnheiten natürlich nicht stimmen, da Stirn, Augen und Nase auf dem letzteren zu sehr umgearbeitet worden sind. Daß diese Umarbeitung im höchsten Grade stattgefunden hat, stellt sich heute ganz evident auf Photographien heraus, auf denen, bei besonders dazu eingerichteter Beleuchtung, die alten ächten Umrisse, welche Raphael in den weichen Kalk ritzte, zum Vorschein kamen. Diese Umrisse entsprechen denen, welche Vasari's Holzschnitt giebt. Mit dem Münchner Porträt aber ist dieser, eine kleine Neigung des Halses ausgenommen, von solcher Uebereinstimmung, daß auf den ersten Blick Jedem auffallen muß, dieselbe Persönlichkeit sei hier dargestellt worden. Der gleiche Contour der Nase, derselbe volle Mund, das kraftvolle Kinn, die kräftige, etwas vortretende Stirn. Ein anderer Kerl muß zu diesem Antlitze gehört haben, als die schwindsüchtigen, schmalschultrigen Gestalten, welche wir, wo moderne Maler Raphael auftreten lassen, vor uns zu haben pflegen. Passavant ist so sehr darauf aus, für Raphael's Engbrüstigkeit Beweise aufzubringen, daß er sogar die innere Schmalheit des Sarges, in welchem Raphael's Gerippe gefunden wurde, dafür anführt. Missirini war so weit gegangen, ein Schriftstück zu fälschen, demzufolge Raphael's Körper so zart war, daß sein Leben immer nur wie an einem Faden hing. Passavant, der die Fälschung zugeben muß, bedauert daß sie ohne allen Grund sei, und daß der treffliche Cancellieri, der diese Notiz gefunden haben sollte, in der That allerdings nichts derartiges entdeckt habe! Mir scheint: wer Raphael's ächte Porträts betrachtet und sich an die colos-

---

*) Es versteht sich von selbst, daß dabei die Zeichnung des Holzstockes und nicht der nach der andern Seite gewandte Abdruck vorschwebte.

sale Arbeitskraft erinnert, welche dem Manne von seiner Ju=
gend an innewohnte, der kann nicht zweifeln, daß ein tüchtiger
Körper der Träger dieses Geistes war. Gestorben ist er an
einem hitzigen Fieber, das er sich bei seinen Ausgrabungen
zur Wiederentdeckung des antiken Roms zuzog.

Den Florentiner Kopf zu dem jetzt als allein ächt zu be=
zeichnenden Typus des Holzschnittes in ein richtiges Verhältniß
zu bringen, ist nicht so schwer, da an ihm, wie an dem Kopfe
der Schule von Athen herumgemalt worden ist, bis·etwas
ganz Neues daraus ward. Niemand weiß, wie oft hier fremde
Hände thätig waren: man scheint das Gesicht, wie Dr. Luther's
Tintenklex, unaufhörlich aufgefrischt zu haben. Der Florentiner
Kopf hat neuerdings wieder eine ganz neue Physiognomie an=
genommen: Niemand in Florenz, die Copisten abgerechnet die
von seiner Reproduction zu leben haben, wird dem Gemälde
irgend welchen Werth beilegen. Und was die Schule von
Athen anlangt: man vergleiche nur die von b'Agincourt vor
60 bis 70 Jahren genommenen und in der Größe des Origi=
nals gegebenen Umrisse mit den 30 bis 40 Jahre später publi=
cirten Durchzeichnungen. Schon in dieser kurzen Zeit hat der
Kopf sich dermaßen verändert, daß er, wenn man diese Blätter
nebeneinander legt, kaum derselbe scheint. In der Farbe wirkt
er so frisch, daß er mit dem übrigen Gemälde verglichen,
gleichsam herausfällt. Doch, wie eben bereits gesagt worden
ist: die von Braun in Dornach angefertigten Photographien
der Raphael'schen Frescen lassen die ursprünglichen Umrisse
und die aufgetragene Malerei erkennen. Es existirt ein alter
Stich Ghisi's nach der Schule von Athen. Auf diesem ist
Vieles roh und ohne Eingehen in die Feinheiten hingestellt,
überall dagegen sehen wir im Ganzen das Charakteristische
der Formen mit einer gewissen Schärfe, die von gesundem
Blicke zeugt, wiedergegeben. Raphael's Kopf hat hier noch
die ächten Umrisse. Wir sehen, wenn auch roh und unschön

die starke, vortretende Stirn und die an der Spitze abgerundete
Nase als charakteristische Merkmale des Gesichtes. Ghisi,
Vasari's Zeitgenosse, hatte das Antlitz noch in den ächten
Proportionen vor sich, Vasari selber konnte deshalb auch noch
seinen Holzschnitt in den richtigen Umrissen danach zeichnen.

Dies die Lage der Dinge heute, die mir so evident scheint,
daß sich kaum etwas dagegen sagen läßt. Der Beweis, welche
Porträts Raphael's die authentischen seien, ist auf Grund
seines Schädels und der mit diesem möglichen Vergleichungen
sicher zu führen, und die Ursache weshalb dies nicht schon
längst geschehen ist, darin zu suchen, daß sich zufällig Niemand
mit dem historischen Verlaufe der Frage beschäftigt hat.

Nach Passavant schließen sich die Wenigen, welche über
Raphael gearbeitet haben, in Betreff des Münchner Porträts
seiner Meinung an, die von da an als die allgemein acceptirte
bezeichnet werden darf. Die Gründe, mit denen für und
wider gekämpft worden war, geriethen in Vergessenheit, man
hielt sich an das gewonnene Resultat, das für unumstößlich
angesehen ward. Der Münchner Katalog hielt zuletzt allein
noch Stand; ich denke mir — ohne jedoch darüber irgendwie
unterrichtet zu sein — weil König Ludwig I., im Angedenken
alter, vor langen Jahren gewonnener Schlachten auf dem
Felde der Kritik, am einmal erkämpften Namen Raphael's
festhielt. Aus der Anmerkung im Kataloge von 1859 schon
ersehen wir, daß derjenige, welcher ihn zu schreiben hatte,
durchaus nicht der Meinung war, das Gemälde stelle Raphael
dar. Zuletzt mußte nachgegeben werden und Bindo Altoviti
siegte. Vielleicht darf heute darauf angetragen werden, daß
man den berechtigteren Inhaber in seine Rechte neu eintreten
und Bindo Altoviti wieder verschwinden lasse.

Eine in Ansehung des Zustandes, in welchem die Tafel
sich befindet, nicht leichte, in Rücksicht auf die vorhandenen
Stiche gebotene schöne Aufgabe wäre es für einen guten

Kupferstecher, das Münchner Gemälde zu stechen und damit
das ächte Antlitz Raphael's seit Jahrhunderten zum ersten Male
wieder unverfälscht der Welt zu zeigen. All' die, Bellori's
idealem Recepte und den trügerischen Zügen des Kopfes auf
der Schule von Athen entsprechenden Bildnisse des großen
Meisters, von dem auch nach diesen Mustern Büsten und
Statuen angefertigt worden sind, zu cassiren, würde unmöglich
sein. Genug, wenn deren Zahl wenigstens nicht in der bisherigen
Anschauung vermehrt, und anerkannt wird, daß wir in dem
bisherigen Bindo Altoviti einen Mustertypus für Raphael's
Kopf besitzen, vielleicht in der Auffassung wie Raphael selbst
sich am schönsten erblickte. Vasari's Worte quando era giovane
erklären sich Angesichts der Münchner Tafel und der Porträts
I—VI dahin, daß Vasari nicht den späteren bärtigen, sondern
den jugendlicheren Typus als den von Raphael für die Darstellung seiner selbst hier gewählten andeuten wollte. Die
oben angeführten Stellen schon genügen, um den mit Vasari's
Schriften weniger vertrauten Leser erkennen zu lassen, wie
oft wir einem solchen das Alter bestimmenden Zusatze gerade
was die Porträts der Künstler anlangt bei ihm begegnen.

Die heutigen Ausgaben des Vasari sind allerdings Wie-
derabdrücke der 1568 von Vasari edirten totalen Umarbeitung
der ersten Auflage, geben dieselbe jedoch nicht nur in manchen
Einzelheiten verändert, sowie umgestellt was die Anordnung
betrifft, sondern auch ohne die alten Register, welche Vasari
nach eigner Methode jeder der drei Abtheilungen zugefügt hatte,
aus denen das Werk bestand. Von diesen Registern war eines
immer den Namen derer geweiht, deren Porträts in der betreffenden Abtheilung erwähnt worden waren, während sich
unter einem zweiten mit Cose notabili überschriebenen Register,
neben andern Anführungen die Namen derjenigen Personen
befanden, welche nur Besitzer oder Auftraggeber waren. Nun
findet sich Bindo Altoviti's Namen für die Abtheilung, in

welcher Raphael's Leben abgedruckt ist, nicht auf der Liste
derjenigen, deren Porträts erwähnt worden sind, vielmehr
findet er sich unter den Cose notabili, als Besitzer oder Auftraggeber, verzeichnet, und dahinter die Zahl 178 als Zahl der
Seite, auf der er in dieser Eigenschaft zu finden sei. Auf
Seite 178 finden wir seinen Namen aber gar nicht, wir finden
Bindo's Namen in der gesammten Abtheilung überhaupt nur
einmal, und zwar auf Seite 77. Da nun aber sehr viele der
in den Registern befindlichen Zahlen verdruckt sind, so daß
Irrthümer hier zum Gewöhnlichen gehören, so ist nichts natürlicher als, ja ist fast nothwendig, anzunehmen, es liege ein
Druckfehler vor und sei mit 178 77 gemeint gewesen. Die
Stelle aber, die auf Seite 77 Bindo Altoviti's Namen auf-
weist, ist die, über welche soviel Streit war. Hiernach würde
Vasari selber ausgesprochen haben, daß Bindo Altoviti nur
Empfänger des Gemäldes war. Meiner Ansicht nach ist dieser
letzte Beweis jedoch nur eine kleine Zuthat, ohne welche das
richtige Verhältniß mit eben so großer Sicherheit feststände.

Die beiden Holbein'schen Madonnen

zu Dresden und zu Darmstadt.

1871.

———

Die Holbein'sche Madonna, bekannt, ohne weiteren
Zusatz, unter diesem Namen, hat lange Jahre für eine der
größten Zierden des Dresdner Museums gegolten. Als reinste
Verkörperung Deutscher Weiblichkeit ist sie oft über ihre itali=
änische Schwester, Raphael's Sistinische Madonna, gestellt wor=
den. Hätte ein Unglück ihren Verlust herbeigeführt, so würde
man sie betrauert haben wie einen schönen Stern, der am Himmel
verlosch, sie würde als unersetzlich betrachtet worden sein, etwa
wie Goethe's Iphigenie, wenn ein Zufall denkbar wäre, welcher
alle gedruckten und geschriebenen Exemplare des Stückes zugleich
vernichtete, so daß nur die Erinnerung derer noch übrig bliebe,
welche es einst gelesen oder gesehen hatten. Die Dresdner
Madonna ist in Kupferstich und Lithographie in vielen Häusern
zu finden, die Basler Regierung sandte eigends einen Maler,
um sie für das Basler Museum zu copiren. Auf sie hin galt
Holbein als der größte Deutsche Maler, größer als Dürer
selber, und auf sie hin zumeist erschien Deutsche Malerei der
italiänischen ebenbürtig.

In den letzten Jahren jedoch ist dieser Ruhm des Gemäldes mehr und mehr beschränkt worden. Man entdeckte
Ungleichheiten in der Behandlung, man erkannte an vielen
Stellen die größere Vortrefflichkeit des dieselbe Composition
darstellenden Gemäldes zu Darmstadt, man erhob letzteres in
immer bedeutenderem Maaße auf Kosten des Dresdner, bis
dieses zuletzt, als Copie und geringe Arbeit angeklagt, in
offenen Streit dagegen gebracht wurde. Beide Gemälde hatten
ihre Verfechter. Eine Confrontation erschien wünschenswerth.
Diese wurde endlich auf der in Dresden veranstalteten Holbeinausstellung ermöglicht und die Zeitungen veröffentlichten das
Gutachten in Dresden versammelter Kunstkenner, deren ausgesprochene Absicht war, das Verhältniß beider Arbeiten zu
einander festzustellen, und die sich in diesem Bestreben in einer
Anzahl von Thesen vereinigt haben, deren, dem Publikum ex
officio mitgetheilter Inhalt, wie es scheint, das letzte geistige
Ergebniß der wochenlang Angesichts der beiden Gemälde ge-
pflogenen Verhandlungen bleiben wird.

Die Versammelten erklären sich dahin.

1) Das Darmstädter Exemplar der Holbein'schen Madonna
ist das unzweifelhaft ächte Originalbild von Hans Holbein's
des Jüngeren Hand.

2) Im Kopfe der Madonna, des Kindes und des Bürger-
meister Meyer auf diesem Bilde sind nicht unerhebliche spätere
Retouchen wahrzunehmen, durch welche der ursprüngliche Zustand in den genannten Theilen getrübt ist.

3) Dagegen ist das Dresdner Exemplar der Holbein'-
schen Madonna eine freie Copie des Darmstädter Bildes,
welche nirgends die Hand Hans Holbein's des Jüngeren erkennen läßt.

Dresden, den 5. September 1871.

Folgen die Namen.

„Dieses Ergebniß" — schließt die Nationalzeitung ihre

Mittheilung — „welches ein bisher als Meisterstück berühm-
tes Bild der Dresdner Gallerie zu Gunsten eines zweiten,
noch minder bekannten Exemplares vom Throne stößt, wird
Aufsehen erregen.“

Der Zusatz der Nationalzeitung ist von Wichtigkeit. Man
ersieht aus ihm, wie die Oeffentlichkeit, der man die obige Erklärung übergeben hat, dieselbe auffaßt. Es handelt sich für
das Publikum nicht darum, nachträglich abzuwägen, was in
dieser Erklärung etwa unberührt gelassen sein könnte, was die
Ausdrücke „freie Copie,“ „Hand Holbein's des Jüngeren“
ganz genau abgewogen sagen oder nicht sagen, sondern man
rechnet so: „Zwei Gemälde sind vorhanden. Eins nur kann
ächt sein. Das Darmstädter ist dafür erklärt. Das Dresdner
ist somit abgethan.“ Das Publikum hat nicht lange Zeit,
ihm von Autoritäten zugefertigte Gutachten nachzuprüfen. Es
sieht eine Anzahl angesehener Namen unter der Dresdner Erklärung. Es nimmt von vornherein an, man wisse was man
unterschrieben habe und sei sich über die Tragweite der Erklärung nach allen Richtungen hin klar gewesen. Solche, wenn
einmal das allgemeine Interesse rege geworden ist, warm aufgenommenen Facta erhärten rasch im allgemeinen Bewußtsein
und es kostet Anstrengung sie wieder auszutilgen. Deshalb,
nur um dem Festsetzen eines möglicherweise ungerechten Vor-
urtheils vorzubeugen, halte ich es für meine Pflicht, auszusprechen, daß die Dinge noch nicht so weit gediehen sind, um
irgendwie über das Dresdner Gemälde ein entscheidendes Urtheil zuzulassen.

Es ist nicht gleichgültig, wenn ein Werk von dem Range
der Dresdner Madonna, das zu den kostbarsten Inventur-
stücken des Deutschen geistigen Gemeinbesitzes gezählt wird,
depossedirt werden soll. Man nimmt der Nation etwas. Es
bleibt eine Lücke. Die Darmstädter Madonna wird Niemand
dafür eintreten lassen wollen, die ich von einen der Unter-

zeichner der Erklärung selbst ein mittelmäßiges Werk an sich nennen hörte. Denn darüber werden auch die Unterzeichner der Erklärung der Mehrzahl nach nicht im Zweifel sein: die Dresdner Madonna, mag sie nun sein was sie will, ist ein Werk ersten Ranges, das zu bewundern kein Irrthum war.

Hierüber aber spricht sich ja auch keiner der drei Sätze aus. Sehen wir nun, was eigentlich in ihnen enthalten und welches der Sinn der durch sie versuchten Entscheidung sei.

Man könnte einwerfen, wozu das? Es fehle der Erklärung in keiner Weise an Deutlichkeit. Ich bin dieser Meinung nicht. Die Unterzeichner haben sich bei der Fragestellung selbstgewählte enge Grenzen gezogen und in den drei Paragraphen ihrer Erklärung Umstände unberührt gelassen, deren bloße Berührung eben, mochte diese nun im zustimmenden oder verneinenden Sinne ausgefallen sein, ihrer Erklärung einen ganz andern Gehalt und den daraus fließenden Folgerungen des Publikums eine andere Richtung gegeben haben würde. Auch sind bei Formulirung ihrer drei Punkte Ausdrücke gebraucht worden, welche ohne Erläuterung, was stricte gemeint sei, dem Publikum nicht verständlich sein können.

Ich gehe sie der Reihe nach durch.

Die Erklärung nennt das Darmstädter Gemälde das unzweifelhaft ächte Originalbild.

Das Darmstädter Gemälde (dessen frühere Schicksale als bekannt vorausgesetzt werden dürfen und auf die es hier nicht ankommt) erscheint bei genauester Prüfung allerdings als eine Arbeit Holbein des Jüngern. Zwar wirkt ungünstig für den Gesammteindruck ein verdunkelnder Firniß, allein dieser verhüllt doch nicht, worauf es hier ankommt, die Pinselführung des Malers. Darüber, daß dieses Werk von Holbein stamme, kann in der That keine Meinungsverschiedenheit herrschen.

Soll deshalb aber, weil die Darmstädter Madonna von Holbein sicherlich herrührt, die Dresdner nicht von ihm herrühren können? Die Erklärung sagt das nicht, aber das Publikum schließt so.

Die Erklärung sagt ferner, daß einige namhaft gemachte Köpfe der Darmstädter Madonna übermalt seien.

Diejenigen Köpfe aber, welche hier als übermalt bezeichnet werden, so daß sie, verändert, verdorben oder getrübt, wie man will, durchaus einen andern Anblick bieten, als der Maler ihn schuf, sind die hauptsächlichsten der Composition. Auf sie fällt das Auge zumeist, sie enthalten den eigentlichen Geist des Gemäldes, alles Andere erscheint neben ihnen bis zu einem gewissen Grade als Nebensache.

Das Dresdner Exemplar, sagt drittens die Erklärung, sei eine freie Copie des Darmstädter Bildes, welche nirgends die Hand Hans Holbein's des Jüngeren erkennen lasse.

Es ist aber nicht gesagt, ob die so nicht zu erkennende Hand Hans Holbein's nur die malende, oder die zeichnende, oder keine von beiden sein solle. Und ferner, das Publikum weiß nicht, daß dieser Ausdruck „freie Copie" sich doch nur auf diejenigen Theile des Gemäldes beziehen kann, bei denen überhaupt eine Vergleichung möglich war. Auf die hauptsächlichsten Theile also nicht! Diejenigen Theile des Darmstädter Gemäldes, welche unentstellt durch Uebermalung sind, zeigen alle die Vorzüge, welche Holbein's Porträts zeigen, von denen viele auf der Dresdner Ausstellung zusammengebracht worden sind und sich genau vergleichen ließen: wunderbares Eingehen auf die Natur, miniaturhafte Genauigkeit, feinste Ausarbeitung der Details; all das besitzt die Dresdner Tafel an den meisten dieser Stellen nicht, erscheint vielmehr hier so offenbar als eine nur flüchtige, oberflächliche Nachmalung der Darmstädter Tafel, daß an diesen Stellen nicht von einer freien, sondern von einer fast sclavischen, zugleich aber unvollkommenen Nachahmung des Musters die Rede sein muß. Niemand wird in der Malerei dieser Nebensachen

und Nebenfiguren die Hand Holbein's nachzuweisen versuchen wollen. Allein, was die Hauptsachen anlangt, die
Köpfe des knieenden Mannes, der Mutter und des Kindes,
sowie der knieenden Figur vorn rechts: wer kann da von
Copie, freier oder unfreier, reden, da das Dresdner Gemälde
hier ganz andere Köpfe als das Darmstädter giebt? Ich bemerke, daß ich mich hier nur auf die Kritik dieser Köpfe beschränke. Sind sie auf der Dresdner Tafel schlecht gemalt?
Nein, sagt man, nur ein Meister ersten Ranges konnte so arbeiten. — Welcher? — Unsere Aufgabe ist nicht, ihn zu nennen. — Giebt es unter allen bekannten Namen einen einzigen,
der dergleichen hätte schaffen können? — Keinen. — Warum
also nicht Holbein selber? — Weil es nicht seine Malerei
ist. — Und warum dies nicht? — Weil die auf der Dresdner
Holbeinausstellung vorhandenen anderen Gemälde seiner Hand sämmtlich der malerischen Technik nach anders
gearbeitet sind.

Sehen wir nun erst, worin ganz im Allgemeinen für
beide Werke das Gemeinsame und das Unterscheidende liegt.

Das Darmstädter Gemälde zeigt in der Composition durch-
gehende Abweichungen vom Dresdner. Die Gestalten scheinen
andere Verhältnisse zu haben. Viel Einzelheiten sind anders
gefaßt, und zwar nicht bloß zufällig. Die Architektur ist eine
andere. Die Darmstädter Composition hat eine Neigung ins
Breite, es ist als lastete ein Druck auf den Gestalten; die
Dresdner ist davon bis ins Genaueste hinein befreit worden.
Die Figur der Darmstädter Madonna selbst scheint vom
Gürtel abwärts zu kurz und die Nische drückt oben auf ihre
Krone, der knieende Mann hat keinen rechten Raum für sich,
der knieende Knabe vor ihm drängt sich wie in ihn hinein
nach rückwärts. Unterschiede ähnlicher Art ergeben sich bei
eingehender Betrachtung in Menge.

Der mögliche Grund dieser Unterschiede ist bisher we-

niger zur Sprache gekommen als es sollte. Längst schon ist
darauf hingewiesen worden: das Darmstädter Gemälde war
für eine Stelle bestimmt, an der es von der Tiefe aus be=
trachtet wurde, die Figuren sind deshalb in der Verkürzung ge=
zeichnet, wie die Orgelflügel, welche Holbein für den Dom zu
zu Basel malte. Obgleich ein Aufenthalt in Italien nicht
nachzuweisen ist, so zeigen viele von Holbein's Compositionen,
wie sehr er Mantegna, den Meister perspectivischen Aufrisses,
studirt habe. Holbein besaß vollendete Kenntnisse in dieser
Richtung, manche seiner Zeichnungen sind Meisterlösungen der=
artiger Aufgaben. Ohne Zweifel waren ähnliche Rücksichten
bei der Composition der Darmstädter Madonna für ihn maaß=
gebend, deren Standort er genau berechnete.

Man halte nun eine Photographie des Darmstädter Ge=
mälbes in entsprechender Weise in die Höhe und betrachte sie
aus der Tiefe. Ein ganz anderer Anblick wird sich darbieten.
Die Gestalten sich mehr von einander trennen. Die obere Linie
der Nische wird nicht mehr auf die Krone der Madonna drücken,
im Gegentheil, diese, nur halb in der Nische drinstehend, nun
höher, emporstrebender erscheinen, während die Nische zurück=
weicht. Die gesammte Architektur thut gleichsam einen Schritt
zurück und die knieende Frau rechts, wie der knieende Mann links
neben der Madonna, würden nicht mehr, wenn sie sich erheben
wollten, mit den Köpfen an die Consolen stoßen, welche bei ge=
wöhnlicher Ansicht allerdings dicht über ihnen heraustreten.*)
Der störende Anschein, als sei die Madonna vom Gürtel ab
zu kurz, verschwindet. Kurz, was früher unharmonisch, schwer,
gedrückt und beeinträchtigt aussah, wird natürlich, harmonisch,
leicht und aufschwebend sich von einander lösen.

---

*) Deshalb auch die zu beiden Seiten anstoßende Mauer so niedrig,
die auf dem Dresdner erhöht worden ist, wie nothwendig war: sie soll ent=
fernter erscheinen.

Die zuerst von Waagen aufgestellte Meinung, das Darmstädter Gemälde sei für einen Kirchenaltar, für feste, dem
Künstler im Voraus bekannte Verhältnisse bestimmt und ausgeführt worden, fände hierin also eine neue Bestätigung. Aus
dem Anblick des Dresdner Gemäldes dagegen ergiebt sich,
dieses sei für einen andern Platz bestimmt gewesen.

Hier ist die Stellung der Figuren überall so eingerichtet
worden, wie sie für ein Gemälde sich gehört, das man an
einer der Wände des eigenen Hauses hat. Die Perspective
des Dresdner Gemäldes ist durchaus die gewöhnliche. Die Nische
ist erhöht und die Madonna tiefer hineingestellt. Die Gruppen
zur Rechten und Linken sind dem Beschauenden mehr entgegen
gebracht, die Figuren erscheinen gestreckter als auf dem Darmstädter Gemälde. Man hat darüber gestritten, ob die Abweichungen des Dresdner Gemäldes Verbesserungen oder Ver-
schlechterungen seien: es sind einfach nur Veränderungen, wie
der anders gewordene Standpunkt des neu anzufertigenden
Gemäldes sie erforderte, und sie sind mit soviel Kunst und
Einsicht vorgenommen, daß Niemand als dem Meister des
ersten Werkes der Umbau der Composition, zuzuschreiben ist.
Die Kunst, lieber möchte ich sagen: Wissenschaft, mit der
der Holbein verfuhr, ist noch nicht gewürdigt worden. Die
Dresdner Madonna, schlank aufstrebend, harmonisch in jeder
Linie, und das Auge mit dem Gefühl freien, edlen Wuchses
erfüllend, das nur ein großer Meister zu erregen im Stande
ist, wirkt in der veränderten Zeichnung erst mit voller
Gewalt. Sie ist die Mitte und Hauptperson der Composition. Wer wollte die Dresdner Madonna, selbst wenn
Holbein nichts dafür gethan, als daß er die herrliche Zeichnung lieferte, eine freie Copie nennen, auf der seine Hand
nicht nachzuweisen sei? Diese, bis in jede Falte des Gewandes veredelnde Hand kann nur die Holbein's selbst gewesen sein: in jeder Hinsicht eine neue Schöpfung steht vor

uns. Man hat Einwürfe gegen die Architektur der Nische in ihrer neuen Gestalt versucht. An sich soll nicht darüber gestritten werden, jedenfalls aber liefern die Basler Zeichnungen den Beweis, daß Holbein, wenn er die Architektur des Darmstädter Gemäldes entwarf, nicht weniger die des Dresdner erfunden haben könne.

Indessen, wie gut all das sein möge, es könnte dagegen eingewandt werden, ich hätte eben doch nur das subjective Urtheil eines Bewunderers, der sein Gefühl für Beweis zu geben suche, ausgesprochen. Glücklicher Weise sind wir in der Lage, hier exactes Beweismaterial beizubringen, Thatsächliches, aus dem die Folgerung nothwendig ist, die Zeichnung der Dresdner Madonna könne nur von Holbein selbst herrühren.

Unter den Basler Zeichnungen befinden sich drei (in Photographien auf der Dresdner Ausstellung vorhandene) Blätter, welche als Studien nach der Natur für die Composition allgemein anerkannt sind, ohne daß die wichtige Frage, zu welchem der beiden Gemälde, dem Dresdner oder Darmstädter sie gehören, zum Austrage zu bringen gewesen wäre.

Da findet sich als erstes Blatt: ·

Der Kopf der mittelsten Frau der Gruppe rechts, genau dieselbe Stellung wie auf beiden Gemälden, nur mit dem Unterschiede, daß auf der Zeichnung die Frau das Kinn bis bis zum Munde mit einem Tuche verbunden trägt wie die andere hinter ihr. Trägt sie dies Tuch auf den Gemälden nicht, so erkennt man jedoch auf dem Darmstädter Bilde durch die Malerei hindurch, daß es ihr zuerst auch hier vom Maler gegeben war, der es mit späterer Abänderung verschwinden ließ, den früheren Farbenauftrag jedoch nicht herunterkratzte, so daß er sich später plastisch durchwachsend fühlbar machte. Ein Beweis, nebenbei, für Aechtheit und Priorität des Darmstädter Gemäldes, da das Dresdner hier nichts von früherer Untermalung zeigt. Dieses Blatt zeigt ferner, wie Holbein die

22 *

Gestalten auf dem Gemälde im Allgemeinen verschönerte, denn aus dem auf der Studie kleinen und unbedeutenden Auge der Frau hat er auf dem Gemälde ein größeres gemacht, welches dem Antlitze keinenfalls übel steht.

In Basel findet sich als zweites Blatt:

Die obere Gestalt des im Vordergrunde rechts knieenden Mädchens, dessen weißes Kleid mit seiner schwarzer Stickerei auf der Darmstädter Tafel so bewunderungswürdig ausgeführt ist, während es die Dresdner Tafel in nur flüchtiger Malerei wiedergiebt. Hier zeigt Holbein's Studie große Abweichungen von beiden Gemälden. Auf diesen trägt das Mädchen einen diademartigen Perlenaufsatz mit dicken Flechten: anf der Zeichnung schlicht den Rücken herabfallendes Haar. Dieses aufgelöste Haar ist auf dem Darmstädter Gemälde gleichfalls früher vorhanden gewesen, übermalt, und ziemlich leicht erkennbar. Allein bei dieser Verschönerung durfte sich der Meister hier nicht begnügen: eine ganz andere Profillinie verlangte man! und nun, während die alte, der Zeichnung entsprechende Profillinie sich gleichfalls auf der Darmstädter Tafel selbst noch verräth, zeigt im Uebrigen jedoch das Antlitz des Mädchens, wie es vor uns steht, durchweg eine andere, der Basler Zeichnung völlig fremde Formation. Die hier mit einer Neigung zum Dicklichen ausgestattete Nase ist auf dem Gemälde zart und fein geworden, die ebenso etwas plumpe Oberlippe zart ausgeschweift und das zurückweichende Kinn angenehm gerundet vorgebracht.

Wie aber erscheint dieser Kopf auf dem Dresdner Gemälde?

Keine Spur von Aehnlichkeit der Züge zwischen dem Kopfe der Dresdner und der der Darmstädter Tafel. Statt des Darmstädter hübschen Köpfchens, das Dresdner ein nicht einmal hübsches, mit einer Neigung zu groben Zügen versehenes Gesicht; nur der Kopfputz der gleiche. Dagegen unverkennbar, daß bies Antlitz des Dresdner Gemäldes das

nämliche sei, welches die Basler Zeichnung zeigt! Die nämliche Nase, das nämliche Kinn und derselbe Mund, nur das
Gesicht auf dem Dresdner Gemälde älter dargestellt, so daß
die Basler Studie nach der Natur bei weitem jünger aussieht!

Nun darf wohl gefragt werden, heißt das „frei copiren?"
Haben das Darmstädter und Dresdner Gemälde hier überhaupt
mit einander zu thun? Wie war es möglich, daß auf dem
Dresdner Gemälde eine Aehnlichkeit mit der Basler Blatte
wieder erschien, die auf dem Darmstädter Gemälde mühsam
und vollständig fortgebracht worden war? Der Meister des
Dresdner Gemäldes also hat auch nach der Natur gearbeitet!

In Basel findet sich als drittes Blatt:

Der Kopf des knieenden Mannes mit gefalteten Händen,
so offenbar jedoch in späteren Jahren erst von neuem nach der
Natur gezeichnet, daß kein Zweifel sein kann, diese Studie (von
Holbein's Hand natürlich) habe nur für das Dresdner Gemälde
gedient! Das Darmstädter Gemälde zeigt feste, jugendlichere
Formen (entsprechend Holbein's früher [1516] gemaltem Por-
trät desselben Mannes, das sich in Basel befindet), unsere
Zeichnung dagegen deutet auf beginnendes höheres Alter hin.

Und zu diesen Indicien nehmen wir den gänzlich veränderten Kopf der Dresdner Madonna selber, mit dem Anfluge
eines leisen Doppelkinnes, das der Darmstädter fehlt und
das diese nie besessen hat. Nur nach der Natur kann die ganz
verschiedene Auffassung auch dieses Antlitzes auf das Dresdner
Gemälde gebracht worden sein.

Ich erwähne als Schluß dieser Kette einen letzten Umstand, durch den wir zugleich zu der Frage zurückgelenkt
werden, ob, nachdem bewiesen worden ist, Holbein allein könne
die Zeichnung für das Dresdner Gemälde gemacht haben, sich
nicht auch die Möglichkeit herausstelle, seine Hand sei als
die, welche die Farben aufgetragen hat, nicht ohne weiteres
abweisbar.

Wir sehen, wie bereits erwähnt ward, auf dem Darm-
städter Gemälde die zum Gebete gefalteten Hände des knieenden Mannes halb verdeckt von der Schulter des knieenden
Knaben vor ihm. Früher ein wirksames Mittel, die Gestalt
des letzteren vorzuschieben, konnte später diese Verdeckung keine
Dienste mehr leisten. Es galt nun vielmehr, die Gestalt des
Mannes hervorzuheben; die gefalteten Hände sind auf dem
Dresdner Gemälde deshalb über der Schulter des Knaben
sichtbar und es ist sogar noch ein Zwischenraum vorhanden.
Man betrachte diese Hände. Von wem anders als Holbein
kann diese nunmehrige Vervollständigung ausgegangen sein?
Es ist bekannt, was Hände auf sich haben. Welcher Maler
hätte daran gerührt, und welcher dies Meisterstück so vollbracht?

Gerade diese Hände sind mit denen des Darmstädter Gemäldes (so weit sie da sichtbar sind) verglichen worden auf
die Malerei hin. Welche Feinheit und Naturwahrheit hier,
urtheilte man, welche nur allgemeine Farbengebung dort!
Und nun ging man weiter zum Vergleich der einen sichtbaren
Hand der Madonna und verglich die schöne, kräftige Natur-
nachahmung auf dem Darmstädter Bilde mit dem „verschwom-
menen, kraftlosen Anblicke," welchen das Dresdner Gemälde
bieten sollte. Ich bemerke dagegen: was den Farbenauftrag anlangt, so nehme ich beim Dresdner Gemälde Holbein's
eigene Hand nur bei den Köpfen der Maria, des Kindes,
des Mannes und der knieenden Figur vorn rechts, sowie
für die Hände der Maria und des Mannes in Anspruch.*)
Alles Andere mögen seine Gehülfen geliefert haben. Alles

---

*) Daß Holbein nur ganz bestimmte Hauptsachen auf der Dresdner
Tafel neu malte, während das Uebrige durch seine Leute copirt ward, kann
seinen Grund in den Zahlungsstipulationen gehabt haben. Man war damals sehr genau in diesen Dingen. Ich erinnere an Pinturicchio's Ver-
trag mit dem Cardinale Piccolomini, die Bibliothek des Domes von Siena
betreffend, wo ausdrücklich bestimmt war, daß er eigenhändig nur die

was mechanisch nachahmbar war, was tale quale (Veränderungen der Contoure in Abrechnung) herübergenommen ward, sei nicht von Holbein. Die eben aufgezählten Theile jedoch, wenn auch nicht mit der Malerei der Gemälde stimmend, welche sich auf der Dresdner Holbeinausstellung finden, erscheinen mir deunoch zu ausgezeichnet auch im Colorit, als daß ich Holbein hier nur die Zeichnung zuschieben dürfte.

Es kommt nämlich in Betracht, daß nichts anderes Gemaltes als Porträts in Dresden zum Vergleich herangezogen werden konnten, auf die hin man „die Hand Holbein's auf der Dresdner Madonna nirgends nachweisbar" finden wollte. Andere Malereien Holbein's fehlten zum Vergleiche. Bekannt aber ist die Verschiedenheit der malerischen Behandlung von Köpfen auf historischen Gemälden und auf Porträts. Ließe sich etwa nach dem Oelporträt, welches Raphael von Pabst Giulio II. gemacht hat, nachweisen, daß seine Hand auf dem Fresko der Messe von Bolsena denselben Pabst gemalt habe? Doch es soll Fresko und Oel nicht verglichen werden. Zeigen etwa die zarten, noch lionardesk ausgeführten Porträts, welche man in Raphael's letzte Florentiner Zeit verlegt, irgendwie die Hand, welche zurselben Zeit die Grablegung malte? Schneide man einen beliebigen Kopf aus Raphael's historischen Gemälden heraus: Niemand wird ihn für ein Porträt halten; Niemand wiederum seine Porträts für Theile etwa verlorener historischer

Köpfe der Figuren zu malen brauchte. (Item sia tenuto fare tutti li disegni delle istorie di sua mano in cartoni et in muro, fare le teste di sua mano tutte in fresco, et in secho ritoccare et finire infino a la perfectione sua. Vasari, Ed. Lemonnier V, 287.) —

Die Existenz beider Gemälde erklärt sich am einfachsten, wenn wir annehmen, es sei das Dresdner eine für die Familie später angefertigte Copie, die man so billig als möglich zu erlangen suchte. Später kehrte das erste Gemälde dann gleichfalls in den Privatbesitz der Familie zurück und schließlich wurden beide verkauft. Daß bei dieser Gelegenheit immer nur von einem die Rede war, ist gleichfalls begreiflich, da die Existenz zweier Exemplare den Preis erniedrigt und beide verdächtig gemacht haben würde.

Gemälde, Warum soll Holbein, welcher damit begann seine
erste (die Darmstädter) Tafel mit aller peinlichen Sorgfalt
einer Porträtzusammenstellung zu malen (vielleicht weil es
verlangt wurde), nicht später gewahr geworden sein, daß diese
Feinheit den Gesammteffect des Werkes nur beeinträchtige?
Wo stehen denn historische Gemälde von Holbein, um das Gegentheil zu beweisen? Man nennt die Hand der Dresdner
Madonna kraftlos im Vergleich zu der der Darmstädter: sie
ist im Sinne einer Photographie weniger genau, aber mir
scheint sie viel wahrer, wie lebendiges Fleisch selber. Man
glaubt den leisen Druck zu sehen, mit dem sie das Kind an
sich preßt; bei den gefalteten Händen des Mannes die in-
brünstige Bewegung, mit der sie sich verschränken. Freilich
nicht mit der Lupe, sondern aus der richtigen Entfernung muß
gesehen werden. Was denn bleibt von Correggio's Händen
übrig, wenn man das Auge dicht darauf hält, was von denen
der Sixtinischen Madonna Raphael's, der doch zeichnen konnte?
Es giebt eine höchste Stufe der Kunst, wo die menschliche Gestalt uns von den Meistern über die feste Form hinaus, in
der Bewegung selber gleichsam, vor Augen gebracht wird.
Man verfolge Raphael's Malerei. Je höher er steigt, um so
sicherer ordnet er Kleinigkeiten dem Gesammteffect, ordnet er
Nebensächliches der Hauptsache unter. Die Dresdner Madonna
ist einfacher als irgend eins von den ausgestellten Porträts
Holbein's, bringt jedoch eine sicherere Totalwirkung hervor als
eins von ihnen. Die Madonna selber nimmt die Augen zuerst gefangen, allmälig erst geht man auf das Uebrige über.
Das Dresdner Gemälde stammt nach jeder Richtung aus der
Hand eines Meisters, der sich der Wirkung seiner Mittel bewußt war, der genau wußte was er wollte und was er vermochte. Sagen, ein Anderer als Holbein habe hier gemalt,
wäre nicht nur für den einzelnen Fall einen andern Namen
supponiren, sondern wäre ebensoviel als behaupten: es habe

neben Holbein einen Maler ersten Ranges in den Niederlanden gegeben, der nicht nur wunderbarer Weise für dies eine
Werk unbekannt geblieben sei, sondern dessen sämmtliche übrige
Werke, welche die Vorstufen für eine solche Höhe bildeten, verloren gegangen seien. Holbein, wo er nicht selbst den Pinsel
führte, hat denjenigen, welche malten, Anweisung gegeben, wie
sie malen sollten. Mag, was so zu Stande kam, freie Copie
genannt werden können, alle übrigen Theile der Dresdner
Madonna sind original.

Indeß auf diese Einwürfe wird geantwortet, die Frage
sei einmal so gestellt: hat Holbein hier selbst gemalt, oder
nicht? Wer und wie gemalt worden sei, lasse man auf sich
beruhen und sei nicht verpflichtet, diesen Maler zu schaffen,
während, man möge neben das Dresdner Gemälde halten
welches von den auf der Ausstellung vorhandenen Gemälden
Holbein's man wolle, keins ähnliche Behandlung zeige.

Aber man hätte nur dann ein Recht gehabt, diesen Schluß
zu ziehen, wenn in der That die Dresdner Holbeinausstellung
hier als maaßgebend angesehen werden könnte. Dies ist jedoch nicht der Fall. Sie entbehrt leider derjenigen Werke, auf
die es bei dieser Frage zumeist ankam.

Es fehlen die Schätze des Basler Museums. Ich frage:
welches von den Basler historischen Hauptgemälden ist der
Art, daß es, in Dresden zur Untersuchung gezogen, auf die
dortige Sammlung Holbeinischer Porträts hin das Zeugniß
erhielte, die Hand Holbein's sei auf ihm sichtbar? Den an-
gehäuften Porträts, welche fast ausschließlich die Dresdner
Ausstellung ausmachen, entnehmen wir den Eindruck, als sei
Holbein überall ein so langsamer, penibler, eindringender
Nachahmer der Natur gewesen, ein Mann, dessen Auge die Gestalt der Dinge mit der Scharffsichtigkeit eines Naturforschers
aufsog, als habe er, den Vergleich vom Ohre genommen, das

Gras wachsen hören und wolle den Beschauern seiner Werke
das verrathen. Das Darmstädter Gemälde zeigt allerdings
auch für die historische Malerei diese Art der Arbeit bei Holbein in voller Blüthe, während die Dresdner Madonna in
ihrer jetzigen Gesellschaft zu frisch, zu keck, und auf den Effect
gemalt erscheint. Deshalb zumeist soll gerade von Holbein
die Malerei daran nicht herrühren.

Holbein als Porträtmaler ist eine sehr eigenthümliche Erscheinung. Er hängt nach dieser Seite hin mit seinem Jahrhundert und dem Publikum, für das er malte, so stark zusammen, daß er als Prototyp für eine ganze Richtung gelten
kann. Uns fällt im Allgemeinen bei den Porträts, welche das
15. Jahrhundert hervorgebracht hat, die, man könnte sagen,
polizeiliche Richtigkeit auf, mit welcher die Gesichter wiedergegeben sind. Italiänische, Deutsche und niederländische Arbeiten zeigen das: am meisten aber die niederländischen. Diese
Bildnisse haben etwas unbarmherzig Nüchternes. Die Züge
erscheinen bis zur Verschlossenheit ruhig, als bewegte sie im
Augenblick kein Gedanke. Ihr Blick ist streng und kalt, als forderte er den Beschauer heraus, den Versuch aufzugeben,
durch das Auge ins Herz zu bringen. Kurz, diese Gesichter,
meisterhaft gemalt, haben etwas Leeres, fast Trauer Er-
weckendes.

Unzweifelhaft hängt dieses Wesen zusammen mit der Art
und Weise, wie man sich von Mensch zu Mensch in den
Städten jener Zeit, wo Malerei und Kunst jeder Art doch zumeist blühten, anzusehen gewohnt war. Das enge Zusam-
menleben bei steter gegenseitiger Beobachtung und Belauschung
brachte eine Feinheit der Auffassung mit sich, welche mikro-
skopisch genannt werden kann, während eine eiserne Verschlossenheit als Abwehr dagegen, die Kunst erzeugte, durch das äußere
Auftreten sich nicht zu verrathen. Man braucht nur die Gesetzgebung jener Zeit anzusehen, um zu fühlen, welch unge-

meiner Vorsicht es bedurfte, nur um nicht in Verdacht zu gerathen, da Verdacht oft schon genügte, einen Mann den
schlimmsten Proceduren zu überliefern; die städtischen Geschichten bestätigen das. Die undurchbringliche Ruhe und Verschlossenheit, welche die Porträts des 15. Jahrhunderts zeigen,
giebt den Charakter der Männer und Frauen jener Zeiten
wieder, und in den Niederlanden, wo die Kunst am längsten
blühte und am sorgfältigsten gepflegt wurde, kam man am weitesten in der Wiedergabe dieser Natur. Der Einfluß der niederländischen Kunst auf Holbein aber ist ein ersichtlicher. Mehr
und mehr nimmt er in seinen Porträts diesen Geist in sich
auf, der in England zudem der herrschende war, wo die meisten
seiner Porträts entstanden sind. Holbein's früheste Bildnisse,
die er in Basel malte, und die leider nicht in Dresden ausgestellt werden konnten, sind ganz anders empfunden. Nichts
würde falscher sein, als diese Eigenschaft seiner Arbeiten als
Porträtmaler, welche als eine nothwendige in der Zeit lag,
auf Holbein selbst zu beziehen. Noch falscher aber würde es
sein, nach seinen Bildnissen alleinzig bindende Schlüsse auf
Holbein's historische Gemälde zu gründen, von denen leider
fast nichts mehr erhalten ist. Einiges jedoch ist immer noch
sichtbar, ebenfalls aber leider nicht in Dresden.

Wie denn ist Holbein's Passion in Basel gemalt? Wer
von den Unterzeichnern der Dresdner Erklärung, wenn dieses
Werk auf der Dresdner Ausstellung wäre, dürfte, nach Analogie der da zusammengekommenen Bildnisse, auf ihr Holbein's
Hand erkennen? Und ferner, wie war es möglich, daß diese
selbe Passion in den gleichen Jahren etwa entstand, in denen
Holbein das Basler Porträt Meyer's, das seiner Frau und,
etwas später, zumal das des Bonifacius Amerbach malte?
Scheinen nicht zwei ganz verschiedene Meister hier und dort
thätig gewesen zu sein? Und nun nehme man gar Adam und
Eva der Basler Sammlung hinzu, die so frisch, fast roh hin-

gemalt sind? Wiederum jedoch die Hand Holbein's! Und
mit alle dem vergleiche man den so völlig anders behandelten
Christus im Grabe! Wie würde der erst auf der Dresdner
Ausstellung sich ausnehmen! All das wenig aber gegen Holbein's großes herrliches Basler Gemälde: seine Frau mit den
beiden Kindern. Giebt es eines unter seinen übrigen Porträts,
das mit dieser über jeden Zweifel erhabenen geistreichsten Arbeit
seines Pinsels Aehnlichkeit des Farbenauftrags zeigte? Will
man neben dieser brillanten, raschen, in gewisser Beziehung
ganz modernen Malerei die der Dresdner Madonna zu
modern nennen? Soll neben diesem kecken Farbenauftrag
die zarte Pinselführung der Dresdner Madonna, nur weil sie
hier und da als Pinselführung sich geltend macht, gegen die
Urheberschaft Holbein's angeführt werden? Das Basler Gemälde ist anders gearbeitet, geht aber was flotte Behandlung
anlangt viel, viel weiter.

Es läßt sich begreifen, daß die Basler Regierung die
Schätze ihres Museums von Ort und Stelle nicht entfernen
und in die Weite senden wollte: für die Dresdner Holbeinausstellung jedoch und für die Vergleichung der beiden Ma-
donnen ist dieses Fortbleiben der wichtigsten gemalten Stücke
Holbein's fatal geworden. Ich lebe der Ueberzeugung, man
würde Angesichts der Basler Arbeiten die Möglichkeit, daß
Holbein's Hand die Dresdner Madonna (ich rede immer nur
von den bestimmt hervorgehobenen Partien darauf) gemalt
habe, nicht so energisch verneint haben. Holbein's Thätigkeit
war eine ausgebreitete. Von seinen bedeutendsten Werken
vielleicht blieb keine Spur zurück. Die vorhandenen zeigen
eine solche Mannigfaltigkeit der Behandlung, verrathen eine
solche Potenz, je nach den Umständen den Farbenauftrag verschieden zu behandeln (wir bewundern dieselbe Fähigkeit bei
Raphael), daß, sobald der geistige Eindruck eines Werkes
wie die Dresdner Madonna Holbein's Urheberschaft nicht

zurückweist, die technische Behandlung keinen Anstoß bil=
den kann.

Vom geistigen Eindruck rede ich hier jedoch absichtlich nicht,
damit nichts von mir vorgebracht werde, was als subjective
Anschauung bedenklich erscheinen könnte. Zwar, wenn heute
zu entscheiden wäre, ob eine von den Symphonien oder So=
naten Beethoven's von ihm oder einem Andern sei, dürfte
vielleicht auch vom Eindrucke dieses Werkes gesprochen werden
und nicht bloß von dem daran und darin, was sich berechnen
und beweisen läßt. Doch ich will dies zur Seite lassen, da
Irrthümer· hier möglich sind, möchte man sie auch für noch
so unmöglich halten. Ich berühre dies auch deshalb nur, um
ausdrücklich zu bemerken, daß ich darauf verzichte, den geisti=
gen Eindruck, welchen das Dresdner Werk stets auf mich ge=
macht hat, auch nur als ein Sandkorn anzuführen, welches
für Holbein's Autorthum als Maler in die Wagschale fiele.
Ich verzichte darauf ausdrücklich, da dieser „geistige Ein=
druck" seiner Natur nach Gegenstand einer Verhandlung für
und wider hier nicht sein kann.

Ich gestehe zugleich, daß auch die Beurtheilung des Tech=
nischen bei Kunstwerken für mich nicht Gegenstand entschei=
dender Discussion sein kann, ich lasse nur Gedankenaustausch
mit Freunden gelten, die über denselben Gegenstand ähnlich
denken und sich auf etwa übersehene Details aufmerksam machen.
Bei Handzeichnungen Raphael's und Michelangelo's z. B., bei
denen sich in ganz anderer Weise als bei Gemälden die „Hand=
schrift" des Meisters erkennen, man sollte denken: nachweisen
läßt, bin ich oft genug mit den Wenigen, welche hier als
Kenner überhaupt in Frage kommen können, anderer Mei=
nung und Jeder beruft sich auf die Gesammtheit seiner Er=
fahrungen und Anschauungen, welche ihn dafür oder dagegen
stimmen läßt.

Wir befinden uns der Dresdner Madonna gegenüber weni=

ger als irgend sonst in der Lage, ein Urtheil zu formuliren, sondern stehen etwa wie in den ersten Stadien des Processes: der
Thatbestand soll eruirt werden. Hierfür nehme ich das Recht in
Anspruch auszusagen, der Satz: auf der Dresdner Tafel sei die
Hand Holbein's nicht nachweisbar, hätte, um Mißverständnisse
zu verhüten, lauten müssen: sei verglichen mit den in Dresden
heute zusammengebrachten Gemälden Holbein's nicht nachweisbar: die Basler habe man leider nicht vergleichen können. Nehmen wir hinzu, daß der Ausdruck, „freie Copie" nur das Colo-
ristische des Gemäldes berührt, da er sich auf die Cartonzeich-
nung der Composition nicht beziehen konnte und·durfte, so
darf ich damit schließen, daß die Veröffentlichung des dritten
Passus der Erklärung vom 5. September zum Gebrauch des
Publikums nicht geeignet war. Die Acten über die in ihm
angeregte Frage sind weder geschlossen, noch waren sie bereits
schließbar. Jeden Tag kann eine Notiz gefunden werden,
welche Holbein als Meister der Dresdner Madonna dennoch
proclamirt und allen Widerspruch verstummen macht. Sollte
dagegen für den gesammten Farbenauftrag ein anderer Meister
sich urkundlich herausstellen, so würde Holbein immer noch
der Ruhm der Zeichnung verbleiben.

Wie die Dinge liegen, konnte die Nebeneinanderstellung
des Dresdner und Darmstädter Gemäldes für beide nur ein
Gewinn sein. Ihre Vorzüge liegen nach ganz verschiedenen
Richtungen. Für die Darmstädter Tafel war es vortheil-
haft, daß unwiderleglich ihre Originalität und Priorität zu
beweisen war, für die Dresdner, daß die gegen sie gerichteten Angriffe endlich in ein System gebracht wurden, so daß
eine systematische Vertheidigung möglich ward. Sie bleibt
für uns eine Schöpfung Holbein's, welche Zeugniß davon
ablegt, wie hoch sich der Genius dieses Meisters zu erheben
vermochte. Daß, soweit es sich um den Farbenauftrag handelt, nur dasjenige von ihm selber herrührt, was seiner

Hand durchaus bedurfte, kann dem Werthe des Werkes keinen Eintrag thun. Ein solches Verfahren war herkömmlich und nothwendig. Bei Raphael wissen wir es sicher, Dürer spricht darüber als verstehe es sich von selbst.' Keinenfalls ist ein Strich auf dem Gemälde, der seinem herrlichen Gesammteindruck als Werk eines der größten Künstler Eintrag thäte.

Das Porträt des Bonifacius Amerbach von Holbein.

in Kupfer gestochen von Friedrich Weber in Basel.

1872.

Der patriotische Sinn der Schweizer, nachdem er während der vierziger Jahre über Gebühr erhoben worden war —
wo das bloße Wort Republik noch bei uns als das öffentliche
Geheimmittel angesehen wurde, dem jede politische Krankheit
weichen müßte — hat in der letzten Zeit desto schärfere An-
fechtungen zu erleiden gehabt. Früher schienen die Schweizer
Bürger uns weit voraus. Ohne Fürsten regierten Bürger
und Bauern sich selbst, und Jeder wußte genau, wohin er
gehörte, und was er zu thun und zu lassen hätte. Heute
stehen sie scheinbar weit zurück. Hochmüthig innerhalb ihres
engen Gesichtskreises scheinen sie den großen Strom der allgemeinen germanischen Politik, den selbst die Skandinavier zu
begreifen beginnen, weder zu sehen noch anerkennen zu wollen.
Indessen, wenn eine Zeitlang hierüber Verstimmung herrschen konnte zwischen den beiden Geschwistern derselben Völker-
familie: in allerneuester Zeit ist auch diese gewichen. Wir
hören allmälig auf, die Leistungen unserer Nachbarn zu kritisiren. Was wir selbst zu thun haben, nimmt unsere Kräfte

zu sehr in Anspruch. Wir lassen, was in der Schweiz gethan und gedacht wird, auf sich beruhen und getrösten uns, sollte es wirklich zu Zeiten scheinen, als könne dort das uralte Germanenthum verleugnet werden, der Zuversicht, daß Meinungen und Leidenschaften das Blut nicht zu ändern vermögen, das in den Adern der Menschen fließt. Im Ganzen hat der letzte Krieg das Gefühl der engen Verwandtschaft nicht aufgehoben, zugleich viel dazu beigetragen, daß man sich vorurtheilsfreier ins Auge sehe.

Man wird es nach dieser Einleitung nicht als eine captatio benevolentiae ansehen, wenn bei Besprechung des neuesten Kunstwerkes von der Hand eines Schweizers jetzt begonnen werden soll mit einer Erhebung des Basler Localpatriotismus, als dessen Resultat im schönsten Sinne diese Arbeit dasteht.

Was ist das für eine Stadt, die seit Jahrhunderten ihre Freiheit bewahrte, ohne sich jemals Fremden in die Hände zu geben! Wie überaus ehrwürdig steht ihr immer sich neu aus sich selbst erzeugende Gemeinwesen vor uns! Die alle inneren Revolutionen unerschüttert in sich durchgemacht hat, aus denen sie stets gekräftigt und guten Muthes für die Zukunft hervorgegangen ist. Die in ihren Handelsbeziehungen im Lauf der Zeit mehr und mehr auf Frankreich angewiesen als auf Deutschland, dessen Schriftsprache Manchem aus den höheren Familien kaum so geläufig ist als die französische, dennoch ihrem ächt Deutschen Wesen stets treu blieb. Deren Bürger in ihrem Thun und Treiben scheinbar nur auf Geldgewinn aus, sparsam und oft genug Verächter der geistigen Mächte, dennoch, neben Zürich, Bern und anderen Schweizer Städten, ihre eigene Universität, sich zum Stolz und zur Belehrung, glänzend aufrecht erhalten, aus öffentlichen Mitteln ihren Kunstschätzen ein Museum errichten und aus ihren eigenen alten Familien immer wieder Männer produciren, die in

Kunst und Gelehrsamkeit kräftig und ruhmvoll eingreifen. Und all das in ununterbrochener Tradition seit Jahrhunderten. Man tadelt die am Zopf und am Alten hängende Zähigkeit der Schweizer; solch eines hartnäckigen Stammes aber bedurfte es, um als Vorwacht im Südwesten Deutschlands fremdem Andringen eichene Festigkeit entgegenzusetzen. Das Deutsche Reich wußte den Elsaß nicht zu behalten und Straßburg selber, das mit blutigen Thränen unter die fremde Herrschaft trat, hatte sich so völlig in sie gefunden, daß es über seine Wieder= vereinigung dieselben blutigen Thränen noch einmal zu ver= gießen scheint; Basel dagegen ist immer das alte geblieben. Heute noch stehen die Schweizer innerhalb der europäischen Mächte wie sie vor Jahrhunderten standen: storr, kriegerisch, eifersüchtig auf das eigene Besitzthum, und unablässig bedacht es zu vermehren, mißtrauisch gegen das Fremde und Neue, Jedermann ein Politiker auf eigene Faust und ehrgeizig im Gemeinwesen; festhaltend jedoch am Aechten, immer darauf bedacht, sich zu unterrichten und fortzubilden und mit rücksichts= loser Freigiebigkeit einzutreten, wo es sich um Institute für Wissenschaft und Kunst handelt. Nirgend gewahren wir einen so edlen Stolz auf die Stätte, wo man geboren ist, und so unvertilgbare Theilnahme, selbst aus der Fremde, an Allem, was diese Stätte und was das Vaterland angeht.

Wir haben wenig von diesen Tugenden in dieser Gestalt in Deutschland. Wer möchte die Orte aufzählen, wo man so auf sich hält wie in der Schweiz in einem jeden? Was ist übrig von dem alten Nürnberger, Augsburger, Ulmer Gemein= sinne? Wie wenig alterhaltene Familien dort, die mehr zu= fällig noch innerhalb der verfallenden Mauern wohnen und hervorragen. Wo eine Stadt bei uns, die einem Architekten, wie Semper, gleichsam den künstlerischen Ruhm ihrer äußeren Gestaltung anvertraute, wie die Zürcher thaten? Wo eine Stadt, die für einen Meister, wie Holbein, der doch nur zum Theile einst ihr Bürger war, soviel that, wie Basel? Etwa Nürnberg für Dürer? Von einem Werke Holbein's soll hier die Rede sein. Basel hat für seine Werke zumeist wohl das Museum errichtet. Es hat die Dresdner Madonna aus öffentlichen Mitteln dafür copiren lassen. Es hat für Vervielfältigung der Zeichnungen gesorgt, es hat in Herrn His-Heusler einen Mann, der die Archive für Holbein durcharbeitet, es besitzt in Friedrich Weber einen Mitbürger, der, abgesehen davon, daß er für sich einer unserer ersten Kupferstecher ist, als Baseler die Werke Holbein's in vorzüglicher Weise zu stechen begonnen hat. Den Anfang machte die sogenannte Lais Corinthiaca, in den nächsten Tagen jetzt wird ein neues Stück erscheinen, das, in einem Probedruck auf der laufenden Ausstellung in der Akademie bereits ausgestellt, eine Fortsetzung dieser Arbeiten bildet. Und gerade dies Kunstwerk ist geeignet, alles das, was oben über die Schweiz und Basel an allgemein historischen Anmerkungen vorausgeschickt worden ist, zu illustriren gleichsam. Holbein porträtirte zu der Zeit, wo Basel, seit Kurzem erst aus einer schwäbischen Stadt eine schweizerische geworden, die Blüthe seiner Existenz erlebte, einen Basler Bürger, jung wie er selber jung war. Das Bild, nachdem es lange in der Familie geblieben, ging endlich in städtischen Besitz über. Heute gilt es so ziemlich als das beste Porträt, das Holbein gemalt hat; ebenso wird vielleicht Weber's Stich, von dem hier die Rede ist, einst als der beste Stich gelten, der nach einem Bildnisse von der Hand Holbein's gemacht worden ist.

Holbein's des Jüngeren Thätigkeit theilt sich bekanntlich in zwei große Hälften. Der erste Theil seiner Lebensarbeit geht von Basel als Centrum aus, der zweite von London. Er begann als Bürger einer freien Stadt, emporgebracht und unterstützt von deren bedeutendsten Capacitäten, er endigte als Hofmaler eines außerdeutschen Fürsten, geschätzt, aber keines-

wegs zu gesellschaftlicher Höhe emporgehoben vom englischen
Abel. Der erste Theil der Thätigkeit Holbein's zeigt ihn an=
steigend, ungleich in seinen Werken, verschiedenartig in Auf=
fassung und Durchführung; der Abschluß dagegen läßt ihn im
Besitz einer festen Art und Weise erscheinen, die sich ziemlich
gleich bleibt. Aus Allem, was Holbein an Porträts in Eng=
land und für England geschaffen hat, leuchtet die Meisterschaft
hervor; dieselbe wunderbare Vollendung seiner Gemälde, wo
man auch prüfend die Blicke auf der Tafel ruhen läßt, aber
damit verbunden auch eine gewisse Kälte der Gesinnung. Die
Schicksale dieser Menschen waren dem Maler gleichgültig.
Was er in Basel dagegen zu Stande brachte, läßt bei wech=
selnder Hand des Künstlers höheren oder minderen geistigen
Antheil errathen. Von den Porträts dieser Epoche ist das
des Bonifacius Amerbach sicherlich das beste. Hier haben
nicht nur die Augen des Künstlers, sondern die des Freundes
zugleich gesehen. Das Bildniß hat etwas warm Anmuthen=
des. Es erweckt zu Fragen nach den Schicksalen dessen, den
es darstellt.

Schon die Inschrift (das Einzige, das auf der Tafel durch
zu große Raumeinnahme ein wenig die Symmetrie stört) zeigt
den Werth, den man seiner Zeit auf dies Kunstwerk legte.
Gemeiniglich war bei den Distichen, die bei einem Gelehrten=
porträt damals nicht fehlen durften, der Gedankengang der,
daß die „Schriften" des Mannes erst dessen wahres Bildniß
zeigten. Hier dagegen heißt es: wenn auch nur gemalt, gäben
die Züge dem Leben selber nichts nach:

> Picta licet facies vivae non cedo sed instar
> Sum domini justis nobile lineolis;
> Octo is dum peragit τριετή sic gnaviter in me
> Id quod naturae est exprimit artis opus.
> Bon. Amorbachium Jo. Holbein depingebat.
> X. MDXIX prid. eid. octobr.

Vierundzwanzigjährig — „acht Einheiten von drei Jahren"

alt, wie man sich in der damaligen, griechische Ausdrücke her=
beiholenden Epoche geziert ausdrückte — wurde Bonifacius
Amerbach von dem damals selber einundzwanzigjährigen Holbein gemalt, ein Jahr bevor diesem das Basler Bürgerrecht
zu Theil wurde. Bonfacius Amerbach war der Sohn eines
der ersten Basler Buchdrucker der Zeit. Ein Deutscher Buch=
drucker war damals Drucker, Händler mit Büchern und Ge=
lehrter selber in einer Person. Der Fortschritt des Sohnes,
bei reichen Mitteln, zum reinen Gelehrtenthum war, wie
auch heute oft genug, ein natürliches Avancement. Boni=
facius studirte in Lyon und Freiburg. Sein Lebensgang ist
in neuerer Zeit öfter verfolgt worden. In Basel schloß er
sich als junger Mann aufs Engste Erasmus von Rotterdam
an, dessen gedruckte Briefe für alle Zeiten glänzende Zeugnisse
zu seinen Gunsten enthalten. Vater und Sohn, vortreffliche
Männer, finden wir hier genau charakterisirt. Seinen „gold=
nen Amerbach" nennt ihn Erasmus in einem Briefe aus dem
Jahre 1518. 1529, als Erasmus, dem Basler Philisterthum
weichend, das er freilich schwer genug gekränkt und heraus=
gefordert hatte, nach Freiburg abzog und ihm auf eine für
die Stadt schimpfliche Weise die Uebersiedlung dahin wieder
erschwert werde, war Bonifacius einer der Wenigen, die fest
und getreulich zu ihm standen. Amerbach selbst, obgleich zu=
rücktretend in eigenen Leistungen, ist im Ganzen seines Lebens
eine der glänzendsten Früchte der damaligen Periode Deutscher
bürgerlicher Gelehrsamkeit. Gerade diese in höherem Sinne
mittelmäßigen Naturen lassen den ächten Durchschnitt der Zeit
besser gewahren. Bescheiden schloß er sich an. Aufzunehmen
suchte er, was höhere Geister in Kunst und Wissenschaft her=
vorbrachten. Aus dem, was Bonifacius Amerbach's Samm=
lungen enthielten, ist zumeist der Schatz Holbein'scher Zeich=
nungen hervorgegangen, welche den Kern des Basler Museums
bilden, soweit sie noch vorhanden sind.

Es ist unmöglich, dies Porträt zu betrachten, das die Krone des Amerbach'schen Nachlasses bildet, ohne der ganzen hoffnungsvollen Zeit eingedenk zu sein, in der es entstand. Die Jahre vor dem Ausbruche großer Bewegungen sind meistens die üppigsten. Wie reich und strotzend von Hoffnungen und scheinbaren Mitteln, sie durchzukämpfen, waren die Tage vor der französischen Revolution, die 80er Jahre, wie unaussprechlich erwartungsvoll die Jahre um 1520 in Deutschland und Italien! Alles schien möglich und erreichbar damals. Das Gefühl, eine „Reformation“, eine „Erneuerung“ der Menschheit in ihren höchsten Gedanken müsse eintreten, erfüllte Hoch und Niedrig. Die Basler Zustände jener Tage bieten ein reizendes Abbild der gesammten Bewegung, um so anmuthiger für den historisch betrachtenden Blick, als Alles dort so ganz aus sich selber emporwuchs und sich die Spuren der Thätigkeit Einzelner so genau verfolgen lassen.

Erasmus' Correspondenz und neben diesen Blättern viele andere lassen die Entwicklung der Dinge gewahren, als erlebte man sie selbst in eigener Erinnerung. Felix Plater's Selbstbiographie z. B. zeigt die Verhältnisse aus ganz anderer Perspective. Ganz anders tritt bei ihm die Anstrengung hervor, ohne Unterstützung von außen sich emporarbeiten zu müssen. Ueberall bahnt eigene Kraft sich eigene Wege, überall bekennt sie sich offenherzig in ihren Tugenden und Fehlern. Wem zu Liebe etwas verhüllen, wem zu Liebe aber auch bescheiden sein? Und aus dieser Generation heraus einen der Edelsten porträtirt einer der ersten Meister der Zeit. Nicht die Züge überspannten Nachdenkens finden wir auf dem Antlitze dieses arbeitsamen jungen Gelehrten, sondern den Abdruck voller jugendlicher Kraft und Schönheit erblicken wir darin, eine mit allen Wurzeln frei und fest im heimischen Boden ruhende Natur.

Und mit derselben Treue, mit der Holbein malte, hat

Weber gestochen. Er reproducirt in der That die Arbeit seines ehemaligen großen Mitbürgers und Collegen. Dieser Stich ist, wie das Gemälde, eines der Documente für Erkenntniß der Epoche. So waren die jungen Männer beschaffen, in deren Herzen der Gelehrten begeisternde Worte den Drang entzündeten, sich von den romanischen Verfälschungen der Lehre Christi zu emancipiren und als Deutsche mit eigenen Augen ihr Heil der Bibel zu entnehmen. Das war die Generation, für die das 15. Jahrhundert den Boden vorbereitete, die die Sonne des 16. dann hervorrief. Solche Porträts, Abbilder reiner jugendlicher Schönheit an sich, gehörten in unsere Schulen, um Kindern und Jünglingen zu zeigen, mit welchen Blicken um 1519 das junge Deutschland der Zukunft entgegensah. Und daneben: um sie darauf hinzuweisen, wie ächte Kunst an heimischer Stätte gepflegt, immer wieder neue Blüthen treibe.

Friedrich Weber hat auf der diesjährigen Ausstellung noch einiges Andere ausgestellt. So die im vorigen Jahre vollendete Madonna die Lugano, die Wiedergabe eines Frescogemäldes von Luini im Dome zu Lugano. Das Fresco, versteckt beinahe an seiner Stelle, hat neues Leben durch diese Arbeit empfangen. Sie zeigt übrigens, wie sehr der Künstler sich der Art der Behandlung der Natur des Originales jedesmal anzubequemen weiß. Die Madonna di Lugano bewahrt auch im Stiche durchaus den Charakter eines Frescogemäldes; Bonfacius Amerbach dagegen zeigt die blühende Farbe des Oelbildes. Bis in die Tiefen des dunklen Gewandes hinein sind die Massen doch klar unterschieden, ebenso bei dem schwarzen Barette, das zu der Stirn herabgedrückt ist. Das Auge bleibt kühn und frei. Der Mund mit dem jugendlichen Barte ist auf das Feinste durchgeführt. Niemand wird das Werk ohne Freude ansehn.

Cornelius und die erſten funfzig Jahre nach 1800.

1875.

— — — —

Es iſt eine Lebenserfahrung, einen Mann hiſtoriſch wer=
den zu ſehen: aus einer im Wachsthum begriffenen, energiſchen,
mächtigen Perſönlichkeit mit bedeutenden Abſichten für die Zu=
kunft, Plänen für die Gegenwart und Geheimniſſen was ſeine
Vergangenheit anlangt, einen machtloſen Bewohner des Schatten=
reiches, dem auch nicht der leiſeſte Hauch von befehlendem
Athem mehr auf den Lippen wohnt, deſſen Weiterentwicklung
für immer abgebrochen iſt und ſich voll erfüllte, deſſen Gegen=
wart verſchwand und deſſen verhüllte Vergangenheit ſchonungs=
los, wie alte Prozeßacten die man ballenweiſe auf Karren
fortſchafft, entweder zerſtört oder ans Tageslicht gezerrt wird.
Mir fällt das Kindermärchen vom Treuen Johannes ein, dem
geſagt worden war, er würde in Stein verwandelt werden
wenn er ſein Geheimniß ausſpräche. Bei jedem Wort mehr
das er ſagte, wurde er mehr zu Stein und beim letzten war
er es ganz geworden. Als vor etwa funfzehn Jahren Cor=
nelius' Cartons in Berlin ausgeſtellt wurden und ich einen
Katalog dazu ſchreiben ſollte mit einleitenden Lebensnachrich=
ten des Meiſters, faud ſich, daß ich, der ich ihn ſo gut kannte,
ſehr wenig von ihm wußte. Cornelius lebte noch. Von wem
benn, die uuſere älteren oder jüngeren mitlebenden Freunde

sind, wissen wir Geburtsjahr und Ort, Bildungsgang und
Aufenthaltswechsel anders als zufällig? Was überhaupt liegt
uns an exacten Nachrichten über ihre Vergangenheit wo diese
nicht unmittelbar auf ihr gegenwärtiges Wirken Bezug hat?
Wer, der heute einen Mann mit weißen Haaren oder kahlem
Kopfe als den energischen Vertreter wichtiger Gedanken sieht,
stellt darüber Untersuchungen an, wie diese Gedanken wohl
aussahen damals als seine Haare noch braun waren? Die
Schul= und Universitätsgeschichten unserer hervorragenden
Männer haben keinen Werth für die Beurtheilung ihrer heu=
tigen Thätigkeit und brauchen nicht gewußt zu werden. Müh=
sam mußte ich mir damals meine Nachrichten zusammenlesen,
in lauter Ecken danach gucken, ob da oder dort nicht ein histori=
sches Fädchen hängengeblieben sei, das sich ans andere an=
knoten ließe, und endlich kam etwas zusammen, das mehr
Knoten als Faden war. Heute aber ist Cornelius schon Jahre
lang todt und die Zeit dieser Unwissenheit so ganz vorüber.
Jeder kann sich ausgiebige Nachrichten aus Büchern holen.
Bei jedem Worte mehr aber verschwindet seine Gestalt mehr
für mich aus der Reihe der Lebendigen.

Doch der Vergleich mit dem zur Statue werden trifft
nicht einmal ganz zu. Kein rundes, vollständiges Steinbild
haben wir vor uns. In Rom sah ich einen Schuster auf
der bepanzerten Marmorschulter eines Kaisers, die als Stein=
block auf dem Boden lag, seine Sohlen hämmern; wer weiß,
in welche Mauer das Uebrige miteingemauert oder in welchen
Kalkofen es gewandert war. Wunderbar ist mir zu Muthe,
Cornelius' Daseinsfragmente in Förster's zwei Bänden*) nun
so auf einen Haufen zusammengeschüttet vor Augen zu haben.
In so kleinem Raume die Ueberbleibsel siebzigjähriger ruhm=
voller Existenz. In ein paar Stunden durchfliegt man blät=

---

*) E. Förster, Peter von Cornelius. Ein Gedenkbuch. Zwei Theile.

ternd diese lange Entwicklung. Alles ist offenbar, nirgends
der Einblick mehr verboten, die geheimsten Briefe nun auf
den Wirthshaustisch gelegt zu jedes Vorübergehenden Anblick
und Betastung. Hoffnungen der Jugend, Thaten der vollen
Kraft, abermals Hoffnungen, und endlich die Täuschungen des
Alters. Ereignisse die er miterlebte, Menschen die er kennen
lernte, die er mit sich fortzog. Alles aber nur in zufälligem
Anblicke sichtbar. Hier breites geschwätziges Detail über Neben=
sachen, nach denen man kaum fragt, hier Lücken tiefen Schwei=
geus bei wichtigen Momenten. Der Zufall hat so gewaltet.
    Die Wirksamkeit des Meisters aber ganz vorüber. Alles
ist still als hätte er nie gelebt. Sein Leben ein gewaltiger
Eisenbahnzug, der nur für diese einzige Fahrt gebaut worden
war, auf Geleisen, die gleichfalls nur für diese einzige Fahrt
gelegt worden waren; hinterher Alles in sich verrostend und
von Unkraut überwachsen. Versuchen wir, als einsame Fuß=
gänger der veröbeten Bahu dieses Lebens nachzugehn.

I.

    Jede schöpferische Kraft beginnt mit der Nachahmung
dessen, was das Jahrhundert ihr als zufälligerweise muster=
gültig entgegenbringt. Cornelius wuchs auf unter den Ein=
drücken der alten Düsseldorfer Gallerie, damals noch nicht
nach München transportirt, an der sein Vater Inspector war.
Er fand da Werke aus allen Zeiten und Schulen. Diese An=
fänge seiner Thätigkeit, von denen noch viel erhalten blieb,
sind uns heute gleichgültig. Die ersten Versuche, als arbeiten=
der Künstler sich und den Seinigen den Unterhalt zu schaffen,
stellte er in Düsseldorf und in Frankfurt a./M. an. Hier
sehen wir ihn in den verschiedensten Manieren sich mit Leich=
tigkeit bewegen. Ein Transparent wird im Style David's
gezeichnet. Biblische Compositionen erinnern theils an Rubens,
theils an Carstens' Schule. Mythologisches in Sepia wird

noch mehr im Geiste des letzteren gefaßt. Illustrationen aus
dem bürgerlichen Leben laufen dazwischen, die sogar elegant
gezeichnet sind. Es kam ihm darauf an, denen verständlich
und angenehm zu sein, von denen er Geld, um zu leben, und
Mittel erwarten mußte, vorwärts zu kommen. Es fehlte noch
an einem großen Stoffe, an dem sein eigenstes Talent sich
erproben könnte.

Ein Anfänger, den der Ehrgeiz treibt und der seine Kräfte
sich regen fühlt, hat nur einen einzigen bewußten oder unbe=
wußten Wunsch, der unter dem allgemeinen Begriffe „Unab=
hängigkeit" ein Vielfaches umfaßt: sich zu erheben über das
zufällige Wohl= oder Uebelwollen der zufälligen Freunde und
Förderer, die das Schicksal ihm als anfängliche, erste Repräsen=
tanten des unsichtbaren öffentlichen großen Publikums zuführte;
sodann, sich in unmittelbarer Verbindung zu fühlen mit diesem
selbst, der wogenden unbekannten Masse die man ahnt, und
die man zwingen will die Augen auf uns zu richten; weiter,
bemerkt zu werden von denen besonders, die an der Spitze
der geistigen Bewegung stehen, um sich allmälig leise in ihre
Reihen selbst einzuschleichen; endlich, zu diesem Zwecke aus
eigner Fähigkeit sich eine große Aufgabe zu stellen, von der
zuerst Keiner wissen darf, später aber Keiner sein soll, der
nicht von ihr wüßte. Cornelius konnte der richtige Instinct
für die Richtung nicht versagt sein, welche er einzuschlagen
hätte. Er fühlte, daß er auf Goethe lossteuern müsse. Cor=
nelius' erste große Enthüllung seines Talentes waren seine
Compositionen zu Goethe's Faust, der im Jahre 1808, für
die größere Welt damals als eine Neuigkeit ersten Ranges,
in vollendeter Gestalt des ersten Theiles erschien.

Und so muß vor allen Dingen von Goethe hier die
Rede sein.

Uns heute ist, als literarhistorisch gebildeten Leuten, der
Unterschied geläufig zwischen dem Alten und dem Jungen

Goethe. Der Goethe des 18. und der des 19. Jahrhunderts sind für unseren Blick zwei fast von einander unabhängige mythische Personen nebeneinander, jeder in besonderer Uniform und beide in ganz gesonderter Hofhaltung. Der eine der frische, vorwärtsstrebende, demokratische, republikanische, Frankfurter Advocat; der andere der leise erstarrende, sich zurückziehende, monarchische, aristokratische weimarische Minister, Excellenz. Der eine 27 Jahr und weniger zählend im Durchschnitt, der andere 57 und mehr im Durchschnitt. Der eine mit feurigem, lebhaft leidenschaftlichem Blick, der andere mit ruhigem, groß befehlendem Auge. Der eine sich überstürzend, der andere wohlüberlegt. Der eine seine Gedanken aufs Papier hinwühlend, der andere dictirend. Zwischen den beiden Reichen der Jugend und des Alters aber, in denen Goethe so oder so seine Herrschaft führte, liegt ein Terrain, wo weder von Alter noch von Jugend die Rede sein kann: die Jahre um die Vierzig und Funfzig. Was war Goethe in ihnen?

Die gleiche Frage könnte aufstoßen bei Friedrich dem Großen. Wir kennen sein Kronprinzen- und jugendliches Königthum, wo er dichtete, Musik machte und Voltaire kommen ließ, und sein Alter, wo er alle seine Siege schwer auf dem Rücken trug, Voltaire längst fortgeschickt hatte und Europa so hart im Zügel hielt, daß man immer ungeduldiger seine hohen Jahre berechnete. Wie war er in seiner besten Manneszeit, als er weder jung noch alt war? Er verschwindet in gewissem Sinne für unsere Augen, er führte seine Kriege. Dasselbe läßt sich von Goethe sagen. Als er 1788 aus Italien zurückgekehrt war und die Zeit der Jugend voll hinter ihm lag, begannen für ihn die Tage der wissenschaftlichen Arbeit: er wurde Gelehrter. Wir brauchen ihn nur daraufhin zu beobachten, um zu gewahren, wie er von der Schule an nach dieser Seite neigte, wie das Leben ihn immer auf andere Wege lenkte, wie seine Natur ihn immer dahin zurückführte.

In Italien durfte er zum ersten Male in völliger Stille mit sich allein nur umgehen. Er war entschlossen, Alles zu überwinden von nun an, was seinem eigentlichen Berufe hinderlich sei. Neben Schiller hat er jetzt ganz das Ansehen eines Professors, der sich in Weimar seine eigne Universität errichtet hat, wo er zu gleicher Zeit einziger Ordinarius, Privatdocent und Student in allen vier Facultäten ist, und zugleich Rector und Pedell. Er bereitete den Boden für die Herrschaft seines Alters. Aller augenblickliche Einfluß und Eindruck auf das Publikum, in poetischen Dingen, schien ihm gleichgültig geworden. Er überließ es der französischen Revolution und Schiller, in Deutschland primo loco von sich reden zu machen, er verfaßte und veröffentlichte Vieles, dessen momentanen Mißerfolg er beinahe berechnete. Es schien ihm so wenig daran gelegen, wie augenblicklich von ihm geurtheilt wurde, wie Friedrich an seinen gewonnenen oder verlorenen Schlachten, über die der König so oder so, aus gleicher Tonart an Voltaire schreibt; Friedrich hatte immer nur den Abschluß im Auge, den Tag, wo er oder seine Feinde nicht mehr könnten, und er glaubte daran, daß er es sein würde an diesem Tage, der die meisten Kräfte hätte. Und so Goethe.

Er erwartete still den Tag, wo man mit ihm als einem Manne rechnen müßte, der immer doch noch an seinem Platze stände. Und auch er durfte sich schließlich sagen, der stärkere gewesen zu sein.

Während dieser zwanzigjährigen, auf gelehrte Arbeit gerichteten Zurückgezogenheit Goethe's bereitete sich in Deutschland der völlige Umschwung des literarischen Lebens, den man die Herrschaft der älteren Romantischen Schule (vom Beginn der französischen Revolution bis zur siegreichen Uebermacht Napoleon's in Deutschland), und die der jüngeren Romantischen Schule (von dem Unterliegen Deutschlands bis zu seiner Befreiung), zu nennen pflegt.

Für Cornelius sind beide Phänomene von Wichtigkeit. Seine Anfänge hängen zusammen mit dem, was unter der Herrschaft der älteren Romantischen Schule von Goethe für die bildende Kunst gethan ward. Seine Fortentwicklung beruht auf dem, was die jüngeren Romantiker persönlich für ihn thaten.

Soll völlig begriffen werden, wo Goethe stand als Cornelius sich an ihn wandte, und soll begriffen werden, wie beide innerhalb der eignen Zeitbewegung standen, so muß das Emporkommen dieser beiden sogenannten Romantischen Schulen in seine letzten Ursachen verfolgt werden.

Beide Male handelt es sich um den Einfluß neuer und übermächtiger Gewalt von außen her.

Es war als die französische Revolution ausbrach, ein Moment eingetreten im Leben der Völker, wo ein dämonisches Verlangen erwachte, politisch, literarisch und künstlerisch das Bisherige nicht mehr zu wollen. Auch die exquisiteste, historisch als vorzüglich beglaubigte geistige Nahrung erschien schaal und abgestanden. Ein langes Jahrhundert hindurch hatten Engländer, Franzosen und Deutsche, um nur die Mächte ersten Ranges zu nennen, mit ihren edelsten Kräften darauf los gearbeitet, das beseligende wahre Reich der Humanität langsam herbeizuführen. Immer näher schien es zu rücken, immer häufiger traten die Vorzeichen ein: aus sorgsam zubereitetem Materiale sollte in Mitwirkung der gesammten Menschheit die Welt des Friedens hervorgehen. So beginnt die französische Revolution: gleichsam das erste wirkliche Ausbrechen des neuen Völkerfrühlings auf dem Boden Frankreichs. Hatte die amerikanische Revolution schon so viel geleistet, wo einfache edle Menschen auf jungfräulichem neuen Erdtheile ein Reich der Tugend zu stiften schienen, was würde Frankreich erst hervorbringen! Die stolzeste Aristokratie, die reichste Geistlichkeit, die großartigsten, bestgeschulten literarischen Legionen

reichten sich brüderlich die Hände und der Erfolg war, daß
nach einem Taumel politischen Wahnsinnes bald die executive
Staatsgewalt in die Hände energischer Canaillen gelangte, die
es möglich machten, Alles so völlig durch einander zu buttern,
daß eine neue Schöpfung der Dinge von Grund aus noth=
wendig war. Diese unternahm der erste Napoleon.

Bei uns hatte man Anfangs den äußeren Umsturz der
Dinge nicht miterlebt, wohl aber den inneren. Ein durch=
bringendes Gefühl hegte Jedermann, daß auch in Deutschland
das Alte abgethan sei. Man verlangte Neues und zeigte sich
willig, jede dargebotene Neuigkeit zu acceptiren. Und da auf
politischem und gesellschaftlichem Gebiete die Dinge beim Alten
blieben, so kam der ganze innere Drang auf dem Gebiete der
Literatur zum Ausbruch. Das war jene Begeisterung des
Publikums, von der Schiller getragen ward.

So standen die Dinge bei uns als Goethe aus Italien
zurückkam.

Goethe fühlte beim Anbruche dieser Bewegung sehr wohl,
daß er nicht auf sie vorbereitet sei. Sein Talent, sich zurück=
zuziehen, kam ihm wohl zu statten. Er geht mit dem Her=
zoge auf Reisen, er macht den Feldzug in der Champagne
mit, er begann endlich den Verkehr mit Schiller. Was er
dichtete scheint er so ganz nur für sich selber zu schreiben oder
drucken zu lassen, daß das Publikum die Nichtachtung, mit
der es behandelt wurde, dem Dichter von der Stirne zu lesen
glaubte. Das Beste fand nur in ausgewählten Kreisen die
richtige Schätzung. Die Venetianischen Epigramme, die Römi=
schen Elegien, Wilhelm Meister, Reineke Fuchs, die natür=
liche Tochter bedurften zu reiner, seiner Lust, um recht er=
kannt und gefühlt zu werden. Fehlte eine gewisse ästhetische
Vorbereitung, so war das Beste an ihnen vorweggenommen.
Es waren keine vollen Weinfässer, vor denen, wie bei Götz
und Werther, ganz Deutschland begeistert gelegen hatte.

Wem damals die seine Zunge fehlte, dem imponirte besto=
mehr die Quantität: jetzt dagegen ward nur auf die seine
Zunge Rücksicht genommen.

Bot Goethe von dieser Seite einer sich emporbrängenden
jungen Kraft, wie Cornelius, nichts dar, was, gleich Schiller's
Werken, im Sturmwind sie hätte packen können, so that er es
von einer anderen.

Bekannt ist, ein wie großer Theil von Goethe's da=
maliger Arbeit auf die Geschichte der bildenden Kunst gerich=
tet war. In Italien hatten sich ihm Antike und Renaissance
erst offenbart. Mit ächtgelehrtem Eifer suchte er sie völlig in
sich aufzunehmen. Aus erweiterter, befestigter Kenntniß er=
wuchs dann der Wunsch, sich mitzutheilen und zu wirken, und
so sehen wir ihn in immer größerem Maaße sich diesen In=
teressen zuwenden, bis es ihm gelungen war, Weimar zum
ästhetischen Vorort für Kunstgeschichte zu machen. Er redigirte
die Propyläen, er schrieb sein Buch über Winckelmann, über=
setzte Cellini, vermehrte seine eignen Sammlungen, bewirkte
öffentliche Ankäufe und gründete — Alles mit geringen Mit=
teln — in Weimar die einflußreichen Ausstellungen von Con=
currenzarbeiten, für die die Themata vorher ausgeschrieben
wurden und die er selbst später dann öffentlich recensirte. Bei
diesen Concurrenzen betheiligte sich Cornelius. Es war seine
früheste Zeit, wo er noch völlig in Nachahmung befangen war.
Eins der hierhergehörigen Blätter besitzt das Berliner Mu=
seum: eine reinlich durchgeführte, große Sepiazeichnung ohne
persönliche Eigenthümlichkeit. Auch hat es Cornelius von
Seiten Goethe's damals zu nicht mehr als einer ehrenvollen
Erwähnung bringen können, obgleich er den Versuch mehr zu
erlangen wiederholt hat.

Eine Natur wie Cornelius konnte bei dergleichen nicht
an erster Stelle stehen; es brauchte eines andern Anstoßes,
um Goethe's Blicke auf ihn zu lenken.

Abermals sehen wir nun ein neues politisch=literarisches Phänomen auftauchen.

All diese wohlwollenden, friedlichen Bestrebungen, welchen die kriegerische Bewegung am Rheine keinen Eintrag gethan hatte, erlitten durch den Einbruch Napoleon's in Norddeutsch=land 1806 einen plötzlichen Umsturz und es ist bekannt, welche Gedanken es jetzt waren, an denen sich unter dem Drucke der fremden Herrschaft eine neue Generation emporrichtete. Beim Walten jener älteren Romantik hatte das verheerende Feuer, welches Frankreich verzehrte, Deutschland im Ganzen nur eine wohlthätige Wärme geschenkt. Was neu und reizend erschien, wurde hervorgeholt, so daß antike, spanische, italiä=nische, französische, englische und altdeutsche Literatur und Kunst gleichmäßige Pflege empfingen. Es war ein heiteres Spiel mit den Schätzen der Vergangenheit gewesen. Jetzt, wo die Nation mit furchtbarem Ernste in den Kampf um Leben und Tod hineingerissen wurde, nahm das Deutsche Alterthum in Schrift und Kunst den ersten Rang ein. Von den Franzosen im eignen Vaterlande an der Gurgel gehalten, erstickend unter dem Verbote jeder freien Gedankenäußerung, flüchtete man in die unschuldig erscheinenden alten Jahrhun=derte der eignen Geschichte.

Goethe aber hatte seiner Anlage nach wenig damit zu thun. Die älteren Romantiker, deren Feldlager Jena war, hatten in einem zuletzt doch natürlichen Verhältnisse zu ihm gestanden, so daß er ihre Bestrebungen allmälig schätzen lernte, sogar an ihnen Theil nahm; die jüngeren Romantiker dagegen, deren Schwerpunkt in Süddeutschland lag, ließen ihn kalt. Auch er hatte einst für vaterländisches Wesen geschwärmt. Die Begeisterung der jetzt aufschießenden, jungen Leute aber war verschieden von der, aus der heraus dreißig Jahre früher die ersten Gedanken des Faust und des Götz hervorströmten. Damals allgemein menschliche Ideen, zu denen man sich träu=

meud erhob; jetzt politische Absichten, die man mit gespannten
Blicken und Fäusten verfolgte. Das getretene Deutschland
sollte wieder empor. Alle guten Geister vergangener Jahr=
hunderte sich an diesem Kampfe betheiligen. Ein neues na=
tionales Leben voll alter Sitte und Gottesfurcht sollte be=
ginnen. Goethe fühlte sich bei seinen sechzig Jahren zu alt
dafür. Und doch! — in diese Stimmung hinein kommt jetzt
der Faust in seiner neuen Gestaltung. Als er 1790 als
„Fragment" in der Form eines unscheinbaren Bändchens er=
schienen war, hatten sich nur Wenige darum gekümmert: jetzt,
wie Werther ehedem so ganz im rechten Momente einschlug,
wirkte er wunderbar. Die älteren und die jüngeren Roman=
tiker hatten wieder einen Meister gefunden. Goethe war ihnen
längst nicht mehr der unnahbare Götterjüngling, sondern nur
der literarisch vornehme Mann, an den die jüngeren Herren
von der Feder sich immer brüderlicher herandrängten. Nun
wurde Jedem wieder klar, wo der Unterschied läge. Das war,
nach langen Mitteljahren, einmal wieder ein üppiger Herbst,
der den gesammten europäischen Durst herausfordern durfte.
Der alternde, dickwerdende Geheimerath von Goethe war wie=
der nur „Goethe", ohne jung oder alt, ohne Von und Excellenz,
der Mann, der jetzt die jungen Literaten und die alten schrift=
stellernden Autoritäten, weil er zu übermächtig war, lobprei=
send sämmtlich auf seiner Seite hatte und dem gegenüber
Opposition inopportun war.

Nun erinnerte man sich, daß Goethe ehedem ja der Erste
gewesen, der den Dom von Straßburg gepriesen, daß sein
Götz das Deutsche Kaiserthum und die Thatkraft des Deut=
schen Mannes verherrlichte. Goethe hatte in den vergangenen
70er Jahren nichts Politisches im Sinne gehabt, aber er
konnte nicht hindern, daß man sich nun an ihm begeisterte.
Der Faust wirkte als sei er eben aus seiner Phantasie ent=
sprungen. Goethe freilich empfand anders. Schon 1797

schrieb er: „Ihr naht euch wieder schwankende Gestalten," das
Stück war ihm zu alt geworden, die hörten es nicht mehr,
die es zuerst vernommen, und der Beifall selbst macht seinem
Herzen bange. Wie viel stärker mußte zehn Jahre später das
Gefühl sein, als sein Werk eine Wirkung that, die er nach
soviel Erfahrungen nicht mehr hoffen durfte. Nichts natürlicher, als daß dies Gedicht, dessen Figuren lebendiger sind
als die irgend einer andern Dichtung aller Völker und aller
Zeiten, Cornelius' jugendlichen Genius erfüllte.

In Anschlag müssen wir dabei bringen, daß Cornelius
damals, wenn auch ein Anfänger in der Kunst, doch kein Anfänger im Leben war. Er stand im 25. Jahre. Er war
völlig in der Lage, die leidenschaftliche Gluth, aus der heraus
der Faust gedichtet worden war, zu empfinden. Und ferner,
sein Geist war durch keine zu große Belesenheit abgeschwächt.
Er hatte kaum Schulbildung genossen: die Bibel war sein
Lesebuch gewesen. Der ihm zu Theil gewordene Unterricht so
mittelmäßig, daß er nicht orthographisch schreiben konnte.
Was wir an Briefen und Gedichten aus dieser frühesten Periode besitzen, deutet auf den oberflächlichen Einfluß Schiller'-
scher Gefühle und Ausdrucksweise. Nun höchst seltsam aber,
wie, während auf der einen Seite sein Geist durch die Aufnahme der großen Dichtung Goethe's zu solcher Höhe gehoben
wird, auf der andern jetzt ein den künstlerischen Ausdruck be-
engender Einfluß sich bei ihm geltend macht, welcher recht inne
werden läßt, wie sehr auch das bedeutendste Talent von den
Zufällen der Zeit abhängig ist, in die seine Entwicklung fällt.

Der Einbruch der französischen Republikaner in die Nieder-
und Rheinlande hatte ein völliges Ausschütten von Verhältnissen bewirkt, an die seit undenklichen Zeiten von Niemandem
gerührt worden war. Dieser Sturm, der Kirchen, Stifter und
Paläste erschütterte oder vernichtete, hatte eine Masse von
Werken altdeutscher und niederländischer Kunst ganz zerstört,

24 *

ben erhaltenen Reft aber frei auf ben Markt geworfen, fo baß
aus ben gelegentlichen Ankäufen biefer Reliquien bie Sammlung entftehen konnte, welche, obgleich längft in bas Münchner
Mufeum eingefloffen, immer noch als „Sammlung ber Gebrü-
ber Boifferée" berühmt ift. In Cöln, wo biefe Sammlung
begann, brachte Friebrich Schlegel, eines ber Häupter ber
jüngeren romantifchen Schule, einen entfcheibenben Winter zu.
Man verftänbigte fich. Auf biefen herrlichen Tafeln fchien
fich bie Form zu offenbaren, bereu bas neue Deutfche Wefen
beburfte. Die Werke ber Van Eyck, Van ber Weyben unb
Memling's wirkten wie überirbifche Offenbarungen, wie birecter
Wieberfchein ber himmlifchen Dinge. Nur bem vorbereiteten,
würbigen Kunftfreunbe wurben fie wie Heiligthümer gezeigt.
Das war ächte Kunft, bas Natur, bas Gottesbienft im ebelften
Sinne. Hier waren gleichfam bie Couliffen, Decorationen
unb bie Garberobe ber wieberauflebenben Deutfchen Herrlichkeit gegeben. Diefe Werke finb es gewefen, bie bem in un-
ftäter Nachahmung bahin unb borthin fich wenbenben Cornelius
feften Ankergrunb boten. Er änberte fich von Grunb aus,
taufchte bie Gefchicklichkeit, mit ber er fich in ben antikifiren-
ben Formen ber Davib'fchen unb ber Carftens'fchen Schule
flüffig bewegte, gegen bas eckige Wefen ein, bas bie Stiche
Dürer's ober gar Martin Schön's boten, unb brachte fo ben
Fanft zu Stanbe, ber ohne eine Erklärung ber Umftänbe heute
weber begreiflich noch genießbar ift, ber zu feiner Zeit aber
für bie, in beren Kreifen er lebte, ber Inbegriff ber ächten
Kunft fchien. Den Romantikern war Cornelius jetzt ber, ber
ba kommen mußte. Die Boifferée, bie bei Goethe foviel
galten, traten bei biefem für ihn ein. Goethe follte ihm einen
Zweig von bem Lorbeer abgeben, ben bas Gebicht ihm felber
eingetragen. Sie waren ihrer Sache fo ficher, baß fie am
Erfolge nicht zweifelten. Goethe würbe gleichfam ein Mani-
feft erlaffen unb Cornelius, etwa zum Nationalkünftler bes

Deutschen Volkes ausgerufen — dergleichen mag man sich
gedacht haben — würde als Fortseter der alten Meister das
Größte leisten. Hatte Goethe den schönsten dichterischen Aus=
druck für Deutsches Leben gefunden, so sollte nun auch die
künstlerische Form dafür gegeben sein.

Goethe jedoch durchschaute, daß seine Anerkennung des
Künstlers diesem am wenigsten zu gute kommen, sondern von
einer Partei ausgebeutet werden würde, mit der er zwar nicht
brechen, aber der er nur den Finger und nicht die ganze
Hand reichen wollte. Er hatte mehr von der Welt gesehen
als die junge Generation um ihn her ahnen konnte, welche
des guten Glaubens lebte, daß alle menschliche Entwicklung
frisch mit ihr erst angefangen habe. Seine Correspondenzen
liegen ja nun vor und man erkennt die Linie die er innehielt.
Er muß nach festen Principien hier gehandelt haben. Aus
dem ungedruckten Briefwechsel Wilhelm Grimm's mit Achim
von Arnim ersehe ich, welche Mühe letterer sich gab, aus
Goethe's Feder eine Vorrede zur Uebersetzung der Dänischen
Heldenlieder Grimm's herauszulocken. Arnim stand Goethe
nahe, dieser wieder hat Wilhelm Grimm persönlich auf das
Wohlwollendste empfangen, allein zur Vorrede, — mein Vater
hat natürlich direct niemals Schritte gethan — war er nicht
zu bewegen. Daher auch der zurückhaltende Ton, mit dem
Goethe das ihm zugeeignete Wunderhorn besprach, seine Ab=
neigung gegen die Dichtungen Arnim's, Breutano's, Uhland's,
Kleist's. Goethe sah in den Bestrebungen der jüngeren Ro=
mantiker, soweit sie Kunst und Poesie betrafen, einen Rück=
schritt. Das politische Parteiwesen war ihm verhaßt. Der
jüngsterschienene Briefwechsel von Görres mit seinen Freunden
läßt die jüngeren Romantiker, was die katholischen Mitglieder
der Gemeinde anbetrifft, bei weitem geschlossener erscheinen
als bis dahin bekannt war. Boisserée fungirte als Diplo=
mat am Goethe'schen Hoflager. Goethe steht im intimsten

Verkehr mit ihm; manchmal glaubt Boisserée ihn fest in seinem Fahrwasser zu haben bis er plötzlich inne wird, Goethe habe nur zufällig für eine kurze Strecke den gleichen Cours eingeschlagen. Daher, bei aller Verehrung, die manchmaligen wahren Wuthanfälle Boisserée's gegen ihn. Heute erkennen wir, daß Goethe nicht anders konnte wenn er sich so zurückhielt.

Ich lasse, um die Dinge völlig klar zu legen, einige Betrachtungen ganz allgemeiner Art einfließen.

Es giebt für uns neben dem engeren nationalen Bewußtsein innerhalb der übrigen Völker ein weiteres nationales Bewußtsein innerhalb der großen Menschheit. Dort fühlen wir uns als Deutsche gegenüber Franzosen, Engländern, Dänen, Russen; hier mit allen übrigen zu einer einzigen Masse vereinigt nur als Europäer für uns. Bei Betrachtung unserer europäischen Gesammtentwicklung erkennen wir bald die eine, bald die andere Form dieses Bewußtseins als die Ursache des allgemeinen Fortschrittes. Die griechische Cultur kam im Gegensatze zu der der anderer Nationen empor, die römische aus dem Vergessen dieses Gegensatzes. Die höchste Blüthe dieses Vergessens waren Pabstthum und Deutsches Kaiserreich, bis hier der Gegensatz des engeren nationalen Gefühles einbrach. Von jetzt an wechseln beide Contraste schneller, fast von Jahrhundert zu Jahrhundert.

Die Cultur des Zeitalters, in welchem Goethe aufgewachsen war, beruhte auf europäischem Gemeingefühle. Die geistigen Güter aller Nationen sollten zusammenfließen. Die französische Republik trieb noch in dieser Richtung, das Kaiserreich erst unterbrach die Strömung. Auch die älteren Romantiker hatten sich von ihr treiben lassen: die jüngeren verachteten sie. Ihr Patriotismus hatte etwas Ausschließliches, Feindliches: Arndt wollte die Grenzen Deutschlands mit einer Wüste umziehen, in der wilde Thiere gezüchtet werden sollten.

Goethe konnte das nicht verstehen; er konnte aber auch nicht begreifen, daß ein historisches Gesetz hier waltete. Beschränkung auf Sprache, Wissenschaft, Poesie, Kunst, die nur Deutsch sein sollte, waren ihm Widersprüche in sich selbst.

Und ferner, auch die politische Seite dieses Umschwunges konnte er nicht verstehen. Er war freilich ein freier Reichsstädter, der eine Kaiserkrönung miterlebt hatte, das Deutsche Kaiserthum aber, das man damals schon für Norddeutschland begehrte, lag ihm so wenig im Blute als die ganze, auf bürgerliche Freiheit gerichtete Deutsche Bewegung. Wo hätte er sie sollen kennen lernen? Ihm waren nur ganz kleine Verhältnisse geläufig. Die Forderung politischer Unabhängigkeit nach außen hat er niemals gestellt, die Empörung, aus der Kleist's Hermansschlacht hervorging, niemals empfunden. Das Appelliren an das Volk, als die bewegende und tragende Kraft der Ideen, war ihm etwas Fremdes. Wir heute sehen in den Romantikern die ersten ahnenden Apostel unserer jetzigen bürgerlichen Freiheit, wir haben die Lehre von dem sich selbst reinigenden Geiste des Germanischen Volkes inne wie etwas Langgewohntes; Goethe aber — vor den Freiheitskriegen — stand hier nichts vor Augen als das Fiasco der französischen Revolution, aus der härtere Tyrannei enstanden war als jemals herrschte. Nach den Freiheitskriegen mußte er in Deutschland bald genug sehen, wie alles Politische zur Carikatur ward. Der demokratische Zug im Wesen der jüngeren Romantiker war ihm unheimlich. Obgleich er erkennen mußte, daß der Deutsche Adel weder die Macht noch die Erziehung besaß, die Leitung der Dinge an sich zu reißen, schauderte ihm doch vor dem Uebergang der entscheidenden Macht an die allgemeine Masse des Volkes. Es war ihm so unmöglich, hierin das Wirken eines historischen Gesetzes zu erkennen, als es den auf uns folgenden Generationen, im Jahre 1970 etwa, vielleicht unmöglich sein wird, ein Wiedereinstürzen des heuti-

gen demokratischen Aufbaues und ein Wiedereintreten von
Herrschaftsformen zu verstehen, welche dann vielleicht mit
Theokratie und Adelsregiment abermals Aehnlichkeit haben
werden.

Leider hatte Boisserée nun gerade Cornelius ausgesucht,
um mit dessen großem, aber ganz demokratisch angelegtem
Talente Trümpfe gegen Goethe auszuspielen. Offenbar imponirten dessen Blätter Goethe. Hätte Cornelius als unbefangener junger Mensch, ohne Protection und Verbindungen,
mit einer Rolle solcher Arbeiten in der Hand an Goethe's
Thür geklopft, so würde dieser vielleicht sein Aeußerstes daran
gesetzt haben, sich seines Talentes anzunehmen. Wie die Dinge
lagen jedoch, blieb ihm nichts übrig, als mit Vorsicht und
Kühle eine bedingte Anerkennung auszusprechen. Man wollte
ja auch nicht guten Rath von ihm, sondern wußte ohne ihn,
sogar ihm entgegen, wie man es anzufangen habe. Goethe's
Lob befriedigte deshalb wenig, man sah Kälte des alternden
Mannes und undeutsche Befangenheit darin. Goethe aber
that gerade soviel als er durfte. Was er an den Composti-
onen rühmte, war das Lebendige, Aechte, die eigene Bewegung
der Gestalten. In der That ist diese so stark, daß sie das
wunderlich eckige Wesen, in das der Künstler sich hinein
zwängte, durchbringend, zuweilen in ganz reiner Wirkung zur
Erscheinung kommt. Goethe fühlte: dieser Mensch könne etwas
machen. Wie hat Cornelius das brutale Losstürmen Faust's
auf Gretchen, in dem er zu Anfang nur das „Ding“ sieht,
das Mephisto ihm, sei es wie es sei, verschaffen soll, zum
Ausdrucke gebracht! Wie, Faust gegenüber, die Unschuld des
Mädchens, das sich ihm hingiebt als wenn er ein Engel
Gottes wäre, und wie hat er den Abglanz dieser Unschuld
rückwärts auf Faust selbst wieder wirken lassen, der durch
diesen Glauben des armen Kindes an ihn wieder hoch und
edel erscheint. Wer, nach Cornelius, hat das darzustellen

überhaupt nur versucht? Cornelius hat sich in Goethe's Welt
hinein begeben, athmet in ihr und empfindet sie leibhaftig wie
Goethe selber. Man fühlt es seinen Zeichnungen an: er ist
überall selbst dabei gewesen, er wandelte in diesem Lande der
Phantasie, war zu Hause in Faust und Gretchen's Stadt und
ihrer Straße, kennt jede Ecke da und würde sich im Dunkeln
selber zu Gretchen's Thüre finden. Er war im kleinen Gärt=
chen, wo Faust und Gretchen sich suchten und fanden, und sah,
unter dem Volk in der Kirche, Gretchen da zusammensinken.
Jeden behauenen Stein im alten Dome hat er so scharf ge=
wissenhaft gezeichnet als sei er als Küsterssohn da aufgewachsen
und habe als Kind den Kalk zwischen ihren Ritzen heraus=
gepolkt. Cornelius' Nachfolger haben auf diesem Felde ihre
Phantasie höchstens mit dem genährt, was sie aus dem The=
ater mit nach Hause brachten.

Cornelius offenbart in seinen Blättern eine erstaunliche
Macht, uns symbolisch in das Gefühl hinein zu versetzen, das
er darstellen will. Mit einfachen, harten, unbehülflichen Linien
gelingt ihm das. Da wo der Sturm Mephistopheles an eine
schroffe Felswand drückt, als sei er platt angeklebt, ist die
Macht des Windes im Gebirge überzeugend dargestellt. Wo
er Faust und Mephisto zu Pferde am Rabensteine vorüber=
fliegen läßt, empfindet man den sausenden Galopp. Goethe
rühmt einmal, als ihm in den zwanziger Jahren eine Illu=
stration Delacroix' zur gleichen Scene vorgelegt wurde (Ecker=
mann erzählt es) die feine Unterscheidung, mit der der Künst=
ler den unbewegt im Sattel sitzenden Mephisto dargestellt hat,
dem Sturm und irdischer Pferdecarrier ganz gleichgültige
Elemente sind, so daß er behaglich bequem sein Roß nur als
zufälligen Sitzpunkt behandelt, während Faust als voller lust=
gepeitschter Reiter wie zu einem Theile seines Pferdes gewor=
den ist. Genau dasselbe hatte Cornelius soviel früher bereits
empfunden und dargestellt. Der Gegensatz springt sofort in

die Augen und wirkt besonders scharf auf dem ersten Ent=
wurfe, weil da Mephisto's Antlitz bei weitem weniger teufels=
mäßig geschnitten erscheint, so daß, indem das carikirt
Gespenstermäßige der äußeren Erscheinung zurücktritt, das
innerlich Gespenstische um so durchdringender wird. Diese
erste Skizze des Blattes befindet sich im Privatbesitz in Frank=
furt a./M.

Ein Blick wie der Goethe's mußte diese und soviel andere
Züge ja sofort entdecken. Allein er sah Cornelius in einer
Befangenheit, genährt durch den Einfluß bestimmter Persön=
lichkeiten, aus der ihn, wie ihm die Erfahrung sagen mußte,
nur eigene Kraft vielleicht befreien konnte. Goethe hatte es
satt, den Leuten zu predigen. Ihm standen illustre und näher=
liegende, überzeugende Beweise vor Augen, wie sie Alle, die
er hatte warnen wollen, ja doch nur wieder nach den Garnen
gelaufen waren. Wie bei jedem großen Talente schien ihm
„der Erfolg auch hier abzuwarten." Dennoch, der Rath,
welchen er Cornelius damals ertheilte, zeigt, wie klar ihm
das hier Nothwendige vor Augen stand. Offenen Widerspruch
gegen dieses leidenschaftliche Hineinkriechen in die abgelebten
altnationalen Formen erkannte er als vergeblich. Es kam
darauf an, den Künstler eben innerhalb dieses Materiales
selbst auf den rechten Weg zu bringen. Deshalb, wollte man
Dürer nachahmen, so mußte man ihn ganz kennen, um ihn in
sich aufzunehmen. Goethe wies Cornelius auf diejenige Pro=
duction Dürer's hin, welche als das Höchste erscheinen mußte,
was seiner illustrirenden, phantastischen Manier entspringen
konnte: das Münchner Gebetbuch des Kaisers Max. Cor=
nelius konnte daraus vielleicht erkennen, wieweit man bei
bloßen Umrissen mit der Feder als künstlerischem Mittel über=
haupt zu gelangen im Stande sei. Es würde vergeblich ge=
wesen sein, ihm vorzurechnen, daß, wer Modellirung, Ver=
kürzungen und Farbe absichtlich ignorire und die Figuren mehr

auf den Schattenriß als auf Rundung durch Licht und Schatten
hin anlege, auf das Höchste in der Kunst Verzicht geleistet
habe. Dürer's Arabesken predigten Cornelius möglicherweise
in der Stille, daß mehr als Arabesken auf seinem jetzigen
Wege nicht zu erreichen sei.

Cornelius nahm diesen Wink dankend an. Wir sehen in
der Composition des Titelblattes zum Faust, wie wörtlich er
Goethe's Hinweisung aufgefaßt, und wir gewahren in der
Folge bei Allem, was Cornelius arrangirt, den Einfluß dieses
Dürer'schen ornamentalen Wesens. Jedenfalls war Goethe's
Interesse, soweit es durch Annahme der angetragenen Dedication zum Vorschein kam, Ursache, daß ein Buchhändler die
Veröffentlichung der Blätter übernahm. Das dafür voraus-
empfangene Geld machte die Abreise nach Italien möglich,
wo die Stiche vergeben und ausgeführt, auch die letzten feh-
lenden Compositionen geschaffen werden sollten. Förster giebt
über all dies die genauesten Mittheilungen. —

Ehe wir zu Cornelius' Aufenthalte in Rom übergehen,
einige Bemerkungen.

Ich möchte die Frage stellen: Wer kennt Cornelius'
Faust? Ich meine damit nicht, daß man die Kupferstiche nach
seinen Federzeichnungen, oder vielleicht die, in. Besitz des
Stäbel'schen Museums befindlichen Federzeichnungen selber,
einmal oder öfter, betrachtet habe; sondern, daß man, was
von vorbereitenden Zeichnungen von Cornelius' Hand für
dieses Werk vorhanden ist, kenne und verglichen habe. Nur
aus solchem Studium kann die volle Würdigung des Geleiste-
ten hervorgehen.

Einen Theil seiner Skizzen, darunter Entwürfe zu Blättern welche später gar nicht gestochen worden sind, fand ich
im vergangenen Herbste beim Kunsthändler Prestel in Frankfurt käuflich. Einen andern Theil besitzt ein sammelnder
Privatmann ebenda. Wiederum andere Skizzen befinden sich,

gleichfalls in Frankfurt a./M., in den Händen des Inspectors des Städel'schen Institutes Herrn Malz.

Leider haben wir in Berlin kein öffentliches Institut, für welches ich den Ankauf dieser Blätter, oder auch nur die Bestellung photographischer Copien derselben hätte übernehmen dürfen.

Um nur bei einer dieser Compositionen zu sagen, worauf es hier ankommt: beim Ritte zum Rabenstein würden wir mit Hülfe der Frankfurter Skizzen — wenn etwa unser Königliches Museum dergleichen auszulegen gesonnen wäre — Cornelius' Composition in ihren ersten Keimen beobachten können. Aus, die Figuren nur umhüllenden, nebelhaft umschreibenden Strichen leuchtet uns auf dem ältesten Blatte die erste Gestaltung der Scene entgegen. Immer mehr scheidet sich auf den folgenden das Zufällige von dem, was bleiben soll. Immer härter aber auch legt sich um die ursprünglich blühend lebendige Anschauung etwas, was sich einem Panzer vergleichen ließe: die absichtlich gewählte harte Manier; bis endlich, unter den Händen des fremden Kupferstechers, Alles wie erstarrt scheint. Ein Stadium gab es für diesen Ritt der beiden Gestalten, wo aus den weichen, flüssigen, warmen Bleistiftstrichen ein farbiges Bild sich, wie es Rubens nur gemalt hätte, in colossalen Formen entwickeln konnte. Es hätte nur bedurft, daß durch ein Wunder Cornelius damals in eine Werkstätte, wie die Rubens' war, hineinversetzt, aus den ihn umgebenden Eindrücken heraus in dies großartige Element hineingezaubert worden wäre. Denn wie farbig er Anfangs zu malen wußte, zeigt seine aus dieser Zeit stammende Heilige Familie auf der Frankfurter städtischen Gallerie. Statt dessen sehen wir die kalte historische Wirklichkeit ihn festhalten. Das im Kupferstiche dem Publikum endlich zu Gesichte Kommende war weder ein Abbild dessen mehr, was Cornelius wollte, noch dessen was er vermochte. Die Pflicht unbefangener wissenschaftlicher Kritik ist, dies hervorzuheben. Förster's Buch zeigt uns in unwiderleglichen Aktenstücken, wie Cornelius' freier Geist in ungünstigen, engen Verhältnissen emporkümmerte. Die Frankfurter Skizzen bilden eine unentbehrliche Ergänzung dieser Nachrichten. Sie erst enthüllen ganz die innere Geschichte seiner damaligen Thätigkeit.

II.

Cornelius macht sich 1811 auf nach Italien. Man sollte denken, Mailand, Parma, Bologna, Florenz wären für den Ankömmling im Lande der künstlerischen Verheißung Stufen sich steigernder Glückseligkeit gewesen. Die Briefe sagen wenig von solcher Stimmung. Wie zwischen Zwangsscheuledern geht er vorwärts, nur das erkennend was in den Kreis der in Frankfurt empfangenen Eindrücke hineinreicht, bis zuletzt dann in Rom eine feste Gesellschaft, wie ein extra dazu aufgestellter und avisirter Polizeiposten, ihn in Empfang und Beaufsichtigung nimmt.

Doch es dürfte kein junger Künstler jemals nach Italien gegangen sein, von den Zeiten Raphael's an, wo diese Wanderungen begannen, bis zur heutigen, wo sie aufhören, dem nicht in ähnlicher Weise vorgezeichnet worden wäre, was zu sehen sei und was nicht, was anzuerkennen und was zu verurtheilen, was nachahmungswerth sei und wovor man sich als gleichgültig oder verderblich zu hüten habe. Den Wechsel dieser Anschauungen, nebst den Ursachen des Umschwunges jedesmal, darzustellen, würde eine schöne Aufgabe kunsthistorischer Forschung sein, wenn Material aus erster Hand dafür gesucht wird. Diese Untersuchung würde zeigen, daß es, selbst bei bedeutender Unabhängigkeit des Geistes, oft fast unmöglich fällt, sich von der Macht der Parteiansicht unbefangen zu halten. In jenen Tagen war der Haß gegen den älteren Napoleon aller geistigen Bewegung in Deutschland zugemischt.

Die Seelen der Menschen wurden gekeltert, damit junger Most
entstände, der die alten Schläuche sprengte. Mochte er trübe
sein: er schien nützlicher und edler als der alte, ruhig liegende,
abgeklärte Wein der klassischen Bildung. Diese goldnen Fluthen mundeten denen damals nicht mehr, denen das Deutsche
Vaterland näher stand als die unpersönliche europäische Kunst.
Zwei Jahrhunderte hindurch hatten Italiäner, Franzosen,
Niederländer und Deutsche die gemeinsamen Erfahrungen er-
forscht, genutzt, vermehrt und in Privatateliers oder auf Akademien sorgsam weitergegeben, welche sie der Kunst des 16.
und 17. Jahrhunderts verdankten. Nun war dem nachwach-
senden Geschlechte der Sinn dafür abhanden gekommen. Die
alten Meister, welche das Publikum Ludwig's des Funfzehnten
eben noch mit Werken entzückten (die heute, vielleicht in noch
viel höherem Maaße, von neuem das Entzücken und den Stolz
der Sammler bilden: Greuze, Fragonard, Chardin u. s. w.,
wie sie durch die Brüder Goncourt in ihren zwei Bänden
über die französische Kunst im 18. Jahrhundert in einem
höchst gezierten, aber äußerst lebendigen Pariser Französisch
kürzlich biographirt worden sind) saßen mit ihrer Kunst und
ihren Künsten verlassen da, während der jüngere Revolutions-
franzose sich im Anblicke der gypsernen, basreliefartig flachen
und äußerlichen Nachahmung der Antike patriotisch berauschte,
welche von David und den Seinigen als officielle Kunst aufrecht erhalten wurde. Welche Ansprüche durfte erlernte Kenntniß alter todter Atelierkniffe erheben gegenüber den Inspira-
tionen der neuesten lebendigen Begeisterung? In ähnlicher
Weise wird nun, als die schweren Zeiten kamen, auch in
Deutschland gerechnet. Was bei Carstens noch die stille Ueberzeugung eines eigenthümlichen, mit persönlicher Berechtigung
für diese Auffassung begabten Mannes gewesen war, wurde
jetzt als Grundlage allgemeiner Kunstbildung verwerthet. Eine
Art politisch-religiösen Gottesdienstes, dem die visionäre An-

schauung der darzustellenden Kunstwerke entspränge, sollte der Ausgang für jedes große Talent sein.

In Lübeck war dieser neue Geist in die Seele eines jungen Mannes eingedrungen, der ohne technisch künstlerische Anregung — welche die Talente meist hervorzulocken pflegt — rein aus der Hingebung an die in Deutschland waltende begeisternde Stimmung sich zum Künstler bestimmt, oder sagen wir: sich der Kunst geweiht hatte: Friedrich Overbeck. Erziehung und Umgebung hätten ihn in andern Zeiten vielleicht anders geleitet; jetzt, als gölte es in einen heiligen Kampf zu ziehen, erwählt er die Künstlerlaufbahn und, da in Lübeck nichts zu lernen war, auch Berlin nichts bot, wendet er sich an die Wiener Akademie. Hier fiel er in die abgelebte Fortübung dessen, was man später abschließend und aburtheilend den „Zopf" nannte. Die Zöpfe wurden damals in Europa, zum Theil unter hartnäckigem Widerstande, abgeschnitten.

Es muß Overbeck's vor gewaltsamer Initiative zurückweichende, mädchenhafte Natur in Anschlag gebracht werden, um zu würdigen was jetzt in Wien geschah: er und eine Anzahl gleichgesinnter Schüler erklären, das auf der Akademie Gelehrte sei Götzendienst. Nur Begeisterung und unverfälschtes Naturstudium dürften maaßgebend sein. Das Ende war, daß die kleine Gemeinde relegirt wurde und sich, 1810, auf eigne Faust nach Rom begab.

Wenn man hört, wie die jungen Leute in einem verlassenen Kloster sich dort einquartieren (was ihnen den Namen „Klosterbrüder von San Isidoro" einbrachte), sich abschließen, in ununterbrochener lernender Thätigkeit sich selbst genügend und alle geistige Nahrung nur sich selbst zubereitend, so sollte man für unmöglich halten, daß zu gleicher Zeit in Rom Canova's glänzendste Zeiten walteten, daß Thorwaldsen als fertiger Meister arbeitete, Rauch als studirender Anfänger erschienen war. Ihnen galt die allen Nationen gemeinsam

gleich ehrwürdige Antike als die höchste Blüthe der mensch=
lichen Kunst. All das wie fortgeblasen für die Klosterbrüder
von San Isidoro. Wie einsame Ansiedler innerhalb einer
großen Wüste fühlen sie sich. Ihre Kunstgeschichte geht von
Giotto bis Fiesole, höchstens bis zu Raphael. Der Rest
Sünde und Verfall. Raphael's vollere Römische Thätigkeit ist
schon das Verderben. Die Pracht der Renaissance von 1500
an nicht vorhanden für sie. Die Bibel, Dante, die Nibelun=
gen Quellen ihrer Begeisterung. Goethe hat diese Richtung
am besten formulirt, indem er sagt: „der Fall tritt in der
Kunstgeschichte zum ersten Male ein, daß bedeutende Talente
Lust haben, sich rückwärts zu bilden, in den Schooß der Mut=
ter zurückzukehren und so eine neue Kunstepoche zu gründen.
Dies war den ehrlichen Deutschen vorbehalten und freilich
durch den Geist bewirkt, der nicht Einzelne, sondern die ganze
gleichzeitige Masse ergriff."

An diese, mit Cornelius' Frankfurter und rheinischen Freun=
den in Verbindung stehenden Römischen Hauptvertreter der
Deutschen Richtung war Cornelius adressirt worden. Seine
ersten Briefe lassen ihn als gänzlich befangen von ihnen er=
scheinen. Wäre das nicht der Fall gewesen, so begriffe sich
nicht, wie jetzt in Rom seine neue große Arbeit zu den Nibe=
lungen so entstehen konnte, wie sie entstand.

Riegel will bei der Compositionsweise der ersten Nibe=
lungenblätter den Einfluß des frühen Italiäners erkennen.
Demnach wäre für Cornelius Dürer selbst nun bereits zu
modern gewesen und er hätte sich der ein halbes Jahrhundert
älteren Auffassung Fiesole's zugewandt. Verhält es sich in
der That so, dann wäre hier ein neues Zurückweichen zu con=
statiren, das zu den seltsamsten Phänomenen in der Entwick=
lung eines Meisters gehörte. Cornelius hätte sich, wenn er
die beiden Blätter: Siegfried, welcher in der Küche den Bären
losläßt, und Siegfried's Abschied von Chrimhilde erst in Rom

zeichnete, nachdem seine gesammte Frankfurter Thätigkeit bereits
hinter ihm lag, in einer Weise wieder verkinblichen müssen die
mir unbegreiflich ist. Noch weniger verständlich aber werden
diese Arbeiten, wenn, wie Riegel die Römischen Verhältnisse
darstellt, Cornelius sich nicht ausschließlich zu den Klosterbrü-
dern von San Isidoro gehalten hätte, sondern früh bereits
mit Thorwaldsen und Koch, welche als Carstens' Nachahmer
und Fortsetzer die klassische Richtung der älteren romantischen
Schule in Rom vertraten, in Verkehr gerathen wäre. Und
schließlich: die in Rom hinzugekommenen letzten Faustcompositionen erhoben. sich in gewissem Sinne bedeutend über die
Frankfurter Blätter; wie sollten neben ihnen in Rom jetzt die
ersten Nibelungenblätter entstanden sein? Bei den späteren
Nibelungencompositionen ist die Nachahmung Römischer Werke
offenbar. Am auffallendsten beim Zusammensinken Chrim-
hildens vor der Leiche Siegfried's, wo wir die Gruppe der
ohnmächtig werdenden, von ihren Begleiterinnen aufgefangenen
Maria der Grablegung Raphael's im Palazzo Borghese wörtlich in's Deutsche übertragen bei Cornelius wiederfinden. Die
großartigste unter diesen Compositionen ist die letzte, das Titelblatt: eine Wiederholung des gesammten Gedichtes in den einzelnen Scenen, welche in eine große romanische Architektur
hineingepaßt sind: eine bildliche Inhaltsangabe. Das innerlich Colossale der Auffassung macht sich in auffallendem Maaße
geltend. Man glaubt die Skizze zu einem ungeheuren Wandgemälde zu sehen. Dem entsprechend haben die Bewegungen
der Figuren jedoch eine gewisse historische Geziertheit. Sie
spielen Weltgeschichte und, da Manier immer Nachahmung er-
zeugt, ist es Cornelius hier besser gelungen, eine Reihe in
einer Schule fortpflanzbarer Typen zu schaffen, als beim Faust,
nur daß auch diese männlichen und weiblichen Nibelungen-
helden heute schon keinen rechten Glauben mehr einflößen.

Es ist wenig darüber erhalten, wie Cornelius aus dem

engeren Klosterverbande von San Isidoro loskam, so daß er
später mehr als affiliirtes freies Mitglied erscheint. Overbeck
war 1813/14 sein einflußreichster Freund. Nichts aber ist so
verschieden als der innerliche Figurenmaaßstab beider. Keine
Figur, die mir von Overbeck bekannt ist, erhebt sich, was ihre
innere, angeborene Größe und Dimension anlangt, über halbe
Lebensgröße. Dasselbe war der Fall bei Fiesole. Wo dieser
lebensgroßes oder überlebensgroßes Format wählt, erscheinen
seine Gestalten sofort als nur mechanisch vergrößerte Darstellungen, welche von der Phantasie in viel geringerer Dimension producirt worden waren. Bei Cornelius dagegen
kenne ich aus den Zeiten seiner vollen Kraft keine Figur, auch
wenn sie nur drei Zoll hoch auf ein Blättchen Papier gezeichnet wäre, die nicht als eine aus der Ferne gesehene, oder
sonst in das geringe Format nur äußerlich comprimirte, ihrer
eigentlichen Größe nach jedoch colossale Gestalt wirkte. Dieser
capitale Gegensatz der hervorbringenden Phantasie, der gerade
damals zu Tage zu brechen begann, muß bald zur Sprache gekommen sein zwischen Freunden, die sich ihr inneres Leben in
fortwährenden Beichten gegenseitig ausschütteten. Im August
1813 war Cornelius mit Xeller, einem seiner ältesten Freunde,
nach Orvieto gegangen (I, 140). Signorelli's jüngstes Gericht nimmt ihn da völlig ein und Xeller's fortwährendes
Verweisen auf Fiesole wird ihm zuviel. Ein folgender Brief
aus Florenz, vom 13. Dec. 1813, enthält einen Vergleich, den
Cornelius zwischen seiner und Overbeck's Natur anstellt. Er
spricht sich offen aus, ohne einen Gedanken an Trennung, aber
ihr Auseinandergehen war darin indicirt ohne seinen Willen.
Das Leben, sagt Cornelius, habe hohe und tiefe Abgründe
in ihm gebildet, von denen ein Wesen wie Overbeck sich keinen
Begriff machen könne. Dennoch, wie fest die Klosterbrüder
mit Cornelius verkettet blieben, zeigt dessen Brief vom 3. Nov.
1814 an Görres, worin die Anschauung der Römisch-Deutschen

jüngeren Künstlerschule zu einem festen Programme formulirt wird.

Cornelius dankt Görres zuvörderst, daß dieser sich zu seinen Gunsten um eine preußische Pension bemüht habe. Nicht für sich, sondern für seine Sache im Großen, bittet er sodann um weitere Theilnahme. Er spricht in dem Tone eines Mannes, der sich vollberechtigt fühlt, Ansprüche zu erheben. Die jüngeren Romantiker betrachteten sich damals als diejenigen, deren geistiges Ringen Deutschland zu seinen Siegen verholfen hatte. Die gebildeten Stände, welche allein das Volk repräsentirten, hatten nichts Anderes, ihre Begeisterung auszusprechen, als die Sprache dieser Schule. Studenten, Professoren, Künstler, Beamte, Politiker, Officiere, Adel und höherer Bürgerstand athmeten in ihren Worten und Vorstellungen den Geist des neuerwachten Deutschthumes. Man vertraute, es werde sich durch einfachen Naturproceß, wie die Blüthen im Frühlingswinde mühelos aufsprießen, aus dem Wehen und Walten des siegreichen nationalen Geistes Alles ergeben, was die idealen Wünsche jedes Einzelnen begehrten. Ein entzückendes Chaos, aus dem die neue, beste, schönste Welt sich formen müsse. Ein kindlicher Glaube daran durchströmte das Volk. Hoffnung und Erfüllung schienen genau aufeinanderzupassen. Was die bildende Kunst anlangte, so erachtete man nur für erforderlich, daß der Künstler im Allgemeinen Begeisterung und Kraft besitze, um dann, ohne viel Unterweisung, Werke großartigster Natur zu produciren. All das stand so fest, daß von Zweifel gar keine Rede war.

Dies muß in Anschlag gebracht werden, um Cornelius' Manifest an Görres zu verstehen. Er redet prophetisch. Die Kunst soll das Salz der Erde sein. Aus den Urquellen: Tugend, Religion, Vaterland wird ihre Mission hergeleitet. Göttliche Erleuchtung hat die in Rom versammelten Deutschen Künstler über ihren Beruf aufgeklärt. Ihre Aufgabe, negativ:

25*

„den Lügengeist der modernen Kunst" zu besiegen (Lügengeist
nannte man im Allgemeinen, was auf den damaligen Akade=
mien noch gelehrt wurde); positiv: die alte Freskomalerei, als
das der Idee der Malerei am meisten Entsprechende wieder=
zuerwecken. Der persönliche Anspruch der Künstler: eine wür=
dige Veranlassung, zu zeigen, was man könne. Wie Colum=
bus Schiffe verlangte, um die neue Welt zu finden.

Das Wunderbarste für den heutigen, rückwärts gewandten
Blick ist nun, daß auf diesen prophetischen Zustand der Deut=
schen Künstlerschaft nicht etwa die unausbleiblich erscheinende
allseitige Nüchternheit folgte. Vielmehr verketten sich die Welt=
verhältnisse derart, daß während bald die andern Deutschen
Phantasien in nichts verfliegen, dieser eine künstlerische Traum
den Schein von Wirklichkeit empfängt und über vierzig Jahre
lang darin erhalten wird. Alles bricht bald zusammen. Die
Hoffnungen ziehen sich entweder scheu zurück oder werden offen
zu Boden geschlagen. Besorgniß und Verzagtheit geben den
Ton an. Literatur und Politik hatten so schön für die Deut=
sche Herrlichkeit vorgearbeitet: ihre Arbeit wird von der Polizei
bei Seite geräumt. Nur die Kunst wandelt in vollem Sonnen=
schein als Liebling der Machthaber schuldlos weiter einher
und gedeiht.

Damit aber auch ist Cornelius' fernere Entwicklung besiegelt.
Ich überfliege seine Zukunft, die damals sich vorbereitete.

Es ward ihm Alles gewährt. Sein ungemeines Talent
empfängt den geforderten, gewaltigen Spielraum, sich zu ent=
falten. Allein nicht die gesunde Freiheit eines in eigner Selbst=
ständigkeit bestehenden Volkes bietet ihn ihm dar. Cornelius
arbeitete für Fürsten und Regierungen, deren großartigen
Launen dort und deren politischen Zwecken hier er diente.
Er that es ohne darum zu wissen oder nur zu ahnen, aber
er that es. Die Arbeit eines Mannes, welcher unter solchen
Umständen, sei es das Größte, schuf, mußte trotzdem irgend

woher einen Stempel empfangen, durch welchen sie biscreditirt
ward. Sie trug dieses Zeichen. Um hier gleich das Aeußerste
über Cornelius zu sagen: Cornelius, emporgehoben durch eine
der bildenden Kunst unnatürlich zu Theil gewordene Fürsorge,
hat endlich die Zeiten noch erlebt, in denen diese Unnatur gesunden Verhältnissen weichen mußte. Unter diesen hat er gelitten. Allein er war groß genug, um sich über ihre Ungunst
zu erheben. Seine letzten und erhabensten Werke hat er geschaffen in der Rückkehr zum Einfachen, Gemäßen, in sich
selbst Beruhenden: seine Cartons zum Berliner projectirten
Camposanto. Cornelius' Geschichte ist die seiner Thätigkeit
seit jenem Manifest vom Jahre 1814 bis zu dem letzten Zu-
bodensinken der Hoffnung: es würden seine Compositionen für
das Camposanto, Kohlenzeichnungen auf einfaches Papier,
jemals in Fresko ausgeführt werden; zu der Gewißheit: das
erhabenste Werk seines Lebens in der armseligen Gestalt von
überhaupt nur Kohlenzeichnungen auf Papier geschaffen zu
haben, und zu der Resignation: trotz Allem, in dieser Manier,
nun als freier Mann, dennoch weiter arbeiten zu wollen.

III.

Bildliche Darstellungen aus den Werken der Dichter haben
niemals neben den Dichtungen selber aufkommen können. Die
italiänische Kunst hat keine bleibende Illustration Dante's zu
Stande gebracht. Die unsrige keine Goethe's oder Schiller's.
Götz, Gretchen, Iphigenie, Tasso sind schwankende Gestalten
geblieben, bei denen der Leser sich alle Rechte vorbehält. Eine
Zeitlang schien es gelungen zu sein, durch die Nachahmung
griechischer Vasenbilder in den Abschlußjahrzehnten des vorigen Jahrhunderts unsere Anschauung der homerischen Ereignisse auf eine Reihe fester Typen zu beschränken, allein auch
das hat nur seine Zeit gedauert. Wir sind auch hier wieder
frei nach allen Richtungen. Kein Mensch denkt mehr bei Götz

an Tischbein's Gemälde oder bei Jphigenie an Angelika Kauff-
mann's Auffassung, von der Goethe befriedigt war. Sämmtliche Leonoren sind zu Grabe getragen, uud ich hoffe Kaulbach's und seiner Schule neueste Faustcompositionen werden
kein langes Leben genießen. Es sind papperne Gespenster, in
deren noch so üppig scheinenden Körpern kein Tropfen warmes
Blut rieselt. Mag Kaulbach's Gretchen in den unverhüllten
Formen einer angehenden Amme vor der Madonna knien,
oder Ary Scheffer's Gretchen in verdächtiger abgehärmter
Magerkeit am Brunnen von den Nachbarmägden angestiert
werden: beides sind Versuche, die Niemandem über Goethe's
Versen in den Sinn zurückkehren werden. Das Einzige von
allen Bildern und Bildchen zu Goethe's Werken was ich nicht
wieder loswerden kann, sind Chodowiecky's paar radierte
Blättchen zu Werther's Leiden. Hier meint man wirklich, der
Künstler sei dabei gewesen. Doch hat er nur einige gleichgültige Situationen dargestellt, die zum Romane nichts hinzuthun. Kaulbach's Compositionen zum Werther sind unerträglich. Als habe Jemand ein modernes Schauspiel aus dem
Romane fabricirt, und er einige Scenen daraus für den Büh-
neneffect gezeichnet.

Ein großes bildendes Talent bedarf ganz allgemeiner
Stoffe. Die Werke unserer modernen großen Dichter, keinen
ausgeschlossen, haben immer nur ein beschränktes Publikum
gehabt. Dante war in manchen Jahrhunderten an manchen
Orten in Italien vielleicht so populär wie Homer tausend
Jahre lang in ganz Griechenland gewesen ist, dennoch lieferte
auch er den italiänischen Malern und Bildhauern nichts, was
ihnen allgemein genug gewesen wäre. Cornelius brauchte
Stoffe, die jedem Auge sofort verständlich waren, und diese
vermochte allein die Bibel zu liefern. Ueber das was zwischen
Joseph und seinen Brüdern vorging, kann jedes Kind in der
Welt, jedes Mütterchen, jeder Bauer, jeder Droschkenkutscher

Auskunft geben. Nun gar über die Ereignisse des Neuen
Testaments. Hier finden wir gemeingültige Gestalten und hier
ein wirkliches Publikum. Von den thörichten Jungfrauen weiß
die Welt mehr als von allen Beatricen, Iphigenien, Julien,
Chimenen zusammengenommen. Gar erst von Maria und der
Heiligen Familie. Den Uebergang des Weges, welchen Cornelius aus der mit hohen Mauern umzogenen Stätte der
nationalen mittelalterlichen Poesie zu den freien Gefilden der
Antike zurückzulegen hatte, schaffte ihm die über allen Nationen waltende Bibel: Cornelius' „erstes, großes Werk", Nr. I
seines Kataloges als Meister ersten Ranges, sind die Freskomalereien in der Römischen Casa Bartholdy.

Bisher war nichts für die Deutschen Künstler in Rom
gethan worden. Weder Görres konnte etwas durchsetzen, noch
dachten die Fürsten oder die Regierungen daran, mit Auf-
trägen zu kommen. Der Erste, welcher das Vertrauen und
die Courage hatte, der Cornelius-Overbeck'schen Deutschen
Künstlerschule die Ausführung einer monumentalen Frescomalerei anzubieten, war der preußische Generalkonsul Bartholdy — ob getauft oder ungetauft — jedenfalls ein Mann,
der, wenn er kein Jude gewesen wäre, sich auf eine solche
Unternehmung kaum eingelassen haben würde.

Leider kann über das Eingreifen jüdischer Elemente im
modernen Leben noch nicht gesprochen werden. Während heute
alle Fragen, sie mögen betreffen was sie wollen, mit wachsender Unbefangenheit erörtert werden, läßt sich über die jüdische
Nationalität nicht unbefangen discutiren. Es befinden sich
in unserer Zeit Juden in fast allen Stellungen, welche Christen innehaben, und es offenbart sich ihr Charakter in ganz
anderer Weise als früher, wo bei der Verschiedenartigkeit der
bürgerlichen Existenz eine wirkliche Vergleichung so gut wie
unmöglich war. Es könnten und müßten ihre Eigenthümlichkeiten so gut wie die der andern Racen, deren gemeinsame Arbeit

ben Fortschritt der europäischen Cultur heute bedingt, frei be=
sprochen werden. Allein sobald das Judenthum in Frage kommt,
wird entweder mit so entschiedener Verhüllung dessen worauf es
ankommt, oder wieder mit so offenbarer Ungerechtigkeit geur=
theilt, daß es fast den Anschein hat, als sei die Zeit objectiver
Urtheile noch nicht gekommen. Dies ist zu bedauern, einst=
weilen aber nicht zu ändern. Ich würde, fürchtete ich nicht
unter allen Umständen mißverstanden zu werden, hier jetzt von
allgemeinen Betrachtungen über die Theilnahme des modernen
Judenthums an der Ausbildung der neueren Kunst ausgehen.
Herausstellen würde sich, daß in demselben Maaße, als den
Juden, Germanen und Romanen bestimmte Gaben verliehen
und entzogen sind, alle drei auch auf dem Gebiete der Kunst ein=
ander in so wunderbarer Weise ergänzen, daß für die allge=
meine europäische Entwicklung auch hier keiner dieser drei
nationalen Factoren heute zu missen wäre.

Ich beschränke mich deshalb darauf, zu sagen, daß als
wichtigster späterer Zuzug aus Deutschland der Römisch=Deut=
schen Künstlerschaft zwei äußerst begabte junge Leute sich an=
schlossen, ganz oder zum Theil jüdischer Abkunft und mit der
ausgezeichneten Energie, sich in das von Overbeck Erstrebte
hineinzuarbeiten, begabt, die als ein Ausfluß der den Juden
verliehenen allgemeinen Energie auf bestimmte Ziele, deutlich
heraustritt: Veit und Wilhelm Schadow. Veit unter dem
Einfluß seiner Mutter. Diesen beiden, nebst Overbeck und
Cornelius werden Malereien im Hause Bartholdy's zugetheilt.
Das Alte Testament lieferte den beiden Parteien völlig ge=
nügenden Ausgangspunkt. Bartholdy hatte dies zur Bedin=
gung gemacht. Joseph's Trübsale und seine Herrlichkeit sollten
als symbolische Glanzepisoden alttestamentarischer Historie dar=
gestellt werden. So kamen Cornelius' Fresken zu Stande:
Joseph den Traum des Pharao deutend, und Joseph der sich
den Brüdern zu erkennen giebt.

Nennen wir diese Arbeit Cornelius' Erstlingswerk was seine große Carrière anlangt, so kam sie nicht zu frühe. Er war über dreißig Jahre alt. Dürer und die Deutschen Meister, aber auch, was die äußere Form anlangt, Fiesole sind nun überwunden und abgethan. So lange Zeit hatte er gebraucht, um sich frei zu machen. Es ist als sei die von vorgefaßten Meinungen bis dahin eingeschnürte Phantasie endlich ihrer Banden entledigt worden und athme freie Luft in natürlichen Athemzügen. Das Gefühl, nach den Tagen der großen Italiäner der Renaissance zum ersten Male wieder die ächte heilige Frescomalerei aufzunehmen, leitete seine Hand. Die Compositionen gehörten dem Geiste nach ganz in die Reihe der Loggiencompositionen Raphael's. Die Aehnlichkeit ist auffallend, nirgends aber Nachahmung sichtbar. Cornelius beschränkt sich auf wenig Figuren. Er läßt das historische Gewandgefältel bei Seite. Während es bei den Nibelungen den Figuren um die Beine und um die Schultern flattert, als sei Jedem sein aparter unsichtbarer Windgott beigegeben, der die wallenden Kleider mit künstlerisch wirkenden Lungenstößen dahin und dorthin bläst, hält Cornelius sich von nun an frei davon. Er studirt das Nackte und läßt es gehörig sichtbar werden.

Niemals wieder in der Folge hat Cornelius eine rein menschliche Handlung so ergreifend dargestellt, wie in dem einen der beiden Werke, Joseph und seine Brüder. Wie Benjamin Joseph an den Hals fliegt: das begreift Jeder. Wie die Brüder verwirrt, beschämt, angstvoll umherstehen. Was bei Raphael so groß und so schön erscheint: daß in seinen Compositionen jede beliebige Figur für sich, dann aber mit der zunächststehenden zusammengenommen, dann ferner mit den abermals zunächststehenden vereint, stets eine plastische Einheit bildet, welche, ganz abgetrennt betrachtet, von der reinsten Wirkung ist, das gewahren wir hier bei Cornelius. Die beiden Brüder allein bilden den Kern des Ganzen, die Gruppe der Brüder verbindet sich dann aber organisch natürlich mit den Hauptfiguren. Sodann, die Composition erstreckt sich in die Tiefe des Gemäldes. Die Gruppen haben Luft um sich, die einzelnen Theile haben ihre gehörigen Licht= und Schatten= massen im Ganzen, nicht jede Figur für sich, wie Cornelius später arbeitete. Mit einem Worte: dies Werk ist eine voll= endete Schöpfung, etwas Fertiges, etwas Gutes, ein Kunst= werk nach jeder Richtung, eine Arbeit, welche die Frische der Jugend und die Kraft des Mannes zeigt. Ich kenne nichts Späteres, das so nach allen Seiten zeigte, was Cornelius zu leisten vermochte.

Leider ist das Werk so gut wie unbekannt und unzugäng= lich. Der Carton, in Besitz der Königlichen Akademie der Künste in Berlin, hat seinen Platz hinter den für die Gemälde der Nationalgallerie in den Räumen des oberen Stockwerkes aufgeschlagenen Gerüsten, so daß man ihn nicht sehen kann. Gezeichnet mit einer Sorgfalt wie kein späterer Carton des Meisters, darf man ihn als eine der edelsten und kostbarsten Arbeiten Deutscher Kunst bezeichnen. Die jetzige Stelle, an der das Werk sich schon geraume Zeit befindet und wo es jedenfalls unbestimmte Zeit noch wird verharren müssen, ist wohl schon deshalb nicht die rechte, weil es im Falle einer Gefahr nicht zu retten wäre. Man sollte den Carton aus dem Verschlage hervorthun, ihn (was früher oder später doch geschehen wird) mit einem schützenden Glase versehen und bis auf weiteres in einem der Säle der Akademie aufstellen. Glücklicherweise hat der verstorbene A. Hoffmann einen vor= trefflichen Stich danach ausgeführt.

War Cornelius in Rom durch den Anblick dessen, was sich vor seinen Blicken doch nicht wegleugnen ließ, auf Ra= phael hingelenkt worden, so blieb noch ein weiterer Schritt zu thun: zur Antike. Dahin drängten ihn nicht allein die Werke der antiken Meister. Er mußte gewahren, wie hoch

die Bildhauerei, an äußerem Ansehen wie an innerem Be=
wußtsein des innegehaltenen Weges, in Rom über der gleich=
zeitigen Malerei stand, und mit welcher Sicherheit sie von der
Antike ausging. Auch hatten die Römischen Modelle Cornelius
doch wohl ahnen lassen, daß die Kunst ein höheres Ziel habe,
als das in seinem Manifest an Görres ausgesprochene. Reli=
gion, Tugend und Vaterland sind große Gedanken und wohl
würdig die Seele eines Menschen auszufüllen, allein sie würden
kalte, kahle Begriffe werden, wenn die Menschheit neben ihnen
sich nicht erinnern dürfte, daß es eine zweite Gedankenreihe
gebe: Gefühl der eignen Kraft, Genuß des Daseins, Cultus
der Schönheit, und so weiter in dieser Richtung. In Cor=
nelius, der eine Römerin geheirathet hatte, der von Jahr zu
Jahr selber mehr ein Römer geworden war, mußte sich all=
mälig ein historisches Bewußtsein bilden, das von dem ver=
schieden war, was man ihm bei der Abreise in Frankfurt in
sein Bündel mit eingeschnürt hatte. Sein gutes Glück ließ
ihn jetzt dem Manne begegnen, der wie vom Schicksal prä=
parirt erscheint für die Mission, welche ihm bei Cornelius
zufiel: Niebuhr traf als preußischer Gesandter in Rom ein.
Er verschaffte Cornelius durch seinen Umgang zum ersten
Male den Einblick in die geistigen Reichthümer, welche einem
Manne, der zugleich Staatsmann und Deutscher Philologe im
höchsten Sinne war, zu Gebote standen. Endlich, er sorgte
dafür, daß in Deutschland jetzt in den rechten Kreisen und
innerhalb ihrer im rechten Tone von Cornelius die Rede war.
Niebuhr schuf Cornelius, wenn auch nur für kaum vier Jahre,
jetzt eine Existenz höchster Art. So oft Cornelius in späteren
Jahren auf diese Zeit kam, erzählt Förster, so ging ihm das
Herz in Freudigkeit auf. Es waren die Tage der höchsten
Lust und Begeisterung. Im October 1816 trat Niebuhr ein
und vom 30. November schon ist der Bericht ans Ministerium
datirt, worin eine umfassende Charakteristik der Römisch=Deut=

schen Künstler gegeben und Cornelius die erste Stelle einge-
räumt wird. Riegel ist in der Zusammenstellung der hierher
gehörigen Auszüge aus Niebuhr's Corresponbenz sorgsamer
und anschaulicher als Förster, der zu actenmäßig zu Werke geht.
Riegel beginnt mit der Erzählung, wie Niebuhr den 18. October, als die Leipziger Schlacht durch ein Festmahl gefeiert
wurde, zwischen Thorwaldsen und Cornelius saß. Das Wachsthum ihrer Freundschaft läßt sich von da weiter genau verfolgen.

In einem Briefe vom 30. October 1816 wird Schadow
noch der „bedeutendste" unter den Künstlern genannt. Den
20. November hat Cornelius bereits dieses Prädicat in Besitz.
Den 17. December: Cornelius liebe ihn, das Verhältniß werde
aber doch in den Schranken einer Bekanntschaft bleiben, die
sich entbehren lasse. Weihnachtsabend: wir kommen uns immer
näher und können uns schon Freunde nennen. Den 16. Februar
1817: Cornelius und Platner, die eigentlichen vertrauten Haus-
freunde. Den 20. Juni 1818 ist von Cornelius' „lichtem,
reichem Genius" die Rede, den 20. Mai nennt Niebuhr ihn
den „Goethe unter den Malern, in jeder Hinsicht einen frischen
und mächtigen Geist; frei von aller Beschränktheit." Dieses
langsam ansteigende Lob ist bei Niebuhr, dem peinlichen Beob-
achter seiner selbst und Anderer, durchaus zuverlässig. Wir
heute dürfen hinzusetzen, daß Niebuhr derjenige war, dem
Cornelius diese „Befreiung von aller Beschränktheit" zu ver-
banken hatte. Den höchsten Glanz aber empfängt er durch
das Erscheinen des jugendlichen Kronprinzen von Bayern.
Dieser und Niebuhr vereint begannen jetzt das Feld zu bereiten, auf dem Cornelius aus einem armen Schlucker, den
elende kleine Schulden peinigten, zu einem Meister sich auf-
arbeitete, welcher in Deutschland Akademien befehligte, Aufträge bis zu 100,000 Gulden empfing, mit Orden bedeckt, in
den Adel erhoben und mit all' den übrigen Ehrenbezeugungen
der Menschheit reichlich überschüttet wurde.

IV.

Förster druckt eine ziemliche Masse officieller und unofficieller Correspondenz ab, welche Cornelius' Berufung nach Preußen behandelt: die eigentlichen Erwägungen aber, welche den Ausschlag gaben, konnte er nicht mittheilen: darüber belehren uns später vielleicht einmal noch versteckt liegende Memoiren oder Briefwechsel. Man hatte in Berlin nach den Freiheitskriegen große Dinge vor. Niebuhr, der von Natur ängstlich genug und durch Erfahrung über den Geist der Sparsamkeit nicht ununterrichtet war, der in Berlin maaßgebend zu sein pflegte, hätte sonst nicht von so großartigen monumentalen Malereien gesprochen als er Cornelius dem Ministerium bringend empfahl. Niebuhr wußte, daß Außerordentliches geplant wurde für den Schmuck der Hauptstadt. Rauch wär der indicirte Bildhauer für die Helden des Freiheitskrieges, Schinkel der natürliche Architekt für die Ruhmeshallen, Dankeskirchen, Säulen, Thürme, Thore, Brunnen die man aufrichten wollte — der Maler fehlte, der an alle die aufsteigen sollenden neuen Wände die Thaten des Deutschen Volkes malte. Nebenbei aber lief der heimliche Gedanke: die technische Thätigkeit der Nation, recht angefeuert und auf die nöthige ideale Höhe erhoben, werde die politische Aber vielleicht verwachsen lassen. Anfangs, als alle Welt noch an die Möglichkeit einer Erfüllung der allgemeinen Erwartungen in politischen Dingen glaubte, war von Kunst wenig die Rede. Allmälig erst wurde den Fürsten klar, sie hätten mehr versprochen als sich halten lasse, die Freiheit sei gefährlicher als man gedacht, und es müsse dafür irgendwie Ersatz geboten werden.

Darin lag das Bedenkliche. In früheren Zeiten wenn die Künste blühten war ihre Beförderung und ihr Genuß Sache natürlicher froher Lust am Schönen gewesen — in diesem Sinne sehen wir Päbste, Prinzen und Publikum des 16.

Alterthume nicht mehr aus dem Wege zu gehen. Cornelius
mußte zeigen, was die Antike ihn gelehrt hatte.

Wie unbeschreiblich schön ist das jetzt Entstehende. Hier
zuerst und nie wieder bietet sich der Gebrauch des Wortes
„schön" bei Cornelius ohne Einschränkung dar. Hier gab er
sich hin. Hier wollte er nichts als rühren und es gelang ihm.

Man fühlt, wie das griechische Alterthum ihn ergreift.
Kein Schulunterricht, keine Universitätszeit hatten da etwas
vorweggenommen. Als roher Anfänger war Cornelius bei
Niebuhr eingetreten, nach kurzer Lehre als vollendeter Meister
aus seinem Verkehr hervorgegangen. Auch diese Cartons, die
als eigene, mit der größten Zartheit durchgeführte Zeichnungen
bei weitem schöner als die zum Theil von fremden Händen
hergestellten Gemälde sind, lagern eingepackt in Berlin. Hof-
fentlich zu baldiger befreiender Auferstehung im Nationalmuseum berufen, dessen Bau doch nicht ewig währen kann.
Sind sie dort erst aufgestellt, dann wird sich zeigen, auf welchem
Wege Cornelius war als er Rom verlassen mußte. Es zog
ihn wieder dem Farbigen entgegen, er mäßigte das in ihm
waltende Streben nach dem Colossalen; ein sanftes, mildes
Element durchdrang seine Phantasie, und die Freude, jede
einzelne Figur durch Naturstudien zur höchsten lebendigen
Wahrheit zu fördern, leitete seine Hand. Eine Zartheit poeti-
scher Empfindung hauchen diese Compositionen aus, die nicht
nur an die Antike selbst, sondern an deren frühe naive Auffassung bei den vorraphaelischen Florentiner Meistern erinnert.
Welch ein Abstich gegen das, was im directen Anschluß daran
in Deutschland später zu Stande kam! 1820 ging Cornelius
fort von Rom. Förster druckt einen unter seinen Papieren
von damals gefundenen Zettel ab, auf dem er, wie einen
Seufzer von dem Niemand außer ihm wissen sollte, das Lob
Italiens niederschreibt, dessen Sonne ihm so wie damals niemals wieder im Leben geleuchtet hat.

Ich suche noch einmal zu formuliren, was Cornelius verlor und was er gewann als er von Rom nach Deutschland ging.

Es ist fast zu viel bei uns letzter Zeit von Rom und Italien in Bezug auf Kunst und Cultur die Rede gewesen. Die Arbeit aber, die am interessantesten wäre, hat noch Niemand übernommen: eine historische Darstellung des Wechsels, der in Betreff des öffentlichen geistigen Verkehrs dort stattfand. Drei= bis viermal in jedem Jahrhundert hat dieser dort ganz andere Gestalt angenommen. Für uns heute würde am wichtigsten sein, diese Successionen zumeist bei der Deutschen Gesellschaft kennen zu lernen. Das Rom Winckelmann's, das Justi so gut schildert, war ein anderes als das Goethe's. Das Rom Goethe's schien wieder fast verwandelt als Carstens dort eintraf. Nun die Zeiten Zoega's und Humboldt's. Dann die Niebuhr's, dann die Bunsen's, und von diesem die Deutsche Heimath auf dem Capitol gestiftet, ohne die für eine ganze Schichte der heutigen Generation Rom nicht denkbar wäre.

Rom hat das Eigene: unaufhörlich in einem gewissen Procentsatze den jeweiligen Extract des Bestandes zu beherbergen, der in Europa an geistig bedeutenden Menschen vorhanden ist. Es hat die Macht, die große Masse, die aus allen Nationen sich alljährlich so zusammenfindet, rasch und gründlich zu einem homogenen Teige zu verkneten, der nun das Publikum der Saison bildet. In Rom packt Jeden das Leben von einer anderen Seite, Jeden aber so, daß es ihn im Innersten aufrührt. Der Eine sieht die Spuren der Männer von denen Livius und Tacitus schrieben, der Andere die Wege die die Märtyrer und Kirchenväter wandelten, der Dritte die Schritte der Künstler von denen Vasari berichtet, der Vierte die verschleierte Weltregierung des Vaticans. Und auch wer gar nichts studirte: Jeder ordnet sich irgend einem geistigen Interesse unter, Jedem geht der Begriff der Historie in neuem Lichte auf und er erleidet eine frische geistige Düngung. Jün-

gere kräftigere Naturen schlagen zu ungeahntem originalen
Wachsthum aus, ältere, selbst ganz dürre, bringen wenigstens
eine frische Rasendecke hervor. Mögen die Gräser noch so
mager sein, sie wirken Grün im Ganzen betrachtet. Niemand
aber, der, sein Hauptinteresse liege wo es will, nicht auf irgend
einem Wege zum höchsten Respecte vor den Werken der großen
bildenden Künstler in Rom gelangte.

Für ein so geartetes, sich zugleich aus den vornehmsten
Elementen recrutirendes Publikum zu arbeiten, ist ein Reiz,
wie er dem productiven Geiste eines Künstlers sonst nirgends
geboten werden kann. Nicht nur Kritik, sondern auch Enthusiasmus findet er hier. Wenn Kaiser und Könige für Geld
und Ehre auf ein paar Jahrzehnt um sich versammeln was
sich an Sommitäten des Geistes gerade disponibel findet und
zu haben ist, so würde dieser Gesellschaft, verglichen mit dem
Römischen Publikum, das Beste fehlen: der unabhängige Charakter. Der persönliche Geschmack des hohen Herrn wird
schließlich doch den Ausschlag geben bei der Werthschätzung
der Kunstwerke. In Paris scheint während des ersten Kaiser-
reiches etwas von ferne mit Rom Vergleichbares existirt zu
haben, als die geraubten Schätze der Welt in die dortigen
Museen und Bibliotheken zusammenflossen und durch das unendliche Gewühl bedeutender Kräfte, welche Interessen jeder
Art nach Paris führten, eine selbständige, supreme Geselligkeit
dort geschaffen ward. Indeß dauerte das kaum zehn Jahre,
während in Rom das freiwillige Zusammenkommen der höchsten
Potenzen Jahr auf Jahr sich gleich bleibt.

In dieses Römische Leben sahen wir Cornelius nicht plötzlich geschleudert werden, sondern langsam hinein wachsen.

Zuerst ganz außen stehend, fühlt er sich nur als ein be-
drängter armer Künstler mit engem Gesichtskreise; ehrgeizig,
ohne zu wissen wie er seiner Leidenschaft Genüge schaffen
könnte. Dann aus der Dämmerung dieses Daseins sich heraus-

windend, wächst ihm, als dem Führer seiner Partei, immer
größeres Ansehen zu. Endlich, als ebenbürtig von den Ersten
anerkannt, darf er die höchsten Ansprüche erheben und sieht
sie befriedigt. Die Bildung der verschiedenen Jahrhunderte
bringt in großen Massen auf ihn zu, er überwältigt sie und
macht sie sich zu eigen. Wie jeder selbständige Geist, dem die
Geschichte lebendig zu werden anfängt, mauert sich Cornelius
aus den Fragmenten aller Epochen einen immer höher steigen-
den eigenen Palast zusammen, auf dessen gothischen Unterbauten
lichter und lichter werdende, griechische Stockwerke sich übereinander thürmen. Und durch diesen Bau zieht die heitere
Römische Luft, und er, in seinen besten Jahren, weitumher-
blickend, sieht wie man aus der Ferne seines Vaterlandes ihn
dort aufsucht, wie immer höherer Preis auf den Gewinn seiner
Thätigkeit wird. Und dieses Rom verläßt er. Die Hälfte
des Jahres wird er von nun an als Director der Akademie
in Düsseldorf, die andere Hälfte als Hofmaler in München
zubringen. Düsseldorf freilich seine Vaterstadt. Die Akademie
mit Cornelius an der Spitze nahm über Allem sonst dort den
höchsten Rang ein und es sollte geschehen was ihm irgend
recht und wünschenswerth wäre. München dagegen eine Residenz zweiten Ranges, ohne eignes geistiges Leben, künstlich
nur bewegt durch die Unruhe des Kronprinzen, dann Königs,
dessen unbestimmter Ehrgeiz nach Allem griff was historisch
wie Gold glänzte, und der mit ungemeinen Mitteln die Stadt
zu einem Sammelplatze von Monumenten der Architektur zu
machen begann, die heute, so sehr sie uns imponiren, dennoch kaum ohne den Hintergedanken betrachtet werden können,
es hätten diese Schöpfungen nur bei einer gewissen Dosis von
Narrheit nebst ungeheurer Eitelkeit ihres Urhebers zu Staude
kommen können. Als einer von denen, die München in so gewaltiger Weise innen und außen umgestalten sollten, ward Cornelius berufen und griff seine Arbeit in einer Stimmung an, als

26*

würden seiner Person jetzt Aufgaben geboten wie niemals vorher einem Künstler so lange die Welt stand.

Cornelius war siebenunddreißig Jahre alt als er aus
Rom fortging. Raphael, gerade 300 Jahre vor ihm (1483) geboren, hatte überhaupt nur soviel Jahre vom Schicksal empfangen,
innerhalb deren seine ganze ungeheure Arbeit zu Stande kam.
Cornelius standen noch die Umschwünge eines Menschenlebens
bevor. Heute, wo dieses in all seinen Ereignissen vor uns
liegt, dürfen wir aussprechen: es wurde als er Rom verließ eine Entwicklung in ihm unterbrochen, welche zu den
höchsten Erwartungen berechtigte. Es war als trage die
Deutsche Luft andere Gesetze des Wachsthums jetzt in ihn
hinein, so daß es eines langen Umweges erst bedurfte, ehe
die innerste Natur des Mannes dieser Uebermacht gegenüber
sich erholte, um im höchsten Alter den 1820 abgerissenen Faden
wiederanzuknüpfen.

V.

Während der mehr als zehn Jahre, welche Cornelius in
Rom gearbeitet hatte, war in Deutschland Vieles anders geworden. Es bleibt wieder nichts übrig, als von Goethe zu
reden, dessen eigene Fortentwicklung in Sachen der bildenden
Künste als maaßgebend für Deutschland nicht nur genommen
werden kann, sondern muß. Goethe's Fortschritt ist hier der
folgenreichste und am meisten ans Licht tretende. Sein herau-
wachsend sich umgestaltendes Verhältniß zur Kunst ist symbolisch für den Zustand der Mitlebenden.

Goethe berichtet getreulich, welcher Quelle sein Interesse
an der bildenden Kunst entflossen sei. „Von Jugend auf,"
sagt er, „war meine Freude, mit bildenden Künstlern umzu-
gehen." In frühen Zeiten hatte er sich selbst als einen ver-
dorbenen Maler betrachtet: in Wahrheit und Dichtung steht zu
lesen, durch welches Gottesurtheil er festzustellen suchte, ob er

sich nicht überhaupt zum Künstler ausbilden solle. Das Schicksal
schien Nein zu sagen, aber dies hinderte ihn nicht, auf das Eif-
rigste weiter zu zeichnen. Man weiß sich den erhalten gebliebenen Versuchen dieser Kunstübungen Goethe's gegenüber heute
nicht recht zu benehmen. Es sind schwache Leistungen, auf
welche sichtlich große Mühe verwendet worden ist und von denen
Goethe als Verfertiger nicht ohne Hochachtung redet. Er hat
bei seiner Werthschätzung dieser Blätter aber nur die daraus verwandte Mühe und die Absicht eigener Fortbildung im Auge gehabt. Seine Zeichnungen sind für ihn niemals mehr als Notizen,
mit denen er Anschauungen festhält, die vor seinem Blicke allein
mit den Linien in lebendiger Verbindung standen, die er zu Papier brachte. Man glaube nicht das Recht zu haben, von diesen
Versuchen aus auf Goethe's ästhetisches Urtheil über die
Werke großer Künstler Schlüsse ziehen zu dürfen: Goethe
war wohl im Stande, Raphael oder Dürer zu erkennen.
Goethe hat sich niemals angemaßt, als Maler erfinden zu
wollen, er hat immer nur zu eigenem oder zu seiner nächsten
Freunde Gebrauche niedergeschrieben gleichsam was ihm vor
Augen stand. Und richtig sind seine Zeichnungen meistens.

In ein ganz neues Verhältniß zur bildenden Kunst trat
er ein, als ihm aufging, daß er, um als Dichter vorwärts
zu kommen, von ihr allein Hülfe zu erwarten habe. Dies
war es seiner eigenen Darlegung zufolge zumeist, was ihn
nach Italien trieb. Seine Aeußerungen über die Wechselwir-
kung zwischen bildender Kunst und dichterischem Ausdrucke sind
lehrreich. Gelungen ist ihm, auf diesem Wege seinem Ideale
näher zu kommen. Dem Anblicke der Kunstschätze Italiens
verdankt sein Styl die letzte Ausbildung. Seit der italiänischen Reise war das Studium der Architektur, Sculptur und
Malerei fest in sein geistiges Budget aufgenommen, und mehr
und mehr fiel ihm in Deutschland, außer der Autorität in
literarischen, die Aufgabe zu, in Sachen der bildenden Kunst

das entscheidende Urtheil abzugeben. Heinrich Meyer war für
dies Departement sein erster Minister. In diesem Sinne wurden die Propyläen begonnen und jene Weimaraner Ausstellungen gegründet, für welche Cornelius seine ersten Versuche
gearbeitet hatte.

Der volle, systematische Betrieb der Kunstgeschichte trat
für Goethe jedoch erst nach dem Erscheinen von d'Agincourts
großem Werke ein. Im Jahre 1814 lernte Goethe diese un-
vergleichliche Arbeit kennen, welche die gesammte Kunstentwick-
lung als werdendes naturhistorisches Phänomen aufbaute.
D'Agincourt ist der Gründer der vergleichenden Kunstgeschichte.
Durch ihn ist der wissenschaftliche Betrieb dieses Theiles der
Geschichte zuerst möglich gemacht worden. Der Zusammenhang
aller Erscheinungen, die Nothwendigkeit ihrer Aufeinanderfolge,
die Ursachen des Wachsthums und des Verfalles sind dargelegt. Goethe stand sogleich klar vor Augen, was durch diese
Arbeit geleistet worden war. Er stellt in seinen Briefen an
Boisserèe nun mit Sicherheit die Ziele der modernen Kunstwissenschaft hin. Cornelius war damals längst in Italien:
Goethe wurde durch d'Agincourt jetzt die gleichsam philo-
sophische Begründung seiner zum Theil nur instinctiven Abneigung gegen Cornelius und dessen Anhänger in die Hand
gegeben. Dieses Wiederanknüpfenwollen der Klosterbrüder von
San Isidoro an die Auffassung vergangener Jahrhunderte
war nun nicht mehr bloß eine Seltsamkeit in Goethe's Augen,
sondern eine nachweisbar fruchtlose Talentvergeudung, verbunden mit politisch religiöser Schwärmerei. In Goethe's
System fand sich für solche Schrullen kein Platz und sein Entschluß stand fest, sich nicht mehr mit den Leuten einlassen zu
wollen. Die altdeutschen Gemälde bewunderte er gern. Boisserèe's Sammlung, welche er 1814 zuerst sah, erfüllte ihn mit
Respect und Freude: die modernen Nachbeter der alten Meister
aber blieben unnachsichtlich verurtheilt.

Goethe hatte die Widmung der Compositionen zum Faust angenommen: jetzt war der Faust fertig und sollte herausgegeben werden. Boisserèe beginnt sanft auf den Busch zu klopfen. Ob Goethe nicht einen poetischen Text zu diesen Sachen liefern wolle 2c. Immer wieder fragt Boisserèe an: eisernes Stillschweigen. Es blieb nichts übrig, als die Blätter ohne Goethe's Zuthun erscheinen zu lassen. Cornelius schickt ihnen eine Widmung an ihn voraus, welche glühende Verehrung athmet, wenn auch nicht ohne starkes Selbstgefühl; keine Spur eines Antwortschreibens Goethe's ist vorhanden. Man weiß nicht einmal, ob die Sendung in seine Hände kam. Düntzer brachte zuerst den Zweifel auf, ob dies geschehen sei. Boisserèe hatte den Muth nicht mehr, auf die Angelegenheit zurückzukommen.

Dies war 1815 gewesen. 1816 schon notiren wir bei Boisserèe selber den entscheidenden Meinungsumschwung, die Nachahmung altdeutscher Künstler betreffend. Den 27. September dieses Jahres hatte Goethe, der als Redacteur von Kunst und Alterthum sich nun zur höchsten Instanz für Beurtheilung bildender Kunst erhoben hatte, ihm geschrieben: „es beginnt sogleich der Druck des zweiten Heftes von Rhein und Main. Ein Aufsatz geht voran: die Geschichte der neuen frömmelnden Unkunst von den achtziger Jahren her. — Es wird uns manche saure Gesichter zuziehen. Das hat aber nichts zu sagen. — In fünfzig Jahren begreift kein Mensch diese Seuche, wenn Gleichzeitige den Verlauf nicht bewahren. Indessen soll die möglichste Schonung herrschen, das aber kann nur im Ausdrucke sein, denn an der Sache ist nicht zu schonen. — Zunächst giebt dann Ihre Sammlung Anlaß, die wahre, nicht die angemaaßte heilige Kunst zu rühmen." Er meldet zugleich das bevorstehende Erscheinen der Italiänischen Reise, deren tendenziöse Redaction danach keinem Zweifel unterliegen kann.

lius konnte man in keiner Stellung dort brauchen, und darauf hin wurde mit den Lorbeern nicht gegeizt. Sicher ist,
daß Cornelius nach einem Vierteljahre, entzückt über die Art
und Weise wie er aufgenommen war, wieder abreiste, sicher
aber auch, daß man seine Cartons weder bewundert noch verstanden hatte. Daß Cornelius ein großer Künstler sei, wolle
man zugeben, aber daß er nicht malen könne, unterliege keinem
Zweifel. R. Schadow und Wach waren eben aber aus Italien
zurückgekommen und hatten die Absicht, alle etwanigen Berliner Bestellungen für sich zu beanspruchen — wogegen auch
nichts einzuwenden ist, — während Schinkel und Rauch wohl
fühlten, daß ein in seinem persönlichen Einflusse unwiderstehlicher Mann wie Cornelius in Berlin seine Stätte nicht finden
könne, ohne sie beide durch die bloße Wucht seiner leidenschaftlichen Persönlichkeit ins zweite Treffen zu bringen. In Berlin
damals prallte Cornelius an der Macht der Goethe'schen Schule
ab. Noch aus 1825 lesen wir in einem Briefe W. v. Humboldt's an Welker über Niebuhr's „Kunsturtheil" eine sehr
geringschätzende Aeußerung. W. v. Humboldt hatte damals
in Preußen das entscheidende Wort zu sagen.

Indessen Cornelius scheint das nicht einmal gemerkt zu
haben. Er selber war ja zu Raphael und zu der Antike übergegangen. Im festen Gefühl, einen Triumphzug zu machen,
langte er in München an, wo er bis zu dem Augenblicke, daß
die Vorbereitungen für seine Düsseldorfer Wirksamkeit getroffen
wären, in der Glyptothek malen durfte. Und hier erfüllte der
Taumel der ersten zehn Jahre so völlig seine Wünsche, daß
ihm einerlei sein konnte, wie an der Spree und sonstwo in
Norddeutschland über ihn geurtheilt werde. Was dies anlangt, so zweifle ich, ob er sich, wie gesagt, bewußt gewesen,
hier Gegner zu haben. Man hat, wenn man nach langer
Abwesenheit aus der Fremde kommt, immer eine ideale Anschauung des Vaterlandes. Es erscheint einfacher, reiner,

einiger in seinem Urtheil. Daß Cornelius mit seinem Programm acceptirt und von Berlin aus mit einer bedeutenden Stellung bedacht worden war, erschien ihm als die Folge einstimmiger Ueberzeugung über seine Person und über seine Ziele. Mit Zuversicht trat er Jedem entgegen, fest überzeugt, daß das was er betreibe das heiligste Interesse des Deutschen Volkes sei. Obgleich er selber ein Helleniker geworden, hielt er an seinen alten Anschauungen obendrein fest. Was er einst Görres 1814 geschrieben: Deutsche Kunst müsse an den Mauern der Häuser unserer Städte, innen und außen wiederglänzend das ganze geistige Dasein des Volkes umgestalten und heiligen, war noch immer seine Lehre. Schlosser sagt mit Recht von Cornelius: „er gab das Dogma seiner früheren Romantik auf, behielt aber Cultus und hierarchische Anschauung bei." Indem er sich als Reformator der Kunst ansah, hatte er ebensosehr das Gefühl, Reformator durch die Kunst zu sein. Und diese Ueberzeugung war so lebendig in ihm, daß sie durch keine spätere Handlung oder Erfahrung geändert wurde. Im hohen Alter noch trat er auf als Verkündiger der einen, wirklichen Deutschen Malerei, neben deren hohem Berufe alles andere Malen Spielerei war. Damals aber, 1820, schien ihm die Zeit der Erfüllung ganz nahe bevorzustehen. Sein ernstliches Bestreben war, Overbeck, Schorn und eine Reihe anderer Genossen seiner römischen Schule nach Deutschland zu ziehen und mit ihrer Hülfe die wiederaufgeweckte Freskomalerei gleichsam zur Deutschen Staatskunst zu erheben, deren Würde und Gewicht alles Andere erdrücken oder verdrängen würde.

Es ist bereits bemerkt worden, in wie entscheidender Weise bei Cornelius' aufsteigender Laufbahn die äußeren Verhältnisse seine Illusionen begünstigten. Die Reform der Deutschen Kunst anlangend, schien der Staat selber nichts Anderes von ihm zu verlangen. Mochte man im Stillen über ihn in Berlin urtheilen wie man wollte: Cornelius war jetzt preußischer Be-

amter. Es liegt im Geiste unserer Bureaukratie, dem, der
einmal in sie eingetreten ist, als dem Ihrigen Vertrauen zu
schenken und ihn zu unterstützen. Hieran hat man es auch
Cornelius, so lange er Director der Akademie zu Düsseldorf
war, nicht fehlen lassen von Berlin aus. Natürlich konnte nicht
Alles glatt gehen wie in München, wo der König nur das
einzige auf Kunst gerichtete Interesse hegte, während in Berlin
diese Dinge als Nebensachen höchsten Ranges stets ihren ge-
regelten Gang gehen mußten und Viele mit hereinzureden
hatten. Die Art wie Förster Einiges in dem veröffentlichten
Schriftwechsel beurtheilt, zeigt daß er viel zu viel persönliche
directe Einflüsse hier wittert. Die Willigkeit, mit der man
Cornelius umfangreichen Urlaub zugestand, um in München
zu gleicher Zeit zu arbeiten, mit der seine Forderungen für
Düsseldorf stets berücksichtigt wurden und mit der man ihn
entließ als ihm in München eine Wirksamkeit geboten ward,
gegen welche Düsseldorf nicht mehr aufkommen konnte, ist
ein Beweis rücksichtsvoller Anerkennung. Cornelius wollte
bei seinem Abgange von Düsseldorf, nach kaum begonnener
Thätigkeit, das Ministerium nöthigen, einem seiner römischen Freunde den von ihm verlassenen Posten zu übertragen. Statt hierauf einzugehen, wurde Schadow dahin gebracht, über dessen Wahl Cornelius sich in einer Weise ausspricht, von der ich fast wünschte es wäre der betreffende Brief
verloren gegangen. Schadow war eine Natur zweiten Ranges,
die mir auch als Persönlichkeit niemals Sympathie eingeflößt
hat: allein sobald Cornelius Düsseldorf einmal aufgab, mußte
er Die in Berlin gewähren lassen und hatte kein Recht, sich
mit seinen Vorschlägen für mißachtet zu halten, in denen er
als alleinige Basis des akademischen Unterrichtes die Freskomalerei im Auge hielt, ein Standpunkt, auf den sich das
Ministerium, wenn Cornelius nicht selbst bleiben wollte, für
die dortige Akademie nicht mehr stellen konnte.

Noch weniger können irgend Jemand Vorwürfe treffen, wenn nach Cornelius' Fortgang die Düsseldorfer Gründung zusammensank. Cornelius meinte, es sei genug, die neue Lehre verkündigt zu haben, und er wolle nun weiterziehen. Ohne seine treibende Kraft aber konnte die kaum erweckte Freskomalerei am Rheine keinen Bestand haben. Die von Familien des hohen Adels gegebenen Aufträge für Fresko= gemälde in ihren Schlössern wurden zurückgezogen, die Unter= nehmungen der Regierung zum Theil in der Ausführung unter= brochen. Cornelius' Schüler gingen entweder gleich mit nach München oder folgten ihm bald. Fünf Jahre hatte die Düssel= dorfer neue Kunst unter Cornelius geblüht, als sie eben so plötzlich verschwand wie sie gekommen war.

Diese fünf Jahre waren schöne und furchtbare gewesen.

Wenn von der Düsseldorfer Zeit die Rede ist, so scheint Cornelius nur in den Theilen seines dortigen Lebens recht lebendig gewesen zu sein, wo er auf Urlaub nach München ging. Und doch, wie er später an die italiänischen Zeiten vor 1820 zurückdachte als an Tage der Freiheit die nichts ersetzen konnte, so mag Cornelius oftmals in München an Düsseldorf sich erinnert haben, wo er noch nicht von sich rühmen konnte, daß er „a a Boar" („auch ein Bayer") sei, oder wo König Ludwig bei dem Gedanken noch nicht in Entzücken gerathen durfte, daß Cornelius „nun ganz unser" sei.

Solche Entzückungen von Künstlern und Fürsten füllen doch nur die Momente, wo sie zum ersten Male zum Aus= bruche kommen. Im nächsten Momente verstand sich ja schon von selber, daß Cornelius nun ein bayerischer Unterthan war. Und damit vieles Andere. Und zwar lauter Dinge, von denen nachträglich erst die Rede sein konnte, weil man sie sich früher nicht klar macht. Dinge aber, auf die es, wie sich in der Folge herauszustellen pflegt, oft zumeist ankommt.

Die Düsseldorfer Jahre dagegen hatten etwas Erwar=

tungsvolles. Nichts fesselte Ludwig und Cornelius noch aneinander als gegenseitiges höchstes Vertrauen. Weder hatte
der Eine zu gehorchen, noch der Andere zu befehlen, sondern
Beide nur zu wünschen. Jeder glaubte im Andern den Mann
entdeckt zu haben, dessen er bedurfte. Man athmete vorahnend
den Duft einer Zukunft ein, die sich alle Tage erschließen
konnte. Ludwig schrieb: wenn er nur erst König sei, werde
die Welt erstaunen was er vorhabe. Wenn Cornelius von
Düsseldorf nach München zog, oder von da an den Rhein
zurückging, so umgab ihn als königlich preußischen Akademie-
director in Bayern eine Unabhängigkeit, die er später nicht
mehr besaß. Seine Schüler kamen aus der Ferne mit ihm:
die talentvollsten darunter waren ihm vom preußischen Ministerium zugewiesen worden. Im Winter wurde in fernen Landen an den Cartons gezeichnet, im Sommer erschien die ganze
Schaar in München, wie Zugvögel aus der Fremde, um sie
auszuführen.

VI.

Endlich war es nun gelungen, München für Cornelius
zu völliger Heimath zu machen. Ludwig von Bayern, sobald
er den Thron bestiegen, begann ein Regiment, das den Künstlern goldene Tage bereitete. Architekten, Bildhauer, Maler, ältere
und jüngere Leute, Talente und Charaktere der verschiedensten
Art wurden verlangt und fanden lohnende Arbeit. Der König
hatte sich zu Cornelius in ein Verhältniß gesetzt, daß dieser zu
dem Glauben gezwungen wurde, das zu erwartende Zeitalter
künstlerischer Herrlichkeit werde zumeist sein Werk sein. Nicht
nur ihm persönlich sei unter Allen der höchste Rang beim Könige,
sondern auch der Freskomalerei die oberste Würde zuerkannt.

Wir dagegen registriren als Faktum einfach: was Cornelius in München Großes selbst gemalt hat oder malen ließ:
die Cartons für diese Werke sind, weder in München erdacht,
noch in München gezeichnet worden.

Ueber diese Zeichnungen im Verhältniß zu den Gemälden selber muß jetzt gesprochen werden.

Für sie ist das Deutsche Nationalmuseum in Berlin errichtet worden. Schon wird die Frage aufgeworfen, was das heiße: bloßen Zeichnungen so kostbare Wände zuzurichten. Es ist wichtig, die Antwort darauf so klar als möglich zu geben und es muß dafür noch einmal von allgemeinen historischen Verhältnissen ausgegangen werden. Die Wirkung dieser Werke als bloßer Cartons findet ihre beste Erklärung in der Darlegung einer Eigenthümlichkeit unserer Literatur, die uns noch einmal zu der Betrachtung der Romantik zurückführt.

Die von mir oben gegebene Entwicklung der „Romantischen Schule" enthielt nur soviel, als es bedurfte, um die nationalen Bestrebungen eines Theiles der Romantiker zu erklären. Dieses Zurückgehen auf das vaterländische Alterthum kennzeichnet nur eine Fraction derselben. Die gesammte Erscheinung muß von einem andern, noch höheren Gesichtspunkte aus betrachtet werden. Es handelt sich nun nicht bloß darum, daß beim Ausbruche der französischen Revolution plötzlich das Bedürfniß neuer literarischer Ideale entstand, dem eine Reihe jüngerer Schriftsteller um jeden Preis zu genügen suchte, sondern es muß gezeigt werden, unter welchen nach anderer Seite nach höchst eigenthümlichen Bedingungen jetzt producirt wurde. Goethe, der bei seiner wunderbaren Begabung, Gleichzeitiges historisch richtig abzustempeln, auch der Literaturgeschichte seiner Zeit gelegentlich den rechten Namen gab, kennt den der „Romantischen Schule" nicht, er gebraucht eine andere Bezeichnung: „die Epoche der forcirten Talente". Er meint, man habe Schiller's Sprache sich angeeignet und sei dann um Stoffe verlegen gewesen. In jenen Tagen war von der sich nach neuen Richtungen ausdehnenden Philologie frischer Stoff in Masse auf den Markt gebracht werden, so daß die Meisterwerke der verschiedensten fremden Literaturen als neuerscheinende Muster sich aufthaten, und es entstand bei uns, aus der Vermischung von philologischem Studium und eigener größerer oder geringerer dichterischer Begabung, die sich auf fast alle Völker aller Epochen erstreckende Deutsche Nachdichtung, deren Einflusse Goethe selber sich nicht entziehen konnte.

Das eigentliche Kennzeichen dieser neuen Schriftstellerei war, daß man nicht nur die fremde Sprache, sondern auch die geistigen Motive nachzuahmen suchte. Man versenkte sich in die Denkungsart dieses oder jenen großen Dichters so völlig, daß er an dem zu Stande gebrachten Werke selber nachträglich mitgearbeitet zu haben schien. Der Triumph war, ein Drama so zu dichten, als liege z. B. die Uebersetzung eines bisher unbekannt gebliebenen Stückes von Calderon oder einem Zeitgenossen vor. Goethe's Pandora oder Epimenides sind so gefaßt, als seien sie aus dem Altgriechischen übersetzt, während er bei Hafiz sogar die Fiction einer Uebersetzung aus dem Persischen festhält. Diese fremden Vorbildern sich unterordnende Stellung war eine natürliche: denn wie sollte man, wo die besten Werke so vieler Nationen von allen Seiten zuströmten, mit der eigenen poetischen Kraft dagegen aufkommen wollen?

Hierzu kam nun, daß in Deutschland mehr für die literarische Production erzogene Talente aufschossen als man bedurfte. Diese warteten die Nachfrage nicht ab, sondern dichteten dem eigenen Drange folgend. Das Publikum wurde gleichgültiger, die Nothwendigkeit, es zum Lesen zu nöthigen, machte sich geltend. Die neuere Literatur bekam etwas sich Aufdrängendes, Anbietendes. Es begannen die verkannten Talente und die Dichtungen, von denen die Autoren gleich vorher wußten, daß Niemand außer ihnen selber sie würdigen könne. Goethe's Bezeichnung „die forcirten Talente" war eine berechtigte.

Allein auch so zeigt sich das Phänomen nur von einer noch anderen Seite, nicht aber in vollkommener Rundung. Die zukünftige Literaturgeschichte wird wahrscheinlich weniger Umstände machen als die unsrige und mehr in denselben Topf werfen als sich für heutige Anschauung zu vertragen scheint. Die Geschichte hat nun einmal das Amt, immer von neuem das Wichtige vom Unwichtigen abzuscheiden und das irgend Entbehrliche zu beseitigen. Ich glaube, man wird zukünftig die Zeiten der Sturm= und Drangperiode der siebziger Jahre des vorigen Jahrhunderts gleich mit denen der Romantik, dreißig Jahre später, als eine einzige Entwicklung zusammen= fassen. Lessing und Herder, Goethe und Schiller, als sie jung waren, hatten es nicht besser gemacht. Auch sie sind Roman= tiker und forcirte Talente gewesen. Philologische Begeisterung und Nachahmung fremder Muster mußten auch ihrem Genius zu Hülfe kommen. So sehr sie unsere ersten dramatischen Dichter sind: eine Deutsche Bühne, die neben der griechischen, englischen, spanischen, französischen, italiänischen genannt wer= den könnte, existirte weder zu ihren Zeiten, noch haben sie sie schaffen können. Die Literatur, die von ihnen herstammt, hatte es nicht mit dem ganzen Deutschen Volke, sondern nur mit einem Bruchtheile der Nation zu thun, dessen geistiges Leben auf keiner natürlichen Grundlage beruhte.

Während wir bei den anderen Völkern und Jahrhun= derten, soweit sie für unsere Blicke zu durchschauen sind, Dichter und Literaten in natürlicher Verbindung mit dem gesammten Leben des Volkes sehen, so daß wo eine Bühne besteht Theater= dichter aufkommen, wo man Erzählungen begehrt Erzähler erscheinen, fehlt bei der Deutschen Literatur, welche wir heute unsere classische nennen, diese legitime Aufforderung von Seiten des Volkes. Gellert, Klopstock, Wieland waren noch Dichter im natürlichen Sinne. Sie kommen dem Publikum direct entgegen, errathen seine geistigen Wünsche und suchen sie zu befriedigen, zu lenken, zu veredeln. Unseren eigentlichen Claſſikern aber, nachdem ſie Anfangs wohl verſucht, ſich in eine derartige Stellung zu bringen, verging bald jede Anmuthung dazu. Sie ziehen ſich auf ſich ſelbſt zurück. Sie vertiefen ſich nach verſchiedenen Richtungen mehr wie Gelehrte als wie Dichter in die fremden Literaturen und produciren, ohne eine Aufforderung von Seiten eines feſten Leſerkreiſes zu erwarten oder zu reſpectiren wo ſie ſich geltend macht. Nur zufällig ſcheint ſie hier und da einzutreten und nur zufällig befriedigt zu werden. Leſſing fungirte manches Jahr als beſtellter Theaterkritiker, Schiller als Theaterdichter, Goethe ſogar als Intendant, allein ihre vornehmſten dramatiſchen Dichtungen ſind ſo wenig im Hinblicke auf die wirkliche Bühne geſchrieben, daß bei Nathan, Taſſo und Wallenſtein, und ſo faſt bei allen übrigen, an eine Aufführung in ihrer eigenthümlich dichteriſchen Form gar nicht gedacht worden iſt. Als Dichter hatten ihre Schöpfer, nachdem ihnen ihre praktiſch perſönlichen Bemühungen zum Ekel geworden waren, nur eine ideale Bühne im Auge, an deren Exiſtenz ſie ſelber niemals geglaubt haben, zu deren Verwirklichung ſie keine weſentlichen Anſtalten trafen. Götz von Berlichingen entſtand indem Shakeſpeare's Form und Götzen's eigene Biographie, jedes in ſeiner Art für Goethe eine hiſtoriſche Ueberraſchung, in ſeiner dichteriſch mächtigen Phantaſie zuſammentrafen. Wenn wir das Stück leſen, vermiſſen wir in keiner Weiſe die mangelnde Aufführung, ſondern in unſerer Phantaſie ſpielt es ſich mit allem Zubehör ſo lebendig ab, daß die äſthetiſche Wirkung durch das Leſen völlig erzielt wird. Es bleibt kein unbefriedigtes Gefühl zurück, wie bei Shakeſpeare's Stücken, wo wir uns immer ſagen müſſen, daß die Aufführung den wahren Inhalt erſt erſchließen werde. Noch mehr tritt uns dies beim Fauſt entgegen. Das Stück errichtet in des Leſers Phantaſie eine Bühne, die mit ſo vollendeten Mitteln den nöthigen Schauplatz liefert, daß der Wunſch nach wirklicher theatralischer Aufführung während der Lectüre gar nicht aufkommt. Wir wissen zum Voraus, daß kein Theater diese von unserer eigenen Phantasie erbauten Decorationen erreichen werde, kein Schauspieler diese Figuren würdig repräsentiren könne.

Vergleichen wir Goethe's Schaffen mit dem Mozart's oder Gluck's. Diese standen ohne den leisesten Anflug romantischer oder forcirter Thätigkeit ihrer Aufgabe gegenüber. Man verlangte Opern, und ihr Amt war, sie zu liefern. Mit den Sängern, den Orchestern, den Intendanten hatten sie zu thun. Hätte Mozart seinen Don Juan schreiben wollen wie Goethe seinen Faust, oder Gluck seine Iphigenie wie Goethe die seinige: sie würden ihre Opern vielleicht gar nicht orchestrirt, sondern etwa nur eine die Orchestereffecte in der Seele des Hörers erweckende, andeutende Clavierbegleitung geschrieben haben. Sie würden abgesehen haben von Allem was die einzelnen Gestalten in Bezug auf das Technische beim Gesange zu mehr oder weniger dankbaren Rollen macht, sie hätten ihre Arbeiten so eingerichtet, daß der einsame Musikfreund sie am Claviere durchnehmend eine Fülle reiner Schönheit empfangen hätte und in seiner Seele das Gefühl erweckt worden wäre, als wohne er einer Opernaufführung bei, von vorzüglichen Sängern ausgeführt wie man ihnen im praktischen Leben nie begegnen werde, einer Opernaufführung, für welche technische Schwierigkeiten gar nicht existiren, bei der es weder auf pecuniären noch auf Erfolg den Kritikern gegenüber ankäme, einem innerlichen ästhetischen Hochgenusse, einem Gedankenfeste der berauschten Phantasie. Mozart oder Gluck würden eine solche Oper vielleicht begriffen, schwerlich aber geschrieben haben: ihr Publikum verlangte dergleichen nicht. Für Goethe war diese Auffassung des Dramas dagegen die natürliche; auch für Schiller und Lessing, so sehr es den Anschein hat, als hätten sie für die wirkliche Bühne nur gedichtet.

27*

Dieses Absehen vom sinnlichen Menschen, der voll genießen will, ist das was unserer gesammten neueren Literatur ihre Höhe gegeben hat, aber was zugleich ihre Schwäche war. Ihre Erzeugnisse leiden an der Blässe des Gedankens, mögen sie noch so blühende Farben zeigen. Dies ist es, was Kotzebue und Anderen, all dem Troß der Dichter, von denen die Literaturgeschichte kaum die Namen giebt, solche Stärke verlieh, daß sie Stücke oder Romane schrieben, bei denen Köchinnen und Gräfinnen von demselben Schauer erfaßt wurden und in dieselben Thränen ausbrachen. Das bildet auch jetzt bereits eine Unterscheidungslinie bei Schiller's und Goethe's Werken, aus denen nur das Wenige, was diesen höchsten durchschlagenden Effect auf Jedermann macht, ins gesammte Volk gedrungen ist. Götz und Faust, aber wohl bemerkt: als Bücher, nicht von der Bühne herab, gehören zu diesen Werken. Das Volk — das Wort hier im umfassendsten Sinn gebraucht — will die Aepfel nicht bloß am Baume hängen sehen, es will hineinbeißen daß der Saft herunterläuft, und das wäre selbst bei Goethe's Götz in anderer Weise möglich, wenn er von Anfang an anders für ein wirkliches Theater geschrieben wäre. Denn was wir heute unter dem Namen Götz oder Wallenstein auf der Bühne sehen, sind nur nachträgliche Versuche, die Stücke von da herab darstellbar zu machen.

Suchen wir für die Erscheinung nun den einfachsten Ausdruck, so sagen wir: unsere neuere Deutsche classische Dichtung ist für den lesenden Theil des Volkes geschrieben worden. Und kehren wir mit dieser Formel zurück zu Cornelius: auf dem Gebiete seiner Kunst begegnen wir bei ihm derselben Erscheinung. Cornelius' Werke sind in den Cartons bereits vollendet, soweit sie überhaupt der Vollendung fähig waren. Es fehlte ihnen Etwas, aber was ihnen fehlte, konnte keine farbige Wiederholung später zusetzen. Es mangelt ihnen, was den Dramen unserer classischen Dichter mangelte, um als Bühnenwerke das zu leisten was die Lectüre verspricht. Cornelius wurde vom Schicksale nicht geboten, ein großer Maler zu werden, welcher Werke schuf, die in heiterm Farbenglanze von den Kirchen- und Rathhausmauern dem Volke predigten, wie die Gemälde der Meister des 16. Jahrhunderts. Als Ideal stand ihm das so fest in der Seele, daß er sich berufen hielt, in dieser Richtung das Höchste zu leisten: niemals aber hat er auch nur einen Schritt thun dürfen um es zu erreichen. Es wurde ihm nicht gegönnt vom Geiste der Zeit, in der er lebte. So wenig ihm, als es Goethe oder Lessing oder Schiller geboten wurde, ihre mit zu viel Gedanken beschwerten, mit zuviel Zimmer-luft umgebenen Gestalten leicht und farbig über die Bretter schreiten zu lassen, wie Shakespeare vermochte. Das eigent-liche Volk hat niemals von Cornelius etwas gewußt. Wie Goethe von sich selbst sagte: er sei niemals populär gewesen und könne es nicht sein, ebenso hätte Cornelius von sich reden müssen, wenn er klar genug gewesen wäre, um zu erkennen, wie die Lage der Dinge war.

Wie frei und nur sich selbst gehorchend glaubte Cornelius als jugendlicher Anfänger sich der neuen Kunst hinzugeben, die Angesichts der Boisserée'schen Sammlung sich ihm aufthat und deren Horizont ein unermeßlich weiter zu sein schien, und wie völlig mußte er sich während seiner ganzen langen Laufbahn innerhalb der Grenzen halten, die seine Zeit ihm zog!

Wenn bei irgend etwas die Klarheit und der Glanz der Farben hervortritt, so ist es bei den Werken der älteren Deut-schen und niederländischen Schulen. Bei der Kölnischen herrscht die Farbe sogar ausschließlich, unter Benachtheiligung der Umrisse; die Schule der Van Eyck's ist ohne den durchsichtigen leuchtenden Glanz der Glasgemälde nicht denkbar. Cornelius aber scheint gar keine Augen für diese Elemente zu haben, er, dessen frühere Versuche den natürlichsten Farbensinn bekunden! Cornelius scheint für seine einzige Aufgabe zu erachten, Umrisse

zu zeichnen. Und ebenso Overbeck. Lag die Schuld an einem
Nichtkönnen? oder wollten sie nicht? Cornelius und Overbeck
wollten und konnten so wenig Coloristen sein, als unsere Deutschen Dichter, von denen der Sturm- und Drangperiode bis zu
den forcirten Talenten der Romantik, ihre Dramen von Anfang
an für die praktische Bühne dichteten. Cornelius schuf seine Compositionen nur für das innere Auge gleichsam. Seine Umrisse
zum Faust und zu den Nibelungen sind wie Hieroglyphen, welche
dem, der die Gesammtheit der Kunstgeschichte in all ihren Werken
kennt, den Genuß neuer Schöpfungen bieten, ohne kunsthistorische
Vorbereitung aber schwer verständlich sind. Diese aber besaß
Jedermann damals. Cornelius' Bestreben war freilich, seine
Werke so zu gestalten, daß sie zu etwas Wirklichem an sich
würden, gelungen aber ist es ihm nicht. Niemand jedoch wird
ihm dies zum Vorwurfe machen, der die historische Nothwendigkeit begreift, die als ein Zwang auf ihm lastete, von dem
sich loszumachen unmöglich war. Im Gegentheil, wer Cornelius' Laufbahn recht begreift, wird mit Bewunderung mit-
ansehen, bis zu welchem Grade es ihm trotzdem gelang, dem
Banne sich zu entreißen.

Wenn Goethe die Romantiker die forcirten Talente nannte,
so stand er sich selber nur zu nahe, um sein eigenes Dichten
im unmittelbaren Zusammenhange zu erkennen. Wir heute
erst sind durch genügende Jahrzehnte von den Menschen und
Verhältnissen getrennt, um diesen Zusammenhang endlich zu
gewahren. Nicht weniger unverständlich würde für Cornelius
gewesen sein, wenn ihm demonstrirt worden wäre, ein wie
unmittelbarer Nachfolger von Carstens er sei. Gerade diejenigen, gegen welche die Klosterbrüder von San Isidoro sich
erhoben hatten, beriefen sich auf Carstens. Carstens aber war
der erste große Gedankenmaler, der aus Deutschem Blute in
Rom zur Entfaltung kam! Der, alles Sichtbare der vergangenen großen Epochen in sich aufnehmend, nur durch einfache

Umrisse, die er zeichnete, in den Seelen derer, welche in diesen
Linien zu lesen wußten, die innere Anschauung von Kunstwerken bewirkte, deren Schönheit und Großartigkeit siegreich
mit dem wetteiferte, was von Händen früherer Meister in
voller Durchführung bastand.   Den ersten äußeren Anstoß zur
Herstellung dieser nur andeutenden Werke mag die antike Malerei gegeben haben, der man sich zu Carstens' Zeiten mit
Bewunderung hingab.   Die inhaltvollen Umrißzeichnungen der
griechischen Vasen, die von Lord Hamilton gesammelt in über-
raschender Vielseitigkeit zeigten, was sich mit bloßen Linien
thun lasse.   Allein ohne die rechte innere Beförderung hätten
diese Anstöße nicht mehr vielleicht bewirkt als einseitige, zufällige Ausbeutung von Seiten des einen oder anderen Künstlers, der vom Zufall geleitet auf bergleichen verfiel.   Was
vielmehr der nur in Umrissen sich bewegenden Kunst so große
Popularität verschaffte, daß es Momente gab, wo alles künstlerische Schaffen sich in ihr auflöste, war die erstaunliche Gabe
des herrschenden Publikums, sich auf diesem Wege großartige
Eindrücke in die Seele spiegeln zu lassen.

Was sollte Cornelius mehr thun, wenn nicht mehr von
ihm verlangt wurde? Man versicherte ihm, ein paar Umrisse
genügten, um alle Macht sorgfältiger Durchführung und farbiger Malerei zu überbieten.   Eine Zeitlang ließ er sich daran
genügen, zuletzt aber mußte seine eigene, so durchaus real
angelegte Natur ihn wissen lassen, es seien keine vollen Kunstwerke, die so entständen.   Die Farbe war da und verlangte
ihr Recht.   In dieser Noth war ihm und seinen römischen
Genossen die große Offenbarung der Freskomalerei gekommen,
und sein erstes Product in dieser Richtung, die Wandgemälde
in der Casa Bartholdi, zugleich wohl sein bestes ein für alle Mal,
waren geeignet gewesen, ihn zu beruhigen.   Nun wußte er,
wozu seine Compositionen, die sich so colossal in seinen Gedanken, und zugleich doch nur in so zarten Umrißformen pro-

ducirten wenn er sie zu Papiere brachte, berechtigt wären: sie
sollten in wirklichen colossalen Maaßen auf den Wänden öffent=
licher Gebäude auferstehen. Und nun können wir aussprechen,
ohne daß man uns etwa auf diese Geständnisse hin beim
Worte nehmen dürfte, Cornelius sei doch eigentlich kein Maler
gewesen: das Höchste was Cornelius hervorgebracht hat, sind
seine Cartons, ja zum Theil nur seine Entwürfe, kleingezeich=
nete, nur in Umrissen sichtbare Bilder, Skizzen, denen jedoch
die Gabe inne wohnt, vor dem inneren Blicke dessen, der sie
versteht, als wirkliche Gemälde zum zweiten Male gleichsam
zum Vorschein zu kommen.

Welche Kraft Cornelius in die bloßen, kleinen Umrisse
hinein versteckte, davon legen viele Blätter Zeugniß ab. Die
colossalen Cartons, die in der Folge dann zum Theil nach
diesen ersten Entwürfen gezeichnet wurden, sind nicht nachträg=
liche Vergrößerungen, sondern sind die uranfänglichen An=
schauungen, die nur in zusammengebrängtem Auszuge zuerst
vom Künstler mitgetheilt worden waren. Wie wahr diese Be=
hauptung sei, beweisen eine Anzahl Entwürfe für die Wand=
gemälde des Göttersaales der Münchner Glyptothek, die noch
vor dem Fortgange von Rom entstanden sind, und die trotz
der kleinen Figürchen in simplen Umrissen, in denen sie vorlie=
gen, einen so reichen, emporquellenden Inhalt besitzen, daß sie
in meinen Augen die ausgeführten Gemälden der Glyptothek
überbieten. Denn diese Gemälde, mögen sie noch so natürlich
als die letzte Blüthe der schaffenden Thätigkeit des Meisters
dastehen, sind nachträgliche Producte, die sich für die Beurthei=
lung seines künstlerischen Genius entbehren ließen.

Daß so aber einst geurtheilt werden könnte, ließ sich
nicht voraussehen. Vielmehr das Gegentheil war zu er=
warten. Kein Ort war geeignet, diese Täuschung so hervor=
zubringen als Rom, wo die zu Tage stehenden Kunstwerke
früherer Zeiten die Sehnsucht erregen mußten, all dem eine letzte,

höchste Kunst entspringen zu sehen, mochte man sich in der
Stille noch so deutlich vorrechnen, daß es unmöglich sei. Den
Kronprinzen von Bayern befähigte seine Bildung als Kunst=
freund im höchsten Grade, Cornelius' Künstlerschrift zu lesen.
Während der ersten zehn Jahre seiner Bekanntschaft mit ihm
gab er sich der natürlichen Täuschung hin, es müßten die
durch Cornelius' Skizzen vor seine Seele gelockten Gemälde,
vom Meister selber erst in voller farbiger Realität ausgeführt,
eine Wirkung ausüben, welche ihren ersten Eindruck auf die
Phantasie noch bei weitem überträfe. Er ließ die Maaße der
im Bau befindlichen Glyptothek nach Rom kommen und Cor=
nelius machte Entwürfe. Diese, aus Cornelius' Nachlasse
heute zu unserer Kenntniß gelangt, zeigen die ersten begeisterten
Ausbrüche der auf die neue große Ausgabe gerichteten Phan=
tasie. Sie sind von hinreißender Schönheit. Statt der schwe=
ren, wuchtigen Figurenzusammenstellungen der drei Compo=
sitionen: Unterwelt, Olymp und Reich des Neptun, wie sie die
Wände des ersten Münchner Glyptotheksaales heute einnehmen,
erblicken wir hier ein Vorwalten des Ornamentalen. In der
Art wie die Pompejaner ihre Wände durch aufgemalte ara=
beskenartige Architektur leicht zu machen, gleichsam aufzulockern
wissen, so daß die hineingemalten figürlichen Compositionen
nur als die Theile einer allgemeinen Verzierung wirken, hat
Cornelius in diesen ersten Skizzen die Wände der Glyptothek
geschmackvoll gegliedert und die figürlichen Darstellungen unter
sich getrennt gehalten. Der Anblick dieser Zeichnungen wirkt
so überraschend, daß man die Erwartungen begreift, mit denen
Ludwig von Bayern der Ausführung der Gemälde danach in
München entgegensah. Was Raphael selbst, oder ein antiker
Maler seines Talentes, im gegebenen Falle hätte schaffen kön=
nen, schien hier im Voraus überboten. Wozu aber, sagen
wir heute, so viel Jahre nach jenen römischen Tagen der Be=
geisterung, dieses kostbare Gebäude erst bauen und diese Wände

erſt malen? Die Möglichkeit des Werkes iſt durch Cornelius'
erſte kleine Skizzen ſo ganz und gar dargelegt, daß es bereits
längſt vollendet, ja ſogar längſt wieder zerſtört zu ſein ſcheint,
während ſeine leichten Zeichnungen wie der hiſtoriſche Bericht
eines Mannes daſtehen, der einſt Alles ſelbſt geſehen, dem
die ganze Pracht in ihrem Glanze lebendig vor Augen ſtand
und der ſie auf die treueſte, geiſtreichſte Weiſe abzeichnete, um
das Gefühl ihrer Schönheit in unſerer Seele wiederaufblühen
zu laſſen.   .

Man verſtehe wohl, worin hier das Unterſcheidende im
Vergleich zum Verfahren der früheren Meiſter liegt. Wir
verfolgen bei Raphael z. B. die Entſtehung ſeiner Gemälde
meiſt von ihren Anfängen an. Niemals aber verleugnen ſeine
Entwürfe den Charakter des Unfertigen. Man fühlt, es ſind
hier nur allgemeine Elemente gegeben, die zu ihrer eigentlichen Form bei der Ausführung des Gemäldes ſelbſt erſt
gelangen werden. Niemals iſt was auf den vollendeten Gemälden als beſonders individuelle Wendung erſcheint, auf der
Skizze bereits vorhanden oder auch nur angedeutet; ja meiſtens
wird bei der endlichen Ausführung in Farben der hierfür
angefertigte, dem Anſcheine nach alle Vorarbeiten völlig ab-
ſchließende Carton mit dem Pinſel in der Hand noch zum
allerletzten Male umgearbeitet, weil die hinzutretende Farbe
abermalige Veränderungen gebietet. Bei Cornelius dagegen
pflegt der erſte kleine Entwurf ſchon durchweg ſo ausgeführt
zu ſein, als ſei es nicht der erſte Entwurf, ſondern die copi-
rende Umrißzeichnung eines Fremden nach dem längſt fertig
daſtehenden Gemälde. Etwa als hätte Raphael ſtatt die Siſti-
niſche Madonna farbig groß auszuführen, gleich etwas wie den
Müller'ſchen Stich, oder in der Weiſe Marc Anton's eine Umrißzeichnung anfertigen wollen, die den ganzen Reiz des Gemäldes verriethe ohne daß man dies ſelber jemals vor Augen
gehabt.

Natürlich enthält jeder von Cornelius für die Anfertigung einer Malerei bestimmte, nach einer solchen ersten Skizze angefertigte große Carton dann immer noch Veränderungen, Bereicherungen, Verbesserungen, wie das ja bei einem aus der Fülle arbeitenden Meister wie Cornelius nicht anders sein kann. Allein dies ändert den Charakter der ersten Skizze darum nicht, die als etwas Fertiges neben dem später Entstandenen für sich bestehen bleibt, so daß die eintretenden Veränderungen nicht als Fortarbeit an dem gleichen, der Vollendung bedürftigen Stoffe, sondern gleichsam als zweite Redactionen aufzufassen sind. Und zugleich als letzte. Wenn Cornelius seine großen Cartons nur als Hülfe für die Malerei ausführte, so daß sie zerschnitten, wie die Arbeit auf der Mauer es bedingte, als corpus vile benutzt wurden, an dem selber gar nichts gelegen sei, so hatte er damit die eigentliche Hauptarbeit seines Genius preisgegeben. Denn es war von ihm diesen der Vernichtung geweihten Cartons in sich eine solche innere Vollendung verliehen worden, daß die danach hergestellten Gemälde nicht als letzte Blüthe seiner Arbeit, sondern nur als farbige Wiederholungen der Cartons erscheinen, an denen kaum noch Veränderungen vorgenommen wurden. Cornelius hatte auch sosehr das Gefühl, für sein Theil mit den Cartons die Hauptsache gethan zu haben, daß er, wenn er gelegentlich von Düsseldorf die Cartons nach München sandte ohne selbst zu kommen, für die Wahl der Farbe manchmal nur allgemeine Andeutungen gab, welche seinen Schülern weiten Spielraum gestatteten.

Dies der Grund, weshalb wir bei den Wandgemälden des ersten Glyptothekzimmers von den ersten römischen Entwürfen bis zu den Freskogemälden selber ein meinem Gefühle nach stufenweises Absteigen vor Augen haben, ein durch äußere Umstände herbeigeführtes Abgehen von anfänglich großartiger gedachten Werken. Die ersten römischen Entwürfe

haben etwas Luftiges, Freies, Festliches, das wir in den
Münchner Sälen vergeblich suchen, denen selbst ein leichter
Hauch von Kellerluft innewohnt. Man vergleiche die erste
Skizze der „Wasserwelt" mit dem Gemälde. Aus jener glaubt
man eine flotte, lichte Malerei herauszuahnen, mit einem Pinsel
gemalt, wie Rubens etwa ihn geführt hätte. Auf dem Münchner
Freskobilde ist der Zug der Meergötter viel zu scharf in den
Umrissen. Die Luft fehlt. Es wogt und wallt nicht vorwärts
wie auf der römischen Skizze: man sieht die mühsam über=
wundene Technik. Die Farbe befriedigt nicht, während die
Zeichnung unserer Phantasie erlaubt, die herrlichste Ausfüh=
rung in Farben im Geiste vor sich zu sehn.

Cornelius lebte in Rom noch ganz in der Idee. Er
hatte trotz der Maaße, die in deutlichen Zahlen zeigten, wie=
viel Fläche ihm zur Verfügung stehe, sich offenbar lustigere,
weitere Räume vorgestellt, Zimmer, in die, wie in die des
Vatican, wo Raphael malte, römisches Sonnenlicht einstrahlte.
Nachdem er sich in München durch Augenschein eines Besseren
belehrt, sah er seinen Irrthum wohl ein. Jetzt mußte die
leichte architektonische Ornamentik geopfert werden, weil für
das Figürliche sonst zu kleine Maaße nöthig gewesen wären.
Cornelius mußte ferner dies Figürliche, das Anfangs getrennt
und in kleinere Compositionen vertheilt war, nun zu einer
einzigen großen Scene zusammendrängen und es entstanden
so die Cartons für die wirkliche Malerei. Schon in diesen
Cartons leuchtete seine Phantasie nicht zum ersten Male auf:
es mußte dem Raum zu Liebe Vieles berechnet werden, das
einmal nicht anders zu arrangiren war. Und nun die Aus=
führung selber. Was hier nicht zu erreichen war, hätte man
sich vielleicht vorher sagen können, wenn die Lehre der „hei=
ligen Freskomalerei" nicht so seltsam zu einer Art mystischem
Grund und Boden gemacht worden wäre, auf dem Cornelius'
„neue Lehre" wurzelte. Lassen wir auf sich beruhen, ob der

Freskomalerei dieſer „beſondere Segen“ innewohnte, von dem
er ſchreibt und redet. Die Freskomalerei bedarf mehr als
jede andere Malerei praktiſcher Erfahrung. Es war einigen
engverbundenen jugendlich begeiſterten Freunden, die einander
bei jedem Pinſelſtriche controlirten, in Rom wohl möglich,
das Zimmer der Caſa Bartholdi mit Freskogemälden zu
ſchmücken, welche einheitliche Haltung zeigten. Ebenſo konnte
Cornelius an einigen kleineren Stücken der Deckenmalerei zeigen, daß er für ſeine Perſon wohl mit dieſer Technik auszu-
kommen wiſſe. Unmöglich aber war es, Räume wie die Zimmer
der Münchner Glyptothek von einer zuſammengekehrten, ungleich begabten, meiſt nicht einmal unter den Augen des Meiſters
arbeitenden Maſſe von Künſtlern, die zum größten Theile niemals in Italien waren, in Fresko ſo malen zu laſſen, daß
das Ganze zuletzt einen harmoniſchen Eindruck machte. Und
dies am wenigſten, als keine farbigen Cartons vorlagen, ſondern die Wahl und Nüancirung der Farben Jedem bis zu
einem gewiſſen Grade überlaſſen blieb.

Wenn trotzdem der Eindruck dieſer Gemälde nach Voll-
eudung des erſten Zimmers ein ſo überraſchender war, daß
Cornelius nun auch als ausführender Maler den größten
Meiſtern an die Seite geſtellt wurde, ſo zeigt das, welcher
großartige Inhalt dieſen Compoſitionen eigen iſt, die heute
erſt zu voller Geltung wieder gelangen werden wenn die Cartons in Berlin ihre feſte Stelle gewonnen haben und dem
Publikum Gelegenheit geboten wird, ſich allmälig in dieſe
Werke hineinzufinden. Der ſchönſte unter dieſen Cartons iſt
die Unterwelt, auch am beſten als Gemälde ausgeführt. Nicht
nur durch den ergreifenden Inhalt, ſondern durch die Behandlung vieler Einzelheiten nimmt dieſes Werk neben den beiden
andern Gemälden den höchſten Rang ein.

VII.

Wenn wir Goethe's Iphigenie mit der Iphigenie der griechischen Dichtung vergleichen, so sehen wir die herrliche, seit Jahrtausenden in Todesschlaf versunkene Form zum Leben wieder erweckt indem frisches Deutsches Blut gleichsam in ihres griechischen Körpers Adern einfloß. Deutsches und griechisches Dasein vermischt sich völlig in ihr und schafft ein neues Wesen mit neuen Schicksalen.

Dieser Proceß ist kein künstlicher, sondern so lange bildende Kunst und Dichtkunst sich verfolgen lassen, hat er gewaltet und wo er sich nicht nachweisen läßt, darf er vorausgesetzt werden. Durch die Gestalten der Götter und Menschen Homer's schimmern für das wahrhaft sehende Auge die Formen uralter Bildungen, die Homer für sein Gedicht nur umgestaltete und deren Herkunft ihm selber wohl verhüllt blieb; denn auch sie waren, aus noch älteren Auffassungen herausgenommen, in ihrer Art bereits moderne Schöpfungen. Wie die Natur ewig nur aus vorhandenem Materiale alte Gestalten wiederholt, deren jede dennoch darin die Berechtigung findet dazusein, daß sie um einen Schritt der Erfüllung des großen Weltplanes näher steht, dessen Ziele und dessen Bewegungslinie wir nicht kennen: so auch die dichterischen Gestalten, die, im Auftrage der Natur gleichsam, unsere Künstler immer nur aus zweiter Hand zu formen suchen.

Cornelius' Orpheus in der Unterwelt nimmt deshalb unter den Gemälden des ersten Glyptothekzimmers den vornehmsten Rang ein, weil in ihm eine Composition gegeben worden ist, die zu jenen unvergänglichen Wiederholungen ewig unabnutzbarer dichterischer Darstellungen gehört. Daß ein Gatte seiner Gattin, oder diese ihm, bis in das Reich des Todes nachfolge, dem die schon anheimgefallene Beute wieder abgefordert, abgerungen, abgeschmeichelt oder mit List entführt wird, kann

in dem Legendenschatze keines Volkes fehlen. Wir sehen den
Gedanken in den verschiedensten Wendungen auftauchen, am
rührendsten im indischen Epos. Cornelius hat ihn in einer
Weise neu geformt, die sein Werk zu einem jener unnachahmlichen, unübertrefflichen macht, das ihren Meistern den Vorschritt vor den übrigen Künstlern giebt, welchen soviel schöpferische Kraft eben nicht verliehen war. Cornelius hat den
Moment der Beschwörung selber dargestellt. Der ganze Organismus des Höllenreiches beginnt zu stocken und sich zu ver-
ändern. Der Höllenhund schlummert ein: an seinen drei
Häuptern ist die allmälige Wirkung deutlich genug dargestellt.
Den Parzen beginnen langsam die Hände zu sinken. Die
unermüdbaren Danaïden setzen die Schöpfgefäße nieder und
lauschen. Wie eine Magd am Brunnen den Eimer einen Moment stehen läßt, um zu schwätzen oder Geschwätz zu hören:
dieses Motiv hat Cornelius mit seiner einen Danaïde, die
zugleich eine ächte Römerin des 19. Jahrhunderts ist, hier in
den höchsten Adelstand erhoben. Und aus der Tiefe, von den
übrigen Schatten losgelöst, schleicht Euridice heran, hinter
dem Throne Proserpina's aus der Dämmerung emportauchend,
als beginne das Saitenspiel und der Gesang ihres Gatten
ihre in schattenhaftes Nichts aufgelösten Glieder zu menschlicher fester Körperhaftigkeit zurückzuverwandeln.

So weit Cornelius. Nun aber glaube ich noch ein fremdes, ganz modernes Element in seinem Werke zu erkennen:
denn mit dem eben Berichteten ist der Inhalt der Composition
nicht erschöpft.

Die Gesellschaft der Freunde von San Isidoro bestand
nicht allein aus bildenden Künstlern. Wissenschaft und Dichtkunst hatten ihre Vertreter in ihrem Kreise. Dante und Homer
gehörten zu den Quellen, aus denen geschöpft wurde. In
Rückert, der mit seinen langen blonden Locken 1813 in Rom
erschien und durch sein Schlittschuhlaufen in Villa Borghese

die Römer in Erstaunen setzte, wuchs ihnen dann sogar ein lebender Poet zu. Der bedeutendste der jüngeren Dichter der damaligen Zeit aber, der am vollsten ihren Ton traf, war Uhland. Uhland's Gedichte, die 1815 zuerst gesammelt erschienen sind, können auch in Rom ihre Wirkung nicht verfehlt haben. Uhland gab am sichersten die Versmaaße und die Gestalten der neuen romantischen Mythologie, deren es bedurfte, wenn im Reiche der nationalen Phantasie der alte griechische Spuk durch ächt germanischen Spuk ersetzt werden sollte. Uhland arbeitete nur neben den Anderen, aber am deutlichsten. Er war auch philologisch am besten geschult dafür.

In Uhland's Gedichten finden wir schon damals das heute zu seinen bekanntesten gehörende, „Des Sängers Fluch", von dem Sänger, der in das Schloß eines Königs kommend, Alles bezaubert bis die Königin selber ihm die Rose von ihrer Brust herabwirft, worauf dann der furchtbare losbrechende Zorn des Königs eine Scene der Vernichtung hervorruft, deren Ende der Sturz und das Verschwinden seiner Herrschaft ist. Was dem Umschwunge in diesem Gedichte so große Kraft verleiht, ist die innere Wahrheit. Man fühlt, daß die Natur des Königs plötzlich nicht mehr fähig war sich innezuhalten. Das Raubthier bricht hervor und beginnt zu morden, weil es ein Raubthier ist.

Auch dieses Motiv ist ein uraltes. Die dichterische Verherrlichung vernichtender Wildheit. In diesem Sinne besang Homer die μῆνις des Achill. So als Tyrannen läßt Goethe in der Iphigenie den Thoas auftreten: von beiden Dichtern zugleich die edelste Versöhnung dieses Zornes dargestellt. Uhland hat das verschmäht und hat etwas grausam Herzzerreißendes in sein Gedicht gebracht, das man barbarisch nennen könnte. Mir drängt sich der Gedanke auf, Cornelius müsse Uhland's Gedicht gekannt haben, als er Orpheus als Sänger vor dem unterirdischen Königspaare zeichnete!

In diese beiden Gestalten ist die eigentliche Mitte der Composition gelegt. Dargestellt ist, wie Proserpina selbst erschüttert wird. Nicht um Euridice's willen zum Mitleiden angeregt, sondern um ihres eignen Schicksals willen in ihre eigne Seele hinein. Vor ihr taucht beim Gesange jetzt der letzte Frühling wieder auf, den sie auf der Oberwelt verlebte. Sie hat ihres Gemahls Hand gefaßt: halb um sich unwillkürlich an ihm festzuklammern, damit ihre Sehnsucht von ihm hinweg nicht zu heftig emporkomme, halb weil sie instinctmäßig fühlt, Pluto könne in plötzlicher Wuth aufflammend, wie der König in Uhland's Gedicht, weil er sich durch eine unbekannte Macht verrathen sieht, Alles zerschmettern und vernichten, nicht nur den Sänger, sondern sie und sich selbst zuletzt.

Um diesen Gedanken ganz klar zu machen, läßt Cornelius Amor sich an Orpheus herandrängen und mit unverkennbar deutlicher Geberde den Gesang unterbrechen. Amor blickt zu Orpheus empor und legt den Finger auf den Mund. Wie sehr Cornelius dies als eine Hauptsache im Auge hatte, zeigt die Manchem vielleicht kaum sichtbare höhere Auffassung der Proserpina in der ersten römischen Skizze. Während auf dem spätern Carton die Hand der Königin mit gestreckten Fingern die Pluto's sanft gefaßt hält, eine Bewegung, in der das Beschwichtigende vorherrscht, als wolle sie mit leisem Drucke sagen: wie schön der Gesang, aber fürchte nichts, mein Herz bleibt dennoch bei dir; so zeigt die römische Zeichnung die Stellung der Finger anders. Der Daumen liegt gekrümmt und eingezogen oben auf der Hand Pluto's, so daß die übrigen Finger allein greifen: bei weitem charakteristischer!

Die Heftigkeit, Plötzlichkeit der Bewegung wird damit auf das Schärfste angedeutet. Was Proserpina thut, erscheint nun ganz anders. Mehr und mehr von Orpheus bezaubert und ganz in sich versunken, überkam sie wie ein Blitz das Ge-

fühl der Möglichkeit eines Unheils, und indem sie nach der
Hand ihres Gatten sucht, umklammert sie sie mit der ihrigen
so rasch und so fest als es blindlings möglich ist.

So sehen wir in dieser Composition eine ganze Reihe
von Motiven, einzeln erkennbar wie die Melodien einer Sym-
phonie, und doch auch wieder zu einem untrennbaren Ganzen
verschlungen. Bei diesem Werke ist die spätere Düsseldorfer
Auffassung entschieden ein Fortschritt neben der früheren Römischen. Auch enthält es in den Einzelnheiten am meisten individuelle, der Natur sichtbar abgenommene Züge, die von da
an nur noch selten bei Cornelius hervortreten. Schon auf dem
„Reiche des Neptun“ und am meisten auf dem „Olymp“ finden wir die typische, ins Groß-Allgemeine gehende Auffassung
des menschlichen Körpers, die von nun an vorwaltend bleibt,
bis Cornelius endlich, in den Werken seines höchsten Alters,
wunderbarer Weise erst sich der Natur in naiver Nachahmung
wieder hingiebt.

Befremdlich ist, wie Goethe über diese Composition urtheilte. Fast zehn Jahre nach Entstehung des Cartons kam
der Stich heraus, der, wenn auch etwas hart, dennoch
unter Cornelius' Augen mit der größten Sorgfalt ausgeführt
worden ist. Freilich haben wir nur was Eckermann darüber
berichtet, und es ließe sich ungenaue Wiedergabe der Aeußerungen Goethe's annehmen, indessen zeigt sich doch, daß Goethe
hier übersah, was kaum übersehen werden durfte. „Das Bild,“
lesen wir in Eckermann's zweitem Bande, „erschien uns wohl
überlegt und das Einzelne vortrefflich gemacht, doch wollte es
nicht recht befriedigen und dem Gemüth kein rechtes Behagen
geben. Vielleicht, dachten wir, bringt die Färbung größere
Harmonie hinein; vielleicht auch wäre der folgende Moment
günstiger gewesen, wo Orpheus über das Herz des Pluto
bereits gesiegt hat und ihm die Euridice zurückgegeben wird.
Die Situation hätte sodann nicht mehr das Gespannte, Er-

wartungsvolle, würde vielmehr vollkommene Befriedigung gewährt haben."

Es ist zu bedauern, daß der Kanzler Müller, dem Goethe
das Blatt zwei Tage früher gezeigt hatte, sich mit der einfachen Notiz des Factums begnügte. Wir würden indessen,
wenn auch vielleicht charakteristischer gefaßt, bei ihm nicht viel
Günstigeres gelesen haben. Goethe blieb, obgleich er auch
die Malereien des Trojanischen Saales anerkannt, ja Cornelius
darüber einen höflich achtungsvollen Brief geschrieben hatte,
dessen Richtung im Herzen feindlich gesinnt bis zuletzt. Cornelius gehörte zu einer Reihe von Erscheinungen, die zu verstehen Goethe nicht im Stande war. Er selbst liefert bei anderer Gelegenheit die beste Erklärung und Entschuldigung dieser
Unfähigkeit, Cornelius gerecht zu werden.

Goethe hatte in jüngeren Jahren die bekannte Entdeckung
vom Vorhandensein des Zwischenknochens beim menschlichen
Schädel gemacht, welcher von den gleichzeitigen zünftigen
Naturforschern geleugnet wurde. Mit einem derselben, Peter
Camper, setzte er sich darüber in Briefwechsel und mußte nun
erfahren, daß Camper, so freundlich er alles Andere in Goethe's
Briefen Enthaltene berücksichtigte, gerade diesen Hauptpunkt in
seinen Antworten stets überging, bis Goethe, als er die Unmöglichkeit einsah, zum Ziele zu gelangen, die Correspondenz
auf sich beruhen ließ. Hierüber spricht er sich in einem 1830
geschriebenen Aufsatze aus, der, wie alle diese Stücke aus
der allerletzten Zeit Goethe's, zum Schönsten, zum Theil Erhabensten gehört, was Gelehrte über ihre eigenen Bestrebungen
gesagt haben. Und so fügt er hier dem Berichte hinzu, „ich
ließ die Verbindung mit Camper ruhig fallen, ohne jedoch
daraus, wie ich wohl hätte sollen, die bedeutende Erfahrung
zu schöpfen, daß man einen Meister nicht von seinem Irrthum
überzeugen könne, weil er (der Irrthum nämlich) ja in seine
Meisterschaft aufgenommen und dadurch legitimirt ward."

28*

Demjenigen also, der sich Meister nennen darf, wird damit die Berechtigung des Irrthums von Goethe zugestanden, als aus einer natürlichen Berechtigung fließend!

Dies müssen wir bedenken, um zu verstehen, warum Goethe selbst, nachdem er die Sprache geschaffen, in der von Anfang unseres Jahrhunderts an Deutsche Gedanken und Dichtung offenbar wurden, diejenigen nicht recht würdigen kounte, welche neben ihm ihre eigene Sprache zu sprechen versuchten: Kleist, Brentano, Arnim, Uhland. Mit dem besten Willen, jeder neuen Erscheinung gerecht zu werden, hat er es diesen vornehmsten Deutschen Dichtern einer neuen Schule gegenüber nicht vermocht. Seine Unfähigkeit war, um Goethe's Ausdruck wieder zu gebrauchen „in seine Meisterschaft aufgenommen und dadurch legitimirt." Ebenso ist zu fassen, daß er Cornelius nicht verstand. Goethe's in funfzig Jahren sich natürlich entfaltendes Kunstverständniß hatte keinen Platz frei für Cornelius. Er, der überall organischen Zusammenhang begehren mußte, sah etwas fremd sich Aufbrängendes in Cornelius' Werken, das zu classificiren seine Erfahrung nicht ausreichte.

Es ist mir immer als ein Zeichen von Größe bei Cornelius erschienen, daß Goethe's ablehnendes Verhalten seiner Verehrung für ihn niemals Eintrag gethan hat. Cornelius stand zu hoch. Er sah diese Erfahrung als eine zufällige Ungunst der Verhältnisse an, die Goethe's Verdienste in seinen Augen nicht berührte.

VIII.

Nach dem Erfolge der Münchner Arbeiten durfte Cornelius gleichgültig sein, wie sich etwanige Gegner zu ihm stellten. Es umgab ihn vollzuströmende Bewundrung; von allen Seiten wurde wiederholt, daß das Höchste erreicht sei, immer neue Bestellungen, für die selbst seine zahlreichen Schüler oft nicht ausreichten, bestätigten aus der Ferne das Urtheil derer, die, als ihm zunächst stehend, parteiisch scheinen konnten. In diesen Bestellungen lag die Probe für die Vortrefflichkeit seiner Leistungen. Immer umfangreicher wurden die Unternehmungen, bedeutender die Summen, um die es sich dabei handelte. Und noch standen ihm, nach seinem Eintritte in den Dienst des Königs von Bayern, funfzehn Jahre zu Gebote, in denen es so vorwärts ging, und in denen, entsprechend den Leistungen als Künstler, seine äußere Stellung an Bedeutung gewann. Cornelius war in den Adel erhoben worden, er stand an der Spitze der Akademie, er diente einem kunstsinnigen Könige, bei dem sein Urtheil das durchschlagende Wort war. Goethe's und Carl August's Freundschaft schien sich in München zu wiederholen. Nach einer langen Epoche der Prüfungen waren endlich die Tage gekommen, in denen das Schicksal Cornelius alles Wünschenswerthe in den Schooß schüttete. Menschen gewöhnlichen Schlages pflegen durch entbehrungsvolle erste Lebenszeiten nicht nur gehärtet, sondern oft auch verhärtet zu werden; von der endlich erreichten Höhe herab sehen sie mit einer gewissen Mitleidslosigkeit auf die Nachstrebenden nieder, als brauchten diese es ihrerseits ja nun nicht besser zu haben als sie selber es einst gehabt; edlere Naturen suchen im Gegentheil denen, die sie als hülfsbedürftige Anfänger unter sich erblicken, das Aufkommen zu erleichtern, damit an ihnen das Schicksal nun nicht von neuem seine Grausamkeit auslasse. In diesem Sinne nahm Cornelius sich stets seiner Schüler an, welche die Milde und Freundlichkeit seines Herzens erkennend, sich mit einer Hingabe an ihn anschlossen, die immer eines der schönsten Capitel der Deutschen Kunstgeschichte bleiben wird. So auch Förster, den Cornelius auf liebenswürdige Weise zu sich heranzog und bei dem man recht empfindet, wie seine beiden Bände biographischer Erinnerungen aus herzlicher Verehrung hervorgegangen sind. Neidlos wandte Cornelius seinen Schülern die Bestellungen zu, die bei ihm eingingen ohne daß er sie selbst erledigen konnte. Mit Rath und That unterstützte er sie dabei. An sein Herz und seinen Geldbeutel durfte Jeder appelliren. Er hatte zu gut selber erfahren, was das heißt: Mangel leiden und sich bei unsicherer Aussicht in die Zukunft mühsam von Jahr zu Jahr durcharbeiten müssen. Er war längst diesen Jugendzeiten entronnen, sein Ruhm und die vornehme Stellung, die er einnahm, konnten ihn nicht mehr bethören, er war schon ein fertiger Mann, ehe ihm so wohl gebettet wurde. Dazu verlieh ihm seine feste Männlichkeit, sein Ernst, sein leidenschaftlicher Wille und seine Fähigkeit, mit einem Donnerwetter allenfalls dazwischenzufahren wo sanftere Worte den Klotz nicht spalten wollten, die persönliche Zuverlässigkeit, die jüngere Leute deutlich empfinden müssen, wenn sie sich fest anschließen sollen. Mit Cornelius gingen seine Schüler alle durch dick und dünn. Einen einzigen ausgenommen, der freilich in jenen ersten Zeiten sich gleichfalls unterordnete und anschloß ohne ahnen zu lassen, wie er auftreten würde als der rechte Zeitpunkt gekommen schien. Von ihm wird beim Beginn der Berliner Zeiten erst die Rede sein. Ich meine Kaulbach, an dessen Ruhm die frevelhafte Undankbarkeit, mit der er seinen alten Lehrer öffentlich verhöhnte, stets als ein Schandfleck kleben wird.

Cornelius begann nach Vollendung des Göttersaales in der Glyptothek das zweite Zimmer, den Trojanischen Saal. Diese Compositionen sind in Deutschland entstanden. Unter ihnen eine wieder, die den übrigen weit voransteht, überhaupt wohl die großartigste unter des Meisters sämmtlichen Münchner Arbeiten: die Zerstörung von Troja, oder besser gesagt: der Untergang der Familie des Priamus. Auch dieses Zimmer war schon in Rom geplant, aber es sollten neben der trojanischen Mythe, der nur eine Wand zukam, andere Heroengeschichten des Alterthums dargestellt werden. Ohne Zweifel

sind die beiden weiteren homerischen Compositionen: der Beginn der Ilias durch den Streit zwischen Achill und Agamemnon, und der Umschwung des Gedichtes: der Kampf vor
den griechischen Schiffen, erst später hinzugekommen, während
der Fall der Stadt das ursprüngliche erste und einzige trojanische Bild sein sollte. Bei diesem auch läßt sich die Entstehung der Composition aus Früherem nachweisen. Wir
brauchen sie nur mit dem Titelblatte der Nibelungen, dem
zuletzt gezeichneten Blatte für diesen Cyclus, zu vergleichen,
um zu sehen, daß der Untergang des Priamus und der Seinigen eine Neuschöpfung der Scene des Unterganges der
Krimhilde, König Etzel's und der hunnischen und burgundischen
Helden sei.

Indem ich hier Nibelungen und Iliade in einem Athem
nenne, deute ich zugleich an, worin das eigenthümliche Neue
liegt, das von Cornelius in seine Darstellung der homerischen
Dichtung hineingetragen wurde. Wie sein „Orpheus" dadurch
neu und ergreifend wirkte, daß eine ebenbürtige Vermählung
Deutscher Romantik und griechischer Mythe sich vollzog, so empfängt Cornelius' Auffassung des homerischen Gedichtes dadurch
neues Leben, daß eine Verschmelzung Deutscher und griechischer
Heldensage uns daraus entgegenleuchtet. Zwar erzählt Homer
die Eroberung Ilions nicht, und die Scenen des Schreckens,
wie die Gesänge seiner Nachahmer sie berichten, die ihren
Meister zu überbieten suchen mußten wenn sie Gehör finden
wollten, würden Homer selbst widerstrebt haben. Er gebraucht
das gewaltsam Fürchterliche immer nur als Gegensatz und
hätte es niemals zur Mitte eines Gedichtes gemacht. Dennoch sind die Gestalten, welche Cornelius vor uns erscheinen
läßt, für ihn die Gestalten, die Homer's Ilias in seiner Phantasie erweckte, und deshalb muß Cornelius' Untergang des
Priamus als eine Illustration Homer's gelten, auch wenn
dieser die Scene nicht erzählt hat. Es ist auffallend, wie sehr

die späteren Fortsetzungen der Gedichte Homer's: all die
Ausführungen und Anhängsel der nachfolgenden griechischen
Epiker und Tragiker, oder die anders gewandten Wieder-
holungen seiner Darstellung einer von Grund aus verschiedenen
Grundanschauung entsprangen. Ein Element der Schärfe,
Härte, Grausamkeit spricht aus diesen späteren Wendungen,
das Homer fehlte. Es ist als hätten seine Nachahmer unter
dem Einflusse eines strengeren härteren Klimas gedichtet. Verschwunden die zarten Seelenvorgänge, die bei Homer's Helden stets die ersten Keime sind, aus denen die gewaltigsten
Umschwünge sich entwickeln. Denn meist stehen bei ihm die
Dinge so, daß ein einziges mildes Wort die gesammte Situation zum Guten ändern könnte, daß wo diese Wendung
eintritt, von allem Aeußerlichen abgesehen wird und eine rein-
menschliche Regung, entweder indem sie zur Blüthe kommt
oder indem sie zurückgedrängt wird, den Ausschlag giebt.
Selten sind diese feinsten Conflikte in die Dichtungen der
späteren hinübergenommen worden, wie etwa beim Philoktet
des Sophokles; meist ist äußerliche Gewaltsamkeit zum Haupt-
träger der entscheidenden Elemente gemacht.

Cornelius' Verfahren ließe sich hier dem des Aeschylos
vergleichen, der auch aus der Quelle seines eigenen Herzens
all die furchtbaren Wirbel in den sanften, großartig ruhigen
Fluß der homerischen Anschauung hineingebracht hat. Cornelius erfand seinen Untergang der Stadt unter dem Einflusse
des gewaltigen letzten Gesanges der Nibelungen, der als der
Abschluß des Gedichtes dem unbekannten Dichter dieses Epos
am besten gelungen ist.

Wenn wir eine Geschichte der Aufnahme und Wirkung
der homerischen Gestalten in neuerer Zeit aufstellen wollen, so
muß mit der französischen Tragödie begonnen werden. Für
Raphael und Michelangelo hatte die gesammte Gesellschaft
der trojanischen Mythe noch keine Bedeutung. Homer nimmt

auf dem Parnaß im ersten Baticanischen Zimmer den obersten
Platz ein und Alexander ist dargestellt, wie er Homer's Ge=
dichte in einen kostbaren Schrein legen läßt, allein Homer
verdankt seinen hohen Rang hier mehr der Rekommandation
durch Dante, Birgil und Horaz, als der eigenen unmittelbaren
Bekanntschaft Raphael's. War Dante der größte neuere, Birgil,
sein Lehrer, der größte römische Dichter, so mußte Homer, als
dessen Lehrer, der oberste von Allen sein. Giulio Romano
malte den „trojanischen Saal" im Schlosse zu Mantua, aber
auch er gewiß nicht unter dem Einflusse der Verse Homer's.
Erst als man den griechischen Tragiker für die Bühne nach=
ahmte und neben anderen auch den homerischen Helden in
ihnen begegnete, fingen diese Gestalten in Italien an wieder
lebendig zu werden. Auch damals also noch nicht aus dem
Gedichte ihres Schöpfers, sondern aus denen der Nachahmer.
Die homerischen Prinzen und Prinzessinnen der französischen
Tragödie unterschieden sich in nichts von den übrigen hohen
Persönlichkeiten der Bühnendichtung. Eben dahin ist die weitere
Ausbildung dieser Figuren durch die italiänische Oper zu
rechnen. Gluck hat, um sich für seine Iphigenie zu begeistern,
schwerlich zu Homer's Gedichten gegriffen, obgleich bei ihm,
im Gegensatze zu den Franzosen und Italiänern, weil er ein
Deutscher war, der ächt homerische Zug durchbricht, nicht
mit den Ereignissen rühren zu wollen, sondern mit der Dar=
stellung eines Charakters, dessen einfache Schönheit den eigent=
lichen Lebenspunkt des Kunstwerkes darbot. Und ebenso er=
scheint Goethe's Iphigenie. Goethe hatte Homer in sich auf=
genommen. Goethe ist der erste Dichter nach Homer und
deshalb der größte nach und neben ihm, weil er, auf der
Höhe einer großartigen Civilisation stehend, Motive von
einer Zartheit und Feinheit in seinen Dichtungen anwendet.
und durchführt, wie kein anderer Dichter sonst. Die schönste
Blüthe der reinen Menschlichkeit — das Wort ist leider so

oft gebraucht, daß es uns trivial klingt — ist zum Gährungs-
stoffe der Conflicte bei ihm geworden. Ein einziger zarter
Athemzug des Windes treibt und lenkt die gewaltigsten Fahr-
zenge, die Goethe mit so richtiger Segelstellung aussendet,
daß diese höchste Empfindlichkeit als ihre natürliche Eigenschaft erscheint und die unermeßliche Kunst des Erbauers vergessen wird. Dies auch der Grund, weshalb man daran
denken konnte, daß Jlias und Odyssee dem Genius des griechischen Volkes entsprungene Naturprodukte und nicht das Werk
eines einzigen Dichters seien, etwa wie Statuen, die sich in
Tropfsteinhöhlen zufällig bilden. Die Natur würde heute wie
eine ärmlich zurückgekommene Wirthschaft erscheinen, wenn sie
vor 3- oder 4000 Jahren ein ganzes Nest Homere zu schaffen
im Stande war. Solche Werke wie Jlias und Odyssee, jeder
einzelne Gesang wohl erwogen und in Rechnnng gebracht,
konnte immer nur ein Einziger schaffen, wie sie in Perioden
von 3000 Jahren und mehr erscheinen, dann aber auch in
einer Fülle producirend, die, nach gewöhnlichem Maaße gemessen, freilich unerklärlich bleibt.

Aber weder Goethe, noch Lessing oder Winckelmann, welche
letztere beide so gründlich über die bildliche Darstellung der
homerischen Dichtungen geschrieben haben, ließen Jlias und
Odyssee zu der so fruchtbaren Domäne der bildenden Kunst
werden, sondern das Aufkommen der griechischen Vasen-
gemälde als Muster für künstlerische Darstellung der griechischen Mythe hat für die Darstellung das Meiste gethan, während, was die Werthschätzung der Dichtung selbst anlangt, das
Publikum durch die vor der französischen Revolution eintretende Richtung auf das Nationale, Volksmäßige auf Homer
hingewiesen wurde, der bis dahin nur den Gelehrten bekannt
gewesen war. Der alte arme blinde Sänger des Volkes
war seit Jahrtausenden zum ersten Male wieder populär. Seinen Gesängen wurde die Würde von Volksliedern verliehen.

In Deutschland erschien Vossens begeisternde Uebersetzung, der in England auftauchende Ossian war wie ein jüngerer Bruder Homer's, und in Frankreich, wo man das „reine Menschen= thum" im „reinen Griechenthum" entdeckt zu haben glaubte, waltete nicht geringerer Enthusiasmus für den alten Rhap= soden, der nie mit den Höfen zu thun gehabt hatte und den Herrschern derbe Wahrheiten sagte.

Den Franzosen war es am wenigsten gegeben, in der bildlichen Darstellung der homerischen Scenen den rechten Ton zu treffen. Die Theaterfiguren ihrer Tragödie saßen ihren Künstlern zu elegant und geziert in der Phantasie. David malte Paris, wie er, als Fremdling in Argos, die Laute spie= lend im Gemache der Helena, sie verführt. Er hat innegehalten mit dem Spiel, hat ihren Arm gefaßt und sieht sie erwartungs= voll an, während sie, neben ihm stehend und in Nachdenken versunken, in ihrer Seele den letzten Gedanken an ihren ab= wesenden Gatten wie einen letzten fortfliegenden Vogel am Horizonte verschwinden sieht. Die Scene ist ein mit elegantem griechischen Hausrathe gefülltes Zimmer. Es wäre, deutete nicht Paris' phrygische Mütze an, was gemeint war, ebensogut als römisches Ereigniß zur Zeit des Augustus denkbar: Helena etwa eine römisch kaiserliche Prinzessin, aber ebensogut sogar eine vornehme Pariserin in antiker Tracht. Als David nach dem Sturze Robespierre's im Luxembourg gefangen saß, com= ponirte er sich zum Troste Homer, der dem Volke die Iliade vorsingt. Ich kenne die Arbeit nicht. Es wäre interessant, sie mit Carstens' Darstellung derselben Scene zu vergleichen, die das Schönste und Großartigste ist was dieser geschaffen hat.

Carstens hat unter den Deutschen Künstlern Homer am reinsten erfaßt. Er hat diejenigen Motive zu den geistigen Centren seiner Compositionen gemacht, welche es auch bei Homer wirklich sind. Seine Helden im Zelte des Achill, den sie überreden wollen wieder zu kämpfen, sein Priamus vor

Achill kniend, den Leichnam seines Sohnes erbittend, sind wie vom Finger Homer's ihm vorgezogen.

Am bekanntesten und am einflußreichsten aber auf die allgemeine Anschauung waren des englischen Künstler Flaxman's Illustrationen zu Homer. Flaxman eignete sich die Currentschrift der griechischen Vasenzeichner, oberflächlich betrachtet, völlig an. Er traf damit was die Mode seiner Zeit verlangte, und auch denen, die damals über der Mode zu stehen glaubten, genügte er. Flaxman producirte zudem in der gehörigen Masse, um dem Publikum, das, wenn es einmal an einer Manier Geschmack gefunden hat, in dieser nun auch ununterbrochen Neues verlangt, genug zu thun. Endlich, seine Arbeiten kamen in Jedermanns Hände. Es ist ein Unterschied, ob bloß Kenner die Werke eines Künstlers sehen, oder ob sie auf jedem Conditorcarton, jedem Schreibheftdeckel, jedem gemalten Teller zu sehen sind, ob Tausende von Photographien danach gemacht werden.

Flaxman brachte es dahin, sich zum europäisch officiellen Illustrator Homer's und überhaupt der antiken Dichter aufzuschwingen und hat sich in die Anschauungen mehrerer Generationen dermaßen eingefressen, daß unwillkürlich jede Scene der antiken Götter=, Heroen= und sogar politischen Geschichte Lesern oder Hörern zuerst in den steifen Flaxman'schen basreliefartigen Umrissen sich vor der Phantasie zeigte.

Gegen Carstens, gegen Flaxman, gegen Alles was in der Kunst von griechischer Form und Mythe ausging, hatten sich die Klosterbrüder von San Isidoro ihrer Zeit empört. Die ihnen entgegenstehende Partei waren ja die „Helleniker." Doch wir haben gesehen, wie Cornelius diesen unchristlichen Griechen dann doch zugedrängt worden war, ohne es Anfangs Wort haben zu dürfen. Endlich nun hatten die Aufträge Ludwig's von Bayern Compositionen aus der heidnischen Mythe offen gefordert. Wie sollte Cornelius verfahren?

Nicht allein im Principe hatte er der Auffassung der
Helleniker entgegen gestanden, sondern er kannte sie gar nicht.
Er hatte vor Raphael und der Antike die Blicke seitwärts
gewandt. Es war wie eine Sprache, in der er nun dichten
sollte und die er nachträglich hätte lernen müssen. Etwa wie
ein Staatsmann, der als junger Mensch aus nationaler Begeisterung kein Französisch lernte, später aber ohne Französisch
nicht auskommen kann und es in stillen Privatstunden nach-
zuholen versucht. Cornelius mußte. Er versucht die griechische
Mythe in irgend einer Form zu geben, und jetzt sehen wir
ihn auf die genialste Weise einen Ausweg finden. Die bas-
reliefartige Auffassung der Helleniker läßt er auf sich beruhen
und geht auf die Auffassung der Antike durch Raphael
zurück, dann erst auf die Statuen des Vatican. Während
Carstens und Flaxman von den Vasenzeichnungen ausgegangen waren (wie denn Alles, was sie geschaffen haben, etwas
Schattenrißhaftes hat, was bloße Umrißzeichnungen stets haben
müssen), ging Cornelius von der runden Figur aus. Daher
dies neue Leben in seiner Auffassung. Wo er die griechischen
Götter darstellt, erinnern sie zumeist an die Götter Raphael's
auf den Deckengemälden der Farnesina. Cornelius fühlte heraus, daß Raphael dem homerischen Geiste hier näher gekommen war als die griechische Kunst selber, soweit sie uns erhalten blieb. Offenbar gehörte Homer, wo er seine Göttergeschichten erzählt, zu den Romantikern seiner Zeit. Die gra-
ziöse Manier, mit der er die Dinge behandelt, verräth seinen
Standpunkt. Wahrscheinlich hatten die Mythen seiner Götter
so wenig zu thun mit der offiziellen Religion seiner Zeit, als
die Mythen Ovids mit dem damaligen Staatsgottesdienste.
Für Homer's Götter, sollten sie in Bildern dargestellt werden,
die strengen Formen griechischer Tempelfiguren zu wählen, wäre
falsch gewesen. Er bedurfte leichterer, märchenhafterer Formen,
wie Raphael sie am lebendigsten geschaffen hat. Ueberall

nahm auch Cornelius zumeist die Natur zu Hülfe. Und was
den Geist anlangt, mit dem er seine Gestalten erfüllte: Cor=
nelius war zu alt, um die sanfte Größe des griechischen Alter=
thumes zu empfinden, wie wir es empfinden, denen es in
jungen Jahren in die noch reine Phantasie hineingezeichnet
wird: das Griechenthum fand bei ihm einen Boden, auf dem
die Saaten der Bibel, Dante's, Faust's und der Nibe=
lungen schon gestanden, Frucht getragen und reiche Ernten
gegeben hatten. Nur zu natürlich, wenn bei dieser Folge
geistiger Eindrücke die früheren Elemente ihren Einfluß geltend
machten und wenn der „Untergang Troja's," dem organischen
Gedanken der Composition nach, nur eine Erweiterung und
Umgestaltung der letzten Nibelungenscene ward.

Die Composition ist überreich. Nebenwerk, das zu bedeu=
tend ist, um nur den Hintergrund bilden zu dürfen, drängt sich
den Blicken auf. König Ludwig fand sogleich das heraus,
was auf dem Gemälde am meisten ergreift: Kassandra, von
Agamemnon, dem sie als Beute zugefallen ist, eben am Arm
ergriffen. Wie sie aufspringt und wie seine Hand sie fast
wieder loslassen will, als scheute er sich etwas den Göttern
Geweihtes zu berühren, das ist verständlich, schön und groß=
artig dargestellt. Es ist als würde Kassandra vor Agamem=
non's Augen wie zu einer Riesin, als empfinge er, nur
indem er ihren Arm berührte, wie durch einen Blitz die Prophe=
zeiung dessen was ihm nach der Rückkehr von Klytemnestren
bevorstand. Neoptolem dagegen, der, ganz im Vordergrunde
des Gemäldes, das Kind Hektor's Astyanax erfaßt hat, um
es auf den Steinen zu zerschmettern, wirkt abschreckender als
erschütternd und erinnert mehr an Hagen, der das Söhnchen
der Krimhilde tödtet, als an seinen Vater Achill. Auch bei
Homer lesen wir, wie Achill den jüngsten Sohn des Priamus
umbrachte, in der Schlacht am Skamander, hier aber nicht in
roher Mordwuth, sondern indem er den Jüngling selber be=

dauert, den er dennoch um der Rache für Patroklos willen
nicht schonen durfte.

Am meisten Einheit besitzt im Trojanischen Saale der Glyptothek die Composition, wie Achill, mit Athene zur Seite,
waffenlos von der Höhe der griechischen Schiffe herab, bis zu
denen Hektor mit den Seinigen vorgedrungen ist, durch die
bloße ausgestreckte Faust und den donnernden Zuruf die Schlacht
zum Stehen bringt, während unten um den Leichnam des
Patroklos gekämpft wird. Die beiden Gestalten des Achill und
der Athene sind das Mächtigste, das Cornelius auf der trojanischen Composition geschaffen hat. Die Auswahl dieser Scene
bekundet seinen herrschenden, heldenmäßigen Charakter. Es
ist, wie Homer singt, eine Schlacht von Männern, hier von
ihm dargestellt worden. Wie im Sturme die Meeresbrandung
Felsen hin- und herwirft, treibt die kriegerische Wuth Trojaner
und Griechen durcheinander, und wie ein Schlag, welcher Blitz
und Donner zugleich ist, fährt Achill's Stimme mitten hinein
und wirft im Momente die Trojaner zurück. Es giebt zwei
große Schlachtgemälde, die hier zum Vergleiche kommen könnten: Lionardo's Reiterkampf und die Schlacht des Maxentius
und Constantin von Raphael. Lionardo's Composition ist
wilder, Raphael's Werk umfangreicher als Cornelius' Arbeit;
beide sind sie mit einer Fülle von Hülfsmitteln zur Darstellung
gebracht, welche Cornelius nicht besaß, aber keines von beiden
übt diese unmittelbare Wirkung auf den Betrachtenden aus.
Lionardo's Scene ist wie aus einem fremden Märchen genommen: man sieht diese Gestalten wie Löwen hinter einem Gitter
sich anfallen und zerfleischen; Raphael's ungeheures Gemälde
hat eine gewisse epische Breite, die uns nicht in das Interesse
hineinreißt. Bei Cornelius empfindet man sofort, um was
es sich handelt, und nimmt Partei. Man kann nicht vor seinem
Werke stehen ohne persönlich ergriffen zu werden, es ist wie
eine Scene Shakespeare's voll dramatischer Wirklichkeit. Nur

einen Kampf kenne ich, der in ähnlicher Weise unser eigenes Interesse packt: das Ringen der Verdammten mit den
Teufeln auf dem Jüngsten Gerichte Michelangelo's. Die uns
im tiefsten Herzen erregende Darstellung des Zusammenstoßes
mächtiger Charaktere ist Cornelius' Stärke. Man fühlt bei
seinem Achill, der wiederum die hervorragendste Gestalt auch
der dritten Composition des trojanischen Zimmers ist, auf
der der folgenreiche Zank mit Agamemnon dargestellt worden
ist, daß wenn die Göttin ihm das gezückte Schwert nicht in
der Scheide zurückhielte, er mit unwiderstehlicher Gewalt los-
brechen und Agamemnon zu Boden schlagen würde. Cornelius ist hier weit über das hinausgegangen, was Homer's
erster Gesang enthält. Im Uebrigen ist diese Composition
nicht so glücklich als die anderen. Es sollte zuviel Gleichzeitiges
nebeneinander zur Anschauung gebracht werden; ohne genaue
Vorkenntniß des ersten Gesanges der Ilias würde nicht verständlich sein, um was es sich handelte.

Was dies Nebeneinander verschiedener Thatsachen in einer
Composition anlangt, so hat Cornelius Raphael's Verfahren
bei den Gemälden der vaticanischen Stanzen weiter ausgebildet. Auch Raphael bringt verschiedene, der Zeit nach aus-
einanderliegende Momente zu bewegten Handlungen zusammen, welche episch und dramatisch zugleich genannt werden
können. Raphael giebt eine Mitte, in der die geistigen
Linien der Composition perspectivisch zusammenströmen, und
weiß eine Fülle von Nebenscenen dadurch miteinander zu
einem Ganzen zu vereinigen. Cornelius ist in einigen seiner
Gemälde weiter gegangen und hat seine Aufgabe zum Theil
nicht ganz überwunden. Mit bedeutend größerem Geschicke ist
Kaulbach hier in seine Fußstapfen getreten, indem er Ereignisse von ganz gewaltiger Ausdehnung zu einer einzigen, dramatisch gegliederten Scene zu verflechten wußte. Kaulbach's
Treppenhausgemälde des Berliner Neuen Museums erfüllen

Aufgaben, die kein Maler vor ihm sich gestellt hat, Michelangelo beim Jüngsten Gerichte freilich ausgenommen. Kaulbach's Compositionen aber erwecken kein rein menschliches Interesse. Sie überraschen durch die Mannigfaltigkeit ihres Inhaltes und prägen sich der Phantasie ein; das Geschick, mit dem
diese Massen gegliedert sind, ist erstaunlich, der Reichthum, der
Glanz, die Eleganz, mit der die Dinge leicht hingeworfen zu
sein scheinen, haben etwas Erheiterndes, Erfreuliches: aber
rechten Glauben erwecken sie nicht. Diese Gemälde wirken
wie prachtvolle Opernschlußscenen, bei denen wir nie vergessen,
daß hier doch nur in Costümen gespielt werde und daß, wenn
der Vorhang gefallen ist, die Todten wieder aufstehen, um
ihren Herausruf in Empfang zu nehmen und ihre historischen Gewänder bei Seite zu legen, damit sie gelegentlich zu
anderer Verkleidung an anderer Stelle wieder benutzt werden
können. Da man auch, wo Kaulbach nackte Glieder malt, eher
an die von tabellosen Tricots überzogenen Körper von Kunst-
reitern und Akrobaten, als an das wirkliche Fleisch und Blut
kämpfender Helden denkt.

Kaulbach hat seinen Compositionen dagegen den Vorzug
einer lichten, das Auge bestechenden, seiner Aufgabe angemes-
senen Färbung gegeben, deren er technisch Herr war und die
er bei den sich folgenden Aufgaben gleicher Art immer leichter und sicherer anwenden lernte, so daß, auch wo er seine Gehülfen selbständig arbeiten ließ, stets eine erträgliche Leistung
zu Stande gekommen ist. Kaulbach's Wasserglasmalerei gestattet die Farben wie Oelfarben gleich so aufzutragen wie
sie sich auf der Palette dem Auge bieten, während die Freskomalereien — um dies zu wiederholen — Anfangs auf dem
nassen Kalk anders, meist dunkler, hervortreten als später
wenn sie getrocknet sind. Man muß bei ihnen genau wissen
was man will und die Farben von Grund aus kennen, darf
nirgends verweilen und hat mit handwerksmäßiger Raschheit

vorwärts zu gehen. Auch läßt das Gemälde kaum ausglei-
chende Retouchen zu. Es muß in unorganischen Stücken, Tagesarbeit auf Tagesarbeit, aneinandergesetzt werden. Cornelius,
der hiervon niemals abgegangen ist, hat auf viele Feinheiten
von vornherein verzichten müssen, deren Berücksichtigung das
moderne Publikum verlangt. Der Trojanische Saal ist, obgleich später entstanden, in der Farbenwirkung hinter dem
Göttersaale zurückgeblieben. Er bietet zum Theil einen grellen
unharmonischen Anblick dar. Die Berliner Cartons, die ein-
heitlicher als die Gemälde selbst wirken, werden an vielen
Stellen erst wieder offenbar werden lassen, wie Cornelius die
Dinge gemeint hatte.

IX.

Von den Arbeiten, welche in Vergleich zu Cornelius' colossalen Werken als Nebenarbeiten bezeichnet werden können,
darf hier, wo in großen Zügen die Entwicklung des Meisters
verfolgt werden soll, kaum die Rede sein. Die hauptsächlichste darunter ist die in den Loggien der Neuen Pinakothek in einer großen Reihe von Compositionen gegebene Geschichte der Neueren Kunst. Cornelius hat nur die Zeichnungen
geliefert, Zimmermann sie ausgeführt. Neuerdings sind diese
Scenen in den Umrissen herausgegeben worden, und zwar
nicht nach den Gemälden, sondern nach Cornelius' eigenen
Entwürfen. Sie haben ein conventionelles Element, das die
lange Serie sehr eintönig wirken läßt. Ich bemerke zu dieser
Publication, daß ich in Frankfurt a./M. in Privatbesitz einzelne Zeichnungen dafür kennen gelernt habe, die mir bedeutender erschienen als die entsprechenden veröffentlichten Umrisse. Wie dies zusammenhängt, wird später wohl von Diesem
oder Jenem untersucht werden, der sich mit Cornelius beschäftigt. Vielleicht, daß an noch anderen Stellen ähnliche Zeichnungen zum Vorscheine kommen.

Hervortretend neben dem Figürlichen ist bei diesen Malereien das Ornamentale. Die antik gehaltene Gliederung der
Wände, welche Cornelius auf den ersten römischen Skizzen
für die Glyptothekzimmer anwenden wollte, ist hier wiederaufgenommen. Raphael's vaticanische Loggien haben überhaupt
als Muster gedient.

Während Cornelius mit den Entwürfen hierfür beschäftigt
war, wurde nun jedoch eine Hauptarbeit von ihm vorbereitet,
die alles bisher Geleistete an Wichtigkeit und auch an äußerem
Umfange übertreffen sollte: die Ausmalung der neuzuerbauenden
Ludwigskirche.

König Ludwig, der, wie bekannt ist, alle seinen Händen
erreichbaren Mittel künstlerischen Unternehmungen zuwandte,
fühlte mit dem Fortgange seiner colossalen Bauwerke sich
immer stärker nur zu neuen gereizt. Die Errichtung der
Ludwigskirche durch Gärtner gehört, so betrachtet, nicht einmal zu den hervorragendsten und kostbarsten, sie entstand
zugleich mit vielen andern, welche der Stadt München heute
ihren wunderbar und wunderlich eigenthümlichen Charakter verleihen. Wunderbar, weil die Fülle dieser architektonischen Denkmale und ihre imponirende Gestalt einen großartigen Eindruck
macht, denn man fühlt, daß etwas in irdisch-vergänglichem
Sinne Unvergängliches hier geschaffen sei; wunderlich, weil
durch den in den verschiedenen historischen Stylen sich bewegenden
Schöpferdrang des königlichen Bauherrn ein so seltsames Conglomerat von Palästen, Museen, Kirchen, Thoren und anderen
öffentlichen Gebäuden geschaffen worden ist, daß der Gesammteindruck dieser Werke etwas Verwirrendes hat und das Gefühl niemals verschwindet, es sei doch nur der wechselnden Laune eines
mächtigen Dilettanten gedient worden, der seine innere Unruhe
durch das beschwichtigen wollte, was mit einem erlaubten Fremd-
worte englischen Ursprunges sensation oder excitement genannt
wird. Keine freudigere Ueberraschung hätte man König Ludwig

machen könneu, als mit der Entdeckung neuer historischer Modelle, auf die hin sich Nachahmungen errichten ließen. Bekannt ist, daß man zuletzt in München keine großen Männer mehr wußte, denen man Denkmale und Statuen setzen könnte. König Ludwig hat in seinen Bauten sosehr alle vorhandenen Muster ausgebeutet, daß, als König Max zur Regierung kam und ebenfalls einen Theil seiner Unsterblichkeit mit Baugeldern herstellen wollte, kein Styl mehr vorhanden war, in dessen Anwendung er nicht als Nachahmer seines Vaters erschienen wäre. In Folge dessen er die bereits früh gehegten Versuche, einen ganz aparten Baustyl für sich zu erfinden, der noch von Niemand angewandt worden wäre, wieder aufnahm und die neueste Münchner Straße mit Façaden in einer allerdings unerhörten Manier besetzte, die sich zu den vorhandenen wirklichen Baustylen verhält, wie etwa die künstlichen Sprachen, mit deren Erfindung unbeschäftigte Leute sich immer wieder befassen, zu den wirklichen. Auch Schinkel war darüber befragt worden. Sein Brief, worin er die Unmöglichkeit eines künstlich zu construirenden neuen Baustyles darlegt, hätte überzeugend sein sollen, hat aber keine Wirkung gehabt.

König Ludwig hatte Cornelius eine Stellung gegeben, die ihn zu dem Glauben verleiten mußte, idealer Dirigent der künstlerischen Umgestaltung Münchens zu sein, die sich vorbereitete. Förster theilt genug Details mit, aus denen hervorgeht, welchen Einfluß Cornelius auf den König hatte. Wo er rein als Künstler auftrat, schien es in der That als dürfe er befehlen. Die grenzenlosen Lobeserhebungen von Seiten, nicht einer öffentlichen Presse wie sie heute wirkt, deren Theilnahme so oft den Verdacht bewirkter Reclame hervorruft, sondern aus dem Munde und aus der Feder unabhängiger Kenner, welche in Cornelius einen Künstler höchsten Ranges verehrten und benen das gesammte Deutschland nachsprach, hatten in ihm ein dictatorisches Selbstgefühl entstehen lassen.

Cornelius durfte keinen Zweifel hegen, daß, wenn der König eine Kirche erbaute, nur damit Cornelius sie ausmale, durch einen Architekten, den Cornelius in seine Stellung gebracht, Cornelius' Vorschläge für deren inneren Schmuck maaßgebend sein würden. Er hatte ein Werk im Sinne, das, ausgeführt wie er wollte, alles Bisherige übertroffen haben würde. Schon in Rom war ihm die Idee eines Cyklus von Gemälden gekommen, den er ein „Christliches Epos" nennt: eine Darstellung des Christenthums in theils symbolischen, theils neutestamentarisch historischen Compositionen, welche, neu in ihrer Art, einem Gotteshaus zum Schmucke gedient haben würden, in dem, wie Cornelius sagte, jeder Christ, abgesehen von aller Confession, beten könne. Es sind die Compositionen, welche er später in Berlin für das Campojanto in Zeichnungen und Cartons ausgeführt hat.

Wohl zu begreifen also, daß er seine Vorschläge dem Könige in der Erwartung vorlegte, den Auftrag für dieses Werk zu empfangen, welches ihn den Gipfel seiner Leistungen ersteigen ließe. Wohl begreiflich dann seine Niedergeschlagenheit als der König den gesammten Plan verwarf und andere Darstellungen dagegen in Auftrag gab, deren Mitte das Jüngste Gericht bildet: die Malereien, welche heute in der Ludwigskirche zu sehen sind. Cornelius war außer sich. Zum ersten Male stieß sich der Wille des Königs an dem seinigen und es war unmöglich, dagegen durchzudringen. Dies geschah in den Jahren 1829 und 30. Hier verzeichnen wir Cornelius' erste verlorene Schlacht und von jetzt an beginnt für ihn die Zeit der Prüfungen.

Möglich, daß Cornelius sie damals bereits ahnte. Dennoch, als der Contract für die ungeheuren Malereien der Ludwigskirche endlich festgestellt war, mußte ihn das Gefühl erfüllen, auch so, innerhalb der vom Könige befohlenen Aufträge etwas schaffen zu können, das in seiner Art ebensosehr

das bisher Geleistete überträfe, als sein „Christliches Epos"
gethan haben würde, welches ja, bei der Unternehmungslust
des Königs, nach glücklicher Vollendung der Ludwigskirche
neue Chancen gehabt hätte.

Während an der Ludwigskirche gebaut wurde, ging er
nach Rom, um dort den Carton für das Jüngste Gericht zu
zeichnen. Auch diesen Carton besitzen wir in Berlin, in klei=
nerem Maaße und deshalb übersichtlicher als das Fresko=
gemälde selber. Ueber keine von Cornelius' Arbeiten ist so=
viel gestritten worden. Auf sie besonders wird zurückgegan=
gen, wenn der Beweis geführt werden soll, er habe nicht mit
der Farbe umgehen können und er sei ein bigotter Katholik
gewesen.

Zwei Punkte müssen bei Beurtheilung des Werkes zur
Sprache kommen. Erstens, was wollte das sagen: ein Jüngstes
Gericht 1830 im Auftrage König Ludwig's zu München an
die Wand einer frisch erbauten Kirche gemalt? Und zwei=
tens, was bot die frühere oder gleichzeitige Kunst dar, wo=
mit ein solches Werk als im Zusammenhange stehend zu be=
trachten wäre? Wenn Cornelius 1830 dergleichen malte, so
war das etwas Anderes als wenn es ein Maler, mit gleichem
Talente etwa, 1530, oder 1630, oder 1730 zu malen hatte.
Und wenu Cornelius sein Werk in einer Zeit und in einem
Lande etwa geschaffen hätte, wo ähnliche Arbeiten kirchlicher
Kunst dem Volke das Verständniß für solche Stoffe boten, so war
das etwas Anderes, als wenn er ein Jüngstes Gericht zu einer
Zeit und in einem Lande malte, wo sich Gegenstand und Be=
handlung beinahe wie etwas Fremdes erst legitimiren mußten.

· Die ältesten Darstellungen des Jüngsten Gerichtes in christ=
lichen Kirchen zeigen, daß man mit ihnen die Freuden der
Seligkeit, noch mehr aber den Jammer der Verdammniß der
Gemeinde vor die Augen führen wollte. Diese Gegensätze
waren die Hauptsache und blieben es. Dort ein von Engeln

angeführter Reigentanz, welcher emporschwebend sich im ewigen
Lichte verliert; hier das verdammte Volk, von einer unge=
heuren Kette umschnürt und in den Rachen der Hölle hinab=
gerissen. Der Phantasie des Malers war hier ein weiter
Spielraum geboten.

In diesem Sinne finden wir das Jüngste Gericht durch
manches Jahrhundert hindurch dargestellt bis zur Zeit der
großen Meister, von denen nur der eine Michelangelo ein
Jüngstes Gericht gemalt und eine neue Auffassung gegeben hat.

Dante's Gedicht hatte ihm die Gedanken dafür geliefert.

Bei ihm zuerst versuchen die Verdammten Widerstand zu
leisten, während auf der andern Seite, die Teufel die zur Selig=
keit Berufenen in den Gräbern zurückhalten möchten. Fremde
dramatische Effecte, die mit dem Christenthume nichts zu thun
haben. Wie Michelangelo's Peterskirche das Modell gewesen
ist, das wie eine zerstörende Macht Tausende von Kirchen ein=
gerissen hat, damit sie nach der neuen Form wieder aufgebaut
würden, so hat sein Jüngstes Gericht für den neueren Katho=
licismus des Concils von Trient eine neue christliche Mythologie
geliefert, deren Gestalten, wo sie erschienen, rings um sich her die
Gestalten der früheren Kunst zu Boden rissen, um die Stellen
mit Inhabern aus ihrer eigenen gigantischen Generation zu
besetzen. Es ist nach dem Jüngsten Gerichte Michelangelo's
keines zur Entstehung gekommen, das nicht auf das seinige
zurückzuführen wäre. Vor allen sind die Darstellungen zu
nennen, durch welche Rubens im Norden Europa's das Jüngste
Gericht in der neuen Gestalt einheimisch machte.

Aber nicht bloß als Kunstwerk hatte Michelangelo's
Jüngstes Gericht eine vernichtende Macht ausgeübt, sondern
seine Wirkung erstreckte sich viel weiter.

Wenn von der Auflösung die Rede ist, welcher die äußeren
Formen des Christenthums — Alles, was in festen Formeln
der Sprache, in hergebrachten bildlichen Anschauungen, sowie

im Aufbau der regierenden priesterlichen Gewalten bisher un=
zerstörbar erschien — heute anheimfallen, so werden als diejeni=
gen Mittel, welche am verderblichsten waren, die philosophisch=
historische Kritik und die Naturwissenschaften genannt. Die
erste habe den Respekt vor dem Buchstaben der heiligen Schrif=
ten, die zweite habe den Glauben an ihren Inhalt angegrif=
fen. Dagegen schien in der modernen bildenden Kunst eher
ein dem hierarchischen System dienendes Element gegeben zu
sein. Ueberall in den Kirchen gelten Gemälde und Statuen als
Frömmigkeit weckender Schmuck und es tritt das ersichtliche
Bestreben der sogenannt kirchlich Gesinnten hervor, die Kunst
im Dienste der Kirche anzuwenden. Dem entgegen behaupte
ich, der kirchlichen Kunst Raphael's, Michelangelo's und ihres
Jahrhunderts müsse vielmehr eine bedeutende Förderung ge=
rade dieses Geistes der zersetzenden Kritik beigemessen werden,
von dem die Macht der Kirche heute erschüttert wird.

Verfolgen wir was geschah.

Die bildende Kunst hatte bis, durchschnittlich gesprochen,
zum Jahre 1500 in Italien keinen höheren Rang als den
eines edlen Handwerkes. Wo die Kunst zu kirchlichem Schmucke
verwandt wurde, waren ihre, die himmlischen Dinge dar=
stellenden Werke nur andeutender Natur. Ihre Illustrationen
des Lebens der Maria, der Apostel, der Heiligen machten
weder den Anspruch, die Ereignisse wahrhaft zu reprodu=
ciren, wie sie etwa vorgefallen und von einem zufällig an=
wesenden Künstler rasch skizzirt, getreu aufbewahrt sein konnten,
noch wollten sie als Kunstwerke an sich oder gar als Offen=
barungen der Individualität eines bestimmten berühmten
Meisters besonders geehrt sein. Man betete in den guten
alten Zeiten vor diesem oder jenem Madonnenbilde: der Maler
als Hervorbringer des mehr oder weniger gelungenen Werkes
that nichts zur Sache und erhöhte oder verminderte die Andacht
nicht. Und so, die älteren Darstellungen des Jüngsten Ge=

richtes mit ihrem märchenhaften Teufel, in dessen Rachen Alles hineinmuß, sprachen direct zum Gemüthe und es war gleichgültig, ob sie mit größerem oder geringerem Geschicke ausgeführt waren. So angewandt konnte die Kunst im Dienste der Kirche förderlich wirken.

Nun aber bemächtigten die großen Meister sich der heiligen Ereignisse und Persönlichkeiten, und von jetzt an war jedes kirchliche Gemälde, mochte der dargestellte Gegenstand noch so heilig und unberührbar scheinen, einer die darauf verwandte Kunst betreffenden Kritik ausgesetzt, deren Folge sein mußte, daß das ganze Werk in jeder Linie, jedem Farbenpunkte als die Schöpfung eines irdischen Künstlers untersucht, erkannt und beurtheilt wurde, wobei die Frage der höheren geistigen und geistlichen Würde der dargestellten Scene oder Persönlichkeit mehr und mehr in den Hintergrund trat und endlich fast verloren ging. Eine Maria, mit der man Künstler und Publikum überraschen wollte, bei der in Farbe, Beleuchtung und Arrangement die raffinirtesten Mittel der Technik in Anwendung kamen, mußte andere als bloß ruhig anbetende Gedanken erwecken. Das Jüngste Gericht der Sistina war nun nicht bloß eine Abbildung des furchtbaren, am Ende aller Zukunft mit Furcht und Zittern zu erwartenden Ereignisses, sondern das bewundrungswürdige Werk des großen Michelangelo, über das, nachdem es vollendet worden war, lobende und tadelnde Kritik in einer Weise laut zu werden begann, daß der eigentliche Sinn der dargestellten Scene kaum mehr zur Sprache kam. Statt davon ergriffen zu werden, secirte man daran herum, die Maler saßen davor und copirten, man studirte die Verkürzungen, betrachtete beim Kampfe der Verdammten die Teufel mit derselben Bewunderung mit der man ihre Opfer ansah, man stritt über das Maaß der Nacktheit, das hier oder dort erlaubt sei, man malte Gewänder über die bedenklichsten Stellen, man machte dies sogar zum Gegen-

stand von Witzen: das Gemälde, das das größte und er-
schütterndste Ereigniß darstellte das die Menschheit denken
kann, hatte seine stoffliche Wirkung bald ganz verloren und zu
gleicher Zeit den übrigen Darstellungen des Jüngsten Gerichtes ihre Würde genommen. Die noch aus alten Zeiten
vorhandenen machten nun den Eindruck von lächerlichen Phan-
tasiewerken, gut für Bauern und Kinder; die später zur
Entstehung kommenden hatten dagegen nur den einzigen Zweck,
große Massen nackter Figuren in genialer Weise künstlerisch
durcheinander wirbelnd, entweder in die Hölle zu stürzen
oder schwebend sich aufwärts in die Gewölke drängen zu
zu lassen. Kein Mensch wird vor Rubens' Jüngstem Gerichte
auch nur die Anwandlung einer religiösen Empfindung hegen.
Colossale Fleischmassen in männlicher und weiblicher Gestalt
wirft Rubens in den Höllenkrater hinein, in Exemplaren, als
sei die ganze Menschheit für den Zweck dieser schließlichen
Verbrennung vier Wochen vorher mit Milch und Semmel ge-
mästet, dann gewaschen und sanft gebürstet und schließlich un-
tadelig splinternackt den immer eleganten Teufeln und sonstigen
Unholden zum Einstampfen übergeben worden.

Wer mochte bei dergleichen an den Dies irae denken? Und
wiederum, wer, wenn er an diesen Tag dachte, vermochte es
ohne daß ihm dergleichen nun vor Augen stand? Die Werke der
bildenden Kunst hatten dem Gedanken alle Furchtbarkeit, die all-
zugroße Natürlichkeit ihm alle Wahrscheinlichkeit genommen. Und
nicht allein beim jüngsten Gericht trat das ein. Der gleiche
Proceß des Herabziehens sämmtlicher heiliger Ereignisse zu
bloßen Gelegenheiten für Maler höchsten Ranges, ihre Kunst
zu erproben, hatte die Ereignisse und Personen selber zur
Nebensache gemacht. Und wenn ein Gemälde, eines des Murillo etwa, zur Frömmigkeit entflammte, so war es nun nur
Murillo gewesen der das durch seine individuelle Kunst bewirkte, und nicht der durch seine eigne Macht religiös wirkende

Gegenstand. Und so bei Cornelius: wenn König Ludwig ein
Jüngstes Gericht in eine neue Kirche verlangte, so war dieser
Stoff nur gewählt, und war diese Kirche sogar nur gebaut
worden, damit der erste Maler Deutschlands Gelegenheit fände,
an dem denkbar großartigsten Sujet sich zu erproben, an einem
Kunstwerke, das geeignet schien, die Tiefen seines Talentes
auszuschöpfen und .ihn als Rival des größten italiänischen
Meisters zu zeigen.

Die auf dem Concil von Trient vereinbarte neue Gestalt
des Katholicismus unterschied sich von der bis dahin gültigen
besonders darin, daß die frühere Form (die sich im 13. Jahrhundert im Gegensatze gegen die Constitution der Kirche unter
der Herrschaft der heidnischen Hohenstaufen gebildet hatte) ein
Christenthum der Städte, der Bürger, des „gemeinen Mannes"
gewesen war. Der in aristokratischen Sinne reconstruirte Katholicismus des Trientiner Concils dagegen ging an eine
höhere Adresse. Nun war es wieder ein Christenthum der Höfe,
des Adels, des höheren Beamtenthums, das gebraucht wurde,*)
und dieses bedurfte anderer äußerer Mittel für den öffentlichen Gottesdienst als die früheren bescheidenen bürgerlichen
Kirchen enthielten. Schon auf Rubens' Jüngstem Gericht hat
das gemeine Volk weder an Seligkeit noch an Verdammniß Antheil. Das ist lauter hoher Adel, der hier erlöst oder verdammt
wird. Das grobe gemalte Schreckmittel des Teufels, dem die
Sünderschaar zu einem einzigen Bissen in den Rachen geschoben
wird, hatte keinen Zweck mehr. Ueberhaupt, das „Jüngste Gericht" lag nun viel zu sehr in unendlicher Ferne: man wandte
zur Erschütterung der Seelen jetzt feinere, mehr beichtväterische,
in der Stille wirkende Mittel an und die Darstellung des
großen Ereignisses wurde von den Künstlern nicht mehr gefordert. Im Laufe des 18. Jahrhunderts ist kaum anders

---

*) Das heute abermals, um die Massen in die Hand zu bekommen, in
demokratischem Sinne umgestaltet wird.

als hier und da in der Stille eines gemalt worden, und nachdem die französische Revolution der gesammten europäischen
kirchlichen Kunst nach bisheriger, auf Tradition beruhender,
Uebung völligen Untergang bereitet hatte, war zu der Zeit,
wo Cornelius den Auftrag des Königs empfing, gewiß länger
als funfzig Jahre nirgends mehr daran gedacht worden, für
die letzte Aburtheilung der Sterblichen eine künstlerische Form
zu finden.

Sehen wir die Dinge von dieser Seite an, so muß ein-
gestanden werden, daß Cornelius, indem er zum ersten Male
wieder ein Jüngstes Gericht malte, das fast Unmögliche geleistet hat. Aber betrachten wir sein Werk ohne diese historische Einleitung, abgesehen von dem was den Maler fördern oder hindern mußte, so bleibt die Aufgabe an sich eine
Unmöglichkeit, ein Irrthum, und ihre Erfüllung ein mißglückter
Versuch. Wer heute die Erde durchgraben wollte, könnte dabei die kostbarsten Mineralien oder Quellen finden: durch aber
käme er nicht. Und so bleibt bei Cornelius nichts übrig als
das zu bewundern, was er trotz seiner Aufgabe hier geleistet
hat, das aber ganz zu vergessen, was er leisten sollte, vielleicht
nicht einmal wollte. Denn ich möchte zweifeln, ob er geglaubt
hat, irgend Jemand köune vor diesem seinem Gemälde an das
wirkliche Jüngste Gericht vorahnend erinnert werden: als sei
es möglich, daß die zukünftigen Dinge in dieser Gestalt sich
vollzögen. Und doch ebenso bedenklich scheint Förster's Annahme,
die Composition sei nur symbolisch als eine Darstellung desjenigen Jüngsten Gerichtes gefaßt worden, das sich unaufhörlich im Herzen jedes Menschen jeder seiner Handlungen gegenüber vollziehe.

Cornelius' Sehnsucht, ein Jüngstes Gericht zu malen, war
bei ihm als jungen Manne, befangen von den Eindrücken der
Klosterbrüder von San Isiboro, natürlich gewesen. In jugendlicher Begeisterung glaubte er an die Wiederkunst der Deutschen

Herrlichkeit und hielt die Wiederaufnahme der alten Formen für eine der Hauptsachen. Die „altdeutsche Tracht" erstreckte sich nicht bloß auf den äußeren Menschen. Das bunte, sonnige, glaubensfreudige Mittelalter mit Kaiser und Kirche an der Spitze (das niemals dagewesen ist), sollte wieder aufblühen. Wollten die jungen Maler damals die Rathhäuser und Kirchen der Städte von neuen Freskogemälden, im Dienste des Heiligen, erglänzen lassen, so gehörte auch das Jüngste Gericht wieder dahin. Aber von den Tagen der Freiheitskriege, wo so gedacht wurde, bis zum Jahre 1830 war viel Zeit verflossen. Diese Träume waren längst für Jedermann völlig verblaßt. Die katholisirende Partei der Romantiker war in Deutschland entlarvt und zurückgetreten und Cornelius selbst hatte sich von Fiesole zu Raphael und der Antike, von der Bibel und Dante zu Homer und den Tragikern gewandt. All das sollte vergessen sein! Zurück sollte er in die Stimmung und Begeisterung verrauschter Jugendgefühle sich wieder versenken. Auf den prächtigen Renaissancepalast, zu dem seine Kunst sich umgewandelt hatte, sollte nun doch ein colossaler gothischer oder romanischer Kirchthurm als letzter Abschluß kommen. Möglich war das immerhin wenn es befohlen wurde; künstlerische Vollendung aber konnte dieser Composition nicht ancommandirt werden. Cornelius vermochte nicht ein Werk zu schaffen, das Niemand wünschte, Niemand als Kirchenbild gebrauchte und Niemand als Kunstwerk erfreulich fand. Ein Gastmahl der heidnischen Götter, wo Jupiter neben Venus auf den Wolken sitzt, Apollo singt und die Grazien tanzen, kann mit Vergnügen betrachtet werden ohne daß man dazu antik heidnischen Glauben zu bekennen brauchte. Ein Jüngstes Gericht aber, das keinen überzeugenden Schrecken einflößt oder das nicht, wie bei Michelangelo, gleichsam eine Schule nackter Körperstellungen und Verherrlichung höchster individueller Anschauungen ist, wird in keiner Weise Eindruck machen. Was das

Individuelle anlangt, so enthält Cornelius', dem Umfange
nach, ungeheures Werk eine kleine Anzahl ergreifender Scenen,
im Ganzen aber so wenig, daß sie verschwinden, während
das Reich des Teufels und der Verdammten einen maskerade=
haften Eindruck macht. Diese Teufel sind mürrische Mißge=
stalten, Kerls, die man im Käfig auf Jahrmärkten herumführen
könnte, idealisirte Gorilla's. Am hinderlichsten aber war Cor=
nelius bei dem gesammten Werke die Nothwendigkeit, sich in
einer wichtigen Beziehung den Anschauungen der wiederauf=
kommenden kirchlichen Kunst zu fügen: in Bezug auf das Nackte!

Denn Cornelius als Maler dieses Jüngsten Gerichtes war
jetzt nicht einmal sein eigner Gesetzgeber. Weder was die Auf=
gabe an sich anlangte, noch was die Ausführung betraf, war
er frei und konnte wie er etwa gewollt hätte. Funfzehn Jahre
früher hatte er in der Reihen derer gestanden, die eine kirch=
liche Kunst aus dem Nichts neu hervorrufen wollten. Während
er für seine Person dann aber mit den griechischen Göttern
und Helden geschwelgt hatte, war von seinen ehemaligen Ge=
nossen und alten Freunden das Werk weitergeführt und voll=
bracht worden. Sie hatten die neue christliche Kunst geschaffen
und zwar ohne Cornelius! Als Extract aller italiänischen und
germanischen kirchlichen Gemälde, von Giotto bis zu Raphael
und Dürer, wurde durch Overbeck und dessen Freunde die
neue Form für kirchliche Gestalten festgestellt und in immer
größerem Umfange längst angewandt. Mit merkwürdigem
Geschicke hatte man an die Auffassung der früheren Jahr=
hunderte wieder angeknüpft. Hierbei waren, um nur dies zu
nennen, bei den Engeln und ihren Verwandten die colossalen
spitzen Flügel abermals aufgekommen, an deren Schwungfedern
man sich die Augen auszustechen fürchten müßte, sowie die
faltenreichen Gewänder, welche höchstens Kopf, Hände und
Füße frei lassen.

Ich weiß nicht, in welcher Gestalt Cornelius sich das

Jüngste Gericht 1817 dachte, als er mit Niebuhr darüber
sprach: 1830 aber hätte er es denken können wie er wollte: Formen, aus denen kein Heraustreten möglich war, hatten sich fest
gebildet und drängten sich ihm auf. Alle die Vortheile, welche
Michelangelo und sein Jahrhundert für diese Darstellung gewonnen hatten, mußten aufgegeben und eine Masse von Falten
und Costümwerk jeder Art auf die Composition gebracht werden, ohne welche die überirdischen Ereignisse in einer Kirche
nun einmal nicht dargestellt werden konnten. Diese Falten
und Flügel müssen Cornelius in der Stille in Verzweiflung
gebracht haben. Durch sie wurde troz der colossalen Fläche,
die größer als die Wand ist welche Michelangelo in der Sistina
zu Gebote stand, der Raum enge und es konnten nur eine
beschränkte Anzahl von Figuren darauf Platz finden. Michelangelo wußte mit seinem Gedränge nackter Gestalten die unbegrenzte Anzahl des gesammten Menschengeschlechtes zu sym-
bolisiren. Man meint aus unendlichen Fernen die Völker-
züge unablässig von allen Seiten herbeiströmen zu sehn, um
hier ihr Urtheil zu empfangen: bei Cornelius sind es einige
Dutzend Gestalten, die durcheinander fliegen, und statt daß die
Composition sich in die Tiefe verlöre, wie bei Michelangelo,
strebt Alles nach vorn, als gölte es, nur die vordere Fläche
der Wand mit Figuren zu bedecken.

Heute ist die Ludwigskirche meist verschlossen. Touristen
sehen sich das Werk an, welches obendrein, einige Stunden
des Tages ausgenommen, so dunkel erscheint, daß man es
kaum übersieht. Die übrigen umfangreichen Gemälde, welche
Cornelius' Schüler in dieser Kirche ausführten, sind noch unsichtbarer und erregen noch weniger Interesse. Auch die für
diese Arbeiten gezeichneten colossalen Cartons sind nach Berlin
gekommen, werden aber im Nationalmuseum kaum zur Ausstellung kommen, da sie voraussichtlich zu viel Raum in Anspruch nähmen.

X.

Bei der Beurtheilung der gesammten Malereien in der Ludwigskirche muß stets davon ausgegangen werden, daß wir hier nicht Arbeiten vor uns haben, welche Cornelius in seinem Geiste Jahre lang gebildet hatte, sondern daß er sich in die ihm plötzlich gestellte Aufgabe zu finden hatte, deren größter Theil der brängenden Zeit wegen Schülern übergeben werden mußte. Der König war ungebulbig. Die Dinge sollten so rasch als möglich vollendet bastehn.

War König Ludwig deshalb mit dem Werke nicht zufrieden, so hätte er sich erinnern müssen, daß nur seine Befehle besolgt worden seien. Hiervon aber war hinterher, als der Erfolg zeigte, daß eine unmögliche Aufgabe gestellt worden war, die Rede nicht. Der König hatte gehofft, ein Jüngstes Gericht zu besitzen, durch welches Michelangelo's Arbeit übertroffen würde; statt dessen war ein Werk theuer von ihm bezahlt worden, das, als eine gleichgültige Leistung, weder auf ihn selbst, noch auf das Publikum Eindruck machte. Es ist von Förster Bericht gegeben über die Art, wie dem Meister gedankt und gelohnt wurde. Förster's Buch ist hierfür mit reichhaltigen Mittheilungen versehen. Des Königs und auch Cornelius' Charakter kam diesmal zu vollkommener Entfaltung.

Daß die gegenseitige Verehrung der beiden, jedes in seiner Stellung mächtigen Charaktere nicht auf immer von Bestand sein könne, war vorauszusehen. Der Proceß erscheint sich durchaus normal zu entwickeln. König Ludwig's und Cornelius' Seelenbund dauerte so lange als Cornelius durch immer neue Erfolge dem Könige imponirte, und als der König durch gelegentliches Nachgeben Cornelius im Glauben zu halten wußte, es sei am letzten Tage immer noch wie in der ersten Zeit. Förster möchte nun den Lauf der Dinge so darstellen, als sei der König an dem Schuld gewesen, was kommen mußte. Wir vermögen natürlich nur auf das hin zu entscheiden, was vorliegt: diese Actenstücke aber scheinen ein Endurtheil zu bedingen, das anders zu fassen ist.

Cornelius war bei seiner anfänglichen Berufung aus Rom nach München in einen Kreis von Künstlern eingetreten, die sich ihm beugten weil ihm der goldne Schlüssel zum Herzen des Königs zu deutlich allein in die Hand gegeben war. So natürlich aber wie Cornelius selbst es ansah, schien diesen älteren, nun in die zweite Ordnung gedrängten Künstlern das neue Verhältniß nicht. Sie wollten ihr früheres Theil wenigstens nicht verlieren. Das kann Niemandem verübelt werden. Cornelius aber, im unbefangenen Glauben an seine Mission als Großmeister der heiligen Freskomalerei, betrachtete Alles, was in Sachen der Kunst geschehen sollte, so durchaus als sein ihm durch König Ludwig von der Vorsehung überwiesenes Department, daß er Rücksichten vernachlässigte, die zu beobachten gewesen wären. Nehmen wir das erste große Exempel dieser Art, das Förster in allen Details und Schriftstücken mittheilt: die Malerei in den Loggien der Neuen Pinakothek.

Dieser Bau war ein Werk Klenze's. Klenze hatte in München längst eine feste Stellung ehe man dort an Cornelius dachte. Er war der Erbauer der Glyptothek. Er hatte die Maaße der Zimmer nach Rom zu senden gehabt, als Cornelius zuerst vom Kronprinzen dort den Auftrag empfing, an deren Ausmalung zu denken. Architekten sehen sich bei Gebäuden, mag später an die Wände kommen was da will, als die eigentlichen Schöpfer und als die commandirenden Generäle an. Ohne Zweifel hatten die Freskomalereien in der Glyptothek Cornelius im höchsten Sinne nun zum Erbauer dieses Palastes für die Statuen des Königs gemacht. Cornelius' Name wurde zuerst genannt. Klenze stand zurück, als derjenige der die Wände nur zu mauern gehabt, auf denen Cornelius malte.

Wir wissen nicht, ob Klenze das seiner Zeit übel empfunden und, wenn es der Fall war, seine Empfindlichkeit sichtbar

hatte werden laſſen; es ſollte mich aber nicht wundern, wenn
er es gethan. Jetzt jedoch ereignet ſich etwas ganz Anderes.

Die Nene Pinakothek war fertig. Der König läßt ſich
von Klenze einen Plan für die innere Ausſchmückung des
Gebäudes vorlegen. Ich weiß nicht, ob das nun Folgende
von Seiten des Königs ſtill eingefädelt war, weil er ſich bei
einem Wunſche, den er hegte, Klenze gegenüber perſönlich
aus der Schlinge zu ziehen hoffte: er übergiebt Klenze's Vorſchläge Cornelius zur Begutachtung. Dieſer, mit der Aufforderung ſeines Monarchen in der Hand, erblickt begeiſtert in
der ſich darbietenden Reihe leerer Wände eines öffentliches
Gebäudes nichts als den ihm und ſeinen Schülern von Gott
und Rechtswegen gebührenden Malergrund und faßt in dieſem Sinne einen Bericht ab, worin Klenze's Vorſchläge auf
rückſichtsloſe Weiſe, nicht nur was die Sache, ſondern auch
was den Koſtenpunkt anlangt, getadelt und verworfen werden,
während er zugleich Anſchläge für von ſeinen Schülern auszu-
führende Malereien macht.

Hat Klenze dieſen Bericht geſehen, ſo mag ſein Charakter
nun ſo ſchlecht wie Förſter will oder er mag ein Engel von
Sanftmuth geweſen ſein: dieſes Verfahren mußte Gift und Galle
in ihm erregen. Nicht nur, daß er abermals den Ruhm ſeiner
Schöpfung beſtenfalls mit Cornelius theilen ſollte, war beinahe
ſeine Integrität angegriffen. Cornelius hat die Ausdrücke un-
vorſichtig gewählt. Und was erreicht Klenze, dem Förſter jetzt
den Vorwurf des Intriguirens gegen Cornelius macht, beim
Könige gegen Cornelius? Daß man dieſem den Auftrag nicht
direct gab, ſondern daß man ſich mit ihm dahin vereinigt, er
ſolle die Entwürfe für die in der Pinakothek zu malende Geſchichte der Modernen Malerei zeichnen, während Profeſſor
Zimmermann die Gemälde ausführte, aber nicht unter Cornelius' Leitung, ſondern als ſelbſtändiger Meiſter unter Klenze's
Superintendenz. Dies Arrangement nahm Cornelius und

seine Schule für eine blutige Beleidigung. Cornelius war kaum vom Könige zu bewegen, darauf einzugehen. Er sah eine Hintansetzung seiner Person, seiner Schüler, seiner Kunst darin. Allerdings, er und Klenze hätten sich vielleicht nur über den König beklagen dürfen, der wahrscheinlich beide in diese Stellung gegeneinander gebracht. Allein warum sollte Klenze allein nachgeben? Wenn Förster ihn nur auf das hin, was gedruckt in seinem Buche zu lesen steht, als einen Mann hinstellen will, welcher Cornelius' Stellung zu untergraben beabsichtigte, so liegt kein Grund dafür vor. Was Klenze erreichte und was Förster als die Frucht finsterer Intriguen darstellt, war das Geringste was ihm zugestanden werden mußte, da Cornelius, selbst wenn der König ihn verleitete, die Kritik der Klenze'schen Vorschläge zu verfassen, immer Schonung genug für den Mann hätte hegen sollen, der hier der am meisten beleidigte Theil war.

Cornelius, als altes geschultes Parteioberhaupt aus römischen Zeiten her, wußte, daß es darauf ankäme, über zahlreiche Kräfte zu gebieten und die entscheidenden Stellungen durch Freunde zu besetzen. Er sorgte dafür, daß Klenze in seinem Fache einen Concurrenten bekäme und brachte Gärtner in eine einflußreiche Position. Gärtner war deshalb der Bau der Ludwigskirche übertragen worden. Und von dieser, seiner eignen Creatur mußte Cornelius nun schließlich jetzt das Härteste erleben. Denn Gärtner wurde vom Könige dazu ausgesucht, Cornelius den entscheidenden Schlag zu versetzen, als diesem, nach Beendigung des Jüngsten Gerichtes, klar gemacht werden sollte, es sei Zeit für ihn, München den Rücken zu kehren.

Mit ungeheurer Erwartung war der Vollendung des Gemäldes entgegengesehen worden. Wenn ein König 80,000 Gulden für dergleichen ausgegeben hat, so muß der Erfolg nicht nur dem Lande, sondern auch dem eignen Gefühle gegenüber der entsprechende sein. Große Meister, die mitten in schöpfe-

30*

rischer Thätigkeit stehen, spielen immer va banque: der letzte
Einsatz entscheidet über das Schicksal alles vorher Gewonne=
nen. Die Malerei der Ludwigskirche war etwas die Erwar=
tungen ganz anders als früher Erregendes. Diesmal sollte
an das Verständniß aller Welt, gebildet und ungebildet, Ge=
lehrte und Ungelehrte, arm und reich appellirt werden. Ein
Jüngstes Gericht war ein Thema, das jeden Münchner an=
ging. König und Publikum im weitesten Umkreise erwar=
teten eine Leistung, welche Alles überragte was von modernen
Meistern überhaupt geschaffen worden sei. Man hatte das
Bedürfniß, bei Cornelius' Ruhm noch das letzte Tüpfelchen aufs
i zu setzen. Es fehlte doch immer noch etwas: der rechte
Umfang an Popularität. Die Glyptotheksäle waren mehr für
die Gebildeten; das gesammte Deutsche Volk sollte ein Werk
empfangen, das auf Jedermann den tiefsten Eindruck zu
machen nicht verfehlen könne. Aber der letzte, geheimste und
handgreiflichste Grund der Spannung für den König wie für
Cornelius: sie sahen sich bereits zu lange aus nächster Nähe,
als daß beide nicht die Nothwendigkeit empfunden hätten, es
müsse auf das etwas abgetrocknete Erdreich der idealen Insel,
auf der sie zusammen unter Palmen wandelten, ein gründlicher
Platzregen herabströmen, der die Vegetation wieder in frischen
Schuß brächte und die Luft reinigte, oder aber, schärfer ge=
sagt: es müsse endlich zum Austrage kommen, wer der Herr
und wer der Diener sei. Schoß Cornelius jetzt abermals
den Vogel ab, so hatte er von nun an unbeschränktes Anrecht,
mit seinen weiteren Plänen dem Könige am nächsten zu stehen,
und die Architekten konnten sich darauf gefaßt machen, in in=
finitum Mauern zu errichten, damit Cornelius seinen Namen
darauf schriebe. Ging dagegen die Sache nicht nach Wunsch
und Erwartung, so standen so und soviel energische Leute be=
reits in Positur da, mit Brecheisen in den Fäusten, um den
Riß zwischen dem Könige und Cornelius, dessen leise Bruch=

linie sich bereits verfolgen ließ wenn auch die Theile noch fest
aneinander schloßen, sofort zu einem Abgrunde zu erweitern,
den nichts weder ausfüllen noch überbrücken könnte. Und diese
Fäuste fanden jetzt zu thun.

Schon während der Ausführung der Malerei in der
Ludwigskirche herrschte dort nicht das fröhliche Treiben auf
den Gerüsten, erzählt Förster, das meist in den Sälen der
Glyptothek gewaltet. Dort habe die anders geartete Aufgabe
einen andern Geist mit sich gebracht. Auch wirkte wohl, setzen
wir hinzu, daß alle Mitwirkenden jetzt zehn Jahre älter waren.
Im Stillen aber that sicherlich am meisten das Gefühl, einen
verlorenen Feldzug begonnen zu haben. Ein übermäßig gro=
ßer, beinahe düsterer Raum; die Dunkelheit gesteigert durch
eingebaute Gerüste; der Befehl des Königs, zu eilen mit der
Arbeit; der unerfreuliche Gegenstand: die wie eine städtische
Folterkammer des 15. Jahrhunderts wirkende Hölle, während
das enge und unbehagliche Paradies drüben, in deßen Mitte
König Ludwig selber, man möchte sagen, hineingesteckt worden
ist, nichts Heiteres, Sonniges, Anlockendes zur Schau trägt;
die gepanzerten Erzengel, die den Raum beengen; die thronen=
den Erzväter in den langen historischen Bärten und mit den
eisern ernsten, kahlen Schädeln, Inquisitorenartig dasitzend in
tausendmal gesehenem Faltenwurfe; all das in harten Farben
Jahr aus Jahr ein colossal auf die Wand zu malen —:
eine solche Arbeit mußte herabstimmen. Und zu gleicher Zeit
wuchs unter Klenze's Leitung bei Regensburg die mächtige
Walhalla empor, für deren Schmuck alle Bildhauer Deutsch=
lands glänzende Aufträge empfingen.

Noch hatte der König die Malerei der Ludwigskirche
nicht gesehen, als, vielleicht durch die Aengstlichkeit der aus=
führenden Maler selbst hervorgerufen, bedenkliche Gerüchte
in München auftauchten. Das Weitere kann in wenigen
Worten erzählt werden. Der Moment kam, wo König Lud=

wig zuerst in seine Kirche geführt werden sollte. Schon die Vorbereitungen für diesen Besuch waren eine Beleidigung für Cornelius. Ein bitterer Brief ist abgedruckt, in dem er sich über Gärtner beklagt, der das halbe Gemälde mit Gerüsten verbaut habe, so daß der untere Theil im Schatten liege: diese müßten durchaus fort ehe der König davortrete. Keine Antwort und die Gerüste bleiben. Eines Tages begegnet Förster seinem Meister in der Ludwigsstraße, der in furchtbarer Aufregung ihm mittheilt, soeben seien der König und Gärtner in die Kirche eingetreten. Er selbst, der es gesehen, habe hinterher wollen und es sei ihm vom Thürsteher der Eintritt verweigert worden, mit Wiederholung des vom Könige, sowie von Gärtner empfangenen ausdrücklichen Befehles, Niemanden, auch Cornelius selbst nicht, den Eintritt zu gestatten.

Man erinnert sich unwillkürlich, wie Michelangelo vom Thürsteher des Pabstes aus dem Vaticane gewiesen wurde. Der Unterschiede aber sind viele. Michelangelo war damals ein junger Mensch, der Pabst ein rücksichtsloser alter Herr, und der Pabst allein hatte den Befehl gegeben. Cornelius dagegen war damals ein Mann zwischen Funfzig und Sechzig, der Director der Akademie, der im Angesichte Europa's geadelte, decorirte, mit allen denkbaren Beweisen bewundernder Freundschaft überschüttete Ritter Peter von Cornelius, der Schöpfer eines von ihm mit langjähriger Anspannung der Kräfte vollendeten Werkes, vor das er mit dem königlichen Besteller endlich selbst treten wollte. Und nicht der König allein, sondern neben ihm der Oberhofbaurath Gärtner hatte dem Thürhüter den Befehl ausgesprochen, Cornelius den Eintritt in die Kirche zu verwehren, in der er wenigstens so gut wie Gärtner selber noch der Herr war und zu befehlen gehabt hätte.

Cornelius hat, was er in München an Ehre und anderem Gewinn einheimste, theuer bezahlen müssen. Wäre König Ludwig ein Mann gewesen, auf den sich Shakespeare's Worte „jeder

Zoll ein König," wahrhaft anwenden ließen, so hätte ihm einfach
menschliches Gefühl jetzt sagen müssen, daß zum ersten Male
der Moment gekommen war, wo er Cornelius zeigen konnte,
wie hoch er ihn in Wahrheit stelle. An Versen und Prosa
hatte es nicht gefehlt, worin er seine Verehrung ausgesprochen, und Cornelius war nicht zu verdenken, wenn er das sich
Jahrelang gleich bleibende Klima endlich für constant hielt.
Vielleicht auch hätte Ludwig anders gehandelt, wäre zu dem
Aerger über den verunglückten Erfolg nicht das Gefühl hin-
zugetreten: Cornelius' Talent sei erschöpft und die Gelegenheit
da, ihn loszureden.

Cornelius wußte, daß in München keine Arbeiten mehr
zu erwarten waren, an denen sich sein Ruhm neu erkräftigte.
Er nahm danach seine Maaßregeln. In Preußen hatte Friedrich Wilhelm IV. eben den Thron bestiegen. Es war Zeit,
sich daran zu erinnern, daß man selber ein Preuße sei und
daß nun dennoch in Berlin vielleicht Platz für einen „königlich
preußischen Raphael" sich finden dürfte.

XI.

Es ist bekannt, mit welcher Ueberschwänglichkeit in den
Anfangszeiten Friedrich Wilhelm des Vierten bei uns gesprochen und geschrieben wurde. Der Briefwechsel, der sich
jetzt mit Cornelius und über Cornelius entspann, dessen Berufung nach Berlin bald eine beschlossene Sache war, hat trotz
der übertriebenen Hoffnungen, die gehegt wurden, und trotzdem
daß wir heute nur zu gut wissen, wie traurig Alles verlaufen
ist, ein Element, welches gegenüber den Münchner Correspon-
denzproben wohlthut. König Ludwig konnte in seinen Briefen,
Cabinetsordren oder Gedichten einen Mann, den er für den
größten Künstler hielt, mit den höchsten Schmeichelnamen be-
legen, oder er konnte ihn, nachdem die Laune gewechselt, mit
Füßen treten: er war der Herr. In Preußen hatte ein Mann,

der etwas war, eine andere Stellung. In den auf Cornelius
bezüglichen Schriftstücken macht sich eine gewisse objective,
staatsmännische Haltung geltend. Der Brief, in welchem Cornelius durch Bunsen sich anbietet, der, in welchen Bunsen dies
Schreiben dem Könige zusendet, und der Brief Alexander v. Humboldt's, durch den der König Cornelius auffordert, seine Bedingungen zu nennen, werden immer als für alle Theile ehrenvolle Actenstücke dastehen.

Es ist schön und groß gedacht, daß Cornelius gleich in
seinem ersten Briefe an Genelli erinnerte, welcher damals in
München verkümmerte und für den dort nichts zu hoffen war.
Bunsen's Brief faßt das damalige europäische Urtheil über
Cornelius zusammen. Man betrachtete seine Werke mit Ehrfurcht. Niebuhr's Prophezeiungen waren nun doch wahr geworden. Goethe's und seiner Privatabneigungen erinnerte man sich
kaum mehr. Cornelius selber nahm in Deutschland eine Stellung etwa ein, seiner geistigen Wucht nach, wie sie Goethe
innegehabt. Der Streit zwischen den Nazarenern und Helle-
nikern war zu Boden gefallen: beide standen als gemeinsame
Vertreter der idealen Kunst jetzt den emporkommenden Realisten gegenüber, denen weder an griechischen noch an christlichen Idealgestalten gelegen war, denen die Darstellung des
„Historischen" in voller, nachweisbarer, ächter Wirklichkeit als
Höchstes vor Augen stand. A. v. Humboldt's Brief an ihn
zeigt, wie hoch Cornelius in Berlin taxirt wurde. Viele Be-
rühmtheiten waren dorthin berufen worden: keiner von diesen Männern erschien in solchem Ruhmesglanze wie Cornelius. Keinem war, wie ihm, eine Deputation des Berliner Magistrates entgegengegangen, um auszusprechen, daß
man Heil und Segen für die Kunst und für das Vaterland
von seiner Anwesenheit erwarte. Das von König Ludwig
verschmähte Christliche Epos war der Inhalt der ersten Bestellung des neuen königlichen Herrn. Die Wände eines

Camposanto für die Königliche Familie sollten diese Compo=
sitionen tragen. Geld und guter Wille in überströmender Fülle
standen für die Unternehmung zu Gebote. Zwar soll König
Ludwig damals gesagt haben, im Hinblick auch auf Schelling,
er müsse Friedrich Wilhelm sehr dankbar sein, daß er ihm
seine unbrauchbaren Leute abnehme. Aber Berlin blieb Berlin
und München doch nur München. Wiederum schien München
jetzt für Cornelius nur eine vorbereitende Stufe gewesen zu
sein, auf der sein höherstrebender Fuß nicht länger zu ver=
weilen brauchte als seinetwegen nöthig gewesen war. Rom,
Düsseldorf, München, Berlin: der Abschluß trug die höchsten
Verheißungen in sich.

Da Alles jetzt von Friedrich Wilhelm dem Vierten ab=
hängt, muß vom Könige nun die Rede sein.

Der König trat seine Regierung unter Vortheilen an, die
außerordentliche genannt werden können. Kaum hat jemals
einen beginnenden Fürsten eine so große Anzahl bedeutender
Talente umgeben als ihn. Wie Cornelius sich an Friedrich
Wilhelm IV. wandte, so schien für jeden ausgezeichneten Mann
in Deutschland der Weg nach Berlin sich aufzuthun. Der
Zufall wollte, daß bei des Königs Thronbesteigung die In=
haber der höchsten Staatsämter meist so alt waren, daß ein
Ersatz durch frische Kräfte ohnehin nöthig gewesen wäre. Diese
Kräfte standen dem Könige in Gestalt eines weiten, ihm
freundschaftlich verbundenen Kreises geistreicher Leute zu Ge=
bote. Alle erfüllt von der gleichen schwärmerischen Erwartung
eigner außerordentlicher Leistungen in außerordentlichen Zeiten,
denen man entgegensah ohne sie zu fürchten. Auf eine Epoche
der Sparsamkeit und Aengstlichkeit schien ein Zeitalter der
Fülle und Kühnheit zu folgen. Ueberall wurde vom Besten
verlangt und es war leicht erreichbar. Zwar gab es schon
damals Leute, welche weiter sahen und die Consequenzen be=
dachten, aber kein trüber Ton der Befürchtung klang vernehmbar

in diese glücklichen Anfänge hinein. Im Jahre 1842, als die Wiederaufnahme des Dombaues in Köln feierlich eingeweiht wurde, hielt der König eine Rede. „Montags," schreibt Bois-serèe an seine Frau, „blieb kein Auge trocken, die alten Gene-rale, die neben uns standen, der Erzherzog Johann, selbst Humboldt und auf seine Weise Metternich waren tief ergriffen und drückten sich die Hände. Humboldt sagte mir, Metternich habe über die Rede des Königs bemerkt: Il-y-a là un enivre-ment mutuel, qui est peut-être plus dangereux pour celui qui le produit que pour les autres." Allein Boisserèe selbst scheint die herbe Kritik dieses Ausspruches gar nicht verstanden zu haben. Heute lesen wir auch in Humboldt's Briefen, wie sehr ihm in der Stille damals schon Befürchtungen aufstiegen. Zu Tage aber trat nichts und Boisserèe's Brief sagt weiter, wie Alle damals von dem gleichen Gefühle der „reichen, bedeutungs-vollen Gegenwart" durchdrungen waren. „Es ist," so fährt er fort, „wie die Abendröthe jener großen Zeit (der Freiheits-kriege nämlich), die aber zugleich auch die Morgenröthe einer neuen Zeit, einer, wenn nicht alle Zeichen trügen, hoffnungs-reichen, segensvollen Zukunft ist."

So dachte im Durchschnitte damals Jedermann. Dies die Atmosphäre, in die Cornelius eintrat.

Der König liebte nicht nur die Kunst von früh an: er war selbst Künstler. Man bezeichnet seine Stellung am ein-fachsten mit dem Namen eines Schülers Schinkel's. Wir haben architektonische Zeichnungen von seiner Hand, die durch-aus im Geiste Schinkel's gearbeitet sind. Wiederum sind viele Blätter Schinkel's unter des Kronprinzen Anstoß entstanden, denn die Zeiten des Königthumes Friedrich Wilhelm's er-lebte der arme Schinkel nicht mehr als gesunder Mann. Diese Schülerschaft bei Schinkel erklärt die Vorliebe des Königs für Architektur und zugleich seine Universalität. Auch König Ludwig baute gern und umfaßte Alles was Kunst war: den-

noch kein größerer Unterschied, als der zwischen Cornelius'
altem Herrn und zwischen dem neuen, in dessen Dienst er
eintrat.

Ludwig, der bei seinem Regierungsantritte noch als jugendliche Kraft auf das Leben losging, ward von einer allgemeinen, umfassenden Leidenschaft vorwärts getrieben, die
im Erschöpfen des Ueberflusses ihr Genügen suchte. Seine
Maitressen, seine Sammlungen, seine Malereien, seine Bauten, seine Reisen, seine poetischen Schwärmereien: Rom, Florenz, Griechenland: Alles nahm ihn abwechselnd völlig ein
und es kam nur darauf an, jeden Moment seines Lebens über-
quellend mit dem Interesse auszufüllen, von dem er sich gerade
ergriffen fühlte. Keine Ausgabe war zu groß, wenn es sich
um Erreichung der Zwecke handelte, die ihm zufällig als das
Höchste vorschwebten. Begabt mit dem eigenthümlichen Geschicke, seine eigene fürstliche Stellung doch immer wieder her-
auszuretten, stürzte er sich aus einem Abenteuer ins andere,
und wenn seine Begeisterung für Lola Montez zufällig das
letzte war, so hätte es ebensogut der Ankauf des Apoll von
Belvedere sein können, wenn dieser zu haben gewesen wäre,
oder die Aufführung dieses oder jenes patriotischen Pracht-
gebäudes. Es liegt etwas Ungezähmtes in diesem Lebens-
laufe, etwas von großer Naturkraft Zeugendes: Cornelius,
der aus seinem eigenen Wesen das des Königs ermessen konnte,
durfte wohl den Wahn hegen, diesen wilden Wasserfall einzig
auf seine Mühle zu leiten. Er bedachte nur nicht, daß solche
Ströme plötzlich ihr Bette ändern.

Friedrich Wilhelm hatte nichts von dieser unbändigen
Naturkraft. Auch er wollte Paläste und Kirchen bauen, Kunstwerke kaufen oder bestellen, hatte kostbare Neigungen und suchte
sie um jeden Preis zu befriedigen, allein all dem Interesse,
das ihn für die eine oder andere Unternehmung beseelte, war
eine sofort wirkende kritische Bedachtsamkeit beigegeben, die

ihm unmöglich machte, mit der Vehemenz einen gefaßten Ge=
danken zu verfolgen, die bei König Ludwig hervortrat. Fried=
rich Wilhelm hatte als Gelehrter sich historische Ueberzeugungen
erworben, welche auf sein Verhältniß zur Kunst von ebenso
entscheidendem Einflusse waren wie auf seine Politik. Hier
zu erreichen und durchzusetzen was seiner Natur und seinem
Glauben am meisten entsprach, war sein eigentlicher Genuß.
Statt leidenschaftlichen Festhaltens zeigte er unablenkbares Zu=
rückkommen immer wieder auf dieselben Pläne. Seine Ge=
danken wechselten niemals in sich, sie traten in der gleichen
Gestalt immer wieder hervor und die Ereignisse hatten keinen
Einfluß auf sie. Der König brachte ein vollständiges, seiner
Natur entwachsendes System mit auf den Thron, das durch=
zuführen sein Bestreben war, außerhalb dessen ihn nichts inter=
essirte. Und nun traf es sich, daß Cornelius in seinem Christ=
lichen Epos gerade dasjenige Werk monumentaler Malerei
vorschlug, das den Ideen Friedrich Wilhelm's sosehr entsprach,
als habe er aus der innersten Seele heraus den Auftrag
dazu gegeben.

Es ist eine Folge der Verhältnisse, daß, wenn Fürsten
künstlerische oder wissenschaftliche Neigungen hegen, welche, über
das Maaß des allgemeinen Interesses hinausgehend, zu eignen
schöpferischen Gedanken führen, ihr Talent sich mit einer
Einseitigkeit bethätigt, die bei Privatpersonen unmöglich wäre.
Ihre Ueberzeugungen müssen sich rein aus ihrer Natur ent=
wickeln, Widerspruch mit entscheidender Kraft erfahren sie
nicht, der Discussion gehen sie leicht aus dem Wege, Ermun=
terung und Bewunderung stehen in der besten Form darge=
bracht stets zu Gebote und es wird durch das Zusammen=
wirken all dieser Elemente rasch und natürlich die Unbefangen=
heit herbeigeführt, die der Privatmann erst mit vielen Kämpfen
erobern muß.

Friedrich Wilhelm hatte als junger Mann die entschei=

benden Eindrücke gerade damals empfangen, als die Schule
der nationalen Romantiker in Blüthe stand. Mochten die
Verhältnisse sich noch so sehr ändern: der Kronprinz blieb den
Eindrücken getreu, die einmal Besitz von seiner Seele genom=
men hatten. Nach der Thronbesteigung wurden Tieck und
Rückert berufen, während die Brüder Grimm in der Philo=
logie, Schelling in der Philosophie die gleiche Richtung ver=
traten, die aus einer Verbindung von Religion, Wissenschaft
und nationaler Begeisterung entstanden war, und deren staats=
männische Vertreter in der Umgebung des Königs zu bekannt
sind als daß ich sie aufzuzählen brauchte.

Bekannt ist, was die Romantische Schule aufgelöst
hatte. Katholische und protestantische Religiosität waren zu=
erst Hand in Hand gegangen. Wir sahen die Boisserée's
nach der einen Seite mit Goethe, nach der andern mit
der katholischen Pietistin, der ehmaligen Jüdin Dorothea
Schlegel in engem, natürlichem Verkehr stehen, Görres, Arnim,
Grimm's, Ringseis, Brentano als die besten Freunde neben=
einander hergehen. Später schied man sich stillschweigend,
Katholiken und Protestanten, ohne daß ein scharfer Bruch ent=
standen wäre. Die Partei der Romantiker war niemals zur
Inhaberschaft der politischen Macht gelangt, ihr Programm
brauchte nie für öffentliche Zwecke scharf formulirt zu werden.
Dem Herzenswunsche der Romantischen Schule nach hätte aus
ihr eine nationale Verbindung der beiden Deutschland getrennt
haltenden Confessionen hervorgehen müssen.

Dieser Gedanke einer allgemeinen Deutschen Kirche hatte
in der Seele zweier Romantiker wirklich sich weiter entwickelt:
beim Kronprinzen von Preußen und bei Cornelius, und ein
öffentliches Zusammenwirken dieser Männer trat jetzt zu einer
Zeit zu Tage, die als die äußerste bezeichnet werden kann, in
der dergleichen in Deutschland möglich war.

Friedrich Wilhelm's geheime Hoffnung ging dahin, eine

allgemeine chriftliche Kirche herbeizuführen. Er war Proteftant,
aber nicht im Sinne des anfangs das Volk demokratisch auf=
regenden Luther, von dem eine neue Schöpfung ausging, fon=
bern indem er, auf die urältefte kirchliche Entwicklung zurück=
greifend, den Katholicismus felber als eine Neuerung anfah.
Des Königs Chriftenthum war das der Zeiten, wo die grie=
chifche und römifche Kirche fich noch nicht getrennt hatten. Daher
feine Vorliebe für Katakomben und früheften Kirchenbau. Das
was heute die Altkatholiken erftreben, aber aus der Initiative
der Gemeinde zumeift, wollte auch Friedrich Wilhelm herbei=
führen, aber mehr auf dem Wege von Transaction zwifchen
den kirchlichen Behörden. Es hätte ihm nicht unmöglich ge=
fchienen, zwifchen den englifchen und evangelifchen Bifchöfen
eine ftille Vereinigung zu erlangen und das fo gewonnene Re=
fultat zur Grundlage neuer Verhandlungen mit den Katho=
liken und Griechen zu geftalten. Daher diefe Mifchung huma=
niftifcher, hierarchifcher und doch liberaler Kirchlichkeit beim
Könige, die das Volk, das im Jahre 1840 fich kaum mehr
der Zeiten der Romantik erinnerte, nicht verftehen konnte;
daher des Königs Neigung zum byzantinifchen Bauftyl und
fein Traum eines Bisthums zu Jerufalem, als der Wiege eines
neu aufgefrifchten Chriftenthumes. Daher fein Intereffe für
den Kölner Dom, an deffen Vollendung Proteftanten und Ka=
tholiken gleichmäßig weiterarbeiteten.

Bei Cornelius konnte von fo weitgreifenden Ideen natür=
lich keine Rede fein. Er war einfachere Wege gegangen.
Durch Niebuhr in Rom fcheint der Umfchwung hervorge=
bracht fein, daß eine liberalere, reinere Anficht vom Wefen
der Kirche bei ihm die Oberhand gewann. Als dirigirende
Perfönlichkeit einer Vereinigung von Katholiken und Conver=
titen, von ihren Gefprächen umgeben und umhüllt, mußte die
Aeußerlichkeit diefer Wirthfchaft feiner gefunden Natur bald
offenbar werden. Hätte er aber je die Neigung gehabt, fich

dem Protestantismus zuzuwenden, so würde wiederum Nie=
buhr's ängstliches Christenthum ihm zuerst gezeigt haben, daß
er aus einer Charybdis in einen unbeweglichen Binnensee
gerathen würde. Cornelius empfand, daß man hüben und
drüben aus den alten Geleisen herausmüsse. In der Kunst
wie im gesammten geistigen Leben. Daher seine Hochachtung
vor Luther. „Zu Luther's Zeiten, sagte er mir einmal, wäre
ich einer der ersten unter seinen Anhängern gewesen." Er
liebte das Tapfere, Nationale, die Hauptsache im Auge Hal=
tende bei Luther. Und so, ohne daß sein katholisch kirch=
licher Glaube davon berührt ward, bildete sich in ihm der
Gedanke einer gemeinsamen, über den Confessionen stehenden
christlichen Kirche, als deren Wandschmuck sein christliches Epos
dienen sollte. Was konnte Friedrich Wilhelm IV. Gelegeneres
geboten werden: ein Katholik, der für einen protestantischen
Friedhof byzantinischen Styles aus voller Ueberzeugung die
allen Confessionen gemeinsamen Urideen des Christenthums
bildlich gestaltete!

Nun aber auch zeigt sich, aus welchen Rücksichten viel=
leicht der König von Bayern dieses Christliche Epos seinerseits
verworfen hatte. König Ludwig bedurfte bei dem Leben, das
er führte, einer praktischen Religion, die ihn in seinem Ge=
wissen immer wieder herstellte, er bedurfte für die Regierung
des Landes der festen Treue seiner bayerischen Geistlichkeit,
der er die heidnischen Tempel durch Kirchen, Dome und
Basiliken abkaufte. Historische und theologische Speculation
hatte ihn nie beunruhigt. An die Herstellung des apostolischen
Christenthums war von ihm bei seinen Münchner Basiliken nie
gedacht worden. Fast wahrscheinlich ist mir, daß man in Mün=
chen das Häretische in Cornelius' Christlichem Epos gewittert
hatte, über dessen Bedeutung Cornelius sich offen geäußert zu
haben scheint, und daß der König ihm deshalb unzweifel=
haft katholischere Aufgaben zu stellen genöthigt war. Denn

wenn König Ludwig von Cornelius' Christlichem Epos ein oder
das andere Blatt wirklich vor Augen gestanden hatte, so ist
fast undenkbar, daß er nicht, wie er später that, als Cor=
nelius sie ihm vorlegte, die großartige Macht der Compo=
sitionen sofort empfunden hätte. Ueber seine Gründe, sie den=
noch zu verwerfen, wird wahrscheinlich zukünftig erst einmal
in Memoiren oder gedruckten Briefen Auskunft gegeben werden.

XII.

Noch war 1840 der Deutsche Liberalismus durch so viel
ältere Männer vertreten, denen nichts Besseres möglich schien
als ein Wiederaufblühen dessen, was 1817 durch die Schuld
der Regierungen plötzlich zu welken begann, daß man von
Friedrich Wilhelm's IV. die Erfüllung aller nationalen Wünsche
erwartete. Verfassung, Preßfreiheit und ähnliche Gedanken höhe=
rer und niederer Art erfüllten bei seinem Regierungsantritte die
Herzen. Jeder hoffte was ihm am schönsten däuchte. Nirgends
fand sich Gelegenheit, diese Wünsche öffentlich zu debattiren, im
heutigen Sinne. Man verlangte jedoch das weder, noch ent=
behrte man es. Man würde die sich darbietende Gelegenheit nicht
einmal zu benutzen verstanden haben. Es wurde still fortge=
träumt; denn selbst die Versuche, die auf preußischen Provin=
ziallandtagen oder in Deutschen Ständeversammlungen ge=
macht wurden, so laut sie damals wiederhallten, müssen, mit
dem verglichen, an das wir heute gewöhnt sind, wie kaum
hörbares Gelispel erscheinen.

Der König dagegen trat in dem patriarchalischen Gefühle
einer Alleinherrschaft edelster Art die Regierung an. Jede
berechtigte Forderung versprach er gewähren zu wollen, wo
er helfen konnte half er, Glanz entfaltete er, seine persönliche
Liebenswürdigkeit und die jede Probe bestehende Herzensgüte
entzückte Leute aller Parteien: niemals aber wollte er ernstlich

zugeben, daß das Volk seinen Antheil an der Regierung er=
hielte. Allein auch dies ergab sich nur aus vergleichender
Beobachtnng für Einzelne. Man war überzeugt, die wachsende
Einsicht werde Friedrich Wilhelm allen Zugeständnissen zu=
führen, welche das Beste des Vaterlandes nöthig machte. So
lebte man hin. Mit leise anschwellender Ungeduld, doch mit
sicherer Erwartung eines erfreulichen Ausganges. Liberale
und conservative Gesinnung stand sich nur im Allgemeinen ge=
genüber. Selbst die Anfänge eines scheinbaren constitutinnellen
Daseins änderten hier nicht viel. Bis zum Jahre 1848 ging
das in unklarem Betriebe so vorwärts.

Diese sieben Jahre haben Cornelius' glänzendste Tage
geliefert. Da von Camposanto und Dom einstweilen noch
kein Stein auf dem andern lag, durfte er sich der Herstel=
lung seiner Entwürfe in aller Gemächlichkeit hingeben. Eine
Fülle von Unterbrechungen, Jahr aus Jahr ein nicht ab=
reißend, förderten ihn bei seiner Arbeit eher als daß sie
ihn störten. Sie waren ehrenvollster Art. Cornelius stand
in Berlin auf einem anderen Piedestale als in München. Sein
Kunst war in die hohe Politik aufgenommen. In England
feierte man ihn. Für die Malereien im Parlamentshause hatte
er seinen Rath zu geben. Aus Lissabon erbat man, als be=
sondere Gunst, Zeichnungen für die Ausmalung eines könig=
lichen Schlosses. Der silberne Taufschild, den Friedrich Wilhelm
seinem Pathen, dem Prinzen von Wales sandte, war von Cor=
nelius gezeichnet und die Königin Victoria dankt ihm eigen=
händig im Namen ihres Sohnes. Bei Hofe in Berlin
wurden Scenen aus dem „Tasso" in lebenden Bildern dar=
gestellt. Cornelius macht die Entwürfe dafür, die Entzücken
erregen. Die Commissionen für künstlerische Zwecke erfah=
ren seinen Beitritt, die Malereien in der Vorhalle des Mu=
seums werden unter seiner Leitung ausgeführt, die Medaillen,
welche die neue Herrschaft schlagen läßt, können seiner Hand

nicht entbehren. Für das Mausoleum in Charlottenburg, für Glasfenster von Domen, für alles irgend Bedeutende auf künstlerischem Gebiete werden seine Entwürfe, sein Rath, seine Billigung eingeholt. Orden langten von vielen Seiten an, Doctorate, Medaillen, Adressen, Auszeichnungen jeder Art. In seinem Hause versammelte sich die Berliner ein= heimische Aristokratie des Geistes und die der Fremden.

Endlich mußten nun doch die Entwürfe für die Fried= hofshallen im Ganzen zusammengebracht werden und „es ver= stand sich von selbst, daß dergleichen nur in Rom würdig ge= staltet werden könne." Cornelius ging nach Rom, arbeitete ange= strengt und schuf die Zeichnungen, die, wie seine früheren römi= schen Blätter für die Glyptothek, einstweilen nur in einfachen Umrissen verriethen was einst colossal erscheinen würde, in dieser Gestalt aber eine Erwartung erregten, die alle früheren Erfolge übertraf. Schon auf dem Hinwege nach Rom hatte Cornelius „sein gutes altes München" wiedergesehen. In seiner jetzigen Grandeur durfte er sich der dortigen Welt wohl mit erhobener Stirne zeigen. Auf dem Rückwege machte er abermals Halt, legte seine Blätter vor und ließ König Ludwig mit Augen sehen, was er in Berlin zu malen gedachte. Cornelius hätte zehn Ludwigskirchen verdorben haben können: diese neuen Entwürfe stellten alles Bisherige, Gelungenes und Nichtgelun= genes, in Schatten. König Ludwig verfuhr durchaus wie — man darf sich jetzt anmaaßen, das zu sagen — zu erwarten war. Kaum hatte Cornelius sich in Berlin zu neuer Höhe erhoben, und erschien jetzt, um so großartige Dinge vorzuzei= gen, so verbreitete sich in des Königs Augen wieder der alte Glanz um ihn. Die schmählich unterbrochene Freundschaft ward in integrum restituirt und von beiden Seiten das Ge= schehene in den Brunnen geworfen.

Es versteht sich von selbst, daß die Zeichnungen in Berlin nicht minder befriedigten. Es war genau das getroffen wor=

ben, was der König erwartet hatte, während dem Publikum
der Gebildeten, auch wenn es von andern Gesichtspunkten aus=
ging, die Macht nicht verborgen bleiben kounte, mit der hier
die höchsten Gedanken der Schriften des Neuen Testamentes
zur Darstellung gebracht wurden. Diese Blätter sind in den
Besitz des Weimaraner Museums übergegangen.

Durchgedrungen aber ist Cornelius in Berlin erst, als
er, nach abermaligem Aufenthalte in Rom, mit dem aus=
geführten Carton der Apokalyptischen Reiter zurückkam. Dieses
Werk machte ungeheures Aufsehen über die Grenzen Deutsch=
lands hinaus. Hier zeigte sich das Können des Mannes
doch zum ersten Male in seinem vollen Umfange. Diese Rosse
sprengten mit zermalmenden Hufschlägen einher, deren Klang
Jeder vernehmen mußte. Zum ersten Male urtheilte ein
selbständiges Publikum aus eigner Anschauung jetzt über
Cornelius' Arbeiten und sprach, mit europäischem Widerhall,
seine Bewunderung aus. König Ludwig mochte sich wohl
oder übel stellen: ein solches Werk hatte er in München nicht.
Die ganze Welt besaß und besitzt kein Gleiches. Man lasse
den Carton ein paar Jahre erst wieder im Nationalmuseum
offen bastehen, man lasse ihn bekannt werden, und die öffent=
liche Meinung auch unserer Generation wird dieses Urtheil
wiederholen. Cornelius hatte endlich den Anklang gefunden,
den er brauchte; die Mauern des Camposanto wuchsen sicht=
bar colossal aus dem Boden: es wäre, hätte man so fort=
arbeiten dürfen, ein Monument moderner Kunst zu Staube
gekommen, das neben der Peterskirche und dem Vatican seinen
Rang behauptet hätte. Alles was bisher von Cornelius er=
lebt worden war, würde dann als ein harmonisches noth=
wendiges Schicksal geschienen haben, bei dem ja auch Sturm
und Widrigkeit ihre natürliche Berechtigung gehabt.

So standen die Dinge als das Schicksal sein Veto einlegte.
Im Allgemeinen vorauszusehen, im Einzelnen mit völlig

unerwarteter Gewalt, kamen die Stürme des Frühlings 1848.
Niemals hatte eine Revolution wie diese die Menschheit erschüttert. Es war als sei über Nacht ein ungeheurer Regen
von Aepfeln der Erkenntniß über ganze Völker gekommen,
Jeder hatte den seinigen gefaßt, hineingebissen, die Augen auf-
gethan und sich nackt gefunden. Alles war in Frage gestellt,
Alles schien neu zu schaffen. Die alte Erde versunken, eine
neue emporgetaucht, für die nichts mehr galt von dem, was
für die frühere gültig gewesen war.

Allerdings, der zu Tage tretenden Unordnung wurde man
Herr. Die Reaktion unter Manteuffel brach rasch genug ein,
aber den alten Zustand herzustellen, war unmöglich. Das
Volk blieb ein für allemal zur Theilnahme an der Regierung
berufen. Kammern von jetzt an, welche, mochten sie noch so
servil stimmen, jeden Pfennig erst zu bewilligen hatten, und
in keiner Kasse des Königreiches ein Groschen disponibel für
Dom und Camposanto.

Zwar kehrte, was diese beiden anlangte, die Beharrlichkeit
des Königs, nachdem die Wasser sich einigermaßen verlaufen
zu haben schienen, zu ihnen zurück. Friedrich Wilhelm IV. und
Cornelius gehörten zu denen, die das neue Dasein, weil sie
es absolut nicht begriffen, für eine vorübergehende Krankheit
der Völker hielten. Sie kannten nur eine geistige Existenz:
die, in der sie alt geworden waren. Aber blieb dem Meister
auch der alte gnädige Herr treu, sein Publikum war rein zer-
stoben und zerstreut und kam nie wieder zum Vorschein. Seine
Compositionen nahmen den Anschein von Räthseln an, über
deren Lösung nachzusinnen Niemand mehr weder Lust noch
Zeit hatte. Es war aus mit ihm.

XIII.

Die Gründe dieses plötzlichen Sturzes sind längst historisch geworden. Die Ereignisse werden heute rascher zur Mumie

als früher. Selbst der Mann, der am meisten dazu beigetra=
gen hat, Cornelius in Berlin vergessen zu machen, den ich
noch jung und im Vollbesitze seiner Macht sah, ist, an Gütern
und Ehren reich, längst verstorben. Es kann auch von ihm
bereits mit Ruhe berichtet werden.

Warum erhob Cornelius sich nicht wieder?

Wir kennen einen ähnlichen Sturz in der Kunstgeschichte,
den David's. David beherrschte die französische Kunst unter
der Republik und dem Kaiserreiche. Er hätte auch die Kunst
der Restauration für sich genommen, als Napoleon zurückkehrte
und er sich ihm wieder anschloß. Die Bourbons konnten
ihn 1816 nicht von der Liste der Verbannten streichen. David
ging nach Brüssel. Bei seinem Fortgehen schien es, als trage er
die künstlerische Seele Frankreichs mit sich fort: und kein Jahr,
so war er abgethan, ersetzt und vergessen, als hätte er nie gelebt.
Fast neun Jahre arbeitete er noch, und wußte seinen Werken
nichts als den historischen Ruhm seiner früheren Zeit mitzu=
geben, nur um Beachtung zu finden. David war in dem Mo=
mente verbannt worden, wo die Herrschaft des Publikums,
das unter seinem Einflusse stand, eben erlosch. David wäre
abgethan gewesen auch wenn er Paris nie verlassen hätte.

Ziemlich so stand es mit Cornelius. Die durch Friedrich
Wilhelm IV. aufrechterhaltene letzte Herrlichkeit der roman=
tischen Weltanschauung brach zusammen unter einem Anstoße,
dessen es hierfür vielleicht gar nicht bedurft hätte. Sobald
die realen Verhältnisse wirklich eingriffen, war das alte Reich
gestürzt. Boisserée irrte sich, wenn er einst neben der „Abend=
röthe" der Zeiten der Freiheitskriege die „Morgenröthe einer
neuen Epoche zu erblicken glaubte." Es war für die Gedanken,
welche Boisserée's Seele erfüllten, nichts als Abendröthe ge=
wesen, was vor seinen Blicken geflimmert hatte.

Napoleon I. ist der letzte Herrscher Frankreichs gewesen, der
auch in ästhetischen Dingen der Nation Gesetze gab. Unter ihm

hatte ein Mann wie David der Akademie den Stempel seines
Geistes aufdrücken können. Mit dem Siege der Bourgeoisie, auf
die sich die wiederkehrenden Bourbons stützen mußten, war
diese Möglichkeit für die neue Dynastie — falls sie über=
haupt den Wunsch gehegt hätte, mit ihrem individuellen Ge=
schmacke maaßgebend zu sein für die Nation — verschwun=
den. Nicht mehr das Wohlgefallen des Fürsten, sondern die
bei jeder großen Kunstausstellung neu zu erringende Gunst des
Pariser Publikums gab nun den Ausschlag, wer in Frankreich
der größte Meister sei. Man begann für diese Ausstellungen
die Werke einzurichten. Man studirte und streichelte den Ge=
schmack des großen Haufens. Man suchte sich mit den Jour=
nalisten gut zu stellen. Und was übrigens damit zusammen=
hängt.

Anfangs herrschte die romantisch=poetisch=historische, aufs
ergreifend Heroische gehende Auffassung der Geschichte vor,
welche den zwanziger Jahren eigenthümlich war. Ingres
der Hauptrepräsentant. Dann brach die zweite französische
Romantik ein, mit ihrer realistisch=prosaischen Auffassung, die
nur auf das spannend Anekdotenhafte aus war. Delacroix
der Hauptrepräsentant. Dann endlich, nachdem aller historische
Reiz, heiße er wie er wolle, erschöpft war, die kahle Nach=
ahmung der Wirklichkeit, der ganz gemeine Realismus, dessen
letzte Consequenz die vollendete Nachahmung der Natur bei
völliger Geistlosigkeit war.

Diese drei Phasen machten auch wir in Deutschland durch,
nur daß, weil uns eine gemeinsame Hauptstadt und politisches
Leben mangelte, der Verlauf ein der Beobachtung sich mehr ent=
ziehender gewesen ist. Immer größeren Einfluß gewannen auch
bei uns die Ausstellungen, das unpersönliche Publikum und
der Realismus. Um als Künstler die erste Stelle einzunehmen,
mußte man mit diesen Mächten pacisciren, das heißt, sich ihrer
bemächtigen. Cornelius hatte seiner Zeit nur die eine höchste Ge=

walt sich dienstbar gemacht, die ihm eine Stellung zu geben ver=
mochte, wie David sie innegehabt, und deren politische Herrschaft
das gesammte geistige Leben des Volkes mit gefangen hielt.
Durch einen Zufall war von zwei Königen, denen er diente,
ein Zwang auf die öffentliche Meinung ausgeübt worden, der
die Entwicklung der Deutschen Kunst in derselben Weise zu=
rückschrauben mußte, wie dies bei der politischen der Fall ge=
wesen war. Und deshalb, als diesen beiden Königen die
absolute Macht entwunden und die Mitregierung der Nation
selber neben der ihrigen constituirt worden war, erfolgte nun
auch auf ästhetischem Gebiete das Hereinströmen der neuen
realistischen Richtung, deren letztes Ziel die Nachahmung
des Scheines der Dinge ist, und die uns heute beherrscht.
Das Publikum unserer Tage bewundert am meisten Gemälde,
die die Dinge zum Greifen natürlich, todt hinlegen, wie man
ein erlegtes Wildpret noch blutwarm hinwirft und damit
erst zu zeigen glaubt, was ein Hase eigentlich sei. Diese
Richtung auf das Todt=Realistische ist immer in der Kunst
mächtig geworden, wenn eine Epoche idealer Auffassung sich
völlig erschöpft hatte. Sie hat ihre Berechtigung, ihre, meist
sehr rasche, Lebenszeit und bereitet den Boden für die neue
Darstellung idealer Anschauungen, welche die folgende Epoche
demnächst fordern und auch sich schaffen wird.

Indessen solche Wechsel treten niemals gleich im Extrem
ein. Es bilden sich Uebergangsperioden, in denen Talente
die alte und die neue Anschauung zu vereinigen und zugleich
auszubeuten suchen und ein solches Talent hatte sich in Cor=
nelius' letzten Zeiten erhoben. Niemand kann sagen, Kaul=
bach habe Cornelius gestürzt: er kam neben ihm empor.
Was Verletzendes für Cornelius in Kaulbach's Auftreten lag,
hätte ebensogut fehlen können: das Verhältniß im Großen
wäre das gleiche geblieben. Kaulbach hatte häßliche Cha=
rakterzüge, die gegen Cornelius sich wendeten. Das von Kö=

nig Ludwig ihm Zugefügte ließ sich vergessen, Kaulbach
aber schnitt ins Fleisch, und die Bitterkeit, die er in Cornelius' Herz goß, ist von diesem bis zu seiner letzten Lebenszeit empfunden worden. Es könnte gesagt werden, man
solle in solchen Dingen nicht urtheilen ohne genaue Kenntniß.
Kaulbach habe noch nicht lange genug die Augen geschlossen
und von seinen Briefen beginne man erst zu drucken. Doch
das Wenige bereits, was diese enthalten, genügt, um darüber
urtheilen zu lassen, wie Kaulbach's bildliche Verhöhnungen
seines Lehrers gemeint gewesen sind.

Schon in München war Kaulbach neben Cornelius das
vornehmste Talent gewesen; die rechte Kraft aber strömte ihm
erst zu als er in Berlin auftrat. Kaulbach in Berlin, in groß-
artigem Werken sich offenbarend und vom Berliner Publikum
vergöttert, legte sich wie ein ungeheurer Damm quer in Cornelius' Straße hinein und zwang ihn Halt zu machen. Kaulbach war der erste sichtbare Repräsentant der anbrechenden
neuen Zeit. Man würde Kaulbach wahrhaftig Unrecht thun
wenn man ihn mit geringerem Maaße messen wollte.

Wenn man die Geschichte seines Lebens und die der Romantiker vergleicht, deren Erbschaft er doch antrat, so glaubt
man eine Parodie zu lesen, die schärfer nicht geschrieben werden
konnte. Wie Cornelius hatte Kaulbach damit begonnen, sich
aus armseligen Zuständen emporzubringen. Sein Vater war ein
verdorbenes Genie: Kaulbach selbst giebt in ganz kürzlich
erschienenen Briefen über seine frühesten Erlebnisse und Stim-
mungen kaltblütig Auskunft. Mit seinem abgerissenen Vater
durstig auf der staubigen Landstraße wandernd, werden ihm
die in Wagen vorbeirollenden Leute als „die Reichen, die Glücklichen" gezeigt. Glücklich wollte der Junge werden. Maler zu
werden beabsichtigte er noch lange nicht, er besann sich, welcher
Weg am besten zum „Glück" (nach seines Vaters Façon) führe.

Den beschloß er vor allen Dingen zu suchen. Er hat ihn auch entdeckt und sein Lebelang eingehalten und er fand es in der Ordnung, im Alter diese Selbstgeständnisse zu machen. Kaulbach hat gewiß niemals einen Schritt gethan ohne sich vorher zu fragen, ob er zum „Glücke" führe. Und doch, so-sehr er dieses ersehnte Glück wirklich erreichte, hatte sich die bittere, sarkastische, kalthöhnische Stimmung der Zeiten, in denen er noch darben mußte, für immer in sein Herz einge-fressen und hat bis zuletzt den Grundton seines Wesens gegeben.

Für einen Mann von seinem Talente, der mehr sah als Andre, war der Weg vorgezeichnet. Kaulbach empfand den sich vorbereitenden Umschwung in Deutschland. Die beiden Gewalten wareu bei uns nicht mehr zurückzuhalten, denen die Zukunft gehörte: in der Kunst der Realismus, in der Politik die Auflösung der centralen Leitung der Nation in der bisherigen Form — um mich durchaus unpersönlich aus-zudrücken — sowie eine Neubildung der regierenden Macht, bei Ausschluß der religiösen und autokratischen Elemente, mochten sie heißen wie sie wollen, bei Eintritt dagegen des theilneh-menden Volkswillens: der Zustand, in den wir uns heute eben finden lernen, und den weder Goethe begriffen hätte noch Cornelius begriff. Für Cornelius hatte es nur einen ästhe-tischen letzten Entscheid gegeben: das Wort des einen oder anderen der beiden Könige, für die er arbeitete. In diesem Sinne brachte er König Ludwig unter die Seligen des Jüngsten Gerichtes, in diesem Sinne hatte er die königliche Familie in Erwartung des Jüngsten Gerichtes für den Berliner Dom gezeichnet und bei seinem Christlichen Epos das Schicksal der „Könige" dargestellt. Vom urtheilenden Volke hatte Cornelius eine hohe Idee; eine Masse aber, wie das Ber-liner liberale Publikum, als zu berücksichtigende, ein entschei-dendes Votum abgebende Macht, dereu Meinung nicht ein-mal klar ausgesprochen ward, sondern aus widersprechenden

Aeußerungen herauszufühlen war, mußte ihm erscheinen wie
eine sich in sich selbst verlierende Schlange, bei der man nur
den unendlichen Körper in wälzender Bewegung sah, der un-
verwundlich gepanzert erschien und sich nirgends packen ließ.
Schlangen müssen beschworen werden; man muß die Lieder
kennen, mit denen man sie sanft macht und zum Tanzen bringt.
Und dies Lied zu erfinden und zu spielen war Kaulbach's Kunst.

Wir haben gesehen, wie dem hin- und herschwankenden
jungen Cornelius Goethe's „Fauſt“ in die Seele drang und was
weiter wurde: in Kaulbach bewirkte ein Ereigniß ganz anderer
Art die geistige Revolution, welcher das Kunstwerk entsprang, das
sein Talent offenbar werden ließ. Als angehender Jünger der
Akademie zu Düsseldorf hatte er in der Umgegend der Stadt
die Kirche eines Irrenhauses zu malen, kaum für das tägliche
Brot während der Tage die auf die Arbeit verwandt wurden. In fortgesetzter Berührung mit den Kranken sangt sich
seine Phantasie so ·voll von diesen schauerlichen Scenen, daß
er endlich, nur um sich von ihnen frei zu machen, da er selber
den Verstand zu verlieren fürchtet, sein „Narrenhaus“ zeichnet,
ein Blatt, über das keine seiner späteren Leistungen hinausgegangen ist. Während er als Schüler seines Meisters Cornelius,
dem er 1826 von Düsseldorf nach München folgte, sich in dessen
äußere Formen hineinbegab, mit denen er bald geschickter umzu-
gehen wußte als die Uebrigen sämmtlich, arbeitete er in der Stille
an dieser wunderbaren Zeichnung und war, als sie erschien, ein
gemachter Mann. Dergleichen war ganz neu in Deutschland.
Stoff wie Auffassung. Eine Befreiung vom Bisherigen. Eine
Composition ohne akademische Stellungen und Faltenwurf und
dennoch die Seele packend, wie ein Wurm eine Frucht packt, in
die er sich einbohrt. Wir müssen bedenken: als das Blatt
herauskam, schien in Deutschland eine Erschütterung der Macht,
in deren Besitz Cornelius stand, noch gar nicht möglich. Der
in Frankreich längst heimische Realismus, der in bildender

Kunst und Poesie eine siegreiche Schlacht nach der anderen gegen
die officiellen Pariser Akademiker und Classicisten gewann,
war von uns noch durch weite Fernen getrennt und hatte so
wenig Aussicht, Einfluß zu gewinnen, als wir in politischer
Beziehung Aussicht auf eine Constitution und was damit
zusammenhängt hatten. Dergleichen war damals, und bei=
nahe dreißig Jahre länger noch, Hochverrath in Deutschland.
Das Publikum aber witterte aus Kaulbach's Narrenhaus die
radicale Tendenz heraus und diese Tendenz der liberalen Masse
sehen wir ihn mit erstaunlicher Kunst von nun an befrie=
digen, während er sich zugleich den Anschein zu geben wußte,
als sei er ein eifriger Verherrlicher des absoluten König=
thums. Kaulbach's bedeutendste Hülfe hierbei war, abermals
nach beiden Seiten hin, die Sicherheit der Erfindung, die
Schnelligkeit der Ausführung und die Unermüdlichkeit in Her=
stellung immer neuer Arbeiten, die in unbefangener schlichter Art
als etwas bei jedem Künstler Selbstverständliches bei ihm her=
vortraten. Kaulbach, dem Antike und Renaissance gleich gleich=
gültig und gleich geläufig waren, schüttelte aus dem Aermel was
verlangt wurde, Gestalten in jeder Façon und in jedem Style,
und zwar aus einem Aermel, der unermeßlich war wie Thor's
Trinkhorn. Kaulbach verlor seine Zeit nicht mit träumerischen
Reisen durch Italien, mit einsamem Cultus eigener Ideen,
mit irgend welcher historischen Begeisterung. Er blieb im
Lande, arbeitete, sondirte den Geschmack des Publikums und
verdiente Geld. In München, sobald Cornelius nach Berlin
fort war, trat Kaulbach als bedeutendstes Talent an dessen
Stelle. Er wußte König Ludwig, genau wie dieser es
wünschte, das Gefühl zu geben, der eigentliche Schöpfer einer
neuen Aera zu sein. Er organisirte vor des Königs Augen
auf großartigen Tableaus die Münchner Gesellschaft als ein
neues Athen, in dessen Mitte Ludwig als die letzte Incar=
nation eines Perikles und Augustus zugleich figurirte. Von

München aber holte man ihn nach Berlin, für das Treppen-
haus des Nenen Museums. Es herrschten damals noch die
guten alten Zeiten. Er erschien, sein Carton des Thurms
von Babel wurde ausgestellt: hier hatten die Berliner endlich
den Mann nach ihren Herzen gefunden.

Cornelius war es bei seinem Eintritte dort nicht ein-
gefallen, „sich mit der Presse zu stellen." Kugler, seiner Zeit
der erste Kunstkritiker der Stadt, sprach dies vorwurfsvoll aus
und Förster und Riegel lassen es ihn nachträglich entgelten.
Kugler aber war in seiner Sphäre eine reelle Macht und
hatte in dem einen Punkte sämmtliche Berliner Künstler für
sich, über deren desparate Stimmung nach Cornelius' Berufung
bei Förster die kräftigsten Mittheilungen stehen. Die Herren
waren „wüthend." Cornelius war in Berlin unbefangen aufgetreten, wie er es sein Lebelang nicht anders gewohnt gewesen.
Er hatte keinen Begriff davon, daß er über seinen Standpunkt mit den Berlinern nachträglich noch debattiren solle.
Was er verdammte und was er liebte, war ja landeskundig,
wonach Jeder sich zu richten. Kaulbach dagegen kam als
bescheidener schlichter Bürger, besaß bald gute Freunde und
Dutzbrüder überall, zeichnete, wo es ein Herz zu gewinnen
galt, dessen Inhaber in treuherzig unverschämt verschönernder
Gestalt, doppelt lebensgroß wenn es sein sollte, und ver-
schenkte das Blatt. Dann stellte er seinen Carton des baby-
lonischen Thurmes hin, in welchem die tiefer Blickenden den
Untergang der Tyrannei erkannten, aus deren verlassener Zwing-
burg die befreiten Völker stolz und in seiner nationalen Glorie
jedes davonziehen, den Umsturz der Götzen, die Vereinsamung
der autokratischen Macht, den Fall dessen, was man in
Deutschland so gern gestürzt hätte. Den unschuldigeren Theil
des Publikums dagegen, die Franen und Kinder, entzückten die
so natürlich gezeichneten davonziehenden Heerden, das an der
Mutter trinkende Lämmchen. Auch die nackte, üppige, junge

Afrikanerin, die den Gewandzipfel des Priesters küßt, u. s. w. fand ihr Verständniß. Jeder entdeckte etwas und Jeder war befriedigt.

Schon einmal war in Berlin der Versuch gemacht worden, gegen Cornelius zu rebelliren. Als Biefve und Gallait zwei colossale Oelgemälde sandten, in der flotten neu=belgisch=französischen Art gemalt, hatte man sich nicht zu bergen gewußt vor Bewunderung. Im Kunstverein hielt man ihnen zu Ehren eine französische Rede, deren Urheber von Cornelius die Freundschaft gekündigt wurde. Die Sache hatte keine Folgen gehabt, weil, als die Bilder wieder fort waren, Niemand in Berlin zurückblieb, der in ihrer Art hätte malen können, um Cornelius Concurrenz zu machen. Jetzt erschien Kaulbach als der vom Schicksal gesandte Gegenstand einer nachhaltigeren Demonstration, deren sich nun aber auch die Elemente still zu bedienen wußten, die in der Um= gebung des Königs Cornelius' ausschließliche Herrschaft durch ein Gegengewicht zu reguliren suchten. Ich drücke mich hier milde aus und überlasse es denen, die später dies Capitel bearbeiten, eingehender darüber zu sprechen. Genug, Kaul= bach, nachdem er in Berlin einmal festen Fuß gefaßt, wußte sich neben Cornelius bald als ebenbürtiger Nebenbuhler auf= zuspielen. Während Cornelius an eigner Malerei noch nichts producirt hatte als einige Oelbilder, Nebenarbeiten, die heute bei Raczynski stehen, glänzte Kaulbach's Thurm von Babel bereits in seinen eleganten matten Tönen von der Wand herab. Das Camposanto brauchte damals noch Jahre, ehe in ihm nur gemalt werden konnte.

Kaulbach hielt sich Cornelius gegenüber in Berlin zurück. Seine Bescheidenheit und Umgänglichkeit verliehen ihm den Anschein der größten Harmlosigkeit und nur seine speciellen Freunde steckten sich allerlei Zeichnungen und Mittheilungen zu, aus denen hervorging, daß er ein cynisch unabhängiger Geist sei, der sich von nichts imponiren lasse. In München trat er

anders auf. Hier, gereizt vom Könige, ließ er seinem eigentlichen Talente freien Lauf und es entstanden die äußeren
Fresken der Neuen Pinakothek, in denen er jene symbolische
Darstellung der Regierung König Ludwig's geliefert hat,
Gemälde, die ihrer Zeit im größten Maaße imponirten, während sie heute von der sanften Hand der Natur bereits halb
ausgelöscht, ihrer Verwitterung entgegenharren, die im Interesse
des Auftraggebers wie des Verfertigers nicht früh genug eintreten kann.

Kaulbach, dessen Neigung zu carikirter Auffassung so groß
und bedeutend war, daß sein Reineke Fuchs als sein bestes
Werk bezeichnet werden kann, hat unwillkürlich das Rechte getroffen, wenn er die Künstler und Gelehrten, welche auf den
Pinakothekgemälden figuriren, mehr oder weniger carikirt darstellt. München war der natürliche Boden für diese Leute
nicht. Sobald der König sein Gefilde selbst zu düngen und
zu begießen aufhörte, ließ die ganze Pflanzung matt die
Blätter hängen. Ihr Wirken und Arbeiten hatte etwas
Theatralisches und brauchte künstliche Beleuchtung. Die nie
abbrechende begeisterte Feststimmung wäre nicht möglich gewesen ohne die theilnehmende Laune des Königs. Dieses
forcirte Wesen findet in den Gemälden der Pinakothekwände
seinen Ausdruck. Insofern ließe sich sogar entschuldigen was
gegen Cornelius hier geschah: man könnte sagen, das Schicksal
habe sich der Hand Kaulbach's bedient, um vor Aller Augen
darzustellen, wie gemacht und in höherem historischen Sinne
eitel die ganze Wirthschaft war, an der Cornelius theilnahm.
Die Malerei des 18. Jahrhunderts sehen wir als Ungethüm
mit bezopften Köpfen dargestellt, gegen das die modernen
großen Künstler zu Felde ziehen, vor allen sichtbar Cornelius, der, auf dem Pegasus reitend mit einem gewaltigen, in beiden Händen über seinem Haupte geschwungenen
Schwerte anstürmt. Bei all dieser symbolischen Darstellung

hat ihm Kaulbach die gewohnte bürgerlich moderne Kleidung
gegeben, so daß im Gegensatze zu dem geflügelten, fliegen-
den Schimmel, auf dem er steif sitzt, sein Anblick Lachen erregt. Kaulbach hatte dies gewollt und Jedermann es empfunden. Cornelius, der ihn als Künstler gern gelten ließ, hegte
seit dieser Zeit einen Zorn gegen ihn im Herzen, und Kaulbach, dem dies gerade Recht war — hier wie übrigens —
that nichts dagegen. Wie bei edleren Charakteren doch erst
ein plötzlich aufspringender Funken persönlicher Liebe ihre Reinheit ganz fühlen läßt, so bedarf es bei Naturen, denen ein
diabolischer Tropfen ins Blut geflossen ist, erst eines wirklichen Anlasses zur Abneigung, um sie voll zu durchschauen:
nachdem dieser Anlaß Cornelius factisch jetzt gegeben worden,
gingen ihm die Augen bald völlig auf. Er sah jetzt erst im
vollen Umfange, welchen Gegner er in Kaulbach sich selbst gebildet hatte. Er erkannte die ungemeine Fertigkeit des Mannes, er ermaß sein Geschick, sich in die Verhältnisse zu
finden, er sah daß Kaulbach weder von politischen noch religiösen Grundüberzeugungen ausging, sondern daß von ihm
nur der eine egoistische Zweck des persönlichen Emporkommens
verfolgt wurde. Er sah auch die Consequenzen voraus, für
seine Kunst wie für sich selber. Hierin hat Cornelius sich
nicht getäuscht. Nachdem 1848 sein Reich versunken war,
brachen die besten Tage Kaulbach's an, dessen Populariät in
ganz anderem Geiste Deutschland beherrschte, als Cornelius'
Ruhm je vermocht. Cornelius hatte immer nur für die ein
großer Meister sein können, die in Kunst und Wissenschaft die
Vorstufen des Verständnisses überschritten, denen eine Ahnung
wenigstens der höchsten geistigen Güter der Nation aufgegangen
war; während Kaulbach sich mehr und mehr an die gebildete
Durchschnittsmasse wandte und sich, besonders mit seinen Illu-
strationszeichnungen, zum berühmtesten Meister in Deutschland
erhob. Seine Sachen sind von Stufe zu Stufe leerer und

flüchtiger geworden und am Eude mochten selbst seine Ver=
ehrer sie nicht mehr.

Wir lesen bei Förster, wie zu Zeiten Cornelius' Gefühl gegen
Kaulbach durchbrach. Er sprach sich bei öffentlichen Gelegen=
heiten so aus, daß Jedermann es hören mußte. Man wünschte
nachträglich, es sei lieber nicht geschehen, besonders wenn man
sieht, mit wie vollkommener Klugheit sich Kaulbach ihm gegen=
über benahm. Kaulbach wußte, daß der, der so heftig gegen
ihn sprach, nur von einem kleinen Kreise noch verstanden werde,
daß Cornelius, ohne es zu ahnen, längst eine vergangene
Größe war. Kaulbach ließ seinen berühmten Gegner gewähren,
verhöhnte ihn im Stillen und breitete sich in immer neuen
Werken aus, während Cornelius nichts als sein Camposanto
hatte, für das er weiter zeichnete als solle es einmal gebaut
werden, und an dessen Entstehung längst Niemand mehr glaubte,
der sich über die Veränderung der Dinge in Preußen keiner
Täuschung hingab.

XIV.

Cornelius war im Jahre 1848 65 Jahre alt. Er hatte
sich im modernen Sinne nie mit Politik beschäftigt. Der poli=
tische Geist der norddeutschen Bevölkerung zumal war ihm
fremd. Er erwartete, als nach den ersten Zeiten der Rath=
losigkeit die Autorität in Preußen die Zügel wieder in die
Hand nahm, es sei Alles beim Alten geblieben und Dom und
Camposanto würden errichtet werden. Der Unterschied zwi=
schen den jetzigen, dem Lande verantwortlichen Ministern und
den früheren Dienern der absoluten Monarchie war ihm so
wenig verständlich als der Gedanke faßbar, es könne bei der
totalen Umgestaltung des Staatsorganismus zukünftig mög=
licherweise überhaupt kein Geld mehr für die Unternehmungen
flüssig sein, für die er von Friedrich Wilhelm IV. nach Berlin
berufen war.

Förster druckt eine Anzahl Briefe ab, welche zeigen, wie

die Correspondenz mit den betreffenden Behörden Cornelius allmälig in die neue Lage der Dinge einführte. Cornelius verlangte in dem Maaße, als die Cartons fortschritten, die dafür stipulirten Summen. Der Minister war in einer peinlichen Situation und es wurden Hülfsmittel gegen Cornelius benutzt, die die Noth an die Hand gab. Man sagte: all deine Forderungen sind schön und gut: aber wo ist der schriftliche Contract? Cornelius antwortete mit Recht: was geht mich der an, wo ich die Zusicherungen des Königs habe? Man hat mich berufen, mich arbeiten lassen, mich bezahlt, Jahre lang, und nun fragt man nach dem Contrakte, auf Grund dessen dies Alles geschah? Davon war nie die Rede zwischen dem Könige und mir.

Cornelius hatte Recht. Aber es saßen jetzt Leute in den Kammern, welche, wenn sie Geld bewilligen sollten, auch ein Recht hatten zu fragen: für welche Zwecke und auf Grund welcher Vereinbarungen? Cornelius gingen die Augen darüber auf, daß Dom und Camposanto einstweilen ihre Ruhe haben müßten. Daß zur rechten Zeit der Bau wiederaufgenommen werden würde, sagte der König zu und gewiß hat Friedrich Wilhelm IV. diese Pläne niemals als aufgegeben angesehen. Cornelius, nachdem er die neuen zwingenden Verhältnisse endlich begriffen, ging nun sogar noch weiter. Jetzt war es, wo er, statt einen tödtlichen Stoß zu empfangen, durch das Scheitern einer Unternehmung, die seine größte und gewaltigste werden sollte, die Freiheit gewann, sich auf einen Standpunkt zu stellen, der seiner würdig war.

Während man dort den Schein festhielt, noch an das Camposanto zu glauben, suspendirte er selbst alle seine Hoffnungen. Nicht aber seine Arbeit! Er beschloß, diesen Zeichnungen, an denen er unausgesetzt thätig blieb, eine höhere Behandlung zu verleihen als früher. Er betrachtete sie als Kohlenzeichnungen, denen als solchen die letzte Vollendung gleich zu geben sei. Er vergaß völlig, wofür er arbeitete, räumlich genommen,

betrachtete sein Christliches Epos als ein in der Idee zu voll=
endendes Werk und zeichnete in diesem Geiste Carton auf
Carton, bis zu seinen allerletzten Tagen, in wachsender Arbeits=
lust. Diese Cartons sind das Schönste was er geschaffen hat,
vor allem die Predellen zu den großen Mittelgemälden: lang=
gestreckte Compositionen, Scenen aus dem Leben mit oft land=
schaftlichem Hintergrunde, vollendet mit Hülfe der Natur, die
er, jetzt zu kleineren Maaßen zurückkehrend, mit jugendlicher
Frische auffaßte. Und so, als die Frucht seines höchsten
Alters hat er uns seine letzten Arbeiten geschenkt: die sieben
Werke der Barmherzigkeit, denen gegenüber ich sage, es müßte
an Deutschland verzweifelt werden, wenn diese Werke nicht,
so lange sie bestehen, in der Empfindung, aus der sie hervor=
gegangen sind nachempfunden, und in ihrer künstlerischen Voll=
endung bewundert werden sollten. Es bedarf hierfür nichts als
ihrer Aufstellung, die in Kurzem zu erwarten ist. Es scheint,
daß in Cornelius am Schluße seiner Laufbahn das Gefühl er=
wachte, es könne für seine symbolischen Compositionen das
Verständniß verschwinden; er dürfe, wenn er ganz sicher gehen
wolle, nur das rein Menschliche ins Auge fassen, bei dem das
Herz zumeist das Verständniß vermittle. Sein Ehrgeiz auf
Gründung einer Schule hatte sich gelegt, seine politisch = reli=
giösen Träume vom national regenerirenden Wirken der hei=
ligen Freskomalerei waren versunken, seinem äußeren Ehrgeize
konnte nichts mehr geboten werden, nur seine ungebrochne kör=
perliche Frische und seine Arbeitslust waren unverwundet geblie=
ben. Zwischen Siebzig und Achtzig, in der Stille, die ihn nun
umgab, entfaltet sich sein Genius zu seiner letzten Schöpfung
in großen, glänzenden Blättern abermals. Es kann nichts
Schöneres, Beruhigenderes gedacht werden als dieser Abschluß
seiner Laufbahn. —

Dies sind die Jahre, in denen ich Cornelius persönlich
näher trat. Ich hatte, als halbes Kind noch, seine Berliner

Zeiten von Anfang mit erlebt. Er wohnte, wie wir, zuerst in der Lennéstraße, am Thiergarten, wo damals nur wenige Häuser in Gärten zu finden waren. Es steht mir noch vor Augen, wie die Berliner jüngeren Künstlern ihm bei seiner ersten Ankunft von München eine Abendmusik brachten; sie hatten sich unter den Bäumen dem Hause gegenüber aufgestellt, während auf dem Balcon Cornelius' Frau und Tochter in der Dunkelheit langsam auf und abgingen, bis er heraustrat. Durch Brügge= mann, Cornelius' Schwager, kamen wir in nähere Verbindung mit ihm. Brüggemann war der officielle Chorus für seine Arbeiten. Er lieferte die erklärenden Programme dazu. Als Cornelius sein erstes in Berlin bekannt werdendes Gemälde, Christus in der Vorhölle, das er für den Grafen Raczynski gemalt hatte, in seinem Atelier ausstellte und mein Vater und Onkel hingingen, um es zu sehen, wurde es von Brüggemann mit Bewunderung erläutert. Ich war dabei und erinnere mich sehr wohl, wie an Ort und Stelle dazu geschwiegen, bei uns zu Hause hernach aber ziemlich ungünstig geurtheilt wurde. Dies Gemälde, an dem ich niemals Freude gehabt habe, schadete Cornelius in den Augen der Berliner sehr; auf diese Malerei hin wurde das alte Dictum vom Jahre 1820 zuerst wiederholt, man wisse ja, daß Cornelius nicht malen könne.

Das Verständniß für Cornelius' Werke und für seine ge= schichtliche Stellung bildete sich bei mir erst lange nach jenen Zeiten, ganz ohne sein persönliches Zuthun, als er zu Anfang der funfziger Jahre in Italien lebte und in Berlin von ihm kaum noch die Rede war. Seine Schüler fanden in Berlin keine Arbeit mehr, die jüngeren Berliner Künstler waren zum Realismus übergegangen. Cornelius, ob in Italien oder in Deutschland, erschien hier wie dort als gleich überflüssig. In seinem Hause, das vor dem Brandenburger Thore einst be= sonders für ihn gebaut worden war (in dem sich jetzt die königliche Hochschule für Musik befindet) standen seine Compo=

santocartons in vielen Zimmern; der Portier schloß auf wenn
von Freunden zuweilen danach verlangt wurde.

Im Jahre 1857 ging ich nach Rom und besuchte Cornelius in Albano. Ich lebte einige Wochen dort bei ihm
und lernte ihn wie zum ersten Male kennen. Er wohnte an
Piazza di San Paolo in einer einsamen Gegend, wo selten
ein Mensch vorüber kam, der am höchsten gelegenen Stelle des
Ortes. Nur ein paar Schritte hatte man von da zum Walde,
der sich dem See von Nemi zustreckt. Hier war ich lange
Tage ganz allein mit ihm. Ich sah ihn die Morgende an
einer Pietà in Tempera malen, einem Werke das nach England gegangen ist und dessen Hintergrund die Campagna von
Rom bildete. Die Landschaft war in der Art Poussin's gehalten und Cornelius ward nicht müde, sie zu übergehen. Seine
zweite Frau lebte damals noch, eine Römerin, nicht mehr
jung und an der Krankheit bereits leidend an der sie bald
starb, aber noch eine schöne, stattliche Frau, von ächt römischem
Typus, dabei von liebenswürdiger, mütterlicher Freundlichkeit
für mich. Abends, wenn nicht ausgefahren wurde, ging ich
mit ihm spazieren, meist an den See, zu dem man von der
mit breiten Steineichen bepflanzten Galleria di sopra hinabsieht,
während rechts das wie ein Ring ihn umgebende Gebirge sich
erhebt, links in der Tiefe aber die römische Campagna weit
über das ferne Rom hin bis zu den Bergen nach Toscana
hinüber offen liegt.

Ich wollte jetzt, ich hätte aufgeschrieben was Cornelius
damals mir erzählte. Er hatte eine vollendete Weltanschauung,
in der alle Erscheinungen Platz fanden. Immer auf sich selbst
beschränkt in seinem geistigen Fortkommen, hatte er ganz besondere historische Ideen, deren Unmöglichkeit mir oft so klar
zu liegen schien, daß ich widersprach. Einmal gereizt, begann
dieser Widerspruch öfter hervorzutreten, und daher die Stelle
in Cornelius' von Förster mitgetheilten Briefe an Brügge-

mann, daß ich auf dem falschen Wege sei. Mir war es un=
erträglich, zu sehen, wie Cornelius sich über Preußens politische
Stellung täuschte, wie ihm jedes Verständniß von der Noth=
wendigkeit der neuen Entwicklung abging und wie über die
Zukunft der Deutschen Kunst und Literatur noch immer Ge=
danken in ihm lebten, die ich für abgethane Unmöglichkeiten
ansehen mußte.

Doch kamen solche Streitigkeiten nur selten vor. Meist
erging er sich in unbefangenen Mittheilungen aus seinem Leben,
die in der Einsamkeit, die uns umgab, und unter dem Eindrucke des neuen Daseins, das ich zum ersten Male empfand,
einen unverlöschlichen Eindruck auf mich machten und mich mit
dem Gefühle der größten Dankbarkeit an jene Tage in Albano
zurückdenken lassen.

Rom und die Campagna, unter päbstlicher Herrschaft noch
und ohne Eisenbahnen, waren damals wie eine Insel, auf
der man sich wie von aller Welt getrennt vorkam. Ich war
im Sommer zu einer Zeit angekommen, wo die letzten Winter=
Fremden eben ihren Abzug nahmen. Die ganz vereinsamte Stadt
gehörte mir fast allein. Wenn ich Morgens im Vatican zu den
unendlichen Sälen der Marmorsammlung ging, strömte der
Orangenblüthengeruch des päbstlichen Gartens durch die geöffneten Balkonfenster in die kühlen Corridore, in denen mir
kaum Jemand begegnete. Ueberall in Kirchen und Palästen
dieselbe lautlose Einsamkeit, draußen dieselbe grelle Sonne
in den Straßen. Niemals waren große, unerhörte, alle eig=
nen Gedanken zu nichte machende Eindrücke in solcher Fülle
von mir aufgenommen worden. Und aus dieser Stille dann
in die wieder anders geartete Ruhe von Albano hinaus.
Das Gefühl, das Berlin zuletzt Jedem verleiht: als sei
Menschengewühl und Straßenlärm der eigentliche unentrinn=
bare Hintergrund alles menschlichen Lebens, der immer wieder
durchbricht, wollte man ihm noch so weit zu entfliehen suchen,

hatte sich in Rom völlig verloren. Für die Gedanken der großen
Dichter und Künstler empfing ich zum ersten Male die Stimmung, die ihrer allein würdig ist. Ich erinnere mich, daß
Cornelius und ich eines Abends zusammen gingen und zuletzt
auf dem felsigen Rande des Weges saßen, wo er steil, über
spitze Baumgipfel hinüber, zum See abfällt. Es wehte ein
Südwind, der den Wasserspiegel unten kaum anhauchte, über
den sanften Gipfel des Monte Sommo aber dicke tiefhängende
Wolken mit Gewalt herüber drängte, als quölle ungeheurer
Dampf aus ihm heraus. Wir sahen lange hinüber, ein
prachtvolles Schauspiel, besonders deshalb so großartig, weil
auch wir von dem Winde ganz unberührt blieben, der diese
Massen über uns fortriß. Endlich sagte Cornelius: „Erinnern
Sie sich der Stelle in Goethe's Iphigenie, wo sie von den Hel-
den vor Troja redet, deren Auszug sie als Kind erlebt?

>   — Sie zogen aus
> Als hätte der Olymp sich aufgethan
> Und die Gestalten der erlauchten Vorwelt
> Zum Schrecken Ilions herabgesendet.

Wenn ich die las, sagte er, dann sah ich immer die schönsten
Gestalten griechischer Helden vor mir, die aus dem Gebirge
heruntergeritten kamen, als wenn sie wie aus einer ungeheuren Höhle herauskämen, die sich aufthat." Cornelius, von
solchen Anschauungen erfüllt von früh auf, mußte sie als das
einzig Reale, Bleibende betrachten, während ihm die Verwirrung der Zeiten, in denen er gerade lebte, als eine zufällige,
vorübergehende, ziellose Bewegung erschien, innerhalb deren
vor Allem Noth that, sich das eigne innere Leben nicht an-
tasten zu lassen und an den Anschauungen festzuhalten, die
Menschenalter hindurch sich bewährt hatten. Wie Goethe einst
ihm gegenüber, war Cornelius jetzt der Welt gegenüber
„legitimirt zu seinem Irrthume", der in den Begriff seiner
Meisterschaft aufgenommen war.

Es überfliegt einen immer wie ein kalter Schauer, wenn man nach längerer Abwesenheit im Berliner Leben wieder untertaucht. Die Gleichgültigkeit gegen ideale Interessen, die da selbst diejenigen zur Schau zu tragen gezwungen sind, die das Ideale wohl verstehen und es scheinbar nur ignoriren um es in der Stille zu fördern, hat etwas zu Boden Schlagendes. Voll von dem Wesen des Mannes und empört über die Gleichgültigkeit, mit der man bei uns seinen Werth weder empfand, noch sich um seine Werke kümmerte, begann ich jetzt auf eigene Faust zu agitiren. Ich wollte nur zwei Dinge erreichen. Erstens, es sollte Cornelius selbst irgend ein Zeichen gegeben werden, daß man noch von ihm wisse, und zweitens, es sollten seine Cartons ausgestellt werden, um ihn zum ersten Male dem Berliner Publikum (das damals noch ein Recht hatte, ganz Preußen zu repräsentiren) in seiner gesammten Thätigkeit vorzuführen. Denn Cornelius' Münchner Cartons, Anfangs der vierziger Jahre angekauft, standen nun beinahe zwanzig Jahre in den Kisten unangerührt da, in die man sie in München verpackte. Die in Stücke zerschnittenen Compositionen mußten zusammengeklebt und einfach aufgestellt werden.

Es gehört nicht hierher, zu erzählen, welche Schwierigkeiten zu überwinden waren und wie es ihrer Herr zu werden gelang. Genug, daß ich bald die Ueberzeugung gewann, es werde meinen Bemühungen die furchtbare Regungslosigkeit, die man erfahren haben muß um sie zu kennen, mit vollem Gewichte entgegengesetzt, und es werde von Allen, die dafür hätten wirken können, nur ein Einziger die Sache wirklich durchführen: Alexander von Humboldt. Dieser Mann, gegen den die heutige Generation das Aeußerste an Undankbarkeit gezeigt hat, blieb bis zu seinen letzten Tagen die Zuflucht idealer Bestrebungen und wandte seine letzten Kräfte an, um sie zu fördern. Sobald er erkannt hatte,

es komme darauf an, durch Ausstellung der Werke Corne=
lius' geistige Existenz gleichsam zum ersten Male als histori=
schen Anblick zu construiren, ging er mit dem größten Eifer
auf den Gedanken ein und er hat ihn durchgeführt. Es
waren vierzehn Tage vor seinem Tode, daß ich zum letzten
Male mit ihm darüber verhandelte. Bei meinem Fortgehen
wollte er mich begleiten — wie er Jedermann, der ihn be=
suchte, stets zur Thüre geleitete — war aber so matt, daß er
sich vom Stuhle nicht erheben konnte. Ich griff ihm unter
die Arme und brachte ihn zum Stehen, worauf er, wie in
früheren Zeiten, den kleinen Weg neben mir vollendete und
mich freundlich verabschiedete. Seine letzten Worte noch ent=
hielten die Mahnung, ja nicht nachzulassen und die Sache
durchzuführen.

Die Ausstellung der sämmtlichen Zeichnungen und Cartons
kam 1859 zu Stande.*) Es fehlte nur weniges in Privatbesitz
Befindliche. Der Eindruck war ein alle Erwartung übersteigen=
der. Solange die Ausstellung dauerte, waren die Säle gedrängt
voll, in allen Blättern davon die Rede, überall Biographien des
Meisters zu lesen. Niemals aber auch war dergleichen, weder
von ihm noch von einem anderen Künstler, geboten worden:
eine Ausstellung fast aller Werke, die während einer Lebenszeit
zu Stande kamen. Zugleich aber: Niemand schien sich zu er=
innern, daß Cornelius selbst noch lebte und arbeitete. Das
Ganze machte einen begeisternden Eindruck, aber durchaus im
historischen Sinne. Hierzu trug die selbständige Natur seiner
letzten Cartons viel bei. Unbefangen davortretend empfand
man ihre Abgeschlossenheit bereits als Kohlenzeichnungen.
Man sah mit Augen: die Ausführung dieser Sachen in Farben,
durch fremde Hände, wie ja nothwendig gewesen wäre, würde
nichts Erfreuliches zur Entstehung gebracht haben. Nur die Idee

---

*) Die dazu von mir verfaßte Erklärung abgedr. in Z. ausg. Eff.

tauchte damals als Nothwendigkeit auf, die jetzt durch Voll=
endung des Nationalmuseums der Ausführung ganz nahe ge=
bracht worden ist: es müsse für diese Cartons ein eigenes
Gebäude errichtet werden, in welchem sie zur Ehre des Man=
nes und zum Nutzen des Volkes sicher aufgestellt würden.
Was war auch mehr zu erreichen? An die Weiterführung
des Camposantobaues glaubte Niemand mehr. Kein Architekt
hatte ein Interesse daran. Die Kosten wären ungeheuer ge=
wesen, und die Cartons, wenn sie zur Malerei hätten dienen
sollen, hätten dabei zerstückt und zerstört werden müssen.

Cornelius, dem nach Rom über diese plötzliche Begeisterung
Berlins berichtet wurde, war über den Erfolg der Ausstellung
hoch erfreut, am meisten jedoch im Gedanken an das Campo=
santo, auch wenn er sich sagen mußte, für ihn selbst sei da
nichts mehr mitzuarbeiten. Es wäre unnatürlich gewesen, hätte
ihn der Gedanke, sein Christliches Epos werde durch wunderbare
Fügungen des Schicksals eines Tages noch auf den Mauern
erstehen, je verlassen können. Der Unterschied war nur, daß er
diese Unternehmung völlig der Gnade des zukünftigen Deutsch=
lands überließ, und nur zu Zeiten die Wiederaufnahme der
Arbeit noch zu erleben hoffte.

Und so, als er nach langem Aufenthalte aus Italien end=
lich zurückkam, unterwegs überall gefeiert, was Berlin an=
langt aber fast unbemerkt in sein Haus wiedereinziehend, be=
schäftigten ihn aufs Lebhafteste fast nur die Gedanken an
das große Werk und seine nie ruhende Arbeit wurde durch
solche Hoffnungen bis zuletzt wach gehalten. Seine Frau war
gestorben, er hatte sich zum dritten Male verheirathet, ein
Kreis alter und neuer Freunde saß bis zuletzt um ihn, er hat
bis zu der Krankheit, die ihn rasch hinraffte, niemals ge=
kränkelt, er hat den Becher des Lebens bis zu den letzten
Tagen fest in der Hand gehalten und den letzten Tropfen vom
Rande fortgetrunken.

XV.

Ich habe mir aus diesen Jahren hier und da Notizen gemacht. Berlin hält die Menschen auseinander, ich kam nur selten zu Cornelius, der Eindruck, den er auf mich machte, war dann jedesmal ein um so frischerer. Ich schließe diesen Aufsatz indem ich Einiges aus meinen Aufzeichnungen mittheile, die ohne den Gedanken an Veröffentlichung nur für mich gemacht worden sind.

Den 25. November 1861.

„Ich wollte zu Cornelius gehen. Am Brandenburger Thore kam er mir mit seiner Frau entgegen. Ich begleitete ihn am Thiergarten her zu Brüggemann. Es ist neblig heute, der Reif saß an den Tannennadeln. Cornelius trug einen schwarzen Pelz.

„Hören Sie," sagte er, „ich habe jetzt alle meine Cartons wieder hier und sehe sie zum ersten Male: Alles was ich seit 10 Jahren — (er hätte 20 sagen können) — gearbeitet habe. Das Herz wurde mir warm dabei. Ich habe an alle die Zeit gedacht, daß ich in diesem Loch habe sitzen müssen, und nichts ist geschehen und ich bin mit Füßen getreten worden. Mißhandelt worden."

„Ich sagte, ich wüßte das wohl. „Nein," sagte er, „Sie wissen nicht, wie; und Niemand weiß es, wie sie mich mißhandelt haben. Aber Gott weiß es." Wir trennten uns da, vor Brüggemann's Hausthür." —

Er hatte die Cartons zum Campofanto theils mit in Italien gehabt, theils waren sie zu Ausstellungen versandt worden. Er nahm, wenn er nach Italien ging, immer von seinen Arbeiten mit, weil er das Bedürfniß hatte, stets den Anblick seiner ganzen Thätigkeit für dieses Werk vor Augen zu haben.

Den 2. Oktober 1863.

„Ich war heute bei Cornelius, zum ersten Male wieder

seit meiner italiänischen Reise. Er hatte vor Kurzem sein 80. Jahr angetreten. Ich fand ihn frischer und fester aus= sehend als vor zehn Monaten. Er zeichnete an einer der Pre= dellen für die Camposantowand: „Die Pflege der Kranken, das Hinaustragen der Todten, das Begraben." Prachtvolle Sachen darin und wieder ein neuer Schritt zu freier, natur= alistischer Auffassung. Nichts Leeres, Phrasenhaftes, wenn auch Vieles starr, sogar auffallend falsch.

„Er sagte: „Dies ist der Abschluß der Einen Wand. Es hat mich früher oft sosehr gegrämt, daß nicht gemalt worden ist: jetzt bin ich darüber hinaus, und, wenn ich mich recht bedenke, ist es ein Glück, daß es so kam. Ich habe so alle meine Kraft dem zuwenden können, was meine eigentliche Stärke, mein eigentliches, eigenthümliches Handwerk ist, worin ich etwas kann und leiste, und habe diese Cartons geschaffen, die tausend Jahre dauern können."

Den 14. November 1864.

„Ich hatte Cornelius beinahe sechs Monate nicht gesehen, meiner Reise wegen, und sah ihn vorgestern wieder.

„Er zeichnete am Carton: Christus zwischen den Aposteln, mit Thomas, welcher die Finger auf die Wunde legt. Eine sehr schöne Composition, seine abgerundetste, und in einer Weise mit Licht und Schatten ausgeführt als sähe er die Farben im Geiste vor sich und ließe sie durch die Kohle auch mich sehen. Alle Köpfe individuell und voll vom Gefühle des Augenblickes.

„Er war unverändert. „Ich stehe im 82. Jahre," sagte er und wollte wissen, ob Michelangelo da noch in Stein ge= hauen. Er wiederholte was er mir über diesen Carton schon früher gesagt: eigentlich sähe er das Ganze als Marmor= gruppe vor sich und glaube, er würde sie bei jüngeren Jah= ren als solche schön gearbeitet haben."

Den 19. Juli 1865.

„Ich war eben bei Cornelius, um ihn noch einmal zu sehen ehe ich heute Abend abreise.

„Als ich an das Haus kam, trat er aus der Gartenthüre, vor ihm her sein kleiner Hund, für den er, weil er zu laut bellte, ein Stück Latte als Strafmittel in der Hand hielt. Ich wollte ihm den Arm geben, um die steinernen Stufen der Hausthüre mit ihm aufzusteigen: er nahm die Hülfe jedoch nicht an und stieg, rasch eine Stufe ohne Zwischenraum auf die andere folgen lassend, hinauf. Er sah sehr gut aus, seine Farbe war frisch und sein Händedruck fest, wenn auch die Hand eiskalt war.

„Unten auf dem Flur blieb er stehen. „Meine Cartons sind wieder hier!“ sagte er. Ich sagte, ich hätte geglaubt, sie ständen noch im Camposanto.

Es war von seinen zuletzt vollendeten Sachen in dem großen, mit Brettern zugeschlagenen Raum des Camposanto eine Ausstellung gemacht worden.

„Nein,“ erwiederte er, und es ist mir lieb, daß sie wieder hier sind. Man fing schon an, sie als Eigenthum zu betrachten und die Hand darauf zu legen. Man fing schon an, sie photo= graphiren zu lassen!“

Cornelius hat das, zum großen eigenen Nachtheil, nie= mals dulden wollen. Es wurden damals Negative angefer= tigt, aber es durften nur zwei Abzüge davon gemacht werden, einer für ihn, einer fürs Museum.

„Ich schwieg. Wir traten in das erste große Zimmer ein, wo die Vier Reiter stehen. „Dieser Mensch,“ fuhr Cor= nelius fort — (er nannte einen Namen, den ich fortlasse) — „ist die Qual und der Jammer meines Lebens. Nichts hat er unversucht gelassen gegen mich. Das doppelte Exemplar des nach England gekommenen Taufschildes hat man auseinander schneiden lassen und Niemand bekommt es zu sehen.“ Ich

antwortete, das sei nicht gut möglich. Ich meinte den Schild
vor nicht langer Zeit zusammengesetzt gesehen zu haben.
„Nun, dann bin ich froh," sagte er. „Ich weiß es erst seit
gestern."

Ich erinnere mich nicht mehr was damals mit dem zweiten
Exemplare des Schildes vorgenommen war, das sich im Besitze des königlichen Museums befindet.

„Wir standen vor der Predella, die die Pflege der Kranken
und die Bestattung der Todten darstellt. „Das ist meine gute
Frau," sagte er, „ich habe da auch ihren Namen aufgeschrieben.
Das (die Landschaft) ist die Campagna bi Roma."

Von dieser Frau, seiner zweiten, stand in Cornelius'
Stube auf seinem Tische eine Miniaturmalerei, die, in vor-
züglicher Ausführung und bei großer Aehnlichkeit, zu einer
Zeit gemacht worden war, wo sie noch im vollen Glanze der
Schönheit stand. Ich weiß nicht, was aus dem Bildchen ge-
worden ist.

„Wir gingen die Säle durch und traten endlich in das
rechts von der Hausthüre liegende Zimmer. Da war „Die Klei-
bung der Nackten", eine reizende Composition, „Die thörichten
und klugen Jungfrauen", und, verschlossen in einem Kasten mit
Flügelthüren „Die Erwartung des Jüngsten Tages" aufgestellt.
Es stand da ein niedriger Acttisch, auf den setzten wir uns,
dicht vor uns „Die Kleidung der Nackten." Die seine, wirklich entzückende Zeichnung war über und über mit Feuchtig-
keitsblasen bedeckt, die sie in dem feuchten, muffigen Campo-
santoraume bekommen hatte und die denen zur Last fallen, die
die Cartons dort ausstellten. „Es thut mir leid," sagte Cornelius, und tupfte leise und vorsichtig mit dem Finger auf
der Frau mit dem säugenden Kinde herum, deren Gestalt am
meisten verdorben war.

„Er sagte nichts weiter darüber. „Sie sollen sehen," fing
er dann wieder an, „Sie werden es erleben, es wird ein großes

Geschrei werden, wenu ich todt bin: ho, der Cornelius, der
große Künstler!" „Jawohl," sagte ich, ich werde es erleben
und dann nicht mitschreien." „Ich habe doch meine herzliche
Freude daran, jetzt wieder," sagte er, und zog mit dem Finger
in der Luft eine der Bewegungen der Gruppen nach. Es ist
so gezeichnet, wenn auch klein, daß es ganz colossal ausgeführt
werden kann."

„Wann werden wir uns wiedersehen?" fragte er als ich
fortging. „Im Herbste." „Ich glaube hier nicht mehr", antwortete er. Ich wollte das nicht gelten lassen. Ich beschrieb
ihm sein gutes Aussehen. Er lachte und gab Alles zu, lobte
auch sein Befinden. Er wurde sogar ganz vergnügt und fing
an ein Lied zu singen, dessen Melodie wir vor acht Jahren
in Albano von der Straße her zum Uebermaße gehört. So
trennten wir uns."

Den 31. October 1865.

„Ich ging zu Cornelius. Er saß im kleinen Garten
hinter dem Hause, dessen Sträucher fast noch grün zu nennen
sind. Die Sonne schien warm. Er war frisch und fest im Gesichte und erzählt mir mit wahrem Stolze, er habe einen neuen
Carton begonnen. Es steckt eine wunderbare Kraft in dem
Manne. Wir saßen zwanzig Minuten zusammen. Ich erzählte ihm von dem Crucifixe Dürer's in Basel. Mit welchem
Antheil er darauf einging und dann von Dürer sprach! Er
sagte mir, man habe seine Dantecomposition, die der König
von Sachsen besitze, modellirt und, in Eisen gegossen, ihm zum
Geschenke gemacht. Es nehme sich ganz vortrefflich aus. Ich
mußte ihm versprechen, die Photographie des Crucifixes zu
bringen."

Den 5. November 1865.

„Bei Cornelius gewesen. Es war kein Licht im Zimmer
als ich eintrat und ich begrüßte im Finstern so den alten Zeller,
nebst ein paar Herren und Damen, mit denen ich bekannt

gemacht wurde ohne zu sehen und gesehen zu werden. Dann kam die allabendliche, dämmrige Lampe mit der Aussicht vom Monte Pincio nach der Peterskirche als Lichtschirm davor. Auf dem Tische stand die Ilsenburger Schaale mit den Dantereliefs. Cornelius zeigte Photographien nach colorirten Kirchenfenstercartons von Coomans für einen Grafen Stolberg angefertigt. Aeußerst geschickt und zart ausgeführte Compositionen, in den Formen etwa, die Flandrin aufgebracht hat: eine Mischung historischer Costümtreue mit classisch ruhiger Haltung und voll ernst-byzantinisch, jesuitischer Gesinnung. Mir widerstrebten diese Dinge außerordentlich, sie waren mir vielleicht nie so unerträglich als grade jetzt, ich glaube, weil Cornelius sie lobte und ich vor der Gesellschaft nichts sagen wollte.

„Dieser geflügelte Christus am Kreuze, diese Heiligen, diese inhaltlose Innigkeit: ich fühlte, wie berechtigt die realistische Richtung unserer Tage ist. Man will dergleichen nicht mehr sehen. Man revoltirt um so mehr dagegen, jemehr Kunst dabei aufgewandt worden ist. Wüßten unsere Realisten nur Wahrheit und Wirklichkeit zu unterscheiden.

„Die Rede kam dann auf Allerlei. Cornelius ist mit lebendigem Interesse stets bei der Hand. Wollte man ihn diesen Coomans'schen Zeichnungen gegenüber recht aufs Gewissen fragen, er würde sie auch wohl ihrem wahren Werthe nach taxiren. Aber es genirt ihn, dazu getrieben zu werden. Er hat eine katholische Gesellschaft um sich, an die er gewöhnt ist."

Den 31. December 1865.

„Ich war heute Abend, am letzten des Jahres, bei Cornelius. Ich fand ihn so frisch und wohl aufgeräumt, daß es eine Freude war. Er sagte: „Ich habe wieder etwas fertig. Wenn Sie kommen wollen, sollen Sie es sehen."

„Die Rede kam auf Menzel's Krönungsbild. Er sprach

über Menzel und erkannte dessen Verdienste sehr richtig und sehr wohlwollend an."

Den 26. Februar 1866.

„Heute bei Cornelius. Er ging und saß im Garten, wo Alles schon frühlingsmäßig in Knospen steht. Es war davon die Rede, daß dieser Tage in einem öffentlichen Vortrage heftig gegen Kaulbach gesprochen worden sei.

„Wenn sich Jemand über Kaulbach zu beklagen hat," sagte Cornelius, „so bin ich es. Aber daß man ihn jetzt herunter= reißt, dazu ist er zu gut!"

„Cornelius spricht sich, wenn die Rede auf Kaulbach kommt, meistens sehr heftig aus, in früheren Zeiten noch heftiger als jetzt; niemals aber ist er ungerecht oder gehässig gegen ihn, sondern erkennt sein bedeutendes, seiner Meinung nach miß= brauchtes Talent an."

Den 8. März 1866.

„Ich sah Brüggemann im Sarge liegen. Ein ganzes Element weniger nun für mich, obgleich ich ihm nur selten begegnete. Einer der Repräsentanten jener humanistisch Alles umfassenden Bildung, die denen auflebt, die die Goethe=Zeiten noch erlebten."

Brüggemann wirkte bekanntlich als einer der heftigsten Ver= treter der katholischen Interessen im Cultusministerium. Doch war diese Bewegung damals noch eine so leise und unter= irdische, daß sie im persönlichen Verkehr sich kaum bemerklich machte. Brüggemann hatte ausgebreitete Kenntnisse und das lebendigste Interesse für jede neue Erscheinung. Ohne Zweifel aber ist es sein Einfluß gewesen, der bei Cornelius in dessen letzten Jahren das katholische Element äußerlich schärfer her= vortreten ließ und ihm dadurch eine Stellung gab, die er, sich selbst überlassen, niemals eingenommen haben würde. Von der auch in Italien nicht das Mindeste zum Vorschein kam.

„Cornelius, zu dem ich dann ging, lag auf dem Kanapee. „Jetzt komme ich daran," sagte er, „fünfundvierzig Jahre habe ich mit Brüggemann gelebt. Eben, wie ich ganz in Gedanken an seinen Verlust arbeite, kommt ein Brief, der, zu Anfang unleserlich geschrieben, immer undeutlicher wird. Ich lege ihn ruhig bei Seite und sage: den kann mir der Brüggemann lesen. Ich kann mich gar nicht an den Gedanken gewöhnen, daß er fort ist."

„Ich sagte, Humboldt habe doch so lange gelebt. „Neunzig Jahre!" rief Cornelius, auf einmal ganz in Feuer. „Und Tizian? Ja, der lebte jetzt noch, wenn er nicht an der Pest gestorben wäre!"

„Wir gingen in den Garten und spazierten in der Sonne herum. Er nimmt an Allem Interesse wie Jemand der mitten drin steht. Er trug eine kleine runde Pelzmütze von grauem, feingekräuseltem Fell, die ihm Prinz Radziwill geschenkt.

„Er sagte: „Hören Sie, aber sagen Sie nichts davon: Das Campofanto spukt jetzt wieder im Hintergrunde!" Er hofft immer noch, es zu erleben. Sein letzter Carton wird prachtvoll. Er arbeitet mit jugendlichem Eifer daran."

Dies meine letzte Notiz über ihn. Am 6. März 1867 starb er. Seine Frau hat ihn mit hingebender Sorgfalt gepflegt. Während seiner Krankheit sah ich ihn nicht, nach seinem Tode dann zuletzt auf seinem Bette. Er sah im höchsten Grade abgemagert aus, hohes Alter und Krankheit hatten hier zusammen ihr Werk vollbracht. Die Energie seines ganzen Wesens drückte sich auch jetzt noch in seinen Zügen aus.

In weiten Kreisen durch Deutschland wurde sein Verlust würdig empfunden, in Berlin bemerkte man ihn kaum; ich habe aus dem Munde von Leuten, denen ein gewisser Ernst beim Tode eines solchen Mannes angestanden hätte, Witze über ihn gehört. Sein Tod sei ja keine Neuigkeit: Cornelius sei ja bei Lebzeiten schon unsterblich gewesen, und

ähnliches. Ich schreibe das hier nieder, weil es mir Pflicht
erscheint, auch dergleichen zu verzeichnen, und weil solche Züge,
die Jeder gern vergessen möchte, zur Beurtheilung der Zeit
später von Wichtigkeit sein werden. Cornelius ist von einem
meist aus officiellen Persönlichkeiten bestehenden Zuge zur letzten
Ruhe begleitet worden. Tiefer und würdiger wurde der Verlust in anderen Städten Deutschlands empfunden und mit
Feierlichkeiten anerkannt. Ein Denkmal soll ihm in Düsseldorf
jetzt errichtet werden, das Donndorf in Dresden eben vollendet. Eine vortreffliche sitzende Statue von ihm hat Ca-
landrelli als Ornament für das gräflich Raczynski'sche Haus
gearbeitet, das neben dem Hanse steht, in welchem Cornelius
zuletzt in Berlin gewohnt und gearbeitet hat.

XVI.

Cornelius' Tod wurde von den Berliner Künstlern zumeist als ein Ereigniß angesehen das sie gar nichts anginge.
Die Mehrzahl wußte kaum von ihm, einige haßten ihn. Auch
heute wird innerhalb dieser Kreise vielfach bedauert, daß das
neue Nationalmuseum seinen Cartons zum Opfer fallen solle.
Man hat vergessen, daß es nur um dieser Werke willen gebaut worden ist. Hätte eine Abstimmung entscheidende Kraft,
so würden Cornelius' Cartons zum Frommen des Vaterlandes heute vielleicht ebenso bei Seite geschoben werden, wie
es die königliche Akademie der Künste bisher mit dem Carton
der Wiedererkennung Joseph's gemacht hat. Ich weiß, daß
nicht Jedermann so denkt; die Wenigen jedoch, die anderer Meinung sind, würden schwerlich zu Gehör kommen.

Die Zeiten liegen noch nicht so weit hinter uns, wo die
politische Meinung des Landes in Berlin nicht nur ausgesprochen, sondern in Berlin auch producirt wurde. Berlin
war der Wohnort der bedeutendsten Männer, des gebildetsten
Publikums, der Sitz der gründlichsten Kritik. Dies jedoch ist

seit einigen Jahren anders geworden. Heute ist die Pro-
buction der in Deutschland maaßgebenden Gedanken längst
auf ganz Deutschland übergegangen und in Berlin steht nur
noch die Rednerbühne. In ästhetischen Dingen darf dies künftig nicht anders sein. Sämmtliche Deutsche Künstler müssen
Stimme haben, wenn in Fragen ein entscheidendes Urtheil
hier gefällt wird, welche ganz Deutschland angehen. Was
gab der königlichen Akademie das Recht, jenen Schatz ersten
Ranges Jahrelang unsichtbar zu machen, als existirte er
nicht? Würden die Museen befugt sein, ohne weiteres ein bedeutendes Kunstwerk zu verschließen? Würde die königliche
Bibliothek eine werthvolle Handschrift einfach unter Schloß
und Riegel legen dürfen? Säßen nicht zufällig in Berlin noch
ein paar Leute, welche andere Gesichtspunkte haben als den
heute in so beschämender Weise geltend gemachten, ja, man
sollte glauben, von nun an überhaupt maaßgebenden: den
nämlich, daß beim Betriebe der Kunst vor allen Dingen Geld
verdient werden müsse, so würde ein Schaden für Deutschland
entstehen, den das unfehlbar nachfolgende Urtheil späterer Geschlechter zwar verdammen aber nicht wieder gut machen könnte.

Ich bestreite dem ausübenden Künstler durchaus das Recht,
in Dingen der Kunstgeschichte ein entscheidendes Votum zu
haben. Ich habe mit vielen und mit bedeutenden Künstlern
kunstgeschichtliche Fragen debattirt: niemals bin ich einem
begegnet, der nicht, was die allgemeine Ansicht anlangt,
einseitig gewesen wäre und der nicht ganze Kategorien von
Werken, die einer, seiner eignen Richtung widersprechenden
Schule entsprungen waren, mit schneidender Ungerechtigkeit
behandelt hätte. Diese Einseitigkeit ist eine ebenso gewisse,
als sie eine natürliche ist. Sie muß vorhanden sein. Cornelius würde nicht der sein, der er war, wenn er von
Genre- und Landschaftsmalerei nicht mit so souveräner Verachtung gesprochen hätte. Nichts ist leichter geschaffen als

33*

ein „Präcedenzfall", nichts ist so gefährlich: wer heute sich
das Recht anmaßte, Cornelius' Cartons ihren Platz zu be=
streiten, der gäbe einer zukünftigen Generation, deren Geschmack
er weder kennt noch beeinflussen kann, das gleiche Recht seinen
eignen Werken gegenüber in die Hände.

Völker pflegen in jeder Generation eine Anzahl Männer
hervorzubringen, deren geistige Kraft so groß ist, daß sie durch
Charakter und Thätigkeit das Vorrecht erwerben, von Allen ge=
kannt und genannt zu werden, daß sie, ganz abgesehen von der
politischen und religiösen Partei, zu der sie sich hielten, als Re=
präsentanten der Nation im höchsten historischen Sinne dastehen.

Diese Männer können Schwachheiten oder Einseitigkeiten
gehabt haben, sie können zu früh gestorben sein um sich voll
zu entwickeln, sie können zu lange gelebt haben, so daß ihre
letzten Anschauungen mit denen der Generation nicht mehr
stimmten, innerhalb deren sie ihre Tage beschlossen, ja sogar,
wenn diese Männer energische, rücksichtslose, gewaltsame Na=
turen sind, so durfte die Zeit, in der sie lebten, sich in offen=
barem Gegensatze zu ihnen befunden haben: immer müssen
sie Gegenstand unserer Ehrfurcht bleiben, denn die Nationen
haben nichts Höheres aufzuweisen als sie. Es gab Zeiten,
wo Niemand den Namen Lord Byrons auf die Lippen neh=
men durfte in seinem Vaterlande, und heute, eben, tritt ein
Comité zusammen, um ihm ein Denkmal zu errichten. Wer
solchen Männern manches vorzuwerfen hätte, wird manchen
guten Grund anführen können, um seinen Standpunkt zu ver=
theidigen. Allein so berechtigt und nothwendig vielleicht einst
die festeste Opposition gegen ihre eingreifende Thätigkeit war:
keinen Grund kann es geben, der uns von der Pflicht der
Ehrfurcht lossprächе sobald sie nicht mehr unter den Lebenden
sind. Sehen wir uns wohl vor, was wir thuen. Der größte
Vorwurf, der ein Volk treffen kann, ist, undankbar gegen seine
großen Männer zu sein.

Nehmen wir an, es handelte sich darum, den Vertretern des Deutschen Volkes bei irgend einer außerordentlichen Ge- legenheit die Nothwendigkeit ans Herz zu legen, daß für die Deutsche Kunst etwas zu thun sei. Und nun träte etwa Einer von denen auf, denen alle unsere geistigen Reichthümer über- haupt ein Spott sind, nur weil sie ihren Werth nicht zu er- messen wissen, oder ein Anderer, dem die heute nur auf Geld- verdienst losarbeitende Thätigkeit einer großen Anzahl der Deut- schen Künstler so verhaßt wäre, daß er seinen Widerwillen gegen diese auf alle zusammen übertrüge, und es fragte dieser oder jener höhnisch, was das denn sei: Deutsche Kunst und Deutsche Künstler? Woher denn diese Herren Künstler, die soviel Geld verdienten und öffentlich predigten, daß je weniger geistigen Inhalt ein Gemälde besitze, um so schätzenswerther und verdienstvoller seine Herstellung sei, ihre Berechtigung noch auf öffentliche Unterstützung nähmen?

Dieselben Leute, die die Wände des Nationalmuseums heute so gerne von Cornelius' Cartons befreit sähen, damit Werke ihrer Mache da Platz fänden, würden, wenn man diesen Rednern eine Anzahl großer Namen entgegenschleuderte, mit in den Ruf einstimmen: Cornelius! Sein Name würde, wie der todte Cid durch den bloßen Anblick die Feinde schlug, durch seinen Klang die Verächter Deutscher Kunst zu Boden schlagen. Cornelius' Name wird noch oft gebraucht werden, um mit der Wucht seiner vier Silben Alles auszudrücken, was für die Ehre Deutscher Kunst gesagt werden kann Cor- nelius' Cartons in der Nationalgallerie werden in kommenden Zeiten die Deutsche Kunst vielleicht noch als schützende Macht zu beschirmen haben. Denn wer vor seine Vier Reiter tritt, und wenn es der Roheste wäre, muß ein Gefühl der unge- heueren Persönlichkeit empfangen, deren Hände das geschaffen haben. Und wenn man diese Vier Reiter durchläßt, wird man auch wohl das Uebrige passiren lassen, das von dem-

selben Künstler herstammt, auch wenn manches darunter nicht
so auf den ersten Blick verständlich ist.

Niemandem aber wird es auch in der Zukunft, wenn
Cornelius' Andenken in alle seine Würden wieder eingesetzt ist,
einfallen, seine Werke zum Muster für Nachahmung aufzustellen. Diese Linien sind seine Linien und haben Niemandem
sonst zu dienen. Ich wiederhole: Die heutige Richtung auf das
Reale, d. h. auf die Wiedergabe dessen, was das Auge sieht ohne
bei der Darstellung dem Umrisse oder der Farbe den Vorzug zu
gewähren, ja sogar das Absehen von der Wahl geistig inhalt-
reicher Gegenstände bei den Kunstwerken, das manche Künstler
sich zur besondern Pflicht machen, hat sein Gutes und Nützliches.
Besser einfache Nachahmung der Natur, als sogenannte ideale
Stoffe, denen wirklicher Inhalt dann erst recht abgeht. In der
Richtung auf das Reale liegt das, was uns fehlte. Cornelius dachte seine Gemälde nicht in Farben, er ordnete die Gestalten dem geistigen Inhalte seiner Werke unter. Sie bedürfen
der Mehrzahl nach zu sehr der Erklärung. Wollen wir heute
einen Fortschritt schaffen, so richte man alle Kraft dahin, das
Handwerksmäßige in der Kunst zu vervollkommnen und den
Künstler ganz im Allgemeinen in seiner geistigen Bildung zu
fördern. Den Inhalt der Werke wird die Zeit bringen, oder
sie versagt ihn, je nachdem; schenken, bewirken, erzielen läßt
sich in dieser Richtung von Seiten einer Regierung nur sehr
wenig. Wir müssen erwarten, daß Meister aufstehen, von
denen die Augen des Volkes bezaubert und von denen die
mehr nachahmenden Talente der Künstler zweiten Ranges zu
diesen oder jenen Lieblingsanschauungen mitfortgerissen werden.
In diesem Sinne ist heute die Berliner Akademie reorganisirt
worden. Früher stellte man an die Spitze solcher Institute Meister, deren Richtung maaßgebend war für die ganze Anstalt. So
noch ist Cornelius selbst in Düsseldorf und in München an die
Spitze der königlichen Akademien getreten. Wer da nicht wie er

dachte, fand überhaupt keine Stätte da. Heute wird eine Einrichtung gesucht, bei der diese Direction womöglich fortfiele.
Man theilte das Institut in zwei Hälften, die nur der Verwaltung nach zusammenhängen. Die niederen Classen haben nur
die technische Ausbildung zum Zweck, die oberen Classen bestehen
in einer Anzahl Ateliers, welche Meistern der verschiedensten
Richtungen zugetheilt sind, bei denen die Schüler nach eigener Wahl eintreten können. Was könnte heute ein Director
nützen, der, wie Cornelius, Genremalerei und Landschaftsmalerei für kaum eines Malers würdig hielte, etwa wie Michelangelo neben der Freskomalerei die Oelmalerei verachtete,
weil das eine Malerei für Frauen sei? Was aber auch ein
Director, welcher, wie Piloty, den Triumphzug des Germani-
cus so malt, als sei sein Werk die photographisch treue
Wiedergabe eines Tableaus, das, als Aktschluß irgend einer
Balletvorstellung diesen Stoff verherrlichte? Und wollte man
auch einem Talente wie Piloty hingehen lassen, dergleichen
und Anderes für sogenannte realistische Geschichtsmalerei zu
geben: wer möchte angehende jugendliche Talente in diesem
Sinne von Staatswegen unterrichtet sehen?

Eine neue nationale Kunst kann nur einer rein geistigen
Bewegung entwachsen, die in der Region der höchsten Gedanken des Volkes sich vollzieht. Tritt diese Bewegung ein,
so wird sich von selbst zeigen, daß keine Neugestaltung unserer
Kunst möglich sein kann ohne Anschluß an die großen Meister
der Vergangenheit. Wie frei glaubte Cornelius thun und lassen
zu können was ihm sein Genius eingab, und wie durchaus
wurde er von seiner Zeit beeinflußt: entweder gefördert oder
zurückgehalten. Und wie drängten sich ihm, der Raphael und
die Antike zuerst für Ausgeburten der Sünde hielt, Raphael
und die Antike, als ihre Stunde kam, dennoch als Muster auf.
Kommen große Talente wieder, so müssen sie zu dem Vergan-
nen, Abgethanen zurückkehren und eine Verbindung suchen.

XVII.

Goethe drückt den eben dargelegten Gedanken, aller Fortschritt in der bildenden Kunst sei nur möglich im Anschlusse
an das früher Geleistete, kürzer aus, indem er sagt, alle ächte
Kunst — er begreift auch die Dichtkunst darunter — müsse
von einem „Ueberlieferten" ausgehen.

Dieses Ueberlieferte gewahren wir nicht nur in der bil-
denden Kunst als die einzige constant die Völker beherrschende
Macht, es ist in allen Fächern der geistigen Existenz der
Völker gleich erkennbar und nothwendig.

Jedes Volk hat seine Religion: seine officielle Verehrung
des höchsten Wesens. Als die Blüthe aller Religiosität aber
stellt sich unserem philosophirenden Geiste, im Gegensatze zu
diesem öffentlichen Dienste, eine durch keine menschliche Sprache
auszudrückende Hingabe an das Walten einer Weisheit dar,
von der wir alles Gute erwarten und deren unbegrenzte Macht
wir anerkennen. Man sollte meinen: hierüber mit sich selbst
im Klaren zu sein, genüge völlig und mache alles „Herplap-
pern von Gebeten" allen „Formelkram der Confessionen" überflüssig.

Die Erfahrung zeigt, daß dies Bewußtsein nicht genüge.
Daß eine gemeinschaftliche Verehrung des höchsten, die Welt
regierenden Wesens durch festgestellte gemeinsame öffentliche
Handlungen der Völker, neben der im Stillen dargebrachten
Verehrung des Einzelnen unentbehrlich sei. Diese Formeln
werden durch mühsame Arbeit für Jahrhunderte festgestellt. Es
sind nichts als Worte, von denen es scheinen könnte, manches
andere thue hier und da dieselben Dienste: und doch hält man
seit Jahrhunderten oft an der einzigen alten Formel der Gebete und Lieder fest, deren Wortstellung und Wortwahl nuver-
änderlich erscheint. Wer nur die „Pfaffen" für die stillen
Hüter dieser Worte hält und sich einbildet mit den Geistlichen
wären sie fortzuschaffen, täuscht sich.

Dieser Formeln bedürfen wir nicht allein für die Religion, sondern das Leben der Völker bewegt sich nach allen Richtungen in solchen Formeln, die sich langsam ändern und über deren ersten Ursprung Niemand Auskunft gegeben hat. Deren Einfluß sich bis in das feinste geistige Leben erstreckt, dem sie durch ihre sich aufbringende egalisirende Uebermacht die ursprünglich angeborene Freiheit sosehr beschränken, daß man an dieser Freiheit überhaupt zweifeln könnte. Alle in der That zu beobachtende „Freiheit" äußert sich nur darin: diese Formeln so früh als möglich als das eigentlich die Welt Anregende zu erkennen, ihre Wirkung zu verfolgen, ihre Handhabung zu studiren, sie sich anzueignen und die eigne Energie in ihrem richtigen Gebrauche derart zu entfalten, daß es den Anschein habe, als wirke unsere Energie rein aus sich. In den wildesten Zeiten der französischen Republik, in den härtesten Tagen der Napoleonischen Tyrannei, ist immer nur das Volk durch den Gebrauch von Formeln aufgestachelt oder niedergehalten worden, die von denen, die sich ihrer bedienten, als uralte Erbschaft übernommen waren, und deren ungeheure Wirkung nur in der Art und Weise der Benutzung lag. All unser Staatsleben, Familienleben, geistiges Leben beruht auf einer ewigen Umgestaltung dieser Formeln, die zuweilen als unerträgliche Kette für den Moment gewechselt, immer sofort aber in irgend einer Lage wiederaufgenommen werden.

Unser Phantasieleben bewegt sich in derselben Abhängigkeit vorwärts. Man sollte denken, jedem Maler oder Dichter sei es möglich, in unbekümmerter Freiheit den menschlichen Körper von einer ganz neuen Seite, den menschlichen Geist in ganz neuer Erscheinung darzustellen. Die Welt pflegt sich regelmäßig beim Erscheinen eines neuen Talentes der Täuschung hinzugeben, als sei dieser unerhörte Fall eingetreten. Niemals aber ist das in Wahrheit geschehen. Immer sehen wir, wie doch nur das „Ueberlieferte" in neuer Form weiterge-

Lightning Source UK Ltd.
Milton Keynes UK
UKHW021535090219
336936UK00007B/624/P